Eric Graf Oxenstierna
Die Wikinger und Nordgermanen

Eric Graf Oxenstierna

DIE WIKINGER UND NORDGERMANEN

fourierverlag

Neugesetzte Fassung der Urausgaben.
Korrekturen auf inhaltliche Fehler wurden vorgenommen ohne den
Charakter der Erstausgaben zu beeinflussen oder den Text zu straffen.
Die Bebilderung erfolgte aus Unterlagen der Ars Libro AG.

Lizenzausgabe
mit freundlicher Genehmigung der Rechteinhaber für
Fourier Verlag GmbH, Wiesbaden 2003
Gesamtherstellung: PRINT-AGENTUR, Leopoldshöhe
Covergestaltung: Thomas Jarzina, Köln
Bildnachweis: AKG Berlin
Printed in Germany

ISBN 3-932412-49-4
www.fourierverlag.de

Inhalt

Erster Teil

Die Wikinger

V wird in den drei skandinavischen Sprachen wie W ausgesprochen, z. B. in Vendel, Valsgärde, Västergötland, Varangerfjord, Vinland.

Å und aa wird wie das deutsche O ausgesprochen.

I.

Die Wikinger – Helden oder Banditen?

Warum werden die Wikinger meist als wandernde Vogelscheuchen dargestellt, deren zottige Fellfetzen unsinnig am Körper verschnürt sind? In Wirklichkeit waren sie die besten Pelzhändler ihrer Zeit. Sie liebten Biber- und Zobelmäntel, trugen Hosen, Wams und Jacke mit einem eleganten und flott geschnittenen Umhang. Müssen wir immer diese lächerlichen Hörnerhelme sehen? Die Wikinger waren in der Kriegskunst bewandert und trugen konische Stahlhelme, an denen jeder Schwerthieb abglitt. Hörnerhelme, Berserker- und Wolfsvermummungen gehörten zum Kult und verliehen dem Träger die Kräfte des gemimten Tieres. Die Wikinger haben Anspruch auf die gleiche historische Genauigkeit in Bild, Theater und Oper wie die Gestalten anderer Epochen.

Soll denn jeder Holztrog mit übergroßem Tierkopf am Ende ein Wikingerschiff sein? Die besten Ozeansegler der Weltgeschichte soll man doch nicht in Bütten herumsegeln lassen!

Heutzutage werden sogar mit der rohen Gewalt lukrative Geschäfte gemacht Die hemmungslose Brutalität ist Mode. Wir erleben manche Filme, Bücher und Aufsätze, die in den Schandtaten der Wikinger genußsüchtig schwelgen. Wir wissen schon gar nicht mehr, ob ihre Lasterhaftigkeit gepriesen oder verdammt wird.

Die Mönchsschreiber an den Küsten des Abendlandes wußten natürlich nichts Gutes von den angreifenden Heiden zu berichten. So lauten die ständig wiederkehrenden Aussagen:

„Auf allen Wegen lagen Tote: Priester und Laien, Frauen, Kinder und Säuglinge. Verzweiflung erfüllte die Franken. Es sah aus, als würden die christlichen Länder untergehen."

„Die Stadt Noyon an der Seine wurde nachts angegriffen, die Heiden nahmen den Bischof und die hohen Herren gefangen, verheerten die Stadt, führten die Gefangenen fort und töteten sie unterwegs."

„Die Einwohner von Trier hielten Rat mit den Weisesten und verbargen die Kirchenschätze in Erdgruben. Die Särge der Heiligen wurden tief in die Erde vergraben, damit die Reliquien nicht von den unsinnigen Barbaren verhöhnt und verspottet werden sollten."

Solche Berichte las man über die Wikinger ein halbes Jahrtausend hindurch und länger. Dann aber kamen Segelschiffe aus Island und brachten Pergamentbücher mit, die auf der fernen Insel vererbt und ge-

lesen worden waren. Sie berichteten über Heldentaten der heidnischen
Ahnen, von Stolz und Ehre und von wackeren Heerfahrten in fremde
Länder. Schon Gustav Adolf sah in den alten Goten oder Götar – wie sie
damals genannt wurden – die tapferen Vorfahren seiner schwedischen
Krieger im 30-jährigen Krieg. Das stärkte sein nationales Selbstbewußt-
sein. Er ernannte einen „Reichsantiquar", dessen Amt seinesgleichen in
Europa nicht hat, ließ alle Runensteine und Denkmäler der Vorzeit
sammeln und förderte ein imposantes, ja majestätisches Schrifttum zur
Verherrlichung der Götar und der Wikinger.

Aber nach der Katastrophe in Rußland und dem Ende der schwedischen Großmachtzeit (1718) schätzte man die Heldentaten nicht mehr.
Es war, als tönten nur noch die verachtungsvollen Urteile der Chronisten.

Da kamen die anspornenden nationalen Reden von Arndt und Fichte. Auch über Skandinavien zog eine Welle nationaler Romantik hinweg. Hier hegte man keinen Haß gegen Napoleon, die skandinavische
Romantik hatte kein politisches Ziel, sie tastete sich in die eigene historische Vergangenheit zurück. Man holte die Wikinger aus der Versenkung hervor und erhob sie zu Helden und Recken. Im Jahre 1811 wurde
der „Götische Bund" gegründet. Die Mitglieder nannten sich mit altnordischen Namen, tranken aus Hörnern und übten männliche Tugenden
in lächerlich burschikoser Weise. Per Henrik Ling sprach nie, er brüllte
immer nach „Wikingerart" und entwickelte ein Turnprogramm zur körperlichen Ertüchtigung. Ganz Europa verehrte seine Gymnastik zur
Stockholmer Lingiade im Jahre 1939, ließ aber taktvoll seine altnordische Dichtung unerwähnt.

Anders steht es mit dem großen Klassiker der schwedischen Dichtung: Erik Gustaf Geijer. Er lernte auf eigene Faust die altnordische
Sprache, um die isländischen Sagen im Original lesen zu können. Er
hatte ein feines dichterisches Gefühl. Er hörte den Klang der alten Sprache. Er schuf ein neues Schwedisch, frei von französischem, deutschem
und lateinischem Satzbau, klar gegliedert in kurze, energische Sätze,
die sich um das Tätigkeitswort drehen. Er bevorzugte harte Biegungen
und einen schmucklosen Stil ohne Abstraktionen. Es wurde eine für die
Zukunft maßgebliche Sprache. Sie ist nordisch-klassisch, gleichzeitig
mit dem antiken Neuklassizismus des Südens.

Geijer schrieb sein schönstes Gedicht von dem „Odalbauern", der
fest und sicher auf seine Scholle vertraut, und er sang das große Loblied
von dem „Wiking", dem Helden, der von nordischer Sehnsucht und ju-
gendlicher Unruhe getrieben, in die Ferne schweift. Er spricht mit
Schiller von „hoher Gleichmütigkeit und Freiheit des Geistes, mit Kraft
und Rüstigkeit verbunden". Das menschliche Geheimnis seines Wikings ergründet auch der Dichter nicht, er sieht ihn auf der Höhe des

Ruhmes und der Lebensbejahung zerbrechen; das erbeutete Land geht verloren; der Held versinkt im Strudel der tosenden Wellen.

Verdammnis der mordenden Banditen! Sieg, Heil, dem leuchtenden Helden! Eines weiß ich, das ewig lebt: der Streit um des Toten Tatenruhm. Die große Heerschar der jubelnden Kampfmaiden zog im Walkürenritt über Wagners Opernbühnen. Ein nie geahntes musikalisches Glorioso wurde den Wikingern zuteil – und zerbrach 1945 in einer Götterdämmerung von nie gesehenem Ausmaß. Wieder ertönt das monotone Echo der Chronisten von Barbaren, Banditen und Piraten. Aber wie sollen wir sie wirklich einschätzen?

Muß der Nachruhm der Wikinger ewig widerspruchsvoll bleiben? Sie waren in erster Linie Menschen, die aus ihrer geschichtlichen Situation heraus handelten. Mordgier und Heldentum sind Nebenerscheinungen, die im Kampf auftauchen können; aber sie sind niemals die primären historischen und psychologischen Ursachen für ein Geschehen. Die Wikinger gründeten vielerorts Kolonien – kaum angenehm für die Urbevölkerung. Wir wollen jedoch wissen, weshalb sie auf Landsuche gingen, wie ihre soziale Ordnung aussah, ohne daß wir mit dem Maßstab des Römerrechts oder der Christenmoral messen. Sie waren glänzende Fernhändler und brachten reiche Gewinne nach Hause. Darüber schweigen die Schriftquellen, aber das kritisch-wissenschaftlich forschende 20. Jahrhundert hat eine riesige Menge an Funden aus Gräbern, Siedlungen und Hortungen an den Tag gebracht und arbeitet allmählich mit einer methodischen Präzision, welche derjenigen der technischen Wissenschaften nicht nachsteht. In den letzten zwanzig Jahren sind Erkenntnisse gewonnen worden, die der Allgemeinheit noch wenig bekannt sind. Erstrangige Kunstschätze häufen sich in den Museen. Darüber soll in diesem Buch berichtet werden. Wir wollen die Wikinger nicht verherrlichen und nicht verurteilen, sondern sie als richtige, vollwertige Menschen nehmen. Wir wollen sie begreifen, soweit die neuen Quellen es gestatten. Ihr letztes, rätselvolles Geheimnis mögen Psychologen und Soziologen künftig ergründen. Den Dichtern bleibt immer noch genug für ihre Visionen, wenn sie auf dem festen Fundament der modernen Forschung ihr schillernd festliches Zelt aufschlagen wollen.

Wir greifen zuerst einige Sittenbilder heraus, bevor wir uns zu dem neuen Bild hindurcharbeiten.

Ein König der Wikinger ließ seine drei Halbbrüder zu sich bringen, setzte sie auf sein Knie, schnitt grimmige Gesichter, runzelte die Augenbrauen und schaute barsch auf die Knaben. Die beiden ältesten erschraken sehr, aber der jüngste blickte keck zurück. Der König zauste ihm derb die Haare, aber der Bursche griff mit seinen kleinen Händen nach

dem Bart und zauste zurück. Die beiden ältesten Brüder wünschten
sich Acker und Kühe, der jüngste aber wollte als Erwachsener Krieger
besitzen. Mit Wohlbehagen sagte der Herrscher:

„Einen werdenden König scheinst du zu erziehen, Mutter."

Der Kleine wurde auch der kraftvolle Nachfolger seines Halbbru-
ders. Mit solchem Maßstab werteten die Wikinger ihre Kinder. Härte
und Selbstbewußtsein hießen die löblichsten Eigenschaften, welche in
Spiel, Sport und Sprache gefördert wurden.

Ganz in diesem strengen Geiste erzogen war auch ein zwölfjähriger
Knabe namens Egil. Sein Vater erteilte ihm einmal zu Unrecht eine
schlimme Rüge. Er nahm sie nicht hin, sondern handelte nach dem üblichen Vorbild. Als der Vater „sich mit seiner ganzen Hausgemeinschaft
zu Tisch gesetzt hatte, war Egil nicht auf seinen Platz gekommen". An
dem Verwalter, den sein Vater am meisten schätzte, rächte er sich in der
herben Weise, die bei den Erwachsenen damals gang und gäbe war. Sie
kannten es nicht anders, als daß eine Beleidigung durch eine Gewalttat
vergolten werden mußte. Folglich schlich sich der Zwölfjährige an den
Verwalter heran und schlug ihn tot. Karg wird berichtet:

„Vater und Sohn sprachen nie davon, weder im Guten noch im
Schlimmen, und so ging der Winter hin."

In sich verschlossen lebten die Menschen des Nordens nebeneinander her. Eine schnelle Tat auf Leben und Tod, ein jäher Ausbruch – und
gleich darauf herrschte wieder scheinbare Ruhe. Still und wortlos wird
das letzte Ereignis innerlich verarbeitet.

Sollte der Vater etwa dieses stolze Selbstbewußtsein des Sohnes ta-
deln? Er schätzte ihn hoch und ahnte in ihm einen der berühmtesten
aller Wikinger:

> Seine Mutter sagte,   ihm gebühr ein Kriegsschiff
> bald mit rüstigen Rudrern   Raub zu holen als Wiking.
> Stehen müßt er am Steven,   steuern kühn den Meerkiel:
> heldengleich im Hafen   hieb er auf die Männer!

Dieser Egil Skallagrimsson ist geradezu zum Nationalhelden Islands geworden, als Krieger, Seefahrer, genialer Dichter und Freiheitskämpfer,
geboren im Jahre 904. In dem großen Epos um seine Person und Familie lernen wir den Wikinger-Alltag kennen, jene bewegte Großmachtzeit
des Nordens, die in der Geburtsstunde des Abendlandes eine so wichtige und schicksalsschwangere Rolle für ganz Europa spielen sollte. Alle
Männer hatten Haus und Hof zu bestellen, aber keiner blieb ruhig daheim. Alle waren sie von dem neuen Ideal erfaßt. In kurzen Stichworten
wird uns das Leben in den altnordischen Sagen nahegebracht:

„Im Sommer lagen sie auf Wikingerfahrten, gewannen Güter und teilten reiche Beuten, aber im Winter blieben sie zu Hause bei ihren Vätern. Zu der Zeit kam man leicht zu Wohlstand und Ehre."

Auch Egil zog mit seinem Bruder auf Hochseefahrt:

„Sie rüsteten im Frühjahr ein Langschiff, dingten Mannschaften, fuhren im Sommer in die Ostsee und plünderten, machten Beute und lieferten große Schlachten. Sie segelten dann nach Kurland und landeten dort. Für einen halben Monat schlossen sie einen Waffenstillstand und Handelsvertrag. Als diese aber zu Ende gingen, fingen sie an zu plündern und griffen verschiedene Gebiete an."

Allerdings geriet Egil in Gefangenschaft bei einem kurischen Bauern. Es gelang ihm jedoch freizukommen und auch die Silberschätze des Bauern aus der Schatzkammer mitzunehmen. Auf der Flucht wurde ihm plötzlich klar, daß er das Silber wie ein Dieb gestohlen habe, unwürdig eines Wiking. Er stellte die mit Münzen gefüllte Silberkanne nieder, machte rasch kehrt, zündete das Wohnhaus an, rief den Bauern und stach die herauseilenden Insassen nieder. Dann nahm er – als wohlverdienten Kampflohn – die Silberkanne wieder an sich und segelte mit gutem Gewissen von dannen.

Von Kurland kam er nach England, trat in den Dienst des englischen Königs Aethelstan, verhalf ihm zum Sieg in der Schlacht auf der Wina-Heide (bei Brunanburh im Jahre 937) und wurde mit Goldringen reich belohnt.

Damit sind schon die großen Wasserwege Nordeuropas kurz umrissen, auf denen die kühnen Drachenschiffe mit ihren quergestellten Segeln ständig zu sehen waren. Manche lagen auf der Lauer, um friedliche Handelsschiffe zu erbeuten. Ein Jahr später konnten die Rollen genau vertauscht sein. Einmal ging die Fahrt nach England und Irland, ein andermal lockte der Osten, eine Erbschaft mußte im hohen Norden eingetrieben werden, ein Treffen auf dem Thing schien wichtig, ein vermeintliches Unrecht sollte mit Blut getilgt werden. Immer gab es Pflichten unterwegs. Im Winter versorgte man den heimatlichen Hof oder man war hochverehrter Gast bei Freunden. Man beschenkte sich gegenseitig: einer erhielt ein seidenes Gewand, das dem fernen Orient entstammte, und antwortete mit einem starken, farbenprächtigen Segel, das von sachkundigen Seeleuten gepriesen und noch nach Jahren von den Zeitgenossen mit Furcht oder Ehrfurcht erkannt wurde, wo immer es am Horizont auftauchte. Denn eines ist sicher: der Verschleiß an Schiffen, Geräten und Waffen war ungeheuer.

Die dunklen Wintermonate zu Hause wurden dringend benötigt, um die empfindlichen „Wasserrosse" auszubessern, man mußte neue Masten aus den höchsten Bäumen in weiten Wäldern beschaffen, Steuer, Ruder, Segel und Kleingerät schnitzen und weben, Schiffstaue spleißen und neue drehen, Waffen schmieden, Pelztiere für die Handelsfahrten erlegen und Wunden ausheilen. In erbärmlichem Zustand erreichten manche nach durchlittenen Stürmen mit knapper Mühe wieder Land. Andere konnten gerade noch schwimmend oder an Wrackteilen festgeklammert aufgefischt werden. Ungezählte Drachenschiffe versanken alljährlich in den Fluten. Mit ihren reichen Schnitzereien und grinsenden Stevenköpfen liegen sie noch heute wohlerhalten auf dem Meeresboden, denn vom Wasser umspült, ohne Luftzufuhr und ohne allzu große Temperaturschwankungen besitzt Holz eine hervorragende Haltbarkeit. Sie liegen zu Tausenden in der Ost- und Nordsee, zu vielen Hunderten in jedem deutschen und französischen Fluß, im Ozean und im Mittelmeer, vereinzelt auch noch in entfernteren Gewässern. Die wenigsten Schiffe verbrannten und verwesten, die allermeisten sind heute noch erhalten und liegen schweigend, reizvoll lockend, aber zu tief selbst für modernste Tauchgeräte, und in Schlamm und Schlick eingebettet.

Wie konnten die Nordmänner bloß überall und immerzu anwesend sein? Es ist ein Rätsel, das uns des öfteren in diesem Buch beschäftigen wird: in Finnland und im Baltikum wuchsen schwedische Kolonien hervor, Wikingerschiffe beherrschten die slawische Küste östlich der Elbemündung. Die Ostsee war ein schwedisches Binnenmeer, 900 Jahre vor Gustav II. Adolf. Die Männer zogen weiter in die entferntesten Länder. Der Horizont war ihr Blickpunkt. Sie waren getrieben von den elenden Ernten der kalten Heimat, getragen von einem unbändigen Fernweh, von dem Drang, fremde Länder suchen, entdecken und besiedeln zu wollen.

An die Stelle der Übervölkerung trat ein Mangel an Kriegern und Arbeitskräften. Schwert und Sturm, Mannesneid und Sippenrache verkürzten fühlbar das an sich schon niedrige Durchschnittsalter. Daß Väter ihren Söhnen nachtrauern, lesen wir nur allzuoft in Sagen und auf Runensteinen, desgleichen Worte über einen früh gefallenen Bruder. Schon als Skallagrims Söhne nach England segelten, traf sie das übliche Wikingerschicksal. Egil dichtete, als dem Bruder der Grabhügel im fremden Lande am Flusse Wina errichtet wurde:

> Gramvoll Leid des grimmen
> Grimm's-Sohns Augen beugte,
> schlimme Not, doch nimmer
> darf genug ich klagen.

Von der Mutter wird nicht gesprochen. Und doch saß sie zu Hause und wartete auf Nachricht von ihren beiden Söhnen – wer wohl zum Herbst heimkehren würde. Das war das herbe Schicksal aller Wikingerfrauen: ständig auf ihre Väter, Männer und Söhne zu warten. Als die herbst-

grauen Nebel ins Land rollten, schmerzten Tag und Nacht die gleichen
Fragen in Tausenden von Häusern: überwintern die Männer draußen
oder kehren sie nimmer zurück? Wird ein einsamer Segler Kunde bringen? Geraden Rückens, schweigend und mit tränenlosen Augen haben
Fischerfrauen der schwedischen Westküste noch im 20. Jahrhundert
vernommen, daß ihre Männer für immer verschollen sind. Stolz aus
Not, Selbstbeherrschung bis in den Tod. Für die Frauen der Küste war
das Meer 900 Jahre hindurch der Gebieter, der Feind, der Erzieher. Er
machte sie streng und verschlossen, damit sie Kraft haben sollten, Monate und Jahre zu warten, allein den Hof und die Ernte zu bestellen, mit
Sklaven und neidischen Nachbarn fertig zu werden. Den Männern war
das Leben gnädiger: eine Ehefrau auf Island und eine Ehefrau in Norwegen gestattete das Gesetz kurz und bündig. Für Seeleute in anderen
Häfen war die Frage nicht gesetzlich geregelt. Sie wurde von Fall zu Fall
gehandhabt.

Das Leben lockte und reizte. Die Männer mußten kein Schiffergarn
spinnen. Jeder Sommer bot sein eigenes Füllhorn an tollen Erlebnissen.
Wer kannte Gibraltar oder den Bosporus? Wer wußte, wie ein schneidi-
ges Schwert glücklich traf? Konnte jemand auf den Rudern außerhalb
der Reling spazieren gehen, während die Männer an den Rudern kräftig
ausholten?

Sie ließen nie eine abenteuerliche Gelegenheit ungenutzt. Darin liegt
der Reiz ihres Handelns, das Grenzenlose, das überschwenglich Taten-
lustige. Wir haben die Egilssaga als eine der besten Dichtwerke altnordischer Literatur herausgegriffen, und auch sie ist einem weit größeren
Thema untergeordnet, als nur dem jährlich wiederkehrenden, lustigen
Kampf auf allen Meeren der Welt: dem Stolz des Helden und dem Bestand seiner Sippe.

Skallagrims Bruder Thorolf hatte im Auftrag des norwegischen Königs
die Steuer in Nordnorwegen eingetrieben. Das war ein sehr begehrtes
Amt, denn der Eintreiber konnte ohne Kontrolle so viel für sich behalten, wie sein großzügiges Gewissen gestattete – und der König konnte
mit seinem Steueranteil an hochwertigen Pelzen ebenfalls zufrieden
sein. Kein Wunder, wenn Thorolf seinen König und Herrn zum prunkvollen Gastmahl einlud. Dafür reichte kein Wohnhaus, sondern der König zog mit 300 Mann in eine besonders geschmückte, riesige Scheune
ein, wo Thorolf ihn mit – 500 Mann empfing.

Das konnte nicht gut gehen! Denn dieser König war kein anderer als
Harald Schönhaar selbst, ehrgeizig, mißtrauisch bemüht, jeden ver-
dächtigen Gegner in Norwegen zu beseitigen. Kamen dann andere
Männer, die das Steueramt für Nordnorwegen übernehmen wollten, flü-
sterten dem König ins Ohr, Thorolf hätte einen Überfall geplant, sich zu

sehr an Steuern bereichert – und schon sehen wir den Neid aufsteigen, nicht anders als heutzutage und zu allen Zeiten. Aus kleinen Begebenheiten, aus unfreiwilligen Kränkungen erwächst ein nicht wieder gutzumachender Haß. Ein paar Jahre später standen sich die beiden Männer im Kampf gegenüber. „Schwerter und Speere trafen Thorolf, der König selbst gab ihm die Todeswunde".

Für uns wäre damit der Konflikt zwischen zwei Männern getilgt, das Drama beendet. So aber nicht zur damaligen Zeit, als die Sippe die einzige politische und rechtliche Einheit darstellte. Ein Kämpfer war gefallen, Thorolfs Sippe geschwächt; Rache war unerläßlich, um das Kräfteverhältnis wieder herzustellen.

Damit begann die lange Sippenfehde, wie sie für alle altnordischen Familiensagen das Leitmotiv bildet, aber für Skallagrim eine überragende Bedeutung gewinnt, weil seine Gegner die mächtigen Reichseiniger Norwegens sind. Nach Rachetaten hin und her zieht er es vor, als freier und unabhängiger Mann Norwegen zu verlassen und auf Island zu siedeln. In den Haß gegen das norwegische Königshaus wurde Egil Skallagrimsson auf Island hineingeboren. Sein Gegner war schon längst nicht mehr Harald Schönhaar, sondern dessen Sohn König Erik Blutaxt. Diese beiden Männer hatten automatisch alle Rechte und Pflichten ihrer Sippe übernommen, schon ehe sie sich je gesehen. Lächerliche Episoden werden als Beleidigungen aufgefaßt, das hochgespannte Selbstbewußtsein ist überempfindlich.

Egils Schiff wird vom peitschenden Sturm an Land getrieben. Durchnäßt erreichen die Männer einen Hof, der von einem Arbeitsvormann des Königs betreut wird. Dieser Bård ist niedriger Abstammung, aber tüchtig und vom König sehr geschätzt. Er bedauert, daß er den unerwarteten Gästen nur Milch, Sauermilch und Käsemilch anbieten könne. Je mehr sie von dem sauren Zeug trinken, um so mehr wird davon hereingetragen. Mit nassen Stiefeln, sauren Mägen und üblen Launen legen sich die Männer auf das Stroh zum Schlafen nieder. Da plötzlich erscheint der König Erik Blutaxt persönlich mit seiner Gemahlin Gunnhild, und Bård hat es eilig, seinem Herrn das köstlichste Bier vorzusetzen.

„Das Gastmahl war sehr gut und es gab reichlichen Trunk in der Stube."

Wutschnaubend, mit gerötetem Gesicht sitzt Egil dem Königspaar gegenüber; er ist beleidigt, kann aber das Gastrecht Bårds nicht mißbrauchen. Erst draußen vor der Tür gibt es ein Handgemenge, in welchem Bård sein Leben verliert, zum großen Verdruß des Königs.

Männer treffen sich zum heiligen Thingfrieden – waffenlos. Und nichts geschieht. Sie stehen, die gezückten Dolche unter ihren Mänteln verborgen, Brust an Brust, aber der zündende Funke vom hochgespannten Haß zur blutrünstigen Tat bleibt aus, und sie gehen noch einmal friedlich auseinander.

Der Mensch ist alles. Das Schicksal des Einzelnen erreicht eine überragende Größe. Die Schilderungen, in denen immer viel Blut fließt, werden zu tragischen Dramen, welche zu den hervorragendsten Werken der Weltliteratur zählen. Das übersteigerte Individuum kennt nur die Bindung an die Sippe. Oftmals wird ein Ausblick von historischer Reichweite oder ein anschauliches Kulturbild geboten, aber immer nur am Rande vermerkt, rein zufällig notiert.

Den Raum beherrschten die Wikinger, die Zeit jedoch nicht. Ihrem geschichtlichen Einsatz in Europa und der Welt fehlt die einheitliche Planung. Sie verstanden es nicht, historisch zu denken. Wir aber suchen den geschichtlichen Ablauf in Schriftquellen und Bodenfunden.

In der Geburtsstunde des Abendlandes waren die Wikinger die Beweglichen, die überall Anwesenden. Und wir stellen gleich die erste Frage: wie konnte diese weit ausgreifende Landnahme erfolgen? Wie konnte der isolierte, ferne, bäuerlich primitive Norden plötzlich einen solchen Wandel durchmachen?

Das Schiff der Königin Åsa in der Schiffshalle bei Oslo
Darstellung eines segelnden Wikingerschiffes auf Gotland

II.

Handelspartner gesucht

Frühzeit (150 vor – 650 nach Chr.)

Um den schaulustigen Römern immer neue Sensationen bieten zu können, schickte Kaiser Nero einen „Bernsteinritter" namens Justinianus über Caruntum (an der Donau zwischen Wien und Preßburg) nordwärts, vermutlich nach Ostpreußen. Er kehrte mit einer so riesigen Ausbeute zurück, daß der genußsüchtige Kaiser einen besonderen Bernsteintag bei den Gladiatorenspielen veranstalten konnte, an dem vielleicht sogar die Arena mit diesem edlen Schmuck bestreut war. Solche unfaßbaren Naturreichtümer konnte man bei den Germanen mit Leichtigkeit kaufen! Tacitus schreibt:

„Lange lag der Bernstein dort mit all dem anderen, was das Meer aufwirft, bis unsere Üppigkeit ihn berühmt machte. Selbst nützen sie ihn zu nichts; sie sammeln die rohen Stücke, bringen sie unverarbeitet zum Markt und wundern sich über den gezahlten Preis."

So zögernd und ahnungslos beginnt der germanische Handel, der zur Wikingerzeit den Weltmarkt beherrschen sollte. Die Ostsee hat nicht die freundlich gütige Wärme und azurblaue Farbe des Mittelmeers. Ihre stürmischen Wellen spiegeln das ewige Grau des bewölkten Himmels und branden gegen felsige Riffe oder sandige Gestade, die nur mancherorts zu bäuerlicher Arbeit einladen.

Die skandinavische Halbinsel als Ganzes ist ihren Siedlern nicht gastfreundlich gesinnt. Die riesigen Wälder wachsen auf mageren Moränenböden, das Hochgebirge ist unzugänglich und kahl, kühle Sommer und feuchte Herbste machen den Ackerbau zu einem Wagnis. Deshalb herrschte damals Viehzucht vor.

Es gab Milchsuppe öfter als Brot. Brot aus Roggen oder Weizen war ein seltener oder nie gesehener Leckerbissen. Die Menschen lebten isoliert in kleinen Dorfgemeinschaften. Weit war der Weg zu den Kelten und Römern in Südeuropa.

Man mußte über die Ostsee rudern, denn Segelschiffe waren in den nördlichen Gewässern noch unbekannt. Dazu brauchte man starke Arme und gute Ausdauer. Aber man brauchte noch mehr – eine ruhige See, die Wellen hätten sonst die kiellosen Ruderboote zerschlagen. Deshalb waren die wenigen weitgereisten Männer auf die Umwege an den Küsten entlang angewiesen. Durch diese Fahrten kam ein bescheidener

Warenaustausch mit dem Süden zustande. In einer Ortschaft konnte es einen flinken Dorfschmied geben, der neue Moden aufgriff und mit eigenen Ideen weiterverarbeitete, in der Nachbarsiedlung scheint man sich mit den notwendigsten Schneidewerkzeugen begnügt zu haben.

Das sollte sich jedoch in der Zeit der römischen Kaiser schnell ändern. Südliche Händler zogen mit Bechern, Eimern, Schüsseln, Sieben und Schöpfkellen aus Bronze, Glas und Silber nordwärts. Solche Waren begehrten die Nordländer vor allem. Sie lieferten willkommene Tauschwaren: edle Pelze und wie gesagt den leuchtenden Bernstein.

Die Pelze mußten sehr weit hergeholt werden, und so ergab es sich, daß die südlichen und die nördlichen Handelswege gerade auf den dänischen Inseln zusammenstießen, wo der Umschlaghandel blühte. Römisches Tafelgeschirr in zahlreichen dänischen Gräbern zeugt von dem Wohlstand zu Lebzeiten der Menschen.

Ruderer waren häufig zu sehen; sie hielten sich weiterhin an den Küstenverkehr. Sie stießen bis an die nördlichste Ausbuchtung der Ostsee vor, sie tasteten die Ozeanküste ab, bis zu den Lofoten und bis Harstad. Landzungen, Riffe und Buchten prägten sich den Augen der kundigen Seebären ein. Die Netzhaut war ihre zuverlässigste Karte. Durch den Kontinent führten die Weichsel, die Oder, die Elbe und der Rhein das Handelsgut verhältnismäßig sicher, rasch und bequem nordwärts und südwärts. Auf der neuen Gesamtkarte über alle römischen Funde im freien Germanien können wir genau ablesen, wie die Funde sich an manchen Wasserwegen häufen und im Binnenland seltener werden.

Mehr als ein halbes Jahrtausend hindurch blieben die Flüsse Zentraleuropas die Pulsadern für den Handel und friedlichen Austausch der Völker. Freilich gab es oft Störungen durch Kriege und Überfälle, denn die Germanen nördlich und südlich der Ostsee bildeten leicht bewegliche Stammeseinheiten, die sich oft plötzlich zum Aufbruch entschlossen und in neue Gegenden wanderten.

Zuerst hören wir von den Kimbern und Teutonen, welche um 120 v. Chr. die jütländische Halbinsel verließen, etwa die Oder aufwärts zogen, in überraschenden Kämpfen die schwerbewaffneten und gut marschierenden römischen Legionen über den Haufen warfen und schließlich in Norditalien als Stamm und Volk selber vernichtet wurden. Dann folgten die Burgunden von der Insel Burgundarholm (jetzt Bornholm) und den umliegenden Küsten, ferner die Wandalen aus Wandilsyssel (Vendsyssel in Nordjütland). Sie siedelten zunächst in Norddeutschland, ehe sie in langsamerem Tempo südwärts zogen, um schließlich Burgund und (W) Andalusien ihren Namen zu geben.

Auch die Goten verließen ihre Urheimat, die wir allem Anschein nach wohl in Westschweden, hinter Göteborg, suchen dürfen, siedelten

in den beiden ersten Jahrhunderten unserer Zeitrechnung im Weichsel-
mündungsgebiet und zogen nach Südrußland weiter. Aus dem Elbmün-
dungsgebiet wiederum brachen die Langobarden auf, die sich schließlich in der Lombardei in Norditalien seßhaft machten. Eine Völkerwelle
nach der anderen hat sich aus dem Norden südwärts ergossen. Zur Zeit
streiten sich die Sagenforscher über die Schriftquellen. Manche bezweifeln ihren Wert, andere halten an ihnen fest. Das sollen sie erst unter
sich ausmachen, wir Prähistoriker müssen unsere Bodenfunde unabhängig davon beurteilen und auch noch die Angeln und Sachsen hinzunehmen, die erst im 5. Jahrhundert nach England auswanderten.

So ist der gewaltige Ausgriff der Wikinger nach dem Südosten und
dem Südwesten die letzte große Völkerwanderung der nordischen
Frühzeit, nur ziehen sie nicht wie früher aus einem geschlossenen Hei-
matgebiet aus, sondern rekrutieren sich aus dem gesamten Volke. Sie
fügen sich folgerichtig in ein tausendjähriges Geschehen ein, das in riesigen Strömen von den Völkern der Ostsee ausgegangen ist. Überbevöl-
kerung, akute Hungersnot, Unternehmungslust und Fernweh dürften
die tiefer liegenden, schwer ergründlichen Ursachen sein. Aber was vor
dem Jahre 800 geschieht, sollten wir nicht Wikingerzüge nennen, ebenso wie der Begriff Wikinger erst um 800 entstanden sein kann.

In die Frühzeit reihen wir auch noch die Scharen von skandinavischen Kriegern ein, die als Söldner im römischen Dienst standen und
ihren Sold in klingenden Goldmünzen oder in Goldbarren ausgezahlt
bekamen. Sie kehrten in ihre nordische Heimat zurück und vertrauten
ihren Beutel, ihre goldenen Halsringe und ihre Reichtümer der Erde an,
starben, und keiner kannte den Baum oder den Stein, an welchem das
Gold bis in die Gegenwart liegen blieb, um unerwartet bei Straßenbau-
ten und Grundgrabungen wieder ans Licht zu kommen. Es ist das Goldalter Europas (etwa 200 – 600 n. Chr.), wie es sagenhaft in der Nibelungendichtung verewigt ist. In Wirklichkeit kam das Gold wohl aus
römischen Goldfunden in Afrika, und das meiste blieb gerade in Skandinaviens Erde der Nachwelt erhalten. Jetzt füllt es mit seiner glitzernden Pracht die Museen der nordischen Hauptstädte, insbesondere die
Goldkammer in Stockholm.

Schon längst sind die Siedlungen in Skandinavien keine rein bäuerli-
chen mehr; wir erkennen vielmehr im Spiegelbild der Gräber Krieger,
Häuptlinge und Könige, während umgekehrt die Sklaven, Besitzlosen,
Tagelöhner und die Kinder aus unserem Fundbild verschwunden sind.
Wir haben es mit kunstliebenden und prunksüchtigen, germanischen
Staatsgebilden zu tun, welche regen Anteil an den Geschehnissen auf
dem Kontinent nahmen und auch untereinander sich schwer bekämpf-
ten. Aber der gesamte Zustrom an römischem Gold und an sonstigen
Importstücken, die auf den deutschen Flüssen gehandelt wurden, bricht

um 650 ab. Auf dem Kontinent ist ein Ereignis eingetreten, das für Jahrhunderte das Antlitz Europas verändern sollte.

Werdendes Abendland (650 – 800)

Zu diesem Zeitpunkt dringen die Slawen westwärts. Gleichzeitig mit ihnen schieben sich auch östliche Steppenvölker (z. B. die Awaren) aus dem asiatischen Raum bis zum Donaubecken vor.

Die Slawen waren in Zentralrußland zu Hause, etwa am mittleren Dnjepr, in einem relativ kleinen Siedlungsgebiet, umgeben von finnischen und türkischen Völkern. Nun ziehen sie Zone um Zone in das entvölkerte Zentraleuropa ein und überschreiten zunächst die Weichsel. Bald wird auch der einst so rege Handel auf der Oder stillgelegt, und schließlich erreichen die Slawen den Fluß, der ihre westlichste Grenze bildet, die Elbe. Auch diese fällt somit für den Nord-Süd-Handel des Abendlandes aus.

Die Slawen lebten in Dörfern und Stammesverbänden, waren politisch derart zersplittert und merkantil noch so wenig entwickelt, daß der Verkehr auf den großen Flüssen zum Erliegen kam. Auch war in den dunklen Jahrhunderten Europas das kulturelle Zentrum so stark nach

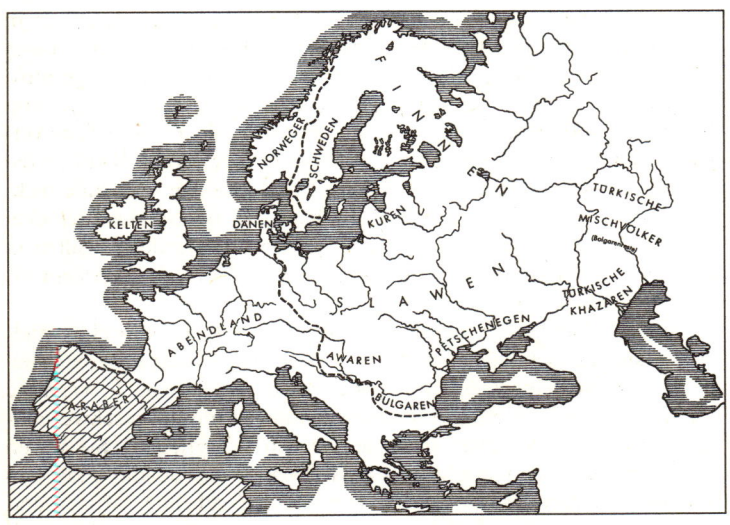

Die Völker Europas zur Wikingerzeit

Westen verlagert, daß der einstmals so lebenswichtige Austausch zwischen Skandinavien und dem Süden sich nur noch auf dem Rhein und an der atlantischen Küste entlang vollzog.

Ebenso eingeengt, ebenso lebensgefährlich klein wie heute war der abendländische Lebensraum geworden. Jenseits der Elbe herrschten Slawen und Skandinavier, in Spanien die Araber. Zwar wurden letztere im Jahre 732 bei Poitiers geschlagen, sie erschwerten jedoch den Orienthandel. Nur die Juden konnten ihn noch betreuen. Gläubige und Ungläubige begehrten ihre Waren, Geschäftsfreunde halfen ihnen in allen Städten und Häfen, ihre Schiffe wagten sich über das von muselmanischen Piraten erfüllte Mittelmeer. Sie tauchten mit den Waren des Westens in Sevilla, Athen, Damaskus und Bagdad auf und kehrten mit Gewürzen, Seide und Raritäten des Morgenlandes zu den Käufern im Abendland zurück. Kein Wunder, wenn sie unangetastet alle Grenzen überschreiten konnten und überall gern gesehen waren. Kein Wunder, wenn Pippin, Karl der Große und Ludwig der Fromme ihnen Handelsprivilegien erteilten und als Gegenleistung forderten, daß sie mindestens jedes zweite Jahr in Aachen persönlich vorstellig werden sollten.

Eine köstliche Anekdote wirft Licht auf die Geschehnisse. Sie handelt vom Erzbischof Richulf in Mainz (787–813), der irdische Schätze gar zu heiß begehrte: Karl der Große beauftragte einen jüdischen Kaufmann, der oft nach Palästina zu reisen pflegte, daß er diesen Bischof irgendwie hereinlegen sollte. Der Kaufmann nahm eine gewöhnliche Hausmaus, würzte sie mit aromatischen Gewürzen (und putzte sie in bunten Farben) und bot sie dem Bischof zum Kauf an. Er hätte dieses äußerst wertvolle und früher nie gesehene Tier aus Judäa eingeführt. Nun ging ein wildes Feilschen los. Der Kaufmann lehnte entrüstet drei Pfund Silber ab, meinte sogar mit zehn Pfund an dem Geschäft zu verlieren. Der Bischof steigerte sein Angebot und erwarb schließlich die eigenartig geschmückte Maus für einen Scheffel Silber. Der Jude rechnete mit dem König ab, der in so sonderbar realistischer Weise den Gierigen strafen wollte. Beim nächsten Bischoftreffen wurde das Silber in den Palast getragen und der zutiefst erschrockene Bischof verlacht, so daß es noch heute zu hören ist.

An dieser Geschichte fällt uns vor allem auf, daß der jüdische Händler regelmäßig nach Palästina reiste. Bei der Spärlichkeit unserer Quellen ist das schon eine wichtige Angabe. Wir beobachten auch, wie diese Fernhändler bei Fürsten, Bischöfen und Königen mit ihren schwer aufzutreibenden und schönen Raritäten aufzutreten pflegten. Sie waren keine Hausierer, sondern gewandte Reisende, welche die südlichen Handelswege zu befahren wußten. Für ihre zeitraubenden Mühen und manchmal erheblichen Gefahren auf langen Reisen konnten sie mit einer sehr guten Bezahlung rechnen.

Nordwärts kannten sich die Juden nicht so gut aus. Nordwärts, das
heißt in der Welt der Wikinger, die uns besonders interessiert. Der Handel dorthin wurde von den Friesen betrieben, jenem kleinen Küstenvolk
an der Rheinmündung, das im 8. und 9. Jahrhundert eine beachtliche
Blütezeit erlebte und eine geradezu europäische Vorrangstellung genoß.
Juden und Friesen beherrschten als eigenartiges Völkerpaar gemeinsam
den europäischen Markt in der Geburtsstunde des Abendlandes. Nordwärts – das heißt allem voran zur See, mit der See, auf wasserumflute-
ten Siedlungen des Rheindeltas. Die Friesen konnten ganz einfach nicht
umgangen werden; sie verstanden es glänzend, Küsten-, Meeres- und
Flußfahrten zu verbinden und ein weitgespanntes Handelsnetz aufzu-
bauen, das dem jüdischen Mittelmeer- und Orientnetz nicht nachsteht.
Sie organisierten ihre Geschäftsreisen in uns gut bekannten Stützpunkten.

Dorestad hieß die wichtigste Handelsstadt der Friesen (östlich Utrecht), von der aus sie den Krummen Rhein, Vecht und Lek beherrschten, also drei der vier damaligen Rheinarme. Die Schriftquellen wissen
zu berichten, daß Pippin 689 dort eine Festung baute und daß die Siedlung Zoll- und Münzstätte des fränkischen Reiches wurde. Heutzutage
ist der Krumme Rhein versandet, und am Lek liegt ein Städtchen namens Wijk bij Duurstede. Aber Holländer haben (mit Professor J. H.
Holwerda als Leiter) durch Ausgrabungen, besonders in den 1920er
Jahren, das rege pulsierende Leben dieser erstaunlich wichtigen Handelsstadt in unserer Vorstellung wieder aufleben lassen.

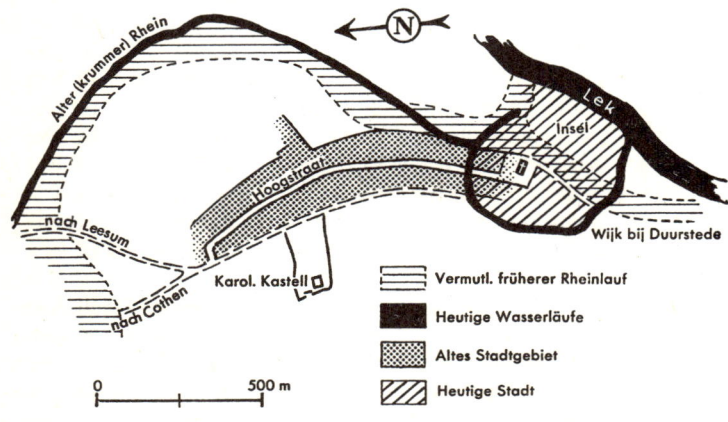

Der friesische Handelsplatz Dorestadt

Da zieht von der heutigen Stadtkirche eine Straße nordwärts, weit auf die Felder hinaus. Sie heißt noch immer „Hoogstraat", und von ihr gehen zahlreiche Parzellen aus. Sonderbarerweise sind sie alle gleich lang, wodurch im Osten wie im Westen zwei Grenzlinien entstehen, die mit der Hoogstraat parallel laufen. Überall dort wurden bei den Grabungen die ehemaligen Palisaden angetroffen! Der Umriß des altfriesischen Dorestad ist also noch heute auf dem Katasterblatt deutlich zu sehen. Die Siedlung bildet eine 1000 Meter lange und recht schmale Kaufstadt von rund 12 Hektar Fläche.

Palisade, Wall und Graben bieten einen guten Schutz, nicht so sehr gegen feindliche Angriffe wie gegen Überschwemmungen des Krummen Rheins. Die einstigen Häuser fand der Ausgräber nur westlich der Hoogstraat; auf der Ostseite, herunter zum Krummen Rhein, gab es nur vereinzelte größere Häuser. Das mutet uns sonderbar an. Häuser stehen doch üblicherweise beiderseits einer Dorfstraße. Hier haben wir es jedoch nicht mit einem Dorf, sondern mit der ersten wirklichen Hafen- und Handelsstadt des Mittelalters zu tun. Westlich der Hoogstraat wohnten die ortsansässigen Friesen, das Gebiet östlich der Straße stand den reisenden Kaufleuten zur Verfügung. Es ist schriftlich bezeugt, daß königliche Beamte Hafengelder erheben durften wobei das eigentliche Anlegegelände vermutlich im Rhein außerhalb der Stadtpalisade zu suchen ist.

Links die Häusergiebel, rechts die Schiffssteven! Welch ein intensives Leben und Treiben auf dem schmalen Streifen dazwischen in den hektischen Markt- und Handelswochen. Wir kennen es, denn eine Müllabfuhr gab es nicht: Knochen, Speisereste, Tonscherben und Abfälle blieben am Platze liegen und bildeten eine „Schwarze Erde" von beachtlicher Tiefe. Leider stießen ahnungslose Leute vorzeitig auf diese Fundgrube und verwerteten die Erde als – Düngemittel. Allein im Jahre 1843 wurden 970 000 Liter Knochen ausgebuddelt und damit auch das wertvollste Archiv Dorestads durchgewühlt und vernichtet. 200 Jahre Kulturerde eines glanzvollen Handels nach allen Himmelsrichtungen! Wir hätten gerne die einzelnen Weber, Kammacher, Schmiede, Schuster und Töpfer in ihren Häusern kennengelernt, die vornehmen Patrizier, die weitgereisten Friesen mit ihren von fern her zusammengetragenen Gütern – zwar immer nur brüchige Abfälle, aber doch untrügliche Dokumente des Lebens.

Die Friesen besaßen eine ganze Reihe von bedeutenden Handelsemporien. Quentovic kennen wir durch Schriftquellen (als Münzstätte und Pilgerherberge), Domburg auf der Insel Walcheren umgekehrt durch Bodenfunde: die Fundstelle ist allerdings überspült und konnte nur bei ausgesprochenem Tiefwasserstand untersucht werden, zuletzt im Jahr 1867! Händler, Handwerker und eine Schiffswerft treten durch neue,

wertvolle Untersuchungen in Emden und Hessens in unseren Gesichts-
kreis. Dorestad war jedoch entschieden am wichtigsten.

Aus der Vita des Engländers Wynfrith-Bonifatius stammt eine kurze,
anschauliche Notiz über den Hafenverkehr, als er im Jahre 716 seine
Missionsreise zum Kontinent antrat, um England nie wieder zu sehen:
„Bonifaz reiste von London zu Schiff nach Dorestad ... er bestieg, den
emsigen Schiffern ein seltsamer Fahrgast, mit Erlaubnis des Schiffs-
herrn das Schiff, zahlte das Fahrgeld und gelangte bei günstigem Winde
nach Dorestad."

Es mutet nicht anders an als in den Häfen jüngerer Zeiten: friedlicher
Personen- und Güterverkehr in genau festgelegten Formen. Für die
Weiterreise den Rhein aufwärts bis nach Köln, Mainz und Speyer hat
uns der Missionar Alkuin aus dem Jahre 781 einen selbsterlebten Augenzeugenbericht in Versen hinterlassen, der uns besonders interessiert, weil dieser einzige noch existierende Flußweg vom Norden südwärts von so ausschlaggebender Bedeutung für den Handel der Wikingerzeit ist. Deshalb bringen wir zum erstenmal eine Übersetzung aus
dem Lateinischen von Professor J. O. Plassmann. Alkuin gibt in seinem
Brief alle erforderlichen Ratschläge für die gefahrvolle und mühselige
Rheinfahrt von damals, am Englischen Kanal beginnend:

Brieflein, eile geschwind weit über die Fläche des Meeres,
Schäumend die mächtige Mündung des fischreichen Rheines
    erstrebend,
Der von reißenden Wogen, das Meer betretend, gewälzt wird,
Daß nicht des Stromes Gewalt das Achterdeck wirble nach vorne.
Laß dann vom länglichen Schlepptau den Steven aufwärts geleiten,
Kommt mein Alberich dir, den Fluß bereisend, entgegen,
„Kühegewaltiger Fürst", sprich eilends zu ihm, „sei
    gegrüßet!"

Es gab anscheinend damals schon eine blühende Rindviehzucht in
Friesland, und die folgenden Zeilen über die Bewirtung in den heidnischen Städten des Rheindeltas sind höchst anschaulich:

Hadda nämlich in Utrecht wird schwerlich länger als eine
Nacht dich mit Honig, Gemüse und gelber Butter bewirten:
Denn weder Öl noch Wein ergießt sich im Lande der
    Friesen.
Laß dann schwellen die Segel und meide Dorestad eiligst.
Kaum wird Rotbert der Schwarze dir gastliche Stätte
    bereiten,

Ist doch der geizige Kaufmann von deinem Lied nicht begeistert.
Wende lieber den Kiel zum Ufer Ionas, des Sehers:
Dort wird sichere Rast den Wandermüden geboten,
Dazu Gemüse und Fisch und Brot in reichlicher Menge.

Dann erreicht Alkuins Schilderung die berühmteste Strecke des großen
Flusses:

Köln auch öffnet dir freundlich, ich weiß es, die Pforten der
  Häuser:
Hier begrüße respektvollen Tones den Vater Rikwulfus;
Sprich zu ihm: „Geliebter, dein Lob liegt mir immer am Herzen."
Eile dann zu den Burgen auf gleitendem Kiel durch die Wogen,
Bis du endlich die Mündung erreichst der freundlichen Mosel.
Rudernd durchfahre den Fluß ...

Dortigen Freunden bringt der Empfehlungsbrief Grüße. Auch dem König sei gehuldigt, falls er gerade in seiner Halle (zu Ingelheim?) weilt.

Kommst du aber vielleicht nach Mainz, der Krone der Städte:
Ewigwährenden Gruß verkünde Lullus, dem Lehrer,
Gilt er doch als Beispiel der Kirche, als Zierde der Weisheit ...
Ruhm des Speyrischen Volkes, mein guter Vater Bassinus ...
Auf dann Brieflein, besteige in Eile das harrende Schifflein ...
Laß nicht Burgen, nicht Häuser, noch Städte, noch blühende
  Landschaft
Dich, von Staunen erfüllt, nur eine Stunde verhalten,
Eile nimmer verweilend im Sturmschritt flüchtigen Laufes:
Heil und gesund und froh und voll des kräftigen Lebens
Mögest du freundlichen Sinns erblicken unsere Freunde!

So dichtete ein Mann, dem die Raststätten der Kirche vertraut waren,
Stützpunkte auf dem größten Reise- und Handelsweg des frühen Mittelalters. Bodenfunde sollen uns den Handel aufleben lassen, der kaum
in zeitgenössischen Schriftquellen erwähnt wird. Das ist die besondere
Kunst der modernen Wissenschaft, die sich hier glücklich anwenden
läßt. Wie gesagt, die Friesen beherrschten den Handel auf dem Rhein
und an der Ozeanküste.

In Mayen westlich Koblenz steht ein Basalt an, der sich besonders
gut für Mühlsteine eignet. Dort gab es folglich eine blühende Steinindu-
strie, und wir können ihre Erzeugnisse sofort erkennen, überall wo sie
in unseren Funden auftauchen. Ähnlich liegt es mit gewissen doppelko-
nischen Tongefäßen und den sogenannten Badorfer Gefäßen, die aus

dem nordfränkischen Raum westlich des Rheins stammen. Sie lassen
sich bequem auf dem Rhein verfrachten, südwärts und vor allem nordwärts. Wir finden sie im 8. Jahrhundert regelmäßig in den Küstensied-
lungen und „Wurten" bis zur Ems und Weser, unverkennbare Handelswaren. Das östliche Friesland zwischen Weser und Eider wurde allerdings gemieden. Die flache Marsch und die heftigen Nordseestürme
machten den Küstenstreifen ungastlich, aber auf der Insel Föhr haben
wir ein vereinzeltes Gefäß gefunden, ebenso wie eine Goldmünze aus
Maastricht, geprägt schon vor dem Jahre 650.

Münzen sind überhaupt sprechende Zeugen; friesische Münzen finden wir am Rhein entlang bis Konstanz am Bodensee, westwärts bis
England und nordwärts bis Jütland. Dorestad-Münzen aus der Zeit vor
689 finden wir auf Sylt, Pippins bleiche Madelinus-Münzen nach 689
am Limfjord. Deutlich tasten die unternehmungslustigen Friesen den
skandinavischen Norden ab, stehen unmittelbar vor der jütländischen
Landsperre zur Ostsee. Die Menschen der dunklen Jahrhunderte wußten weniger über die Völker Skandinaviens als die alten Römer. Sie waren zu stark mit sich selbst beschäftigt, ihr Lebensraum war zu sehr eingeengt. Gab es in diesen unbekannten Ländern überhaupt einen loh-
nenden Markt, konnte die kalte Zone begehrliche Waren erzeugen, gab
es womöglich einheimische Händler, mit denen sie in Fühlung treten
konnten?

Werdende Welt der Wikinger (650–800)

Um Alt-Uppsala und am Mälarsee steigt ein Volk als Sieger in zahlreichen Kämpfen mit seinen Nachbarn empor. Die Svear, die Begründer
des künftigen Schweden. Auch von dänischen Königen ist die Rede,
und die Zahl der norwegischen Kleinkönige an Küsten und in Tälern ist
noch groß. Sie entfalten Luxus und Pracht in ihrer Hofhaltung, sie sind
bereit, mit ihren Kriegern aktive Politik zu treiben – innerhalb von
Skandinavien, aber auch jenseits der Ost- und Nordsee.

Denn inzwischen haben sie eine entscheidend große technische Erfindung gemacht: die Kunst des Segelns. Sonderbar, wie lange Zeit see-
fahrende Völker benötigen, um auf eine so naheliegende Idee zu kommen. Die Nordmänner mögen römische Segelschiffe gesehen haben,
aber sie lockten sicherlich nicht zur Nachahmung, denn sie waren für
ruhige Gewässer im Mittelmeer gedacht, und die Römer waren schlechte Matrosen. Das Eichenschiff aus dem Moor von Nydam (um 300 n.
Chr., jetzt in Schleswig) hat 36 Ruderplätze, noch immer aber fehlen
Segel und Kiel. Die etwas jüngeren Schiffsbilder auf Grabsteinen der
Insel Gotland sind ihm ähnlich. Auch ihnen fehlen die Segel, die Män-

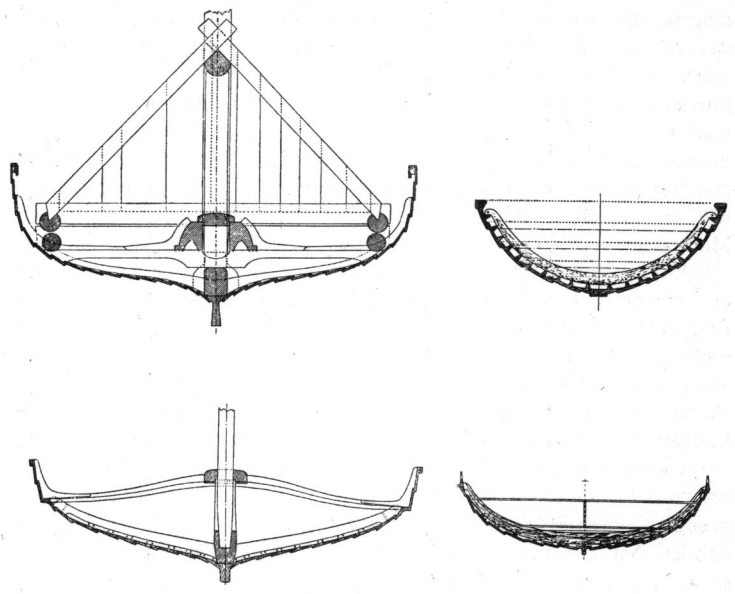

Schiffsprofile (Maßstab 1:75)

rechts: aus der Zeit vor 600 (Nydam und Kvalsund);
links: aus der Zeit nach 800, voll entwickelte Wickingerschiffe
(Gokstad und Oseberg)

ner holen am Ruder aus, die Steven sind sichelförmig hochgeschwungen. Ein Segel fordert eben eine ganz neue Sicherung des Schiffes auf den Wellen, eine Verankerung durch den Kiel. Das ganz andersartige Gefüge eines Segelschiffes ist nicht von heute auf morgen geschaffen. Zeichenpulte waren den Männern, die so eng mit den Naturgewalten zusammenlebten, fremd. Es mußte erfühlt und von Seefahrern in Sturm Schiffsprofile (Maßstab 1:75) und offener See empfunden werden. Wir können nur ahnen, wie viele fehlkonstruierte Schiffe in Stürmen zerbrachen und mit Mann und Maus versanken.

Ein glücklicher Schiffsfund aus der Zeit um 600 n. Chr. zeigt, wie mit dem Problem noch gerungen wird. Das Schiff von Kvalsund hat eine verstärkte Bodenplanke – und zugleich einen Mast für ein Segel. Mit einem kräftigen Kiel ist ein Schiff imstande leichter auf den Wellen zu reiten, die Wellen zu durchschneiden, Stürmen auf offener See zu trotzen. Mit einem Kiel kann ein Schiff auch Segel führen, bei dienlichem Wind eine erstaunliche Geschwindigkeit erzielen, doppelt so breit gebaut werden und somit eine weit größere Ladung von Proviant und Menschen sogar über das offene Meer bringen. Damit hatten die Nordleute eine Erfindung von größter Reichweite gemacht.

Kann es nun wundernehmen, daß die neue Kunst des Segelns auch in den Gräbern einen grandiosen Niederschlag findet? Schon seit jeher und in aller Welt spiegelt der Grabritus das Lebensideal der Herren und Fürsten. Fahrend und reitend, in vollem Ornat stehend oder sitzend, speisend oder das irdische Leben genießend, haben sich die Mächtigen der Welt beisetzen lassen. Warum dann nicht auch segelnd? Folgerichtig werden die Hird-Leute des Svea-Königs mit einem Schlag in unserem Fundstoff sichtbar. Vom 7. Jahrhundert ab segeln die Bauern-Fürsten nördlich Stockholm in voller Waffenpracht auf ihren Schiffen ins Jenseitsreich. In Vendel, Valsgärde, Tuna und Ulltuna wurden die Schiffe an Land gezogen und nach der Beisetzung mit Erde zugeschüttet. Längliche Mulden bekunden, wo die Männer Generation nach Generation in ihren Schiffen nebeneinander ruhen, während Frauen weiterhin nach älterem Brauch eingeäschert wurden. Bei den Svea-Königen selbst fand die Schiffsbestattung keinen Eingang, dagegen aber zu unserem allergrößten Staunen – in einem englischen Königsgrab bei Sutton Hoo in Suffolk, nordöstlich London. Es ist der reichste Vorgeschichtsfund, der jemals nördlich der Alpen gemacht worden ist.

Vermutlich ist mit dem Schiffsgrab der letzte halbheidnische König Englands geehrt: Aethelhere, † 655. Ein neues Lebensideal greift schnell um sich, erfaßt wie ein Lauffeuer die Völker der Welt – so auch die neue Lust am Segeln. In offener Seefahrt auszugreifen, nicht mehr der Küste entlangzuschleichen, auf hoher See direkt fremde Länder aufzusuchen, voll und ganz die Ostsee und die Nordsee zu beherrschen – das ist die unverkennbare Realität hinter dem Bestattungsbrauch.

Schwert, Schild und Helm von Sutton Hoo könnten aus Alt-Uppsala stammen, so nahe sind sie mit den schwedischen Funden verwandt. Welche engen Beziehungen haben zwischen den Königen Englands und Schwedens quer über die See bestanden? Hat es politische Freundschaft oder Blutsverwandtschaft zwischen den Fürstenhäusern gege-

Zwei Pferde auf einer Schwertscheide aus dem Schiffsgrab 5
von Valsgärde nördlich Uppsala

Ineinandergeflochtene Pferde auf beiden Seiten eines Schwertknaufs
von Liland in Norwegen (Originalgröße)

ben? In dieser Frage sehen wir noch nicht klar, aber wir erkennen, daß
die ganze Kunst Alt-Uppsalas stark von der anglo-irischen beeinflußt
ist, obwohl wir diese nur in Mönchs-Handschriften der Klöster finden,
jene aber auf Metallbeschlägen für die Waffenausrüstung heidnischer
Krieger.

Da traben zu Anfang des 8. Jahrhunderts in einigen Schiffsgräbern
stämmige, dreieckige Pferde die Metallplatten entlang. Aber sie bewegen sich nicht frei und unbekümmert, sondern sind durch sogenannte
„irische" Schleifen und Knoten, welche jeden freien Raum füllen, an
den Hintergrund gekettet. Es können auch zwei Pferde wie im Kampf
einander gegenüberstehen, sogar mit arg verflochtenen Mäulern. Etwas
Ähnliches kommt im Codex Aureus vor, als hätte der heidnische Künstler in den heiligen Büchern geblättert. Nur in der Ausformung von
Mäulern, Pfoten und ähnlichen Einzelheiten erkennen wir, daß die nordischen Beschläge mit Sicherheit von einheimischen Künstlern geschaffen wurden.

Etwa gegen Mitte des 8. Jahrhunderts tauchen schmale Bandtiere
auf, welche mit den Schlangentieren der Bücher von Lindau und Lindisfarne eng verwandt sind, anschließend groteske Menschen, häßliche
und komische Mischlinge zwischen Mann und Tier, wie sie in dem Book
of Kells beliebt sind.

Im Gegensatz zu dem harten Granit und Gneis des schwedischen
Festlandes ist die Ostseeinsel Gotland aus einem gut geschichteten
Sandstein aufgebaut. Seine Verwendbarkeit erkannten die Künstler
schon frühzeitig und stellten zahlreiche, elegant geformte und verzierte
Steine zur Totenehrung auf. Sie erhielten gerade im 8. Jahrhundert einen besonders reichen Bilderschmuck. Wir können ihn an dem „irischen" Knotenmuster genau datieren. Und was dabei noch interessanter ist: auf einem Stein wird ein viereckig umzäunter Hof angegriffen
und von den Einwohnern verteidigt. Wir sehen das Vieh und die Giebel-
reihe der Häuser mit ihrem Giebelschmuck. Eine ähnliche Szene befindet sich auf einem englischen Schrein aus Walfischknochen, dem Mate-

rial entsprechend viel feiner geschnitzt. Wir kennen weder die englische
noch die schwedische Sage, und man könnte behaupten, das Motiv des
gotländischen Bildsteines sei so naheliegend, daß es keinerlei Vorlage
benötige. Aber die Skandinavier waren zu diesem Zeitpunkt dermaßen
stark ornamental interessiert und so wenig in figürlicher Kunst ge-
schult, daß auch das einfachste Motiv eine große Neuerung war. Es ging
so weit, daß nur wenige Kunstschulen bereit waren, Motive dieser Art
überhaupt aufzugreifen, darunter bezeichnenderweise die zu allen Zeiten bildfreudigen Gotländer.

Auf dem englischen Schrein taucht auch die Sage von Wieland dem
Schmied auf, die wir in ähnlicher Weise auf einem anderen Bildstein
wiederfinden: Links der Schmied mit seinen Werkzeugen; als Rache für
seine Fesselung hat er die Königssöhne getötet, welche kopflos zwischen seinen Füßen liegen. Die Königstochter besucht ihn mit ihrer
Dienerin. Er verführt sie und entschwindet fliegend in einer Schwanen-
verkleidung, die sein Bruder Egil rechts auf dem Bild vorbereitet und
aus vier lebenden Vögeln anfertigt. Auf dem gotländischen Stein ist die
ganze Schmiede mit dem grasbewachsenen Dach zwischen den ent-
haupteten Königskindern und dem Schmied zu sehen, der schon
Schwanengestalt angenommen hat, während die Königstochter ganz

Verzierung auf einem Schwertgriff von Ihre auf Gotland (Originalgröße)

links zurückbleibt, von ihm abgewandt. Ein Schrein, ähnlich wie der
erhaltene, oder irgend ein anderer bebilderter Gegenstand wird durch
Seefahrer in die Hand eines rührigen gotländischen Steinmetzen geraten sein. Anglo-Iren waren die künstlerisch Gebenden, Nordländer die
zur See Aktiven, sogar weit über die Nordsee westwärts.

Was läge ihnen dann näher, als auch quer über die Ostsee auszugreifen?
Und sie taten es mit einer zielbewußten Kraft, die wir erst neuerdings
kennengelernt haben. Ausgrabungen brachten Funde aus einer schrift-
quellenarmen Zeit zutage, rechtzeitig in den 1930er Jahren, ehe moderne Politik derartige Forschungen sperrte.

1929 war man der Sache auf die Spur gekommen. Schwedische
(unter Leitung von Professor Birger Nerman) und lettische Archäologen gruben gemeinsam zwei Hügelgräberfelder sechs Kilometer östlich
der Stadt Libau (Liepaja) aus. Sie muteten ganz schwedisch an und
waren von erheblichem Ausmaß, zählten ursprünglich vielleicht tausend Hügel, wenngleich kaum die Hälfte erhalten war und nur 33 von
ihnen untersucht wurden. Alle bargen schwedische Brandgräber. Die
Scheiterhaufenfeuer hatten arg gewütet, die verbogenen und brüchi-
gen Metallstücke können wir jedoch mühelos als Reste von Schwertern mit „irischem" Knotenmuster, von Schildbuckeln, Speerspitzen,
Schnallen, Beschlägen und anderen Zutaten der Kleidung und Bewaffnung erkennen. Hier haben Svear eine Kolonie jenseits der Ostsee gegründet, welche von 650–800 n. Chr. Bestand hatte, und zwar in dem
Siedlungsgebiet der Kuren, deren Gräber zu dieser Zeit ganz anders
aussehen und sich somit von denen der Eindringlinge deutlich unterscheiden.

Noch weit beachtlicher ist, daß es am Platze auch ein drittes Gräberfeld gab, von etwa gleicher Größe, aber schwerer erkennbar, da es sich
unter ebener Erde verbarg. Keine Hügel, sondern nur Streufunde beim
Kiesabfahren zeigten die Stelle an. Der ganze Rasen mußte abgedeckt
und 100 Gräber konnten untersucht werden: auch hier gab es Männergräber mit und ohne Waffen, zahlreich jedoch waren Frauengräber mit
reichem Schmuck: Spangen, Fibeln, Schnallen, Brakteaten, Ketten, Anhänger, Schlüssel, Armreifen, Fingerringe und Perlen, wie sie ausschließlich auf der Ostseeinsel Gotland vorkommen, ebenso wie die
ebenerdige Bestattung gotländisch und nicht festlandschwedisch ist.
Kein Zweifel: hier ist das Gräberfeld gotländischer Siedler, welche über
das Meer vorgestoßen waren, ebenfalls in der Zeit von 650–800, nicht
als Seeräuber oder Krieger; sie gründeten vielmehr mit ihren Frauen
Kolonien im dünn besiedelten Immigrantenraum. Sie blieben mit dem
gotländischen Mutterland in enger Verbindung, davon legt die gleiche
Entwicklung der Schmuckstücke durch 150 Jahre untrügliches Zeugnis

ab. Eben deswegen dürfen wir von einer regelrechten Kolonie sprechen.

Gotländer und Svear werden in bestem Einvernehmen miteinander
vorgestoßen sein. Es kommt häufig vor, daß zwei Völkerschaften gemeinsam siedeln, aber getrennt beerdigen.

Sie siedelten in dem Städtchen Grobin selbst, wo auch eine prächtige Erdburg, auf drei Seiten von der Alande umflossen, Zuflucht bieten
konnte. Dicht neben ihr wurde später die mittelalterliche Ordensburg
aus Stein gebaut. Sie stießen auch noch weiter in Kurland vor. An fünf
Stellen ostwärts und nordwärts sind schwedische oder speziell gotländische Gegenstände derselben Zeit geborgen worden, die zu planmäßigen
Ausgrabungen aufforderten, die vor dem zweiten Weltkrieg leider nicht
mehr zustande kamen.

Wie standen sie nun zu den Kuren? Sie waren doch immerhin die
politisch Aktiven, die militärisch Überlegenen. Sie werden wohl Tribut
gefordert haben. Jeder forderte damals Tribut von fremden Völkern,
der die Macht dazu hatte. Das machte das Leben fern der Heimat ge-
mütlich. Sie waren sicherlich auch handelsfreudig. Darauf deutet die
planmäßige Handelspolitik der Svear, die wir noch kennenlernen werden. Allmählich gelangten kurische Schmucksachen in die schwedischen Gräber. Das ist gar nicht so selbstverständlich, denn der damalige Schmuck gehörte zur Nationaltracht. Wenn also kurische Ketten
und Armreifen und gedrehte Halsringe in den Funden auftauchen, ist
es bezeichnenderweise gerade in den jüngsten Gräbern, wenn die Kolonisten schon dem Mutterland entfremdet sind, sich an der sandigen,
kurischen Küste heimisch fühlen und kurische Mädchen heiraten.

Die Kolonisten tauchen auf, kurz nachdem die Königshügel in Alt-
Uppsala und die ersten Schiffsgräber angelegt sind. Demonstrativ stehen Könige, Häuptlinge an ihrer Seite, die sich mehr dünken als andere
Bauern-Krieger des Landes und Jahrhunderte hindurch ihrem Brauchtum treu bleiben – gleichzeitig mit den nachweislich ersten seetüchtigen
Seglern und einer aktiven Politik jenseits der Ostsee! Wir sehen überall
den materiellen Niederschlag in den Gräbern und dürfen getrost daraus
auf die politische Realität schließen, auch wenn uns kein Wort überliefert wäre.

Nun sind wir aber in der glücklichen Lage, einiges über die Könige
der Svear in Alt-Uppsala zu erfahren. Etwa im 8. Jahrhundert herrschten Ivar der Weitgreifende, sein Enkel Harald Kampfzahn und dessen
Neffe Sigurd Ring. Von Ivar berichtet die Ynglingasaga: Jvar Vidfamne
herrschte über einen großen Teil Saxlands und alles Land im Osten und
ein Fünftel Englands." Die Hervararsaga ist ausführlicher: Jvar gewann
für sich Kurland, Saxland und Estland und alle Länder im Osten bis
nach Gardarike. Er herrschte auch über das westliche Saxland und ge-

wann den Teil von England, der Northumberland genannt wird ... Harald Kampfzahn unterwarf alle die genannten Länder, welche König Ivar besessen hatte."

Da wird ja Kurland direkt bei Namen genannt, und darüber hinaus ein Fünftel Englands. Wir sind geradezu gezwungen, eine schwedische Aktivität auch jenseits der Nordsee anzunehmen, nachdem wir sogar starke anglo-irische Kunsteinflüsse in den Schiffsgräbern Upplands fanden und ein Schiffsgrab ähnlicher Ausstattung in Sutton Hoo entdeckten. Kriegerisch-politischer Art wird der Zugriff in Ost und West gewesen sein. Mit Handelsinteressen – dürfen wir wohl hinzufügen. Und welches Schicksal war der Kolonie in Kurland beschieden?

Bei Apuole in Litauen, 40 Kilometer südöstlich Grobin am Flusse Barte, wurde 1931 nach der erfolgreichen Arbeit in Grobin weitergegraben. Auch dort sind einige gotländische Flachgräber aus der Zeit 650 – 800 aufgedeckt worden, und zwar in unmittelbarer Nähe eines Burgberges, stattlich 15 Meter über dem Fluß gelegen, mit einem 7,5 Meter hohen Erdwall. In Fluchtburgen harrte man nur kurze Zeit während einer Belagerung aus. Deshalb sind Besiedlungsreste und schwarze Erde in ihnen spärlich. Immerhin birgt der Wall Spuren von zusammengestürzten Holzpalisaden, oftmals von vielen übereinander gebauten Befestigungsanlagen. Besonders fällt die Masse der Pfeilspitzen aus einer Schicht des 9. Jahrhundert auf – 150 nicht baltische Eisenspitzen zeugen von einem massierten Angriff.

Erzbischof Rimbert, der selbst in Schweden gewesen war, weiß über diese Geschehnisse gut Bescheid und schreibt im Jahre 876: „Ein fern von den Schweden wohnendes Volk, Kuren genannt, war ihnen früher untertan gewesen, es ist aber schon lange her, weil sie sich erhoben und das Joch abgeworfen hatten."

Die Angaben stimmen genau mit den Grobiner Erdfunden überein, die nur bis 800 reichen. Rimbert berichtet, daß die Dänen auf einer Kriegsfahrt nach Kurland eine sehr blutige Niederlage erlitten. Dann schreibt er weiter über die Geschehnisse um 850: „Als der Schwedenkönig Olov (knapp 100 Jahre nach Harald Kampfzahn) und seine Männer davon Kunde erhielten, beschlossen sie, es nun auch zu versuchen. Olov sammelte ein ungeheures Heer und zog nach dem Lande der Kuren. Zunächst kamen sie unerwartet an eine Stadt in deren Reich, namens Seeburg, in welcher sich 7000 kampffähige Männer befanden. Diese Stadt verheerten sie, plünderten sie vollständig aus und brannten sie nieder. Ihr Mut wuchs dadurch. Sie verließen ihre Schiffe, brachen zu einem schnellen Zug von fünf Tagen auf und eilten in wilder Aufregung zu einer anderen Stadt im Lande, namens Apulia. In dieser Stadt gab es 15000 kampffähige Männer. Als sie nun dorthin gelangt waren und die anderen sich in die Burg eingeschlossen hatten, fingen die ersteren an von außen die Stadt kräftig anzugreifen und die letzteren von innen mannhaftig sich zu verteidigen."

Die Seeburg wird doch wohl unser Grobin sein; Apulia ist unverkennbar mit dem litauisch-kurischen Ort gleichzusetzen. Acht Tage lang wurde unerbittlich hart gekämpft, ehe Apulias Verteidiger Parlamentäre schickten und mitteilten: „Erstens geben wir euch als Bündnisgabe die Beute an Gold und Waffen, die wir im vorigen Jahr von den Dänen nahmen. Ferner bieten wir für jeden Mann, der in dieser Stadt wohnt, eine halbe Mark Silber, und daneben wollen wir euch die Steuer zahlen, die wir früher zu bezahlen pflegten, Geiseln stellen und von jetzt ab eurer Herrschaft folgsam und gehorsam sein, wie wir es früher gewesen sind." Nur die jungen Kampfhähne hatten Apulia erstürmen wollen. Der Schwedenkönig und seine älteren Krieger waren mit den Bedingungen einverstanden, und wir freuen uns, wenn Schriftquellen und Bodenfunde sich glücklich ergänzen.

Wir sehen Svear und Gotländer an den Flüssen Alande und Barte siedeln – nicht direkt an der Ostseeküste. Das wäre viel zu gefährlich. Seeräuber könnten allzu überraschend angreifen. Nein, landeinwärts, damit Wachposten am Meer durch Warnfeuer Alarm geben konnten. Das Libauer Haff bildet außerdem noch einen riesigen, vorzüglich geschützten Hafen für die Segler.

Wir tasten die baltische Küste ab, denn jetzt wissen wir, welches Siedlungsgelände die Schweden im 7. und 8. Jahrhundert bevorzugten – und stoßen als nächstes auf das Kurische Haff. Es öffnete sich damals nicht bei Memel, sondern am südwestlichen Ende, bei Wiskiauten. 500 Hügelgräber hat es einst gegeben, und man hat fleißig schon seit den 1870er Jahren dort gegraben. Einige typisch gotländische Schmucksachen für Frauen kurz vor dem Jahre 800 und sehr zahlreiche Beigaben der Svear zeugen von einer Kolonie der gleichen planmäßigen Anlage wie in Kurland. Ermuntert durch die neugewonnenen Erfolge untersuchten deutsche und schwedische Forscher gemeinsam 1932 einige weitere Hügel. Es müßte noch viel mehr gegraben werden. Wo ist das gotländische Flachgräberfeld? Ist die Siedlung etwas jünger als Grobin? Ein Unterschied ist jedenfalls klar, und zwar der, daß Wiskiauten nicht kurz nach dem Jahre 800 geräumt wurde, sondern die ganze Wikingerzeit hindurch in schwedischer Hand blieb. Das ist eine hochinteressante Feststellung, die wir weiter unten in diesem Buch verständlich machen können.

Wir gleiten die Küste weiter entlang und stoßen als nächstes auf das Frische Haff. In weitem Umkreis von Elbing sind Streufunde der Wikinger häufig geborgen worden. Altpreußische Siedlungen und Gräberfelder waren auch bekannt. Sylvester 1936, als Elbing seine 700-Jahr-Feier

einleiten wollte, kam die Meldung, das Alter der Stadt müsse mindestens 500 Jahre weiter rückwärts verlegt werden! Man hatte gleich
westlich des Hauptbahnhofs das typische gotländische Flachgräberfeld
gefunden: gotländische Dosenfibeln, durchbrochene Scheiben, Armreifen, Schlüssel usw., reiche Funde, die durch den dazwischenkommen-
den Krieg noch nicht erschöpfend publiziert sind; außerdem typisch
schwedische Schmuckformen und altpreußische Gräber.

Elbing am Drausensee – ein damaliger Reisender erwähnt die Siedlung bei einer Fahrt durch die südliche Ostsee um 880.

„Wulfstan berichtete, er sei von HaeÞum (bei Schleswig) ausgefahren und in sieben Tagen und Nächten in Truso gewesen, während das

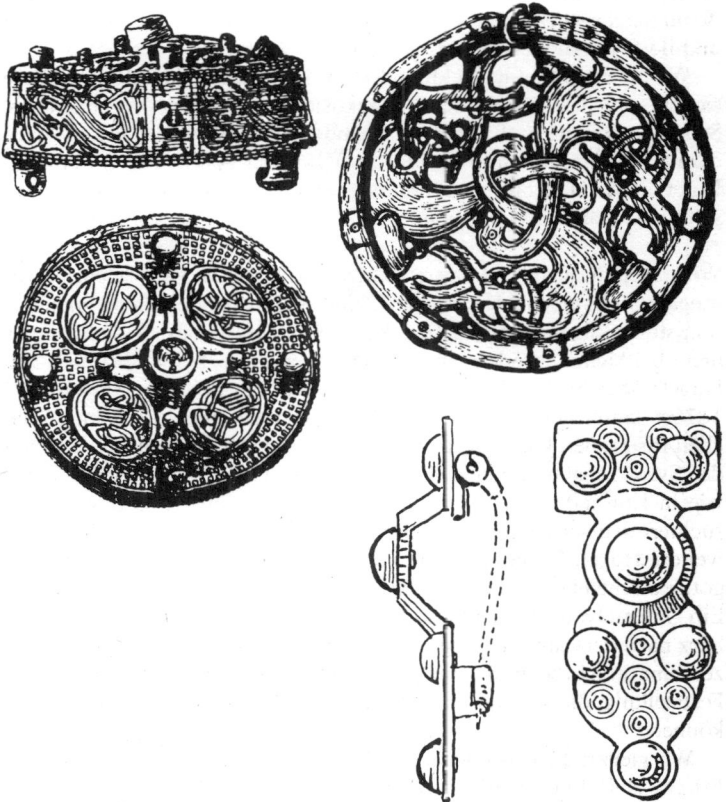

Gotländischer Schmuck aus Elbing am Frischen Haff

Schiff auf der ganzen Fahrt unter Segel lief. Das Wendenland lag für uns auf der ganzen Fahrt nach Steuerbord bis zur Weichselmündung. Die Weichsel ist ein sehr großer Strom, und sie trennt Witland und Wendland; und das Witland gehört zu den Aisten (Altpreußen). Die Weichsel aber kommt aus dem Wendenlande und fließt in das Aistenmeer (das Frische Haff); und das Aistenmeer ist mindestens 15 Meilen breit. Sodann kommt der Fluß Elbing von Osten ins Aistenmeer von der See her, an dessen Ufer Truso steht ... Das Aistenland ist sehr groß, und es sind sehr viele Burgen, und auf jeder Burg ist ein König. Der König und die reichsten Männer trinken Stutenmilch, die Unbemittelten und Unfreien trinken Met. Dort gibt es viel Krieg untereinander."

Wulfstans geographische Angaben sind sehr genau. Seine Stadt Truso an der Elbing entspricht der heutigen Stadt Elbing am Drausensee. Sie scheint das bedeutendste Ziel in der östlichen Ostsee zu sein, auch wenn der Bericht leider kein Wort über dortige Kaufleute sagt.

Im Haff an der Odermündung konnte allerdings keine Kolonie der Svear aus der Zeit vor 800 nachgewiesen werden. Wir sind hier immerhin in schonisch-dänische Gewässer hineingeraten, und die schwedischen Pioniere bevorzugten die nördlichen Gewässer.

In Finnland gründeten Pelzhändler aus Drontheim schon zur Völkerwanderungszeit eine Siedlung bei Wasa, querüber der schmalsten Stelle des Bottnischen Meerbusens. Interessanterweise werden sie im entscheidenden 7. Jahrhundert von den Svearn abgelöst. Eine große Menge Funde: Schwerter, Helme, Schmuckplatten mit dem typischen „irischen" Knotenmuster, und die frische Übernahme mittelschwedischer Formen in das finnische Kunsthandwerk zeugen klar von den Ausstrahlungen in allen Richtungen über die Ostsee. Siedler lassen sich wohl nieder, aber es entstehen keine typischen Kolonien; die schwedische Minderheit wächst in einem ganz anders gearteten Austausch mit dem Wirtsvolk.

Wir können getrost die Ostsee im 8. Jahrhundert ein schwedisches Binnenmeer nennen, verblüffend ähnlich wie im 17. Jahrhundert. Die Friesen – von ihnen waren wir ja ausgegangen – welche Möglichkeiten hatten sie, ihren Handel nordwärts auszudehnen? Wir sehen es jetzt: an eine „friesische Hanse" war nicht zu denken. Ihnen traten ebenbürtige Händler aus dem Norden entgegen. Sie mußten mit ihnen schon längst in regelmäßiger Fühlung gestanden haben, denn die Schiffsgräber der Svear enthalten rheinische Gläser und andere südliche Handelswaren. Wohlhabende Kleinkönige und Bauernfürsten in Norwegen begehrten ebenfalls den südlichen Luxus. Wie dieser frühe Handel vonstatten ging, war uns bis jetzt ein Geheimnis, weil wir nur die Rheinlinie und Dorestad kannten, nicht aber die Handelsfaktoreien im Norden.

1953 tauchten Zufallsfunde auf einer Insel im Mälarsee westlich Stockholm auf, unweit Schloß Drottningholm. Seitdem ist mit wachsendem Eifer jeden Sommer auf Helgö – so heißt der Fundort – gegraben worden, unter der begeisterten Leitung von Dozent Wilhelm Holmqvist. Die Terrassen erweisen sich als künstliche Umgestaltungen einer Böschung im heutigen Kiefernwald. Haus an Haus hat dort gestanden, Wohnhäuser, Arbeitsstätten und Lagerräume nebeneinander. Die Grabenden müssen eine Unmenge von Pfostenlöchern und dünnen Brandschichten auseinanderhalten, um den Gang der Besiedlung verfolgen zu können. Das ist aber der größten Sorgfalt wert, denn dort wohnten Händler, welche die Häuptlinge und Könige der Svear mit südlichen Luxuswaren belieferten. Sie haben alle beim Transport zerschlagenen Gläser weggeworfen, deshalb enthält der Boden zahlreiche Glassplitter, wie auch Abfälle aus Metall und vergänglicherem Material. Was wir aus den Schiffsgräbern unbeschädigt heben und als prachtvolle Trinkgläser und Schmucksachen liebevoll im Museum ausstellen, das finden wir in Scherben und Bruchstücken auf diesem Handelsplatz – und das ist für die Forschung ebenso wichtig. Sie bilden unentbehrliche Ergänzungsstücke und tragen zur Kenntnis der Kulturgeschichte jener Zeit wesentlich bei. Schon im 5. Jahrhundert war der Platz besiedelt, im 8. Jahrhundert erreicht er einen Höhepunkt der Aktivität. Noch etliche Jahre wird dort gearbeitet werden, und die Gräber auf den umliegenden Höhen locken, die Herren von Helgö selbst zu finden.

Die kleine Insel beherrscht die Wasserstraßen, welche von der Ostsee in das Innere Schwedens hineinführen, genau so wie die Stockholmer Altstadt vom 13. Jahrhundert ab. Helgö ist in der Tat der älteste handelspolitisch-strategische Vorgänger der schwedischen Hauptstadt. Ihre Herren konnten die schönen Luxuswaren aus dem Süden nur kaufen, weil sie zugleich den nordschwedisch-finnischen Pelzhandel kontrollierten. Sie waren Zwischenhändler in derselben günstigen Lage wie die Leute auf den dänischen Inseln ein halbes Jahrtausend früher, während der Römerzeit.

70 Kilometer nördlich davon regierte der König von Alt-Uppsala, der eine so aktive Kolonialpolitik jenseits der Ostsee trieb. Den strategischen Schlüsselpunkt Helgö besiedelte kein privates Handelshaus. Einen solchen Gedanken können wir von vornherein ausschalten. Helgö lebte durch königlichen Auftrag. Die Politik ist sachlich, planmäßig, weit ausgreifend. Hier treiben keine wilden Barbaren ihr rohes, launisches Spiel. Die Bodenfunde zeugen von einer vielseitigen, sinnvollen Leistung.

Wir unterschätzen immer die Diplomatie und Organisation der Nordvölker, sobald Schriftquellen fehlen. Diesen grundsätzlichen Mangel der Forschung sollten wir uns baldmöglichst abgewöhnen. Beispielsweise machte Dr. Gösta Berg vor einigen Jahren darauf aufmerksam, daß ein Lappenkleid aus Rentierleder (!) auf dem Kontinent, vermutlich am Hofe Karls des Großen, bewundert und erörtert wurde. Paulus Diakonus schreibt:

„In der Nähe dieses Ortes (die Angabe ist sehr vage) wohnt das Volk der Skritobinen (= Lappen), die auch zur Sommerszeit Schnee haben und, wie sie denn von der Art wilder Tiere sich nicht sehr unterscheiden, nichts anderes als das rohe Fleisch wilder Tiere essen, von deren rauhen Fellen sich auch ihre Kleidung anfertigen ... Bei ihnen gibt es ein dem Hirsch nicht unähnliches Tier, aus dessen rauhhaariger Haut ich ein nach Art der Tunika bis aufs Knie reichendes Kleid gesehen habe, wie es die oben genannten Skritobinen trugen."

Paulus Diakonus schrieb sein Buch im ausgehenden 8. Jahrhundert und hatte kurz vorher hochgeehrt am Hofe Karls des Großen eine Zeitlang geweilt. Es ist deshalb damit zu rechnen, daß er die Lappenkleidung dort gesehen hatte, zumal der König eigenartige Geschenke liebte. Von seinem Zeitgenossen, dem Kalifen Harun-al-Raschid, empfing er unter anderem einen indischen Elefanten, vom Kalifen in Kairouan (Tunesien) einen marmarikanischen Löwen und einen numidischen Bären. Juden kamen mit ihren morgenländischen Raritäten an. Warum sollten nicht auch Gesandte oder Händler aus Skandinavien ihm seltene Stücke ihrer heimischen Volkskunst gebracht haben? Die Tunika ist gerade bezeichnend für Helgös Mittlerstellung zwischen nördlichen Jagdgründen und südlichen Industrieländern, ebenso wie für das Wissen der Nordländer um die königlichen Liebhabereien in Aachen.

Die Kraftentfaltung der Nordmänner ist so groß, die Nachfrage der obersten Sozialschicht nach Luxuswaren so auffallend, daß der Handel vom Rheinland über Friesland nach Skandinavien durchaus nicht von einer einzigen bevollmächtigten Handelsfaktorei befriedigt werden kann. Die entscheidende Stelle, an der die weitverzweigten nördlichen und die südlichen Handelslinien zusammenlaufen, ist der schleswigholsteinische Landrücken. Er sperrt den Durchgangsverkehr mit Schiffen. Kann er bezwungen werden, dann besteht die Möglichkeit, den Fernhandel in einer bis dahin ungeahnten Weise zu organisieren und ein Vielfaches an Gütern weite Strecken zu verfrachten. Das ist es, was in den dramatischen Jahren um 800 n. Chr. geschieht.

Schwedische Siedler in Baltikum und Ostpreußen
Funde in Wiskiauten, Kreis Fischhausen, Ostpreußen. Die Dosenspange ist
gotländisch, die Ovalspange unten ist mittelschwedisch

III.

Stadtgründungen und erste Überfälle (793–830)

Im Hamburger Ruinenfeld der Nachkriegszeit ging man nur mühselig den einfachsten Lebensbedürfnissen nach. Kulturelle Bestrebungen schienen sinnlos und wirklichkeitsfremd. Aber einige Wissenschaftler der großen Stadt hatten erkannt, daß eine einmalige Gelegenheit geboten war, den alten Stadtkern auszugraben. Auf dem Stadtplan konnten die entscheidend wichtigen Fundstellen rein konstruktiv erarbeitet werden: an der Grenze zwischen Marsch und Geest, sowie unter der ehemaligen Domkirche. Es gab Trümmergrundstücke genug, um die Schreibtischpläne praktisch auszuprobieren, zumal das Johanneum auf dem Domplatz in einer Schreckensnacht 1943 in Schutt und Asche gesunken war. Die Anlage der großen, neuen Verkehrsstraße, der sog. Ost-West-Achse, quer über den Domplatz begünstigte erst recht die gründliche Tiefgrabung, und der tatkräftige Grabungsleiter, Dr. Reinhard Schindler, eilte von Schacht zu Schacht. Er stand in sechs Meter tiefer, schwarzer, schmieriger Kulturerde, die mit datierbaren Abfällen angereichert war; er fand einen abgerundet viereckigen Wall genau dort, wo er ihn erwartet hatte – also rund um den Domplatz. Damit hatte er die älteste Hammaburg wiedergefunden, und in deren Mitte zweifelsohne die Spuren der Taufkirche Ansgars! Unterhalb der Hammaburg fand er grubenartige Vertiefungen mit Tonscherben und Abfällen von sächsischen Siedlern aus dem 7. und 8. Jahrhundert, dazu etwas völlig Unerwartetes: wellenverzierte, slawische Keramik. Die Schriftquellen mußten erneut geprüft werden, ehe sich das Bild klärte.

Karl der Große war ja mit erstaunlicher Härte und Grausamkeit gegen die Sachsen vorgegangen, sie gewaltsam bekehrend oder vernichtend. Um einen vollen Erfolg zu sichern, verbündete er sich mit den Slawen jenseits der Elbe und bedrohte die Sachsen durch einen Zweifrontenkrieg. Schließlich stand er den nordelbischen Wigmodiern im Jahre 798 auf dem Swentinefeld (bei Bornhöved im östlichen Holstein) gegenüber, siegte und ließ zahlreiche Überlebende verschleppen, angeblich rund 10 000 Männer, Frauen und Kinder. Seinen Verbündeten, den Fürsten der slawischen Obotriten, Trasco, empfing er im Jahre 804 in Hollingstedt, beschenkte ihn großzügig und überließ ihm das ganze Gebiet jenseits der Elbe. Das ist anscheinend der Zeitpunkt, zu dem die Slawen in den günstig gelegenen Hamburger Siedlungsraum einrücken. Die Geschehnisse werden durch die wellenverzierten Tongefäße am

Platze der späteren Hammaburg bestätigt. Noch einmal ergänzen sich
Schriftquellen und Bodenfunde glänzend, und wir sind den historischen
Ereignissen an der Schwelle der Ostsee, am Beginn der eigentlichen
Wikingerzeit, noch einen Schritt näher gekommen.

Die Landenge zwischen den Meeren war eine Dreivölkerecke: beiderseits der Elbe Sachsen und Slawen, nördlich von ihnen Dänen. Der tatkräftige Dänenkönig Godfred verfolgte aufmerksam und besorgt die
Ereignisse in Holstein. Er rüstete vorsorglich und zog im Jahre 808 gegen die slawischen Obotriten, deren Macht ihm mittlerweile zu groß
geworden war. Der Feldzug glückte nur teilweise und er beschränkte
sich darauf, die slawische Stadt Reric zu vernichten, in der er bis dahin
„Zölle mit großem Gewinn für die Dänen gehoben hatte". Es sind die
fränkischen Reichsannalen, die uns kurze wichtige Auskünfte über die
Ereignisse vermitteln. Warum vernichtet er denn ein blühendes Unternehmen?

Reric ist leider noch nicht im Gelände wiedergefunden. Einige For-
scher haben es in Wismar gesucht, andere in der Nähe von Lübeck.
Nach unserem heutigen Wissen klingt letzteres wahrscheinlicher. Es
muß ein Handelsplatz an der Ostsee für den Transithandel aus der
Nordsee gewesen sein. Durch die Machtentfaltung des Kaisers und der
Slawen fürchtet Godfred, die Zölle Rerics zu verlieren. Folglich tut der
Dänenkönig das einzig richtige: er gründet eine neue Handelsstadt bei
Sliesthorp an der Grenze seines dänischen Machtbereichs, sichert sie
durch einen Wall quer über die Schleswiger Landenge und zieht zu-
gleich die Grenze zwischen Wikingerwelt und Abendland.

Damit hat er die Lösung für den wachsenden Fernhandel gefunden,
der noch zögernd die ganze jütländische Halbinsel abtastete. Weiter
südwärts war der Raum politisch zu heiß umstritten für friedliche
Händler; eine Umseglung Jütlands war andererseits nicht nur zeitrau-
bend, sondern vor allem äußerst gefährlich. Schiffbrüche waren laut
Statistik noch vor 100 Jahren entsetzlich zahlreich. Auch ein nachge-
bautes Wikingerschiff verunglückte 1951 nordöstlich Helgoland und
zog siebzehn junge Leute mit in die Tiefe. Durch den Nord-Ostsee-Ka-
nal ist eine moderne Lösung eines uralten Verkehrsproblems geschaffen
worden, das im Jahre 808 eine für damalige Verhältnisse ebenso geniale
Lösung gefunden hatte.

Die Treene konnte mit den Schiffen jener frühen Zeit bis
Hollingstedt befahren werden; ja sogar noch die Rheider Au ein Stück
weiter landeinwärts; im Osten erstreckt sich die Schlei tief ins Land
hinein. Dazwischen liegt ein Landrücken, nur dreizehn Kilometer breit.
Auf ihm konnten die Schiffe geschleppt, die Handelswaren getragen
werden.

Die Siedlung an der Schlei riß den gesamten noch planlos zerfahrenen Handel an sich. Unter dem Namen Haithabu begegnet sie uns am häufigsten in den Schriftquellen; Hedeby heißt der Platz heutzutage. Friesische Händler aus Dorestad fühlten sich dort wie zu Hause, zahlten ihren Zoll an den jeweiligen Herrscher, zunächst also an den Dänenkönig. Sie trafen zwanglos mit norwegischen und schwedischen Händlern zusammen, die das gleiche Interesse an einem geregelten und gesicherten Handelsbetrieb hatten. Ja, was konnte näher liegen, als daß ähnliche Handelszentren wie Dorestad und Haithabu auch in Skandinavien selbst entstanden. Alsbald – wir wagen vorläufig nicht genauer zu datieren als in den Anfang des 9. Jahrhunderts – blühen Skiringssal am Oslofjord und Birka (heute Björkö) im Mälarsee mächtig auf.

Das alles sah recht verheißungsvoll aus. Aber an der Schwelle zur Wikingerzeit geschieht noch mehr. Man hört von einigen Raubüberfällen, zunächst einzelne Episoden in weit entfernten Gegenden, aber sie lösten einen gellenden Schrei des Entsetzens in der ganzen christlichen Welt aus. Fromme irische Mönche hatten auf der Insel Lindisfarne an der Grenze zwischen England und Schottland ein Kloster gegründet, malten das kunstvollste und heiligste aller Bücher (Book of Lindisfarne), verehrten die Reliquien der Heiligen Cuthbert und Aidan. Wer konnte diesen gütigen Brüdern ein Leid antun? Da tauchten am 8. Juni 793 am Horizont ein paar Drachenschiffe auf, deren Insassen sich nicht wie normale Händler und Seefahrer benahmen. Sie stürmten an Land, rissen den Mönchen die Kleider vom Leibe, stachen sie ohne Erbarmen mit ihren Schwertern nieder, ertränkten sie, stießen das Steinkreuz des Bischofs Ethelwold um, griffen alle Klosterschätze, zündeten die Bauten an, schlachteten das Vieh, schleppten die Tierkörper an Bord und waren ebenso plötzlich verschwunden, wie sie gekommen waren.

Ein Grausen über die blutrünstige Tat zog durch die Welt. Zögernd kehrten geflohene Mönche zurück zu den rauchenden Trümmern und bauten mühselig ihr Kloster wieder auf, das jeden Schmuckes beraubt war. Sie versuchten sogar Ethelwolds Steinkreuz wieder aufzurichten und waren der Meinung, der Schreckenstag müsse auch auf einem steinernen Denkmal verewigt werden. Ergreifend sprechen die Reliefs zu uns in ihrer unmittelbaren Bildersprache. Auf der einen Seite knien zwei Menschen vor den guten, himmlischen Mächten: Kreuz, Sonne, Mond und Gottes Hand; die andere Seite des Bildsteins zeigt die entsetzliche heidnische Kriegerschar, sieben Männer mit gehobenen Schwertern und Beilen. Sie schreiten in enger geballter Massierung, erschreckende Symbole des Bösen und des Heidentums.

Was war nun wirklich geschehen? Männer, die wochenlang auf hoher See unterwegs sind, müssen manchmal an Land gehen, um sich zu verproviantieren und auszuruhen. Allerdings, die fremde Bevölkerung wird sie nicht freundlich aufnehmen. Man muß Frischfleisch und Wasser mit Gewalt herbeischaffen. „Strandhugg" ist das nordische Wort dafür, in harmlosen Formen gegen Bezahlung noch heute allgemein von Touristen zur See verwendet. Die Nordländer handelten an jenem Sommertag in Lindisfarne nach altem Seefahrerrecht. Es ist bezeichnend, daß sie das Vieh erschlugen und mitnahmen. Damit haben die Schriftquellen, ohne es zu wissen, den eigentlichen Sinn der Landung genannt. Für die Nordmänner war es gar zu verlockend, die Mönche totzuschlagen, die sich nicht männlich wehrten, und Beute zu nehmen.

Wie müssen sie zu Hause in Skandinavien (vermutlich an der Westküste Norwegens) über ihren Erfolg geprahlt und die wertvollen Beutestücke herumgereicht haben! Man staunte. So leicht konnte man Schätze erbeuten! So völlig ungeschützt lagen sie an der britischen Küste jenseits des großen Wassers! Und segeln konnte man. Folglich tauchten Drachenschiffe schon im nächsten Sommer vor den Klöstern Jarrow und Monkwearmouth auf. Zwar mißlang der Angriff auf den letzteren Ort, aber ein Jahr später wurden Rechru, Skye und die Insel des Heiligen Patrick und Columban in der Irischen See, Jona, mit gutem Ergebnis ausgeräumt und geplündert. Ab 799 wurde auch die friesisch-fränkische Festlandküste bedroht, und Karl der Große mußte eiligst eine Küstenbewachung organisieren. Was König Godfred von Dänemark aus unternahm, war allerdings ein planmäßig organisierter Kriegszug großen Ausmaßes gegen seinen Erbfeind. Nach der Zerstörung Rerics standen ihm angeblich 200 Schiffe für einen Vorstoß gegen die friesische Küste zur Verfügung. Er verwüstete sie und zog mit einem Tribut von 100 Pfund Silber wieder ab. Der Chronist des Kaisers schreibt ironisch von Godfred:

„Er betrachtet Friesland und Sachsen vollständig als eigene Besitzungen und beabsichtigt in Kürze mit einem großen Heer nach Aachen vorzustoßen!"

Aber Godfred wurde kurz darauf (im Jahre 810) ermordet, und seine Söhne vermochten kein so großes Aufgebot zu sammeln. Statt dessen hören wir, daß die Nordleute (ab 814) bis zur Loiremündung vorstoßen.

Die Taktik, die sich aus dem gewöhnlichen „Strandhugg" entwickelte, war der Kriegführung des Südens weit überlegen. Die Segler tauchten im Frühling irgendwo am Horizont auf. Die großen, quergestellten Segel wuchsen in wenigen Stunden zu bedrohlicher Größe. Die Küstenbewachung konnte gar nicht so schnell zur Stelle eilen, wie die grinsenden Drachensteven und die stark bewaffneten Männer an Bord von der aufgeschreckten Zivilbevölkerung an Land wahrgenommen wurden. In raschen Zügen vollführten sie ihren Überfall. An der Beweglichkeit ihrer Kriegführung scheiterte jede planmäßige Verteidigung; dem losen Staatensystem ihrer Heimat war weder mit Diplomatie noch mit Gegenmaßnahmen beizukommen. Denn jeder Bauer und Krieger des Nordens war sein eigener Herr. Es gab lediglich eine Bindung an die Sippe und die Familie. Selbst die Könige hatten nicht mehr Macht, als sie sich mit Hilfe ihrer Gefolgsleute verschaffen konnten. Auf jeden Fall vermochten sie keine Staatsgewalt auszuüben, da es den modernen Begriff des Staates gar nicht gab. Eine Schiffsmannschaft konnte ihren eigenen Krieg führen, wenn es ihr vorteilhaft schien, eine Flotte von einem Dutzend Schiffen stellte schon eine bedrohliche Macht dar. Man führte Kleinkriege, so wie sich einzelne Ritterburgen im Mittelalter bekämpfen konnten, so wie etwa Soest und Paderborn blutige Fehden miteinander führten. Und aus den anfänglichen Beutezügen sollten sich allmählich wirklich große Feldzüge, Landnahmen und Herrschaften über Land- und Wasserwege entwickeln. Natürlich sahen die Mönchsschreiber die Dinge anders. 250 Jahre lang klagten sie über diese Geißel Gottes und nannten die Krieger Piraten, Mörder, Räuber, Heiden, Teufel, Schänder, Plünderer, Barbaren, Wüteriche.

Wir führen nur große Kriege und sind deshalb geneigt, die kleinen Schiffseinheiten Seeräuber zu schelten. Wenn wir von den Landkriegen des Mittelalters hören, nehmen wir nicht Stellung für den einen oder anderen Burggrafen, aber bei Angriffen der Wikinger sympathisieren wir fast immer mit den Christen, weil sie schwächer waren und weil die jährlichen Berichte der Mönche uns das Urteil nahelegen.

Aus der großen technischen Erfindung jener Zeit – den schnellen Hochsee-Seglern – erwuchsen zwei Großtaten: Wikingerzüge und Handelsfahrten. Kriegsmacht und friedlicher Aufbau nebeneinander – wie immer. Es gab einen Kauffrieden, während dessen der Krieger sein Schwert ruhen ließ, und es gab Augenblicke, in denen die Händler kämpfen mußten.

Eigenartig verwoben sind diese beiden Leistungen, denn es ist die Zeit, da jeder Handelsplatz mit dem Worte Wik bezeichnet wird. Es gibt 870 Wik-Orte in Westeuropa, z. B. Wijk bij Duurstede, Braunschweig, Schleswig, Lundenwic (= London), Bardowic bei Lüneburg.

Wik kommt von *weichen*, ist also ein Ort, wohin man weicht oder sich zurückzieht. Ein Wiking müßte somit ein Besucher eines Wik-Ortes sein, ein reisender Händler, eine Bildung ähnlich dem modernen Shopping oder Camping!

Aber viele hundert Wik-Orte in Skandinavien sind reine Naturnamen, da ein Wik auch der Platz ist, wo das Land dem Wasser weicht, also eine Bucht oder ein Fjord, wo die Schiffe vor Anker lagen und – die Wikinger demnach siedelten und lebten. Die westschwedische Landschaft Bohuslän, nördlich Göteborg, hieß früher Wiken, und ihre Bewohner waren somit Wikinger im engeren Sinne des Wortes.

Wie das Wort im Zeitalter der Wik-Orte und Wik-Buchten abgeleitet wird und in aller Munde ist, auch mißverstanden und mißbraucht wird, ist es schließlich eine vielsagende Bezeichnung für den nordischen Mann in seiner doppelten Tätigkeit als Krieger und Händler geworden.

Die Wikingerzüge (seit 793) und der Fernhandel (seit 808) als Hochleistungen der seetüchtigen Segler finden ihre glänzend organisierte Form in der Geburtsstunde des Abendlandes, mit der Kaiserkrönung Karls des Großen im Jahre 800 als Merkjahr. Kaum jemals konnte eine Epoche dermaßen klar auf drei bestimmte Tage innerhalb einer fünfzehnjährigen Zeitspanne festgelegt werden. Sie haben das ganze politische und wirtschaftliche Gefüge Europas verändert und doch haben sie sich folgerichtig aus einer jahrhundertelangen Entwicklung herauskristallisiert.

Wir lernten schon die Aktivität der Svear in der Ostsee kennen. Wir sahen, wie sie sich an den Flußläufen und an den Haffen festsetzten, selbst geschützt vor Angriffen und bereit, sich das Land jenseits der See anzueignen. Im Jahre 793 geschieht nichts anderes, als daß die schnellen Seezüge auch gegen christliche Länder geführt und in den Klöstern verzeichnet werden.

Und seit sechs Jahren kennen wir Helgö, das entscheidende Zentrum für den Ostseehandel der Vorzeit. Die neuen Handelsorte, Haithabu, Birka und Skiringssal, treten um 808 ebenso folgerichtig als die ersten Stadtgründungen des Nordens hervor.

Wer Birka besuchen will, muß noch heute ein Boot benutzen. Östlich Stockholm liegen die Schären 50 Kilometer tief gestaffelt, westlich Stockholm fährt man auf dem Mälarsee 30 Kilometer zwischen Inseln. Vom Königssitz Alt-Uppsala im Norden zeigt der Fyris-Fluß direkt auf die Insel. Sie ist die Birkeninsel (Björkö), so wie andere Nachbarn Eicheninsel (Ekerö), Erleninsel (Adelsö) und Buschinsel (Kersö) heißen. Der Name hat noch immer seine Berechtigung, denn im lichten Birkenhain liegen 2000 Hügelgräber der einstigen Stadtbevölkerung.

Ein still säuselnder Frieden herrscht an dieser gut erhaltenen historischen Stätte. Man steigt über die nur halbmeterhohen und sechs Meter breiten Hügel hinweg, umgeht die meterhohen, mißt die Länge und die Breite dieses einmaligen Friedhofes ab. Diese Hügel wurden schon in den 1870er Jahren von Hjalmar Stolpe ausgegraben, erfreulich gewissenhaft in jener frühen Forschungsperiode. Professor Holger Arbman

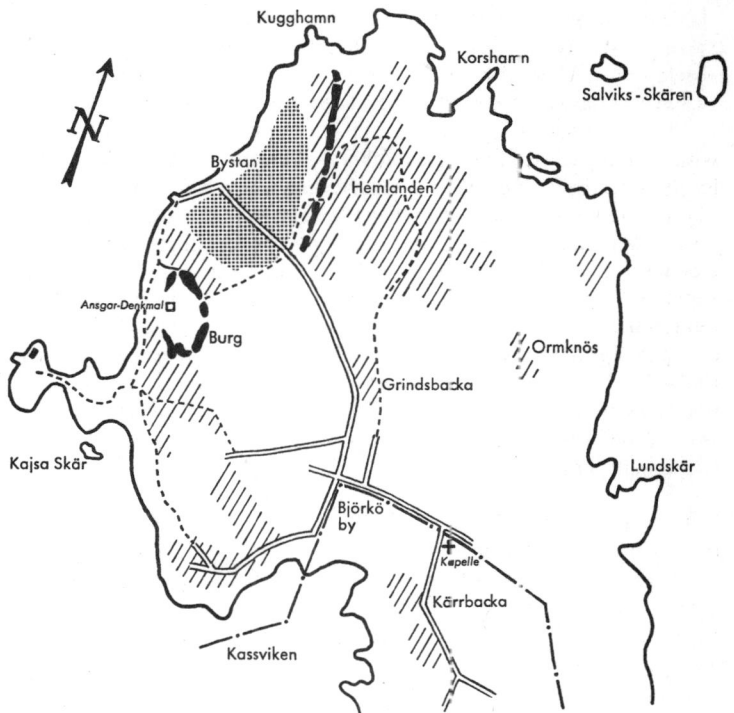

Die Insel Birka westlich von Stockholm im Mälarsee

sorgt für die Veröffentlichung seines Nachlasses. Der Reichtum an materiellen Beigaben und an weit hergeholten Handelsgütern ist erstaunlich.

Ganz im Westen der Insel liegt eine Bergkuppe mit der Fluchtburg.
Nur Steine und etwas Erde markieren die bescheidene Anlage. Unterhalb, zwischen Burg und Friedhof, liegt die ehemalige Stadt, umgürtet
von einem Wall, der erst im 10. Jahrhundert hinzukam. Das Stadtgebiet
ist leicht erkennbar an der kohlrabenschwarzen Kulturerde, die in
knapp 200 Jahren um zweieinhalb Meter wuchs durch all die Abfälle,
welche die Menschen nie entfernten, sondern auf denen sie unbekümmert weiterlebten. Nur stellenweise sind kleine Probeschächte gegraben
worden. Noch liegt dieses erstrangige Forschungsarchiv größtenteils
unberührt und harrt der feinsten Forschungsmethoden der modernen
Wissenschaft. Wir wissen lediglich, daß die Schicht reich an Bruchstük-

ken von Handel und Handwerk ist, und daß es Blockhäuser gab und
Häuser, deren Wände aus Reisig geflochten und mit Lehm abgedichtet
waren.

Nur 12 Hektar groß ist die Stadt. Die Bucht hat als Hafen gedient, in
dem die Drachenschiffe mit ihren kostbaren Gütern an Land gezogen
wurden. Weitere Häfen waren: Saltvik, Korshamn und Kugghamn; letzterer hieß vermutlich Kogghamn und bringt somit Kunde von den Friesen, deren Koggen – Vorgänger der Hanseatenkoggen – hier über einen
eigenen Hafen verfügten. Ruhig und still ist es auf dieser birkengrünen
Insel jetzt, fast tausend Jahre nachdem sie ihre historische Mission erfüllt hat. Unbehindert baut die Phantasie ihr Bild auf die erhaltenen
Dokumente, und darin gerade liegt der besondere Wert der drei nordischen Orte, daß keine spätere Bebauung sie verwüstet hat, wie es mit
sämtlichen alten Städten des Kontinents der Fall ist.

Ganz ähnlich liegt Haithabu an der Schlei. Der Halbkreiswall umgibt die schwarze Kulturerde. Er ist weit stattlicher als in Birka und
auch eine späte Anlage. Die ebenerdigen Gräber kann ein Besucher

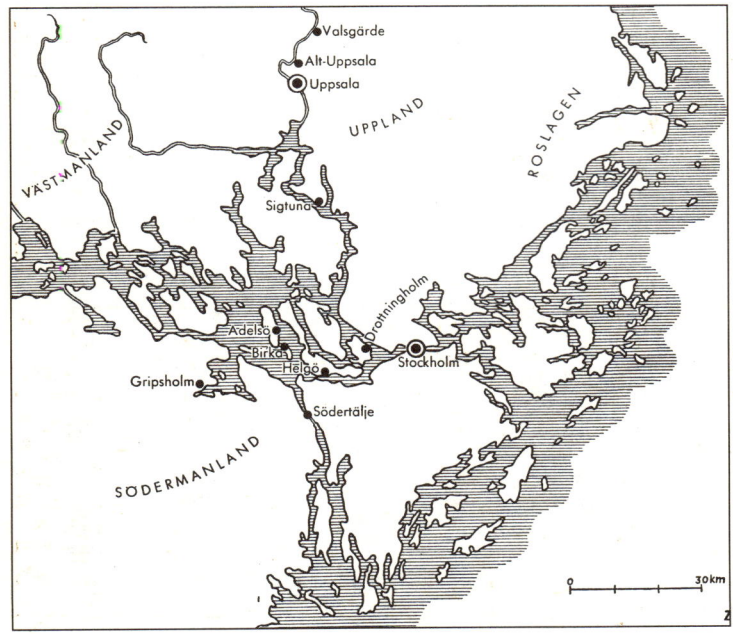

Das politische Zentrum Schwedens

überhaupt nicht wahrnehmen. Auch hier liegt eine Fluchtburg gleich außerhalb, wir verzeichnen vier Runensteine, und die langen Wälle westwärts über den Schleswiger Landrücken setzen außerhalb der Stadt an. Seit 1931 gräbt Professor Herbert Jankuhn in enger Zusammenarbeit mit zahlreichen anderen deutschen Forschern in diesem jungfräulich unberührten Gelände. Nach der langen Unterbrechung durch den Krieg werden die großangelegten Arbeiten im Sommer 1960 wieder aufgenommen. Wir wissen, daß entscheidende Fragen von der schwarzen Kulturerde beantwortet werden können, nicht zuletzt über

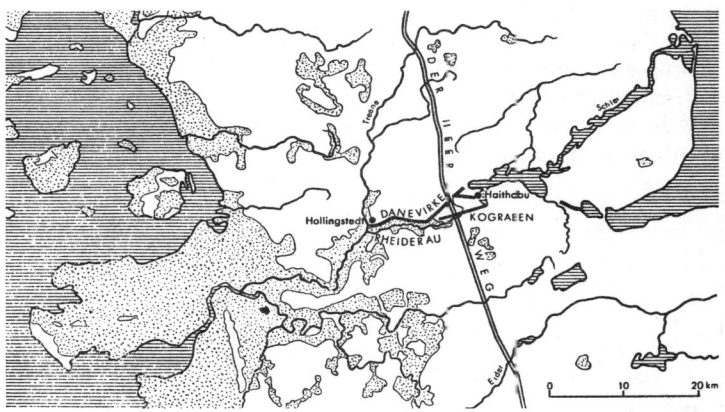

Das handelspolitische Zentrum Schleswig-Holsteins zur Wikingerzeit
(punktiert = Marsch; weiß = Geest)

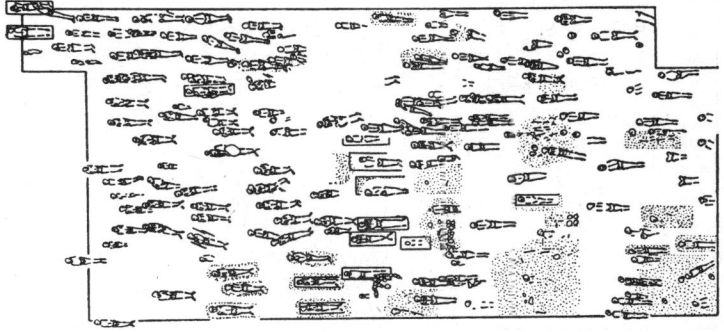

Teil des ebenerdigen Gräberfeldes von Haithabu

Alter, Lage und Ausdehnung der ältesten Handelssiedlung zur Zeit
Godfreds. Auch in Haithabu war sie klein und unbefestigt. Eine Fläche
von 24 Hektar füllte die Stadt erst im 10. Jahrhundert, gleichzeitig mit
Köln!

Auffallend ist der schwedische Anteil in den Funden Haithabus: 2
Runensteine, etliche Frauengräber mit Ovalspangen und vor allem das
Holzkammergrab. Die Beerdigung fand nicht in dem Schiff selbst statt,
sondern unterhalb, in einer sorgfältig vergrabenen und gezimmerten
Holzkammer mit sehr reichem Inventar. Unter dem Schmuck befindet
sich eine in diesem Buch nicht abgebildete Matrize, mit der eine in Ostschweden gefundene Goldscheibe hergestellt ist.

Über Skiringssal sind wir nicht so gut unterrichtet. Der Ort wird selten in den Schriftquellen erwähnt, nur allmählich gelang seine Lokali-
sierung an der westlichen Einfahrt zum Oslofjord, erst jetzt in den
1950er Jahren kann planmäßig gegraben werden, von Frau Charlotte
Blindheim, nachdem norwegische Gelehrte die fundreichen, ebenerdigen Gräber entdeckten und das ehemalige Stadtgelände einkreisen.
Natürliche Berghöhen schützen es, und die dünne Kulturerde lag ständig unter dem Pflug, aber auch ihr wird ein wertvolles Wissen abge-
lockt. Vielleicht bewirkte die politische Zersplitterung Norwegens, daß
diese Stadt nicht zur gleichen Bedeutung gelangte wie die beiden anderen.

Denn es ist ganz auffallend, wie starken Anteil die Könige an den Städten besaßen. Der tatkräftige Godfred riß die Initiative an sich, faßte den
Handel an einem Punkt zusammen, legte eine Landsperre in einem riesigen Bauvorhaben an und sicherte für sich den besten Handelsgewinn
– die Zölle. Für das Königshaus in Alt-Uppsala haben wir zwar nicht die
Namen der Könige um 800 verbürgt, aber wir sehen ihre planmäßige
Politik in den Kolonien des Baltikums, und Birka ist bequem von Alt-
Uppsala aus zu erreichen. Es bedurfte eines ganz neuen, kühnen Ge-
dankens, einer unerhört weitsichtigen Initiative, in einem rein bäuer-
lich-kriegerischen Land die allererste Handelsstadt zu gründen.

Sollte sie ihren Sinn erfüllen, so mußte vor allem Kauffrieden gewährt werden, damit Friesen und reisende Händler mit kostspieligen
Waren ihres Lebens sicher sein konnten. Zum ersten Mal siedelten
Menschen zusammen, die sich nicht unmittelbar durch ihre Arbeit ernährten, sondern ihre Erzeugnisse erst gegen Lebensmittel eintauschen
mußten – sowohl Kaufleute wie Handwerker.

Es gab seit jeher einen heiligen Kauffrieden in Skandinavien. Freunde und Feinde strömten zu bestimmten Tagen an den heiligen Orten
zusammen, kein Blut durfte vergossen werden, jeder verrichtete sein
Opfer an die Götter. Diese Festtage boten zugleich einen rührigen

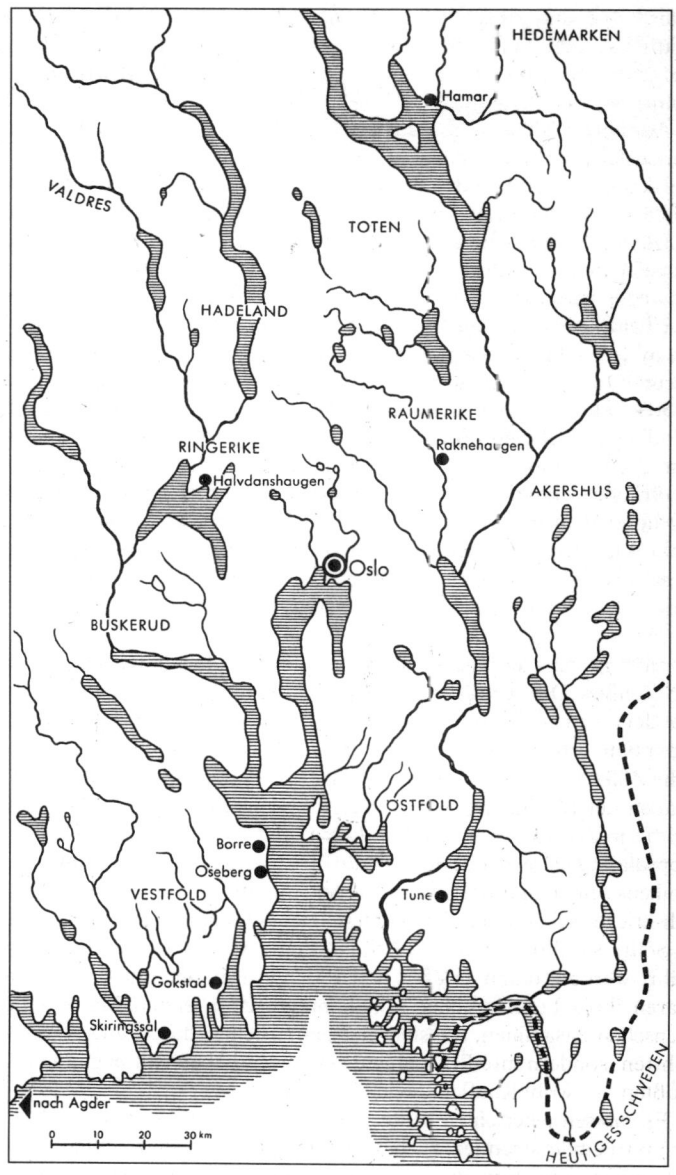

Das politische Zentrum Norwegens

Markt, in dem der Tauschhandel blühte. In den dünn besiedelten nordischen Ländern haben diese jährlich wiederkehrenden Markttage auch nach der Christianisierung eine große Rolle gespielt. Wir denken an den Markt am nordschwedischen Tornefluß, den Olaus Magnus 1519 besuchte und schilderte, oder an das Dis-Thing bei Alt-Uppsala. In Schlitten und auf dem Eis bringen sogar die Lappen Anfang Februar ihre Horn- und Lederarbeiten dorthin, und erst in letzter Zeit ist er mehr ein festlicher Rummel geworden als ein wichtiges Handelsereignis.

Mit Haithabu, Birka und Skiringssal wird der neue Gedanke verwirklicht: ein Kauffrieden das ganze Jahr hindurch, ganz ohne kultische Bindung, besonders ausländischen, andersgläubigen Fernhändlern gewährt, die ihre Güter gar nicht anders schützen konnten. Nur ein tatkräftiger König kann ihnen Frieden gewährleisten, und die natürliche Gegenleistung der Händler ist, daß sie ihm einen angemessenen Zoll zahlen. Auf der Insel östlich Birka liegt – Helgö. Die Insel westlich Birka ist Adelsö, wo der König von Alt-Uppsala einen Hof baute, um von dort aus seine Interessen in Birka wahrzunehmen. Und wir wissen, daß er oft Birka selbst besuchte. Er setzte zur Wahrung seiner Gebote einen königlichen Präfekten ein, der neben der städtischen Selbstverwaltung tätig war. Genau so gab es in Haithabu einen *Comes Vici*, in London einen *Wicgerefa*, in Hamburg einen *Comes praefecturam tenens* usw. – einen Titel, den wir zweckmäßig mit Wikgraf übersetzen.

Birka-Björkös Stadtgesetz für den Kauffrieden ist uns natürlich nicht überliefert, aber es gab im Mittelalter für zahlreiche nordische Städte ein Bjärkögesetz, dessen Name unverkennbar seinen Ursprung verrät, dessen Form altertümlich ist, geeignet für den mündlichen Vortrag, zu einer Zeit als Richter und Beisitzer die Paragraphen auswendig lernen mußten.

Und der Kauffrieden bewirkte, was er bezweckte. Händler kamen und bewegten sich ungehindert. Rimbert erzählt von einer Christin namens Friedeborg und ihrer Tochter Katla (die Namen muten friesisch an). Sie wohnten in Birka, und die Mutter hatte „etwas Wein gekauft, den sie in einer Flasche verwahrte. Ihrer Tochter, die auch fromm und gläubig war, gab sie den Auftrag, in ihrer letzten Lebensstunde etwas Wein in ihren Mund zu gießen, da sie das heilige Sakrament nicht erhalten konnte, um wenigstens in dieser Weise ihr Hinscheiden der Gnade Gottes anzubefehlen". Es gab also Wein in Birka zu kaufen! Sie forderte die Tochter auf, ihre ganze Hinterlassenschaft unter die Armen zu verteilen und sagte:

„Da es hier wenig Arme gibt (!), so verkaufe nach meinem Tode alles, was hier nicht verschenkt wurde, nimm das Geld mit und reise mit erster Gelegenheit nach Dorestad. Dort gibt es viele Kirchen, Pfarrer und Geistliche; dort gibt es viele Bedürftige. Wenn du dorthin kommst, suche gläubige Menschen auf, die dich lehren können, wie du das Geld verteilen sollst, und verschenke alles als milde Gaben zum Heil meiner Seele."

„Nach dem Tod der Mutter führte die Tochter mit Eifer aus, was ihr befohlen war. Sie begab sich rasch auf den Weg, erreichte Dorestad und suchte dort einige fromme Frauen auf, die mit ihr die heiligen Stätten besuchten und sie beraten konnten, was sie im Einzelfalle geben sollte."

Friedeborg war anscheinend recht wohlhabend, und ihr Mann wird vermutlich seinen Besitz als friesischer und christlicher Händler in Birka erworben haben. Die hübsche Geschichte wirft in manchen Einzelheiten ein gutes Licht auf die tatsächlichen Lebensbedingungen in dieser Stadt. Sie stand in engen Beziehungen zu Dorestad. Fernhändler erzählten von ihr.

Auch der Kaiser lauschte. – Dort oben im Norden gab es aufgeschlossene Menschen, Religionsfreiheit und Schutz für das eigene Leben. In Haithabu und Birka müßte das Christentum erfolgreich verkündet werden können. Die Wikinger zu bekehren – das wäre überhaupt *die* geniale Lösung, um die lästigen Küstenüberfälle im Keim zu ersticken. Als Christen würden die Nordleute freiwillig ihr blutiges Handwerk aufgeben und nie wieder Klöster plündern.

In der Tat waren schon früher Missionare auch nach Skandinavien vorgestoßen und berichteten, der dänische König sei „härter als ein Stein und wilder als ein Tier". Die Kurzform ist eindeutig.

Immerhin war Willibrord mit 30 dänischen Jünglingen zurückgekehrt, die zum christlichen Dienst erzogen werden sollten. Das melden die Schriftquellen, und wir dürfen annehmen, daß diese frühen Missionsversuche Spuren im archäologischen Fundstoff hinterlassen haben.

In Dänemark sind sieben rechteckige Schmuckplatten aus vergoldeter Bronze gefunden, bis zu siebzehn Zentimeter lang und sehr reich verziert. Sie haben auf der Rückseite eine Nadel und sind demnach als Spangen an der täglichen Kleidung getragen worden. Aber das war nicht ihre ursprüngliche Aufgabe. Denn jede Platte hat etwa acht Nietlöcher und war also zuerst auf einer Unterlage, vermutlich aus Holz, befestigt. Zwei Jahrzehnte lang haben Forscher diese Platten untersucht, verglichen und diskutiert. Ihre Ornamentik ist in Skandinavien fremd. Die rechteckige Feldeinteilung, das Ringkettenmuster der Borten und die stark bewegte, manchmal etwas verworrene Tierornamentik ist angloirisch. Sie dürften auf kleinen hausförmigen Behältern für Reliquien gesessen haben, die einstmals in Familienbesitz verehrt worden waren; wir kennen ähnliche Kästen in dem Britischen Museum, sie sind besonders geeignet für eine Mission bei Völkern, deren Sozialordnung auf Familie und Sippe gegründet war. Ihnen schließen sich verwandte Beschläge

anderer Form an, u. a. auch ein dreieckiger für eine Schrein- oder Buch-
ecke. Sie stammen aus der Zeit Willibrords, um 700 n. Chr. Erfolgreich
war die Mission bekanntlich nicht. Die Nordleute fanden es geeignet,
sämtliche Reliquienbeschläge als Kleiderspangen umzuarbeiten!

Erst gegen Ende des 8. Jahrhunderts tauchen weitere Kurznotizen
über Missionstätigkeit in Dänemark auf. 777 heißt es: „Viele Nordleute
wurden an einer Stelle getauft, die Orhaim genannt wird, jenseits des
Flusses Obacrum." Und im Jahre 789 fragt Alkuin mißmutig „… ob es
eine Hoffnung gäbe für die Bekehrung der Dänen".

Immerhin – man konnte den Fernhändlern Bedingungen für das
Handelsprivileg im Kaiserreich stellen. Nur Christen durften in christlichen Ländern Handel treiben. Das Gewissen der Kaufleute fügte sich
geschmeidig ihrem gewinnbringenden Gewerbe. Wäre nicht vielleicht
das Taufhemd aus gutem, friesischem Tuch ein geeignetes Geschenk,
das zur Bekehrung reizen könnte? Plötzlich wuchs die Nachfrage an
Hemden dermaßen, daß die friesische Heimindustrie die kaiserlichen
Bestellungen nicht rasch genug erledigen konnte. Man mußte bei der
unerwarteten Hochkonjunktur und Bekehrungsfreudigkeit zur sacklei-
nenen Ersatzware greifen. Die Händler merkten es sofort, weshalb ein
Täufling erbost ausrief:

„20 mal habe ich mich von euch waschen (taufen) lassen, aber noch
nie hat man mir so ein schlechtes Zeug dabei angeboten!"

Nein, die Sache mußte auf dem Weg der großen Politik angepackt
werden. Eine günstige Gelegenheit bot sich, als Godfreds Söhne einen
Kleinkönig, Harald Klak, aus Dänemark vertrieben. Er bat um Aufnahme bei Kaiser Ludwig dem Frommen – eine gute Karte im diplomatischen Spiel. Es wurden zahlreiche Verhandlungen mit den regierenden
Söhnen Godfreds geführt, bis der Kaiser ihnen demonstrativ zeigte, wie
glänzend es nordischen Herrschern ergehen könnte, wenn sie im Einvernehmen mit dem Kaiser lebten. Es war ein prachtvolles Aufgebot in
der Pfalz zu Ingelheim, als Harald mit Frau und Sohn und großem Gefolge im Beisein des Kaisers und der höchsten Prälaten des Reiches im
Jahre 826 getauft wurde. Insbesondere erhielt Harald Rüstringen an der
Wesermündung als Leben, einen guten Landstrich, dessen saftige Viehweiden und blühender Friesenhandel ihm ein luxuriöses Leben gestatte-
ten. Der Kaiser hatte nicht zuviel verschenkt. Er hoffte einen Vasallen
gefunden zu haben, den die Wikinger nicht angreifen würden. Nordleute werden doch wohl einen nordischen König in Ruhe lassen. Hoffte der
Kaiser.

König Harald wäre der richtige Mann, um einen Missionar nach Dänemark zu begleiten und ihm den nötigen Nachdruck zu verleihen. Und
der furchtlose Gottesmann fand sich auch. Ansgar war sein Name. Mit
kirchlichen Geräten und kaiserlichen Geschenken ausgestattet, zogen

sie in Begleitung des frommen Mönches Aubert zu ihrer Nordreise aus und fuhren den üblichen uns schon vertrauten Weg den Rhein hinunter. In Köln bestiegen sie ein eigenes Schiff mit zwei Kabinen, das dem König sehr gefiel, und segelten über Dorestad nach Dänemark, kamen vielleicht bis Haithabu; aber Rimbert weiß keinen Erfolg zu verzeichnen.

Der Kaiser ließ jedoch seinen Lieblingsgedanken nicht fallen. Er wollte den Wikingergeist von innen her vernichten. Die Missionare sollten eine „fünfte Kolonne" bilden. Ein Glaubenssieg wäre zugleich ein gewaltiger politischer Erfolg! Der große Augenblick kam, als Gesandte des Svearkönigs zur Reichsversammlung in Worms 829 erschienen. Handel und Krieg werden wohl wie immer das Hauptthema der diplomatischen Verhandlungen gewesen sein, vermutlich gerade Handelsverträge für die neue Stadt Birka, und der Kaiser nützte die Gelegenheit, um der Kirche eine Missionsreise nach Birka zu sichern. Die Gesandten sollen sogar geäußert haben, mehrere ihrer Landsleute begehrten die Taufe und dem König selbst seien Christenpriester willkommen. Damit wird der fromme Benediktinermönch Ansgar der erste Missionar des Nordens. Vermutlich 801 in Niedersachsen geboren, ging er in Corbie, östlich Amiens, und im westfälischen neuen Korvey zur Schule. Er bekam vom Kaiser persönlich seine Instruktionen und brach zur Reise auf zusammen mit dem Mönch Vitmar. Die Einzelheiten seines Lebenslaufs kennen wir aus der glänzenden Darstellung Rimberts, der auch die Gefahren der Reise schildert:

„Halbwegs stießen sie auf Seeräuber. Und obwohl die Kaufleute, die mit ihnen reisten, sich männlich verteidigten und anfangs siegten, wurden sie jedoch beim zweiten Angriff geschlagen und von den Seeräubern überwunden, die ihre Schiffe und alles, was sie besaßen, raubten. Mit knapper Not erreichten sie das Land und entkamen. Sie mußten die königlichen Geschenke, die sie ins Land der Svear hatten bringen wollen, zurücklassen; sie retteten nur ein paar unbedeutende Dinge, die sie bei sich tragen konnten, als sie von den Schiffen sprangen. Unter anderem verloren sie fast vierzig Bücher, die für den Gottesdienst bestimmt waren und in die Hände der Räuber fielen."

Das Bild ist außerordentlich anschaulich. Die Mönche schlossen sich irgendwelchen Händlern an oder reisten geradezu gemeinsam mit der ersten Gruppe des bilateralen Handelsvertrages, stießen trotzdem auf Wikingerschiffe und kamen mit dem nackten Leben davon. Dies geschah irgendwo vor der südschwedischen Küste, und wir hören von der Ankunft in Birka selbst:

„Mit großer Schwierigkeit setzten sie also die sehr lange Reise zu Fuß fort, fuhren, wo es sich machen ließ, auf Schiffen über die zwischenliegenden Gewässer, und kamen schließlich zur Hafenstadt im

Lande der Svear, Birka genannt. Dort wurden sie wohlwollend von dem König empfangen, der Björn hieß. Die Gesandten sagten dem König, was der Grund der Reise sei. Als er den Zweck ihrer Fahrt erfahren und mit seinen Treuleuten darüber verhandelt hatte, gab er ihnen mit einstimmigem Beifall die Genehmigung zu bleiben und Christi Evangelium zu verkünden. Er erlaubte auch jedem, der es wünschte, frei ihren Unterricht zu besuchen."

Alles ist so schlicht und anschaulich geschildert, daß uns jedes Wort glaubwürdig erscheint. Die freundliche Aufnahme galt wohl in erster Linie den vertraglich erwarteten Fernhändlern! Mußten die schwedischen Gesandten, die beim Kaiser in Worms gewesen waren, ihren König womöglich an das Versprechen erinnern, von dem damals nur so beiläufig die Rede war? Immerhin hatte König Björn keinen Grund zu ablehnender Haltung: Ansgar und Vitmar kannten den Kaiser persönlich, und in Birka gab es so viele Götter und Religionen. Warum sollte es nicht auch einen Fürsprecher Christi geben? Sogar der königliche Präfekt Hergeir, „Ratgeber des Königs und von ihm sehr geliebt", fand Gefallen am Christentum, ließ sich taufen und baute auf seinem Erbgut der kleinen Gemeinde eine Kirche. Das ist der auffallendste Erfolg der anderthalbjährigen Missionsreise.

„Auf seinem Erbgut" sagt Rimbert. Aber Birka ist doch eine neugegründete Stadt, und kein untersuchtes Grab kann früher als in den Anfang des 9. Jahrhunderts datiert werden. Wohnte etwa der Wikgraf Hergeir auf der Nachbarinsel Helgö? Die noch kaum ein Jahr alte These ist verlockend, zumal in Helgö ein wunderbarer irischer Bischofsstab gefunden wurde. Nun macht ein Messegerät noch keine Bekehrungskirche, aber eine „koptische" Schöpfkelle, eine Silberschüssel und Scherben von „Weinkannen" aus Ansgars Zeit bilden eine auffallende Häufung von Kirchengeräten auf diesem Fundplatz. Die tönernen Henkelkannen sind besonders merkwürdige Fundstücke, denn sie sind mit Stanniol verziert, und meist kommt ein großes Kreuz in dem geometrischen Muster vor. So sehen keine weltlichen Gefäße aus, und sie fehlen bezeichnenderweise bei sämtlichen friesischen Siedlungen. Vielleicht wurden sie im Kloster Lorsch in der Wormser Gegend für liturgische Zwecke angefertigt. Sie finden sich in Dorestad und Haithabu, wie auch in heidnischen Birka-Gräbern, was nicht weiter verwunderlich ist, da die spröden Gefäße dauerhafter waren als die ersten Bekehrungen. Wir denken an Friedeborg, die etwas Wein in einer Flasche verwahrte und eine Abendmahlskanne für das heilige Sakrament benötigte. Da auf Helgö noch viel zu graben ist, können glückliche Funde demnächst auftauchen und die Frage klären, ob der Wikgraf dort wohnte und die erste Kirche in Schweden baute.

Nach seiner Rückkehr zum Kaiser schickte Ansgar seine Mitarbeiter nach Birka und reiste selbst nach Haithabu. In Dänemark hatte sich inzwischen der eine Sohn Godfreds, Horek, zur Alleinherrschaft emporgeschwungen und gestattete ebenfalls den Bau einer Kirche: „Dort gab es schon vorher viele Christen, die entweder in Dorestad oder in Hamburg getauft worden waren, und von denen einige zu den Vornehmsten der Stadt zählten."

Ansgar wurde der erste Erzbischof des Nordens, und zwar in der inzwischen neugegründeten Handelsstadt an der Elbe. Durch einmalig günstige Grabungen unter den Trümmern des zweiten Weltkrieges wird den modernen Hamburgern das älteste Hammaburg vertraut. Die Slawen hatten sich bald wieder zurückziehen müssen, und die Nordfront des Reiches wurde durch mehrere Burgen gesichert. Die Ausgrabungen haben klar und eindeutig unter dem Domplatz einen rundlich-viereckigen Wall aufgedeckt, mit hundert Meter innerem Durchmesser, bis zu sieben Meter hoch, geschickt die Höhenunterschiede im Gelände ausnützend, mit starken Holzpallisaden gestützt und verstärkt. 20 000 Kubikmeter Erde mußten bewegt und 7000 Baumstämme verarbeitet werden – eine bedeutende Leistung. Stolz konnte Ansgar seine Taufkirche in die Mitte der Hammaburg hineinbauen.

Es ist im großen und ganzen ein erfreuliches Bild. Und doch entsprach der Erfolg des Kaisers kaum seinen Erwartungen, denn die nordischen Krieger planten ganz andere Dinge, nachdem sich die kleinen Raubzüge so gut bewährt hatten. Wir müssen bedenken, daß die ersten Jahrzehnte nur kleine überraschende Küstenüberfälle brachten, sozusagen Privatunternehmen, deren regelmäßige Erfolge zu Hause erörtert und durchdacht wurden. Mit gründlicher Ausrüstung und einem noch nie gesehenen Aufgebot müßten noch weit größere Siege erkämpft werden können!

Wie aus Trinkbechern getrunken wurde

IV.

Fernfahrer (830–850)

Die Katastrophe kam schon 820 über Irland. Die Ulster-Annalen berichten: „Das Meer spie Fluten von Fremden über Erin aus und es gab keinen Hafen, keinen Landeplatz, keine Befestigung, keine Burg, keine Wehr ohne Flotten von Wikingern und Seeräubern " Die armen irischen Kleinkönige, die nicht im Stande waren, untereinander Frieden zu halten, waren auch in der Abwehr der Gefahr von Übersee nicht einig. Obendrein bekamen die Nordleute eine einheitliche Führung in dem tollkühnen Thorgisl (oder Turgeis), der sich 839 zum König über die Insel ausrufen ließ und in Dublin, Armagh und Conmacnois Thorsopfer verrichtete:

„Das Land ohne Pater, ohne Credo, ohne Gaelisch, nur fremde Zungen."

Bis 834 blieb der Kontinent weitgehend verschont, aber dann brach ein Sturm los, der 77 Jahre lang ununterbrochen über die christliche Welt hinwegbrausen sollte. Ludwigs Sohn Lothar hat ihn ausgelöst, indem er sich als Mitkaiser gegen seinen Vater empörte und einen entscheidenden Fehler beging: er hatte sich dänischer Söldner bedient. Er mußte ihnen Küstringen abtreten, und zusätzlich noch die Landschaft Walcheren. Es folgen die blutige Brüderschlacht bei Fontenoy 841 und der Vertrag von Verdun 843, demzufolge Karl der Kahle Frankreich erhielt, Ludwig der Deutsche den Osten des Reiches und Lothar den zwischenliegenden schmalen Streifen von Friesland südwärts. Ermentarius schreibt:

„Ein jammervoller Sieg fiel den jüngeren Brüdern zu, ihre Zwietracht lieh den äußeren Feinden neue Kräfte, im Stich ließ man die Wache an den Küsten des Ozeans, ins Grenzenlose wuchs die Menge der Normannen."

Damit wird das Erbübel der abendländischen Kultur sichtbar, durch das die Wikinger immer wieder neu ausgreifen und siegen konnten: ständige gegenseitige Zerfleischung, ständige Bereitschaft mit dem Feind zu paktieren. Das ewige abendländische Spiel vom Gleichgewicht der Kräfte! Dadurch konnten die gefürchteten Wikinger die Sieger und die Aktiven bleiben. Sie haben sich nicht durch ihr Heidentum und ihre angebliche Mordgier außerhalb der abendländischen Kultur gestellt und die europäische Gemeinschaft um Jahrhunderte verzögert. So wird immer wieder behauptet. So wird das ersehnte Idealbild des frühen

Mittelalters in herrlichen Farben gemalt. Damit wird jede Schuld von den Christen des Kontinents genommen und auf die teuflischen Heiden außerhalb – jenseits der Seen – geschoben. So war es jedoch nicht. Die Wikinger sind keine Spur besser als andere Europäer; sie taten genau dasselbe wie ihre Gegner, wie alle Völker des germanisch-keltischen Abendlandes: sie bekämpften sich gegenseitig, sie verbündeten sich mit einem Herrscher, um im nächsten Jahr seinen Gegner zu stützen. Sie wurden Vasallen und erhoben sich gegen ihre Schirmherrn. Die blutigen Taten der wechselvollen Kämpfe auf dem Kontinent und den Britischen Inseln bestätigen eindeutig, daß Krieg und Politik damals wie heute unstet und wechselvoll waren.

Das ist unser abendländisches Schicksal – so ganz anders als das römische. Es ist uns nie gelungen, auf die Dauer ein römisches Kaisertum deutscher, fränkischer oder europäischer Nation zu schaffen und alle Kräfte gesammelt einzusetzen. Es ist vermutlich unser leidvolles Glück, daß wir nie als gleichgeschaltete Legionen marschieren, nie in orientalischer Beschaulichkeit verharren; unsere schöpferischen Spannungen sind so gewaltig, daß wir über geistige und künstlerische Kräfte in einer schillernden Vielseitigkeit verfügen, wie sie weder das römische Weltreich noch irgendeine andere Großmacht unseres Erdballs je erlebte. Ein freier stoßkräftiger Geist ist uns eigen. Es ist nicht Aufgabe dieses Buches, darüber im einzelnen zu urteilen. Wenn wir aber die weltumspannenden Ausgriffe der Wikinger gemeinsam mit den gleichzeitigen Leistungen des frühen Mittelalters als europäische Einheit betrachten, dann erst können wir ahnen und ermessen, was diesem Land Europa schon in seiner Geburtsstunde an Kraft und Geist und Dynamik innewohnte, genau die gleichen Menschenwerte, die es uns im 20. Jahrhundert ermöglichen, noch größere Kontinente zu besiedeln, in den Weltraum vorzustoßen und in unsere Psyche zwiespältig, faustisch und forschend einzudringen.

Schmerzhaft sind die Vorgänge. Schwere Erschütterungen bringen die planmäßigen Angriffe der Wikinger über das europäische Festland. Alljährlich stellen sie sich immer größere Aufgaben. Am 12. Mai 841 segeln dänische Wikinger die Seine aufwärts. Asgeirr heißt ihr Leiter. Rouen wird abgebrannt. Sie erreichen St. Denis, ziehen es jedoch diesmal noch vor, den Kampf mit dem herannahenden fränkischen Heer zu meiden. 842 wird die friesische Hafenstadt Quentowic verwüstet. 843 segeln norwegische Wikinger auf 67 Schiffen die Loire aufwärts, und die Bevölkerung von Nantes erlebt das Fest Johannes des Täufers auf eine Weise, wie sie es nicht erwartet hatte. Die Nordleute überwintern auf der Insel Noirmoutier in der Loiremündung und „richten sich ein, als ob sie für ewige Zeiten zu bleiben gedenken"; ja, sie lassen sogar

Frauen und Kinder nachkommen. Für die Verpflegung kann das umliegende Land sorgen.

„Vor den Nordländern und ihrer Wut bewahre uns gnädig, O Herre Gott!"

Die Dreiteilung des Reiches war den Wikingern willkommen. Im Jahre 845 finden gleichzeitig planmäßige Vorstöße gegen alle drei Reichsteile statt. Die kaiserlichen Brüder haben selber in Fontenoy und Verdun ihr Unglück heraufbeschworen. Der sagenhafte Ragnar Lodbrok segelt mit 120 Schiffen die Seine aufwärts und erobert Paris. Er besiegt die halbe Armee Karls des Kahlen auf dem einen Flußufer, während die andere Hälfte am anderen Ufer untätig steht und schreckerfüllt sieht, wie Ragnar auf einer Insel 111 Soldaten als Opfer an Wodan hängt. Karl der Kahle zahlt den unwillkommenen Pariser Gästen 7000 Pfund Silber, um sie loszuwerden! Das war eine gefährliche Methode, durch Geldzahlungen die Nordleute loswerden zu wollen. Sie sollte allmählich den christlichen Ländern unsäglich teuer zu stehen kommen. Aber die Grafen bevorzugten sie, denn ein Sieg im offenen Kampf hätte die unerwünschte Macht des Kaisers gestärkt. Das Silber konnten sie jedoch von ihren Bauern und Untertanen eintreiben, wobei immer ein gut Teil in der eigenen Tasche blieb!

Die zweite Wikingerflotte stößt gegen Dorestad vor, das seit 834 fast jährlich geplündert wurde, und die dritte gegen Hamburg. Bezeichnenderweise ist Hammaburgs Wikgraf Bernhard gerade verreist und die Garnison schwach. Wir zitieren wieder Rimbert

„Ansgar sah ein, daß er mit seinen Männern keinen Widerstand leisten konnte, er traf Maßnahmen, um die heiligen Reliquien wegzuschaffen und entkam mit knapper Not, sogar ohne Mantel, während die Priester in alle Richtungen flohen. Die Zivilbevölkerung verließ ebenfalls den Ort und flüchtete dahin und dorthin. Die meisten entkamen, einige wurden gefangengenommen und meist getötet. Die Feinde hatten sich jetzt der Stadt bemächtigt und plünderten alles, was in ihr und dem umgebenden Lande war. Sie kamen am Abend, blieben über Nacht und den folgenden Tag. Nachdem sie alles in Brand gesteckt hatten, zogen sie fort. Dort wurde die Kirche, die herrlich gebaut war unter der Leitung des Herrn Bischofs (Ansgar), eingeäschert, zusammen mit dem wunderbar eingerichteten Mönchskloster. Dort ging die prachtvoll geschriebene Bibel, die seine Majestät der Kaiser unserem Pater geschenkt hatte, in Flammen auf, ebenso wie mehrere andere Bücher. Und alles, was er an Kirchengeräten und anderen Kostbarkeiten besaß, wurde bei dem feindlichen Angriff dermaßen verwüstet und zerstört, entweder durch Plünderung oder Feuer, daß die Feinde ihn fast nackt entkommen ließen."

Die Chronisten berichten von 600 Schiffen. Wir dürfen vierzig

Mann auf jedem Schiff annehmen und können dann mit dem Ausgräber
der Hammaburg bei der sagenhaften Schiffszahl getrost die letzte Null
streichen. Waffen aus dem Kampf finden wir lediglich in der Gestalt
von Wikingerschwertern, die aus der Elbe ausgebaggert wurden.

Die Brandschicht der kurzlebigen Hammaburg konnte um so gründlicher nachgewiesen werden. Zahlreiche kleine Insektenflügel wurden
wahrgenommen und bekunden, daß Mistkäfer und Wikinger im gleichen Monat Juli schwirrten. Von Ansgars Kirche konnten einige Pfostenlöcher nachgewiesen werden, und mehr war kaum zu erwarten. Jedoch – die Kaufmannssiedlung außerhalb der Burganlage ging auch bei
diesem fliegenden Angriff nicht unter. Es gehört zu den interessantesten
Grabungsergebnissen, zu sehen, wie die Besiedlung des Marschenstrei-
fens an der Reichenstraßenfleet, wo der älteste Hafen lag, ununterbrochen weiterläuft. Eine bis jetzt nicht verbürgte Wirtschaftsblüte Ham-
burgs im 9. und 10. Jahrhundert ist aus den Funden zu erschließen.
Stanniolverzierte Henkelkannen, Badorfer Gefäße, Mayener Mühlsteine und norwegischer Speckstein gehören zu den typischen Handelswaren, genau wie in den anderen Hafenstädten der Ost- und Nordsee.

Der Verlust eines prachtvollen Reitersporns auf einem Grundstück
in der großen Reichenstraße, Ecke Brandstwiete, ärgerte wohl seinen
Besitzer sehr. Was sollte er mit dem ihm verbleibenden Sporn anfangen? Er wird überall gesucht haben, außer dort, wo die Ausgräber ihn
nach 900 Jahren fanden: im Pferdemist. Allerdings – jetzt fehlt uns der
Sporn, den der Ritter behielt!

Sendboten Ludwigs des Deutschen fuhren nach Dänemark zu Friedensverhandlungen, aber sie trafen dort zu einem denkbar ungünstigen
Zeitpunkt ein – gerade als Ragnar Lodbrok mit 7000 Pfund Silber
heimkehrte, die der Bruder ihres Auftraggebers ihm geschenkt hatte.
Obendrein hatte er das Schloß der Stadtpforte von Paris in der Tasche
und legte es den erschütterten Gesandten vor.

Drei Flotten konnten im gleichen Jahr das gesamte Reich bedrohen,
während Irland von Nordleuten überflutet war und eine vierte Flotte
mit hundert Schiffen an Spanien vorbei bis Nordafrika segelte und auf
dem Heimweg Sevilla eroberte. Nach den deutschen Botschaftern
tauchten arabische Gesandte in Dänemark auf. Die neuen Großmächte
des Nordens entfalteten also auch eine rege diplomatische Aktivität.

Ansgar war nun ein Bischof ohne Sitz und zog tief betrübt nach Bremen, von welcher Stadt die künftige Bekehrung des Nordens ausging,
und da Birka schon lange keinen Seelsorger mehr gehabt hatte, beschloß er ein zweites Mal (im Jahre 849) hinzufahren. Dieses Mal kam
Ansgar jedoch sehr ungelegen, gerade als das Volk sich in höchster religiöser Ekstase befand. Sein Missionsantrag mußte durch alle bürokrati-
schen Behörden geschleust werden. Der neue König gab zunächst seine

Zustimmung, konnte aber allein nicht entscheiden, denn es ist bei ihnen Sitte, daß jede öffentliche Angelegenheit mehr von dem einstimmigen Willen des Volkes abhängt als von der Macht des Königs".

Die Frage wurde an die Stadtverwaltung weitergegeben und ging von dort an das Thing eines anderen Ortes – vermutlich der Landschaft Attundaland, in der Birka liegt – und dann erst war die Religionsfreiheit durch die gleichen Verwaltungsinstanzen gewährt, wie sie heute noch existieren.

Wie stark die kriegerische Unruhe auf den Meeren zugenommen hatte, erfahren wir sehr anschaulich durch die Worte eines alten Mannes bei der städtischen Volksbefragung: „Dann und wann sind ja einige von hier in Dorestad gewesen und haben aus freiem Entschluß diese Form des Götterglaubens angenommen, da sie meinten, daß er ihnen von Nutzen sein könne. Jetzt gibt es viele Tücken auf dem Weg von hier dorthin, und diese Fahrt ist durch die Überfälle der Seekrieger (Rimbert schreibt natürlich Seeräuber) sehr gefährlich geworden."

Natürlich beteiligten sich vorwiegend Norweger und Dänen an den westlichen Fahrten. Schweden werden in den Schriftquellen nicht genannt. Aber ostwärts öffneten die Schweden den Riegel zu einer noch weiträumigeren und völlig andersartigen Welt, indem sie kühn und unverdrossen auf den Flüssen nach Rußland hineinstießen. Die Unterläufe der Düna, der Memel und der Weichsel werden sie von ihren Kolonien aus schon vor dem Jahre 800 ausgekundschaftet haben. Jetzt drangen sie immer tiefer landeinwärts, auch durch finnische Völkerschaften den Swir aufwärts an den großen Seen Ladoga und Onega vorbei. Die Quellgebiete der Flußläufe boten ihren Schiffen kein ernstes Hindernis. Jenseits der Wasserscheiden begannen andere Flüsse ihren Lauf. Wie auf dem Schleswiger Landrücken rollten sie ihre Schiffe über Land und konnten dann die Wolga und den Dnjepr abwärts segeln.

Das war ein wildes und waghalsiges Abenteuer. Konnten doch die Pioniere kaum ermessen, wie unvergleichlich größer und länger diese östlichen Flüsse waren als die Rinnsale ihrer Heimat. Diese öden Ufer Tage und Wochen hindurch! Ein dünn besiedeltes Land slawischer und türkischer Völkerschaften, denen die ersten mutigen Forscher ausgeliefert waren! Recht oder schlecht schlugen sie sich durch. Irgendwo müßten doch die Flüsse in ein Meer münden. Darin zeigte sich das Draufgängertum der Wikinger: nicht mehr zurück, immer weiter vorwärts! Bis sie nach übermenschlichen Strapazen den offenen, freien Horizont des Schwarzen Meeres erblickten. So erreichten sie schon in den 830er Jahren Byzanz und kamen als sonderbare Fremde vor Kaiser Theophilos. Nun war es ihrer stark dezimierten Schar doch unheimlich, durch die gleichen Länder flußaufwärts zurückzufahren; deshalb reisten sie

mit einem griechischen Gesandten im Jahre 839 zum Kaiser nach Ingelheim. Von da aus kehrten sie in ihre Heimat zurück.

Da haben wir ein genaues Datum, wann die Oberläufe der russischen Flüsse den Schweden schon vertraut waren und die ersten von
ihnen Byzanz erreichten. Unsere Quelle sind die Annales Bertiniani, die
der gelehrte und gewissenhafte Bischof Prudentius von Troyes verfaßt
hat. Darin sagt er u. a.:

„Bei genauer Untersuchung über die Gründe ihrer Reise erfuhr der
Kaiser, daß sie dem Volk der Svear angehörten, aber … er hielt es für
notwendig, sie so lange bei sich zu behalten, bis er sich überzeugen
konnte, daß die Ursache für ihre Ankunft tatsächlich die von ihnen an-
gegebene war."

Theophilos war also damals Kaiser von Byzanz, und in dem Birkagrab Nummer 632 fand sich eine Münze dieses Kaisers. Das ist eine
große Seltenheit, denn wir kennen im Norden nur noch zwei weitere
Exemplare. Da gibt es auch zwei kleine Silberbeschläge, die aus dem
Kunstgebiet der unteren Wolga stammen. Sie sind mit nierenförmigen
Blättern verziert. Alle drei wurden mit Ösen versehen und sitzen einge-
hängt im Perlenschmuck einer Frau. Von solchen Beschlägen zählen wir
in sechs gruppenweise zusammenliegenden und gleichaltrigen Birkagräbern 34 Stück. Wie wäre es, wenn sie alle miteinander samt der
Münze von den aus Byzanz über Ingelheim kommenden Wikingern mitgebracht worden wären, z. B. auf einem Prunkgürtel? Fast können wir
in den anonymen Vorzeitgräbern geschichtliche Personen erkennen,
aber der letzte Beweis bleibt doch noch aus. Statt dessen erfreuen die
anderen Anhänger der Perlenkette unser Auge, denn einer stammt von
einem südenglischen Buchdeckel, einer ist aus einer arabischen Silberschüssel geschnitten, die restlichen sind nordisch, darunter eine kleine
aufgerollte Schlange und ein richtiger, ganz kleiner, niedlicher Sessel.
Hinzu kommen eine anglo-irische Schöpfkelle und ein fränkisches Messer neben mehreren schwedischen Kunstwerken. Man kann sagen, daß
dieser *eine* Frauenschmuck die gesamteuropäischen Interessen der frühen Wikingerzeit widerspiegelt!

Mit ihrer Rückkehr hatten die Nordmänner als erste Europa umsegelt.
Sie hatten eine unerhörte Weite erreicht, von Rußland im Osten bis
Spanien im Westen. Jetzt kam erst der richtige Schwung in ihr Handeln.
Die Tatkraft einer Epoche lag in ihrer Hand. Für alle Männer und Frau-
en in der übervölkerten Heimat gab es Aufgaben in fremden Ländern.
Jetzt verstehen wir, warum die Kolonien in Kurland kurz nach dem Jahre 800 geräumt wurden. Die Menschen zogen weiter zu ganz erheblich
größeren Aufgaben in entfernten Ländern. Grobin am Libauer Haff erfüllte keinen Zweck mehr in dem neuen weitgespannten Netz, während

Wiskiauten am Kurischen Haff erhalten blieb, da die Siedlung den Flußweg der Memel nach Rußland sicherte. Jetzt erst kann der Fernhandel in einer noch ungeahnten Weise ausholen. Naturprodukte aus Skandinavien und Rußland wandern durch die Hände der Nordmänner und werden gegen fränkische Güter getauscht. Alle ziehen ihren Gewinn und Nutzen daraus, doch dem Zwischenhändler geht es am besten. Er hat das Risiko, er reist durch Monate und Jahre unter Einsatz seines Lebens, ihm steht auch der weitaus größte Gewinn zu. Ein Programm des Handels und des Handelns ist geschaffen worden – von allergrößter Tragweite – und die Wikinger holten ihren Triumph vollwertig heim.

Mit Luxuswaren wurde gehandelt. Die seetüchtigen, aber doch recht kleinen und offenen Drachenschiffe vermochten kein Getreide, keine Lebensmittel und sperrigen Güter zu verfrachten; sie eigneten sich für hochwertige Produkte und wurden also ausschlaggebend für die Handelsinteressen im 9. und 10. Jahrhundert.

Aus dem Süden kamen in erster Linie kostspielige Handwerks- und Industrieerzeugnisse.

Stoffe waren sehr begehrt. Das merken wir schon an dem Bekehrungseifer, dem es darum zu tun ist, ein gutes Taufhemd geschenkt zu bekommen. Die Annalen verraten es auch in der Meldung, daß die Wikinger in Lindisfarne den Mönchen die Kleider vom Leibe rissen. Einen besonders guten Ruf genoß das sog. friesische Tuch, denn die Schafweiden an der Nordseeküste sind seit der Römerzeit bis in die Gegenwart berühmt gewesen. Wir hören, daß Karl der Große dem Kalifen Harun-al-Raschid unter anderen Geschenken auch „friesische Tücher" sandte „weiße, rote, grüne und blaue, die in Euren Ländern als selten und sehr kostspielig gelten". Wir hören, daß Ludwig der Fromme an höheren Feiertagen seinen Beamten „farbige friesische Mäntel" überreichte, und andere Quellen geben weitere Hinweise. Aber wann sollten wir diese leicht vergängliche Ware selbst einmal zu Gesicht bekommen?

In den 2000 Birkagräbern tragen die Frauen häufig einen Brustschmuck aus gewölbten und verzierten Schalen, die wir ovale Spangen nennen. Unter diesen zehn bis fünfzehn Zentimeter langen Bronzebuckeln, besonders rund um die Nadel, sind die Kleiderstoffe oft dermaßen mit Grünspan durchsetzt und so gut geschützt, daß zahlreiche Reste bis in die Gegenwart erhalten blieben.

Ganze Röcke und Mäntel können wir aus diesen Bruchstücken nicht rekonstruieren, wir können aber mit erfreulicher Genauigkeit die Qualität der Stoffe und die Webtechnik nachweisen. Viele sind grob, technisch einfach und kommen sicherlich von gewöhnlichen schwedischen Schafen. Aber von ihnen unterscheidet sich eine große Anzahl Bruchstücke, deren Wolle ausgesprochen fein und von sehr einheitlicher Qualität ist, aus glattem Kammgarn, fast durchweg linksgedreht und in drei- oder vierbindigem Köper auf Webstühlen mit hängender Kette gewebt. Viele sind blau gefärbt, wahrscheinlich mittels Färberwaid. Hier haben wir offensichtlich das gesuchte friesische Tuch selbst, dessen gleichmäßige Qualität davon zeugt, daß es auf den großen Gütern als gewerbliche Fronarbeit hergestellt wurde. Vielleicht war „friesisches Tuch" ein Qualitätsbegriff, so wie „englisches Tuch" heute. Darauf kommt es ja gerade an. Die Gräberfunde bezeugen, wie begehrt diese Stoffe waren.

Ähnlich gefragt waren Trinkgläser. In fränkisch-rheinländischen Glashütten wurden sie seit altersher geblasen. Der Trichterbecher hat eine sympathische Form: er kann überhaupt nicht aufrecht stehen, sondern muß, gut gefüllt, in einem Zuge ausgetrunken werden. Nur umgestülpt und leer kann er stehen. Die meisten Becher finden wir in den Birkagräbern, ein gutes Glas in Haithabu. Dorestad, Groningen, Sylt, Föhr und Helgö sind andere bezeichnende Fundstellen an dem üblichen Handelsweg entlang.

Von besonderer Schönheit sind weich gerundete Becher mit aufgelegten Glasstäbchen, die mit andersfarbigen feinen Glasfäden umwickelt sind. Gibt dann noch der Rand eine andere Farbe her, hat das dünne Gefäß eine wunderbar schillernde Zierlichkeit. Gläser mit aufgelegten Fäden, traubenähnlichen Noppen, farbigem Rand oder aus flammigem Glas zeugen ebenfalls von einer blühenden Industrie, die sich auf einen guten Absatzmarkt verlassen konnte.

Auch andere Gefäße waren gefragt. Die stanniolverzierten Henkelkannen galten vielleicht ausschließlich als liturgische Geräte, aber rädchenverzierte Tongefäße und Reliefbandamphoren finden wir oft in unseren Handelsstädten. Da Schweden eine so schlechte Rohware für Tongefäße hat, ist es nicht verwunderlich, wenn die Einwohner in Birka, die sich alles leisten konnten, westeuropäische Gefäße bevorzugten. In der modernen Forschung muß jeder Typus erkannt, verzeichnet und verstanden werden, eine zeitraubende Arbeit, die noch lange nicht abgeschlossen ist, zumal Neufunde oftmals sehr wertvolle Ergänzungen bieten.

Goldschmiede des Festlandes lieferten besonders begehrte und kostspielige Handelswaren. Allen voran in Skandinavien steht der große Schatzfund aus Hon in Norwegen mit einem Gewicht von 2 548 Gramm vorwiegend aus Gold und nur etwas Silber: gewundene Halsringe, Armringe, Spangen, Anhänger und neunzehn Münzen, davon fünf fränkische. Ist ein so großer gesammelter Fund wirklich durch ehrlichen Kauf nach Skandinavien gekommen? Stammt er nicht etwa von den Tributzahlungen Karls des Kahlen oder den Plünderungszügen an der Seine oder Loire? Das werden wir wohl nie erfahren. Unter den erstrangigen Kunstwerken dominiert entschieden die große Kleeblattspange mit ihrem feinen Laubwerk. Eine Pflanzenornamentik, wie sie im fränkischen Reich gepflegt wurde, hatten die Nordländer bis dahin nie gesehen. Sie hatten sich völlig der Tierornamentik verschrieben. Jetzt gab es auch einen Absatzmarkt im Norden für Kleeblattspangen mit Pflanzenverzierung, alle natürlich viel einfacher als das Prachtstück aus Hon. Interessanterweise schalten sich die Handwerker Haithabus ins Geschäft ein. Gußformen in der dortigen schwarzen Erde zeigen, wie sie die fränkischen Motive aufgegriffen und verarbeitet haben. Ableger dieser Erzeugnisse sind des öfteren in Schweden und Norwegen gefunden worden.

Ein anderes sehr einträgliches Geschäft war der Waffenhandel. Fränkische Schwerter waren besonders schneidig und deshalb von den Wikingern hochbegehrt. Sie eigneten sich vorzüglich für Angriffe gegen – das Frankenland. Kein Wunder, wenn Karl der Große und seine Nachfolger wiederholt die Ausfuhr von fränkischen Schwertern verbieten und mit Todesstrafe belegen lassen. Vergebens. Waffenschmuggel machte sich doppelt bezahlt. In unserem Fundstoff sind die Schwerter aus Ulfberths Schmiede leicht erkennbar, da sie seinen Namen tragen, aber sonst hat die Forschung eine mühselige Aufgabe, die fränkische Heimat der Funde nachzuweisen. Manchmal wurden die Klingen mit nordischen Griffen versehen, oder ein fränkischer Griff konnte eine neue Klinge erhalten. Keine Gegenstände wanderten so von Hand zu Hand wie gerade die Waffen jener unruhigen Zeit.

Die Wikinger tauschten die südlichen Industrie-Erzeugnisse gegen Rohwaren aus dem Norden. Meist sind es vergängliche Naturprodukte, und der christliche Süden legte keine Gräber mit reichen Beigaben an. Trotzdem sind wir ihnen auf der Spur, und gerade in den letzten drei Jahren ist ein wichtiger nordischer Exportartikel entdeckt worden: Eisen. Analysen der Erz- und Schlackenfunde in Haithabu ergaben schwedisches See-Erz – man hat die Mengen an naheliegendem, minderwertigem Erz in Schleswig-Holstein verschmäht und besseres Eisen aus Schweden eingeführt. Vermutlich hängt die Blüte des südschwedischen Hochlandes in der Wikingerzeit gerade mit diesem neuen Gewerbe zusammen. Auf Helgö sind ebenfalls Schmelzöfen und Eisenschlakken in den letzten drei Jahren ausgegraben worden. Der Export an See-Erz aus dem Gebiet nordwestlich des Mälarsees kann nur von Helgö kontrolliert worden sein. Durch eine gebührende Zollabgabe werden die örtlichen Schmiede den Nutzen des weitsichtigen schwedischen Außenhandels genossen haben. Schweden wird seinen Ruf als Eisenland schon in der Wikingerzeit gewonnen haben.

Dabei überrascht eine ganz neue Untersuchung von Doktor Olof
Arrhenius. Von 350 Proben sind zwei Drittel aus so phosphorarmem
Eisen geschmiedet, daß wir mit Berg-Erz rechnen müssen, bezeichnenderweise gerade im Gebiet der mittelschwedischen Erzfelder. Gruben-
erz wurde anscheinend schon in der Eisenzeit gewonnen und war wegen seiner Biegsamkeit begehrt. Genauere Erkenntnisse sind in den
nächsten Jahren zu erhoffen.

Ähnlich wird es auch in Norwegen gewesen sein. Die Unmasse der
Eisengeräte in den Gräbern steht in wirkungsvollem Gegensatz zu einem Inventar von einem der Güter Karls des Großen in Frankreich.
Dort werden aufgezählt: 2 Äxte, 2 Spaten, 2 Bohrer, 1 Hacke, 1 Hobel.
Schluß! Für einen Brustharnisch aus Eisen mußte man damals 6 Ochsen oder 12 Kühe bezahlen, ebensoviel für einen Helm, während ein
Schwert etwas teurer war: 7 Ochsen. Der Schmied sollte natürlich auch
leben, aber Eisen war ein seltener Rohstoff auf dem Kontinent. Nordische Wikinger konnten der gut zahlenden Käufer gewiß sein.

Manche Gebiete Südnorwegens lieferten Speckstein – einen weichen
Stein, den man in bergfrischem Zustand mit scharfen Messern schneiden und zu feuerfesten Kochtöpfen formen kann. Tief im unwegsamen
Gelände stehen heutige Waldgänger plötzlich vor einer solchen Berg-
wand und zählen die verlassenen kugeligen Halbfabrikate, denn man
schnitt sie am besten direkt aus dem Felsen heraus. Der Boden unterhalb ist voll von Spänen, Abfällen und zersprungenen Gefäßen. An einer Wand gruben die Steinmetzen in die Tiefe, an einer anderen meißel-
ten sie regelrechte Grotten zwischen Adern von hartem Basalt. Oft bauten sie hohe Holzgerüste, um den begehrten Rohstoff zu erlangen.

Mühselig war der Transport, um die Gefäße auf den Markt zu bringen. Die Wikingergräber Norwegens enthalten Hunderte von solchen
Kochtöpfen, die den Weg des inländischen Kleinhandels markieren.
Acht Händler haben ihren Warenvorrat an verschiedenen Stellen vergraben und konnten ihn nie mehr heben. Die Kochschalen bildeten einen vorzüglichen Exportartikel für die schon erwähnte Handelsstadt
Skiringssal am Oslofjord, wo die Zahl der Funde laufend wächst. Auch
in Dänemark und an der deutschen Küste sind sie des öfteren gefunden
worden, ebenso natürlich in Birka, sehr zahlreich in Haithabu, neuerdings auch in Hamburg. Zersprangen sie dann, so hat man sie einfach
zu Gußformen weiterverarbeitet.

Specksteine haben ihre örtliche Begrenzung, was aber von überall
aus weiten Wäldern herbeigeschafft werden konnte, das waren hochwertige Pelze.

Wir können uns kaum eine Vorstellung von dem Wildreichtum jener
Frühzeit machen, wenn wir die hundertmeilenweiten Waldräume heute

ausgeplündert, still und arm an Leben sehen. Neulich zeigte ein Finnländer, daß Kemi Lappmark im höchsten Norden erst im 16. Jahrhundert durch den Wettlauf englischer und holländischer Aufkäufer seines Pelzreichtums beraubt wurde. Zur gleichen Zeit war schon durch Nowgorods und Moskaus Handel Nordrußland bis zum Ural weitgehend erschöpft, und in der Neuzeit sind Biber und Otter bis an die Beringstraße zurückgedrängt worden. Katharina von Rußland sicherte ihrem Reich Alaska, und ein einziges Schiff brachte ihr 5500 traumhaft schöne Felle des mittlerweile fast verschwundenen Seeotters, weiterhin Felle von 1385 ordinären Fischottern, 4181 Bibern und 4727 Füchsen. Die ausgeraubten Jagdgründe wurden schließlich im Jahre 1867 vom geldbedürftigen Zaren an die USA verkauft. Die heutige Welt hätte sonst anders ausgesehen. Die kleinen Pelzträger haben wahrhaftig Weltgeschichte gemacht, vor hundert Jahren ebenso wie vor tausend Jahren. Die Wikinger, welche sich kurze Zeit erst auf den östlichen Flüssen heimisch fühlten, fanden in den russischen Wäldern ihre schönsten Handelswaren. Wir müssen uns mit Zuchttieren begnügen, mit Käfigen für Mink und Fuchs. Wir sind wohl kürschnertechnisch früheren Zeiten überlegen, sprechen aber doch mit größter Ehrfurcht von Wildmink, Hermelin und halbwilden Bibern und kennen schon gar nicht mehr Zobel, Seeotter, sibirisches Eichhorn (Feh). Wir lauschen auf die malerische Sprache eines Verfassers des frühen Mittelalters, um den verlorenen Reichtum zu ahnen:

„Schwarzer Zobel, rothaariger Fuchs, ebenso Hermelin und Biber in Fülle, Luchspelze wie Frühlingslaub, besprengt mit hunderttausend Veilchen. In Eselslasten kam glatter Biber, schwarzer Zobel auch, so daß man ihn nicht mehr zählen konnte; von Hermelinpelz so viel aufgebunden, daß es unmöglich war festzustellen, wie viel es war; leuchtendes Feh und rubinfarbener Fuchs; ebenso noch nie beschlagene Füllen; Luchspelze, das Schlafgemach erleuchtend wie das Dunkel der Nacht, wenn es gefallen ist auf das Antlitz des Tages."

Jetzt wird auch Nordskandinavien selbst für die Jagd auf feine Pelze erschlossen. Funde mittelschwedischer Art reichen immer höher im Bottnischen Meerbusen nordwärts und landeinwärts, die norwegische Küste war längst erforscht, und Hochgebirgsjäger dringen talaufwärts bis zu den eisigen Jotunheimen. Verschossene Pfeilspitzen, genau in beginnende oder späte Wikingerzeit datierbar, blieben auf dem steinigen Boden bis heute liegen, einmal günstigerweise auch in einer Fanggrube, obendrein noch zusammen mit einem Tüllenbeil derselben Zeit.

Am Talende von Valdres und Gudbrandsdalen gibt es sogar richtige Jägergräber. Sie enthalten ganz andere Beigaben als sonstige Gräber. Dutzende von Pfeilspitzen, eine Fischgabel, selten Schwerter, aber mehrere gut verwendbare, kräftige Messer, auch Tüllenbeile und Speere, vielleicht eine Schnalle, aber keinen üblichen Schmuck. Berufsspezialisten erkennen wir des öfteren an ihren Beigaben – Schmiede an Hammer und Amboß, Händler an Waage und Gewichten. Demnach wird mit reinen Jagdwaffen nur ein Berufsjäger beerdigt sein, einer der sein Leben durch Verkauf der Pelze erlegter Tiere fristet und somit hauptsächlich für fremde Aufkäufer arbeitet – mit anderen Worten ein regelrechter, nordischer Trapper.

Den ganzen Winter hindurch ging die frische Winterjagd, um das begehrte Wild zu erlegen. In Bündeln kamen die weichen, duftigen, wärmenden Felle über die kleinen Märkte im höchsten Norden durch Aufkäufer und Zwischenhändler nach Birka und Skiringssal. Was sollte von den vergänglichen Pelzen noch übrig sein? Immerhin so viel wie von dem friesischen Tuch aus dem Süden – in derselben Weise unter schützenden Bronzeschalen des Frauenschmucks verborgen. Des öfteren sind Härchen von Eichhorn, Marder und Biber nachgewiesen.

In der schwarzen Erde Birkas finden wir auch noch etwas ganz anderes, und zwar auffallend viel Schlittschuhe, damals nicht aus Eisen gefertigt, sondern aus dem Eisbein(!) der Schweine, etwas abgeflacht, zweimal durchlöchert für Schnürsenkel – und die glatten Schnellstraßen der spätwinterlichen Seen und Flüsse konnten befahren werden. Verständlicherweise fanden die Pelzjahrmärkte immer nach beendeter Winterjagd statt – man nutzte das schon lebensgefährlich blaugraue Glatteis aus. So konnten die Rauchwaren rechtzeitig vor dem Auslaufen der Wikingerschiffe den Besitzer wechseln. Es waren leicht zu verfrachtende, kostspielige Luxuswaren, für welche die Herren und Damen im Frankenlande und in Italien horrende Preise zahlten. Interessanterweise sind die lateinischen Namen für Marder und Biber in den italienischen, französischen und spanischen Sprachen von germanischen Benennungen verdrängt worden. Zobel ist überhaupt ein slawisches Wort in germanischer Verkleidung. Der Name wandert mit der Ware. Mit solchen Ladungen wurden die Wikingerschiffe zu vorsichtigen Frachtern, die jeden Kampf mieden und sich glücklich schätzten, den wohlfeilen Absatzmarkt unangetastet zu erreichen.

Die größte und allerwichtigste Handelsware haben wir noch immer nicht erwähnt, die grausigste und jederzeit verwendbare: Sklaven, lebende Menschen, Arbeitskraft, Manneslust. Sie fordert viel Platz auf den Schiffen, hat aber den Vorteil, hoch bezahlt zu werden und kann sich zur Not von alleine verfrachten. Eine unerhörte Nachfrage auf dem Kontinent kam den Wikingern zustatten, denn dieser wichtige Bedarfsartikel war Mangelware geworden. Für alle Großunternehmen – Schloßbauten, Befestigungen, Feudalbesitz – wurden Arbeitskräfte benötigt. Aus der Antike kannte man es auch nicht anders, aber die heranwachsende christliche Kirche wandte sich scharf gegen die Sklaverei. Diese ließ sich nicht von heute auf morgen verbieten. Zunächst verlangten die Kirchenväter, kein Christ dürfe über die Grenzen des Reiches verkauft werden, denn gerade die Mohammedaner in Spanien hatten einen riesigen Bedarf an Sklaven, an starken Männern und schönen Frauen. Das kontinentale Handelszentrum in Lyon regelte den Verkauf nach Süden und sorgte auch für die Beschaffung der dritten Gattung: manche verließen die Stadt als friedliche Eunuchen für den Haremsbedarf.

Woher sollte die Ware überhaupt beschafft werden? Die Schutzbriefe der ersten Kaiser gaben den Juden alle Privilegien, verboten aber kategorisch den Handel mit Christen. Folglich mußten Heiden herangeholt werden. Und damit konnten die Wikinger den Juden dienen. War doch schon ein Teil der skandinavischen Bevölkerung in den Zustand der Leibeigenen hinabgesunken. *Trälar* ist das schwedische Wort dafür (dänisch *Treller*). Bei der Übervölkerung, mit der wir in der frühen Wikingerzeit rechnen müssen, war also schon ein gewisser Naturreichtum vorhanden. Aber auch er reichte längst nicht aus. Damit setzten die grausamen Sklavenjagden ein, immer wieder neue Abschnitte der Kulturgeschichte schreibend, damals wie noch im 19. Jahrhundert. Wollen wir die Geschehnisse überhaupt begreifen, so dürfen wir sie nicht von unseren moralischen Wertungen aus betrachten, nicht einmal mit den duldsam-kritischen Augen des neugebildeten Abendlandes, wir müssen vielmehr die soziale Gliederung jener Zeit bedenken. Daß alle Menschen den gleichen Wert haben, ist eine ganz moderne Erkenntnis, die wir in der Wikingerzeit gar nicht erwarten dürfen.

Die Sklavenjagden setzten östlich der Elbe und in ganz Rußland ein – unter den primitiv hausenden slawischen Stämmen konnte die Handelsware am leichtesten und in der gewünschten Menge erbeutet werden. Jüngst ist die Entstehung Magdeburgs klargelegt worden, im Osten des Reiches, direkt am großen Grenzfluß. Wir dürfen uns zunächst kein wirkliches Stadtbild vorstellen. Das Diedenhofer Kapitular des Kaisers vom Jahre 805 gestattete den Sklavenhändlern nach Magdeburg zu kommen, wo lediglich einige Herbergen einen Marktplatz umgaben. Nur zu den regelmäßigen Märkten blühte die Ortschaft auf, wenn Händler aus dem Osten ihre zusammengeketteten Waren den Aufkäufern aus dem Westen anboten. Es ist ein eigenartiger Zufall, daß wir sogar einen Augenzeugenbericht von dem Weitertransport nach Westen besitzen, der in eine Legende eingeflochten ist und nur beiläufig erwähnt wird, wodurch er sehr glaubwürdig anmutet. Der Benediktinerabt Sturm ist auf der Suche nach einem geeigneten Platz für seine Klostergründung:

„Als er dahin zog, gelangte er eines Tages an die Straße, auf welcher die Kaufleute von Thüringen nach Mainz ziehen, und gerade an der Stelle, wo sie über die Fulda führt, traf er eine große Menge Slawen, die in dem Flusse badeten ... Nach Heidenart verhöhnten sie den Diener des Herrn und zeigten sogar Lust, ihn zu schädigen, aber Gottes Macht hielt sie zurück. Einer aus dem Haufen, ihr Dolmetscher, fragte den Pilger, wohin er wolle. Dieser gab zur Antwort, in den oberen Teil der Einöde."

Offensichtlich hat ein Sklaventransport auf dem Weg westwärts eine erfrischende Pause eingelegt. Die Güter mußten ja pfleglich behandelt werden, damit sie einen guten Preis erbrachten. Zwei weitere Umschlagplätze für den Sklavenhandel scheint die Forschung nunmehr nachweisen zu können: Regensburg an der Donau (Zollordnung von Raffelstädten für Sklaven vom Jahre 906) und Haithabu, günstig an der Ostsee gelegen.

In den Sklaventransporten ziehen Menschen hin und her wie bei einer großen Völkerwanderung, geraubte Männer und Mädchen, Beute und Ruderhilfe auf dem Heimweg von einem Wikingerzug, Christen und Heiden in endlosen Reihen. Je zahlreicher die Wikinger ausgreifen, um so größer wird auch der heimische Bedarf an Knechten. Sie werden hin und her gezerrt, verkauft und zurückverfrachtet. Das ist das ständig wiederkehrende Straßenbild, das Ansgar auf seinen Missionsreisen vor Augen hat:

„Er fing auch gleich an, Knaben von dänischer und slawischer Herkunft und Gefangene freizukaufen, um sie für den Dienst Gottes zu erziehen." Oder:

„Als einige arme Gefangene aus christlichen Ländern geraubt und in Barbarenländer verfrachtet wurden, flohen sie zum Volk nördlich der Elbe ... wo man sie ohne Erbarmen wieder einfing und in Fesseln schlug. Manche wurden an die Heiden zurückverkauft, andere zu Sklaven für den eigenen Gebrauch gemacht, manche anderen Christen feilgehalten." Oder:

„Als Rimbert einst in das Land der Dänen kam, sah er an einem Ort, wo er für die jüngst entstandene Christengemeinde eine Kirche erbaut hatte – der Ort heißt Sliaswich – eine Menge von Christengefangenen in Ketten daherwanken. Unter ihnen befand sich eine Nonne ... Der heilige Bischof begann, von Angst und Liebe für sie bewegt, den sie hütenden Heiden verschiedene Gegenstände von Wert für sie anzubieten. Sie aber wollten auf nichts eingehen, wenn er ihnen nicht sein Pferd abträte, auf dem er selbst ritt. Dessen weigerte er sich nicht, sondern sprang sogleich aus dem Sattel und gab es mit allem Geschirr für die Gefangene hin, schenkte derselben auch, nachdem er sie losgekauft hatte, die Freiheit und ließ sie gehen, wohin sie wollte."

Rimberts eigener Geschichtsschreiber war ein Stümper. Das wäre

das dümmste gewesen, was er hätte tun können – die Frau in der heidnischen Handelsstadt ungeschützt gehen zu lassen. Aber so weit dachten
vielleicht die Leser nicht! Wir erfahren immerhin, was eine Sklavin
wert war – ein gesatteltes Pferd ist wahrlich ein sehr hoher Preis!

Der größte Absatz an slawischen und nordischen Sklaven ging südwärts über Lyon nach Spanien. Natürlich konnte Spanien allein so viele
Sklaven nicht verkraften, sondern handelte sie weiter ins östliche Kalifat, in die riesige Völkermühle des vorderen Orients. Arabische Schriftsteller melden einen blühenden Handel zwischen dem Frankenreich
und dem Kalifat. Ibn Khordadhbeh bekundet, daß die Franken „Eunuchen, Sklavinnen, Sklaven, Biberfelle, Marderfelle und verschiedene
Pelzwaren" und andere Handelsgüter an die Mohammedaner verkaufen. Ähnlich lauten die Aussagen verschiedener arabischer Geographen.

Sklaven und Pelze, die Frankreich überhaupt nicht selbst besaß! Es
können nur die aus dem entfernten Norden Europas von den Wikingern
herbeigeschafften Handelsgüter sein, welche die Franken und ihre jüdischen Händler über Spanien weiterverkaufen. Ishtachri schreibt von
„weißen Eunuchen aus Spanien und teuren Mädchen", Ibn Hauqal erwähnt Biberpelze aus dem Land der Slawen nach Spanien ... Aus Spanien nach Ägypten fränkische und gallische Sklaven und Sklavinnen,
sowie slawische Eunuchen."

Oder die Wege gehen von der norditalienischen Küste direkt über
das Mittelmeer in den Orient. Riesige Strecken sind es, ganz Europa
wird umfahren, um auch den letzten Verbraucher dieser Güter, den Kalifen in Bagdad zu erreichen. Ibn Khordadhbeh gibt einen atemlosen
Bericht von dem blühenden Handel über das römische Meer, dem wir
folgendes entnehmen:

„Die jüdischen Raddaniten sprechen Arabisch, Persisch, Römisch,
Fränkisch, Spanisch und Slawisch. Sie reisen aus dem Osten in den
Westen und aus dem Westen in den Osten. Sie besteigen Schiffe im
Land der Franken und begeben sich über Land nach Al Kolzom und
danach über das östliche Meer zu den Hafenstädten Medina und Mek-
ka, nach Sind, Hind und China. Nach der Rückkehr von dort begeben
sich einige nach Konstantinopel, um ihre Ware den Römern zu verkaufen, andere in die Heimat des Frankenkönigs, um sie dort zu veräußern.
Manchmal segeln die jüdischen Kaufleute vom Land der Franken über
das westliche Meer nach Antiochia und nehmen den Weg über Bagdad
nach Oman, Sind, Hind und China ..."

Ja, müssen denn die nordischen Güter ganz Westeuropa umfahren?
Solche Fahrten verteuerten doch selbst bei damaligen Zeitbegriffen die
Transportkosten erheblich. So viele Zwischenhändler! Immerhin stän-
dige Lebensgefahr! Außerdem noch das neue Verbot, heidnische Skla-

ven überhaupt durch christliche Länder zu verfrachten und an die Mohammedaner zu verkaufen (in Meaux 845).

Es gab doch wohl eine bessere Lösung für die Transportprobleme.
Ganz einfach genial in ihrer gewagten Durchquerung althergebrachter
Vorstellungen! Wo die Wikinger schon den russischen Flußverkehr beherrschten, sogar das Schwarze Meer erreicht hatten und in der Ukraine auf arabische Händler aus dem Kalifat gestoßen waren! Wie wäre es,
den ganzen umständlichen, über alle Maße langen Handelsweg durch
Frankreich abzukürzen und quer durch Rußland, ohne lästige Zwischenhändler, die Sklaven und Pelze direkt an das Kalifat in Bagdad zu
verkaufen?

So erleben wir in der Zeit kurz nach 850, wie der gesamte Handel
anfängt in genau entgegengesetzter Richtung zu verlaufen. Sklaven und
Pelzwaren nehmen nicht den Weg die Düna und Memel abwärts, sondern aufwärts; die Schiffe werden über die russischen Wasserscheiden
gerollt und fahren dann die Wolga und den Dnjepr abwärts ins Schwarze Meer. Den guten alten Handelspartner in Frankreich brauchte man
noch längst nicht aufzugeben. Friesische Tuche, fränkische Schwerter,
rheinischer Wein, Bronze, Glas und Goldgeschmeide blieben immerfort
hochbegehrt, aber der neue Großmarkt eröffnete sich im weiten Osten.
Dort erst einmal die wichtigsten Handelsstraßen zu sichern, Kolonien
zu gründen, die Menschen für sich einzuspannen, mit den arabischen
Händlern direkt zusammenzuarbeiten – das war mehr als verlockend
für die unternehmungstüchtigen Nordländer.

Eine strenge Wikingerfrau – zugleich Madonna von Mosjö
aus der ersten Christenzeit

V.

Haben Schweden das russische Reich gegründet?

„Sie kommen aus ihrem Lande, verankern ihre Schiffe im Itil, der ein bedeutender Fluß ist (Wolga), und bauen an seinen Ufern große Holzhäuser. In einem solchen Haus wohnen zehn oder zwanzig zusammen, aber auch weniger oder mehr. Jeder hat eine Bank, auf der er mit seinen schönen Sklavinnen sitzt, die zum Kauf bestimmt sind ...

Sie führen Brot, Fleisch, Zwiebel, Milch und Rauschgetränke mit und begeben sich zu einem aufgerichteten, hohen Holzpfahl, der mit etwas versehen ist, was einem Menschengesicht ähnelt und von kleinen Bildsäulen umgeben ist, hinter welchen wieder andere Holzpfähle aufgerichtet stehen. Er geht zu dem großen Holzpfahl, wirft sich vor ihm zu Boden und sagt: ›O mein Herr. Ich komme weit her und bringe so und so viele Frauen und so und so viele Marderfelle mit.‹

Und nachdem er alle mitgeführten Handelswaren aufgezählt hat, fährt er fort: ›Dir habe ich dieses Geschenk mitgebracht.‹ Dann legt er es vor dem Holzbild nieder und sagt: ›Ich wünsche, daß du mir einen Käufer bescherst, der viele Gold- und Silbermünzen hat und der alles von mir kauft, was ich will und mit allen meinen Forderungen einverstanden ist.‹

Wenn er das gesagt hat, geht er fort. Falls seine Geschäfte schlecht verlaufen und sein Aufenthalt sich gar zu sehr verzögert, kommt er mit einer zweiten und manchmal mit einer dritten Gabe zurück. Und wenn er noch immer Schwierigkeiten hat, sein Ziel zu erreichen, bringt er jedem der kleinen Pfahlbilder ein Geschenk, fleht sie fürbittend an und sagt: ›Sie sind doch die Frauen und Töchter unseres Herrn.‹

So geht er immerfort von einem Götzen zum anderen, betet zu ihnen, fleht sie um Hilfe an und verbeugt sich ehrfurchtsvoll. Oft geht dann sein Verkauf leicht und gut, und er kann alle Waren veräußern, die er mit sich geführt hatte. Dann sagt er: ›Mein Herr hat meinen Wunsch erfüllt. Dann ist es meine Pflicht, ihn dafür zu belohnen.‹

Dann nimmt er eine Anzahl Rinder und Schafe, schlachtet sie und verschenkt einen Teil des Fleisches; den Rest legt er vor dem großen Bildpfahl und vor den herumstehenden kleinen Pfählen nieder und hängt die Köpfe der Rinder und Schafe an einen aufgerichteten Holzpfahl. Aber nachts kommen die Hunde und fressen alles auf. Dann sagt der, der es dort hingelegt hat: ›Mein Herr hat an mir Wohlgefallen gefunden. Er hat mein Geschenk verzehrt ...‹

Nie sah ich Menschen mit einem stattlicheren Körperbau. Sie sind hochgewachsen wie die Palmen, rotblond und hellhäutig. Sie verwenden weder Hemden noch Mäntel mit Ärmeln. Der Mann ist bei ihnen mit einem Mantel bekleidet, den er über seine eine Schulter wirft, so daß er eine Hand frei hat. Jeder trägt eine Axt, einen Dolch und ein Schwert. Ohne diese Waffen sieht man sie nie. Ihre Schwerter sind breit, wellenförmig gerieft und von fränkischer Anfertigung. Von der Nagelspitze bis zum Hals sind sie mit Bäumen und verschiedenen Figuren tätowiert.

Die Frauen tragen auf der Brust eine kleine Dose aus Eisen, Kupfer, Silber oder Gold, je nach dem Reichtum und der Stellung des Mannes. An der Dose sitzt ein Ring und daran ein Messer, das ebenfalls an der Brust befestigt ist. Um den Hals tragen sie Ketten aus Silber und Gold. Wenn nämlich der Mann zehntausend arabische Silbermünzen besitzt, läßt er seiner Frau eine Kette anfertigen. Besitzt er zwanzigtausend, bekommt sie zwei Halsketten. Und so bekommt seine Frau jedesmal eine Kette, wenn er um zehntausend Dirhem reicher wird. Deshalb hängen oft eine Menge Ketten um den Hals einer rusischen Frau.“

So schreibt ein braunhäutiger Diplomat mit flinken Augen von den blonden, hellhäutigen, schwedischen Händlern, die er „Rūs“ nennt. Ibn Fadlan ist es, der als Gesandter des Kalifen in Bagdad im Jahre 922 auf dem Weg nach der Stadt Bolgar ist. An der Wolga stieß er also mit den Schweden zusammen und berichtet sorgsamer und lebhafter als sonst irgend jemand. Treffsicher ist die äußere Gestalt geschildert, wie auch die Kleidung und Bewaffnung, Streitaxt und fränkisches Schwert. Den Brustschmuck und die Ketten der Frauen haben wir schon kennengelernt. Pfahlgötzen verehrten die Skandinavier die ganze Vorzeit hindurch, und der Araber verspottete die Andersgläubigen mit feinem Sarkasmus. Ihre Handelswaren sind uns schon vertraut.

Die Schweden haben sich anscheinend im Osten Europas als Fernhändler gut eingerichtet. Bodenfunde – also Gräber und Siedlungsreste – sind auch in dem weiträumigen Osten unsere untrüglichsten Dokumente, die zusammen mit den oftmals kurzen Schriftquellen das Kulturbild vor 1000 Jahren vergegenwärtigen. Wir wollen den Spuren vom Baltikum aus nachgehen.

Die Überquerung der Ostsee war den Drachenschiffen durchaus vertraut. Vom Finnischen Meerbusen segelt man die Newa 35 Kilometer aufwärts, dann öffnet sich der weite Ladogasee. An seinem östlichen und südlichen Ufer stoßen wir auch schon auf zahlreiche Funde der Wikinger, verständlicherweise an den dort mündenden Flüssen Swir, Pascha, Syas und Wolchow entlang. Gruppen von sehr hohen Grabhügeln enthalten durchweg Brandreste, aber keine Metallgegenstände, die wir näher einordnen könnten. Deshalb läßt sich nichts über die Herkunft dieser Gräber sagen. Andere Hügel sind jedoch von genau demselben schwach gewölbten Typus, den wir in Mittelschweden kennen; sie liegen auch in Gruppen zusammen, enthalten Brand- und Skelettgräber und reiche Beigaben an uns bekannten Gegenständen. Russische Forscher haben schon vor dem ersten Weltkrieg und auch später viel und sorgfältig gegraben. Aus der Fülle der Beigaben greifen wir ovale und gleicharmige Frauenspangen heraus, von denen ein Paar schon dem 9., die anderen dem 10. und 11. Jahrhundert angehören. Wir nennen weiter Perlenketten, eine davon mit angehängter arabischer Silbermünze (geprägt 922), Hufeisenfibeln der späten Wikingerzeit, eine Ringfibel wie sie ähnlich auch in Birka vorkommt, Kämme, Schwerter, Streitäxte und Speerspitzen. Eine sehr reiche Ausstattung befand sich in einem Schiffsgrabe. Von dem Boot sind natürlich nur die Nieten erhalten. Es war zehn Meter lang und vier Meter breit.

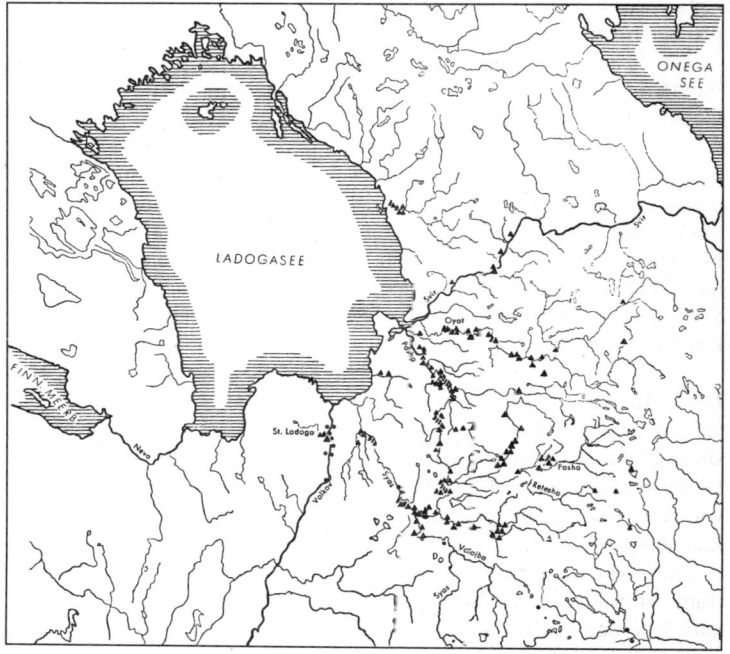

Der Siedlungsraum am Ladogasee.
Kreise = hohe fundarme Gräber; Dreiecke = Hügelgräber mit Brandschicht
und vorwiegend schwedischen oder finnischen Beigaben

Frauen wurden häufig am häuslichen Herd gesehen, voll ausgestattet mit eisernem Kessel, Kette, Eisenschaufeln und Tongefäßen direkt in der Kohlenschicht des Herdfeuers. Das kennen wir nirgends in Schweden oder sonstwo. Da muß sich am Ladogasee ein örtlicher Brauch entwickelt haben – was ja häufig vorkommt.

Wir müssen bedenken, daß die Wikinger in Gebiete fremder Völker hineinstießen. Finnische Stämme waren hier zu Hause, und es zeigt sich derselbe Vorgang wie früher schon in Kurland. Allmählich mischen sich finnische Gegenstände unter die schwedischen. Der Prozeß vollzieht sich sogar recht schnell, da die Schweden hier nicht nur einen Brückenkopf hielten, sondern in einem großen Raum siedelten; sie waren unabhängiger vom Mutterland und darauf angewiesen, mit der einheimischen Bevölkerung eine gemeinsame Lebensform zu finden. Ovale Spangen dürften wohl fast immer Frauen aus dem skandinavischen Festland kennzeichnen, da sie kaum gehandelt wurden, sondern zur Nationaltracht gehörten. Gotländer und Dänen haben sie z. B. nie getragen. Bei den Gotländern waren ausschließlich runde hohe Dosen-Spangen in Gebrauch, die wiederum auf dem schwedischen Festland fehlen. Anders steht es mit dem lustig klirrenden Kleinschmuck, der an langen Ketten baumelte. Da konnten finnische und schwedische Stücke leichter getauscht werden.

Handelszentrum war Alt-Ladoga am Wolchow – Aldeigjuborg wurde es von den Wikingern genannt. Es lag nicht an der Flußmündung, sondern genau den Regeln entsprechend, die wir schon kennen, zwölf Kilometer flußaufwärts. Prächtig erhalten sind die hier ausgegrabenen Holzreste, zuunterst eine Schicht mit großen Blockhäusern, die mehrere Zimmer enthalten, darüber plötzlich kleine Häuser mit einem Ofen in der einen Ecke, zuoberst eine schlecht erhaltene Siedlungsschicht. Unter den Abfällen der schwarzen Erde finden wir etliche Wikingerstücke: eine prachtvoll verzierte Streitaxt, eine ovale Spange, Kämme wie in Birka usw., aber auch Gußformen für finnischen Schmuck.

Geradezu sensationell ist der Neufund einer Runeninschrift in Alt-Ladoga, veröffentlicht in den Mitteilungen der Eremitage zu Leningrad 1957. Es ist ein Holzstäbchen mit 50 zierlichen Schriftzeichen, günstig erhalten in der untersten Schicht der schwarzen Erde. Die Runologen erkennen leicht einen Vers in komplizierter Kreuz-Alliteration. Die geheimnisvollen Anspielungen haben jedoch schon zu sehr verschiedenen Übersetzungen geführt, weshalb wir hier keine bevorzugen wollen. Es geht auf jeden Fall um eine Beschwörung, die wir aus der Edda und den sonstigen nordischen Schriftquellen nicht kennen. Sie erweitert nicht nur den geistigen Kreis nordischer Dichtung, sondern auch den geographischen.

Interessanterweise gibt es nirgends in Osteuropa, nicht einmal im

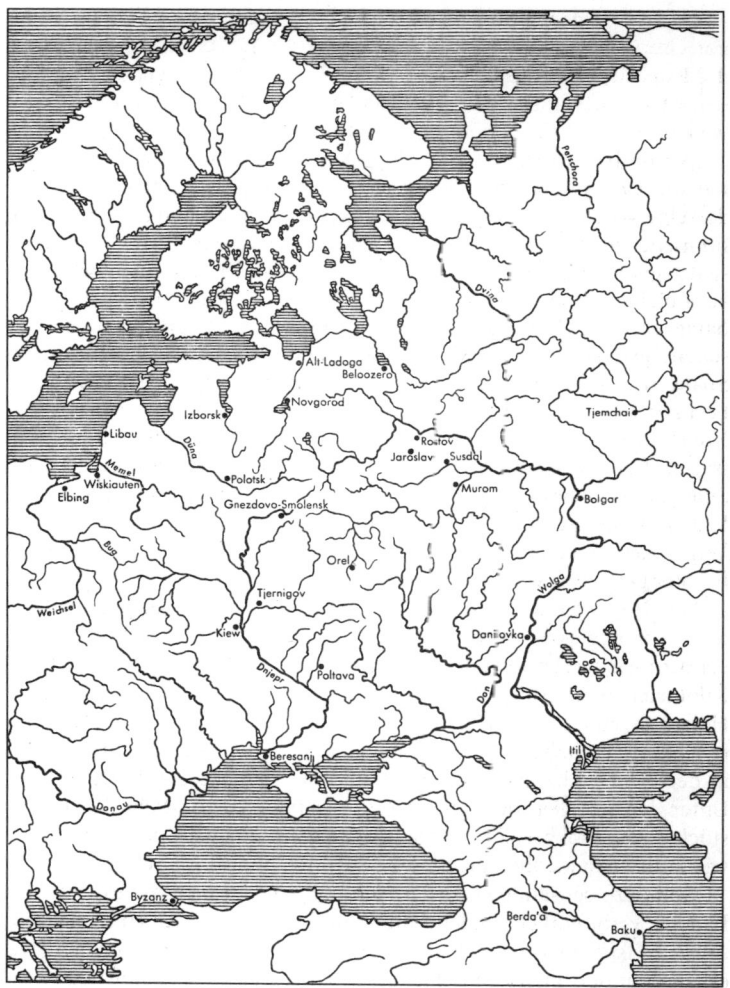

Karte der Wasserwege durch Rußland mit wichtigsten Fundstellen

Ladogagebiet, irgendwelche schwedischen Funde des 8. Jahrhunderts.
Erst im 9. Jahrhundert erfolgt der große Vorstoß der Wikinger nach
Osten. In der Zeit wird wohl auch Alt-Ladoga als Stützpunkt angelegt
worden sein, um den Verkehr landeinwärts zu sichern. Der Wolchow
führte südwärts, Pascha und Swir ostwärts. Ein feines Netz von segelbaren kleinen Flüssen verzweigt sich auf der großen Wasserscheide.
Reisigbündel und Holzwalzen ermöglichten es, die Schiffe darüberhin
zu schleppen. Die kleinsten Schiffe wurden ganz einfach getragen. *Wolok* wird eine solche Tragstelle für Boote russisch genannt.

Über die Schwelle hinweg kam man auf kleinen Nebenflüssen rasch
zu den beiden großen Flüssen. Wir schauen erst auf den Oberlauf der
Wolga. Gleich südlich des Onegasees stoßen wir auf den bekannten Ort
Beloozero, aus dem sowohl ovale wie gleicharmige und Kleeblatt-Span-

Wikingerfunde in Gnezdowo-Smolensk

gen nordischen Ursprungs stammen. Es gibt auch etliche kleinere Fund-
orte, und südlich der Wolga, in dem Gouvernement Wladimir und Ja-
roslawl, in weitem Umkreis nordöstlich von Moskau, finden wir 167
Gräberfelder der buntesten Zusammensetzung, leider in einer grauenhaften Weise durchwühlt. Da wurden im vorigen Jahrhundert 7729
Hügelgräber untersucht, und zwar in einem so flotten Tempo, daß man
bis zu achtzig Gräber pro Tag schaffte. Folglich birgt das Moskauer
Museum Unmengen von schwedischen, finnischen, slawischen, türkischen, permischen und orientalischen Metallfunden, aber alles durch-
einandergemengt, so daß es unmöglich ist festzustellen, welche Stücke
ursprünglich zusammenlagen, ja, wo sie überhaupt auf dem riesigen
Fundplatz geborgen wurden. Rostow, Susdal und Murom gehören auch
zu den Fundstellen der zur Wikingerzeit so lebhaften Besiedlung. Wir
können immerhin feststellen, daß die Wikinger nur einen Teil der Bevölkerung bildeten, die sich aus den verschiedensten Völkerschaften zu-
sammensetzte.

Auch an dem großen Wolgabogen sind skandinavische Funde gemacht worden. Dort stießen die Wikinger nicht mehr auf Finnen, sondern auf die türkischen Bulgaren, deren Hauptstadt das schon erwähnte
Ziel des arabischen Botschafters war. Weiter östlich und nordwärts, wie
auch vereinzelt an der unteren Wolga sind Gegenstände der Wikinger
geborgen worden, beispielsweise ein verziertes Schwertortband, ganz
ähnlich einem Stück aus Nordschweden.

Streben wir nun von Alt-Ladoga südwärts, dann nehmen wir am besten
einen Wegweiser zu Hilfe, und zwar eine Wegbeschreibung aus dem
Jahre 1268 im Lübecker Archiv. Die Hanseaten folgen ja im Mittelalter
den von Wikingern zuerst ausprobierten Handelswegen. Man segelte
durch den Finnischen Meerbusen, an den Inseln Berkö (!) und Ketlin-
gen (jetzt Kronstadt) vorbei, durch die Newa, auf dem Ladogasee nach
Wolchowminne und Aldagen (Aldeigjuborg). 10 Kilometer weiter flußaufwärts mußte man in kleinere Boote umsteigen und bekam die nötige
Hilfe von den „Vorschkerlen" durch die Wasserwirbel. In diesem Wort
lebt noch das schwedische Wort für Stromschnellen = *Fors* (ausgesprochen Forsch). Man mußte noch zwei Zollstationen passieren und kam
dann schließlich zu dem Handelszentrum Nowgorod am Ilmensee, dem
schwedischen Holmgard der Wikingerzeit.

Die dortige schwarze Erde mißt vierzehn Meter, und es ist eifrig in
ihr gegraben worden, aber es ist sehr schwierig, die älteste Besiedlung
am Platz aufzudecken. Die meisten Funde, so auch die oft erwähnten
slawischen Inschriften auf Rindenblättern, gehören dem Mittelalter an.
Von der Bedeutung dieser Stadt in der Frühzeit werden wir noch sprechen.

Jetzt ziehen wir vom Ilmensee die Lowat flußaufwärts und gelangen zu der westrussischen Wasserscheide. Hierher kamen die Händler bequem auch auf anderen großen Flußläufen: Düna, Memel, Weichsel und Bug. Durch die Sumpfgebiete mit ihrem Netz von kleinen, lehmigen Flüssen mußten sie jedoch alle hindurch, ehe sie bei Smolensk-Gnezdowo auf den Dnjepr stießen und dann klaren Schiffsweg südwärts vor sich hatten. Hier liegt das größte skandinavische Gräberfeld Rußlands, von dem noch immer 3850 Hügel erhalten sind und in dem fortlaufend gegraben wurde. 24 Ovalfibeln, 10 Schwerter und zahlreiche andere rein schwedische Fundstücke sind bis jetzt geborgen worden, dazwischen auch slawische Gegenstände, vorwiegend in fundarmen Gräbern. Schwarze Erde bezeugt, daß Smolensk an drei verschiedenen Stellen lag.

Südwärts ändert der Dnjepr wiederholt sein Aussehen. Bald zwängt er sich eilig durch schmale Flußrinnen hindurch, bald fließt er breit und majestätisch in einen Urwald hinein, in dem er sich labyrinthartig verirrt. Viel dürfte von dem damaligen schreckhaften und finsteren Gebiet der aufrechtstehenden, umgestürzten und von den Dnjeprrinnsalen unterwühlten Waldriesen nicht übrig sein. Erst bei Kiew wird der Fluß wieder breit, ruhig und imposant. Auch hier gibt es schwarze Erde, eine Burganlage und viele reich ausgestattete Gräber mit schwedischen Beigaben. In den letztvergangenen Jahren sind wichtige Funde geborgen worden, und noch mehr dürften zu erwarten sein. Von zahlreichen weiteren Fundstellen sei noch Tjernigow, nordöstlich Kiew, genannt.

Um die Funde zusammenzufassen, können wir erwähnen, daß nach der letzten Zählung des hervorragendsten Kenners russischer Altertümer in Westeuropa, Professor T. J. Arne, hundert Ovalspangen aus Frauengräbern und siebzig Schwerter aus Männergräbern im gesamten Rußland vorliegen. Ihre Existenz wird von schwedischen Runensteinen aus derselben Zeit bestätigt. Annähernd hundert Steine berichten, daß jemand „im Osten" starb oder zumindest dort gewesen war, manchmal wird ein bestimmter Ort genannt: Livland, an der Düna, Holmgard oder Gardarike, womit das Land der Höfe = Burgenland, also die schwedische Besiedlung in Rußland schlechthin gemeint ist. So meldet ein Stein aus der Zeit um 900:

„Stig errichtete dieses Denkmal für Öjvind, seinen Sohn. Er fiel im Osten."

Kurzgefaßt sind sie alle – lapidar geformt. Die meisten stammen aus der Zeit um und nach dem Jahre 1000, als das Behauen von Runensteinen allgemein üblich wurde. Einer berichtet:

„Ingefast ließ den Stein behauen für Sigvid, seinen Vater. Er fiel in Holmgard als Schiffshäuptling mit seiner Mannschaft." Oder:

„Torsten machte das Denkmal für seinen Sohn Ärinmund, kaufte dieses Dorf (Veda nördlich Stockholm) und erwarb das Geld dafür in Gardum (Gardarike)."

Rus werden die Wikinger in Osteuropa genannt, in sämtlichen Quellen, insbesondere bei den zahlreichen arabischen Geographen. Die Herleitung des Wortes ist klar und von besonders großem Interesse. Roslagen heißt die Küste nördlich Stockholm, Rospiggar (ausgesprochen Rus) werden ihre Einwohner noch heute genannt. Hier hat der Schwedenkönig im Mittelalter sein Heer aufgeboten; jede Einheit seines Machtbereiches hatte ein voll ausgerüstetes und mit Soldaten bemanntes Schiff zu stellen. Diese nordische Heeresordnung ist uralt, sie hat das Wikingerleben geprägt und vermutlich das militäre Rückgrat des Sveakönigs gebildet, schon als er jenseits der Ostsee die ersten Kolonien gründete. Folgendermaßen wird sich das Wort entwickelt haben.

Rōðr = Ruderweg, (Wasserweg, Strand, Bucht, Fluß; vgl. englisch ,road')

Rōð(r)s = Genitiv desselben Wortes

Rōðs-Männer = die Männer der Ruderwege (so werden sich die Männer dieser Küste genannt haben)

Rōtsi = eine für die finnische Sprache typische Kürzung desselben Wortes, entstanden als die Finnen im Ladogagebiet mit diesen Schweden in Berührung kamen

Ruotsi = heutige Schreibart und finnischer Name für Schweden nach der vielerorts bewährten Art, ein Volk nach dem nächstwohnenden Stamm zu benennen (vgl. Allemagne, Schwaben, Saxland als Namen für Deutschland)

Rūs = so haben die Slawen den Volksnamen von den Finnen übernommen.

Der Name ist also über die finnischen Völker am Ladogasee südostwärts vermittelt worden.

Über die Ankunft der Rus bei den slawischen Völkern am Dnjepr weiß die Nestorchronik zu berichten, ein großes Sammelwerk von Aufzeichnungen der Frühzeit. Sie legt das Ereignis ins Jahr 862 und berichtet von den slawischen Stämmen:

„Es gab unter ihnen kein Recht, und Sippe stand auf gegen Sippe, und es waren unter ihnen Fehden, und sie begannen widereinander zu kämpfen. Und sie sprachen zueinander: ,Wir wollen uns einen Fürsten suchen, der über uns herrsche und gerecht richte.' Und gingen über das Meer zu den Warägern, zu den Rusen, denn so hießen die Waräger Rusen, wie andere Schweden heißen, andere Norweger und Angeln, ande-

re Gotländer, so auch diese. Sprachen zu den Rusen die Tschuden, Slo-
wenen, Kriwitjen und Wesen: ‚Unser Land ist groß und reich, doch es
ist keine Ordnung in ihm; so kommt und gebietet über uns!'

Und drei Brüder wurden erwählt samt ihren Sippen, und sie nahmen
alle Rusen mit sich und kamen. Rurik, der ältere, ließ sich in Nowgorod
nieder, der zweite Sineus in Beloozero, der dritte Truwor in Izborsk."

Das ist eine hübsche Geschichte, viel zu schön, um wahr zu sein. So
kommen Völker nicht in ein fremdes Land und gründen Kolonien. Erst
recht werden wir stutzig, wenn wir hören, was andernorts vom Volks-
mund erzählt wurde, ohne jemals in einer geschriebenen Chronik Aufnahme zu finden. So heißt es im finnischen Österbotten:

Drei schwedische Brüder waren die ersten, die nach Yttersee kamen.
Der eine hieß Paul und siedelte sich an jenem Ort an, der jetzt Påvals-
folk auf Sexmansbacken heißt; der zweite begab sich nach Göransfolk
jenseits des Flusses und der dritte nach Bärklare.

Oder wir lauschen auf die Lokalsaga aus der Gegend von Åbo:

Nach Hitis Rosalaby kamen drei Brüder aus Roslagen in Schweden.
Der eine hieß Nils, der zweite Tommas, und der dritte Måns. Nach ihnen erhielten Nissa, Tommossa und Månusa ihre Namen. Und das sind
die ältesten Gehöfte. Den Namen Rosala hat das Dorf daher, weil die
Brüder aus Roslagen kamen.

Es gibt zahlreiche andere Varianten derselben Sage in Finnland und
Estland. Immer kamen drei Brüder auf Schiffen über die Ostsee. Die
drei Brüder sind hier genauso sagenhaft wie in Grimms Märchen. Es ist
die übliche Form, in welche die schwedische Landnahme im Osten gekleidet wird. Aber wir sind reich mit Quellen gesegnet. Ähnliches finden wir zu unserem Staunen auch in der Gutasage über die erste Besiedlung der Insel Gotland und – auf Irland. Laut Giraldus Cambrensis
soll die Landnahme im 9. Jahrhundert so erfolgt sein (Topographia Hi-
bernica, verfaßt im Jahre 1185): Drei Brüder namens Amelavus, Sitaracus und Yvorus (Olav, Sigtrygg und Ivar) kamen aus Norwegen übers
Meer nach Irland. Der eine erbaute die Burg Dublin, der zweite die
Burg Waterford, der dritte die Burg Limerick.

Genauso wurden die Normannen freundlich aufgefordert, sich der
reichen Insel Sizilien anzunehmen. Leo von Ostia erzählt aus dem 11.
Jahrhundert:

Endlich ließ Fürst Waimar von Salerno durch seine Gesandten den
Normannen „Zedernäpfel, Mandeln und vergoldete Nüsse, sowie kaiserliche Gewänder, ferner mit reinstem Golde verzierte Pferdegeschirre
überbringen und lud sie ein oder nötigte sie vielmehr, in ein Land zu
kommen, das solche Schätze hervorbrächte."

Zwar sind es nur zwei Brüder namens Hengist und Horsa, welche
die Angelsachsen nach England führen, aber im übrigen ist es ergrei-

fend, in Widukinds Sachsengeschichte nachzulesen, wie die alteingesessenen Briten sie einladen:

„Ihr herrlichen Sachsen! Die armen Briten, von den ständigen Einbrüchen der Feinde erschöpft und fast zerbrochen, hörten von den durch euch errungenen, glorreichen Siegen und sandten uns (die britischen Botschafter) zu euch mit der flehenden Bitte, ihr möget ihnen eure Hilfe nicht versagen. Ein weites und geräumiges Land, das eine Fülle jeglicher Dinge enthält, bieten sie, daß es eurer Botmäßigkeit gehorche. Bisher haben wir unter der Oberhoheit und dem Schutz der Römer freiheitlich gelebt; nach den Römern kennen wir keine besseren als euch, deshalb verlangen wir, unter die Flügel eurer Tapferkeit zu flüchten. Durch eure Tapferkeit, durch eure Waffen allein können wir uns der Feinde erwehren, und was ihr uns auch an Botmäßigkeit auferlegt, das wollen wir gerne ertragen."

Ist es nicht das gleiche zu allen Zeiten gewesen? Auch bei den Kolonialvölkern und bei den Geschehnissen des zweiten Weltkrieges? Die machtvollen Eindringlinge mußten ihre Tat durch irgendeine Aufforderung rechtfertigen.

Was bleibt von der schmucken Sage in der Nestorchronik? Daß die Rusen in der zweiten Hälfte des 9. Jahrhunderts immer zahlreicher übers Meer kamen und regelrechte Kolonien gründeten, genauso wie die Westskandinavier zu gleicher Zeit auf Irland, in Friesland und in der Normandie. Sie stießen abwechselnd als Krieger und als Händler über ihren engeren Machtbereich hinaus. Städte, welche in der Nestorchronik besonders genannt werden, sind Nowgorod, Smolensk, Beloozero, Izborsk, Polotsk, Rostow und Kiew, also gerade die Orte, bei denen die meisten schwedischen Gräberfunde gemacht wurden. Von Kiew selbst wird gesagt:

„Dies soll die Mutter der russischen Städte werden."

Diese ganzen Geschehnisse bekommen ihre dramatische Zuspitzung dadurch, daß die Rus als erste Staatengründer in Osteuropa dem heutigen Rußland seinen Namen gegeben haben! Das schien mit dem nationalen Selbstbewußtsein im Zarenreich schwer vereinbar zu sein. Die Frage wurde oftmals politisiert. Viele Leute sprachen mißbilligend von der sog. Normannenschule, wollten den Namen Rus anders ableiten und werteten auch die schwedischen Gräberfunde nur als Zeugen eines blühenden Handels.

Es ist aber nicht möglich, einen slawischen Namen aufzutreiben, der annähernd so lautet wie das umstrittene Wort, und es gibt keine Kulturblüte am Dnjepr vor dem Ende des 9. Jahrhunderts. Noch heute sind die Anti-Normandisten zahlreich, und allein das Verzeichnis der Literatur zu dieser alten Streitfrage füllt ein Buch von 150 Seiten. Die Anti-Normandisten legen die verschiedensten Erklärungen vor, die sich in raschem Tempo ablösen; eine sorgfältige Analyse der schwedischen Landnahme in Rußland bildet noch immer das Rückgrat der Diskussion. So wollen wir es auch in diesem Buch halten und zunächst Kaiser Ludwig den Frommen als Schiedsrichter anrufen:

„Einige Männer, die sich und ihr Volk Rhos nannten", waren im Jahre 839 nach Ingelheim gekommen. Rhos ist die korrekte griechische Schreibform für Rūs. Wir hörten schon, daß der Kaiser, von den schweren Wikingerüberfällen im Westen sehr bedrückt, die Gründe für ihre Reise genau untersuchte und erfuhr, daß sie dem Volk der Svear angehörten. Deswegen prüfte er die Behauptungen der Männer sehr eingehend, ehe er ihnen die Freiheit schenkte.

Ein anderer Zeuge ist Liutprand, der über Kriegszüge in den Jahren 941–944 in Byzanz schreibt: „Dort wohnt ein Volk im Norden, das die Griechen nach einer Eigentümlichkeit in ihrem Äußeren (er denkt an die rotblonde Farbe) Rusii nennen, während wir sie nach der Lage ihrer Heimat Normannen heißen."

Umgekehrt und von solchen Quellen völlig unabhängig schreibt al-Jaqub in arabischer Sprache: „Im Jahre 844 griffen die Heiden, welche wir Rus nennen, Sevilla an, plünderten und verheerten, brannten und mordeten." Diesen Vorstoß der Wikinger kennen wir schon. Es muß folglich allen Schriftstellern jener Zeit völlig geläufig sein, daß Normannen, Wikinger und Rus die gleichen Skandinavier waren.

Zu genauer Prüfung wollen wir die interessantesten Bodenfunde heranziehen, zunächst zehn große Holzkammergräber in Kiew, vier davon direkt unter der Zehntelkirche. In ihnen ruht der Krieger mit seiner Waffenausstattung, einer Frau an seiner Seite und einem Pferd am Fußende. Ähnlich prächtig ausgestattete und tief vergrabene Holzkammern sind auch in Tjernigow ausgegraben worden. Das sind ganz typische Häuptlingsgräber, von denen wir in Birka etwa hundert kennen, darunter auch einige mit Frau und Pferd. Das reichste Grab in Haithabu ist ebenfalls eine Holzkammer, andere westskandinavische Gräber finden sich in Mammen, Jellinge, Rolfsöy, Tune und Bygstad. Die Ausstattung der Dnjepr-Gräber ist zum großen Teil rein schwedisch, aber manche fremde Waffen und Schmuckstücke mischen sich verständlicherweise mit unter die Beigaben.

234 Nieten in einer Brandschicht bei Gnezdowo-Smolensk bezeugen ebenso klar wie vielerorts in Skandinavien, daß der Häuptling in seinem Schiff eingeäschert wurde. Seiner Frau waren vier Ovalspangen beigegeben, sowie auch anderer nordischer Schmuck. Das Schwert wiederum ist östlicher Herkunft. Ein ausgesprochen typischer Thorshammerring zu Ehren des Donnergottes zählt zu den weiteren Beigaben.

Die Bestattung des toten Häuptlings in einem Schiff ist durch den lebendigen Augenzeugenbericht des Arabers Ibn Fadlan auch schriftlich belegt, denn im Standquartier der Rus an der Wolga hat er gerade eine solche miterlebt. Bodenfunde und Schriftquellen ergänzen sich hier für den Archäologen besonders glücklich. Ibn Fadlan schreibt:

„Ich ging an den Fluß, wo das Schiff (des Toten) lag. Aber es war schon an Land gezogen. Vier Eckstützen waren zurechtgemacht, und rundherum standen große, menschenähnliche Holzbilder. Dorthin zog man das Schiff und stellte es zwischen die Stützen. Die Männer gingen inzwischen hin und her und sprachen Worte, die ich nicht begriff. Der Tote lag noch abseits in einer Mulde, aus der man ihn noch nicht geholt hatte. Dann nahm man eine Bank, stellte sie auf das Schiff und bedeckte sie mit gepolsterten Kissen, mit griechischem Seidenbrokat und mit Kopfkissen aus demselben Stoff …

Dann kleidete man den Toten in Hosen, Socken, Stiefel, Mantel und Kaftan aus golddurchwirktem Stoff mit Goldknöpfen und in eine Mütze aus Seidenbrokat, besetzt mit Marderfellen. Nachher legte man ihn in das Zelt auf dem Schiff, setzte ihn auf die gepolsterten Decken, stützte ihn mit Kissen, trug Rauschgetränke heran, Früchte und wohlriechende Pflanzen und stellte alles neben ihn hin. Auch Brot, Fleisch und Zwiebeln setzte man vor ihn hin. Darauf holten sie einen Hund, schnitten ihn in zwei Teile und warfen ihn auf das Schiff. Darnach legten sie dem Toten alle seine Waffen zur Seite, führten zwei Pferde heran, die sie so lange jagten, bis sie vor Schweiß troffen, hieben sie mit ihren Schwertern in Stücke und warfen das Fleisch auf das Schiff. Dann wurden zwei Ochsen herangebracht, ebenfalls zerstückelt und aufs Schiff geworfen. Schließlich kamen sie mit einem Hahn und einer Henne, schlachteten auch diese und warfen sie hinein."

Alle Einzelheiten, die wir kontrollieren können, entsprechen dem Bestattungsbrauch der Schiffsgräber nördlich Stockholm. Aber noch mehr wurde dem Toten an der Wolga mitgegeben:

„Als der eben genannte Mann verstorben war, fragte man seine Sklavinnen:

– Wer will mit ihm sterben?

Eine von ihnen antwortete – Ich.

Sie wurde zwei anderen Mädchen übergeben, die sie bewachen und begleiten mußten, wohin sie auch ging. Ja, manchmal wuschen sie ihr sogar die Füße … Das Mädchen trank inzwischen jeden Tag, sang und war munter und zufrieden."

Am Beerdigungstag besuchte sie die Männer der Reihe nach in ihren Zelten, wurde zu einem rahmenähnlichen Kultgestell geführt und auf den Handflächen der Männer dreimal hochgehoben, wobei sie laut Dolmetscher sagte:

„Schaut, hier sehe ich meinen Vater und meine Mutter." Dann:
„Schaut, jetzt sehe ich alle meine toten Anverwandten zusammen sitzen." Und das dritte Mal:
„Schaut, ich sehe meinen Herrn im Jenseitsreich sitzen und es ist so schön, so grün. Bei ihm sind Männer und Diener. Er ruft mich. Lasset mich zu ihm gehen."

Dann wird weiter berichtet: Man führte sie zum Schiff. Sie zog ihre beiden Armreifen ab und gab sie der Frau, die man den Todesengel nannte und von der sie getötet werden sollte. Auch ihre beiden Fußreifen streifte sie ab und gab sie den beiden Mädchen an ihrer Seite, die Töchter des Todesengels waren. Dann hob man sie aufs Schiff, aber ließ sie noch nicht ins Zelt hinein. Jetzt kamen Männer mit Schilden und Stäben und reichten ihr einen Becher mit Rauschgetränk. Sie nahm ihn, sang und leerte ihn.

– Hiermit, sagte der Dolmetscher, nimmt sie von ihren Freunden Abschied.

Dann reichte man ihr noch einen Becher. Sie griff ihn und sang ein langes Lied. Da befahl ihr die Alte, sich zu beeilen, den Becher zu leeren und ins Zelt des toten Herrn zu treten. Aber sie war ängstlich und unentschlossen geworden. Sie wollte zwar ins Zelt treten, steckte aber doch nur den Kopf hinein. Gleich packte die alte Frau sie am Kopf und führte sie an ihrer Seite ins Zelt. Sogleich fingen die Männer an, mit den Stäben auf die Schilde zu schlagen, damit ihr Geschrei nicht zu hören war, denn sonst könnten die anderen Frauen erschrecken und nicht mehr willens sein, selbst einmal mit ihren Herren zu sterben.

Dann gingen sechs Männer ins Zelt und verkehrten alle der Reihe nach mit ihr. Nachher wurde sie an der Seite ihres Herrn ausgestreckt. Zwei Männer griffen ihre Füße, zwei ihre Hände und das alte Weib, Todesengel genannt, legte eine Schlinge um ihren Hals, reichte zwei Männern die Enden zum Ziehen, trat selbst mit einem großen, breiten Messer herzu, stieß es zwischen ihre Rippen und zog es wieder heraus. Die beiden Männer würgten sie mit der Schlinge, bis sie starb.

Nun kam der nächste Verwandte des Verstorbenen, griff ein Stück Holz, zündete es an und ging rückwärts zum Schiff mit dem Holz in der einen Hand und der anderen auf seinem Hinterteil – denn er war nackt –, bis das Holz unter dem Schiff brannte. Dann kamen auch die anderen mit Hölzern, die schon an der Spitze brannten und warfen sie auf den Scheiterhaufen. Bald brannte er lichterloh, erst das Schiff, dann das Zelt und der Mann und das Mädchen und alles, was auf dem Schiff war … Und es dauerte nicht lange, bis das Schiff und das Holz und das Mädchen und der Tote zu Asche verwandelt waren. An der Stelle, wo das aus dem Fluß gezogene Schiff gestanden hatte, schütteten sie dann einen runden Hügel auf und errichteten in seiner Mitte einen Pfahl aus

Buchenholz, auf den sie den Namen des Toten und den Namen des Königs der Rus schrieben. Dann gingen sie fort."

Hier ist also das Schiff nicht nur zugeschüttet, sondern auch eingeäschert worden, wie wir es so oft in Schweden, über 500mal in Norwegen kennen. Das ganz Besondere an der Schilderung Ibn Fadlans ist die Beigabe einer Frau. Auch andere Araber wissen von diesem Brauch. Ibn Dustah schreibt:

„Wenn einer von den Vornehmen stirbt, beerdigen sie ihn in einem Grab ähnlich einem geräumigen Haus (Holzkammergrab!), legen ihn darein und neben ihn seine Kleider, Goldarmreifen, einen Vorrat an Lebensmitteln, Gefäßen mit Getränken, Münzen und schließlich lebend auch seine Lieblingsfrau. Die Öffnung wird verschlossen und die Frau stirbt, eingeschlossen im Grab."

Ähnlich berichtet al Massudi: „Sie verbrennen ihre Toten und legen auf demselben Scheiterhaufen ihre Waffen, ihre Lasttiere und ihren Schmuck nieder. Wenn jemand stirbt, wird seine Frau lebend mit ihm verbrannt. Aber wenn die Frau stirbt, teilt der Mann nicht dasselbe Schicksal. Wenn ein unverheirateter Mann stirbt, läßt man ihn nach dem Tode Hochzeit feiern. Die Frauen wünschen eifrig, mit ihren Männern verbrannt zu werden, um ihnen ins Paradies zu folgen. Das ist auch bei den Indern Sitte, bei denen ebenfalls die Frau mit ihrem Mann eingeäschert wird."

Dieser unheimliche Brauch ist häufig sowohl in Birka wie in ganz Skandinavien belegt – unverkennbar, wenn Waffen und Ovalspangen zusammen im Brandschutt eines Hügels auftauchen. Man könnte vielleicht sagen, die Frau sei gleichzeitig mit dem Mann durch Seuchen, Kriege oder Alter gestorben, aber wir haben zu viele Funde dieser Art. Auch in der altnordischen Dichtung wird berichtet, wie Jarl Valgaut in Götland in den Krieg gegen Olav den Heiligen von Norwegen zieht und seine Frau auffordert, sie solle, falls er umkomme, das Begräbnisbier trinken, einen Scheiterhaufen bauen, alles bewegliche Gut verbrennen und selbst in die Flammen steigen. Wir können uns kaum mehr in jenen urtümlichen Glauben zurückversetzen, der solch erschreckende Riten nach sich zog. Das ganze Erdenleben war eine Vorbereitung auf das Jenseits. Alle Maßnahmen – auch die grausigsten – sollten den Fortbestand der Ehe nach dem Tode sichern. Meist beendet die Wikingerfrau ihr Leben auf natürliche Weise und erhält ihren eigenen Grabhügel, aber der primitive Zug, das gemeinsame Weiterleben sogleich beim Tode des Mannes sicherzustellen, kommt anscheinend des öfteren vor.

Was nun, wenn der Häuptling noch Junggeselle war? Al Massudi unterscheidet deutlich die Folgsamkeit der Ehefrauen von den regelrechten Hochzeiten mit Sklavinnen. Bis jetzt haben wir in skandinavischen Funden anscheinend nur Ehepaare registriert, am Schmuck der verheirateten, vornehmen Frauen erkennbar. Da wir nunmehr (seit knapp 20 Jahren) auch die verbrannten Knochensplitter analysieren können, läßt sich prüfen, ob ein junges Mädchen dann und wann ohne Schmuck seinem Herrn folgte. Der Tote hat nach primitivem Glauben die gleichen Bedürfnisse und Rechte wie zu Lebzeiten. Die Sklavin war formell rechtlos, ihr stand kein Jenseitsleben zu. Deshalb war es sicher ein außerordentliches Angebot, dem Herrn zu folgen und eine gute Frau zu sein. Was an dem denkwürdigen Tage an der Wolga im Jahre 922 geschah, war anscheinend eine regelrechte Hochzeit im Schatten des Todes. „Sie trank jeden Tag, sang und war munter und zufrieden". Jenseits des Türrahmens, der wohl eine Pforte, die Grenzstätte des menschlichen Lebens symbolisieren sollte, hörte sie ihn rufen und wollte zu ihm geführt werden.

Auch das Zögern am Zelt scheint keine Todesangst zu sein, sondern das Jungmädchenzaudern. Mit Gewalt wurden Bräute früher ins Schlafgemach geschleppt, manchmal geradezu ins Ehebett geworfen, noch heute werden sie über die Schwelle getragen. Und wem stand früher das Recht der Hochzeitsnacht zu? Den Brautführern! Sie lagen einzeln oder gemeinschaftlich – in aller Anständigkeit – an der Seite der Braut, und ihr Gatte mußte mitunter drei Nächte lang warten. In der Oper „Tiefland" gilt es als Ehre für das Brautpaar, wenn der machtvolle Gutsbesitzer von seinem Recht zur Hochzeitsnacht Gebrauch macht. Wir geraten hier in ganz urtümlich primitive Glaubensvorstellungen, die als lustige oder symbolische Spiele in der Neuzeit weiterleben – von den Männern, die Ibn Fadlan an der Wolga sah, wurden sie noch ganz realistisch geübt. All ihre Lebenskraft gaben sie durch das Mädchen ihrem toten Häuptling mit, ebenso wie die Pferde vor Schweiß triefend geschlachtet wurden.

Im Jahre 1949 tauchte noch ein Schiffsgrab in Gnezdowo-Smolensk auf, ebenfalls mit einer Waffenausstattung und fünf arabischen Silbermünzen, die jüngste im Jahre 907 geprägt. Zu dem Frauenschmuck gehörte jedoch ein slawischer Schläfenring. Hinzu kommt eine auf der Drehscheibe hergestellte Amphore südlicher Herkunft mit einem eingeritzten Wort „Gorouchtschcha" in kyrillischen Buchstaben, vielleicht mit dem modernen gorkij = bitter verwandt. Es kann also ein Gefäß für orientalische Gewürze sein, und da die Mehrzahl der Bevölkerung selbstredend slawisch war, kann uns dieses slawische Wort – eines der frühesten erhaltenen – nicht verwundern. Der Ausgräber hat das Grab als ein slawisches deuten wollen. Aber darin widersprechen ihm schwedische Archäologen. Höchstens daß in der Küche slawisch gesprochen wurde. Ob die Frau Slawin war, weil sie einen Schläfenring trug, muß offen bleiben.

Für Rußland fehlt uns eine gründliche Bearbeitung des Fundmaterials und Diskussion. Ganz ähnliche Wikingerfunde auf den Britischen Inseln sind neulich in fünf prächtigen Bänden veröffentlicht worden. Wir würden dringend ein ähnliches Sammelwerk mit modernen Aufnahmen des gesamten Fundstoffes in Rußland benötigen. Jetzt sind wir auf veraltete, unmoderne und unvollständige Literatur angewiesen, die allenfalls durch Tagebuchnotizen und vereinzelte neuere Veröffentlichungen ergänzt wird. Außerdem bereiten uns Sprachschwierigkeiten erhebliche Mühen. Schließlich sind wir viel zu isoliert, können wenig reisen, uns gegenseitig selten besuchen, nur kurzfristig Museen studieren und nicht gemeinschaftlich mit dem archäologischen Milieu vertraut werden.

Ovalspangen sind mitunter als Schmuck der Leibgarde des Fürsten von Kiew gedeutet worden. Wer solche trug – doch niemals Männer! Statt dessen sollten wir ihre Ornamentik systematisch studieren, nordische Stücke von solchen unterscheiden, die örtlichen Kunstschulen am Dnjepr entstammen. Ungezählte andere Fragen harren einer sorgfältigen Bearbeitung. Es wäre zum Segen der Wissenschaft, wenn diese Forschungslücke bald geschlossen werden könnte. Die „Normannenfrage" würde dann in ein ganz neues Licht treten.

Vorerst dürfen wir folgendes feststellen: was arabische Schriftsteller und Bodenfunde in Rußland über Gräber mit Mann und Frau bezeugen, mutet schwedisch an. Holzkammergräber und Schiffsgräber mit und ohne Einäscherung (davon eines auch am Ladogasee) sind ganz ausgesprochen schwedisch, die Beigaben vorwiegend schwedisch. Die Toten gehören durchweg der obersten Sozialschicht an, wie auch russische Forscher betonen. Es ist keinesfalls verwunderlich, wenn sich einzelne Beigaben südlicher oder östlicher Herkunft finden – so weit vom Mutterland entfernt, so dicht an den Grenzen des Orients, in einem finnischen oder slawischen Siedlungsraum. In den Gräbern ruhen meines Erachtens einwandernde „rusische" Krieger und Händler, die in Kiew und den umliegenden Gegenden neue Staaten bildeten.

Wie die Rus ihren Machtbereich ausweiteten und Handel trieben, darüber erfahren wir durch einen weiteren, sehr gewissenhaften Schriftsteller, den byzantinischen Kaiser Konstantin Porphyrogennetos, der um 950 ein Handbuch für seinen Sohn schrieb, was für einen werdenden Regenten wissenswert sei. Wir dürfen also erwarten, daß es zuverlässig ist. Im 9. Kapitel schreibt er:

„Im Winter ist das Leben der Rus hart. Anfang November verlassen ihre Häuptlinge und alle Rus gleichzeitig Kiew und begeben sich auf *Poliudie,* was Runde bedeutet, daß heißt ins Gebiet der slawischen Werwjanen und Drugowijanen und Kriwitjen und Serwjanen und zu den anderen slawischen Stämmen, die den Rus steuerpflichtig sind.

Dort halten sie sich im Winter auf, aber kommen im Monat April, wenn das Eis auf dem Dnjepr geschmolzen ist, nach Kiew zurück … Sie können aus Nowgorod, Smolensk, Ljubeč, Tjernigow oder Wyśgorod sein. Im Frühling nach der Eisschmelze versammeln sie sich in Kiew, das Samwatás genannt wird. Hier zerstören sie ihre alten Einbäume (Boote aus ausgehöhlten Eichenstämmen) und kaufen von den Slawen neue, die sie im Winter in ihren Wäldern gehauen haben. Sie nehmen Schöpfkellen, Bootsdollen und andere Sachen von den alten Booten und rüsten damit die neuen aus. Im Juni brechen die Griechenlandfahrer auf. Während einiger Tage wird die Handelsflotte bei Wytečew zusammengezogen. Das ist eine rusische Steuerfestung gleich unterhalb Kiew. Wenn die Flotte vollzählig ist, begeben sich alle den Fluß abwärts, um gemeinsam den Schwierigkeiten der Reise zu begegnen."

Drachenschiffe gehören zum offenen Meer. Auf den östlichen Flüssen, Rinnsalen, Wasserfällen und Inlandstrecken mußten kleinere Boote verwendet werden, was uns der Kaiser sehr anschaulich bestätigt. Aus gefällten Urwaldriesen können recht große und haltbare Boote werden. Es war Aufgabe der Slawen, sie mit Feuer und Beil zu formen und für den Stapellauf vorzubereiten. Im Winter verteilten sich die Rus im weiten Waldraum an der Wasserscheide, verzehrten ihre Steuer, sammelten Pelzwaren und andere Handelsgüter für die Sommerfahrt. Wir sollten die Worte des Kaisers noch gründlicher als früher beachten, nachdem wir gesehen haben, wie der Handel im Mutterlande genossenschaftlich und planmäßig organisiert war. So also auch in der winterlichen Vorbereitung nördlich Kiew und in dem sommerlichen Vorstoß südlich Kiew. Das war auch sehr von nöten, denn südlich Poltawa zwängen sich die Wassermassen des Flusses durch einen achtzig Kilometer breiten Granithügel hindurch, der einen Ausläufer der Karpaten bildet. Heutzutage werden sie in den Kraftwerken Dnjepropetrowsk gebändigt, früher stürzten sie über zahlreiche Stromschnellen und konnten nur im Vorsommer mit Schiffen bewältigt werden, wenn die schlimmste Wucht des Hochwassers nachgelassen hatte und ehe die Dürre einsetzte. Sieben Fälle mußten besonders mühselig bezwungen werden. Der Kaiser schreibt darüber und muß einen sehr gut unterrichteten Gewährsmann gehabt haben:

„Sie erreichen den ersten Wasserfall, der Essupí genannt wird, was ‚schlafe nicht' sowohl in rusischer wie in slawischer Sprache bedeutet. Er ist schmal wie Tzykanisterion (ein Platz in Byzanz). In seiner Mitte sind steile und hohe Felsen, die wie Inseln aussehen. Wenn das Wasser sie erreicht und überspült, verursacht es im Stürzen ein großes und erschreckendes Geräusch. Deshalb wagen die Rus nicht zwischen ihnen zu segeln, sondern legen vorher an und lassen das Volk an Land gehen, während sie die Ladung in den Schiffen lassen. Dann gehen sie nackt ins Wasser, tasten mit den Füßen vor, um nicht über die Steine zu stolpern. Inzwischen schieben sie die Schiffe mit Stäben voran, manche am Vordersteven, manche an der Mitte und andere am Heck. Mit all dieser Vorsicht durchschreiten sie diesen ersten Fall am Rande, am Ufer entlang. Sobald sie hindurchgekommen sind, nehmen sie die übrige Besatzung wieder an Bord und fahren mit den Schiffen weiter."

So genau ist die kaiserliche Beschreibung, daß er uns auch die Namen der sieben Wasserfälle in beiden Sprachen überliefert:

Rusisch	Slawisch
1 *Essupí*	–
2 *Ulvorsí*	*Ostrovuniprách*
3 *Gelandi*	–
4 *Aifór*	*Neasit*
5 *Baruforos*	*Vulniprách*
6 *Léanti*	*Verútzi*
7 *Strúkun*	*Naprezi*

Das interessanteste dabei ist, daß alle sieben rusische Namen rein nordgermanischen Ursprungs sind und zahlreiche Entsprechungen in schwedischen Stromschnellen haben. Drei enden überhaupt auf -fors (vgl. Vorschkerle oben):

Ulvorsí = *Holmfors*	= der Strom mit der kleinen Insel
Aifór = Edfors	= der enge Strom
Baruforos = B(V)arufors	= der Wellenstrom oder der felsige Strom

Zwei sind Partizip-Präsens-Bildungen:

| *Gelandi* = Gaellandi | = der gellende, laute Strom |
| *Léanti* = Leandi | = der lächelnde, brodelnde Strom |

Zwei sind schwache Ablautformen von starken Verben:

| *Essupí* = von saufen | = der immer sauſende, saugende Strom |
| *Strúkun* = von streichen | = der streichende Strom |

Damit ist die Zweisprachigkeit auf dem Dnjepr-Weg deutlich nachweisbar und verbürgt. Die meisten Stromschnellen wurden wie die erste bezwungen, aber die vierte bereitete den Flußfahrern besondere Mühe. Darüber schreibt ein Verfasser noch im Jahre 1916: Schon von weitem hört man das schreckliche Brausen und Grollen der größten unter den Stromschnellen, des Djid, der Nenasytek. Weiße Schaummassen bedek-

ken ihn vollständig, das Wasser schießt mit unheimlicher Geschwindigkeit pfeilschnell über die zwölf Felsbänke herab."

In dem kaiserlichen Handbuch lesen wir darüber folgendes: „An der
vierten großen Stromschnelle, welche rusisch Aifór, slawisch Neasit,
heißt, nisten die Pelikane auf den Felsen. Hier fahren alle mit dem Vorderteil ans Land, und die zur Wache eingeteilten Leute steigen aus. Diese Wachen sind nötig wegen der Petschenegen, die immer auf der Lauer
liegen. Die übrigen nehmen ihre Sachen aus den Einbäumen und führen
die Sklaven mit Ketten gefesselt über das Festland, sechs Meilen weit,
bis sie die Stromschnellen passiert haben. Nachher transportieren sie
ihre Kähne, teils ziehend, teils auf den Schultern tragend, an den
Stromschnellen vorbei und setzen sie wieder in den Fluß, laden die Ge-
päckstücke ein, steigen selbst ein und fahren weiter."

Hier an der schlimmsten Stelle strich also auch noch das türkische
Volk der Petschenegen herum und pflegte die Rus zu überfallen, wenn
sie am meisten beschäftigt waren. Manchmal ging es schlimm aus. Die
Nestorchronik berichtet im Jahre 972 über Ruriks Enkel Swjatoslaw:

„Swjatoslaw zog zu den Stromschnellen. Da überfiel ihn Kurja, der
Fürst der Petschenegen. Und sie erschlugen Swjatoslaw und nahmen
seinen Kopf und machten aus seinem Schädel einen Becher, indem sie
seinen Schädel einfaßten, und tranken aus ihm."

Da konnte es manchmal verlockend sein, die hinterhältigen Feinde
zu täuschen und eine pfeilschnelle Bootsfahrt auf den schrecklichen
Strudeln zwischen gefährlichen Felsen und Riffen zu wagen. Das kühne
Abenteuer lockte ja gerade die mutigsten Wikinger. In lapidarer Kürze
wird uns ein solches Wagnis im weißen Gischt des Aifór geschildert,
und zwar auf dem gotländischen Runenstein von Pilgårds:

„Hegbjörn und seine Brüder Rodvisl, Östen und Emund errichteten
diesen buntgemalten Stein. Sie stellten auch Steine zum Gedächtnis an
Ravn auf, südlich Rufstein. Sie kamen weit in Aifór. Vivil gab den Auftrag."

So knapp wird die Leistung betont: sie kamen weit in Aifór. Beinahe
hätten sie den gefürchteten Strom geschafft, da überschlug sich anscheinend das Boot und einer von ihnen kam ums Leben. Immerhin verdiente die Tat auf dem Grabstein verewigt zu werden.

Nach Überwindung der sieben Wasserfälle ist eine Pause und ein
Dankopfer geboten. Darüber berichtet der Kaiser: „Dann gelangen sie
zu einer Insel, die St. Gregor genannt wird, auf welcher sie ihre Opfer
darbringen, weil dort eine riesige Eiche steht. Sie opfern lebende Vögel;
ringsherum stecken sie Pfeile in den Boden; andere opfern auch Brote
und Fleisch und was gerade jeder hat, wie es die herrschende Sitte bei
ihnen ist. Sie werfen auch Lose um die Vögel, ob sie sie schlachten oder
aufessen oder sie am Leben lassen sollen."

Vermutlich wurde auch dieser Brauch auf der Insel Gotland geübt, wo ein Opferplatz bekannt ist. Kreise von Speerspitzen sind auf den sog. Gudingsåkrarna beobachtet worden, neben Hunderten von anderen Gegenständen. Hoffentlich wird bald eine ähnliche Opferstätte entdeckt, die wir sorgfältiger untersuchen könnten.

Schließlich erreichten die Rus das Ende der Flußfahrt: die Insel Berezanj in der Dnjeprmündung. Berezanj ist die Birkeninsel, nordisch Birka. Sie kann doch wohl nur nach dem Handelsplatz Birka im Mälarsee benannt sein, so wie es Markt-Inseln namens Birka an den größeren Flüssen Nordschwedens und vor Helsingfors gibt. Ganz ähnlich setzten sich die Wikinger an den Inseln der fränkischen und friesischen Flüsse fest, an beherrschenden, leicht zu verteidigenden Stützpunkten für Krieg und Handel. Der östliche Kaiser sah dies ebenso ungern wie der westliche Kaiser. Im Friedensvertrag zwischen Byzanz und den Rus vom Jahre 944 ist deshalb eingefügt:

„Und die Rusen sollen nicht befugt sein, in der Dnjeprmündung, weder in Beloberežje, noch beim heiligen Eleutherios (= Berezanj) zu überwintern; sondern wenn der Herbst kommt, sollen sie nach Rußland zurückkehren."

Immerhin hat ihr Aufenthalt auf der Insel ausgereicht, um einen Runenstein dort zu errichten, und zwar den einzigen in Rußland bekannten. Er wurde 1905 in einem Hügel entdeckt, in dem er nicht von Anfang an gelegen hat, und befindet sich jetzt im Museum in Odessa. Der Text lautet:

„Grane machte dieses Denkmal für seinen Kameraden Karl."

Das Wort für Denkmal *(Half = Walw, Wölbung)* ist gotländisch, so wie die Form den gotländischen Bildsteinen entspricht. Die beiden Runensteine von Pilgårds und Berezanj stehen an den Endpunkten eines oft befahrenen gotländischen Handelsweges. Eine typische finnische Hufeisenfibel (jetzt auch in Odessa) zeugt von Finnen, die auf diesen weiten Strecken die Schweden begleiteten.

Das Ziel lag natürlich jenseits des Schwarzen Meeres – es war die kaiserliche Hauptstadt selbst, Byzanz in ihrer unermeßlichen oströmisch-orientalischen Pracht. Sollte man vielleicht mit großer Kriegsmacht die Stadt angreifen? Nach der Nestorchronik wurde es schon einmal im Jahre 865 versucht. Genaueres erzählt Nestor von einem Überfall im Jahre 907:

„Oleg zog gegen die Griechen und ließ Igor (Ruriks Sohn) in Kiew zurück …

Und die Zahl der Boote war 2200. Und er kam vor Byzanz an, und die Griechen sperrten den Sund ab und verschlossen die Stadt. Und

Oleg stieg ans Ufer und begann die Umgebung der Stadt zu verheeren und tötete viele Griechen ... Und Oleg befahl seinen Kriegern, Räder zu machen und auf diese Räder die Boote zu stellen. Und da sich ein günstiger Wind erhob, spannten sie die Segel auf und rückten vom freien Felde her an die Stadt heran. Als die Griechen das sahen, fürchteten sie sich und sandten Boten zu Oleg, die sprachen: Vernichte die Stadt nicht; wir sind bereit Tribut zu zahlen, wie du willst."

Nein, das glauben wir dem Nestor nicht. Man setzt nicht die Schiffe so ohne weiteres auf Räder und segelt über die Hügel in der Umgebung von Byzanz! Und erst recht glauben wir es nicht, weil der römische Schriftsteller Frontinus etwas ganz Ähnliches in anderem Zusammenhang erzählt:

„Als der Lakedämonier Lysander im Hafen von Athen mit seiner ganzen Flotte eingeschlossen war, dadurch nämlich, daß die Feinde Schiffe an der engsten Stelle der Hafeneinfahrt versenkt hatten, da ließ er seine Krieger heimlich an Land gehen, die Schiffe auf Räder setzen und über Land nach dem nahen Hafen von Munychia führen."

Das ist eine Geschichte, wie sie Krieger und Seefahrer untereinander erzählen, wenn sie sich an Heldentaten gegenseitig überbieten wollen. Daran ist kein wahres Wort. Aber der Friedensschluß dürfte zuverlässig geschildert sein, denn Nestor erwähnt ihn ausdrücklich als eine

„Abschrift des Freundschaftsvertrages, der unter den Kaisern Leon und Alexandros abgeschlossen wurde: Wir vom Volk der Rusen: Karly, Inegeld, Farlof, Veremud, Rulav, Gudy, Ruald, Karn, Frelav, Rual, Aktevu, Truan, Lidul, Fost, Stemid, von Oleg, dem rusischen Großfürsten, und von allen unter seiner Macht stehenden erlauchten und großmächtigen Fürsten und seinen großen Bojaren, zu Euch, Leon und Alexandros und Konstantinos, gesandt, den großen Alleinherrschern in Gott, den griechischen Kaisern, zur Erhaltung und Bekräftigung der seit vielen Jahren zwischen Christen und Rusen bestehenden Freundschaft ... Wir haben für richtig erkannt, diese Freundschaft nicht nur einfach durch Worte, sondern durch Schrift und festen Eid bei unseren Waffen schwörend zu bestätigen und zu bekräftigen, gemäß dem (christlichen) Glauben und gemäß unserem (heidnischen) Brauch ... Zur Bekräftigung und Unverbrüchlichkeit haben wir den zwischen Euch Christen und uns Rusen abgeschlossenen Friedensvertrag in Zinnoberschrift in zwei Exemplaren auf Pergament ausfertigen lassen."

Das ist offensichtlich eine staatspolitische Urkunde, ein zuverlässiges, diplomatisches Dokument, das glücklicherweise erhalten blieb, weil es abgeschrieben und in die Nestorchronik eingefügt wurde. Nun sind Friedensverträge meist von kurzer Dauer. 944 gab es erneut Krieg zwischen den Rus und den Griechen; auch das neue Friedensdokument ist in die Nestorchronik eingefügt. Für uns sind schon die insgesamt

hundert Namen der rusischen Gesandten und Kaufleute von allergröß-
tem Interesse, denn sie sind fast alle rein nordischen Ursprungs. Um
nur die oben aufgezählten Namen in ihre ursprüngliche Schreibweise
zurückzuführen, so lauten sie folgendermaßen: Karli, Ingjaldr, Farulfr,
Vermundr, Hrolleifr, Goði, Hróaldr, Karni, Friðleifr, Hróarr, –, Þrondr, –,
Fasti, –, Helgi." Drei sind also unklarer Herkunft, die anderen korrekt
aus dem Nordischen transkribiert.

Ähnlich verhält es sich mit der gesamten Namensreihe. Fast sämtliche Namen sind gesamtnordisch, etwa ein Drittel ist vorwiegend oder
ausschließlich ostschwedisch, keine sind gotländisch, einige sind unklar. Das bestätigt, daß ostschwedische Wikinger führende Stellungen
bei den Fürsten von Kiew einnahmen. Nur wenige umstrittene Namen
lassen sich auf slawische – oder finnische – Formen zurückführen. Das
Beamten- und Diplomatenverzeichnis besitzt somit einen geradezu
überraschenden Aussagewert.

In den Friedensverträgen werden eine Reihe von privatrechtlichen
Paragraphen über Mord, Diebstahl, Wrackplünderung, Leibeigenschaft
u. dgl. festgelegt; am wichtigsten sind die handelsrechtlichen Bestim-
mungen für rusische Händler, welche Byzanz besuchen. Vor dem Jahre
945 trugen Gesandte aus Kiew goldene Siegel und Kaufleute silberne
Siegel. Von jetzt ab sollten sie eine Urkunde ihres Fürsten vorzeigen.

„Und sie sollen mit einem kaiserlichen Aufseher durch ein bestimm-
tes Tor in die Stadt kommen, unbewaffnet, je 50 Mann, und Handel
treiben … und sie dürfen Seidenstoffe nicht für mehr als 50 Aurei kaufen. Und wer Seidenstoffe kauft, soll sie dem kaiserlichen Aufseher vorzeigen, der siegelt sie und folgt sie ihnen aus. Und wenn die Rusen von
hier abziehen, werden sie von uns die Nahrung erhalten, die sie für die
Reise brauchen, und was die Boote brauchen, wie das früher festgesetzt
ist, und sie sollen heil in ihr Land zurückkehren. Aber in der Vorstadt
des heiligen Mamas dürfen sie nicht überwintern."

Das Dokument zeugt von einem großen Respekt vor den Kriegern,
die den Kaiser in den Jahren vorher bekämpft hatten. Nur fünfzig Rusen durften unbewaffnet in Byzanz eingelassen werden! Als Händler
stießen sie auf ein strenges Zunftwesen, auf Preiskontrolle und rigorose
Monopolbestimmungen. Insbesondere gilt das für den Seidenhandel.
Die Stoffe waren kontingentiert, und der Kaiser schützte sich vor
Schwarzhändlern durch Zollstempel. Die Handelswaren der Rusen
werden nicht genannt, aber Fürst Igor schenkte den griechischen Diplo-
maten Pelzwerk, Sklaven und Wachs". Wir stoßen immer wieder auf
diese Güter in dem weiten Bereich der östlichen Wikinger.

So wurde die ganze Dnjeprlinie von Kiew aus kontrolliert, und die Rus
schauten zu den benachbarten großen Flüssen hinüber. Auf den Ober-

läufen von Bug und Weichsel kamen sie nach Krakau und über die dortigen Wasserscheiden nach altbewährter Methode zu den Quellenläufen der Oder und Elbe. Über die Sudeten werden sie sich wohl der Packtiere und Reitpferde bedient haben. Ibn Jaqub schreibt im Jahre 965:

„Die Stadt Prag ist von Stein und Kalk gebaut. Sie ist der größte Handelsplatz des slawischen Landes. Rus und Slawen kommen mit ihren Waren von der Stadt Krakau dorthin, und Muselmanen, Juden und Türken erscheinen mit Waren und byzantinischen Mithquals aus dem türkischen Gebiet und nehmen dafür Sklaven, Biberfelle und anderes Pelzwerk in Empfang."

Ergänzend wird berichtet:

„Rusische Kaufleute kommen aus Kiew nach Regensburg, um Pferde und Sklaven einzukaufen."

Ostwärts wiederum erreichten sie die Wolga. Um dorthin zu kommen, mußten sie nicht als Schlammkriecher über die Wasserscheide zurück. Nein, es gab einen kürzeren Weg: von der Dnjeprmündung aus umsegelten sie die fruchtbare Krim und stießen durch das Asowsche Meer den Don aufwärts bis zu dem Punkt, wo die Wolga ganz nahe fließt. Da ist ein „Wolok", ein Schiffsschleppweg schon von antiken Schriftstellern im Jahre 59 v. Chr. erwähnt. Gelingt es, dieses letzte Hindernis zu überwinden, dann stehen die Wege nach Osten offen. Die Stelle heißt heute Stalingrad. Von dort aus kamen die Rus mit fremden Völkerschaften an den Sandufern der Wolga in Verbindung, welche die Weite des asiatischen Raumes ahnen ließen.

Die türkischen Khazaren waren eigenartigerweise im Zeitalter der muselmanischen und christlichen Bekehrungen zum mosaischen Glauben übergetreten. In ihrer Hauptstadt Itil im Wolgadelta (heute Astrachan) – die weiße Stadt wurde sie genannt – herrschte ein reges Treiben von Völkern aller Rassen und Sprachen. Händler aus Frankreich und dem Kalifat tauschten ihre Waren mit Händlern von der oberen Wolga.

Letztere kamen meist aus Bolgar am großen Wolgabogen, benannt nach den Bulgaren, die jedoch damals schon zur Balkanhalbinsel weitergewandert waren. In die leergewordenen Siedlungen zogen sofort Völker verschiedenster Art ein. Die Stadtreste sind am linken Wolgaufer entdeckt worden, südlich der Mündung des Flusses Kama, wo heute das Dorf Bolgary liegt. Wälle, Türme, Häuser und Bäder für 10 000 Personen hat es gegeben, angeblich auch richtige finnische Saunas, während die Araber einen so starken Einfluß ausübten, daß der König beim Besuch Ibn Fadlans im Jahre 922 sich unter den Schutz des Kalifen stellte, den islamischen Glauben annahm, Religionsunterricht nach dem Koran empfing und sich einen Hofschneider aus Bagdad kommen ließ.

Hier in Bolgar lag das wirkliche Pelz-Dorado Rußlands; al-Masudi schreibt: „Große Schiffe fahren auf diesem Fluß (Wolga) mit Handelsartikeln und verschiedenen Waren aus Kharezm (östlich des Kaspischen Meeres). Andere Schiffe aus dem Lande rechts der Wolga bringen schwarze Fuchsfelle und das sind die am meisten geschätzten und wertvollsten Pelze … Die schwarze Art findet man nur in dieser Gegend und in den angrenzenden Distrikten. Die Könige der Barbaren treiben Luxus, indem sie sich in diese Felle kleiden und Mützen und Pelze daraus tragen."

Muqqadasi zählt auf: Zobel, Feh, Hermelin, Korsak, Marder, Füchse, Biberfelle, bunte Hasen, Ziegenfelle, Wachs, Pfeile, Birkenrinde, Mützen, Fischleim, Fischzähne, Bibergeil, Bernstein, gehörntes Leder, Honig, Haselnüsse, Habichte, Schwerter, Panzer, Ahorn, slawische Sklaven, Kleinvieh und Rinder: alles dies von Bolgar nach Kharezm."

Hier in Bolgar durften natürlich die rusischen Händler nicht fehlen. Die arabischen Geographen überschlagen sich geradezu in der Fülle der Berichte. Wir müssen uns mit zwei Aussagen begnügen.

Ibn Hauqal: Die Biberfelle kommen nur an den nordischen Flüssen vor, welche in der Gegend von Bolgar und den Rus und Kiew sind. Und was in Spanien an Biberfellen vorkommt, stammt ebenfalls von den Flüssen in den Slawenländern. Der größte Teil dieser Felle oder vielmehr alle werden im Lande der Rus gefunden. Sie verkaufen sie dann in Bolgar."

Ibn Rustah: Die Rus bringen ihre Waren nach Bolgar. Alle, welche an beiden Ufern dieses Flusses wohnen, kommen zu ihnen mit den Waren, wie Zobel, Hermelin, Eichhörnchen und anderen."

Nun gewinnen wir allmählich ein abgerundetes Bild von den Rus in Osteuropa, erst recht wenn wir die Worte des Arabers Abulfeda hinzunehmen, daß die Rus durch stummen Handel von den nördlichen Völkern Zobel, Fuchs, Luchs und ähnliches beziehen.

Stummer Handel! Das ist eine der sonderbarsten Erscheinungen im Zusammenleben der Menschen. Schaurig und scheinbar widerspruchsvoll sind die Angaben der arabischen Geographen. Drei Monate müsse man von Bolgar aus nordwärts reisen, um das Land Wisu zu erreichen, und für die ganze Fahrt Proviant mitführen. Ibn Fadlan behauptet, die Nacht sei dort kürzer als eine Stunde, andere sprechen von dem Land der ständigen Finsternis. Wie sollten Südländer das verstehen? Den Einwohnern des Landes Wisu war der Zutritt nach Bolgar verboten, da sie eine so unheimliche Kälte mitbrächten, daß alle Gewächse sogar im Sommer erstarrten. Hatte jemand sie überhaupt gesehen? Händler schüttelten nur den Kopf und sprachen mit großer Angst von Riesen und Schneegeistern, denn der Handel mit ihnen vollzog sich stumm und blind. Lauschen wir am besten Abulfedas Worten:

„Noch weiter im Norden gibt es Völker, die Handel treiben, ohne die Reisenden zu sehen, mit denen sie handeln. Einer der diese Gegenden besucht hat, berichtet, daß die Wohnsitze der Eingeborenen ans Nordmeer grenzen; er fügt hinzu, daß Karawanen, die in diese Länder kommen, zunächst ihre Ankunft ankündigen. Dann begeben sie sich zu dem für Kauf und Verkauf bestimmten Platz. Dort legt jeder Kaufmann seine Ware nieder mit einem Zettel und begibt sich dann an seinen Lagerplatz zurück. Die Eingeborenen nähern sich, legen die Ware, Felle von Wieseln, Füchsen und andere Pelzwaren hin und entfernen sich dann. Die Kaufleute kehren zurück. Wer mit der ihm zum Tausch angebotenen Ware zufrieden ist, nimmt sie an sich. Diejenigen, die nicht zufrieden sind, lassen die Gegenstände unberührt, und die Verhandlungen gehen dann in gleicher Weise fort, bis beide Teile sich geeinigt haben."

Sonderbar ist, daß es diese primitive Form des Handels überall in der Welt und zu allen Zeiten gegeben hat. Die antiken Schriftsteller erzählen genau das gleiche von Nordwestafrika, Ceylon, vom Himalaya und vom Somali-Volk; Forschungsreisende der Neuzeit von Senegalesen, Marokkanern, Tscherkessen und den Nachbarn der Chinesen. Alexander von Humboldt nennt Indianer, mit denen die Spanier in Neu-Mexiko auf solche Art Handel trieben, und v. Kotzebue berichtet 1821 von den Tschibocktschern in Nordsibirien:

„Der Fremde legt zuerst einige Waren ans Ufer und entfernt sich, der Tschibocke kommt, besieht die Sachen, legt dann so viele Felle daneben, als er ungefähr dafür geben will, und geht zurück. Hierauf nähert sich der Fremde wieder, untersucht was man ihm geboten, und nimmt, wenn er zufrieden ist, die Felle mit, seine Ware bleibt zurück. Im entgegengesetzten Fall läßt er alles liegen, entfernt sich noch einmal und erwartet eine Zugabe des Käufers. So geht der ganze Handel stumm und wortlos vor sich."

Auch der moderne Handel ist oftmals stumm und blind, indem die Handelspartner sich nie gesehen und gesprochen haben, ja, kaum die Ware selbst kennen! Aber jener stumme Handel geht immer zwischen einem höherstehenden Partner und einem primitiven, äußerst mißtrauischen Naturvolk, das aus Angst und ständiger Kriegsbereitschaft handelt. Das Risiko des Diebstahls ist so gut wie ausgeschlossen, denn dann würde ja der andere Handelspartner nie wiederkehren, und beide Teile waren letzten Endes doch an dem Tauschgeschäft interessiert. Die Fremden brachten nützliche Dinge, die Wilden boten die warmen Felle des eisigen Nordens.

Die Rus werden sich wohl nur ausnahmsweise an dem stummen Handel beteiligt haben, aber er zeigt uns die Spannweite der Handelsorganisation zwischen Bolgar, Birka und Byzanz. Sie setzten bestimmt nicht ihre

Schiffe auf Räder, verstanden es aber doch, das größte Inlandgebiet Europas mit Schiffen zu befahren. Wie sie die Hindernisse der Flußwege überwanden, ist uns besonders gut überliefert. Sie bewegten sich in weiträumigen Landstrichen fern der Heimat. Die Luftlinie von Bolgar nach Kiew betrug immerhin 1400 Kilometer, nach Birka 1900 Kilometer. Sie mußten eine annehmbare Form für das Zusammenleben mit Finnen, Slawen und Türken schaffen. Etliche Stämme waren schwach entwickelt, zahlten wohl Tribut ohne materielle Gegenleistung und mußten sich eine regelrechte Militärbesetzung gefallen lassen. Mit arktischen Völkern konnte man nur durch die primitivste Form des stummen Handels in Verbindung kommen. Es wird alle Stufen einer Handelspraxis von diesen niedrigen bis zu den höchstentwickelten gegeben haben.

Gerne wüßten wir Näheres darüber, wie die von Kaiser Konstantin erwähnten Winterfahrten der Rus organisiert waren, aber die östlichen Schriftquellen sind nun einmal kurz gefaßt, und jetzt müssen wir ganz besonders bedauern, daß die Gräberfelder nordöstlich Moskau so hastig ausgeräumt wurden. Sorgfältige Grabungen nach modernsten Methoden hätten gewiß Aufschlüsse über die soziale und wirtschaftliche Struktur des dortigen Gemeinschaftslebens gestattet. Wir wollen hoffen, daß noch genügend Gräber für weitere Untersuchungen vorhanden sind.

Wir dürfen festgefügte Gemeinschaftsformen, Gilden und Niederlassungen, auch mit religiösen Bindungen annehmen: Vorstufen der deutschen Hanse im russischen Mittelalter! Wir haben erst im letzten Jahrzehnt entdeckt, wie planmäßig die Svear, die Dänen und die Friesen den Ost-Nordsee-Handel bewältigten. Es wird Unterschiede zwischen den Rus gegeben haben, die in Kiew heimisch wurden, und denen, die aus Schweden kamen und mit ihren Waren dorthin zurückkehrten. Sie mußten bei der Launenhaftigkeit der menschlichen Gemüter auch kriegerisch gerüstet sein, und die Wikinger waren – das wissen wir – nicht verzagt im Umgang mit Waffen. Sie mußten sich in jeder Hinsicht gegenseitig helfen, vor allem, wenn es galt, ihre Winteraufkäufe im folgenden Sommer günstig abzusetzen. Da standen sie vor Aufgaben gänzlich anderer Art. Sie bildeten geradezu einen Geleitzug durch die Stromschnellen des Dnjeprs und die Hinterhalte der Petschenegen, kamen mit Silbersiegeln aus der Kanzlei in Kiew wie Gildenbrüder nach Byzanz, wo sie sich mit Kartellen und einem lästigen Seidenmonopol auseinandersetzen mußten.

Jetzt verstehen wir Ibn Fadlans rusische Händler in ihrem Standquartier an der Wolga besser. Sie waren anscheinend mit ihren Aufkäufen fertig und kamen in großer Zahl zusammen, wünschten sich Käufer, die viele Gold- und Silbermünzen haben und alles kaufen und mit allen

Forderungen einverstanden sind. Der Araber konnte ironisch sein, denn er wußte, daß seine orientalischen Landsleute gerne und lange feilschen. Die hohe Kulturblüte, die Weltgewandtheit und das diplomatische Geschick der Orientalen stellten die Rus vor wieder neue Aufgaben. Aber beide Partner boten Waren an, die dem anderen begehrenswert waren; sie lernten rasch voneinander und konnten in Güte einig werden. Trotz der Monopolbestrebungen von Byzanz hatten auch die Araber Seide anzubieten, und vor allem das einfachste Handelsmedium: Münzen, klingendes Silber, gut gefüllte Beutel. Es erfordert schon eine gewisse Kulturhöhe, einen Wertgegenstand anzunehmen, den man selbst nicht verbrauchen will, den man aber zu jeder Zeit gegen jede beliebige andere Ware eintauschen kann. Die Völker des stummen Handels hatten dafür natürlich kein Verständnis, und auch für die Bauern in Skandinavien war es ein neuer Gedanke.

Die Händler der Rus begriffen rasch den Nutzen des arabischen Silbers, zumal es leicht transportabel war, wenn es hieß in die Heimat zurückzukehren. Und so folgen wir ihnen jetzt von den russischen Weiten zurück nach Schweden und werden in Gräbern und Hortungen den Widerhall der Ostlandfahrten finden – die Kulturblüte der Heimat als Folge der Landnahme und des Fernhandels.

Nordische Prachtspange von Elec im Gouvernement Woronez

VI.

Was die Wikinger aus dem Osten heimbrachten

Mit Reiseandenken reich beladen kamen die Rußlandheimkehrer nach Schweden zurück. Wir finden diese Dinge massenweise in den Birkagräbern und von dort aus fächerförmig landeinwärts verstreut. Besonders beliebt waren reich beschlagene Ledergürtel. Da gab es Palmetten und Gebilde zu sehen, die der sassanidischen Kunst Persiens entstammten und von den Khazaren am Wolgadelta weiterverarbeitet wurden. Fremd muteten die Beschläge und Riemenzungen aus Silber und Bronze an; sie waren auch ganz anders als die Pflanzenornamentik des Frankenreiches. Die Männer aus dem fernen Osten stolzierten in einer Mode einher, ähnlich vielleicht wie im letzten Jahrhundert die Cowboys im Wilden Westen. Andere trugen bunte Taschen mit Beschlägen wie sie die Tataren noch vor kurzem in der Gegend von Omsk verwendeten. Manchmal wurden die Beschläge mit Ösen versehen und in den Perlenschmuck der Frauen eingereiht, z. B. von den Männern, die 839 über Ingelheim zurückkamen. Wieder andere Beschläge haben Köpfe von Wölfen, Eulen, Füchsen und Greifen, Tiermasken, die in der Mongolei als Amulette beliebt waren und die einen Hauch des asiatischen Kontinents nach Skandinavien brachten.

Gerne schleppte man Gefäße aller Art mit in die Heimat, sogar arabische Gläser. Den vielen fränkischen Gläsern gegenüber stehen nur zwei östliche Fundstücke. Es ist beinahe unbegreiflich, wie diese dünnen und zerbrechlichen Gefäße so unermeßlich lange und wechselvolle Fahrten überstehen konnten. Das eine ist fast unbeschädigt; es zeigt ein geometrisches Muster und Vögel, die mit einer silberweißen Paste bemalt waren. Bruchstücke mehrerer Gläser lagen in der zweiten Fundstelle, nördlich Stockholm, auch mit Vogelfiguren, mehrfarbig und mit koptischer oder griechischer Inschrift.

Erstaunlich ist auch eine kleine Henkeltasse aus gebranntem Ton, die auf der Insel Gotland geborgen wurde. Sie ist unverkennbar ein Fremdling, da sie glasiert ist. Die Form ist ursprünglich chinesisch und von den Persern übernommen. Ähnliche Fundstücke in Susdal und Livland weisen den Weg aus Persien nach Gotland.

Häufiger sind dann schon zylindrische Bronzekannen mit schmalem Hals. Drei sind auf Ostseeinseln, zwei auf dem Festlande gefunden worden. Aus Kharezm, östlich des Kaspischen Meeres, werden sie – vermutlich über das Khazarenreich an der Wolga – gehandelt worden sein.

Vielleicht erfuhren die Wikinger, daß das Ornament am Flaschenhals arabische Buchstaben waren, die bekundeten:

„Es gibt kein Gott außer Allah, er hat nicht seinesgleichen."

Etliche Sprüche aus dem Koran sind in Schwedens Erde gefunden worden. In Roslagen, an der Küste nördlich Stockholm also, tauchte eine runde Silberplatte auf, die als Anhänger getragen wurde, und ihre Inschrift lautet:

„Im Namen Gottes, des Barmherzigen, oh Gott, oh Erhalter, mögest Du den Träger schützen, oh Gott, der Du die Sünden vergibst."

Während des zweiten Weltkrieges ging ein erstaunliches Gerücht durch die schwedische Presse: man hätte eine ganze Moschee in einer Felsenschlucht gefunden. Es stimmte schon – nur sind die Maße recht bescheiden. Es ist ein Glühbecken auf krummen Beinen, insgesamt 40 Zentimeter hoch, mit Brustwehr, Zinnen und Kapitellen, mittels Scharnier zu öffnen. Unter dem Stielansatz ist zu lesen:

„Im Namen Gottes, des Barmherzigen."

Manche meinen, ein Seekapitän der Neuzeit hätte dieses Souvenir heimgebracht und unweit der Hafenstadt Gävle versteckt, aber es war ja üblicher, daß die Wikinger ihre Schätze der Erde anvertrauten; und wenn die Datierung der Kunsthistoriker als verbindlich anerkannt wird – in die Zeit Harun-al-Raschids –, dann wird die kleine Moschee schon vor 1000 Jahren auf den russischen Flüssen nordwärts gekommen sein. Sogar die drei Glühzangen und ein Kandelaber lagen neben ihr.

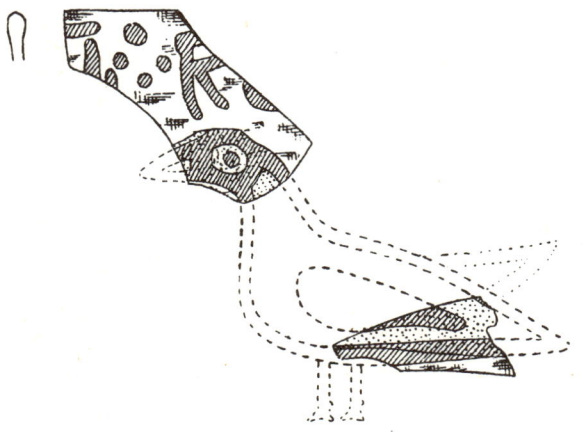

Vogelfigur auf einem orientalischen Glas aus Barkarby bei Stockholm

Sehr geschätzt waren vornehme östliche Silberschalen, eine wurde beim dänischen Königsschloß Haraldsborg gefunden, fünf bei den Königshügeln von Alt-Uppsala. Die meisten sind geriefelt mit einer glatten Kante, entlang derer ein im Khazarenreich recht beliebtes persisches Pflanzenornament zu sehen ist. Auf die Bodenplatte der einen Schale ist außerdem noch eine zweite Silberplatte festgelötet, die einen Löwen mit Pflanzen zeigt, ebenfalls ein ausgesprochen östliches Motiv, bekannt durch mehrere Funde am Aralsee und östlich der Wolga. Eine ähnliche Löwenplatte von Augst bei Basel wird durch einen Magyareneinfall in die Schweiz gekommen sein.

Vielleicht sollten wir uns am meisten darüber freuen, daß wir die orientalische Seide 45mal in Birkagräbern nachweisen konnten. Es verhält sich mit ihr wie mit dem friesischen Tuch und den nördlichen Pelzen: sie ist nur in winzigen Bruchstücken erhalten geblieben. Nicht von vollständigen Seidengewändern, sondern von Bändern und Streifen zur Verzierung an Kleidern und aus anderem Material dürften die meisten Fetzen herrühren. Sie sind von einheitlicher Qualität, oftmals gemustert. Ähnliche Seidenspuren kennen wir auch aus Funden in den Mittelmeerländern, und wir haben hier offensichtlich Seidenstoffe, die in Byzanz von den rusischen Kaufleuten gehandelt wurden.

Chinesische Seide in einem Wikingergrab in Birka

Sechs Funde weichen vollständig von den anderen ab, denn bei ihrer Taftseide oder Rohseide ist der natürliche Leim nicht entfernt worden. Durch die Webetechnik bekommt einer dieser Stoffe einen in sich gemusterten Glanz – er bildet die reizvolle Vorstufe für den späteren Damast. Diese Qualität mit erhaltenem Seidenleim und ganz ähnlichem Muster kennen wir aus Turkestan und der Mongolei (in Lou-Lan und Noin-Ula). Aus China wird unser Stoff also auf der berühmten Seidenstraße westwärts gekommen und durch Vermittlung der Araber nordwärts gehandelt worden sein.

Schwedische Runensteine erwähnen Personen, die in „Särkland" waren. Damit wird wohl kaum das Land der Sarazenen gemeint sein, sondern das Seidenland! Der Name wandert mit dem Stoff – das sahen wir schon bei den Pelzwaren. Aus Asien übernahmen die Römer mit der Seide das Wort *Sericum* und gaben es fast unverändert über Byzanz weiter an die Wikinger in der Kurzform *Serk* oder *Särk*.

Das derbe Unterhemd der schwedischen Bauern hat Jahrhunderte hindurch *Särk* geheißen, ist aber im modernen Sprachgebrauch für hochelegante Fabrikationsunterwäsche nicht mehr fein genug. Aller Wahrscheinlichkeit nach war ein Särk für die Wikinger jedoch das allerfeinste Hemd – das Seidenhemd. Und Särkland war wie gesagt das Land hinter Kiew, jenseits des Schwarzen Meeres, wo die Seide herkam.

Daneben gibt es im Nordischen auch das Wort *Silk,* in dem das asiatische *r* zu einem *l* geworden ist. Wüßten wir genau bei welchem Volk (in Persien?), dann würden wir die Handelswege noch besser kennen.

Die allerwichtigste Handelsware aus dem Osten finden wir nicht in Gräbern, sondern in Hortfunden: das Silber. Vergrabene Schätze sind im 9. Jahrhundert noch recht selten. Hie und da ein paar Schmuckstücke, einige Münzen, die noch nichts von dem andeuten, was jetzt im Anrollen ist. Einmalig ist der schon erwähnte Schatz aus Hon in Norwegen, 2548 Gramm schwer, schon deswegen einmalig, weil er vorwiegend Gold und nur wenig Silber enthält.

Der große Silberstrom aus dem Osten wird mit dem Fund aus Asarve auf Gotland eingeleitet, gefunden im Jahre 1903, also nach rund tausend Jahren. Sein ehemaliger Besitzer hat ihn an einem damals schon verlassenen Steinzaun vergraben – wo er hoffte, ihn bequem wiederfinden zu können. Jedoch ereilte ihn der Tod schneller, als ihm lieb war. 47 Armringe, 19 Bruchstücke von solchen und 19 Barren wiegen insgesamt 7060 Gramm. Die spiralförmigen Armringe, die in einem viereckigen, facettierten Knopf und in einer Öse enden, sind die merkwürdigsten, denn sie stammen aus dem Gouvernement Perm, östlich Bolgar, östlich der Wolga und ihr Gewicht ist ganz offensichlich normiert: die unbeschädigten wiegen durchschnittlich entweder 202,58 Gramm oder

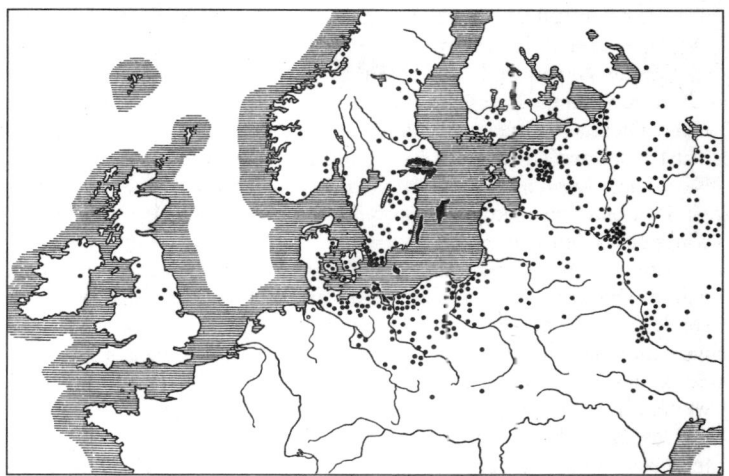

Arabische Münzfunde in Europa, interessanterweise fast nur östlich der Elbe

101,07 Gramm mit einer Meßungenauigkeit von höchstens 2,65 Gramm. Da das persische Pfund 408 Gramm schwer war, wiegen diese 20 Armspiralen aus dem östlichen Handelsgebiet ½ bzw. ¼ persisches Pfund mit einem leichten Untergewicht. Sie sind bestimmt nicht als Schmucksachen zu werten, sondern als Geld, das bequem auf dem Arm getragen werden konnte.

Hier haben wir den Schatz eines erfolgreichen Händlers vor uns, der aus Bolgar und dem Wolgaraum heimgekehrt ist. Ganz ähnliche Armspiralen sind bis nach Dänemark, England und Irland gehandelt worden. Nur zwei arabische Münzen lagen dem Fund bei; aber sonst sind es gerade arabische Silbermünzen, welche in den Schatzfunden des 10. Jahrhunderts vorherrschen. Das beweist der zweitgrößte Schatzfund Skandinaviens, auch von der Insel Gotland. Zwei Jungen mit flinken Augen entdeckten ihn beim Spiel in einer Kiesgrube im Jahre 1936 und holten freudestrahlend mit prallen Hosentaschen Erwachsene herbei. Ein einzelner Armbügel lag den 2673 arabischen Silbermünzen bei, die 55 verschiedenen Münzprägeorten des Kalifats entstammen. Einzelne reichen bis ins Jahr 708 zurück, der Großteil fällt ins 9. Jahrhundert und fünf Schlußmünzen stammen aus dem Jahre 910. Es sind die für uns entscheidend wichtigen, neugeprägten Münzen, die der gotländische Kaufmann ausgezahlt bekam, ehe er seine Heimreise antrat. Die arabischen Münzpräger haben günstigerweise Prägeort und Jahr auf ihren Münzen vermerkt; dadurch eignen sie sich vorzüglich für ein sehr genaues Studium. Die ältesten noch umlaufenden Münzen sind natürlich spärlich vertreten, oftmals stark abgenützt, die meisten Prägungen häufen sich kurz vor den Schlußmünzen, deren Jahreszahl in großen Schätzen auch wirklich verbindlich ist.

Die Wikingerzeit ist das Silberalter des Nordens, und es sind riesige Silbermengen, die in ergötzlichen Sturzwellen über Skandinavien hinwegströmten. Erfreulich viel davon blieb in der Erde bis heute liegen. Von der Ostseeinsel Gotland stammen 40 000 arabische Silbermünzen, und neue Funde kommen alljährlich hinzu, im übrigen Schweden und in Dänemark zählt man zur Zeit etwa 17 000 Münzen, während Norwegen verständlicherweise von diesem östlichen Wertmesser nur 400 Stück aufweisen kann. Dazu kommen die silbernen Schmuckstücke, welche den weitaus größten Anteil in den Schatzfunden ausmachen. Das Goldalter des Nordens endete um 600. Gold gibt es, wie wir schon sahen, auch in der Wikingerzeit, aber nur in begrenzter Menge, als bescheidenen Zusatz zu dem vorherrschenden Silber. Folgerichtig hat das Historische Museum in Stockholm als Gegenstück zu der Goldkammer der Völkerwanderungszeit eine Silberkammer der Wikingerzeit gebaut, in gleicher Weise durch starke Panzertüren und modernste Alarmleitungen gesichert.

Das Silber des 10. Jahrhunderts kam aus den östlichen Teilen des Kalifats. Dort waren Silbergruben in Betrieb, worüber Ibn-Jaqub berichtet:

„Pendjirs Volk (in Afghanistan) ist ein Mischvolk; dort herrschen Jähzorn und Bosheit. Morde sind häufig. Die Dirhems (Silbermünzen) sind groß und zahlreich. Keiner will etwas billiger verkaufen als für einen Dirhem – sei es auch nur ein Bund Gemüse. Das Silber findet man am Gipfel des Berges, der wegen der zahlreichen Grubenlöcher wie ein Sieb aussieht. Es kommt vor, daß ein einziger Mann beim Graben einen Gewinn von 300 000 Dirhems erzielt. Oft findet er genügende Mengen, um sich und seine Nachkommen wohlhabend zu machen. Häufig kann er wenigstens seine Ausgaben decken, manchmal wird er auch arm, wenn nämlich das Wasser und andere Widerwärtigkeiten die Oberhand gewinnen. Es kommt vor, das der, der am Morgen reich ist, am Abend arm ist, und der, der am Morgen arm ist, am Abend reich ist."

Das ist das reinste Klondyke des wilden Ostens mit Inflation, Raufbolden, Abenteurern, Glückssuchern und menschlichen Katastrophen.

Der Kalif in Bagdad hatte um 800 n. Chr. ein Jahreseinkommen von 1200 Tonnen Silber, also etwa 25mal die Weltproduktion an Silber im Jahre 1500, wobei der Statthalter von Chorasan etwa ein Zehntel davon lieferte. So floß ein riesiger Strom gemünzten arabischen Silbers nordwärts. Auch an der Wolga, dem Dnjepr, den damals slawischen Flüssen

Zentraleuropas und an der baltischen Ostseeküste sind zahlreiche Silberfunde und Münzschätze gehoben worden, der größte angeblich mit einem Gewicht von 230 Pfund.

Es gibt die verschiedensten Gründe, weshalb man Silberschätze vergraben hat. In der Heimskringla wird erwähnt, daß Königin Gunnhilds Söhne so geizig waren, daß sie ihre Schätze in der Erde verbargen. Das ist natürlich ein Einzelfall. Nach Snorre sollten die Helden in Walhall genießen dürfen, was sie selbst in der Erde vergraben hatten. Das scheint ein merkwürdig zeitloser Brauch zu sein, tief in der menschlichen Seele verwurzelt, denn ein Mann in Funäsdalen in Nordschweden verwahrte in den 1840er Jahren blanke Taler in einer geteerten Holzdose und vergrub sie an unbekannter Stelle nach altem Glauben. Er wollte sie nach der Auferstehung wieder hervorsuchen, um nicht mit leeren Händen von Neuem anfangen zu müssen. So hielten es wohl einige wenige auch in der Wikingerzeit.

Egil Skallagrimsson hatte als blinder Greis seine eigenen Gedanken. Er wollte zum Thing mit zwei Silberkisten reiten: „Ich will sie zum Thing-Berg bringen, wenn die meisten Menschen dort versammelt sind. Ich will das Silber ausschütten, und es wäre sonderbar, wenn alle es in Güte untereinander teilen würden. Vielleicht gäbe es Hiebe und Ohrfeigen, und es könnte so kommen, daß die ganze Thinggemeinde sich schlägt." ... „Das ist ein köstlicher Einfall, von dem man sprechen wird, solange das Land überhaupt besiedelt bleibt." Hier zeigt sich Egil als moderner Individualist und bissiger Menschenkenner, wie wir es für die Frühzeit menschlicher Kultur nicht üblicherweise erwarten können.

Er tat jedoch etwas ganz anderes: Eines Abends kam er aus seinem Haus und trug seine Silberkisten. Er stieg zu Pferd und ritt mit zwei Sklaven zur Weide, und zuletzt sah man ihn hinter der Höhe verschwinden. Als die Diener am Morgen aufgestanden waren, sahen sie, wie Egil sich am Gehölz östlich des Hofes entlang tastete und sein Pferd hinter sich herzog. Sie gingen ihm nach und brachten ihn nach Hause. Aber Sklaven und Kisten blieben verschwunden, und viele haben zu raten versucht, wo Egil sein Silber verborgen hatte. Östlich des Zaunes um die Weide auf Mossfjäll ist eine Schlucht in dem Felsen. Man hat beobachtet, daß dort bei starkem Tauwetter viel Wasser strömen kann. Und nachher kann man englisches Silber in der Schlucht finden. Manche meinen, daß Egil seine Schätze dort verborgen habe. Unterhalb der Weide auf Mossfjäll gibt es große Moore, seltsam tief. Viele halten es für wahrscheinlich, daß Egil die Kisten dort versenkt habe. Südlich des Baches sind warme Quellen und nicht weit entfernt tiefe Erdhöhlen. Und manche glauben, daß Egils Silber in einer dieser Höhlen liege, denn dort hat man oft ein nächtliches Feuer flammen sehen. Egil sagte,

Arabische Moschee als Glühbecken, in Schweden gefunden

er habe die Sklaven erschlagen und die Kisten verborgen, aber er sagte keinem, wo er sie vergraben hatte. Zum Herbst suchte Egil eine Krankheit heim, die sein Leben beendete."

Nun trifft es sich so eigenartig, daß ein Silberschatz im 18. Jahrhundert auf Mossfjäll gefunden wurde, von dem wir leider nur wissen, daß darunter auch Münzen mit der Aufschrift *ANSLAFR* gewesen sein sollen. Anslaf regierte in England 941 – 952 und Egil Skallagrimsson starb 990. Alle unsere Silberschätze sind anonym. Hier lag die seltene Möglichkeit vor, einen Schatz an eine historische Persönlichkeit zu binden, aber er wurde leider zu früh gehoben und ist endgültig in die Anonymität hinabgesunken! Weshalb Egil ihn vergrub, hätten wir sowieso nicht erfahren. Am ehesten dürfen wir vermuten, daß er wohl als weiser, alter Mann die Habsucht und Raubgier der Menschen nur all zu gut kannte und diesen Lastern nicht Vorschub leisten wollte.

Das sind alles Einzelfälle. Viele Silberschätze bedeuten Wohlstand und blühenden Handel. Das versteht sich von selbst. Aber in den 1930er Jahren entstand im wissenschaftlichen Lager ernster Streit. Professor Sture Bolin verfocht mit seiner Antrittsvorlesung an der Universität Lund und in mehreren Schriften die These, daß vergrabene Silberschätze in erster Linie Kriegszeugen seien, in Unruhezeiten der Erde anvertraute Wertgegenstände, die nie mehr gehoben werden konnten, weil die Besitzer einem schnellen, gewaltsamen Tode zum Opfer fielen. In historischer Zeit fallen Anhäufungen von Schatzfunden immer mit nachweisbaren Kriegen zusammen – so wird es auch in der Vorzeit gewesen sein:

Bedenkt doch nur: in jenen Schreckensläuften,
wo Menschenfluten Land und Volk ersäuften,
wie der und der, so sehr es ihn erschreckte,
sein liebstes da – und dort wohin versteckte.
So war's von je in mächtiger Römer Zeit,
und so fortan, bis gestern, ja bis heut.
Das alles liegt im Boden still begraben.

(Faust, II. Teil)

Die Prähistoriker haben Mephistopheles und Professor Bolin nach heftigen Diskussionen fast durchweg recht gegeben. Wir können auch Helmolds Slawenchronik von 1170 heranziehen, wo es heißt:

„Sobald Krieg droht, verbergen die Wenden ihre Gerste, nachdem sie sie gedroschen haben, und alles Gold und Silber und was sie an Kostbarkeiten besitzen, in Gruben, aber Frauen und Kinder führen sie zu befestigten Orten oder wenigstens in die Wälder so daß nichts den Feinden zum Plündern übrig bleibt als die Hütten selbst."

Die Silberschätze sprechen unmittelbar – ohne Worte. Die meisten Schätze liegen dicht bei einem großen Stein oder seitlich in alten Gräbern, neben alten Landstraßen oder unter ehemaligen Häusern. Einige sind in Torfmooren versenkt. Auf offenem Felde gab vielleicht eine alte Eiche einen leicht erkennbaren Hinweis. Nicht selten kommen Zwillingsschätze vor – zwei Hortfunde gleichen Alters und gleicher Art sind einige Meter voneinander entfernt vergraben worden. Ein zufälliger Finder sollte sich also nur mit dem halben Schatz begnügen! Auf manchen Schätzen liegt ein Feuerstahl – um Geister zu beschwören und fern zu halten. Alles, was wir nachweisen können, deutet darauf hin, daß die Besitzer ihre Schätze wieder heben wollten. Das Vergraben war eine vorbeugende Maßnahme, wenn Kriegsgefahr drohte.

Die 525 Silberschätze der Ostseeinsel Gotland sind der sorgfältigsten Bearbeitung wert. Professor Mårten Stenberger hat sich ihrer angenommen und der zweite Band seines Werkes ist vor kurzem erschienen. Ihnen stehen insgesamt 340 Hortfunde aus dem übrigen Skandinavien gegenüber. Ist diese Anhäufung verwunderlich? Die ungeschützte Insel wurde anscheinend zwei bis drei Jahrhunderte hindurch unentwegt von Wikingerflotten heimgesucht. Alle wußten von dem blühenden Handel, alle Freibeuter der Ostsee holten sich die Schätze am bequemsten nicht in Rußland, sondern auf Gotland. Es war ein übler Tribut, den die Gotländer für die günstige Lage ihrer Insel zahlen mußten – überraschende Raubüberfälle ohne historische Bedeutung, aber schmerzhaft für die Betroffenen. Einige Notizen darüber sind bekannt, z. B. aus der Spätzeit die Bandadrapa über Erik Jarl:

> Der berühmte Fürst hatte danach
> noch mehrere Kämpfe,
> das haben wir wahrlich gehört.
> Erik zwang das Land unter sich.
> Der schildbedeckte Krieger
> verheerte lange und weit umher
> die grünen Küsten Gotlands.
> Kampfdreist streitet der Fürst.

Der gotländische Fernhandel mit dem Osten ist etwas rätselhaft. Der Frauenschmuck, den wir so typisch in den Kolonien an der baltischen Küste wiederfanden, fehlt vollständig in Rußland. Hundert ovalen Frauenspangen der Svear gegenüber steht nicht eine einzige runde Dosenspange der gotländischen Frauen. Nur einige wenige Gräber auf Gotland enthalten Reiseandenken aus dem Osten. Nach den Gräberfunden zu urteilen, war die gotländische Beteiligung an den östlichen

Wikingerfahrten verschwindend gering. Auch fehlen gotländische Namen unter den hundert Delegierten für die Friedensverhandlungen zwischen Kiew und Byzanz.

Und doch spricht ein Runenstein von Ravn, der im Dnjepr verunglückte, andere Steine sprechen von Männern in Holmgard und in Windau. Ein Gotländer bekam einen Runenstein auf der Insel Berezanj in der Dnjeprmündung und die Schatzfunde Gotlands machen drei Fünftel von allen Funden in Skandinavien aus. Des Rätsels Lösung wird wohl die sein: Die Gotländer werden sich als Staatengründer nur im Baltikum, nicht aber im Osten betätigt haben. Die Kolonien am Ladogasee und am Dnjepr werden ausschließlich von Svearn angelegt sein. Die Gotländer dürften ihre Frauen nicht mitgenommen haben, sondern nach den Fahrten immer in die Heimat zurückgekehrt sein. Von der Art ihrer Organisation verrät ihre Gutasaga (geschrieben um 1200) etwas:

„So unterstellten sich die Gutar freiwillig dem König der Svear, so daß sie Schweden an allen Stellen frei, ohne Zoll und ohne Abgaben besuchen durften. Auch die Svear haben das Recht, Gotland frei zu besuchen, ohne Kornband oder andere Verbote. Schutz und Hilfe soll der Svea-König den Gotländern geben, wenn sie es nötig haben und verlangen. Der König und auch der Jarl sollen Abgesandte zum Thing der Gotländer schicken und dort ihre Steuer erheben. Die Abgesandten sollen den Gotländern den Frieden bestätigen, *(frei) übers Meer nach allen Orten zu fahren, die dem König zu Uppsala unterstehen,* und ebenso denen den Frieden bestätigen, die das Recht haben, hierher zu kommen."

Daß die Svear auf Gotland Steuern erhoben, bestätigt ein Runenstein bei Torsätra in Uppland: „Skule und Folke errichteten diesen Stein zur Erinnerung an ihren Bruder Husbjörn. Er wurde krank draußen, als sie Geld auf Gotland einnahmen."

Die Abgaben waren gering im Vergleich mit den Vorteilen, welche die Gotländer dadurch hatten, daß sie überall im weiten Osten handeln und auf diese Weise riesige Silberschätze heimbringen konnten.

Das Silber wurde damals gewogen – auch die Münzen, denn sie konnten verschieden schwer sein. Deshalb brauchten die Händler eine Waage. Kleine Balancewaagen mit zwei Schalen kennen wir aus zahlreichen Funden. Waagen in Gräbern weisen eindeutig auf gewerbsmäßige Händler. Eine kleine Bronzedose als Behälter für die Teile einer Waage trägt interessanterweise in Runen die Aufschrift: „Djärv bekam diese Schalen von einem Mann im Samland. Vermund ritzte die Runen."

Zu den Waagen braucht man nun Gewichte – auch diese sind vorhanden, noch dazu sehr sinnreich gestaltet: aus Blei mit einem dünnen Bronzeüberzug, wodurch es unmöglich war, von den Gewichten ein

wenig abzukratzen und sie dadurch leichter zu machen! Gut erhaltene
Gewichte scheinen meist auf das sowohl im östlichen wie im westlichen
Mittelmeerraum übliche System zurückzugehen mit 24,5 Gramm als
Norm.

Der Käufer mußte natürlich von der Silbergüte überzeugt sein. Ihm
standen altbewährte Mittel der Prüfung zur Verfügung: er hat das Silber
angekratzt, um den weißen Glanz zu kontrollieren, und er hat die Münzen geknickt, um die Biegsamkeit festzustellen. Das sehen wir oft an
den Fundstücken. Und trotzdem ist er manchmal reingelegt worden!
Mindestens fünf Funde enthalten Bronzebarren mit einem silbernen
Überzug, und sollen also Silberbarren vortäuschen. In einem typischen
Händlerschatz mit Waage und Gewichten macht dies einen sehr
schlechten Eindruck. Auf dem Krinkberg bei Schenefeld nahe Haithabu
enthalten einige Stücke des großen Silberschatzes einen Kern aus Eisen.

Wenn nun alle Silberstücke bei einem geschäftlichen Handel sowieso
gewogen wurden, war man eigentlich nicht speziell auf Münzen angewiesen – jedes beliebige Silberstück konnte in die Waagschale geworfen
werden. War ein Silberstück zu groß, schnitt man so viel davon ab, wie
im Augenblick nötig war. Kleingeld konnte auf einfachstem Weg sofort
beschafft werden. Wir verstehen daher, wie es kommt, daß im Laufe des
10. Jahrhunderts die Silberschätze allmählich aus Hunderten und Tausenden von Bruchstücken bestehen – Hacksilberfunde nennen wir sie.
Fürchterlich, den schönheitsdurstigen modernen Menschen im Museum diese Schrotthaufen zu zeigen, riesig die Arbeit, alle diese Bruchstücke einzeln zu bestimmen und systematisch zu ordnen; willkommen
die Fülle der Gegenstände, von denen wir auf diese Weise erfahren! 27

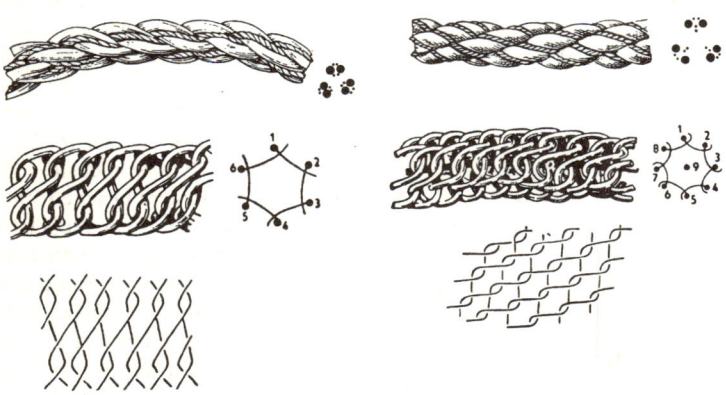

Wie die silbernen Halsringe geflochten wurden

arabische oder khazarische Silberschalen der schon erwähnten schönen
Art kennen wir nur durch ebenso viele Bruchstücke, die manchmal
nicht größer sind als Silbermünzen; wir sehen etwas von der Palmetten-
ornamentik, ein Stück von einem galoppierenden Reiter mit erhobener
Lanze, wir lesen auf einem Schnittstück in arabischen Buchstaben: „Im
Namen Gottes". Auch facettierte Knäufe von Armringen aus dem Gouvernement Perm waren lange Zeit im Umlauf wie Münzen und tauchen
mal da, mal dort im Hacksilber auf.

Wir nehmen uns einen solchen Hacksilberfund vor – aus Botels auf
Gotland. Er wurde unter einem Baum gefunden, als hätte der gleiche
Baum tausend Jahre lang an dem Platz gestanden. Der Schatz lag in
zwei Tongefäßen und einer Dose aus Birkenrinde. Zwölf gewundene
oder glatte Silberspiralen waren immerhin ganz oder beinahe vollständig, ebenso der halbmondförmige Anhänger aus Rußland. Sonst war
alles Schrott. Den spitzovalen Gegenstand halten wir für eine allzu zar-
te Gürtelschließe slawischen Ursprungs. Darunter liegt auf dem Bild
ein verbogener Fingerring, dann die Schließplatte eines Halsringes. Der
breite verzierte Gegenstand hat einmal zu einem sehr schönen und zeit-
typischen Armreifen gehört. Neun solche unbeschädigte Armbügel kennen wir z. B. in dem sehr reichen Moorfund von Malms Myr; hier haben
wir eine gotländische Form, die lediglich an Orten vorkommt, wohin
die gotländischen Handelsbeziehungen reichten.

Das runde, gebogene Silberstück unterhalb gehört wiederum zu einer
Ringnadel, und zum Vergleich können wir ein paar vollständige, reich
geschmückte Ringnadeln aus dem Fund von Sigsarve wählen. Auch das
völlig verbogene Stäbchen war Teil eines solch prächtigen Schmuckes.

Links auf dem Bilde sind vorwiegend Stücke von Armringen, Halsringen und Ringnadeln, rechts Teile von Silberblechen, einige Barren,
Silberdrähte und vor allem geflochtenes Silber. Das war die große
Kunst und Liebe der Silberschmiede des 10 und 11. Jahrhunderts. Sie
haben Drähte paarweise nach rechts zusammengewunden und sie dann
in Linksrichtung zusammengeflochten, doppelt wirkungsvoll, wenn sie
außerdem noch schmale gezwirnte Drähte hineinarbeiteten. Die Technik bietet unzählige Möglichkeiten und erreicht wohl ihre höchste Vollendung in der offenen, losen Flechtung, in der bis zu acht Drähte rechts
um einen stützenden Kern geflochten wurden, wie wir es bei dem Halsring von Unsarve sehen. Die Flechttechnik kommt natürlich auch in
Rußland und im fernen Orient vor, erreicht aber in den mit Sicherheit
nordischen Stücken ihre äußerste und schönste Variationsmöglichkeit.

Betrachten wir schließlich noch die Münzen in dem Hacksilberfund
von Botels, so sind nur 217 arabische Münzen unbeschädigt, 2046 arg
zerstückelt, alle in den Jahren 715 bis 969 geprägt, trefflich ergänzt
durch 21 byzantinische Münzen (949–959), aber die Schlußmünzen

bilden 14 sog. Wendenpfennige und 15 deutsche Münzen, von Otto III.
geprägt, der 983–1002 regierte. Da jüngere Münzen fehlen, dürfen wir
annehmen, daß sie aus Ottos ersten Jahren stammen und daß dieser
Schatz um 985 vergraben wurde.

Allmählich tauchen auch die ersten zarten Gegenstände einer slawischen Silberschmiede auf, insbesondere ein feiner Ohrenschmuck, der
sich in mehreren schwedischen Silberschätzen als Zeuge für südliche
Wikingerzüge fand.

Die ganze Welt der Wikingerzeit steigt in jedem einzelnen Hacksilberfund vor uns auf – allerdings erst nach mühseliger Durchforschung
der Fragmente. Eines ist sicher dem Leser inzwischen schon aufgefallen: wir können immer wieder die Bruchstücke mit vollständigen Stük-
ken aus anderen Silberfunden vergleichen. Das hat eine besondere Bewandtnis.

Wir haben gesehen, daß viele Silberschätze ausschließlich aus prachtvollem Schmuck bestehen.

Als gerade Schlachttag war, wollte der Hofhund von Wible seinen
leckeren Knochen vergraben (im Jahre 1739). Er kratzte nicht nur Sand
aus seinem Loch, sondern sechs Ringnadeln und Armbügel, sowie etliche Münzen. Drei Stück kaufte das Museum und ließ die anderen drei
abzeichnen, „von denen seitdem zwei große Becher gemacht wurden,
die für alle Zeiten dem Besitzer des Hofes Wible gehören sollen", noch
dazu mit einem schönen Spruch versehen.

Nach guter, bäuerlicher Auffassung gelten solche Silberbecher und
Silberlöffel als Gradmesser des Wohlstandes. Ein deutscher Reisender
des 16. Jahrhunderts, Samuel Kiechel, erwähnt, daß Bauern in Schweden bis zu fünfzig Silberlöffel besitzen konnten. Sie bildeten ein jeder
Zeit verfügbares Kapital anderer Art als die wogenden Getreidefelder,
eine gewisse, wenn auch unverzinste Sicherheit für Unglücksfälle wie
Krankheit oder Hungersnot.

Der Finder des Wible-Schatzes hätte die drei Armbügel und Ringnadeln ruhig unverändert dem Hofschatz zuführen können, denn ihr
Zweck im Wible-Hof der Wikingerzeit war genau der gleiche gewesen:
Ringe verschiedener Form bildeten den beweglichen Familienbesitz der
Bauern in jener silberreichen Zeit. Kamen aber lästige Wikingerflotten
– Seepiraten – und verheerten die Küste, dann wurde das Ringsilber
schnellstens vergraben, und die Bauernwehr mußte die Heimat verteidigen. Manche starben den Heldentod und das Silber blieb bis in die Gegenwart liegen.

In den reich ausgestatteten *Gräbern* finden wir Silbersachen fast nie.
Das war lange rätselhaft, wird uns aber von dieser Sicht her verständ-
lich. *Großer unbeschädigter Silberschmuck* der Wikingerzeit war – wie
Silberlöffel und Becher der Neuzeit – Hofbesitz, Sippenreichtum, allen-

falls Brautschmuck und Festzierde, aber nicht persönliche Habe, die dem einzelnen Besitzer ins Grab folgen konnte. Und er gerade bestätigt uns, daß die schrecklich verbogenen und *zerhackten Bruchstücke* aus aller Herren Länder vergrabenes Kapital der reisenden gewerbsmäßigen Händler sind! Was sollten die Geschäftsleute im Grabe mit ihrem Silberschrott anfangen? Silber soll arbeiten, gehandelt und weitergereicht werden. Nur als stehendes Kapital und als umlaufende Währung erfüllt Silber seinen Zweck. Die Schmuckform war zweitrangig. Die Gegenstände waren in erster Linie Geld, richtiges, allgemeingültiges Zahlungsmittel.

Wie teuer waren nun die Waren in dieser Silberwährung? Wir haben nur ganz vereinzelte Angaben. Beispielsweise sagt Kormak in einem seiner Lieder:

> „Manches steht dem Manne teuer zu kaufen.
> Dieses Schiff Torveigs kostet drei Öre Miete."

Das würde heißen: 600 Gramm Silber, und klingt einleuchtend, auch wenn wir nicht wissen, ob das Wikingerschiff für eine Auslandsfahrt, für einen Sommer oder für längere Zeit gemietet wurde.

Ein Kaufmann, namens Gilli der Russische, verlangte eine Mark Silber (400 Gramm) für eine schöne Sklavin. Für seine schönste Sklavin fordert er zwar drei Mark, aber das war ein außergewöhnlicher Liebhaberpreis! Rimbert zahlte ein gesatteltes Reitpferd für eine Sklavin und so kämen wir auf 400 Gramm Silber für ein Reitpferd – alter Bauernpraxis entsprechend auf die Hälfte für eine Kuh. Oder anders ausgedrückt: einen permischen Armreifen für eine Kuh, zwei permische Armreifen für ein Pferd oder eine Sklavin. Solche Angaben und Schlußfolgerungen gestatten uns noch längst nicht, einen Preistarif der Wikingerzeit aufzustellen, besonders da zweimal vorübergehende Silberknappheit eintrat; zwischendurch gab es vermutlich auch örtliche Inflationstendenzen.

Kam beispielsweise ein Gotländer in eine westschwedische Bauernprovinz – wurde da sein Zahlungsmittel wertvoller, weil Silber im ländlichen Inland selten und hochbegehrt war? Oder wurde es wertloser, weil altmodische Bauern für Silber weniger Verständnis hatten? Solche Fragen können wir nicht beantworten, wir können lediglich feststellen, daß man in handeltreibenden Küstengebieten – besonders auf Gotland und in den Handelsstädten – auf manche Güter verzichtete, um Silberringe zu horten. Die Kapitalbildung für den Notfall schien wichtiger als die sofortige Anschaffung von Vieh, Gerät oder Kleidung.

Diese Silberschätze sind ein zuverlässiges Mittel, um Wirtschaft,

Wohlstand, Kunsthandwerk, Verkehr und Wikingerzüge nachzuweisen, wiewohl nur ein winziger Bruchteil des einstmals vorhandenen Silbers in den Hortungen auf uns gekommen ist. Etwas Gold und etwas westliches Silber mischen sich in den riesigen Fluß arabischen Silbers hinein. Es ist eine beachtliche Menge Wertmetall, die die Wikinger auf ihren Handelsfahrten in Rußland von den Arabern erwarben. Am Silber und an seiner Bedeutung für das Leben in der Heimat wird das wirkliche Ausmaß der Ostleistung sichtbar.

Harald Blauzahn wird von dem Mönch Poppo getauft.
Relief aus Tamdrups Kirche

VII.

Wir haben keinen Herrn, wir sind alle gleich

Ozeanfahrten – erst sie boten den Drachenschiffen wirklich große Aufgaben. Die Schweden mußten sich nach Überquerung der Ostsee mit den Flüssen eines Kontinents begnügen. Den Norwegern öffnete sich die unbekannte Weite des Atlantischen Ozeans mit seinen fürchterlichen Stürmen. Kormak sieht sie konturenscharf vor sich:

> Der Seedonner grollt
> Die Wellenberge sind hoch wie die Felsenwände
> Heraus quillt die ganze brausende Masse des Meeres.

Unzählige treffsichere Seebilder atmen Frische, Liebe zur Salzluft und dem weiten Horizont, Vertrautheit mit launischen Lüften und Fluten. In ihnen wurde die Elastizität der Wikingerschiffe erprobt, ihre bewundernswerte Fähigkeit, rasch über das bewegte Meer hinwegzueilen, der Wut der heulenden Naturgewalten standzuhalten.

Die Norweger mußten nicht gleich aufs offene Meer hinaus. Schon die Küstenfahrten nordwärts stellten sie vor besondere Aufgaben. Der Golfstrom zieht an Norwegens Küste entlang und macht sie noch weit über den Polarkreis hinaus bewohnbar. Der eisfreie Hafen Narvik und die zerklüftete Inselwelt der Lofoten sind schon in der römischen Eisenzeit fest besiedelt. Die Zahl der Funde nimmt im Laufe der Völkerwanderungszeit stetig zu. Hunderte von Wikingerfunden und 21 Silberschätze zeigen, daß wir uns bis nach Tromsö auf altem, echtnorwegischem Boden befinden, im nördlichsten Königreich Skandinaviens: Haalogaland. Wir brauchen uns keinesfalls die Männer am Lofoten als armselige Fischer vorzustellen. Die Höhen sind zwar eisig und kahl, aber der schmale Küstenstreifen bietet saftige Weiden und ein mildes Meeresklima. Der geschützten Lagen gibt es viele in einer stark zerteilten Schärenwelt. Sicheln, Sensen und Spaten in den Gräbern zeigen, daß sich die Bewohner doch in erster Linie als Bauern fühlten, Hammer, Zangen und Eisenbarren, daß sie sich den Reichtum der Landschaft an See-Erz zunutze machten. Nicht zuletzt sind sie wegen ihrer Werften im Zeitalter der Ozeanfahrten berühmt. Raud in Ramme auf Salten in Haalogaland besaß das beste aller „Nordlandboote", nach dessen Vorbild die namhaftesten Königsschiffe gebaut wurden.

Ottar hieß ein anderer Mann in Haalogaland. Ein ganz besonderer

Glücksumstand ist seine Begegnung mit dem englischen König Alfred dem Großen in den 880er Jahren. Ist doch König Alfred der Humanist des frühen Mittelalters, eine lohende Seele in einem kranken Körper. Kaum hatte er inmitten gewaltsamer Kämpfe die Literaturwerke jener Zeit gesammelt und selbst Latein gelernt, um sie zu verstehen, da erkannte er ihren gemeinnützigen Bildungswert und schreibt:

„Ich begann inmitten der mannigfaltigen Mühen, die dieses (englische) Königreich kostet, einige von den Büchern, die für alle Menschen am wichtigsten sind, ins Englische zu übersetzen, in die Sprache, die wir alle verstehen können." Und er beauftragte seine Schreiber in Süd und Nord so viele Abschriften wie möglich herzustellen. „Alle die jetzt in England jung und frei sind, sollen englische Bücher lesen lernen, adlige ebenso wie Knaben von geringerer Abstammung."

Es ist ein verblüffendes, vollständig modernes Bildungsideal, das er erstrebte. Der Sinn unseres Lebens sei, „mehr und mehr zu begreifen"! Nicht nur Religionsbücher hat dieser merkwürdige Mann ausgesucht, um die Universitätsbibliothek in Oxford zu gründen, sondern auch Philosophie, Geschichte und Geographie. Des Orosius Weltchronik ergänzte er durch zwei Forschungsberichte: Wulfstans Reise von Haithabu nach Truso und Ottars Reise durch das Nordmeer. Ottar war ein Großbauer, der auf seinem Hof in Haalogaland (vielleicht in Lenvik, südwestlich Tromsö) 20 Kühe, 20 Schafe, 20 Schweine zählte. Er pflügte mit Pferden und besaß 600 Rentiere. Der kurze Blick in seinen Tierpark zeigt uns schon, welcher Wohlstand nördlich des Polarkreises entwickelt werden konnte. Wir bringen den Text zum ersten Mal in vollständiger Übersetzung von Professor J. O. Plassmann und zitieren hier gekürzt:

„Ottar erzählte seinem Herrn, dem König Alfred (in dessen Dienst er anscheinend trat), daß er von allen Normannen am nördlichsten wohne. Er habe einmal erforschen wollen, wie weit sich das Land nach Norden erstrecke oder ob irgend jemand im Norden der Einöde wohne. Da fuhr er unter Land in nördlicher Richtung: er ließ auf der ganzen Fahrt das wüste Land an Steuerbord und die offene See an Backbord, drei Tage lang. Da war er so weit nördlich wie die Walfischjäger am weitesten fahren. Dann fuhr er noch weiter nach Norden, soweit er in den nächsten drei Tagen segeln konnte (anscheinend bis zum Nordkap!). Dort bog sich das Land in östlicher Richtung, oder die See in das Land hinein – er wußte nicht, welches von beiden; aber er wußte, daß er dort auf Westwind wartete und ein wenig Nordwestwind, und von dort segelte er unter Land ostwärts soviel er in vier Tagen segeln konnte. Dann mußte er auf direkten Nordwind warten, denn das Land bog dort nach Süden um, oder die See landeinwärts, er wußte nicht, welches von beiden. Von dort segelte er dann südwärts unter Lande, so weit wie er in fünf Tagen segeln konnte. Dann führte ein großer Strom aufwärts in das Land hinein (Dwina!). Er hatte kein bewohntes Land mehr angetroffen, seitdem er seine eigene Heimat verlassen hatte, sondern immerzu wüstes Land an Steuerbord, abgesehen von Fischern, Vogelfängern und Jägern, und die waren alle Finnen; und an Backbord hatte er immer offene See. Nun wandten sie sich aufwärts in den Strom hinein, weil sie aus Besorgnis vor Feindseligkeiten nicht an dem Strom vorbei zu segeln wagten; denn das Land an der anderen Seite des Stromes war vollständig bewohnt. Die Bjarmer hatten ihr Land wohl bestellt und sie wagten nicht, dort anzulegen. Sie erzählten ihm viel sowohl über ihr eigenes Land, wie über die Länder, die um sie herum lagen; aber er wußte nicht, was der Wahrheit entsprach, da er es selbst nicht gesehen hatte. Die Finnen – so dünkte ihn – und die Bjarmer sprachen fast die gleiche Sprache. Hauptsächlich fuhr er hierher, weil er einmal das Land erforschen wolle."

Das war genau das, was der königliche Humanist wünschte und Ottar ihm bieten konnte: eine Erforschung völlig unbekannter Gegenden. Nur glauben wir nicht, daß kein Normanne vor Ottar so weit nördlich gekommen sei, denn 408 Gramm Gold (schon aus der Völkerwanderungszeit) sind am Laksefjord östlich Nordkap gefunden worden. Unter dem Dutzend bekannter Wikingergräber ist besonders ein Frauen-Doppelgrab von Ekkeröy am Varangerfjord gegenüber der heutigen sowjetischen Grenze zu nennen, mit zwei der schönsten Ovalspangen, einer Kleeblattspange und anderem Schmuck aus Ottars Zeit. Warum hat denn Ottar seine Reise als eine erst- oder einmalige herausgestellt? Doch wohl nicht, um dem König Alfred zu imponieren?

Nein, er hatte wichtige Handelsinteressen zu schützen und ein Monopol für Haalogaland zu wahren. In der direkten Fortsetzung seines Berichtes nennt er auch noch vorsichtig diesen zweiten Grund seiner Fahrt:

„… dann aber auch wegen der Walrosse, denn sie haben sehr kostbares Elfenbein in ihren Zähnen. Davon brachte er einige dem König mit. Und ihre Haut ist sehr gut für Schiffstaue. Dieser Wal ist viel kleiner als andere Wale: er ist nicht mehr als sieben Ellen lang. Er sagte, er habe 66 Tiere in zwei Tagen erlegt."

Ottar und seine Landsleute hatten die gesamten noch jungfräulich unberührten Jagdgründe des nördlichen Ozeans zu ihrer Verfügung – die üppige Fülle der größten Tiere unseres Erdballs und darüber hinaus die begehrten Walrosse, welche sich damals noch an den Küsten des Nordkaps wälzten. Die stärksten aller Schiffstaue werden aus ihrer dicken Haut gestriemt und verflochten; sehr gefragt ist der Speck, am wertvollsten jedoch das Elfenbein der Fangzähne. Die Walrosse sind die Elefanten des Nordens. Schwertgriffe, Spielsteine und Würfel kennen wir aus diesem herrlichen Material, desgleichen erstrangige Kunstwerke; mehrere davon sind in Birka gefunden. Von Gegenständen, die aus den gewaltigen Walfischknochen gefertigt sind, wollen wir besonders etwa hundert Webspeere im Museum zu Tromsö erwähnen, und schön geschnitzte Bretter, von denen eins in Birka zusammen mit einem Glättestein aus fränkischem Glas gefunden wurde. Man hat sie anscheinend zum Bügeln von feiner Wäsche verwendet.

Das waren schon handfeste Gründe für Ottar und seine Mannen, dieses nördliche Kälteland und Nebelheim aufzusuchen. Beiläufig – aber für uns besonders aufschlußreich – wird noch erwähnt, daß Ottars Einnahmen und Reichtum vorwiegend von den Steuerzahlungen der Finnen herrührte:

„Jeder zahlt nach seinem Stande. Der Vornehmste muß 15 Marderfelle, 5 Rentierfelle, 1 Bärenfell, 10 Eimer Federn, 1 Rock von Bären- oder Otternfell und 2 Schiffstaue abliefern, jedes 60 Ellen lang, und das eine soll aus Wal-, das andere aus Seehundshaut verfertigt sein."

Wer die Gewalt und die Macht hatte, forderte eben von fremden Völkern so oder so große Tributzahlungen jährlich, da er sie sonst blutig überfallen würde. Recht sitzt in Speeres Spitze. Und diese „Finnensteuer" sollte eine besonders wichtige Einnahmequelle für den norwegischen König werden.

Ottar umsegelte offensichtlich die Kolahalbinsel und ist im Weißen Meer auf die Mündung der Dwina gestoßen – eine beachtliche Leistung, wohlbemerkt nicht einmalig, denn die Bjarmer erzählten ihm allerlei sonderbare oder gar unglaubwürdige Dinge. Die Begegnung mit den finnisch-arktischen Völkern war feindselig oder zumindest mißtrauisch, immerhin konnte man sich mit Hilfe eines Dolmetschers verständigen.

Heute läuft die Grenze Finnlands aus der Gegend von Petsamo südwärts – damals bewegten sich die Finnen an der ganzen Eismeerküste entlang. Aktiv vordringende Wikinger stießen in Nordskandinavien genauso wie am Oberlauf der Wolga auf finnische Völkerschaften. Wir sehen es auch an dem untrüglichen archäologischen Fundstoff. Wie im Osten, so entsteht auch im höchsten Norden ein reizvolles germanisch-finnisches Mischgebiet. Zu den finnischen Gegenständen zählen Hufeisenfibeln mit Zapfen derselben Art wie die schon erwähnte Fibel auf der Insel Berezanj an der Dnjeprmündung, außerdem andere ähnliche Fibelformen, tierförmiger Schmuck, Kettenhalter und Klapperbleche. Der Varangerfjord ist mit besonders zahlreichen und sprechenden Funden gesäumt.

Westwärts – über den offenen Ozean – bewegten sich norwegische Hochsee-Segler schon zu Beginn der Wikingerzeit mit größter Sicher-

Weihrauchgefäß und Reliquienschrein aus Irland,
gefunden in Norwegen

heit. Von den dicht besiedelten Gegenden der norwegischen Westküste
sind die Shetland-Inseln bequem zu erreichen – sie bilden eine grüne,
freundliche Inselgruppe mitten im Golfstrom mit saftigen Viehweiden,
geschützten Häfen und guten Rastplätzen. Ihre Existenz bedeutete eine
tödliche Gefahr für Irland und England. Von ihnen aus konnten die
Wikinger gut ausgeruht und frisch verpflegt weiter vorstoßen. Es ist
bezeichnend – ganz im Geist der kämpfenden Scharen – daß sie diese
Inselgruppe „Hjaltland" nannten. Hjalt ist Schwertgriff, Parierstange.
Westlich der Shetland-Inseln lag von den Wikingern aus gesehen ihr
gezücktes, blank schlagendes Schwert, Schneide und Spitze den fremden Völkern zugewandt; von Hjaltland ostwärts Verschanzung, Heimat
und Aufmarschgebiet.

Mucklebister und Helgabister sind typische Hofnamen auf den Shetland-Inseln. Mycklebost(ad) und Helgebost(ad) heißen vornehme Höfe
in Sogn und Möre an der norwegischen Westküste. Drang werden Felsen, die aus dem Wasser ragen, auf den Shetland-Inseln und in Horda-
land genannt – beispielsweise Drangsholt, Drangsland, Drange. Am
merkwürdigsten ist jedoch folgende Übereinstimmung.

Fedeland, Meland, Håland u. dgl. heißen zahlreiche Höfe der Shetland-Inseln, während an der norwegischen Südwestrundung Höfe mit
den gleichen Namen ausgegraben worden sind, die Anfang des 9. Jahrhunderts verlassen wurden. Dort haben wir die Hinterlassenschaften
der Auswanderer, welche ihre neuen Höfe auf den Atlantischen Inseln
nach den heimatlichen Orten benannten. Geradezu von Hof zu Hof und
von Jahr zu Jahr können wir verfolgen, wie ein Menschenstrom die norwegische Westküste verließ, auswanderte und sich auf den neuen Inseln
ansiedelte – der Vorgang hat sich in der Auswanderung des letzten Jahrhunderts wiederholt. Einige Gräber und Schatzfunde der Wikinger ergänzen das Bild dieser Inselgruppe, auf der man im Jahre 1800 noch
einen norwegischen Dialekt sprach und Heldenlieder auswendig vortragen konnte. Von den Shetland-Inseln fanden manche Segler den Weg
nordwärts zu den einsam liegenden Färinseln, eine steil aus dem Meer
steigende kleine Welt, ungastlich und baumlos. Sie waren nicht die Entdecker und ersten Besiedler, denn der irische Mönch Dicuil schreibt um
825:

„Die Lust zum Einsiedlerleben hatte schon vor hundert Jahren einige
irische Mönche zu den vielen Inseln in den nördlichen Teilen des Britischen Meeres geführt, die man von den nordbritischen Inseln aus bei
gutem Wind in zwei Tagen erreichen konnte. Diese seit der Schöpfung
unbesiedelten und namenlosen Inseln sind nunmehr als Folge der Ankunft nordischer Seeräuber von den Eremiten verlassen worden. Dort
gibt es unzählige Schafe und eine Menge Seevogelarten."

Auf den Färinseln (das Wort bedeutet ja gerade Schafsinseln) hatten

Krieger wenig zu suchen. Hier ließen sich Wikinger-Siedler nieder als Viehzüchter, Fischer und Vogelsteller. Schafe und Viehweiden nahmen sie in kollektiven Besitz, die Kühe selbst, die täglich gemolken werden mußten, blieben jedoch Privateigentum der Kolonisten. Sie zogen auf Fisch-, Seehund- und Walfischfang und haben ihre Beute gemeinschaftlich eingeheimst. Sie bildeten im 9. Jahrhundert den äußersten Vorposten im Atlantischen Ozean. Von ihnen aus sollten später noch weit größere Entdeckungsfahrten und Landnahmen erfolgen.

Die Hauptmasse der landsuchenden und kämpfenden Wikinger ergoß sich jedoch südwestwärts. Sie stießen zunächst auf die Orkney-Inseln, unmittelbar nördlich von Schottland. Dortige Ortsnamen sind in gleicher Weise gebildet wie diejenigen der Shetland-Inseln und geben somit deutlich Kunde von dem gleichen Auswandererstrom. Auf der nördlichsten Insel, bei Pierowall auf Westray, liegt ein ganzes Gräberfeld mit Schwert, Schild und Speer für Krieger und ovale Spangen für Frauen aus Norwegen. Weiter südlich, bei Sweindrow auf der Insel Rousay, ist ein prächtiges Schwert aus der Zeit vor 850 gehoben worden. Bei Skaill, unweit der Bucht Scapa Flow, kam der größte Silberschatz der westlichen Inselwelt zutage. Mit einem Gewicht von fast 15 Pfund besteht er aus 9 Ringnadeln, 14 geflochtenen Hals- und Armringen, 27 Armbügeln, allerlei Bruchstücken, Silberbarren und etwa 18 Münzen mit einem im Jahre 945 geprägten Dirhem als Schlußmünze. Wir wissen ja schon, daß die wirklich großen Silberschätze relativ späten Datums sind. Diese Erdfunde ergänzen wie immer unsere Schriftquellen, die viele personengeschichtliche Daten bringen.

Die Feinde der Wikinger mußten eingestehen: „Die Normannen sind schön und von edler Gestalt, gewandt und kühn, sie wohnen auf den Meeren und leben auf ihren Schiffen." Zur See waren sie unbedingt überlegen und fühlten sich dort sicherer als auf dem Festland. Deshalb bevorzugten sie den Seeweg südwestwärts und richteten als nächstes Stützpunkte auf den Hebriden und den zerklüfteten Inseln unmittelbar vor Schottlands Westküste ein. Auf der südlichsten Insel Arran ist sogar ein Schildbuckel und ein einschneidiges Schwert aus der Zeit um 750 gefunden worden. Wäre es nicht ein ausgesprochenes Kriegergrab, würden wir von einem einzelnen Reisenden sprechen. Anderseits reicht der eine Fund nicht aus, um von einer planmäßigen Kolonisation der Norweger im Westmeer zu sprechen, ähnlich derjenigen der Svear in der Ostsee. Er besagt vorläufig – aber immerhin ganz deutlich –, daß den Norwegern dieser Segelweg schon im 8. Jahrhundert vertraut war.

Ein typisches Händlergrab mit Balancewaage, Waagschalen und Gewichten stammt von der kleinen Nebeninsel Gigha. Eine ganze Mustersammlung nordischer Bräuche finden wir der Reihe nach auf diesen In-

seln. Auf Islay fand sich ein reiches Waffengrab – mit Schmiedehammer
und Zange! Auf Oronsay wurde eine Frau in einem Schiff beerdigt, eine
im Norden seltene, aber doch sicher belegte Sitte. Hat die Frau vielleicht auch zu Lebzeiten eine männergleiche Häuptlingsstellung einge-
nommen? Zumindest zeigen solche Gräber die urtümliche Gleichbe-
rechtigung der nordischen Frauen. Auch von der Insel Colonsay im Lor-
nefjord stammen Schiffsgräber, darunter der reichste aller westlichen
Funde, mit voller Waffenausstattung, Harnischteilen, vielleicht für das
Reitpferd, Bronzekessel, Waage mit Gewichten in keltischem Stil und
vielem mehr. Drei angelsächsische Münzen reichen nicht aus, um eine
Schlußmünze für unsere Datierung abzugeben. Sie sind auf jeden Fall
vor 854 geprägt, und die Grablegung des Häuptlings wird in die zweite
Hälfte des 9. Jahrhunderts gefallen sein. Nennen wir schließlich noch
die Insel Skye. In einen Steinhügel der Bronzezeit haben Wikinger
nachträglich ein Brandgrab eingebettet: Axt und Ringnadel sind männlicher Schmuck. Eine Perle gehört zur Frauenausstattung. Diese und
andere Doppelbestattungen des Westens entsprechen dem, was wir im
Osten und in der Heimat kennen.

Von dieser Inselkette aus führt ein Segelweg direkt hinein in die Irische
See mit ihrer zentral gelegenen Insel Man, die natürlich einen besonderen Reiz auf die Wikinger ausüben mußte. Eine zahlenmäßig geringe
keltische Urbevölkerung konnte sich gegen die Eindringlinge von Übersee nicht wehren. Hier entstand eine Wikingerkolonie, und das Besondere, ja Einmalige ist, daß ihre Gesetze bis heute unverändert geblieben
sind. So etwas ist wahrlich nur bei den traditionsgebundenen Engländern möglich. Als nämlich die Insel schon längst ihre Bindung zu Norwegen verloren hatte und sich im Jahre 1405 freiwillig unter den Schutz
des englischen Königs Heinrich IV. stellte, geschah es mit der ausdrück-
lichen Bedingung, daß ihr die Selbstverwaltung garantiert werde. So
konnten ein halbes Jahrtausend alte Gesetze im Jahre 1405 fixiert werden und später unangetastet bleiben.
   Die Insel hat einen Thinghügel, 25 Meter im Durchmesser und 3
Meter hoch, Tynwald Hill genannt, ganz ähnlich wie der Thinghügel
neben den drei Königshügeln von Alt-Uppsala und wie zahlreiche andere Thinghügel in Skandinavien. Auf ihnen fanden zur Wikingerzeit die
öffentlichen Verhandlungen statt. Sie bildeten den Mittelpunkt für Verwaltung und Politik. König Gustav Wasa von Schweden hat 1531 als
letzter in Alt-Uppsala zu den Bauern gesprochen. Der nordische Thinghügel auf der Orkney-Insel Hrossey wurde zu einer „Vapnastefna" noch
im 15. Jahrhundert verwendet. Lawting Court (Gerichtstag) wurde bei
Loch of Tingwall auf den Shetland-Inseln zum letzten Mal im Jahre
1691 abgehalten. Auf dem Tynwald Hill der Insel Man werden jedoch

die Gesetze noch heute verlesen, um rechtsgültig zu werden, und die Könige ausgerufen, so auch Queen Elisabeth II. im Jahre 1952.

Die Verwaltung der Insel untersteht den sechs höchsten Beamten und dem Bischof „of Sodor and Man". Mit Sodor sind die Südinseln gemeint, also die Hebriden, die im Norden Englands liegen, aber vom Blickpunkt der Wikinger aus die südlichsten Inseln sind. Auch nur von der Sicht der Wikinger aus gehört die Insel Man organisch mit den Hebriden zusammen! Die Nationalversammlung der Insel wiederum besteht aus 24 Mitgliedern des „House of Keys". *Keys* ist das nordisch-isländische *Kuidir* = erdbesitzende Bauern.

Und am allermerkwürdigsten: die ganze Insel Man ist in sechs Sheadings eingeteilt. Ein *Sheid* ist nach dem altnordischen Kriegsaufgebot-Gesetz das kleinste Kriegsschiff mit 13 Rudern auf jeder Seite, ein Schiff mit 13 Ruderbänken, ein 13-Sitzer. Das heißt also, daß die Wikinger, die auf der Insel Man siedelten, ein Aufgebot von sechs solchen Drachenschiffen stellen mußten. Das wird glänzend bestätigt durch die organisatorisch genaue Gliederung der Sheadings. Jeder Sheading besteht aus 78 Familien, zu dritt verteilt auf 26 *Treens*. Jeweils 3 Familien stellten also zusammen einen Krieger. Aber 26 Ruderer ist ja gerade die Zahl, welche benötigt wird, um einen 13-Sitzer zu bemannen! Und es wird uns obendrein noch im Hochmittelalter schriftlich bestätigt, indem Robert von Schottland fordert, daß die Insel Man im Jahre 1313 sechs Schiffe mit je 26 Ruderern stellen soll!

Aus Skandinavien ist uns die alte Militäreinteilung durch allerlei Dokumente bekannt; Aufgebot-Gesetze des frühen Mittelalters sprechen davon, und die Küste nördlich Stockholm, Roslagen (die schon genannten „Rudermannschaften"), ist in Skeppslag („Schiffsmannschaften") gegliedert. Am aller genauesten ist die ganze Ordnung und Verwaltung bis in die Gegenwart auf der kleinen Insel Man in der Irischen See erhalten, die nur so groß ist, daß sie sechs Sheidar oder 13-Sitzer stellen mußte.

Und wenn wir uns schon auf der Insel Man befinden, wollen wir auch die Steinskulpturen betrachten. Ein mit Bandflechtungen reich behauener Stein berichtet in Runen: „Gaut machte dieses und alle (Steinkreuze) auf Man." Zwei signierte und sieben andere Bildsteine kennen wir von der Hand dieses einberufenen Steinmetzen, der sich Gaut nennt, und dessen Stil verrät, daß er aus Schottland oder von den Inseln vor der schottischen Westküste stammt, wo es stilistische Vorgänger für seine Steine gibt. Die Spaltung der geflochtenen Bänder ist jedoch ein skandinavisches Stilmotiv, das deutlich Einflüsse aus der Heimat der Wikinger verrät. Damit hatte die Insel Man eine Steinmetzschule erhalten, auf der verschiedene Künstler im 10. Jahrhundert weiterbauen konnten. Gauts etwas jüngerer Zeitgenosse Sandulv hat die ersten wirklichen Bildsteine hinterlassen, auf denen auch Tierfiguren und Szenen der nordischen Mythologie eingehauen sind. Meister und Grundstil sind schottisch, Runenschrift, Stilmotive und Bildthemen skandinavisch. Das ist die bezeichnende Mischung auf den westlichen Inseln. Wir können anonyme und bekannte Meister Generationen hindurch verfolgen und eine genaue Stilgeschichte schreiben. Reich geschmückt sind die Runensteine des Westens, verglichen mit den einheimisch-skandinavischen, welche in einen weit härteren Granit gehauen werden mußten. Die Inschriften lauten ähnlich:

„Odd errichtete dieses Kreuz für Frakki, seinen Vater, aber Tho(r-björn) ..."

„Druian, Dubgall's Sohn, errichtete dieses Kreuz für Athmiul, seine Frau."

Ein Unterschied ist jedoch vorhanden, der deutlich in den beiden ausgewählten Steinen sichtbar ist. Odd, Frakki und Thorbjörn sind drei rein nordische Namen, häufig in Skandinavien belegt; Druian, Dubgall und Athmhaoil gehören einer rein keltischen Familie an, obwohl sie den Grabstein in Runen schreiben lassen. So offenbart sich die Mischung zwischen Urbevölkerung und Neuankömmlingen in den Kunstwerken herbeigerufener schottischer Steinmetzen! Und wenn ein gewisser Thorleiv einen Stein für seinen Sohn errichtet, der den keltischen Namen Fiac trägt, wird doch wohl Thorleivs Frau eine Keltin gewesen sein.

Jetzt wird uns verständlich, weshalb die ersten Großangriffe der Wikinger ausgerechnet gegen Irland gerichtet waren. Von norwegischer Sicht aus liegt die Insel gar nicht weit entfernt und ist von allen größeren Ländern am bequemsten zu erreichen. Schon 820 wimmelte es von Wikingern an den irischen Küsten. Sie werden genau gewußt haben, daß Kirchenschätze bei den frommen Iren am leichtesten zu erbeuten waren, daß die irischen Clankönige sich ständig untereinander bekämpften und somit leicht massierten Angriffen zum Opfer fielen. Der Erfolg blieb auch nicht aus. Irland wurde von Wikingern besetzt, und die Annalen berichten von endlosen Kämpfen hinüber und herüber.

„Lochlann mit den dunklen Schiffen" – in wenigen Worten haben die Iren Norwegen malerisch beschrieben, so wie sie das Land nur als eine ständig drohende Gefahr kannten. In einer irischen Handschrift in St. Gallen finden wir ein spontan entworfenes Augenblicksbild, an sich in der Form eines kurzen Gedichts:

„Grimmig heult der Sturm heute Nacht. Er wühlt in den weißen Haaren des Meeres. Jetzt brauche ich nicht fürchten, daß die wilden Lochlannkämpfer in der Irischen See herumsegeln."

Wer hat nicht in Kriegszeiten sich über einen nächtlichen Sturm gefreut, der vor jähen, unerwarteten Angriffen schützte! Wir verstehen die Einwohner Erins, begreifen aber auch die Taktik der überlegenen Angreifer.

Sprachen wir schon von den sich ewig bekämpfenden Feudalfürsten, Kaiserbrüdern und Ländern des Kontinents, die den Wikingern ihre Siege ermöglichten, so waren die Wikinger selber keine Spur besser. Ihre außerordentlichen Möglichkeiten stellten sie durch denselben inneren Zwiespalt in Frage. Die Politik des Gleichgewichts ist das Erbübel der Europäer, gleichgültig ob Christ oder Heide. Neid, Verrat und Paktieren mit dem Feind sind ihre Merkmale. Im Jahre 849 sehen wir das erbauliche Bild, wie Dänen mit 104 Schiffen den Iren zu Hilfe eilen. Mit einer gewissen Genugtuung vermerken die Berichte: „Die Dänen trugen die Frauen der Männer aus Lochlann fort, und Gold und Gut; so beraubte Gott sie alles dessen, was sie entwendet hatten aus Kirchen, von Altären und von den Heiligen Erins." Die Iren bekamen sogar eine Truhe mit Gold und Silber zurück und fügen beinahe anerkennend hinzu: „Die Dänen hatten wenigstens eine Art von Frömmigkeit; sie waren um der Frömmigkeit willen fähig, eine Weile von Essen und Trinken abzulassen."

„Amlaib Conung, Sohn des Königs von Lochlann, kam nach Erin ... Die Fremden in Erin gehorchten ihm und die Iren zahlten ihm Tribut." Die Annalen meinen König Olav den Weißen, der 853–871 regierte, wenn nicht gerade milde, so doch ziemlich unbestritten. Von Olavs Bruder Ivar stammt das mächtige Königsgeschlecht der Ivarsöhne ab, das weiterhin vorwiegend in Dublin regierte. Die Ivarsöhne sind eben Amelavus, Sitaracus und Yvorus. (= Olav, Sigtrygg und Ivar), von deren Einwanderung wir schon im vorigen Kapitel lasen. Nachdem ihre Herrschaft über Irland gefestigt war, zogen sie gegen das bergige und schwerer zugängliche Schottland, das, von den einzelnen Vorstößen abgesehen, bis 866 verschont geblieben war. Dort fiel der Sohn Olavs des Weißen, dort gab es unzählige schwere Kämpfe, die wir hier nicht im einzelnen aufzählen können.

Es kann uns nicht wundernehmen, daß sich bei Dublin ein großes nordisches Gräberfeld findet, aus dem leider nur Einzelstücke ohne nähere Fundzusammenhänge im Museum vorliegen. Immerhin sind es etwa 35 Schwerter, 32 Speerspitzen, 27 Schildbuckeln, 7 Paar Ovalspangen und zahlreiche andere Gegenstände. Manche gute Stücke sind auch in den sonstigen Wikingergebieten Irlands angetroffen worden, ebenso vergrabene Silberschätze. Darüber hinaus gibt es jedoch eine Überraschung, mit der wir geradezu rechnen konnten: keltisches Silber, das bei der Ankunft der Angreifer schnell vergraben wurde.

Die Wikingerscharen zogen an einer bewährten Wasserstraße entlang – von Norwegen über die nordbritischen Inseln, rund um Schottland in die Irische See und von Englands Südwestspitze den kurzen Segelweg hinüber zur Bretagne. Dieser Wasserweg hat erhebliche Vorzüge der stürmischen Nordsee und dem engen Ärmelkanal gegenüber. Die wenigen, frühen Schriftquellen erwähnen ihn des öfteren. Im Jahre 609 kam ein Handelsschiff mit Waren aus Irland nach Nantes an der Loire und brachte anschließend den heiligen Colomban in seine irische Heimat zurück, als er aus Frankreich ausgewiesen wurde. Im Jahre 677 kam ein irisches Handelsschiff mit Schuhen und Kleidern für ein Kloster denselben Weg und kehrte aus Nantes mit Wein und Salz beladen zurück.

Wir sprachen schon oben von dem grauenhaften Mittsommerfest im Jahre 843, als die Bürger in Nantes von Wikingern überfallen wurden. Es kann uns nicht verwundern, wenn sie ausdrücklich als „Westfaldingi" bezeichnet werden. Westfold ist die Küstenlandschaft am Westufer des Oslofjords! Wir sahen sie anschließend in Afrika kurz landen.

Im Jahre 859 brach der Lodbrokssohn Björn Eisenseite mit einem anderen Wiking, namens Hasting, zu einem Vorstoß mit 62 Schiffen ins Mittelmeer auf, der drei Jahre dauerte. Im Rhônedelta fanden sie eine geeignete Insel für die Überwinterung und plünderten erfolgreich Nimes und Arles, erreichten sogar Valence westlich Grenoble und setzten ihren Zug nach Italien fort. Dort eroberten sie in rascher Folge Pisa und Fiesole wie auch die mittlerweile verschwundene Hafenstadt Luna.

Manche Chronisten behaupten sogar, daß Hasting und Björn bis Byzanz vorgedrungen seien; das muß jedoch eine Verwechslung sein mit den rusischen Wikingern, die kurz danach vom Dnjepr aus den Bosporus bedrohten. Fast hätten Dänen und Schweden sich im Mittelmeer getroffen, aber noch war die Stunde für die vollständige Umseglung Europas nicht gekommen.

Obwohl vierzig ihrer Schiffe einem Sturm bei Gibraltar zum Opfer fielen und die Araber vier weitere Schiffe erbeuteten, stießen die restlichen achtzehn Schiffe auf dem Heimweg unverdrossen gegen Pamplona am Südwesthang der Pyrenäen vor, wobei der Fürst von Navarra in ihre Hand fiel. Gegen ein sehr hohes Lösegeld ließen sie ihn frei und erreichten befriedigt heimatlich vertraute Gefilde bei Nantes.

Einige von ihnen werden anschließend nach Irland gekommen sein, und brachten auch Arabersklaven mit. Denn sechs Jahre später haben die Iren bei einem ihrer zahlreichen Erfolge, die jedoch zu nichts führten, Limerick zurückgewonnen und dabei herrliches maurisches Sattelzeug und bunte Seidengewänder aus Arabien erbeutet. Wiederholt wird auch von „Blaumännern" mit dunkler Hautfarbe gesprochen. Das muß doch wohl ein Überrest von den reichbeladenen Mittelmeerseglern sein.

Hasting machte weiterhin von sich reden, und zwar drei Jahrzehnte lang als Führer der Loire-Wikinger, in der Tat als ein dort regierender Normannenkönig. Zwischendurch gab es auch friedlichen Handel, z. B.

als Wikinger sich mit Frauen und Kindern in Angers an der Loire niederließen. „Es wurde ihnen gestattet zu bleiben und einen Markt zu eröffnen." Sie verkauften an die Franken, was sie ihnen kurz vorher geraubt hatten! Der befristete Kauffriede ist der gleiche, den wir wiederholt in allen Teilen Europas kennenlernten. Nur überwiegen in den
schriftlichen Urkunden immer die kriegerischen Angaben, insbesondere Berichte über Grausamkeiten, weshalb wir trotz einer Riesenfülle
von Dokumenten noch kein befriedigendes Bild von den sozialen und
wirtschaftlichen Verhältnissen in den von Wikingern besetzten Gebieten zeichnen können.

Die Dänen hatten nur ein Zwischenspiel auf Irland gegeben – wenig erfolgreich sogar für sie selbst. Auf dem Kontinent tauchten sie jedoch
alljährlich und überall auf. Wir können die Kämpfe gar nicht alle aufzählen, höchstens das Lager auf der Seine-Insel Oiselle erwähnen, von
wo aus die Wikinger 856 Paris erneut plünderten. Karl der Kahle wollte
sie nur allzugerne loswerden, und als weitere zweihundert Schiffe gemeldet wurden, vereinbarte er mit ihrem Führer Weland eine Beloh-
nung von Vieh, Getreide und 5000 Pfund Silber, wenn sie ihm die Oiselle-Wikinger vertreiben. Das war im Jahre 861. An der Politik des
Ausgleichs beteiligten sich alle mit gleichem Interesse. Weland war ein
ehrlicher Mann. Er führte den ihm erteilten Auftrag durch, umzingelte
die Oiselle-Wikinger und gewährte ihnen freien Abzug von der Flußin-
sel gegen Zahlung von 6000 Pfund Silber – worauf sie gemeinsame
Winterquartiere in der Mitte Frankreichs bezogen! Weland war an der
künftigen Zusammenarbeit mit dem König interessiert und ließ sich
von ihm taufen. Allerdings beschuldigten ihn kurz darauf zwei andere
getaufte Wikinger im Dienste des Königs der Treulosigkeit – anscheinend nicht in der Oiselle-Affaire. Bei einem Zweikampf mit ihnen wurde er niedergestochen und endete jäh sein Leben. Schon Lothar hatte
angefangen, Wikingerhäuptlinge als Vasallen oder Lehensfürsten einzusetzen – bestenfalls können sie als Grenzschutz gewertet werden; zugleich sollte diese Politik die Wikinger schrittweise auf die Seite der karolingischen Könige herüberziehen. In der Tat regierte der Däne Rorik
zwanzig Jahre lang über Friesland (856–876), gefolgt von seinem Verwandten Godfred (876–885). Allerdings duldete Godfred Wikingerscharen, die den Rhein aufwärts bis Duisburg segelten. Er forderte von
Karl dem Dicken Koblenz, Andernach und Sinzig, da das Land, welches er durch die Gabenmilde des Kaisers erhalten hatte, gar keinen
Wein hervorbrachte!" Godfred wußte schon, welche Gebiete besonders
erstrebenswert waren. Das Zentrum des Reiches wollte der Kaiser seinem Vasallen verständlicherweise nicht überlassen; er ließ ihn und sein
Gefolge kurzerhand niedermetzeln. Die Tat vollführte Graf Gerolf, der

damit Stammvater der holländischen Grafen wurde, während von einem Lehen an die Wikinger in Friesland nicht mehr die Rede ist.

Der eben genannte Rorik segelte schon im Jahre 850 mit 350 Schiffen über den Ärmelkanal, plünderte Canterbury, London und Surrey, wurde aber gründlich geschlagen und nahm sein Winterquartier wie immer auf einer Insel in einer Flußmündung, diesmal Sheppey in der Themse. So blieb England relativ lange von größeren Angriffen verschont.

Im Jahre 866 kamen die Wikinger zurück nach England unter der Führung der Lodbrokssöhne Halvdan, Ivar und Ubbe, versorgten sich erst unter friedlichen Formen mit Pferden, eroberten dann London, York und ganz Ostengland. Nach einem Jahrzehnt konnten sie eine regelrechte Kolonie mit dänischen Gesetzen gründen. Sie teilten das Land in fünf Distrikte und wählten fünf Burgen als Zentren der Verwaltung: Lincoln, Stamford, Leicester, Derby und Nottingham. Deshalb heißt dieser fruchtbare Landstrich Englands seitdem „Five Boroughs". Die Annalen vermelden:

„Anno 876. Halvdan teilte die Erde der Northumbrier auf, und seine Männer pflügten und betrieben Ackerbau."

Auch auf das übrige England wollten die Wikinger ihre Macht erweitern, insbesondere auf die südwestlichste Landschaft Wessex, in der ein ganz junger Herrscher regierte. Aber sein Name war der oben genannte – König Alfred der Große! Er verstand es, seine wenigen Soldaten geschickt einzusetzen und die Wikingerscharen auseinanderzusprengen, bis er schließlich im Jahre 878 einen historisch entscheidenden Sieg bei Ethandun gewann. Obwohl natürlich die „Five Boroughs" weiterhin eine Staatsgründung der Wikinger blieben, war die Normannengefahr fürs erste behoben. In England wenigstens.

Die frei werdenden Wikingerscharen landeten am 12. April 879 an der Scheldemündung und zogen alle Heeresgruppen auf dem Kontinent zusammen. In der Gestalt des „Großen Heeres" durchstreiften sie dreizehn Jahre lang den Kontinent. Ihre Kriege, Plünderungen und Brandschatzungen übertrafen bei weitem all die bescheidenen Operationen der früheren Jahrzehnte. Von allen Flußmündungen aus verlagerte sich dieses wandernde und segelnde Reich landeinwärts. Ein Riesenheer wurde aufgeboten und ihm entgegengestellt – eine an sich glänzende Leistung. Zwölf Tage lang waren die Normannen bei Elsloo nahe Maastricht eingeschlossen. Dann wurden ihnen 2800 Pfund Silber und freier Abzug gewährt! Unglaublich die Angst der überlegenen Angreifer vor der normannischen Waffengewalt!

Städte und Landschaften gehen in Flammen auf: Lüttich, Mecheln,

Koblenz, Trier, Köln und Aachen mit dem Palast Karls des Großen werden besonders genannt. Das Oktogon in Aachen wird Stall für die Wikingerpferde. In Flandern, Brabant und der Pikardie läßt sich das große Heer zeitweilig nieder: „Es gibt keine Stelle, wo nicht Tote liegen!"

Wieder wird Paris bedroht, diesmal mit 700 Schiffen und 40 000 Mann. Den südlichen Eckturm eroberten sie diesmal – mehr aber nicht, da Graf Odo die Stadt elf Monate lang heldenhaft verteidigte. Durch ihn entschied sich das Schicksal für Paris als künftige Hauptstadt Frankreichs, und Odo wurde der Stammvater des kapetingischen Königshauses im französischen Mittelalter. Karl der Dicke half Odo auf seine Weise. Er bot den Wikingern 700 Pfund Silber und freie Plünderungen an der oberen Seine. Er nahm sie regelrecht zur Hilfe, um die dortigen Grafen zu züchtigen.

Endlich – im Hungerjahre 892 – verließ das große Heer den abgegrasten Kontinent: „Da Gott in seiner Milde sich unser erbarmen wollte, hat er die Wut der Feuersbrünste beruhigt, das Rasen der Heiden unterdrückt, Frieden und Eintracht gebracht und auch die Früchte der Erde in reichem Maße erneut gespendet."

Das große Heer zog nach England, diesmal gleich mit Frauen und Pferden an Bord der Schiffe. Alfred der Große hatte jedoch seine Ruhezeit gut genützt, London zurückerobert und eifrig gerüstet. Er hatte eine Idee, auf welche bisher keine Landratte des Kontinents gekommen war:

„König Alfred ließ Langschiffe gegen die Wikingerboote zimmern. Sie wurden fast doppelt so lang wie diese. Manche hatten 60 Ruderer, andere noch mehr. Seine Schiffe waren schneller als die der Wikinger, lagen fester im Wasser und waren höher. Sie waren weder wie die friesischen noch wie die dänischen gebaut, sondern so wie sie nach seiner Meinung von größtem Nutzen sein könnten."

Allerdings fehlte es ihm an kundigen Seeleuten, und er mußte Friesen anwerben. Noch waren die Engländer längst keine Matrosen, und seinen größten Erfolg erzielte Alfred mit seiner altbewährten Ermattungstaktik. Jetzt erst können wir ermessen, was dieser kranke Mann für Volksbildung, Lateinstudium und Humanismus geleistet hat, während das Reich ihm wahrhaftig „mannigfaltige Mühen" bereitete. Es wird die tiefste Befriedigung seines Lebens gewesen sein, als er im Jahre 896 die Reste des großen Heeres wieder zum Kontinent absegeln sah, damit sie dort weiter wüteten – als Berufskrieger, die kein anderes Handwerk mehr ausüben konnten, keine andere Heimat hatten als das Kriegslager, keine anderen Werte kannten als List und Gewalt. Von den herumziehenden Söldnern führte kein Weg ins zehnte Jahrhundert. Sie wurden ein „Kleines Heer", dessen Schicksale kaum der Rede wert sind.

Die historischen Quellen aus der Zeit 900–910 sind leider sehr spärlich.
Wir beobachten, daß frische Kräfte aus Norwegen und Dänemark vor-
stoßen, die mit echtem Auswanderergeist auf Landsuche gehen. Unter
ihnen ragt einer besonders hervor, der alsbald Führer aller Wikinger des
Kontinents wird. Rollo wird er genannt, Gånge-Rolf ist sein nordischer
Name, da er so groß gewachsen war, daß kein Pferd ihn tragen konnte.
Manche nennen ihn einen Dänen, nach anderer Überlieferung war er
der Bruder des zweiten Jarls der Orkney-Inseln und käme somit aus
Möre in Westnorwegen. Alsbald wünscht König Karl der Einfältige Verhandlungen mit den Wikingern und bittet ihren Herrscher zu sich. Die
Antwort kommt prompt:
    „Wir haben keinen Herren. Wir sind alle gleich!"
    Dieser eine stolze Satz offenbart uns das Wesen des ganzen Wikin-
gertums: die Freiheit und absolute Unabhängigkeit jedes Einzelnen, den
überlegenen Wert der Persönlichkeit. Was nicht hindert, daß die Wikinger Gånge-Rolf beauftragen, für sie zu verhandeln.
    Die Normandie wird zum Normannenreich auf dem Kontinent, und
zwar durch die Zusammenkunft bei St. Clair an der Epte im Jahre 911.
Gånge-Rolf schwört dem König den Lehnseid „zum Schutze des Reiches" und nimmt die Taufe an. Als Vasall hat er sich allerdings nicht
gefühlt, sondern lediglich als Herrscher über dieses neugegründete
Reich, der feierlich versprochen hat, treu zum fränkischen König zu stehen. Acht Tage nach der Taufe beginnt auch er das Land zu vermessen
und unter seine Häuptlinge zu verteilen, genauso wie Halvdan es 35
Jahre früher im Fünfburgenland getan hat. So zeugen auch die Ortsnamen von den nordischen Kolonisten durch die Endungen -gard, -torp
und -tot, oder durch nordische Personennamen: Osmundiville, Torber-
ville, Regnetot und Ulveville. Yvetot ist wohl direkt von dem schoni-
schen Ivetofta herzuleiten. Die Bauernbevölkerung ist frei wie in der
nordischen Heimat und klar geschieden von dem ausgeprägten Feuda-
lismus des übrigen Frankreich.
    Auch die Bretagne und die Grafschaft Nantes werden für längere
Zeit der Normandie einverleibt, und die Herzöge aus Rollos Blut liefern
in den folgenden Zeiten einen höchst beachtlichen Beitrag zur Geschichte des Kontinents.

Wie viele Speere pfiffen im 9. Jahrhundert durch die Luft? Wie viele
Schwerter schlugen hart und schneidig? Nur Einzelstücke von ihnen
blieben bis in die Gegenwart erhalten – erstaunlich wenig Gräber, ein
paar Dutzend in England, darunter etliche in Schiffen, auf dem Kontinent insgesamt drei Gräber, und zwar ein außerordentlich reich ausge-
stattetes Schiffsgrab auf der Ile de Croix an der Südküste der Bretagne,
das um 900 zu datieren ist. Im Brandschutt fallen besonders zwanzig

Irischer Eimer in einem Birkagrabe

eiserne Schildbuckel auf, ein reich verziertes Schwert, ein goldener Fingerring, Kessel aus Eisen und Bronze, auch hier schließlich die rätselhaften Arbeitsgeräte: Hammer und Zange. Ein direkt aus Norwegen angekommener Seehäuptling wird mit prachtvollem Blick auf die weite Wasserwelt seine Ruhestätte erhalten haben. Aus Pitres bei Rouen kommen zwei ovale Frauenspangen, aus Holland ein Waffengrab. Das ist alles. Die Spärlichkeit der Gräber im Gegensatz zu den schriftlich dokumentierten Kriegszügen fällt auf. Nach dem Übertritt zum Christentum sind heidnische Gräber im 10. Jahrhundert natürlich nicht mehr zu erwarten.

Häufig fielen Waffen ins Wasser und tauchen im Fluß-Schlamm überall dort auf, wo die Normannen damals kämpften. Sie bilden einen beachtlichen, wenn auch nicht übergroßen Bestand der modernen Museen. Die Schwierigkeit, Waffen und ganze Wikingerschiffe im metertiefen Schlamm zu finden und zu heben, setzt der Forschung Schranken, und wir sind auf gelegentliche Zufallsfunde angewiesen. Der Vollständigkeit halber sind noch zahlreiche Silberschätze aus England zu nennen, die in ihrer Zusammensetzung den uns schon bekannten Funden entsprechen.

Schließlich müssen wir fragen, was aus England und Irland nach Skandinavien heimgeführt wurde. 114 verzierte Gegenstände enthält das im Jahre 1940 gedruckte Verzeichnis für Norwegen, des weiteren 35 Gefäße, meist aus Bronze, 11 silberne Ringnadeln und anderes mehr. Außerdem etliche Stücke in Schwedens Erde und einige aus den fundärmeren dänischen Gräbern. Unter den Gefäßen ist vielleicht der überreich verzierte Eimer in dem Birkagrab 507 am schönsten.

Man merkt, daß die Wikinger mit Vorliebe leicht zugängliche Klöster plünderten. Ein reich verziertes Weihrauchgefäß lag in einem Frauengrab. Hausförmige Reliquienbehälter oder zumindest die Beschläge für solche sind oft angetroffen worden.

„Rannveig besitzt diesen Schrein" lesen wir in Runen auf einem Kästchen, das mit Sicherheit nicht für Rannveig hergestellt wurde!

Der Handelsplatz Helgö überraschte mit einem schönen Bischofsstab aus Irland. Die Krümmung bildet den Kopf eines Ungeheuers, dessen aufgerissenes Maul einen Menschenkopf beißt. Emaille, Glas und Vergoldung hat der Künstler verwendet. Die Symbolik ist uns aus der frühchristlichen Kunst vertraut: der Tod verschlingt den Menschen, um ihn wieder auszuspeien, so wie es auch mit Jona und dem großen Fisch geschah. Dieser Bischofsstab ist der erste seiner Art und der älteste irische, den wir kennen.

Westliches Silber wanderte oft in Wikingertaschen, schon ehe der große Strom arabischen Silbers den Osthändlern zugeflossen ist. In den Jahren 845–883 haben Karl der Kahle und seine Nachfolger achtmal Lösegelder bezahlt, um die Wikinger „für alle Zeiten" oder wenigstens für zwölf Jahre loszuwerden. Zählen wir all dieses „auf legalem Wege" erworbene Geld zusammen, kommen wir auf eine Summe von 45 347 Pfund Silber, auch etwas Gold inbegriffen. Und wenn wir außerdem noch bedenken, daß die Oiselle-Wikinger 6000 Pfund erbeutetes Silber vorrätig hatten, um sich bei Weland frei zu kaufen, können wir nur ahnen, daß die Summe des nie in den Schriftquellen registrierten Silbers ebenfalls erheblich war.

Damit sind wir den Spuren der Wikinger im Westen ebenso wie im Osten nachgegangen. Sie bilden ein buntes Mosaik von Berichten, Sagen, Ortsnamen, Gräbern und Schatzfunden. Aus der verwirrenden Vielfalt steigt *eine* klare Erkenntnis auf, die nicht übersehen werden kann: die Aktivität auf dem östlichen Kontinent ist die gleiche wie auf den westlichen Meeren. Das liefert den letzten Beweis dafür, daß die Rus in Osteuropa schwedische Wikinger waren. Was wir aus Westeuropa erfahren, dürfen wir auch in Rußland erwarten.

Lochlann ist eine unverständliche Wortbildung einer fremden Mundart, Rus doch immerhin ein ganz begreiflicher Name für *Normannen* aus Ostschweden. Die Araber in Spanien nannten die *Wikinger* mit einem fünften Namen: *Magus*.

Die Skandinavier sind in beide Richtungen vorgestoßen, in erster

Linie als Auswanderer, die sich in der kargen und übervölkerten Heimat nicht ernähren konnten. Das Drama hat sich im letzten Jahrhundert wiederholt und ist deshalb völlig begreiflich. Sie nannten ihre Staatsgründung in Rußland *Gardarike,* also das Burgenland, und in England *Five Boroughs,* also ebenfalls das Burgenland. Auch Irland und die kleinen Inselgruppen wurden dem nordischen Machtbereich einverleibt. Auf dem Kontinent stießen die Wikinger jedoch auf härteren Widerstand, weshalb sie sich im 9. Jahrhundert nur als wild kämpfende Heerscharen festbeißen konnten. In den eisigen Norden Europas drangen sie ebenfalls vor, begnügten sich aber mit Steuerzahlungen von seiten der Ureinwohner.

Im 9. Jahrhundert sind die Gräberfunde des Westens (über die wir gerade einen kurzgefaßten Überblick boten) reicher als im Osten. Aber im 10. Jahrhundert treten die Staatengründer des Westens zum Christentum über, dessen Begräbnis-Sitten keine Beigaben kennen. Damit verschwinden die Wikinger aus unserem archäologischen Material, während die russischen Funde jetzt erst zahlreich werden und insgesamt den Westen bei weitem übertreffen.

Die meisten irischen Reliquien in Skandinaviens Erde stammen aus dem 8. Jahrhundert und liegen in Gräbern des 9. Jahrhunderts, während jüngere Kunstgegenstände fast völlig fehlen. Das ist kein Zufall. Die Klöster wurden schon von der ersten Wikingergeneration geplündert und zwar so gründlich, daß später nichts mehr zu holen ist! Die Kunstfreude nimmt ab, die Verwilderung nimmt zu Das früher so eifrig betriebene Lateinstudium auf Irland wird vernachlässigt, und die Ordnung im Unterricht geht verloren. So klagen die Chronisten:

„Schüler wollen nicht mehr gebührende Ehrfurcht zeigen und aufstehen, wenn ihre Lehrer anwesend sind."

Die Lehrer selbst ziehen als hungernde, frierende und bettelnde Flüchtlinge fort von der Heimat: „Der Nordwind wütet unter uns gelehrten Lateinern, unter uns frommen Priestern."

So ging es immer in langen Kriegszeiten, aber wir dürfen nicht vergessen, daß die Neuankömmlinge vor allem Staatengründer in fremden Ländern waren und skandinavische Gesetze, Verwaltung und Gebräuche einführten. Das Fünfburgenland in Ostengland wird auch Danelagen genannt, eine Wortbildung ganz ähnlich dem ostschwedischen Roslagen. Das Militäraufgebot Skandinaviens ist auf der Insel Man bis in die Gegenwart erhalten geblieben. Thinghügel liegen an allen zentralen Verwaltungsplätzen. Die erdbesitzenden und gemeinfreien Bauern treten zusammen und beschließen nach eigenen Gesetzen, so wie der englische König Edgar um 970 ihnen zusichert:

„Ich will, daß unter den Dänen solche guten Gesetze herrschen sollen, wie sie es selbst für richtig halten, wie ich es ihnen gestattet habe und gestatten werde als Gegenleistung für die Treue, die sie mir immer gezeigt haben."

So mußte in allen Ländern, wohin die Wikinger zogen, eine Form für das Zusammenleben mit der örtlichen Urbevölkerung geschaffen werden, sei es mit Finnen, Slawen, Kelten, Angelsachsen, Friesen oder Franken. Wir sahen schon keltische und nordische Namen getrennt auf Runensteinen der Insel Man auftauchen, alsbald mischten sich aber auch die Namen.

Der oben genannte Olav der Weiße heiratete Aud die Tiefäugige, eine Tochter von Ketil Flatnev, der aus Sogn an der norwegischen Westküste gekommen war und über die Hebriden herrschte. Norwegische Königshäuser verschwägerten sich also miteinander in der neuen Heimat. Aber Olav der Weiße heiratete auch die Tochter des irischen Großkönigs Aedh. Ein Nachfolger von ihm in Dublin, Olav Cuaran, erteilte Belohnungen für irische Heldenlieder, die ein Dichter ihm vortrug. Ganz ähnlich mischen sich finnische und slawische Namen allmählich in die Liste der rusischen Abgesandten aus Kiew. Slawische Wörter tauchen auf Gewürzgefäßen in Smolensk und auf Rindenblättern in Nowgorod auf. Die westlichen Fürstenhäuser werden keltisiert, die östlichen slawisiert – sie alle entfremden sich von der Heimat und gehen eigenen Schicksalen entgegen.

Wir haben schließlich auch die in die Heimat mitgebrachten Gegenstände studiert. Aus dem Osten sind es vorwiegend Metallbeschläge, Reiseandenken, Seide und Silber; aus dem Westen Reliquien, keltische und fränkische Schmuckstücke, Bronzekessel, Gläser und Stoffe. Manche betrachten wir als Kriegsbeute, andere in erster Linie als Handelsware, je nach den Umständen, denn Gewalt und Frieden lösen sich unentwegt ab. Die Wikinger brachten eine Fülle an Luxusgegenständen in die skandinavische Heimat. Heimkehrende Männer berichteten von tollen Erlebnissen, Segler brachten ihre Waren nach Birka, Haithabu und Skiringssal. Skandinavien war eine europäische Großmacht, ja eine Weltmacht geworden. Wie sah es indessen in der alten, bäuerlichen Heimat aus?

Irischer Bronzeeimer in Birka, Grab 507

VIII.

Die Königsschiffe

Die Könige machen immer viel von sich reden. Sie sorgen für Huldigungslieder. Sie verherrlichen ihre Heldentaten. Sie bauen ewigwährende Grabstätten. Mit ihren Kunstwerken beschäftigen sich die Forscher der Nachwelt am meisten. Manchmal sehr zu Unrecht, denn erst die Kulturgeschichte *aller* Sozialklassen macht uns mit den Menschen einer Epoche vertraut.

An der Westküste des Oslofjords regierte eine Dynastie von Kleinkönigen, die es glänzend verstanden, sich den richtigen Ruhm zu verschaffen. Sie herrschten in Westfold, ihre Krieger waren also die „Westfaldingi", die in Frankreich kämpften. Die Namen von sechs Generationen sind uns überliefert:

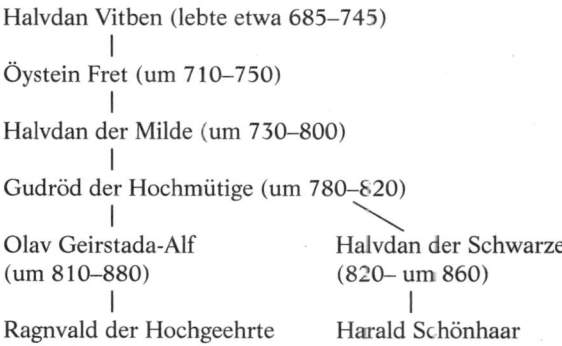

Halvdan Vitben (lebte etwa 685–745)
|
Öystein Fret (um 710–750)
|
Halvdan der Milde (um 730–800)
|
Gudröd der Hochmütige (um 780–820)
|

Olav Geirstada-Alf   Halvdan der Schwarze
(um 810–880)   (820– um 860)
| |

Ragnvald der Hochgeehrte   Harald Schönhaar

Eine Ahnenreihe von sechs Geschlechtern war Ragnvald dem Hochgeehrten zu wenig. Er gliederte seine Ahnentafel dem berühmtesten Königshaus an, das seine Zeit kannte: der Ynglinga-Dynastie zu Alt-Uppsala. Er ließ auch einen Dichter und Sänger, namens Tjodolf von Hvin, an seinen Hof kommen und ein neues Lied über seine 27 Ahnen vortragen.

Wir schütteln allerdings nachdenklich den Kopf. So kann es zwar im Leben gehen – die Großkönige von Alt-Uppsala werden Kleinkönige am Oslofjord. Sehr wahrscheinlich ist es nicht. Und erst recht glauben wir es nicht, weil die Könige von Alt-Uppsala sich nach dem Tode einäschern ließen, die Westfoldkönige jedoch unverbrannt in ihren Schiffen zur ewigen Ruhe gebettet wurden.

Tjodolf hat den Tod und die Grabstätte der 27 Ahnen besungen. Das war sein wichtigstes Anliegen, denn im heidnischen Staat gab es keine andere soziale Bindung als die zur Sippe. Die Familie mitsamt den vorangegangenen Ahnen bildeten die unauslöschliche Gemeinschaft. In den Grabhügeln lebten die Vorfahren, konnten auch Besuch empfangen und Ratschläge erteilen. Noch im Mittelalter sollten landbesitzende Bauern ihre Ahnen „til Haugs ok til Heidni" zurückführen können, also bis zum Ahnenhügel und zum Heidentum. Das galt erst recht den Königshäusern.

Der Isländer Snorre Sturlasson war 1218 selbst in Westfold und wird mündliche Überlieferung am Platze gesammelt haben. Tjodolfs Gedicht und Snorres Heimskringla sind also wichtige Quellen.

Halvdan Vitben soll an einem Platz Skereid bei Skiringssal seinen Hügel bekommen haben. Den Hügel können wir zwar noch nicht lokalisieren, aber die Nähe zum Handelsplatz erfreut uns – da wir schon sahen, daß die wichtigen Handelsorte durch königliche Privilegien entstanden.

Über Öystein schreibt Snorre: „Seine Leiche wurde nach Borro geführt und ein Hügel über ihn geschüttet auf der Höhe am Meer bei Vadla."

Auch Halvdan der Milde „hat auf Borro einen Hügel bekommen", oder wie Tjodolf sagt:

Und auf Borro   siegende Kämpfer
den Häuptling   nachher begruben.

Halvdan der Schwarze erhielt einen „Halvdanshügel" in Westfold. Für seinen Vater fehlen Angaben, aber wir dürfen ebenfalls mit Borre rechnen, denn es mußten ganz besondere Gründe vorliegen, wenn ein Mitglied der Sippe anderswo beigesetzt wurde.

Im Herzen Westfolds, direkt an dem wichtigsten Wasserweg des Oslofjords, liegt ein ganzes Gräberfeld von neun wahrhaftigen Königshügeln mit einem Durchmesser von 33–45 Meter und einer ursprünglichen Höhe von 5–7 Meter. Hier müssen wir die Mitglieder der Westfold-Dynastie suchen und haben sie zum Teil auch schon gefunden!

Allzu früh – im Jahre 1852, als man noch gar keine sorgfältige Fundbergung kannte – stießen Arbeiter beim Sandabfahren auf ein Schiff im nördlichsten Hügel und fanden darin allerlei prächtige Sachen: einen rheinländischen, dunkelbraunen Rüsselbecher aus Glas, reich verzierte Beschläge des Zaumzeugs für ein Reitpferd, Sattel, Steigbügel, Zügelhalter für ein Wagenpferd, Kessel, Eisenkette und Axt, wogegen die persönlichsten Wertgegenstände fehlen. Zeitlich paßt die Grablegung mit Halvdan dem Schwarzen zusammen.

Dieser Halvdan teilte Westfold mit seinem Halbbruder Olav Geirstada-Alf, der den südlichen Teil der kleinen Landschaft erhielt, und den wir deshalb nicht in Borre suchen können. Bei Gokstad, 26 Kilometer südwestlich von Borre, tauchte 1880 ein ausgezeichnet erhaltenes Schiff in einem Königshügel auf, und da der Nebenhof, zu welchem der Hügel früher gehörte, Gjekstad heißt, müßte der Beerdigte Olav Gjekstada-Alf oder Geirstada-Alf sein. Snorre bestätigt:

„Er war der schönste und stärkste und groß von Wuchs … König Olav hatte seinen Sitz auf Geirstader. Er bekam Fußschmerzen und starb davon und erhielt seinen Grabhügel auf Geirstader …

> Jetzt der kampffrohe   Heerkönig
> liegt auf Geirstader   vom Hügel bedeckt.

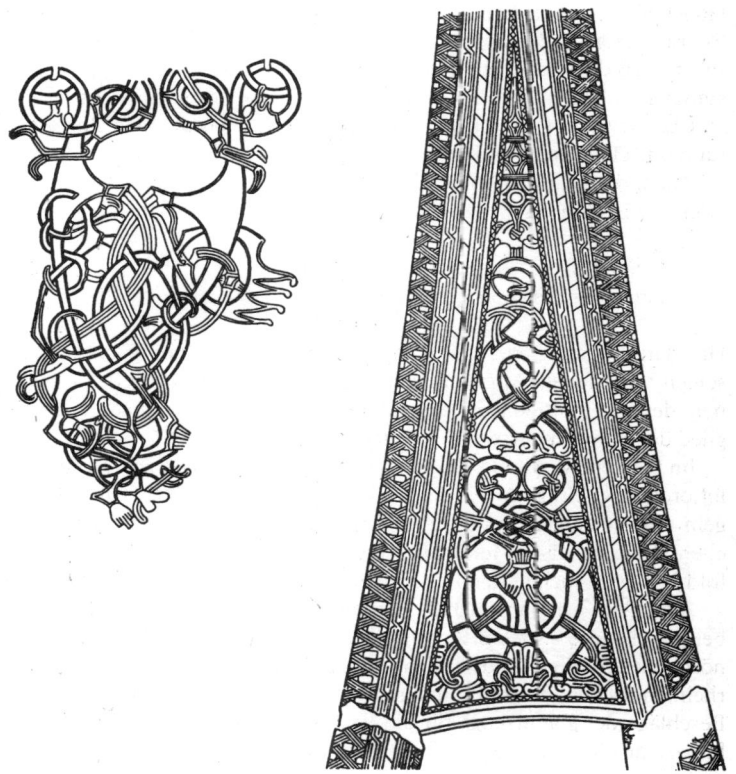

Die Werke des „Akademikers".
Die Ornamentik des Drachenkopfes und die Zugstange eines Schlittens

Die anatomische Untersuchung der gefundenen Knochen ergab, daß der Tote ungewöhnlich groß gewachsen war und an chronischem Gelenkrheuma litt!

Andere Gegenstände, welche uns lebhaft interessieren, waren in dem blauen Lehm einwandfrei erhalten: ein Zelt mit verzierten Giebeln, Betten, ein Schlitten, Bütten, Kübel, Holzkrüge, Fackeln, Spaten, Kupferkessel mit Eisenkette, Brettspiel, 12 Pferde, 6 Hunde und – ein Pfau. Wir werden immer wieder daran erinnert, daß die Westfaldingi sich aktiv an den Wikingerzügen in Frankreich betätigten. Vor allem überraschte das Wikingerschiff, ein 16-Sitzer, 24 Meter lang, und 3 kleinere Boote.

Das ist ein wahrhaft königlicher Fund – bis jetzt nur von dem Grab der Stiefmutter übertroffen, dem Schiff der Königin Åsa bei Oseberg (früher Asuberg), südlich Borre. Es ist ein zwei Meter kürzerer 15-Sitzer, etwas schwerer gebaut, mit einem gar zu schwachen Halter für den Mast. Manche halten es für einen Küstensegler, andere für ein älteres und technisch noch nicht so edel geschwungenes Schiff. Aber welche Skulpturen! Am Steven und am Heck entlang herrlich geschnitzte Tierornamente, die Achterschleifen bilden, in welche die Köpfe des jeweils nächsten Tieres hineinragen. Sie folgen einem aufsteigenden Rhythmus, wie gleichmäßige Wellen, die doch alle untereinander verschieden sind.

Aus abgestochenen Rasenstücken ist der Oseberghügel aufgebaut,

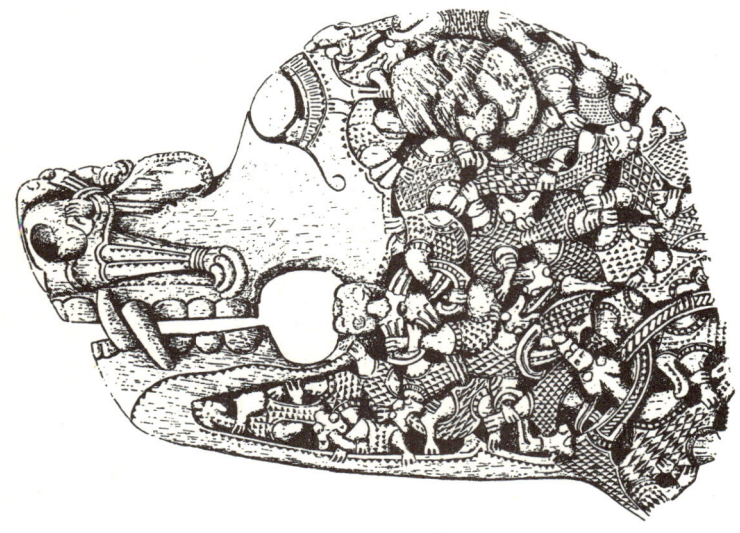

So schnitzte der Meister des karolingischen Drachenkopfes

und dadurch ist der an Kunstwerken unvergleichlich reichste Fund ta-
dellos erhalten. Sechs Holzschnitzer und drei einfachere Werkstattar-
beiter unterscheiden wir am Hofe der Königin Åsa. Jeder hat seine eigene Persönlichkeit. Haakon Shetelig, der diese Kunstwerke veröffentlicht hat, benannte die Künstler von Oseberg nach ihrer Haltung und
ihrem Stil.

Mit einer noch weit größeren Feinheit als dieser „Schiffsmeister" arbeitet der „konservative Akademiker". Auf der Zugstange für einen
Schlitten sind paarweise sich gegenüberstehende Vögel elegant und
kunstfertig ineinander geflochten, die Hälse gerollt, die Federn ge-
schlungen – ein Spiel ohne Ende. Ähnlich auch ein Ornament derselben
Hand rund um einen wild grinsenden Drachenkopf.

Völlig anders arbeitet der „Meister des karolingischen Drachenkopfes". Da wurlt es von kleinen, fetten, stämmigen Greiftieren mit Stups-
nasen und Glotzaugen. Sie halten sich krampfhaft aneinander fest, zie-

Der gefesselte Gunnar im Schlangenhof, mit den Füßen die Laute schlagend

Gunnar im Schlangenhof auf dem Wagen von Oseberg

hen und zerren mit Tätzchen und Pfoten, verrenken sich schier ihre klo-
bigen Leiber, um Platz zu finden, Griff um die Gurgel, sechs Fäuste pak-
ken kreuz und quer. Sie zausen den Nackenschopf, beschnüffeln die
Kante, beißen sich in den Hintern. Alle sind schließlich untergebracht.
Keine Sekunde herrscht Ruhe, wohl aber Spannung, Bewegung und
Leben. Und dies alles an einem grinsenden Drachenkopf mit Spitzhau-
ern. So verschiedene Meister konnten am gleichen Königshof künstlerische Aufträge erhalten. Manches möchte aus Gudröds Elternheim
stammen, über 50 Jahre alt sein, als alles um 850 beigesetzt wurde. Die
Werke so verschiedener Temperamente standen jedoch nebeneinander
in demselben Hof.

Ja, ein ländlicher Holzschnitzer wurde herbeigerufen, er solle seine
Begabung zeigen. Schnitzte er nach uraltem Vorbild oder nach bäuerlichen Gewohnheiten, wie er es zu Hause gelernt hatte? Auf jeden Fall
entstand das merkwürdigste, das seltenste Stück des Osebergfundes:
der schwere, vierrädrige Wagen. Merkwürdig langgestreckte Schlan-
gentiere flechten sich umeinander, Katzenfratzen machen die Honneurs
und am Giebelende quält sich ein Mann im Schlangenhof. Ihn kennen
wir: Gunnar oder Gunther aus der Nibelungendichtung. So dichtet At-
laquiða in der Edda:

> Lebend legte   den Landherrn da
> hin in den Hof   der Hunnen Schar,
> wo Schlangen glitten.

Wir sehen sogar eine Kröte Gunnar in die Taille beißen, und finden auch dies in der Edda geschildert. Oddruns Klage:

Gekrochen kam   hervor des Königs
schlimme Mutter: modern soll sie!
In Gunnars Herz   grub sie sich ein.
Nicht konnt ich retten   des Königs Leben.

Es war also der Erzfeind selbst, der ihn ums Leben brachte, weil er nicht das Geheimnis verraten wollte, wo der Goldschatz verborgen lag. Es ist hochinteressant, die Sage schon vor 850 in solchen Einzelheiten voll ausgebildet zu sehen. Noch fehlt die Laute, die der gefesselte Gunnar mit den Füßen schlägt, um durch Musik die Schlangen zu beschwören. Das Motiv ist später hinzugefügt. Wir finden es beispielsweise auf norwegischen Stabkirchen, sogar auf einem Taufstein und auf einem wenig bekannten Trinkhorn des Mittelalters. Haakon Shetelig bietet uns zusätzlich noch die Überraschung, daß der Wagenmeister und der Schiffsmeister ein und derselbe Mann sein müssen. Stilistische Einzelheiten verraten es, und keiner hat ihm widersprechen wollen. In Oseberg wird der ländlich begabte Künstler höfische Moden gelernt und alsbald den Auftrag für das Staatsschiff erhalten haben – eine beachtliche Karriere.

Der größte Künstler unter den Holzschnitzern ist jedoch der „Barockmeister". Wir nennen ihn so, weil seine beiden Schlitten-Zugstangen und Drachenköpfe voll und ganz in der Kraft und Herrlichkeit eines barocken Gemütes zu Hause sind. Er arbeitet mit Medaillons, durch welche seine Bildfläche streng gegliedert wird, aber er hat drollige, schwülstige Greiftiere in sämtliche Rondelle hineingearbeitet. Sie versuchen, die Grenzen zu sprengen, schnappen nacheinander, schnäbeln und beißen sich, verknoten sich jeder in seiner Weise. Ja, auf dem einen Drachenkopf besteht sogar jedes einzelne Rondell aus zwei sich beißenden Bandtieren mit Kopf und Beinen, obwohl das eigentliche Tierchen uns von der Kreismitte aus mit riesigen Augen anstarrt.

Es ist eine solche Fülle an Schnitzwerken, eine solche brodelnde Vitalität in jedem einzelnen Stück – es herrscht die ganze künstlerische Spannweite von maßvollem Klassizismus zum übersteigerten und doch gebändigten Barock – dieselben Merkmale, wie sie die Kunst der Antike, der Gotik und der Renaissance jeweils aufweisen. Und zwar in der Wikingerzeit, die wir gedankenlos barbarisch-verwildert nennen.

Leider sind Räuber in allen drei Königshügeln den Forschern zuvorgekommen. Der persönliche Schmuck, sämtliche Wertgegenstände, silbernes Tafelgeschirr, Schwerter, Spangen, Schnallen und Ringe fehlen. Nur 7 belanglose Glasperlen, 3 Kämme und 2 Paar Schuhe blieben in

Oseberg zurück. Schiffssteven und Bett der Königin waren arg zerschlagen, im Gokstadschiff der Drachensteven ganz entfernt – offensichtlich auch Taten der Einbrecher.

An sich ist es ein unerhörtes Unternehmen, weit rätselhafter als die
ägyptischen Grabplünderungen. Man war ja in Skandinavien stolz auf
seine Sippe. Auch konnten so gewaltige Hügel nicht des Nachts im Ge-
heimen geöffnet werden, sondern nur in gemeinschaftlicher Arbeit der
gesamten Ortsbevölkerung. Die Einbrecher haben offensichtlich Schiff
und Ruheplatz der königlichen Personen „getötet", ihnen Kraft und
Geist entfernt und belangloses Holz hinterlassen. Es muß kurz nach der
Christianisierung geschehen sein, denn einerseits waren die beerdigten
Körper schon verwest, was wir an den wüst herumgeworfenen Skelett-
eilen deutlich merken, andererseits wußte man noch genau, wo man den
Schacht graben sollte, um direkt auf den königlichen Schmuck zu stoßen. Sollte der im Grabhügel lebende Heide „getötet" werden? Wie
konnte die Sippe dies dulden? Welche Beweggründe führten zusätzlich

So schnitzte der „Barockmeister" (Ornamentik auf einem
seiner Drachenköpfe)

zur Plünderung? Noch sehen wir nicht klar, sondern müssen hoffen, daß künftige Funde uns tiefere Einblicke in den Glauben jener Menschen gestatten.

Am aufregendsten ist trotz allem das Schiff selbst – allein schon wegen der Größe. Neuerdings befindet sich der ganze Fund in der Schiffshalle auf Bygdöy bei Oslo, zusammen mit dem Gokstadschiff und den Resten eines dritten Schiffs aus Tune in Östfold. Drei Küsten- oder Hochseesegler der Wikingerzeit sind dort also wieder zusammengekommen – eine Weltsensation, was auch die großen Besucherzahlen bestätigen.

Man muß vor den Originalen selbst stehen, um den edlen Schwung ihrer Linien zu ermessen. Ja, man erschrickt vor dem emporragenden Bug, einerseits kraftvoll und hoch, imstande die Wellen zu durchschnei-

Verflochtene Bandtiere auf dem zweiten Drachenkopf des „Barockmeisters"

den, anderseits doch ein kleiner Wasserspalter in den tosenden Naturgewalten des Ozeans. Vor allem muß man mit eigenen Augen sehen,
wie breit diese Wikingerschiffe sind, wie die Seitenborde mittschiffs
herausragen. Wie flach sie zugleich sind! Man müßte meinen, sie würden von jedem Wellenschlag überspült werden. Aber gerade dadurch
liegen sie so leicht auf der See, tanzen immer oben auf der Wellen Gewalt. Immerhin gehörte Mut hinzu, um auf solchen offenen Booten den
weiten Ozean zu überqueren.

Seit 1880 wurden gar zu oft irgendwelche Holzwannen mit Drachenköpfen und Segeln versehen und als Kopien der Wikingerschiffe
ausgegeben. Mit ihren falschen Proportionen haben sie unsere Augen
verwirrt, so daß wir die echten Linien nicht mehr sofort erkennen. Eine
getreue Kopie des Gokstadschiffes überquerte 1893 den Ozean, von
kundigen Seeleuten geführt, deren es damals noch viele gab. Der Versuch zeigte, wie flott sie segelten, wie leicht das große Seitenruder an
Steuerbord durch den Querstab zu führen war. Bei gutem Wind erreichte das Schiff eine Höchstgeschwindigkeit von zehn bis elf Seemeilen
pro Stunde.

Dem Gokstadschiff fehlte wie gesagt der Drachensteven. Statt dessen hat unsere Zeit manchmal übergroße Kopien der platten Zeltgiebel
dem Schiff hineinkopiert, was meist mißglückte. Die aufgerollte Stevenschlange des Osebergschiffes lag auf dem Vorderdeck. Das hat eine
besondere Bewandtnis, denn die Sagen melden, daß die Steventiere gei-
sterabwehrend wirkten. War Land in Sicht, nahm man sie ab, um nicht
die guten Landgeister zu erschrecken. Dasselbe galt anscheinend, wenn
das Reich des Jenseits in Sicht war! In dieser Stevenschlange saß das
Eigenleben des Schiffes, das die Grabräuber „töteten" und zerhackten.

Die Drachenköpfe im Osebergschiff sind alle von kleinem Format –
sie fanden wohl für unbekannte Kultzwecke Verwendung. Wann sollten
wir jemals einen grinsenden Drachensteven zu sehen bekommen? Die
Schelde steht uns hier bei. Aus dem Flußschlamm wurde einer ausgebaggert, 1,49 Meter hoch, wild, unheimliche Kraft ausstoßend, voll
ebenbürtig den besten Holzschnitzereien in Oseberg. Hinzu kommen
jetzt vier weitere Drachenköpfe aus der Schelde. Nur einer ist groß genug, um ein Steven gewesen zu sein. Die anderen können an Stühlen,
Zelten oder Kultgeräten gesessen haben. Sie sind einfach und dennoch
brutal und urheidnisch in der Gewaltsamkeit des Ausdrucks. Sicherlich
kommen sie von Wikingerschiffen, die dort versanken.

Im löblichen Wettstreit der Nationen beneiden wir die Norweger
wegen ihrer vielen Schiffe. In Schweden und Dänemark tauchen immer
nur die hübsch geordneten Nietenreihen von völlig vermoderten Schiffen auf. Wir können vermessen und rekonstruieren, aber immer nur am
Schreibtisch. Zu einer Schiffshalle reicht es nicht.

Da meldet Deutschland überraschend das nächste und vierte Wikingerschiff! Und zwar im Hafen von Haithabu! 1950 und 1953 hat der Museumsleiter in Schleswig, Professor K. Kersten, Tauchversuche unternommen. Aus Freude an der Sache und für das bloße tägliche Essen stand ihm der damals noch arbeitslose Taucher Schwendt bei. Sie tasteten den verschlammten Boden ab, in welchem schon in anderthalb Meter Tiefe völlige Finsternis herrscht. Sie fanden, daß die Palisaden, die einstmals auf dem Halbkreiswall standen, sich im Wasser fortsetzen, und zwar durch eingerammte dicht nebeneinander stehende Pfähle. Ihr gesamter Verlauf und die Hafeneinfahrt selbst sind noch nicht restlos kartiert, aber jetzt schon ist festgestellt, daß der typische Halbkreiswall ein optischer Irrtum ist. Die Ostseestädte waren genauso kreisförmig umschlossen wie die befestigten Inland-Städte des Mittelalters. Mengen an Mühlsteinen, Wetzsteinen, Tonscherben, Speckstein, Hirschhorn und sonstigen Abfällen sind schon geborgen – wie in allen Häfen. Eiserne Waffen lagen besonders in Palisadennähe, und an der vermuteten Hafeneinfahrt stießen die Taucher auf das Wikingerschiff! Die vernietete Bordwand der einen Reling ist in mindestens 16 Meter Länge nachgewiesen, aus Eiche mit eschenen Spanten, die Planken mit Rinderhaaren abgedichtet, daneben auch Teile von einem kleineren Boot. In dem großen Schiff lagen die Skeletteile eines Mannes mit schweren Verletzungen am Jochbein. Natürlich hoffen wir alle, daß die erheblichen Geldmittel zur Bergung des Schiffes bald aufgebracht werden können, denn im Hafen von Haithabu liegt ein Schiff, das uns direkt ins Leben eines Welthafens vor tausend Jahren hineinführt, das mit seiner Nutzlast und seiner Besatzung brennend im Kampf versank. Gerade der Gedanke, Einzelheiten der Ladung und der tagtäglichen Gebrauchsgegenstände bergen zu können, erscheint noch wichtiger und reizvoller als das Handelsschiff selbst.

Da müssen auch die Schweden aufhorchen. Denn im 17. Jahrhundert hat ein Verwalter von Birka zahlreiche Eichenpfähle aus dem Wasser herausziehen lassen und an einen Tischler verkauft. Auch Birka hat also eine Hafenpalisade, von der noch bis heute etwas vorhanden ist. Der Seeboden ist ebenso stark verschlammt, die Wasserhöhe ist in den letzten tausend Jahren um fünf Meter gesunken, weshalb die Wassertiefe im Hafen nur noch unbedeutend ist. Froschmänner sollten baldmöglichst auch diesen Hafen abtasten. Auch da müßten Schiffe liegen!

Indessen melden begeisterte Laientaucher am 22. Juli 1959 den Fund einer ganzen gesunkenen Flotte in der Ostseebucht Landfjärden, 35 Kilometer südlich Stockholm – drei Schiffe auf geringer Tiefe schon genau abgetastet und sogar unter Wasser photographiert, andere vielleicht weiter außerhalb im Schlamm sichtbar. Das am besten sichtbare Schiff ist offen, hat genietete Borde aus Kiefer (nicht aus Eiche), Mast

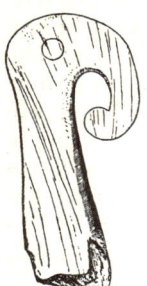

links: Zwei Drachenköpfe aus dem Schlamm der Schelde;
rechts: Zeltgiebel von Gokstad

und Geräte. Wir wissen noch nicht, ob sie wirklich aus der Wikingerzeit stammen, aber die Fundstelle paßt vorzüglich zu einem Bericht in der Heimskringla, daß der norwegische König Olav der Heilige im Jahre 1007 in der Ostsee Krieg führte.

„In dem Herbst kämpfte Olav seinen ersten Kampf bei Sotaskär in den schwedischen Schären (diese Ortsangabe hilft uns die Episode an den Ortsnamen Sotholmen zu binden). Sote hieß der schwedische Befehlshaber. Olav hatte weniger Mannschaft, aber größere Schiffe. Er legte seine Schiffe zwischen einigen Riffen, wodurch die Wikinger schwer angreifen konnten. Aber die nächstliegenden Schiffe griffen die Norweger mit langen Enterhaken, zogen sie zu sich und räumten sie ab. Die Wikinger flohen und hatten viele Krieger verloren."

Am erfolgreichsten waren in den letzten Jahren die Dänen, denen es 1962 gelungen ist, nicht weniger als fünf Schiffe zu bergen, welche mit Hilfe der C_{14}-Methode aus der ersten Hälfte der 1000er Jahre stammen müssen. Sie lagen bei Skudelev und versperrten den Roskildefjord der Insel Sjaelland. Die Bürger von Roskilde werden bei einer nicht näher bekannten drohenden Gefahr den Wasserweg blockiert haben, indem sie diese Schiffe versenkten. Alle beweglichen oder sonstwie verwendbaren Teile der Schiffe waren nämlich entfernt; die Schiffe selbst waren mit großen Steinen gefüllt.

Man hat für die Hebung einen Schacht aus eingerammten Eisenbalken freipumpen müssen, die Holzteile sofort in Kunststoff-Hüllen hermetisch verpackt und sie somit vor Luft und Trockenheit geschützt, bis sie konserviert waren. Insgesamt wurden 500 m² Schiffsholz geborgen.

Obwohl beschädigt und unvollständig, handelt es sich zu unserer Freude um fünf verschiedene Schiffstypen und um eine unschätzbar

wichtige Bereicherung unserer Kenntnisse. Das fast vollständig erhaltene Schiff ist 15 Meter lang, leicht und elegant gebaut, mit einem Steven,
der denen von Gokstad und Oseberg entspricht. Jedoch ist keine Möglichkeit vorhanden, einen Drachenkopf zu befestigen, denn es ist trotz
allem ein Handelsschiff für kleine, rascher zu befördernde Waren. Ein
anderes Schiff ist 20 Meter lang, breit und solide, mit lauter kräftigen
Bauteilen – offensichtlich für schwere Ladungen. Der Wikinger-Handel
war uns bis jetzt nur durch schriftliche Quellen bekannt. Auf den Runensteinen von Mervalla zum Beispiel wird er „Knarr" genannt:

> „Siegrid ließ diesen Stein für ihren Gatten errichten.
> Oft segelte er   nach Semgallen
> mit kostbarem Knarr,   rund um Domesnäs."

So reiste Sven auf dem mehr oder weniger üblichen Handelsweg nach
Lettland. Das Wort „kostbar" bezieht sich natürlich auf die Ladung und
nur indirekt auf den „Knarr".

Wir beobachten an den Roskilde-Schiffen, daß der Laderaum in der
Mitte des Schiffes liegt und daß es wenig Löcher für die Ruder gibt.
Eine nur kleine Besatzung an Bord, segelten sie mit dem Wind. Eines
hat jedoch viele Ruderlöcher und eine niedrige Reling – gedacht für
schnelle Personentransporte in ruhigen Gewässern. Nur eines ist ein
Kriegsschiff, das auf seine alten Tage anscheinend zum Frachter umge-
baut worden ist.

Wir kennen bis jetzt nicht ein einziges Schiff der Spätzeit, aber wir wissen durch die Schriftquellen, daß sie noch viel größer, stattlicher und
wellentüchtiger wurden als die Schiffe in den Hügeln von Oseberg und
Gokstad. Olav Tryggvasson kam im Jahre 999 mit einem prächtigen 30-
Sitzer, dem „Kranich", nach Haalogaland gesegelt. Ihn empfing der dortige Großbauer Raud in Ramme auf Salten mit seiner „Kurzen Schlange". Heimskringla vermeldet:
„Es war ein viel größeres und schöneres Schiff als der Kranich."
Das ließ dem König keine Ruhe. Mit dem besagten Nordlandschiff
als Vorbild baute Olav Tryggvasson im Herbst das berühmteste aller
Wikingerschiffe, die „Lange Schlange" (= Ormen Långe), einen wun-
dervollen 34-Sitzer, der also eine Länge von rund 50 Meter hatte. Dieses Maß müssen wir versuchen zu erfassen und uns zur See vorzustellen! Auch was allein schon die Beschaffung des Eichenholzes bedeutete! Für den Neubau des weit kleineren Gokstadschiffes konnte ein
geeigneter Kiel 1893 überhaupt nicht in Norwegen beschafft werden,
sondern man mußte kanadische Eiche kaufen. Für den Mastenfisch,
den Klotz also, der das entscheidende Schwergewicht mittschiffs

schafft und zugleich Mast und Segel hält (1 × 0,4 Meter Durchmesser), konnte gerade noch eine vereinzelte Eiche in Norwegen selbst gefunden werden. In der Wikingerzeit gab es beachtliche Eichenbestände, und erfahrene Fachleute bereiteten das Holz vor. Gab der König Anweisung für einen Schiffsbau – meist unter Ladehammaren bei Drontheim – so wurde er in einem gewaltigen Winter-Arbeitsgang bewältigt. Olav Tryggvasson segelte stolz im Jahre 1000 auf seiner „Langen Schlange" der vereinigten nordischen Heeresmacht entgegen. Olov Skötkonung von Schweden und Sven Gabelbart von Dänemark hatten ihn zu eiligen Rüstungen gezwungen, Haakon Ladejarl war auch sein Feind, erwartete Streitkräfte ließen ihn im Stich. In der berühmten Schlacht bei Svolder, etwa im Öresund, wurde sein Schicksal besiegelt. Als die Niederlage unabwendbar war, sprang er in voller Waffenpracht von seinem Königsschiff in die Tiefe des Wassers.

Am längsten lebte die „Lange Schlange" in mündlicher Überlieferung, man sprach bewundernd von ihr. Snorre stellte bei seinem Besuch im 13. Jahrhundert fest, daß die Schiffsbaumeister in Drontheim ihre Maße noch immer auswendig konnten. Sie wurde das Vorbild für die zwölf Admiralschiffe, welche man zwischen 1000–1263 baute, alle von etwa der gleichen Größenordnung, bis zu dem allerjüngsten Prunkschiff, „Kristsuden", einem 37-Sitzer! Die Königssagen sind voll von Redewendungen über ihre Eleganz:

„Du kannst, oh König, ein Schiff auf stürmischen Meeren führen, lange Zeiten unter wasserbespritztem Zelt leben. ›Wisunden‹ trägt Dich, stattlichen Freund, dem scharfen Habicht ähnlich, auf Achterdeck. Niemals segelt ein schöneres Schiff mit einem herrlicheren König."

Jedoch, die Sagen bieten wenig Sachangaben über die Konstruktion. Es sei denn, daß Harald der Harte seinen Schiffsbau zu unansehnlich fand und eine Verlängerung von sechs Meter forderte. Das Urteil ist ehrlich:

„Mariasuden war kein schönes Schiff. Alles war im Steven und Heck kleiner als mittschiffs."

Für Ozeanfahrten oder schwere Ladung waren diese Staatsschiffe ungeeignet, sogar auch für Seeschlachten. Bevorzugt waren die 20- bis 25-Sitzer, sie waren schneller, wendiger, haltbarer.

Man kämpfte nie auf offener See. Dazu lagen diese Wikingerschiffe viel zu leicht auf den Wellen. Man suchte immer eine geschützte Bucht auf, und da galt es die eigenen Schiffe in eine günstige Position zu bringen, dem Feind den Wind zu nehmen, in geschlossener Formation die Gegnerschiffe einzukreisen. Deshalb oblag dem Steuermann die ganz entscheidende Strategie. Er war der Schiffsadmiral. Olav Tryggvasson stand selbst am Steuer seiner „Langen Schlange", um aus der hoffnungslosen Unterlegenheit das bestmögliche zu machen.

Die Wikingerschiffe forderten ihre eigene hochentwickelte Navigationskunst. Sie waren gehorsame Geräte in ihrem Element. Küstenbewohner, Matrosen und Seevolk konnten mit Recht diese Meisterwerke des Meeres verehren.

Die ganze nordische Welt ist von dieser Seeherrlichkeit geprägt, die ihresgleichen nicht kennt.

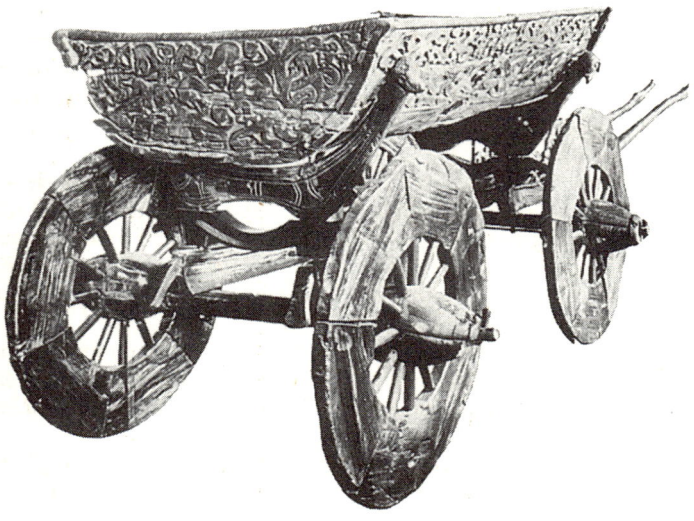

Wagen und Männermaske am Wagen von Oseberg

IX.

Und die Männer sprachen untereinander,
wie stattlich die Frau sei

Die Brautwerber kamen unverrichteter Dinge zurück. Der Vater hatte ganz einfach „nein" gesagt. Wollte er seine junge Tochter nicht an einen Mann geben, der schon einmal verheiratet war? Oder mißfiel ihm dessen hochmütige Art, die bereits sprichwörtlich geworden war? Über so persönliche Beweggründe erfahren wir nichts. Freier war der König Gudröd in Westfold, von dem wir im vorigen Kapitel sprachen. Dünkte er sich nicht mehr als die anderen Kleinkönige in Norwegen? Sollte er sich so etwas von dem unbedeutenden Regenten der Nachbarlandschaft Agder gefallen lassen? Nein, Snorre schreibt:

„Er fuhr mit einem großen Heer nach Agder. Er kam ganz unerwartet an und stieg ans Land. Nachts zog er vor König Haralds Gehöft. Als dieser gewahr ward, daß ein Heer gegen ihn zum Angriff bereit stand, ging er heraus mit der Mannschaft, die er um sich hatte, doch groß war der Unterschied der Kräfte. Da fielen Harald und Gyrd, sein Sohn."

Vor allem setzte Gudröd mit Gewalt seine Brautwerbung durch. Er zwang das Mädchen, das er begehrte, zur Hochzeit mit ihm, dem Hochmütigen und jetzt doppelt Verhaßten. Åsa ist ihr Name, dieselbe Frau, die wir im vorigen Kapitel in dem Schiffsgrab zu Oseberg kennen lernten.

Das ist ihr Lebensschicksal. Buchstäblich „über Nacht" wurde sie aus dem geborgenen und wohlbehüteten Elternhaus entführt und sah sich zwangsläufig an einen Mann gebunden, über den ihr Vater sich nur abfällig geäußert hatte. Keinen väterlichen Schutz gab es mehr. Gudröd hatte rücksichtslos ihre nächsten Familienmitglieder ermordet, ihre Sippe verächtlich geschmäht und geschwächt.

Wie sollte sie an seiner Seite leben? Wie sollte sie ihm mit Achtung und Liebe entgegentreten können? Gab es keinen anderen Ausweg als diese verhaßte Ehe zu erdulden, Tisch und Bett mit ihm teilen zu müssen?

Mit einem Mal war sie vom wohlbehüteten Mädchen zur Königin in Westfold herangereift. Schon erwartete sie ein Kind von ihm. Ein Jahr nach der Geburt ihres Sohnes wandte sich ihr Stolz gegen Gudröd.

„Es fand ein großes Trinkgelage statt und der König war sehr berauscht." In der Dunkelheit draußen an seinem Schiff lief ein Mann auf

ihn zu und durchbohrte ihn mit dem Speer. Das war sein Tod. Der Mann
wurde sofort erschlagen … Es war der Diener der Königin Åsa. Sie leug-
nete es nicht, die Tat angeordnet zu haben." Tjodolf sagt darüber:

> „Rachsüchtige Frau   listig legte
> dem betrunkenen Herrscher   gefährlichen Hinterhalt."

Nachher regierte Åsa allein in Westfold, bis ihr Stiefsohn Olav und ihr
Sohn Halvdan heranwuchsen und das Land teilten.

Die rachsüchtige Hild zwischen ihrem Gatten Hedin und ihrem
zu Schiff ankommenden Vater Högni

Das Triangel-Drama auf dem Wagen von Oseberg

Können diese hochdramatischen, menschlichen Konflikte irgendwo im archäologischen Fundstoff bestätigt werden? Entschieden ja! Die Wikinger hatten sicherlich volles Verständnis für Åsas Tat. An allen menschlichen Konflikten nahmen sie leidenschaftlichen Anteil. Aber es ging doch wohl nicht an, daß jemand, der die Westfold-Sippe geschwächt hatte, auf dem Sippenfriedhof ruhen sollte. Deshalb erhielt Åsa ihren Grabhügel nicht in Borre selbst, sondern zehn Kilometer entfernt, unmittelbar neben ihrem Königshof Oseberg. Wir lernten ihn ja schon im vorigen Kapitel kennen.

Der jähe Tod von Vater und Bruder, ihre unglückliche Ehe, die von ihr angestiftete Bluttat – in scharfen Umrissen treten ihre Jugendjahre uns entgegen. Mustern wir deshalb auch die Figuren auf dem eigenartigen Prunkwagen. Zwischen den Schlangentieren der einen Seite wird ein Schwertschwinger von einem Reiter angegriffen. Das Besondere daran ist, daß eine Frau dahinter steht und ihn doch wohl nicht zurückhält – denn sonst wäre kein Drama entstanden, sondern ihn vielmehr zum Kampf anstachelt. Merkwürdig erinnert das Ereignis an Königin Åsas eigenes Schicksal, als Frau im Drama zwischen Vater und Gatten. Die Wikinger liebten Anspielungen dieser Art, aber nur eine Heldensage konnte im Bilde verewigt werden.

Wir denken folglich an die rachsüchtige Hild. Sie steht zwischen ihrem Gatten Hedin und ihrem zu Schiff ankommenden Vater Högni. Da sie geraubt und vergewaltigt worden war, fordert sie Kampf und Rache. So kennen wir sie von vier nordischen Bildszenen her. Auf dem Osebergbild kommt der Rächer jedoch nicht angesegelt, sondern zu Pferd. Die Bildkunst war damals sehr streng in ihrem Schema.

Deshalb denken wir eher an die Nibelungendichtung, in welcher Gudrun zwischen zwei haßerfüllten Männern steht, zwischen Atli und Högni. Königin Åsa hat ihr eigenes Lebensschicksal in diesen tragischen Gestalten altnordischer Heldendichtung erkannt und sich lebhaft mit ihnen beschäftigt.

Kurz nach 850 wird sie als etwa 50jährige Frau gestorben sein, mittlerweile schon eine einsame Königinwitwe, deren Haushalt mit ihrem Tode aufgelöst wurde. Außerordentlich prachtvolle Kunstgegenstände, wie wir sie sonst nicht anzutreffen pflegen, lagen im Grabe und bestätigen ebenfalls, daß sie eine tatkräftige und kunstliebende Frau mit einer verschwenderischen Hofhaltung war.

Als regierende Königin ließ sie sich wie ein Mann in einem Schiff bestatten, ähnlich der Frau auf Oronsay an der schottischen Westküste, deren Leben und Namen wir nicht kennen. Nur der Åsa sind drei reich geschnitzte Schlitten und ein Gepäckschlitten für Winterfahrten beigegeben. Der klobige Wagen ist erst recht einmalig. Er machte Sommerfahrten zu Lande auf holprigen Wegen kaum zu einem Vergnügen. Meist wird man geritten sein. Ein Sattel und Metallbeschläge des Zaumzeugs sind auch gefunden worden – einige davon irische Importstücke. Insgesamt scheint der ganze Stall niedergemetzelt worden zu sein – dreizehn Pferde sowie sechs Hunde.

Auf langen Fahrten – und wer weiß, wie lang die Reise ins Jenseits eigentlich ist – muß man manchmal rasten. Zwei Zelte konnten aufgeschlagen werden, fast 6 mal 5 Meter Bodenfläche für das größere, und schöne Drachengiebel für beide. Weit mehr als die notwendigste Zeltausstattung war im Schiff verstaut worden – in der Tat Möbel und Arbeitsgeräte des Königshofes in Menge: nicht weniger als drei Betten, von denen das eine fürstlich geformt und mit Daunen, Kissen und Geweben gefüllt war, des weiteren ein Stuhl, drei Truhen, eine eiserne Stehlampe, in deren Schale der Tran brennen konnte, ein prachtvoller,

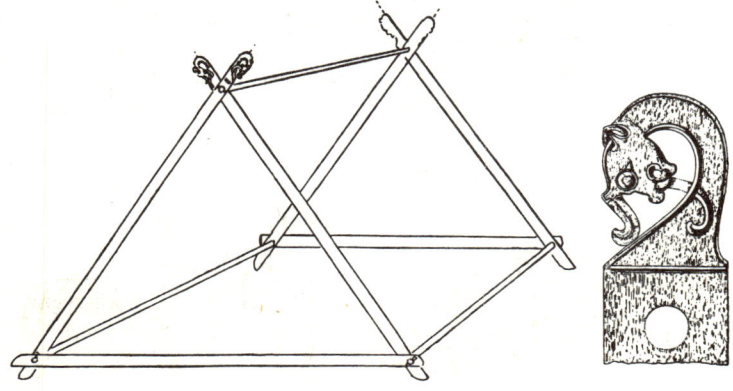

Zelt von Oseberg, daneben der Drachenkopf des Zeltgiebels

messingbeschlagener Holzeimer (für 126 Liter) und ein einfacherer, dessen Griff jedoch an hockenden Figuren mit Emailleeinlage befestigt ist. Beide Stücke kommen aus Irland und sind nicht einmalig unter den Beute- oder Handelswaren aus dem Westen.

Eine ganze Küchenausstattung hat man in das Schiff geschleppt: einen eisernen Kessel mit Ständer und Kette, Bratplatte, etliche Holztröge, Schöpfkellen, Teller, Schalen, Bütten, Küchenteile, Tranchiermes-

Gewebe aus dem Oseberg-Fund

ser, Mühlsteine, einen jungen Ochsen und einen Ochsenkopf. Etwas
Weizen und Hafer war erhalten, Kresse, Wildäpfel, Haselnüsse und
überraschend eine Walnuß. Sie kann auf keinen Fall in Skandinavien
gereift sein. Dazu ist der nordische Sommer zu kühl und kurz. Sie ist
ebenso sicher wie der Pfau des Gokstadschiffes bei Wikingerfahrten
oder von Händlern nordwärts gebracht worden.

Für den häuslichen Frauenfleiß ist verständlicherweise besonders
gut gesorgt: vier stehende Webstühle, wie sie früher allgemein verwendet wurden, Garnwinden, Spindel, Leinenkeule, Hocker, hölzerne Plätt-
eisen, Schere, Pfriemen, Wetzsteine, Dosen, Näpfe, Kästchen und vieles
mehr, ergänzt durch die Rohwaren: Leinen, Hanf und Färberwaid. Gewebe und Stoffe wurden packenweise geborgen, allerdings so stark zu-
sammengepreßt und beschädigt, daß unsere Hoffnungen, jetzt – ein
halbes Jahrhundert nach dem Fund – schwinden, die reizvollen Figuren-
darstellungen jemals ganz retten zu können. Bruchstücke von großen
festlichen Aufzügen, mit denen die Königshalle an Feiertagen geschmückt wurde, sind vorhanden, Krieger, Frauen, Reiter, Wagenfahrer,
Schiffe, Zelte, Adoranten, alle aus dem Zusammenhang gerissen, und
doch so lockend in ihrer bewegten Masse. Zahlreiche geometrische
Muster sind rekonstruiert – zeitlose, für Webstühle geeignete Motive
und besondere, mit klaren wikingerzeitlichen Stilzügen. Auch an Seide

Gewebe aus dem Oseberg-Fund

ist recht viel vorhanden, mit guterhaltenen Farben, aber immer nur in
schmalen Streifen, so wie in Birka. Hoffentlich wird noch mehr der
Nachwelt gerettet, als die bis jetzt gebotenen, vorläufigen Veröffentlichungen melden.

Arg mitgenommen wurden die Knochen der Königin, als die Einbrecher ihr den Schmuck vom Leibe rissen. Nicht einmal die Schädelform
kann nachgewiesen werden. Am meisten sagen uns die Zähne, frei von
Karies und fleißig mit Zahnstocher gereinigt. Abnützungsspuren am
Zahnhals verraten dies ebenso deutlich wie heutzutage. Der Unterkie-
fer ist grazil gebaut und die Kauflächen sind wenig abgenützt. Die An-
thropologen wollen das Alter auf 30 – 40 Jahre schätzen, während die
historischen Quellen ein Alter von 50 Jahren nahelegen.

Und die besondere Überraschung: Knochen auch von einer zweiten
Person, von einer alten Frau, ausgesprochen kurzschädelig, mit Gelenk-

rheuma und steifem Rücken von vieljähriger Körperarbeit. Sie war nicht die Königin. Wir brauchen keinen Augenblick in Zweifel zu sein, wer sie war: eine Sklavin, die erdrosselt wurde, um ihrer Herrin zu folgen, vermutlich ihre treue, alte Dienerin am Hofe. Sie blieb im Dienst ihrer Herrin. Der Königshof existierte doch weiterhin, jenseits der Lebensgrenze.

Wir erinnern uns an Ibn Fadlans toten Häuptling an der Wolga und seine erdrosselte Sklavin, oder an Siegfrieds Begräbnis in der Edda:

> Denn ihm folgen   fünf Mägde
> und acht Diener   aus edlem Stamm,
> seine Gefährten   aus Vaters Gut.

Eine solche Zahl ist schon dichterisch übertrieben. Uns fällt auf, daß für Feldbestellung und Ackerbau in Oseberg schlecht gesorgt ist. Zwar wurden achtzehn Spaten gefunden, aber sie waren nicht der Toten beigegeben, sondern gingen verloren, während die Arbeiter mit dem Zuschütten und dem Aufbau des Hügels beschäftigt waren. Ähnlich steht es vielleicht auch mit der Mistforke und den Tragbahren. Åsa sollte als vornehme Frau häuslichen Fleiß üben, und die Sklavin konnte sogleich ihre im Todesaugenblick vorübergehend unterbrochene Arbeit wieder aufgreifen: backen, kochen, spinnen, weben, putzen. Wohlwollende Anerkennung der Königin war ihr sicher. Vergleichen wir Åsas Hof mit dem schriftlich verzeichneten Inventar der Königin Blanche im Jahre 1365, so ist das letztere armseliger! Wir gewinnen einen guten Einblick in den gehobenen Lebensstandard der obersten Sozialschicht zur Wikingerzeit und können ihn auch auf anderem Wege bestätigt finden.

Unter den Eddaliedern gibt es ein besonders reizvolles Gedicht, in welchem fürstliche Sitten geschildert werden. Der Gott Rig wandert auf der Erde:

> Es ging drauf   Rig grade Wege;
> Er traf einen Saal,   die Tür ging nach Süden,
> die Pforte war offen,   am Pfosten ein Ring.

> Im Innern war   der Estrich bestreut;
> es saßen die Gatten,   sahn sich ins Auge,
> regten die Finger,   Vater und Mutter.

> Es saß der Hausherr,   die Sehne dreht' er,
> spannte den Bogen   spitzte Pfeile;

Es befaßte sich   die Frau mit dem Kleid,
Strich die Ärmel,   zog straff das Tuch ...

Guten Rat   gab ihnen Rig.
Nunmehr saß er   inmitten der Bank,
ihm zur Seite   die Ehegatten.

Da nahm Mutter   ein gemustertes Tuch
von lichtem Linnen,   legts auf den Tisch.
Dünne Brote   brachte sie dann,
Lichte, aus Weizen,   legt sie aufs Tuch.

Hervor trug sie   volle Schüsseln,
silberverziert,   und setzte sie auf;
braunen Speck,   gebratene Vögel,
schmucke Kelche,   die Kanne voll Wein.
Sie tranken und sprachen,   der Tag verging.

Ähnlich wird auch Königin Åsa gelebt haben. Ein gepflegtes Leinen-
tischtuch, dünnes, helles Weizenbrot, Fleisch und Wein in Mengen. Ihr
persönliches Tafelgeschirr wurde leider gestohlen. Man plaudert lange
am Tisch und bedient sich der Zahnstocher für Hygiene. Der Gott beteiligt sich auch im nächtlichen Ehebett:

Guten Rat   gab ihnen Rig.
Dann stand er auf,   bestellte das Bett.
Nunmehr lag er   inmitten des Betts,
Ihm zur Seite   die Ehegatten.

Drauf war er dort   drei der Nächte.
Nunmehr ging er   inmitten des Wegs.
Nunmehr verstrichen   der Monde neun.

Einen Sohn gebar Mutter,   hüllt ihn in Seide.
Sie netzten ihn   und nannten ihn Jarl.
Licht war sein Haar,   hell die Wange,
Scharf die Augen   der Schlange gleich.

Jarls ritterliche Taten werden aufgezählt und gepriesen: er führte den
Schild, schnitzte Bogen, hetzte Hunde, hob die Lanze, saß im Sattel,
schwang das Schwert, schwamm im Wasser, deutete Runen, verstand Vogelsprache, erkämpfte Land, verteilte Gold, gewann das Recht, heiratete,
erzeugte Söhne, auch den jungen König, der gleiche Taten vollbrachte.

Vorher war Rig jedoch auch anderswo gewesen, und das gibt diesem
Lied eine besondere Note:

> Er traf eine Hütte   die Tür war am Pfosten.
> Er trat auf die Diele,   drinnen war Feuer.
> Ein Ehepaar saß,   ein altes am Herd,
> Ahn und Edda   im alten Käppchen.

> Grobes Brot   brachte Edda,
> hartes, schweres,   von Hülsen voll,
> trug auf das Mahl   inmitten der Platte,
> stellt auf den Tisch.   Im Topf war Brühe.

Hier herrscht der Suppen-Eintopf. Auch das Brot kennen wir durch
zwei verkohlte schwedische Funde, die mikroskopisch untersucht wurden, das eine aus grobgemahlenem Gerstenmehl, vermengt mit viel
Kies von der Handmühle. Das andere besteht aus grobgemahlenen Ak-
kererbsen, Kiefernrinde und ebenfalls viel Kies. Beide sind sicherlich in
heißer Asche gebacken. Kiefernrinde haben die Skandinavier ständig in
Notzeiten dem Brotteig beigemischt, und in der Tat enthält sie recht viel
Vitamin C, schützt also vor Skorbut, ist aber dermaßen bitter und
schwerverdaulich, daß sie für solche, die Rinde nicht von Kindheit auf
regelmäßig gegessen haben, fast unerträglich ist." Der kurze nordische
Sommer und die Feldbestellung der Acker jahraus, jahrein mit dem
gleichen Mischgetreide führten dazu, daß man im Norden vorwiegend
Gerste anbaute. Tag für Tag hat man Gerstenkörner auf primitiven
Handmühlen gemahlen, und da man den Teig aus Gerstenmehl nicht
gut mit Sauerteig treiben lassen kann, gab es ein ungesäuertes Alltags-
brot, das sofort in heißem Zustand gegessen werden mußte, da es sonst
steinhart wurde. Es gibt eine Geschichte der Armut im kargen Norden,
die bis in die 1870er Jahre dauerte, weshalb wir ganz gut über solche
grauenhaften Speisesitten unterrichtet sind.

Zu welchen Leuten war nun Rig gekommen? Er blieb drei Nächte
lang auch bei ihnen und nach neun Monaten kam die Antwort:

> Einen dunklen Buben   gebar Edda,
> Sie netzten ihn   und nannten ihn Träl (also Sklave!).

> Runzlig waren   und rauh die Hände,
> schwarz die Nägel,   nicht schön das Antlitz,
> knotig die Knöchel   krumm der Rücken,
> dick die Finger   die Fersen lang.

Er lernt ein Mädchen kennen, aber von Hochzeit ist nicht die Rede:

> Sie schwatzten und raunten   den geschlagenen Tag,
> Knecht und Magd,   und machten das Bett.
> Sie hausten behaglich   und hatten Kinder.

> Die Knaben hießen: Kuhbursch, Polterer,
> Klobig, Krummer,   Kebser, Faulpelz,
> Klotz, Knickebein,   Querkopf, Bösbalg,
> Brummer, Dickwanst.   Sie bauten Zäune,
> düngten das Feld,   fütterten Schweine,
> hüteten Geißen,   gruben Torf.

> Die Töchter hießen: Trampel, Dicke,
> Kranichstelze,   Küchennase,
> Fetzenschürze   und Feistwade,
> Hausmagd, Hastig   und Holzstange.
> Von ihnen stammt   der Stand der Sklaven.

Der Dichter hat viel Spaß an den lustig aufgezählten Namen und den drastischen Übertreibungen. Damit hat er treffend das erbärmliche Milieu der untersten Sozialschicht wiedergegeben, von der wir auch keine Spuren in den Vorgeschichtsfunden antreffen können. Åsas „Trälinna" und gern gehandelte Sklavinnen der Wikingerzeit hielten ja einen ganz anderen Lebensstandard als diese ärmsten, rechtlosen Katner. Nur ausnahmsweise war es ihnen möglich, sich aus dem Sklavenstand emporzuarbeiten. Die meisten mußten sich mit ihrem Schicksal abfinden. Ein Leben ohne Anspruch auf einen Grabhügel und ein Leben nach dem Tode ist schon bitter. Sie hatten keine sozialen Rechte, keine Sippe und offiziell anerkannten Familienbande, keinen Schutz gegen Mord und Totschlag. Ihnen fehlte der Stolz und das Selbstbewußtsein, von denen das Leben der freien Wikinger geprägt war.

Das dritte Haus, welches Rig besuchte, sah folgendermaßen aus:

> Er traf eine Halle,   die Tür war im Schloß.
> Er trat auf die Diele.   Drinnen war Feuer,
> bei der Arbeit saß   das Ehepaar.

> Holz zum Webebaum   hieb der Mann.
> Sein Hemd war eng   sein Haar vor der Stirn,
> geschnitten sein Bart   ein Schrein stand am Boden.

> Zum Weben war   am Werk die Frau:
> Sie rührte den Rocken,   reckte die Arme ...
> Zu eigen war Ätti   und Amma das Haus.

Für Rig gab es einen Kalbsbraten, aber ärgerlicherweise fehlt die Zeile
über das Brot. Was können wir erwarten? Auf jeden Fall kein dunkles
Roggenbrot aus Sauerteig, denn es wurde erst im Mittelalter durch den
Handel mit Mecklenburg und Pommern in Skandinavien bekannt. Rog-
genanbau blieb noch lange ein heikles Unternehmen, das man nur auf
den großen ostschwedischen Herrenhöfen riskieren konnte. Im Westen
und Norden hielt man bis ins 19. Jahrhundert zäh an Hafer und Gerste
fest und buk daraus hartes Dünnbrot, das sich gut lagern ließ. Das ist
der schlichte Vorgänger des schwedischen Knäckebrotes, das veredelt
und technisch vervollkommnet nunmehr eine leckere Weltmarke geworden ist. Ein solches Dünnbrot, ofenfrisch und weich, oder gut gela-
gert und hart, wird auf den hundert Bratplatten gebacken worden sein,
die wir in Wikingergräbern finden, auch in Åsas Küche und ähnlich in
Bauernstuben bis in die Neuzeit. Vermutlich ist dieses Brot in der feh-
lenden Zeile beschrieben worden. Wir haben in den Museen rund sech-
zig erhaltene Brotreste der Wikingerzeit, die aus Geldmangel noch
nicht chemisch-mikroskopisch untersucht wurden, aber unser Wissen
erheblich erweitern können.

Auch bei dem dritten Ehepaar nützte Rig sein Götterrecht drei
Nächte lang aus.

> Ein Kind gebar Amma   schlugs in ein Tuch.
> Sie netzten ihn   und nannten ihn Karl,
> den frischen, roten.   Er regte die Augen.
> Zu wachsen begann er   und wohl zu gedeihn.
> Er schmiedete Scharen,   Scheunen baut er,
> zähmte Ochsen,   zimmerte Häuser,
> schuf Lastwagen,   lenkte den Pflug.

> Sie holten heim   die Herrin der Schlüssel
> im Geißenpelz   und gaben sie Karl.
> Schnur hieß sie,   den Brautschleier trug sie.
> Sie wohnten als Gatten,   gaben Ring,
> betteten Leinwand,   bauten das Haus.

Ihre Söhne hießen Holder, Hausmann und Schmied, Bauer, Pflüger,
Bonde, Steilbart, Breit, Garbenbart, Bursch, Degen, Mann. Und die
Töchter: Maid, Braut, Muntre, Mädchen, Stolze, Frau, Weib, Tochter,
Tüchtige, Sittsam.

Von diesen stammt   der Stand der Freien.

Merkwürdig reizvoll ist dieses Gedicht „Rigthula' in der dreifachen Wiederholung, um die drei Stände der Wikingerzeit zu veranschaulichen, personifiziert in drei kurzen Namen, Träl, Karl und Jarl.

Ganz ohne Anregungen arbeitet kein Dichter. Es gibt Erzählungen aus dem christlichen Mittelalter über Noah und seine Söhne, in denen wir lesen: „Von Jafet kommen die Ritter, von Sein die geringeren Freien, von Ham die Unfreien." Eine solche Geschichte mag Rigthulas Dichter aufgegriffen haben. Das tut wenig zur Sache. Wesentlich ist die Frische, mit der er die drei Volksklassen sieht und sie einander gegenüberstellt. Unter den Freiblütigen gab es ein reiches Register an Abstufungen. Man konnte Großgrundbesitzer sein oder in Armut geraten und gerade noch mit knapper Mühe seine persönliche Freiheit erhalten. Wir sind Berufshändlern, Schmieden, Trappern, Holzschnitzern, Schiffskonstrukteuren und anderen Spezialberufen begegnet. In Rigthula vermissen wir den kämpfenden Wiking; aber wir müssen bedenken, daß tapfere Männer aus allen Volksschichten stammen konnten. Der Norden war (und blieb noch lange) ein fast reines Bauernland.

Alles, was auf den Bauernhöfen wuchs und gedieh war wertvoll. Vieh und Getreide für die Ernährung. Sklaven für die Landarbeit. Söhne für die Erbschaft. Und Töchter für eine weit verzweigte Verwandtschaft mit anderen Familien. Das bedeutete damals unendlich viel mehr als heutzutage, zumal der Staat nur aus Sippen aufgebaut war. Blutsbande waren heilig, sie verpflichteten, man berief sich auf sie. Es gab nur eine einzige Möglichkeit, die Sippenbande zu erweitern und zu erneuern – die Eheschließung. Deshalb war die Heirat der Töchter das wichtigste, entscheidenste Ereignis auch für die Eltern selbst. Gaben waren damit verbunden und der Preis wurde mit bäuerlicher Sachlichkeit ausgehandelt.

Wir lesen beispielsweise in Njals Saga von der stolzen Hallgärd:

„Hallgärd wurde sehr schön von Angesicht und hohen Wuchses, und darum wurde sie Langhose genannt. Ihr Haar war üppig und so lang, daß sie sich darein hüllen konnte. Sie war verschwenderisch und trotzigen Sinnes."

Ein Mann namens Thorvald wollte sie heiraten und er zog mit seinem Vater auf Brautwerbung und sie fanden gute Aufnahme. Sie besprachen sogleich ihr Anliegen und brachten die Werbung vor. Hallgärds Vater Höskuld antwortete:

„Eure Verhältnisse sind mir bekannt, aber ich möchte euch nicht vorenthalten, daß meine Tochter ein trotziges Wesen hat. Ihr Äußeres und ihre höfische Art, das könnt ihr selber sehen."

Thorvald antwortete: „Stell die Bedingungen, denn ihre Gemütsart soll mich von diesem Handel nicht abhalten."

Danach beredeten sie den Handel, und Höskuld fragte seine Tochter nicht, denn ihm lag daran, sie zu verheiraten. Und sie wurden in allem handelseinig.

Der Brautvater entschied allein, in diesem Fall sogar ohne seine Tochter vorher zu verständigen; darüber wurde Hallgärd sehr wütend:

„Jetzt hat sich mir bestätigt, was ich schon lange geargwöhnt habe, daß du mich nicht so lieb hast, wie du immer sagtest, da du es nicht der Mühe Wert fandest, die Sache mit mir zu besprechen. Auch finde ich diese Heirat nicht so großartig, wie ihr mir verspracht."

Darauf antwortete Höskuld: „So viel gebe ich nicht auf deinen Hochmut, daß er meinen Geschäften im Wege stände. Ich befehle, und nicht du, wo wir verschiedener Meinung sind."

Dieselbe patriarchalische Einstellung hat bis zum ersten Weltkrieg vorgeherrscht. Sie ist uns noch vom Hörensagen bekannt. Junge Leute mochten sich kennen oder gar lieben; dies war aber meist nicht einmal wünschenswert, da die Unschuld des Mädchens unstreitig sein sollte. Als Hauptsache galt: es wird standesgemäß geheiratet. Die Hochzeit ist von Nutzen für den Brautvater. Die Liebe mag nachher kommen. Das ist Privatanliegen der Jungen. Das geht keinen Außenstehenden etwas an.

Wir denken heute anders. Die Liebe allein soll entscheiden. Allerdings wurde unsere Zeit nicht glücklicher. Um so unvoreingenommener können wir betrachten, wie die Wikinger ihre auf Beschluß der Väter eingegangenen Ehen meisterten, wie Mann und Weib damals zusammen lebten.

Von der Liebe wird fast nie gesprochen. Liebeslieder wurden sogar streng bestraft. Man wollte vermutlich vermeiden, dadurch die Gefühlsregungen einer Frau der Öffentlichkeit preiszugeben. Nicht einmal die Schönheit einer Frau wird gepriesen, es sei denn als Grund für Unglück und drohende Gefahr. Die nüchternen nordischen Bauern schätzten Tatkraft, Reichtum und Abstammung. Mit solchen Eigenschaften konnte eine gute Ehe geführt werden. Beispielsweise erlebte Gisle Sursson, daß sein Bruder starb, wonach er um die Hand seiner Schwägerin Ingeborg warb, „da er nicht eine so gute Frau aus der Sippe gehen lassen wollte". Das ist die typische Einstellung. Witwen verfügten selbst über ihr Vermögen und über ihr künftiges Leben. Sie sagte ja. „Durch sie gewann er zahlreiche Güter und wurde ein angesehener Mann". Die gesellschaftliche Stellung des Mannes konnte sich also nach der Position der Frau richten.

Von einem Brautschleier war soeben in Rigthula die Rede. Etwas ausführlicher ist der Schwank, wie Thor seinen Hammer zurückbekommt.

Die Riesen hatten ihn entwendet und forderten die Göttin Freyja zur Gattin. Aber Freyja wollte verständlicherweise nicht, und da wurde der bärtige, rotblonde, polternde Gott Thor als Braut verkleidet:

> Sie banden Thor   mit Brautlinnen
> und mit dem breiten   Brisingenschmuck.
> Sie ließen Schlüssel   am Leib ihm klingen
> und Frauenkleider   aufs Knie fallen
> und breite Steine   auf der Brust liegen
> und türmten hoch   den Hauptschmuck ihm.

Das ist der ewig gangbare Spaß um Charleys Tante schon zur Wikingerzeit! Nicht minder köstlich der Appetit:

> Einen Ochsen aß er   und acht Lachse,
> alles Backwerk,   gebracht den Frauen.
> Es trank da Thor   drei Tonnen Met.

> Da sagte Thrym,   der Thursen (der Riesen) König:
> „Wo schautest du Bräute   schärfer beißen?
> Nie sah ich Frauen so   fürchterlich fressen,
> noch Mädchen trinken   so mächtig Met."

> Auf des Riesen Rede   fand rasch sich ein Wort
> „Nichts aß Freyja   acht Nächte lang,
> so sehnte sie sich   nach dem Saale Thryms."

Nach manchen anderen Scherzen kommt der Höhepunkt der Trauung:

> Da sagte Thrym   der Thursen König:
> „Bringt den Hammer   die Braut zu weihn!
> Legt Mjölnir   der Maid in den Schoß!
> Mit der Hand der (Göttin) War   weiht uns zusammen!"

Durch eine Hammerweihe wurde die Ehe also geschlossen. Wir lesen anderorts, daß der erste Hochzeitstrunk die Thorsminne war, daß das Brautbett auch „Hammerbett" genannt wurde. In großen Teilen Skandinaviens war es noch im vorigen Jahrhundert allgemein üblich, daß man einen Hammer, gerne einen großen Schmiedehammer, im Brautbett versteckte. Das gehörte zu den feststehenden Späßen, die ganz offensichtlich aus dem Heidentum erhalten blieben.

Damit ist auch die witzige Auflösung, der launige Sieg über die dummen Riesen gegeben:

> Das Herz im Leib   lachte da Thor,
> als der Hartgemutete   den Hammer sah:
> Erst traf er Thrym,   der Thursen König.
> Der Riesen Geschlecht   erschlug er ganz.

Das Zeremoniell war schlicht, das mehrtägige Gastmahl um so üppiger. Aus der Maid wurde eine Hausfrau mit den Schlüsseln am Gürtel, die lang herunterbaumeln, und geschmückt wie Rigthula sagt:

> Trug Schmuck auf dem Kopf   auf den Schultern Spangen,
> um den Hals das Leintuch   den Latz auf der Brust.

Entsprechend kostbar ist der Schmuck der Königinmutter:

> Hoch war der Kopfschmuck   vorm Hals das Gold,
> Lang die Schleppe   schwarzblau das Hemd.

Alles Dinge, die wir durch Gräberfunde kennen: die Schlüssel am Knie, die Ovalspangen auf den Schultern, Gold und Perlen auf der Brust, Unterhemd *(Särk),* Schleppe, Schal und Kopfputz. Das ist die äußere Gestalt.

Die Wikingerfrau tritt mit einer selbstverständlichen Autorität hervor, wie wir sie sonst in Europa nicht kennen. Sie bleibt nach der Hochzeit Mitglied ihrer väterlichen Sippe. Darin liegt ihr sozialer Wert, den sie nie vergißt. Sie ist es doch gerade, die durch ihre Ehe sowohl ihrem Vater wie ihrem Gatten zu größerem Ansehen, neuen Verwandten und erweitertem Freundeskreis verhilft. Den Familiennamen des Mannes anzunehmen – das haben nordische Frauen erst im 18. Jahrhundert getan. Dem Manne unterwürfig zu sein – das war ihnen völlig fremd. Durch die Bibel kam zwar die orientalische Geringschätzung der Frau nach Europa, aber es gab keinen Grund, mit der neuen Religion einen gesunden Zustand aufzugeben. In dieser Hinsicht blieb das Wikingererbe in Skandinavien weitgehend erhalten, weshalb die nordischen Frauen in der Emanzipation des 20. Jahrhunderts einen beachtlichen Vorsprung haben.

Die Wikinger lebten ganz nach ihrem natürlichen Empfinden. Darin liegt ihre große Stärke. Das gilt auch für das Zusammenleben der Geschlechter. Die Frau war ihrer Natur entsprechend vor Waffenkämpfen geschützt. Streitigkeiten hatte der Mann für sie auszufechten, aber nichts hinderte, daß sie selbst zur Waffe griff, in Notwehr selbstredend, sogar als Rache, aber auch im ernsten Kriegsfall. Die Edda ist voll von Walküren, Kampfmaiden und Amazonen; Sigrun, Svava, Brynhilde,

Hervor und wie sie sonst alle heißen. Unter den Wikingerhäuptlingen gab es auch eine „Rote Maid", welche Ulster und das nordöstliche Irland verheerte und ganze Scharen von Männern anführte. Wenn sie nun einmal so ein Mannweib war, boten die unruhiger Kriegszüge ihr alle Möglichkeiten, naturgemäß zu leben, so wie es auch in unserer Zeit so manche rote Maiden gibt.

Nein, Blutfehden, Kriege und Thingverhandlungen besorgten die Männer; es war ihre Pflicht, diese unfraulichen Konflikte zu lösen und ihr Heim zu schützen. Die Frauen hatten ein Recht darauf, von solchen Aufgaben befreit zu sein. Das Leben forderte starke, selbständige Persönlichkeiten. Frauen wuchsen häufig in eigenartige Lebensschicksale hinein. Vielsagend sind die kurzgefaßten Worte auf dem Runenstein von Ravnkilde in Dänemark:

„Asser, der Gutsverwalter, Kugges Sohn, ließ diese Runen ritzen für Asbod, seine Herrin."

Bei der Landnahme auf neuen Inseln haben Frauen ebenso wie Männer Äcker und Felder für sich einfrieden können; dafür gab es eine besondere gesetzliche Regelung. Natürlich haben Frauen auch selbst Runensteine errichtet. Eine Frau Ragnhild in Dänemark war offensichtlich zweimal verheiratet und hat für ihre beiden Ehegatten Steine behauen lassen, den einen „für Alle, den Bleichen, den Häuptling im Hird", den anderen „für Gunulv, ihren Ehemann, den guten Redner, Närves Sohn". Sie war also beide Male mit bedeutenden und angesehenen Männern verheiratet. Oder wir greifen aus der Menge der Beispiele eine Runenschrift aus Ramsta in Södermanland heraus

„Auda und Inga und Erindis, die dritte, sind eifrig das Denkmal für Sven, ihren Vater, und für Gudfast, ihren Bruder, zu errichten. Er war Audas Sohn."

Es erforderte Kraft und Persönlichkeit, in der unruhigen Wikingerzeit einen großen Hof zu versorgen, sei es als Witwe oder während der Zeit, da die Männer zur See unterwegs waren. Gepriesen werden in den Sagen diejenigen Frauen, die den Sippenhaß zu schlichten verstehen, den die Männer eingebrockt hatten. Es kann sogar vorkommen, daß eine Gattin eiligst alle Frauen des Hofes zusammenruft. Ein wilder Zweikampf ist nämlich entbrannt und mitten im Gefecht werfen sie schnell zusammengeraffte Kleider über die gezückten Schwerter. Das macht den Kampf so lächerlich, daß er nicht mehr fortgesetzt werden kann!

Gerade wenn sich Frauen eigenwillig mit ihrer ganzen Persönlichkeit in die Angelegenheiten der Männer einmischen, treten sie uns besonders sympathisch entgegen; wiederholt schaffen sie mit Klugheit Feindseligkeiten aus der Welt und erhalten den kurzen Dank, der mehr ausdrücken kann als lange Reden. Thorborg rettet Grette dem Friedlosen sein Leben und ihr Mann Vermund sagt nachher:

„In vielem bist du eine kluge Frau. Hab Dank für das, was du getan hast!"

Andere Weiber waren haßerfüllt und hochmütig. Die oben genannte Hallgärd entbrannte in solch wildem Rachegefühl der ebenfalls boshaften Bergthora gegenüber, daß Njals Saga von dem schrecklichen Geschehen erfüllt ist. Es fängt mit dem einfachen Rezept an: schlägst du meinen Sklaven tot, so schlag ich deinen tot, bis Hallgärds dritter Mann ihr eine Ohrfeige gibt. Als er später, von Feinden umzingelt, eine neue Sehne für seinen Bogen brauchte, sagte er zu Hallgärd:

„Gib mir zwei Locken von deinem Haar und flechte sie zusammen zu einer Bogensehne für mich."

„Liegt dir etwas dran?" fragte sie.

„Mein Leben liegt dran", sagte er, „denn sie werden mich nicht unterkriegen, solange ich den Bogen brauchen kann."

„So will ich dich nun an die Maulschelle erinnern, und mich kümmerts nicht, ob du dich länger wehrst oder kürzer."

Gunnar wehrte sich lange, doch endlich schlugen sie ihn tot.

Solche ewig intriganten, rachsüchtigen Frauengestalten eignen sich glänzend dazu, um die Handlung einer Sage voranzutreiben. Lady Macbeth würde neben ihnen vor Neid erblassen, obwohl sie gleichen Ursprungs sind, denn nur keltische und nordische Dichtwerke haben so gigantisch in der Seele vergiftete Frauengestalten gezeichnet und sich eingehend mit ihnen befaßt. Voraussetzung dafür ist jedoch die grundsätzlich freie und stolze Persönlichkeit im täglichen Leben.

Reicher veranlagt – eine geborene Herrscherin in jedem Zoll ist Aud die Tiefäugige, die wir schon als Gemahlin des norwegischen Königs auf Irland kennengelernt haben. Als alte Frau finden wir sie nicht mehr auf Irland, sondern an der Nordküste Schottlands, wo sie ein Frachtschiff baute:

„Als das Schiff ganz fertig war, rüstete sie es zur Fahrt und hatte eine große Menge Geld mit sich. Ihr folgte ihre ganze Verwandtschaft, soweit sie noch am Leben war, und die Leute wissen kaum ein anderes Beispiel dafür zu nennen, daß eine Frau aus solcher Kriegswirrnis mit gleichgroßem Reichtum und Gefolge entronnen sei. Daran kann man schon sehen, daß sie hoch über andere Frauen emporragte. Aud hatte mehrere Männer von großer Tüchtigkeit und edler Abstammung mit sich … Aud segelte nach den Orkney-Inseln. Dort hielt sie sich einige Zeit auf. Hier vermählte sie ihre Enkelin Gro, von der das ganze Geschlecht der Orkneyjarle stammt … Dann segelte Aud mit ihrem Schiff zu den Färinseln und verweilte auch da eine Zeitlang. Dort vermählte sie ihre zweite Enkelin, von der das vornehmste Geschlecht auf diesen Inseln stammt, die sog. Gatamänner …

Nun machte sich Aud fertig zur Abreise und gab ihren Schiffsgenossen bekannt, daß sie beabsichtigte, nach Island zu fahren. Sie hatte eine gute Fahrt und nahm vom Hvammsfjord aus Land in Besitz, so weit sie Lust hatte. Schließlich fuhr sie mit ihrem Schiff in den innersten Teil des Fjords. Dort waren die Hochsitzpfeiler ans Land getrieben. Damit schien ihr vorgezeichnet zu sein, wo sie ihren Wohnsitz nehmen und einen Hof bauen solle."

Der Ehrensitz eines Häuptlings oder Bauern zur Wikingerzeit war mit reich skulptierten Pfeilern geschmückt, denen göttliche Kraft innewohnte. Sie wurden in die neue Heimat mitgenommen, und nach ihrem Orakelspruch wählten die Auswanderer Land, dort wo die Pfeiler angespült wurden.

„Dann übergab Aud mehreren Männern Anteile an dem von ihr in Besitz genommenen Lande … Das Alter drückte damals Aud schon sehr, so daß sie nicht vor Mittag aufstand und sich früh zu Bett legte. Keinem gestattete sie, mit ihr etwas zu besprechen, von der Stunde an, wenn sie abends zur Ruhe ging, bis zu der Zeit, daß sie angekleidet war. Zornig antwortete sie, wenn jemand sich nach ihrem Befinden erkundigte.

Am Hochzeitstag ihres jüngsten Enkels schlief Aud ziemlich lange, war aber doch auf, als die Eingeladenen kamen. Sie ging ihnen entgegen und empfing ihre Verwandten mit Freude und Würde … Im Hochzeitssaal sagte sie: Diesen Hof mit allem Hausrat, wie ihr ihn jetzt vor euch seht, übergebe ich meinem Enkel Olav zum Eigentum und zu freier Verfügung. Darauf stand Aud auf und sagte, sie wolle in die Kammer gehen, in der sie zu schlafen pflegte. Sie bat die Gäste sich zu vergnügen, wie jeder es am liebsten hätte, und sie sollten sich das Hausbräu gut munden lassen. Man erzählt, daß Aud von hohem und kräftigem Wuchs gewesen sei. Sie ging schnell durch den Saal nach der Tür und die Männer sprachen untereinander, wie stattlich die Frau noch sei.

Am nächsten Morgen ging Olav Feilan in das Schlafgemach seiner Großmutter Aud. Und als er in das Gemach eintrat, saß Aud im Bett gegen die Kissen gelehnt. Sie war tot. Die Männer sprachen ihre Bewunderung darüber aus, wie Aud ihre Hoheit bis zum letzten Augenblick bewahrt habe. So feierte man nun beides auf einmal, die Hochzeit Olavs und den Leichenschmaus für Aud. Am letzten Tag des Festes wurde Aud in den Hügel überführt, der für sie bestimmt war. Sie wurde in einem Schiff im Hügel begraben und vieles Gut ihr mitgegeben. Dann wurde der Hügel über ihr zugeworfen."

Galt es die Wikinger schlecht zu machen, dann haben Verfasser eifrig angeführt, daß sie Vielweiberei trieben; ja, ganz heimtückisch haben Forscher um die Jahrhundertwende von primitiven und rohen Zügen

gesprochen, die den Wikingern noch anhafteten: Kebsweiber, Neben-
buhlerinnen und Bigamie. Sie legten unbedenklich unsere christliche
Moral als Wertmesser für Tugend und Laster an. Auf diesem Wege können wir nie fremde Völker und vergangene Kulturen verstehen. Die
Wikinger waren völlig eins mit ihrer natürlichen, menschlichen Veranlagung. Ihre Sittennorm ergab sich aus Erfahrung und Praxis. Ein junges Mädchen ging von den Eltern wohlbehütet in die Ehe. Der Jüngling
bewegte sich frei und war auch nach der Eheschließung freier. Das
konnte schon praktische Gründe haben. Der Mann sorgte für die Ver-
mehrung seines Besitzes, auch in bezug auf die Sklaven. Das war sein
legitimes, wirtschaftliches Interesse. Auch sonst waren Kebsen üblich,
sie waren aber immer niederer Abstammung. Die Hausfrau konnte sie
leichter dulden, weil sie niemals die Ehe selbst gefährdeten, sondern
nur der gemischt monogam-polygamen Veranlagung des Mannes entsprachen. Anstatt die Ideale so hoch zu schrauben, wie es das Christentum getan hat – wodurch sie vielen Männern unerreichbar wurden –
entstand ein in gewisser Weise erträglicher Moralkodex. Die Heiden
waren wohl dadurch nicht schlechter als die Christen, aber sie lebten
ohne Gewissenskonflikte, ohne Neurosen und ohne schwere eheliche
Erschütterungen. Darin liegt immerhin ein natürliches Verhalten dem
Leben gegenüber. Wir erfahren, daß Königin Bodil in Dänemark die
Geliebten des Königs Erik Ejegod selbst schmückte, damit sie ihm gefallen sollten. Das setzt eine persönliche Kraft und Größe voraus, die
ganz der selbständigen Haltung der Wikingerfrauen entspricht. Adam
von Bremen weiß darüber folgendes zu berichten:
    „Jeder hat seinem Vermögen entsprechend drei oder mehr Frauen.
Aber die Reichen und die Häuptlinge haben unzählige Frauen."
    Das kann schon stimmen und war vielleicht die Folge der Wikinger-
züge mit stetem Sklavenhandel, mit arabischen Kontakten und mit
freundlichen Mädchen in besetzten Gebieten. In der Shannonbucht vor
Limmerick plünderten die Iren im Jahre 977 „jeden Platz, wo die Normannen Frauen, Kinder und Harem hielten". Besonders viele Frauen
hatte König Harald Schönhaar. Sie werden in der Heimskringla fleißig
aufgezählt und als er Ragnhild von Jütland heiratete, ließ er sich von
neun anderen Frauen scheiden. Das sind nun wirklich rein orientalische
Sitten, die auch nur in den höchsten Kreisen Eingang finden konnten.
Auf den Bauernhöfen wirkte die Bäuerin uneingeschränkt und duldete
allenfalls die eine oder andere Kebse.
    Gegenüber Edda und Heldendichtung, welche die tragischen Walkü-
ren und Brynhilden allzuhoch preisen, wollen wir lieber der Sprüche
gedenken, die gesunde, zärtliche und schätzende Gefühle verraten. Gerade die Kurzform der Runeninschriften mit ihrer lebensnahen Frische
läßt uns das zwischenliegende Jahrtausend überbrücken und die Men-

schen uns zeitlos nahe kommen. Ein klares Urteil schreibt und dichtet
ein Bauer westlich Stockholm (Kirchspiel Fläckebo):
  „Der gute Bauer Holmgöt ließ diesen Stein für Odindisa errichten,
seine gute Frau. Sie war Gud ... s Schwester.

> Niemals wird kommen   nach Hasemyra
> bessere Frau als   Odindisa.
> Sie war Siegmunds Tochter   der das Dorf besaß.
> Röd-Baler ritzte   diese Runen."

Von unmittelbar schmerzhaftem Erleben spricht schon im 6. Jahrhun-
dert ein vereinzelter Stein in Opedal (Norwegen), diesmal von einem
Bruder errichtet:
  „Birging, ruhe in Frieden, meine Schwester, lieb für mich, Vag!"
  Aus der keinesfalls langen Reihe von Runensteinen, die überhaupt
persönliche Bemerkungen dem Epigrammschema hinzufügen, können
wir noch zwei nennen. Der eine stammt aus Dynna in Norwegen:
  „Gunvor Eriktochter machte diese Brücke für (zur Erinnerung an)
ihre Tochter Astrid. Sie war die handfertigste Maid in Hadeland."
  Und dann das Wort eines Sohnes aus Rimsö in Rander:
  „Tore, Enraades Bruder, errichtete diesen Stein für seine Mutter und
seine Schwester, die guten Frauen. Ihr Tod ist das schlimmste Unglück
für den Sohn."
  Schließlich wollen wir von Rämna hören, nachdem ihr Gatte, Kjartan Olavsson, gefallen war. Die Saga vermeldet:
  „Sie war von Trauer schwer ergriffen. Jedoch trug sie mit großer
Würde und sprach freundlich mit allen. Keinen Mann nahm sie mehr
nach Kjartan. Auch lebte sie nur eine sehr kurze Zeit, nachdem sie wieder heimgekehrt war. Man glaubt allgemein, daß ihr Herz vor Trauer
brach."

Viel Menschenklugheit sammelten die Wikinger in ihrem Leben, das
von den sonderbarsten Ereignissen erfüllt war. Sie hatten ein unglaubli-
ches Interesse für auftretende Konfliktfälle. Wie jeder sein Schicksal
meisterte – das beobachteten sie mit wachsamen Augen. Auch die Göt-
terdichtung bot ihnen Stoff für psychologische Überraschungen. Oftmals blickten sie humoristisch oder gar sarkastisch auf ihre Götter, so in
der besonders gescheiten Erzählung von der Riesin Skade.
  Die Götter hatten ihren Vater erschlagen. Seine Tochter Skade nahm
Helm und Brünne und alle Kriegswaffen und kam nach Asgard, um ihren Vater zu rächen. Die Asen boten ihr Vergleich und Buße an, und
zwar als erstes, daß sie unter den Asen sich einen Mann solle wählen
dürfen, doch nur nach den Füßen, ohne mehr zu sehen."

Das muß ein köstlicher Schönheitswettbewerb gewesen sein. Als
Skade ein Paar ausnehmend schöne Mannesfüße sah, fiel sie darauf herein und sagte:

„Diesen wähle ich. An Balder wird nichts Häßliches sein!"

Der milde und edle Balder hatte anscheinend keine so schönen Füße,
wie sie gedacht hatte. Sie bekam den Gott Njord als Gatten und mit ihm
eine sehr schwierige Ehe – trotz der schönen Füße! Die Erzählung geht
auf einen uralten Fruchtbarkeitsritus zurück: wo der Gott seinen Fuß
hinsetzt, wird die Ernte gut. Fußsohlen wurden in weit älteren Vorzeit-
epochen in vielerlei Formen dargestellt. Und Njord ist in der Tat ein alter Fruchtbarkeitsgott.

Hier hat ein noch heute üblicher Hochzeitsbrauch seine Wurzel: alle
Frauen legen sich barfuß auf den Boden und werden mit Tüchern zuge-
deckt, nur die Waden bleiben unverhüllt. Aus diesem Gewirr nackter
Beine muß nun der junge Ehemann die seiner Frau herausfinden. Gelingt es ihm, darf er sich mit ihr sofort in die Brautkammer begeben.
Wenn nicht, muß er bis zum nächsten Abend warten. Hier haben wir ja
genau den Brauch der Edda – nur sind die Rollen vertauscht.

Ferner sollten die Götter Skade zum Lachen bringen. Loki kam auf
den Einfall, einen Strick um den Bart einer Ziege zu binden und das
andere Ende – nicht gerade sehr anständig – an seinem eigenen Körper
zu befestigen. „Die beiden zogen nun hin und her und schrien laut.
Dann ließ Loki sich der Skade in den Schoß fallen, und da lachte sie."

Das ist das große befreiende Frühlingslachen, polternd, unver-
schämt oder frisch und fröhlich – das Lachen wider den Tod, für die
Fruchtbarkeit „mit aller Kraft". Im antiken Kultspiel suchte Demeter
ihre Tochter, die Fruchtbarkeitsgöttin Persephone, die sich des Winters
in der Unterwelt aufhielt. Erst nachdem Demeter die Zuschauer zum
Lachen gebracht hatte, oft mit groben, erotischen Mitteln, konnte der
Frühling ins Dorf ziehen. So übernahm auch das Christentum den *risus
paschalis,* der sich zu einem bedeutsamen Zwischenspiel im Osterdra-
ma ausweitete. Ein spätantiker Mythus sagt, daß Gott siebenmal lachte
und damit die Welt schuf. Das siebente Mal lachte er Freudentränen
und schuf Psyche, die Seele der Menschen.

In diesen Vorstellungskreis gehört auch Loki, wenn er Skade zum
Lachen bringt. Und wir fragen schließlich, wie die Ehe zwischen Skade
und Njord mit den schönen Füßen wurde. Ach, sie nahm ihn mit in die
Berge, und er, der an der Küste gelebt hatte, klagt bitterlich:

Leid sind mir die Berge.
Nicht lange war ich dort,
neun Nächte nur.
Schöner schien mir

der Schwäne Gesang
als der Wölfe Geheul.

Und er nahm Skade mit zum Meeresstrand, wo sie ebenso bitter klagt:

Nicht schlafen kann ich
vor dem Schreien der Vögel
an der Brandung Bett.
Jeden Morgen
wenn sie vom Meere kommt
weckt die Möwe mich.

Es ist ein zeitlos modernes Bild von den Ehegatten, die ständig verschiedener Meinung sind, ob in die Berge oder ans Wasser, ob so oder umgekehrt. Auch hinter diesem Bild steckt der alte Fruchtbarkeitsritus von dem wechselnden Wohnsitz der Fruchtbarkeitsgöttin, gleichgültig ob wir sie Skade, Persephone, Astarte oder Isis nennen. Der Dichter dieser Göttersage hat mit sicherem Instinkt aus alten Fruchtbarkeitsriten und -erzählungen einen menschlich klugen Zyklus zusammengestellt, der humorvoll, leicht obszön, psychologisch richtig und herzlich verständnisvoll ist, ein Meisterwerk der fein gesponnenen Erzählerkunst der Wikinger.

X.

Die Feste der Wikinger

Es ist verständlich, daß gerade die beiden Sonnenwendfeste in Skandinavien intensiver gefeiert werden als in südlicheren Ländern. Auf der Höhe von Stockholm und Oslo wird es Ende Dezember schon um 15 Uhr merkbar dunkel, und die Nacht drückt schwer auf die Gemüter bis gegen 9 Uhr am Vormittag, während Kälte und Schnee endgültig ihren Einzug halten und das Land eisig umklammern. Nach Licht, nach wiederkehrender Sonne, nach längeren Tagen sehnen sich die Nordleute aller Zeiten. Zwölf Tage dauert es, bis das Auge wahrnehmen kann, daß die Sonne ihren tiefsten Punkt erreicht hat und wieder steigt. Zwölf Tage sieht es so aus, als stünde die Sonne still, als zögere sie, ihren Jahreslauf von neuem zu beginnen. Menschen, die im Einklang mit der Natur leben, tun es ihr nach. Zwölf Tage sollen auch sie ruhen, von den Alltagspflichten ablassen und insbesondere alle „Drehhandlungen" meiden. Im Bauernhaushalt mußte der ewig kreisende Dreschflegel seine Arbeit bis kurz vor Mittwinter beendet haben, das Getreide im zeitraubenden Arbeitsgang bis Mittwinter gedroschen sein. Auch die Wagenräder konnten ihren Kreislauf unterlassen, da der Schnee meist schon gefallen war und man sich vorteilhaft der Schlitten bediente.

Andere Drehhandlungen oblagen den Frauen – vor allem das Mahlen des Getreides zu Mehl. Noch während der älteren Eisenzeit wurden die Körner zwischen einem großen, ruhenden Stein und einem rasch hin und her eilenden Läufer gequetscht. Erst im Mittelalter kam die Erleichterung durch Wassermühlen, welche in zwei größeren Arbeitsgängen zum Frühling und Herbst die Leistung ausführten. Dazwischen – in der Wikingerzeit – bediente man sich vorwiegend der Zapfenmahlsteine, deren Läufer sich im Kreise drehen. Ein solcher muß Tag aus Tag ein laufen, um genügend Mehl für einen Haushalt herbeizuschaffen. Von einer riesigen „Grottenmühle", an der zwei Mägde ständig schuften, spricht die Edda:

Nun sind gekommen ...
Fenja und Menja
zum Fürstenhaus.
Als Mägde müssen
die starken Mädchen
Frodi dienen.

Zur Ruh und Rast
rief er sie nicht.
Hören wollt er
den Hall der Arbeit.

Sie ließen lärmen	„Wir mahlen Macht,
die Lauthallende.	wir mahlen Heil,
Noch mehr mahlen	wir mahlen Gut
die Mädchen er hieß.	auf der Glücksmühle."

Sie sangen und schwangen
den schweren Stein,
bis die anderen Mägde
alle schliefen.

Noch eifriger drehten sich Spindeln und Garnwinden, um Fäden für Kleider und Decken zu schaffen. Dieser allabendliche Fleiß mußte ebenfalls einmal unterbrochen werden. Welcher Zeitpunkt wäre dafür günstiger gewesen als die Ruhetage der Sonne selbst? So ruhten alle häuslichen Pflichten, alle „Drehhandlungen" 12 Tage lang im *historisch bekannten* Bauernhaushalt.

Wollen wir die Feste der Wikinger kennenlernen, müssen wir von der Neuzeit ausgehen und uns vorsichtig rückwärts tasten. Das ist besonders schwierig, denn die üppig reiche, nordische Weihnacht ist wie ein Lebewesen, das ständigen Veränderungen ausgesetzt ist. Neue Bräuche schleichen sich ein, ohne daß wir von den alten ablassen wollen. Die Weihnacht verjüngt sich mit uns, obwohl sie zugleich traditionsgebunden ist. So führen z. B. moderne Städter eifrig die Sitten der einstigen Bauern des Nordens weiter. Sie kaufen zwar das Fleisch nunmehr in Geschäften, aber es soll die Form des Schlachtfestes im ländlichen Haushalt bewahren. Da wird nach wie vor der geräucherte Schweinskopf mit schönen Zieraten geschmückt und bekommt einen Apfel ins Maul. Da steht der kalte Schinken, von dem jeder schneiden darf, sobald es ihm beliebt. Da sind die Blutwürste und Sülzen, das beste Backwerk des Jahres nach Hunderten von alten Rezepten. Alles steht zwölf Tage lang aufgetafelt zu einem Fest der Üppigkeit und Entspannung.

Mit Leichtigkeit können wir in all diesen Dingen erkennen, was aus dem nordischen Bauernhaushalt kommt. Wie sollen wir nun wissen, was wirklich alt ist, wie schon die Wikinger Weihnachten feierten? Die Schriftquellen fassen sich kurz, aber ein einziges Wort genügt. Das nordische Winterfest heißt „Jul". In Skaldeversen wird ausgesagt, man „spielte Jul zu Freyrs Ehre", und von den Nordländern in Byzanz ist uns das Wort „Jul" ebenso überliefert, obwohl wir nicht wissen, was es ursprünglich bedeutete.

Sicher ist somit, daß die Wikinger ein Julfest kannten. Es war der Ruhe nach abgeschlossener Herbstarbeit gewidmet, ein *Fruchtbarkeitsfest,* bei welchem „til aar og fred" – für gute Jahresernte und Frieden –

getrunken wurde. Wir hören von einem König Heidrek, der zum Julfest den größten Eber in die Halle führen ließ. Die Quelle ist zwar spät, aber wir haben keinen Grund zu bezweifeln, daß er den Fruchtbarkeitsgott Freyr verehrte, dessen Eber Gullinborsti so goldleuchtende Borsten trug, daß die Nacht rund um ihn lichterhell strahlte. Mit der Hand auf den Borsten seines Ebers hat König Heidrek Gelübde für das kommende Jahr abgelegt.

Im modernen Fest fehlt unter den Jultieren nirgends der Bock. Er steht aus Stroh gebunden oder liegt als Gebildbrot unter den Pfefferkuchen. Im vorigen Jahrhundert war er häufig der Gabenbringer. Gemimt wurde er von zwei Burschen mit einem Tierfell und Bockshörnern, einer der beliebtesten Späße Skandinaviens durch die Jahrhunderte. 1695 wurde ernsthaft in Malmö verboten, „das sogenannte Julbocksspiel zu üben und damit herumzugehen, da eine so entsetzliche Verunstaltung und andere Unverschämtheiten, die dabei geübt werden, zu lauter Unsinn und Ärgernis führen". Unsere zahlreichen Quellen für den Brauch reichen nur bis 1543 zurück, wir müssen aber annehmen, daß er bedeutend älter ist. Wie sollte er im christlichen Mittelalter neu entstanden sein können? Er dominiert so stark, daß es sich doch wohl ursprünglich um einen Thorsbock handelt. Er konnte im bäuerlichen Julbrauch genauso gut weiterleben, wie der Thorshammer im Brautbett. Des heidnischen Namens entkleidet, konnten beide ohne weiteres von der christlichen Kirche belassen werden. Die Pfarrer waren in dieser Hinsicht praktische und duldsame Leute.

Noch ein Tier ragt ganz eigenartig im christlichen Julfest hervor: das Pferd. Der zweite Weihnachtsmorgen steht ganz in seinem Zeichen. Schon früh waren die Knechte auf den Beinen, sattelten die Pferde, und in wildem Wettlauf ging es durch Wälder und Felder, mit dampfenden Leibern und rauchenden Nüstern in eisiger Nachtstunde zu einer nordwärts fließenden Quelle, in die ein Geldstück als Opfer geworfen wurde, damit die Rosse „über Silber" saufen sollten. In ebenso eiligem Tempo ging es zurück zu den Bauernhöfen, und sollte jemand sich verschlafen und den Ritt nicht mitgemacht haben, so gnade ihm Gott. Ihm schaufelten die Knechte der anderen Höfe den ganzen Misthaufen zurück in den Stall und sattelten ihm die Tiere rücklings. Aber den Pferden, die das frische Quellwasser genossen hatten, und insbesondere demjenigen Pferd, das als erstes soff, sollte es im neuen Jahr gut ergehen.

Der Brauch ist dem heiligen Stephan unterstellt:

Staffan, Staffan Stallknecht
tränkt seine Pferde fünf.

Nun hat Stephan der Märtyrer sonst wenig Beziehungen zu Pferden. In Skandinavien mußte er jedoch einspringen und einen ursprünglich heidnischen Ritus weihen, damit der Brauch in christlichen Formen weiter existieren konnte. Schon im Mittelalter finden wir ihn auf Kirchenmalereien in seiner besonderen Aufgabe als „Stallknecht".

Das Julfest galt ganz deutlich der Fruchtbarkeit – und dem *Licht*. Nun ist es schon ein großer Unterschied, ob man das Sonnenwendfest am dunkelsten Tag oder in der dunkelsten Nacht feiert. Denn herrscht am 25. Dezember Vollmond, dann fällt die größte Finsternis zwei Wochen früher oder später. Menschen, die noch keine exakte Messung der Jahreslänge kannten, werden natürlich den Winter nach Vollmonden gezählt und das Sonnenfest – nach dem Mond gerichtet haben. In schattigen Gebirgstälern Norwegens und dicht am Polarkreis auf Island wird wiederum der erste Strahl der wiederkehrenden Sonne das bestimmende Merkmal gewesen sein; deshalb ist ein Winter- und Lichtfest auch Mitte Januar überliefert. Die ersten Christen am Mittelmeer wußten nicht, in welcher Jahreszeit der Heiland tatsächlich geboren war; sie fixierten ihren Kalender nach der Frühlingsgleiche und legten die Geburt neun Monate nach der Verkündung fest. Damit fiel das Christfest so nahe mit dem heidnischen Julfest des Nordens zusammen, daß es dieses in sich aufnehmen konnte.

Für die Wikinger war es allem voran das große *Familienfest*. Heute ist nur ein kleiner Rest davon übrig geblieben in dem Trunk für „abwesende Freunde", denn der nahegelegene Totensonntag und der Allerseelentag haben den Brauch an sich gezogen. In der Sippengesellschaft war er jedoch von ganz überragender Bedeutung. In erster Linie wurde der prachtvolle Jultisch für die Verwandten draußen in den Grabhügeln aufgetafelt. In der Waschstube heizte man das Dampfbad, die Betten wurden hergerichtet, und die Bauern schliefen auf dem Stroh des Fußbodens, damit die anderen, die Auswärtigen, in die gute Stube kommen und sich an allen Köstlichkeiten laben, wärmen, sättigen sollten. Wir stoßen manchmal darauf in den Sagen. Die Gäste kommen erdig aus den Grabhügeln, naß und triefend, wenn sie zur See ertranken; sie sitzen zusammen mit den Lebenden, Abend für Abend, so lange das Julfest dauert. Immer nur von den Ausnahmefällen hören wir, beispielsweise, wenn sie schweigend und unglückverheißend da sitzen und ihre Kleider am Feuer trocknen, und wenn sie zu ihren Gräbern draußen zurückkehren, ohne ein Wort gesagt zu haben. Die Christenkirche wandte sich mit Schärfe gegen diese Form der Sippengemeinschaft, konnte sie aber schwer ausrotten, sondern nur in das Reich des Aberglaubens und niederen Spuks verweisen. So zieht seit Jahrhunderten ein langer Reigen von Geistern und Heinzelmännchen, Trollen und Ahnenvätern durch die Weihnachtsstube. Auch ihnen wird das Essen geboten,

auch sie erhalten ihren Brei, ihre Garbe und ihr Brot. Das Wichtel-
männlein am Hof mit Bart und roter Mütze wuchs vor noch nicht hundert Jahren zu dem Weihnachtsmann empor, der in seiner jetzigen Gestalt nicht älter ist und vielerorts als Gabenspender eintrat. So flechten

Zwei Drachenköpfe von Oseberg –
der rechte ein Werk des „Barockmeisters"

sich christliche, römische, bäuerliche und heidnische Sitten ineinander, um das moderne, überreiche Weihnachtsfest zu gestalten. Das heidnische Julfest der Wikinger war jedoch, wie wir sahen, der Fruchtbarkeit, der Sonnenwende und der Sippe gewidmet. Das sind seine drei Funktionen, die wir klar und sicher herausschälen können.

Die hellen und zauberhaften Nächte der anderen Sonnenwende führten zu einem Mittsommerfest rein nordischer Prägung. Der Volksglaube sagt, ein Strauß von neun Sorten zart duftender Wiesenblumen unter dem Kissen der jungen Mädchen soll in ihrem Traum das Bild ihres Zukünftigen offenbaren, der Tau jener Nacht wäre himmlische Hefe für das feinste Brot im Bauernhaushalt. Nur jetzt blühe das Farnkraut mit einer riesigen, roten Blüte. Sie zu finden, ohne ein Wort zu sagen, würde einen heiß ersehnten Wunsch erfüllen. Auch in dieser Sonnenwendnacht heben sich die Grabhügel, stehen auf Goldsäulen, und ihre Bewohner bewegen sich frei im Kreise der Elfen, Nixen und Menschen. Endlos ist der zauberhafte Sagenstoff um diese eine wunderbare Nacht, und es ist unmöglich, in der Volksdichtung Altes und Neues mit Sicherheit zu trennen. Nicht in nachweisbaren Einzelheiten, wohl aber ihrem Wesen nach ist diese schöne Volkslyrik heidnisch, urtümlich menschlich, zutiefst in Einklang mit der Natur.

Wie sollten wir das Alter auch der mit frischem Grün geschmückten Stange nachweisen können? In Deutschland wird sie vielerorts am 1. Mai errichtet, aber die Skandinavier können doch unmöglich „Maien" ins Dorf führen, wenn Bäume und Büsche meist noch kahl stehen. So ist sie im Norden eine Mittsommerstange geworden, mit dicken Girlanden und großen Kränzen geschmückt, manchmal als „Mai" in Frauengestalt, an der Westküste wie ein Segelmast getakelt, im 17. Jahrhundert oft verboten, da gar zu wilde und unpassende Spiele von der Jugend getrieben wurden, im 19. Jahrhundert mitunter aus freikirchlicher Strenge abgelehnt, jetzt wieder intensiv geliebt und überall zu sehen. Der grüne Zweig, die grünende Stange, das heimgeführte Wachstum ist älter als jede Schriftquelle und in irgendeiner Form mit Sicherheit von den Wikingern verehrt worden.

Die unverändert finsteren Nächte Südeuropas lockten nicht zu einem großen Fest, weshalb das Christentum am Mittelmeer diese Sonnenwende nur unauffällig feierte und sie der Geburt Johannes des Täufers weihte. Gering blieben die kirchlichen Einflüsse auf den Norden, ausgesprochen knapp sind die schriftlichen Überlieferungen aus der Wikingerzeit. Nur vom späteren Brauchtum aus können wir uns rückwärts tasten und zuletzt noch feststellen, daß das Mittsommerfest seine ganz feste Verankerung im nordischen Bauernhaushalt hat. Ende Juni sind endlich alle Arbeiten der Frühjahrsbestellung abgeschlossen, da beginnen die ruhigen Wochen zwischen Saat und Ernte, da kommt die gesunde Urlaubszeit mit Mußestunden, Sonne, Erholung für Bauern, Knechte und Mägde, wie sie sich ganz ohne gesetzliche Regelung aus dem natürlichen Rhythmus ergeben, alles in allem das sommerliche Gegenstück des Winterfestes.

Wir fragen ferner nach dem Osterfest – dem großen Auferstehungsfest der Fruchtbarkeit – und sprachen schon im vorigen Kapitel von dem Götterpaar Njord und Skadi, ihrem wechselnden Wohnsitz, den Fußsohlen und dem Frühlingslachen wider den Tod. Erzählt wird davon in der Edda, und wir ahnen nur die alten Riten, müssen geradezu annehmen, daß die Wikinger sie nicht mehr übten, sondern lediglich in einem witzigen Schwank von ihm hörten.

Eine der jüngsten altnordischen Schriften berichtet höchst realistisch von einem anderen Götterpaar. Das hölzerne Bildnis Freyrs pflegte auf einem Wagen herumgefahren zu werden. Ein vergnügter und geselliger Flüchtling aus Norwegen, namens Gunnar Helming, besteigt auf einer einsamen Stelle den Wagen, ringt mit dem Götzenklotz, besiegt ihn und nimmt seinen Platz ein. Er tut es um so lieber, weil die Priesterin jung und schön ist. Er zieht sich auch den Schmuck des Gottes an, und es macht einen großen Eindruck auf die Leute in Uppsala, daß der Gott Freyr so fröhlich ißt und trinkt. Allerdings mag er keine Schlachtopfer wie früher, sondern bittet um Gold, Silber, gute Gewebe und andere Kostbarkeiten! Die Begeisterung der Menschen kennt keine Grenzen, wenn sie merken, daß die Priesterin einen Göttersohn erwartet! Schließlich zieht Gunnar es jedoch vor, rechtzeitig nachts zu verschwinden, die besten Opfergaben und das hübsche Mädchen nimmt er mit. Als die Schweden den Betrug merken, verfolgen sie ihn, jedoch ohne ihn einfangen zu können!

Es ist im fortgeschrittenen Mittelalter eine Schelmengeschichte über das schon besiegte Heidentum. Njord und Skadi, Freyr und Freyja, Freyr und Gärd, Balder und Nanna, Ull und Nerthus heißen die nordischen Götterpaare der Liebe und der Fruchtbarkeit im Frühling.

Eine Umfahrt läßt sich immerhin mit Sicherheit nachweisen, und zwar der Flurritt um die grünende Saat, irgendwann zwischen Frühlingsgleiche und Mittsommer, später auf den Todestag des heiligen Erik fixiert. Am 18. Mai wurde der Schrein mit seinen Gebeinen in großer Prozession zwischen Alt-Uppsala und Uppsala umhergeführt, Reliquien und Fahnen über die Felder anderer Kirchen geschwenkt, „um damit die Ernte der Erde zu weihen". Ähnliches geschah auch in Dänemark, mit dem heiligen Olav in Norwegen und mit dem heiligen Martin in Finnland als Fürbitter:

„Man nahm sein Bild aus der Kirche heraus und trug es in feierlichem Zug rings um die Äcker. Unterdessen sang man die Messe und die

Litanei. Dies wurde jährlich als notwendiger Brauch geübt: man rief die Heiligen um segensreiches, förderndes Wetter sowie um eine reichlichere Ernte an (Oravais im finnischen Österbotten, geschrieben vor 1852)."

Die „Gehtage", wie sie in Schweden bis 1772 eingehalten wurden, entsprechen voll und ganz den süddeutschen Umritten, unter denen der herrliche Blutritt zu Weingarten der berühmteste ist. Sie haben uralte, keltisch-germanische Flurumzüge übernommen und in christlichen Formen weitergeführt. Das beweisen zahlreiche Dokumente, unter denen wir z. B. einen westfälischen (vom Kloster Schildesche im Jahre 939) herausgreifen:

„Wir verordnen, daß ihr jährlich am 2. Pfingsttage unter dem Beistande des heiligen Geistes den Patron der Klosterkirche in euren Parochialdistrikten in langer Prozession herumtraget, daß ihr eure Häuser reinigt, daß ihr euch *statt des heidnischen Flurumganges* unter Tränen und Demut selbst opfert und zur Erquickung der Armen Almosen sammelt. Auf dem Klosterhofe sollt ihr nun übernachten und über den Reliquien feierlich Nachtwache halten und Gesänge singen … Dieser Umgang bewirkt, daß die Saaten der Felder reichlicher gedeihen und die Unbilden der Witterung weichen."

In allen Einzelheiten leuchtet die Form des ursprünglichen, heidnischen Brauches durch, mit dem wir bei den Wikingern entschieden noch rechnen dürfen. Ein scharf umrissener und begrenzter Brauch hält sich weit besser unverändert als die gewaltig wuchernden Großfeste.

Den wichtigen Frühlingsbräuchen stehen natürlich nur wenige und schwer greifbare Feste im Herbsthalbjahr gegenüber. Unter ihnen fällt jedoch die Pferdefeier Ende August auf; sie wirkt, vor allem hinsichtlich des Zeitpunktes in den Reitturnieren, bis heute nach. Vorherrschend waren die Hengsthatzen, von denen wir oft in den Sagen hören. Viga-Glums Saga erzählt:

„Im nächsten Sommer wurde ein Pferdehatz veranstaltet, bei dem man alle Hengste hetzen sollte, die in der Gegend vorhanden waren. Da sollten die aus der oberen Gemeinde denen aus der unteren Gemeinde gegenüberstehen …

Es waren eine Menge Hengste da, man unterhielt sich gut, und die Kämpfe standen ziemlich gleich. Viele Pferdekämpfe fanden an diesem Tag statt. Es kam schließlich so, daß gleich viele Hengste hüben und drüben gut gebissen hatten und gleich viele davongelaufen waren und man einigte sich darauf, daß es ein ebenmäßiger Kampf gewesen sei."

Meist gaben die Pferdekämpfe Anlaß zu persönlichen Auseinandersetzungen, da sich die Männer gar zu handgreiflich beteiligten:

„Eyjolf wandte sich dagegen und schlug das Pferd, aber der Stock sprang hart vom Pferde ab und traf Bjarni auf der Schulter." Oder:

„Im gleichen Augenblick schlug Thord mit der Pferdestange und traf Thorsteins eine Augenbraue, so daß sie über das Auge herunterhing. Thorstein nahm ein Stück von seinem Hemd und band damit die Augenbraue hoch."

Noch Anfang des vorigen Jahrhunderts – als die Aufzeichnung alter Volksbräuche begann – waren Pferdekämpfe sehr beliebt, ja, Ortsnamen wie Hästskede oder Skedevi zeugen überall in Skandinavien von den ehemaligen Kampfstätten.

Mit den Pferden fühlten sich die Wikinger nun einmal ebenso verbunden wie mit ihren Schiffen. Pferde waren nicht nur ihre zuverlässigen und schnellen Reittiere und persönlichen Freunde, Pferde verkörperten sogar die Kraft ihrer Götter. Das achtbeinige Kampfroß Wodans saust windschnell über die Erde, durch die Luft und wird überall dort erwähnt, wo ein merkwürdiger Ritt gemacht werden soll. Auch der Fruchtbarkeitsgott besitzt heilige Pferde (Freyfaxe genannt), auf denen kein Mensch reiten durfte. Derb urtümliche Riten für Wachstum und Wohlstand kreisten um ihre Glieder. Pferdefleisch verzehrten die Männer nur zu den allergrößten Opferfesten. An diesem einen Punkt stießen Christentum und Heidentum härter aufeinander als sonst. Hier gab es für die neue Lehre keinen Kompromiß, keine geschickte Anpassung. Dem heidnischen Sakrament des Opferpferdes stand das christliche Abendmahl gegenüber. Hier mußten sich Könige und Bauern zur alten oder zur neuen Religion bekennen. Die Heimskringla rührt in den norwegischen Königsgeschichten oft an dieses zentrale Thema und wir lesen am anschaulichsten in der Geschichte von Haakon dem Guten:

„Im Herbst zum Winteranfang (Mitte Oktober) wurde ein Opferfest auf Hlader abgehalten, und der König kam dorthin. Er pflegte sonst immer, wenn geopfert wurde, in einem kleinen Haus allein mit wenigen Männern zu speisen, aber die Bauern beschwerten sich, daß er nicht in seinem Hochsitz saß, wenn so große Freude unter dem Volk herrschte. Daraufhin forderte der Jarl ihn auf, dies nicht zu tun, und es wurde so, daß der König in seinem Hochsitz saß. Als sie den ersten Becher füllten, sprach Sigurd Jarl und weihte ihn Wodan und trank dem König aus dem Horn zu. Der König nahm das Horn entgegen und machte das *Kreuzzeichen.* Da sagte Kaar aus Gryting:

– Weshalb macht der König so? Will er noch immer nicht opfern?

Sigurd Jarl antwortete:

– Der König macht jetzt so wie alle, die auf ihre eigene Kraft vertrauen und den Becher Thor weihen: er machte das *Hammerzeichen,* ehe er trank.

Dann blieb es ruhig an dem Abend. Am folgenden Tag, als man zu Tisch ging, drängten sich die Bauern um den König und verlangten, daß er Pferdefleisch essen sollte. Der König wollte es auf keinen Fall tun. Dann baten sie ihn, die Brühe zu trinken, aber er wollte nicht. Dann baten sie ihn, das Fett zu essen, aber auch das wollte er nicht, und es war nahe daran, daß die Bauern Gewalt gegen ihn angewandt hätten. Sigurd Jarl wollte sie daraufhin versöhnen, beschwor sie mit dem Lärm aufzuhören und forderte den König auf, er solle über dem Kesselgriff den Mund öffnen. Dampf von dem kochenden Pferdefleisch haftete daran, so daß er etwas eingeschmiert war. Der König ging hin, wickelte ein Handtuch über den Griff, lehnte sich darüber und ging wieder zu seinem Hochsitz. Aber keiner war damit zufrieden."

Zur Julzeit hatten die Heiden drei Christenpfarrer erschlagen, drei Kirchen angezündet; der Ton war bedeutend herber geworden. Sie zwangen den König, ein paar Stücke Pferdeleber zu essen und die üblichen Becher für Wodan, Freyr, Brage und die Sippe zu leeren. „Der König war so wütend, daß keiner mit ihm sprechen konnte." Erst später kam es zu einer Versöhnung, und nur der allgemeine Sieg des Christentums beendete die harten Streitfragen dieser Art.

Nach der Bekehrung haben die Christen den Geschmack des Pferdefleisches grausig gescholten, den Genuß für schädlich erachtet, weshalb die meisten Menschen noch heute sich davor schütteln. Die Pferdeschlächter wurden als Heiden verdächtigt, bis vor kurzem übel verachtet und nahezu aus der christlichen Gemeinschaft ausgestoßen. Sträflinge und verkommene Personen fristeten mit dem Beruf ihre kärgliche Existenz, verflucht und gefürchtet. Alles was sie anfaßten, mußte gescheuert oder verbrannt werden. Ein schwedischer Pfarrer benutzte für sie sogar besondere Abendmahlsgefäße aus Zinn, was der Bischof jedoch bald verhinderte. Immerhin wurden die Leichen nicht durch die Friedhofspforte getragen, sondern nur über die Mauer gehoben. Kaum also, daß diese Nachfolger der Heidenpriester in geweihter Erde ruhen durften.

In der eben zitierten Erzählung konnte übrigens das Kreuzzeichen auch als heidnisches Hammerzeichen zu Ehren Thors aufgefaßt werden, sehr bezeichnend für die religiöse Übergangszeit. Denn als die Christen das Kreuz aufrichteten, sahen sich die Heiden zu einem abwehrenden und sammelnden Gegensymbol genötigt: es wurde der Thorshammer, den wir vielsagend in zahlreichen Wikingergräbern finden. Auch in Gnezdowo-Smolensk bekundet er sofort die Anwesenheit eines Skandinaviers des heidnischen Asenglaubens. Und wie die Gegensätze sich oftmals nahekommen, so auch hier. Setzten die Heiden zwei Augen in ihren Thorshammer, so galt der Gott natürlich als in dem Amulett anwesend, und zugleich bekam es eine geradezu erstaunliche Ähnlichkeit mit einem Kruzifix.

Das allergrößte Fest der Wikinger haben wir noch nicht erwähnt: das
Frühlingsopfer der Svear in Alt-Uppsala, welches so heilig war, daß es
nur jedes neunte Jahr vollzogen wurde. Dort, am alten Königssitz mit
den drei Grabhügeln der ersten mächtigen Sveakönige, bei der heiligen
Quelle, wurden die Asengötter seit alters vermutlich in dem heiligen
Hain unter freiem Himmel verehrt. Alle Römer (so wie Tacitus) betonen ausdrücklich, daß die Germanen in ihrer Frühzeit keine Tempel
kannten, sondern ihre Götter feierlich unter freiem Himmel verehrten.
Trotzdem gab es in Alt-Uppsala und andernorts in Skandinavien Heidentempel. Vermutlich entstanden sie erst als Protest gegen die Chri-
stenkirchen: was ihr könnt, können wir auch! Hatten die Christen eine
Dreieinigkeit, so konnten die Heiden auch eine vorweisen! So kamen
Wodan, Thor und Freyr in den Heidentempel, obwohl sie in der Mythologie nicht zusammengehören.

Natürlich steht die Kirche direkt auf dem Platz des einstigen Heidentempels – das war die Taktik der Missionare. Bei Ausgrabungen wurden
auch mehrere kräftige Pfostenlöcher unter der Kirche angetroffen.
Adam von Bremen hat den Tempel lebendig geschildert:

„Die Schweden haben einen sehr berühmten Tempel, der Uppsala
heißt und nicht weit von der Stadt Sigtuna liegt. Er ist ganz aus Gold
gebaut." Nach einer Beschreibung der drei Götzenbilder fährt Adam
fort: „Jenen Tempel umgibt eine goldene Kette, welche am Giebel des
Gebäudes hängt und den Herankommenden weithin zublinkt, weil das
Heiligtum selbst im Tale gelegen und ringsum wie ein Theater von Bergen umgeben ist."

Sollen die Berge etwa die drei Königshügel sein – und die Kette ein
Zinnenschmuck wie auf hausförmigen Schreinen jener Zeit? Wir sehen
darin nicht klar, dürfen uns aber auf die Schilderung des Festes verlassen, da sie von einem direkt angegebenen Augenzeugen stammt:

„Sie pflegen alle neun Jahre ein für ganz Schweden gemeinsames
Fest zu feiern. In bezug auf die Teilnahme daran findet keine Befreiung
statt. Die Könige und das Volk schicken ihre Gaben nach Uppsala, und
was grausamer ist als jegliche Strafe – diejenigen, die bereits das Christentum angenommen haben, kaufen sich von jenen Zeremonien los.
Das Opfer ist nun folgender Art. Von jeder Gattung männlicher Ge-
schöpfe werden neun dargebracht, mit deren Blut es Brauch ist, die
Götter zu sühnen. Die Körper aber werden in dem Hain aufgehängt,
der zunächst am Tempel liegt. Dieser Hain ist nämlich den Heiden so
heilig, daß jeder einzelne Baum durch den Tod oder die Verwesung der
Geopferten für geheiligt erachtet wird. Dort hängen Hunde und Rosse
neben den Menschen, und von solchen vermischt durcheinanderhän-
genden Körpern habe er, *erzählte mir ein Christ,* 72 gesehen. Übrigens
sind die Lieder, die bei der Vollziehung eines solchen Opfers gesungen

werden, vielerlei und schändlich und darum besser zu verschweigen ...
Das Opfer findet statt um die Frühlingsgleiche."

　　Über eine ähnlich große Kultfeier berichtet Thietmar von Merseburg
aus Lejre für Dänemark. Hier erfahren wir einiges über die größte religiöse Ekstase der Wikinger. Nur ahnen können wir das Beiwerk, wenn
Saxo Grammaticus ergänzend von „weibischen Körperbewegungen,
Schauspielen und Glockengeklingel" schreibt. Mitgeführte Gaben bedeuten – modern ausgedrückt – erhebliche Steuern für das Königshaus.
Schlimm war es für die Christen, das Fest durch Geldzahlungen zu un-
terstützen, schlimmer noch für die Heiden, daß sich jemand außerhalb
dieser irdischen Gemeinschaft und göttergegebenen Ordnung überhaupt stellen wollte; am unheimlichsten waren jedoch das Blut, die Ge-
rüche und das Geschrei der Opfer unter Tieren und Menschen. Noch
immer säuselt es im Hain von Alt-Uppsala, aber kein Baum ist so alt, als
daß er in seinem Geäst Erhängte getragen haben könnte. Nur in einem
Bild der Wikinger ist uns der Anblick noch überliefert, und zwar auf

Opferbaum mit gehängten Männern. Gewebe aus Oseberg

Walküre-Schankmaid begrüßt den toten Reiter in Walhall.
Sein Hund eilt ihm voraus

einem Gewebe im Oseberggrab, zwar stark stilisiert, jedoch unverkennbar durch die schlapp hängenden Köpfe und Füße. Nur Menschen sehen wir und denken deshalb auch an Ragnar Lodbrok, der auf einer Insel in der Seine 111 fränkische Soldaten erhängen ließ, oder an ähnliche
außergewöhnliche Kriegsopfer, von denen man am Königshof zu erzählen wußte.

Die allerschönsten Feste waren jedoch nicht von dieser Welt und
waren überhaupt nur den tapfersten Kämpfern vorbehalten. Nach Walhall segelte man am besten, konnte jedoch nach Belieben auch fahren
oder reiten. So genau sind ja die elysischen Gefilde nirgends lokalisiert.
Die Wagenfahrt ins Jenseitsreich kennen wir durch einige Bildsteine.
Ein gesatteltes Pferd finden wir in Gräbern, ebenso wie auf Bildern. Ist
es gar das achtbeinige Pferd Sleipnir, so reitet in diesem Zusammenhang selbstredend nicht der Gott Wodan persönlich, seine göttliche
Kraft hat vielmehr in dem Reitpferd des Verstorbenen Platz genommen.
Er ist dem Kriegsgott selbst verschrieben, wird gewissermaßen von ihm
abgeholt.

Und drüben – in Walhall – empfängt ihn eine Walküre mit einem
Willkommenstrunk im Horn, einmal sogar mit einem Kochkessel. Munter eilt der Hund seinem Herrn voraus. Aber wo ist der Hund? Man
braucht sich nicht wundern, wenn der Künstler bei all den Kampfbil-
dern oben keinen Platz für ihn fand. Er ist aber ordnungsgemäß mit auf
der Jenseitsfahrt, obwohl ihn bisher noch kein Wissenschaftler entdeckt
hatte: ganz unten, fast ganz rechts auf dem Stein sieht man ihn für sich
allein dahineilen!

Die begrüßende Walküre ist ein beliebtes Motiv der Steinmetzen
Gotlands, aber auch der Feinschmiede. Vier Damen aus verschiedenen

Funden sehen wir, alle in Schleppe, Umhang, Perlenschmuck und Haarknoten, wie es die Mode vorschrieb. Zuerst eine kleine flinke mit einem
Trichterbecher, dann eine ganz vornehme, gefolgt von noch einer silbernen und zuletzt eine kleine lustige grüne. Daß mit ihnen wirklich begrüßende Walküren und Schankmaiden gemeint sind, verraten nicht nur
die Bildsteine, sondern auch die Figuren aus dem Birkagrabe 825, und
als genaues Gegenstück der Schwesterstadt Haithabu ebenfalls Reiter
und Frau. Das Motiv eignet sich natürlich ausgezeichnet als Beigabe zur
Grablegung.

Var der Empfang in Walhall schon vielverheißend, so berichtet
Snorre nicht minder angenehme Dinge vom ewigen Aufenthalt dort.
Freilich mußte tagsüber irgend etwas geleistet werden – das faule
Nichtstun ist keinem bekömmlich! – und so wurde tapfer in nächster
Umgebung Walhalls gekämpft. Kämpfe machen hungrig und durstig –
das Trinkgelage mit fröhlich gehobenen Hörnern gehört auf einigen

Reiter und Walküre. Bronzeguß in Haithabu

Trinkgelage auf einem gotländischen Bildstein

Bildsteinen zu den feststehenden Freuden Walhalls, wie auch Snorre erzählt, daß das Schwein Särimner tagtäglich geschlachtet, gebraten und verzehrt wurde, um am nächsten Morgen grunzend wieder aufzuerstehn.

Sollte das nicht auch auf den Bildsteinen dargestellt sein? Ich glaube ja! Des öfteren stehen zwei Männer in einem Haus; die Tierköpfe an den Ecken verraten deutlich, daß ein solches mit dem Viereck gemeint ist. Zwischen sich halten die Männer einen unförmlichen Gegenstand, der voll befriedigend – nicht als ein Schwein – sondern als ein fertiger, am Spieß gerösteter Schweinebraten gedeutet werden kann, auf den sie mit langen Tranchiermessern einhauen. Auf dem Ardrestein ist diese Walhallszene rechts vom Segel deutlich erkennbar, wenngleich die Männer knien. Rechts – außerhalb der Hauskontur eilt die Schank-Walküre vom Dienst hinzu. Das ist die säkularisierte Jenseitsfreude der Bauern-Krieger mit ihrem ständigen Pökelfleisch in der Vorratskammer und in der Schiffstruhe, der heiße Wunsch, sich an täglich frischem Schweinebraten sattessen zu können!

Nur einmal jährlich gab es einen kleinen Vorgeschmack der himmlischen Genüsse, und zwar in dem Julschmaus, der direkt auf die große Herbstschlachtung folgte und Frischfleisch in aller Formen bot – eine herrliche Überleitung zu den langen Spätwintermonaten mit salzigem Essen und ständigem Durst. Mögen auch die geradezu unfaßbaren Abrechnungen über Metkonsum und mehrjährige Lagerung der Speisen im 16. Jahrhundert (zur Zeit Gustav Wasas) einer Vorratswirtschaft entstammen, die es zur Heidenzeit noch nicht gab, so dürfte der Alltag der Wikinger in ihrer Heimat oftmals wenig verlockend gewesen sein; die Feste mit ihrer Üppigkeit und Freude waren deshalb heiß ersehnt!

Häusliche Szene. Sie zeigt vermutlich den täglichen Schweinebraten in Walhall

Zwei von den vier Runensteinen Deutschlands – die Sigtryggsteine von
Haithabu bei Schleswig

XI.

Wo die geschriebene Geschichte beginnt

Norwegen: Harald Schönhaar und die Reichseinigung

Norwegen tritt schon früh ins klare Licht der geschriebenen Quellen. Snorres Heimskringla und andere Dokumente sind überreich an historischen Gestalten. Außerdem fällt ein unvergeßlich tief greifendes Ereignis ins Ende des 9. Jahrhunderts: die Reichseinigung. Das Vorspiel dazu kennen wir auch.

Königin Åsas Sohn, Halvdan der Schwarze, regierte erfolgreich, unterwarf alle kleinen Länder rund um den Oslofjord und soll vier „Halvdanshügel" hinterlassen haben. Snorre schreibt, das Volk habe ihn so geliebt, daß Gräber für ihn in Ringerike, Raumarike, Westfold und Hedemarken errichtet wurden. Wie es mit der Liebe des Volkes in neueroberten Gebieten stand, können wir unbeachtet lassen. Vor allem behauptet Snorre, gäbe es gute Ernten in jenen Gegenden. Und das war damals ein wichtiger Glaube.

Realpolitisch waren die „Halvdanshügel" ganz einfach Machtsymbole, eine Art Königshöfe und Thingstätten, die der König jederzeit nach seinem Tode aufsuchen und eine Zeitlang bewohnen konnte, so wie er zu Lebzeiten herumreiste und seine Macht ausübte. Archäologisch gesehen wird er nur in einem beerdigt liegen – also wohl in Borre selbst –, so daß der „Halvdanshügel" in Ringerike, den wir kennen und der gut erhalten ist, völlig leer sein könnte – ein Kenotaph („Leergrab") mit anderen Worten. Sein Enkel, Björn Fahrmann, verunglückte auf einer Fahrt zur See und erhielt trotzdem einen stattlichen Hügel, „Farmanshögen", der sich bei einer Ausgrabung als völlig fundleer erwies. Sein totes Ich mußte doch in die Heimat zurückkehren können, irgendwo hingehören, die Sippengemeinschaft fühlen und die Opfer der Sprößlinge empfangen.

Im Jahre 1939 wurde der größte aller Königshügel in Angriff genommen, „Raknehaugen", 35 Kilometer nordöstlich Oslo, mit einem Durchmesser von 95 Meter und einer stattlichen Höhe von 15 Meter. Lediglich drei starke Holzschichten wurden angetroffen, aus aufwärts gerichteten Stämmen wie in einem Kohlenmeiler, der jedoch niemals brannte, sondern im Laufe der Jahrhunderte weitgehend vermoderte. Für einen Prähistoriker wirkt der Holzaufbau wie ein Scheiterhaufen und *könnte* somit ein königliches Kenotaph vor der Wikingerzeit andeuten, älter als die Schiffsgräber der Westfoldkönige. Etwas leer wird es natürlich auch im Herzen der Wissenschaftler bei einem so dürftigen Ergebnis: 60 000 Kubikmeter Erde wurden bewegt – dreimal so viel wie im gesamten Wall der Hammaburg – für einen Mann, der gar nicht im Hügel beigesetzt wurde.

Der Sohn von Halvdan dem Schwarzen, Königin Asas Enkel also, ist kein anderer als König Harald Schönhaar, der Reichseiniger Norwegens. Er zog alle seine Kämpfer rund um den Oslofjord zusammen, stieß an die norwegische Westküste vor und siegte in der Schlacht in Hafsfjorden kurz vor dem Jahre 900 über alle Kleinkönige an der norwegischen Westküste. Der Augenblick war selten günstig gewählt. Die besten Krieger lagen auf Wikingerfahrten in fernen Ländern. Harald Schönhaar unternahm sozusagen einen Wikingerzug gegen seine eigenen Landsleute.

> Von Ost kamen Kiele   kampfeslüstern,
> mit gähnenden Häuptern   und goldenem Bildwerk ...
> Da brüllten Berserker   – los brach die Fehde –
> „Wolfspelze" wild heulend   Wurfspeere schwankten.

Obwohl manche Norweger von den Britischen Inseln rasch in die Heimat zurückgekehrt waren, war die Abwehr ungenügend; ja, die Verteidiger wurden geradezu verspottet:

> Untern Rudersitz rasch hin   rutschten die Männer
> In die Höh standen Steiße,   stak die Nas' in die Kiele.

Ängstlich um seine neuerworbene Macht bemüht, von vielen beneidet, war Harald Schönhaar um seiner Reichsansprüche willen darauf aus, sich für Norwegens Königtum auf das uralte schwedische Königtum berufen zu können. Es war ihm höchst willkommen, daß sein Vetter, der Miniaturherrscher Ragnvald im südlichen Westfold, sich mit dem besten Stammbaum des Nordens schmückte.

Er übernahm die Sitze der vertriebenen Kleinkönige und legte sie als eigene Königshöfe an, in denen er regelmäßig weilte, so wie es sein Vater Halvdan der Schwarze schon am Oslofjord getan hatte. Bezeichnenderweise ordnete er seine Grabstätte im neueroberten Lande an, auf Avaldsnes bei Karmsund. Snorre Sturlasson will sie selbst gesehen haben, aber sie scheint jetzt nicht mehr erhalten zu sein.

Ganz oben im höchsten Norden gab es auch die Finnensteuer einzutreiben. Sie hatte eine ganz entscheidende Bedeutung für die Finanzpolitik der norwegischen Reichseinigung. Schon im Anfang dieses Buches sprachen wir von Egil Skallagrimssons Onkel Thorolf, der das einträgliche Amt des Steuereinnehmers für den König bekleidete:

„Thorolf machte im Winter seine Fahrt ins Gebirge und mit ihm reisten 90 Mann. Früher war es üblich gewesen, daß der Bevollmächtigte des Königs nur mit 30 Mann oder weniger nach ›Finnmarken‹ gezogen war. Er führte zahlreiche Handelsgüter mit sich. Er traf die Finnen, erhob Steuer von ihnen und trieb Handel mit ihnen. Meist ging alles ruhig und freundlich vor sich, aber manchmal mußte Gewalt angewendet werden."

Etwas schablonenhaft sind die Schilderungen, wo wir lieber präzise Einzelheiten hören möchten. Felle von Zobel, Biber und Vielfraß werden oft erwähnt.

Harald Schönhaars Pflegemutter soll sogar am Weißen Meer gewohnt haben – ein merkwürdig sagenhafter Zug, und ein Enkel bekam den Namen Harald Graumantel, womit das graue Eichhörnchenfell (Feh) gemeint ist. „Harald Graumantel zog eines Sommers mit seinem Heer nach Perm im Norden. Er heerte dort, schlug eine große Schlacht gegen die Permer am Dwinastrande ... und erwarb sich unermeßliche Beute. Davon singt Glum Geirisson:

> Im Norden, im brennenden Dorf, sah ich die Bjarmländer flüchten.
> Der wortstarke König färbte das Schwert rot im Osten.
> Guten Ruf für diese Fahrt gewann der Herrscher der Krieger.
> Der junge König kämpfte am Ufer der Dwina."

Das alles konnten die Norweger immerhin dulden. Aber daß der König anfing von allen freien Bauern Steuer zu erheben, das war etwas Unerhörtes. Das war eine Bevormundung, eine Beeinträchtigung ihrer selbstverständlichen Freiheit, die sie nicht zu dulden gedachten. Es gab eine Massenauswanderung aus Norwegen übers Meer. Die altvertrauten Britischen Inseln wurden erneut kolonisiert, und eine große Insel stand bereit, zum allererstenmal besiedelt zu werden: Island. Harald Schönhaar hat bewirkt, daß Island in fünfzig Jahren so viele stolze und freie Bauern aus Norwegen aufnahm, wie der Boden ernähren konnte. Meist konnten die Bauern auf freiem Fuß Norwegen wieder besuchen. Sie hatten ihre Unabhängigkeit gerettet. Das war ihnen die Hauptsache.

Mit England hielt Harald Schönhaar gute Beziehungen. Die Zeit der großen Wikingerzüge war vorüber, und man bemühte sich um ein friedliches Zusammenleben. In England führte Alfreds Enkel Aethelstan die edle Politik seines Großvaters weiter und nahm Fürstensöhne zur Erziehung auf, so auch aus Frankreich und aus dem heidnischen Norwegen. Eine schwere Schlacht hatte Aethelstan zwar zu schlagen, aber sie war westwärts gerichtet, gegen den Normannenherrscher auf Irland, den schon kurz erwähnten tüchtigen Olav Cuaran. Dieser wollte nämlich beide Inseln unter seine Oberherrschaft bringen, aber der Versuch scheiterte. In der Schlacht von Brunanburh (= auf der Wina-Heide, im Jahre 937) hat Aethelstan die westlichen Normannen zurückgetrieben. Olav Cuaran gab sich zufrieden und regierte noch lange auf Irland. Die Mitte des 10. Jahrhunderts gilt als die ruhigste Periode der Wikingerzeit.

Dänemark: Harald Blauzahn und Deutschland

Deutschland bildete lange noch den östlichen Teil des fränkischen Reiches und trat erst im 10. Jahrhundert – eingeengt zwischen Franken, Slawen und Wikingern – als selbständiger Staat hervor. Deutschland sollte zum allererstenmal von den Wikingern Tributzahlungen fordern – etwas Unerhörtes, nachdem die Wikinger 130 Jahre lang allein sämtliche Tribute eingeheimst hatten. Ja, Deutschland erhob allmählich sogar Ansprüche auf den Ostseehandel, den die Wikinger ohne Einschränkungen beherrschten. Wie es dazu kam, werden wir im folgenden sehen.

Haithabus Handel an der Schlei – zwischen Ostsee und Nordsee – blühte. Es war schon wertvoll, diese Stadt zu besitzen, Steuer von allen Handwerkern zu erheben und die durchgeschleppten Wikingerschiffe zu kontrollieren. Ganz im Anfang des 10. Jahrhunderts gelingt es einem Schweden (!) sich der Stadt zu bemächtigen. König Olov ist sein Name. Adam von Bremen nennt ihn, so auch Snorre in seiner Heimskringla, aber die Schriftquellen zur schwedischen Wikingerzeit sind nicht nur lückenhaft, sondern bestehen überhaupt nur aus einzelnen Bruchstükken – ganz im Gegensatz zu den ausführlichen Dokumenten für Norwegen und Westeuropa. Olov kann ein Lokalkönig gewesen sein, aber auch ein Glied des Königshauses zu Alt-Uppsala, das seinen Sitz in dem eroberten Haithabu nahm.

Nach ihm regierten seine Söhne Knuba und Gyrd, sowie sein Enkel Sigtrygg, allerdings nicht ungestört, denn jetzt war die Stunde des ersten sächsischen Königs in Deutschland gekommen. Heinrich I. der Vogler hatte sein Reich tatkräftig ausgebaut, im Elbe- und Saalegebiet Burgen angelegt und im Südosten gegen die Magyaren gesiegt; schließlich stieß er zum allerersten Angriff gegen die Wikinger vor. Im Jahre 934 eroberte er (nach Widukind von Korvey) Haithabu, nicht von den Dänen, sondern von den Schweden. Knuba ließ sich taufen und zahlte Heinrich Tribut – die erste Rückzahlung aus dem Norden.

Wir kennen Knuba ganz gut durch seine Frau, die bei Haithabu zwei Runensteine errichtete (jetzt in Schloß Gottorp in Schleswig). Der große Stein stand ursprünglich an der Furt südlich Haithabu, für alle gut sichtbar, und berichtet in schwedischen Runen.

„Asfrid machte dieses Denkmal für Sigtrygg, ihren und Knubas Sohn."

Der kleinere Stein ist ein wenig ausführlicher und meldet in dänischen Runen:

„Asfrid, Odinkars Tochter, machte diese Denkmäler für König Sigtrygg, ihren und Knubas Sohn. Gorm ritzte die Runen."

Die Steine sind wertvolle Zeugen für die Richtigkeit von Widukinds Personenangaben. Heinrich I. griff auch den alten Bekehrungsgedanken von Ludwig dem Frommen wieder auf. Hundert Jahre lang war an Mission nicht zu denken gewesen. Er schickte den Erzbischof Unni von Bremen nach Dänemark und weiter nach Birka, wo er allerdings im Jahre 936 starb. Sein Körper wurde dort beerdigt, sein Haupt in der Domkirche zu Bremen. Unter den Gräbern in Birka müßten wir also ein Skelett ohne heidnische Beigaben und ohne Kopf finden, aber leider ist es bis jetzt noch nicht gefunden.

Die Annäherung an Deutschland zog weitere Folgen nach sich. Die Herrscher von Haithabu fingen an, eigene Münzen zu prägen. Die Silberschätze der südlichen Ostsee *nach* dem Jahre 936 enthalten oftmals eine sehr große Zahl von sog. Haithabu-Halbbrakteaten. Sie sind stumme Münzen – ohne Angabe von Ort, Münzpräger und Jahr, aber sie häufen sich so stark rund um diese Stadt, daß kein Zweifel über ihren Ursprung bestehen kann. Und was dabei am interessantesten ist: Schätze in Schleswig-Holstein, in der allernächsten Umgebung also, enthalten ausschließlich solche Halbbrakteaten. Die Grabungsfunde in der Handwerkersiedlung bestätigen die Tatsache. Vor 950 gibt es noch Speckstein-Gußformen für Silberbarren in der schwarzen Erde. In den höheren Müllschichten, die erst nach 950 abgelagert wurden, fehlen solche. Man hatte für Silberbarren als Zahlungsmittel keine Verwendung mehr. Man ist zu einer reinen Geldwirtschaft übergegangen, in der kein anderes Silber geduldet wurde.

Die Ursache ist einfach. Ankommende Händler mußten ihr Hacksilber und ihre fremden Münzen in die örtliche Währung eintauschen, wodurch der Münzpräger Gelegenheit hatte, bei dem Guß einen angemessenen Schlagschatz zu behalten. Das war der ihm zufallende Zoll, seine Steuer, so wie die örtlichen Herrscher in Deutschland und Frankreich es zu jener Zeit machten. Das ist also der nächste große Schritt zu einer Geldwährung, den wir hier erleben. Und die Streuung der Haithabu-Halbbrakteaten zeigt eine ausgeprägte Häufung die Oder aufwärts. Dorthin weisen die Handelsinteressen der Stadt.

Natürlich verheerten die Wikinger auch die deutsche und baltische Ostseeküste, aber wir wissen wenig darüber, weil die Slawen keine Handschriften hatten, die der Nachwelt erhalten bleiben konnten. Es gibt jedoch zahlreiche Wikingerfunde die ganze Küste entlang. Pracht-

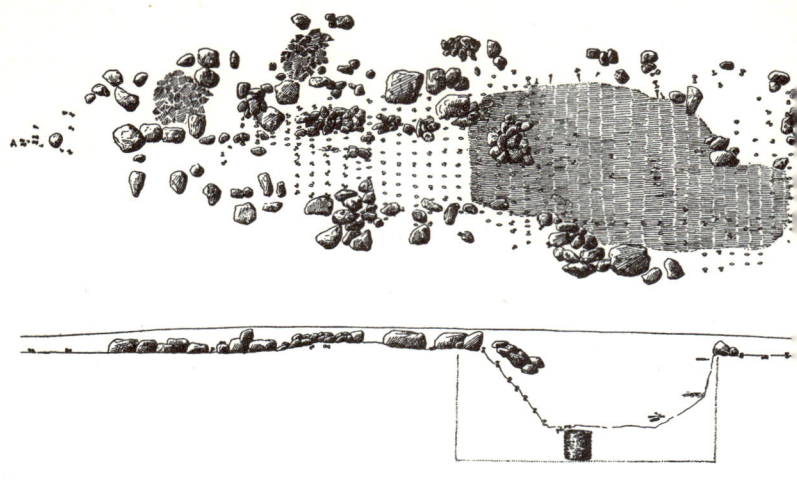

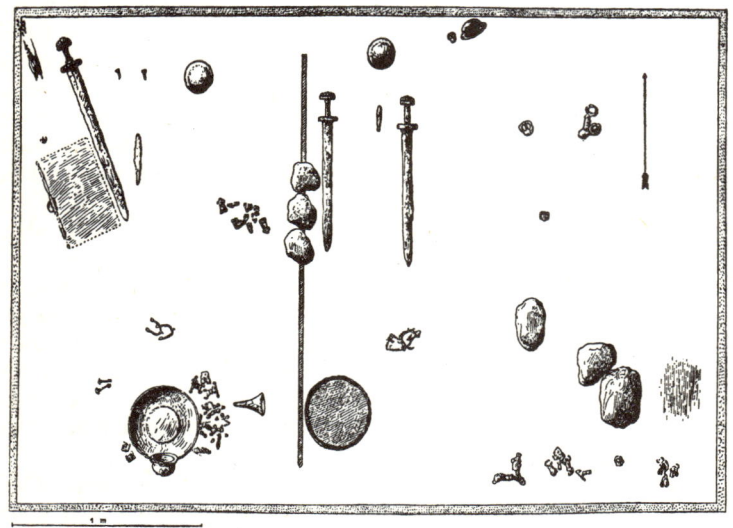

Das reichste Grab in Haithabu, die Nieten des vermoderten Schiffes in langen
Reihen, ganz rechts drei Pferdeskelette. Unter der Mitte des Schiffes die Holzkammer, im Profil gesehen, und ein vergrößerter Plan derselben mit den Beigaben

voll besonders der große Goldschatz von Hiddensee bei Rügen, rein nordischer Herkunft, während die Silberschätze südlich der Ostsee sonst oftmals eine andere – slawische – Zusammensetzung haben.

Indessen haben die Dänen den Verlust Haithabus nur ungern hingenommen. Schon vor tausend Jahren war die Grenze quer durch Schleswig-Holstein ein umstrittenes Problem. Da der alte Kograben von Haithabu quer herüber zur Treene nun in schwedischer, später in deutscher Hand war, mußten die Dänen einen neuen Befestigungswall bauen. Es wurde der sog. Hauptwall, dessen Frontverlauf deutlich zeigt, daß er zu einer Zeit gebaut wurde, als Haithabu *nicht* in dänischem Besitz war. In diesen unruhigen Zeiten werden die Städter auch den Halbkreiswall selbst gebaut haben, aber kommende Ausgrabungen werden hoffentlich viel Genaueres darüber sagen können.

Wir haben überall von einem dänischen König gesprochen, aber selbst Dänemark wird meistens noch von mehreren Kleinkönigen regiert worden sein. In dieser Zeit ist einer entschieden der mächtigste: Gorm der Alte in Jütland (er hat nur den Namen mit dem oben genannten Runenritzer Gorm gemeinsam). Für seine Königin Tyra ließ er einen der interessantesten Runensteine errichten, mit der stattlichen Inschrift:

„Gorm König errichtete diese Denkmäler für Tyra, seine Frau – Dänemarks Wohltäter."

Hier wird Dänemark zum erstenmal als Land genannt. *TAN MARKAR* lautet das Runenwort. Und welch schönes Urteil über seine Frau. „But" heißt es buchstäblich, was etwa mit Wohltäter, Heil, Segen, Zierde übersetzt werden kann. Dementsprechend soll nach der Volksüberlieferung Tyra die tatkräftige Frau gewesen sein, die das große Aufgebot zustande brachte, um den neuen Hauptwall bei Haithabu zu bauen. Gorm wird als alt, schwach und gebrechlich bezeichnet. Was an den spätzeitigen Erzählungen wahr ist, wissen wir leider nicht, und es ist sogar diskutiert worden, ob König Gorm mit dem Beiwort „Dänemarks Wohltäter" vielleicht sich selbst meint!

Sicher ist jedoch, daß es neben diesem Runenstein zwei Königshügel gibt, welche – nun endlich auch in Dänemark – die gleiche stattliche Größe wie die Hügel in Schweden und Norwegen aufweisen, der größte 77 Meter Durchmesser, 11 Meter hoch. Sie liegen beiderseits (also nördlich und südlich) der Kirche von Jellinge, unweit Fredericia und Vejle, wo auch der Königshof stand. Eine Holzkammer befand sich in dem nördlichen Hügel, 6,7 mal 2,6 Meter, mit einer Höhe von nur 1,45 Meter, ein sorgfältiger Stabbau, der leider schon 1861 untersucht wurde. Mehrere gute Gegenstände kamen an den Tag, darunter ein feiner Silberbecher oder Kelch und geschnitzte Holzgegenstände, aber keine Skelettteile. Damit beginnen die Rätsel von Jellinge, die in den letzten Jahren so überraschend gelöst wurden!

Nach einfachen mathematischen Regeln müßten Gorm und Tyra in je einem Hügel ruhen. Aber in der Vorgeschichte geht es anders. Es lagen ja überhaupt keine Knochen in dem Nordhügel, obwohl sogar das Holz ausgezeichnet erhalten war. Nach Probegrabungen im vorigen Jahrhundert konnte erwartet werden, daß der Südhügel leer sei. Das ist natürlich nicht erfreulich für den, der nach Schätzen gräbt, aber die Dänen scheuten keine Mühe, um (im Jahre 1941) zu sehen, wie es mit ihren ersten Reichskönigen stand.

Was soll man schon in einem völlig leeren Hügel von solchem Ausmaß finden? Zerbrochene Wagenteile, ganze Tragbahren und etliche Spaten lohnen kaum der Mühe. Vom Scheitel lief ein dünner Pfosten in die Tiefe, anscheinend ein Richtungsweiser für die Mitte des Hügels, während gebaut wurde. Aus Torf- und Grassoden war er aufgebaut, alle mit dem ehemaligen Pflanzenwuchs nach unten gewendet. Die Erwartungen wurden nicht enttäuscht – der Hügel war unweigerlich leer. Keine Spur von einer Grabkammer oder einer zentralen Anlage. Lediglich einige sehr große Steine in zwei Meter Abstand voneinander.

Sie waren jedenfalls mit Absicht hingestellt. Sonderbar – sie bilden zwei südwärts zusammenlaufende Linien, deren Verlängerung nordwärts genau mit der unregelmäßigen Grenze des Kirchhofs von Jellinge zusammenfällt. In der Kirchhofsmauer stehen seit alters einige Steine der gleichen Größe, und insgesamt sind 70 der ursprünglich 200 großen Bautasteine gefunden worden. Beide Linien zielen auf die Außenkanten des Nordhügels hin. Sie bilden eine Einfriedung von 185 Meter Länge und 80 Meter Breite an der nördlichen Basis. Der Winkel des spitzen Endes beträgt etwa 25 Grad. Das ist ein Wi, eine heidnische Weihe- oder Kultstätte in unmittelbarer Verbindung mit dem Nordhügel. So viel ist auf jeden Fall sicher. Damit haben wir etwas absolut Neues gefunden, dessen Existenz wir noch nicht ahnten – etwas königlich Wichtiges für die Kultur der Wikinger.

Mit neugeklärten Augen hielt der Ausgräber Ejnar Dyggve Ausschau, ob irgendwo Ähnliches anzutreffen sei – vielleicht abgebaut, ramponiert und deshalb bis jetzt übersehen. Und wie sonderbar es mit dem Finderglück manchmal bestellt ist! Er hat seit vierzig Jahren sein Sommerhäuschen in einem solchen Wi gehabt! Die Kirche von Tibirke auf Nordseeland liegt auf einer natürlichen Erhöhung im Gelände. Südlich von ihr laufen zwei niedrige Erdwälle in einem spitzen Winkel zusammen, von gleicher Größe wie in Jellinge. Ejnar Dyggve hat sich schon immer darüber gewundert und im Jahre 1917 ein paar Probegrabungen unternommen, aber nur etwas Steinfüllung gefunden. Jetzt kam die überraschende Erklärung. Eine Karte von 1793 zeigt, wie der Kirch-

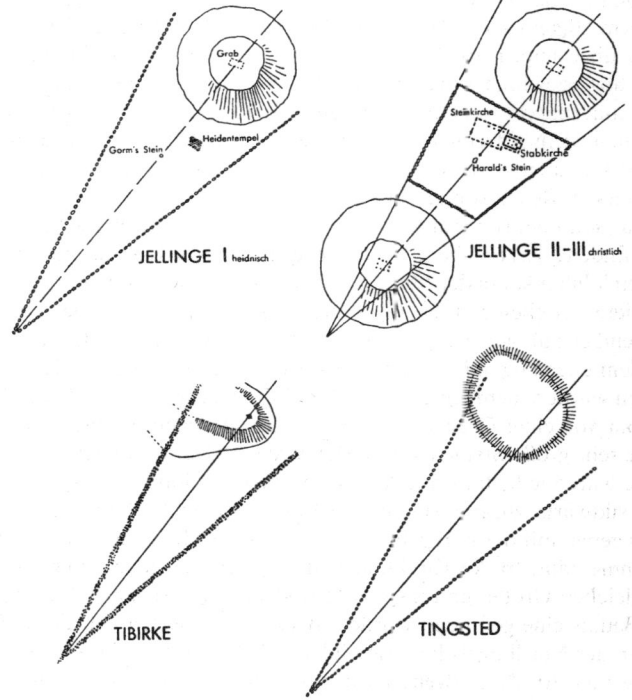

Die neu entdeckten heidnischen Kulturstätten in Dänemark

hof damals noch die alte Form bewahrt hatte. Die Bauernhöfe des Dorfes lagen vor der Flurbereinigung sorgfältig außerhalb des Dreiecks, und an der Spitze befindet sich eine heilige Quelle.

Eine dritte Kultstätte derselben Art wurde bei Tingsted auf der Insel Falster entdeckt. Auch hier liegt die Kirche auf einer natürlichen Erhöhung, und das Dreieck ist deutlich auf der Dorfkarte von 1784 erkennbar. Der Winkel ist der gleiche, die Anlage insgesamt etwas größer. Bis 1720 wurde darin Thing abgehalten.

Wo stand der Göttertempel in diesen drei Kultstätten? Aller Wahrscheinlichkeit nach genau auf dem Platz der späteren Kirchen. So weit

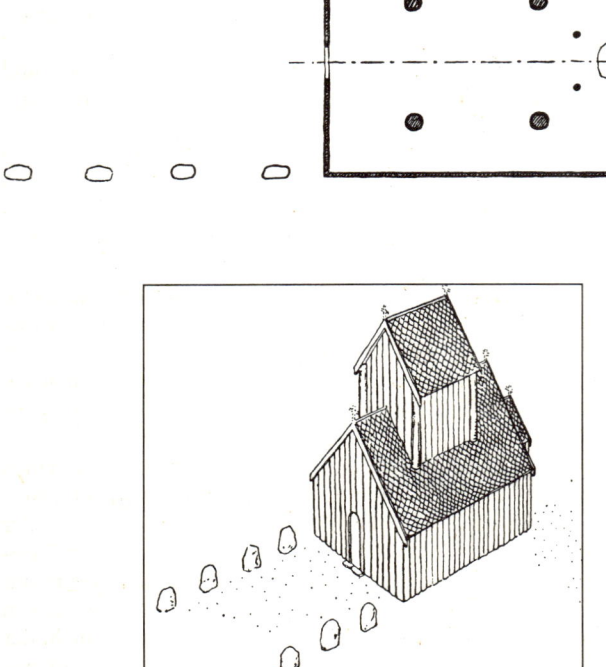

Rekonstruktion der ältesten Stabkirche von Jellinge auf dem Platze des einstigen Heidentempels – oben Plan der Anlage

führen uns die Überlegungen am Schreibtisch. Deshalb hat Einar Dyggve 1947 und 1951 zunächst unter der Kirche von Jellinge selbst gegraben. Das geht nur stellenweise, da die ganze Steinkirche sonst zusam-
menstürzen würde, und es gibt der Störungen genug. Aber unter dem
gestampften Tonfußboden der ältesten Kirche stieß er auf noch einen
Tonfußboden mit einem darin versenkten, kräftigen Pfostenloch. Das
ist wahrlich nicht viel, und doch wagen wir zu behaupten, daß wir auf
den heidnischen Göttertempel gestoßen sind!

Damit klärt sich das Bild. Gorm der Alte hat um 930 mit dem Bau
eines Grabhügels begonnen und zugleich einen königlichen Heidenhain
angeschlossen. Zweihundert stattliche Bautasteine bedeuten immerhin
in dem steinarmen Dänemark eine beachtliche Leistung. Den Göttertempel ließ er etwas neben der Mittelachse bauen, vermutlich weil der
heiligste Punkt nach uraltem Ritus für Opfer unter freiem Himmel re-
serviert war. Seine Königin Tyra starb zuerst und wurde provisorisch
beigesetzt. Er folgte ihr um 940. Hier entstand also ein Doppelgrab aus
anderen Gründen als den früher besprochenen.

Der Sohn trägt den sonderbaren Namen Harald Blauzahn und
taucht folglich in allen modernen, scherzhaften oder ernsten Zeichnungen mit einem blauen Zahn im Gebiß auf – obwohl „blau" die alte Ne-
benbedeutung „groß" hat, weshalb er eher stattliche und auffallende
Zähne besaß. Auch Ritter Blaubart müssen wir uns mit einem sehr üppigen Bartwuchs vorstellen – wenngleich manche über diese Veränderung in dem gewohnten Aussehen von zwei historischen Persönlichkeiten enttäuscht sein könnten.

Harald Gormsson hat seine Leistungen auf einem Runenstein kund-
getan, welcher auf der Mittelachse des Dreiecks steht und selbstbe-
wußt, von einmaliger Schönheit bekundet.

„Harald König ließ diese Denkmäler errichten für Gorm, seinen Vater, und Tyra, seine Mutter, der Harald, welcher Dänemark einigte, ganz
und gar, und Norwegen, und die Dänen zu Christen machte."

Der Stein besteht aus einem dreieckigen Naturblock. Auf der einen
Seite der Haupttext, auf der zweiten Seite steht „ganz und gar und Norwegen", darüber ein monumentaler Vierfüßler. „Das große Tier" der
Runenornamentik nennen ihn die Prähistoriker, kraftvoll wie ein Herr-
schersymbol, in Bandtieren elegant verschlungen. Die dritte Seite mit
der Christianisierungsbotschaft zeigt einen ebenfalls verschlungenen
Christus mit Heiligenschein und ausgestreckten Armen; es ist nicht der
leidende Gekreuzigte, sondern der heldenhafte Sieger im Glaubens-
kampf, der einzige Christus, der den kämpfenden Wikingern imponieren konnte.

In Stil und Haltung ist es ein großartiges Werk, einmalig in seiner
Konzeption von Runenstil, Majestät und frischem Bekehrungseifer.

Die Heiden hatten sich ja schon lange mit dem Christentum befaßt, die Kolonien auf den Inseln und in der Normandie waren zum Christentum übergetreten, in allen Handelsstädten der Ostsee genossen christliche Händler ihre eigenen Rechte. Auf der Kirchensynode in Ingelheim hat König Otto I. drei deutsche Bischöfe in Schleswig, Ribe und Aarhus eingesetzt, namens Hored, Liafdag und Reginbrand. Der Königssitz von Jellinge war gewissermaßen vom Christentum eingekreist worden. Etwa 960 kam der entscheidende Schritt, die Taufe Harald Gormssons durch den Mönch Poppo, und 965 erteilt Otto I. den drei Bistümern „in der Mark der Dänen" einen Immunitätsbrief und Steuerfreiheit. Dänemark hätte damals dem Kaiserreich einverleibt werden können, aber hatte doch Kraft, in seiner Geburtsstunde eigene Wege zu gehen!

Tausend Jahre sind also seit dem Merkjahr für die Christianisierung Dänemarks vergangen. Ein Christenkönig konnte unmöglich den Heidenhain des Vaters beibehalten. Das zentrale Gelände mußte umgestaltet werden. Harald begann den Bau eines zweiten Grabhügels über dem spitzen Ende und ließ den Göttertempel abreißen – gewiß eine unerhörte Tat im Kreise zahlreicher heidnischer Beamten. Den Raum zwischen den Hügeln gestaltete er als Friedhof und baute auf dem Abrißplatz die erste Stabkirche, welche wir durch Ejnar Dyggves Ausgrabungen jetzt rekonstruieren können. Drei Pfostenlöcher und eine Hausecke mit den Holzresten von einem aufrechtstehenden Brett aus Eiche sind in dem Tonfußboden angetroffen worden, welcher das Fundament des Heidentempels zudeckt. Alle Spuren und Maße stimmen mit denjenigen der ältesten Stabkirchen überein, die wir gut kennen: zwei Pfosten für den Triumphbogen, ein schwerer Pfosten von den vier Hauptträgern und die Ecke zwischen Kirche und Chor. Ein merkwürdiger Altarstein ist eine geologische Seltenheit aus Granit mit eingesprengten, roten rosettförmigen Granatsammlungen. Er kann älter als die Kirche sein. Mit der Vorliebe der Heiden für außergewöhnliche Naturerscheinungen kann er ein heidnischer Opferstein sein, der von dem ersten Bischof geweiht und übernommen wurde.

Harald Blauzahn hat noch mehr für die neue Lehre getan. Er ließ sich in geweihter Erde beisetzen, und zwar in der ersten Domkirche zu Roskilde, demonstrativ auf den Inseln, dort, wohin er als Reichseiniger seine Macht ausgedehnt hatte, ganz ähnlich wie Harald Schönhaar sich an der neueroberten Westküste Norwegens beisetzen ließ.

Was wollte er nun mit dem Bau eines Grabhügels in Jellinge? Von dem was wir aus Norwegen hörten, wird uns das verständlich. Harald Blauzahn hatte zwar eifrig das Christentum angenommen, war aber im Heidentum aufgewachsen und verwurzelt. Er wollte einen Hügel in seiner Heimat haben, den er als Toter von Roskilde aus aufsuchen und bewohnen konnte. Er trennte sich nicht von seiner Sippe. Das war sein *soziales* Gebot, in das sich die neue Religion nicht einmischen durfte. Sein Körper lebte nach dem Tode aus triftigem Grunde an fremdem Orte weiter, so wie andere Männer zur See ertranken oder in fremden Ländern umkamen. Mit jenen Männern hatte er das eine gemeinsam, daß für eine heimatliche Wohnstätte, für einen Grabhügel in der Sippengemeinschaft gesorgt werden mußte. All diesen Männern wurden Großhügel errichtet, die sich bei der Ausgrabung als völlig leer erweisen und dadurch erst recht den ehrlichen Jenseitsglauben verraten.

Weshalb wurden die Grabkammern des Nordflügels ausgeräumt und die Knochen von Gorm und Tyra entfernt – ähnlich wie in den norwegischen Schiffsgräbern? Das ist das wichtige Moment, das wir noch nicht erklären können. Es gibt auch andere Probleme an der Schwelle zwischen Heidentum und Christentum. Die planmäßig eingesetzten Forschungen können in den nächsten Jahren weitere Überraschungen bieten, weshalb wir oben einen gewissen Mittelweg der Deutung einschlugen.

Harald Blauzahns Leben war stürmisch und von Kämpfen erfüllt – wie es einem großen Wikingerkönig ziemt. Als der norwegische König Harald Graumantel im Jahre 970 fiel, beeilten sich Haakon Ladejarl von Haalogaland im Norden und Harald Blauzahn von Dänemark im Süden, Norwegen untereinander zu teilen. Drei Jahre später starb Otto der Große, und Otto II. schickte sich an, das inzwischen für Deutschland verlorene Haithabu zurückzuerobern. Um die Grenze bei Schleswig wurde immer hart gekämpft, und im Jahre 983 hatte Harald Blauzahn Gelegenheit, die gute Kaufmannstadt Haithabu für sich und Dänemark zu erkämpfen. Stolz konnte er seine drei Haupttaten dem dreieckigen Steinblock einmeißeln: „... der Harald, welcher Dänemark einigte, ganz und gar, und Norwegen, und die Dänen zu Christen machte."

Sein Sohn Sven Gabelbart verstand es allerdings nicht, seinen würdigen Vater gebührend zu ehren. Mit der jungen Generation zettelte er einen Aufruhr an, und verwundet floh Harald Blauzahn in sein Adlernest Jomsburg oder Jumne, wo er im Kreise seiner treuesten, tapfersten und härtesten Wikinger wenige Tage später, am 1. November, starb – vermutlich im Jahre 986. Die Jomswikinger in der Odermündung wären ein eigenes Kapitel wert. Viel ist um sie gedichtet worden, aber die Archäologie hat ihre Festung nicht wiedergefunden. Die letzten Jahrzehnte haben wenig Neues hierfür gebracht. Die Kaufmannstadt Wollin hat sich als ergiebiger erwiesen.

Dort wurde in den 1930er Jahren fleißig gegraben, in Verbindung mit Kanalisationsarbeiten im eng besiedelten Zentrum. Nicht weniger als 15 Siedlungsschichten konnten in der schwarzen Erde gezählt werden, germanische ebenso wie slawische.

... und noch nicht beginnt (Schweden)

Da müssen wir Schweden unsere skandinavischen Nachbarn beneiden.
Bei uns beginnt die geschriebene Geschichte erst um das Jahr 1000 oder
noch später. Für die eigentliche Wikingerzeit haben wir nicht einmal die
vollständige Namensliste der Könige zu Alt-Uppsala. Vielleicht waren
die Herrscher weniger bedeutend als die Staatsgründer im 7. Jahrhundert, vielleicht fühlten sie sich von Kleinkönigen in anderen Provinzen
bedrängt. Auf jeden Fall verstanden sie es nicht, wie Ragnvald der
Hochgeehrte und Harald Schönhaar in Norwegen, den richtigen Ruhm
für die Zukunft zu sichern. Wie reizvoll können Neufunde der Spatenforschung das Geschichtsbild Dänemarks erweitern. Der Erzheide
Gorm und der neubekehrte Harald Blauzahn werden doch zu menschlich sympathischen Gestalten durch ihr religiöses und soziales Gewissen. Aber ihre schwedischen Zeitgenossen kennen wir nicht, auch kein
einziges Wort über ein so großes Ereignis wie die Zerstörung der Handelsstadt Birka. Es sind lediglich die allerjüngsten, beigabenreichen
Gräber und ein Silberschatz, welche eine Datierung der Katastrophe
um 980 gestatten. Der Silberschatz lag auf einem Eisenteller in der
schwarzen Erde und seine Schlußmünze stammt aus dem Jahre 967.
Plünderungen und Brandkatastrophen werden einiges bewirkt haben,
möglicherweise auch die ständig fortschreitende, langsame Landhe-
bung, durch welche die Segler vielleicht nicht mehr über einen Engpaß
hinwegkonnten. Schon vor dem Jahre 1000 schuf der Schwedenkönig
Olov Skötkonung den neuen Handelsort Sigtuna, dessen schwarze Erde
auch sehr ergiebig ist. Es wird in ihr gegraben, sobald ein Hausabriß
Tiefschachtungen gestattet. Die Spatenforschung wird wohl aus einer
schriftquellenlosen Zeit die Zerstörung Birkas bald ebenso sauber erklären, wie es schon mit der Entstehung Birkas geschah.

Überhaupt sollen wir die Bodenfunde nicht unterschätzen. Der norwegische Fundstoff ist riesig und die Unterschiede in den einzelnen
Siedlungskammern fallen stark ins Auge. Dortige Prähistoriker zeigen,
wie Siedler talaufwärts vordrangen und sich in früher öde liegenden
Hochregionen niederließen. Die Dänen haben in ihrem stark bebauten
Land gar keinen Fundreichtum, stoßen jedoch bei Erdarbeiten wiederholt auf überraschende Funde.

Für Schwedens Wikingerzeit sind wir ausschließlich auf die Bodenfunde angewiesen. Schweigen die Schriftquellen, so sind Gräber, Hortfunde und Siedlungen jedoch um so zahlreicher. Vom Jahre 1938 ab
werden sie planmäßig registriert. Feldarchäologen durchstöbern ein
Kirchspiel nach dem anderen, vermerken alles und vermessen es möglichst auch auf Spezialkarten. Bis 1970 soll die Arbeit beendet sein, und
jetzt liegen folgende Zahlen vor:

Die Kernlandschaften der Svear am Mälarsee:

Uppland	128 000
Södermanland	92 600
Västmanland	noch nicht registriert
Die ostschwedische Provinz Östergötland	35 100
Die Ostseeinsel Gotland, rund	30 000
Die Ostseeinsel Öland, rund	10 000
Das südschwedische Hochland – Provinz Småland	42 000
Übrige registrierte Denkmäler	16 300
Insgesamt bis jetzt	354 000
Insgesamt für Schweden etwa	500 000

Viele Gräber verbergen sich ebenerdig zwischen den sichtbaren, weshalb die Zahl der unberührten Vorzeitdenkmäler Schwedens fast doppelt so hoch sein dürfte. Viele davon gehörten natürlich der Steinzeit, Bronzezeit oder älteren Eisenzeit an, aber wir dürfen mit ¼ bis ½ Million Bodenaltertümer der Wikingerzeit in Schweden rechnen!

Sie bilden in der Tat das größte wissenschaftliche Archiv des Landes. Es kann niemals erschöpft werden und reicht trotzdem aus, um in Zukunft die archäologischen Museen riesenhaft zu erweitern, der Verwaltung noch ungeahnte Probleme aufzubürden. Schriftquellen der Wikingerzeit weitgehend zu ersetzen und uns ein gewaltig verbessertes Wissen über jene Epoche zu bieten.

Dabei bilden sie überhaupt nur einen „Restbestand", denn die Historiker des vorigen Jahrhunderts klagten über die jährliche, fast unfaßbare Vernichtung der Denkmäler (dem nunmehr also effektiv Einhalt geboten ist). Damals gab es nur einen geringen Schutz für die Heidengräber, und was die Bauern durch Zufall in ihnen fanden, gelangte manchmal in die Hände der Sammler, Liebhaber oder Prähistoriker und von ihnen aus in die Museen. Man kümmerte sich auch meist nur um die Gegenstände selbst. Man bewertete sie nach ihrer Qualität und fügte nur wenige Fundangaben hinzu. Man ahnte noch nicht, daß das Fundmilieu – um nicht zu sagen: der gesamte Altertumskomplex – weit wichtiger war, als der künstlerische Wert der Gegenstände.

Die meisten der frühzeitig geborgenen Streufunde sind noch nicht bearbeitet. Sie sind vernachlässigt worden, weil die Forschung sich gar zu eifrig den besonderen, den künstlerisch hochstehenden, fern hergeholten Prunkstücken zuwandte. So entstand eine Forschungslücke im heimatlichen Alltagsstoff, die im Gesamtbild der Wikingerkultur besonders auffällt und vorbehaltlos zugegeben werden muß. Es verhält sich sogar so, daß der Fundstoff aus keiner einzigen Landschaft Schwedens bis jetzt vollständig veröffentlicht worden ist. Soll man sagen, daß die Häufung an schon geborgenen Metallsachen der Insel Gotland fast nicht zu überblicken ist und im engen, gleichmäßig dicht bewohnten Raum wenig Möglichkeiten für besiedlungsgeschichtliche Studien bietet? Soll man die Landschaften westwärts undankbar schelten, weil ihr Fundstoff ebenso rätselhaft armselig ist wie der dänische? Die Streufunde aus den Kernlandschaften der Svear müßten sofort in einem begrenzten Arbeitsgang erschlossen werden, um den richtigen Blick für die allergrößte Anhäufung der Wikingerfunde zu gewinnen. Nur dann hätte es einen Sinn, planmäßig ganze Dorfgräberfelder oder ein ganzes Kirchspiel auszugraben – was doch der kostspielige Wunschtraum der Forschung wäre.

Und wie steht es in dem südschwedischen Hochland, diesem kargen Moränenboden mit lauter kleinen Siedlungskammern? Seine alten Zufallsfunde liegen ordentlich in den Schränken des Stockholmer Museums und sind schon katalogmäßig erfaßt. Sie könnten – und müßten – in einem begrenzten Arbeitsgang bearbeitet werden. Es eilt sogar, da draußen auf den Höfen die Menschen noch leben, welche vor einem halben Jahrhundert die Funde gehoben haben. Wenn also Fundangaben unvollständig sind, können sie jetzt noch am Platze eingesammelt werden! Manche alte Fundbergung ist übrigens höchst verdienstvoll. In den 1890er Jahren gruben Pastor Palmgren, Wibling u. a. sehr sorgfältig und schrieben vorbildlich präzise Berichte, die mit ihrer sauberen Handschrift noch heute völlig unbearbeitet im Museum ihrer Zeit harren. Mit Hilfe dieses Fundstoffs müßten wir die ganz typische Landnahme innerhalb Skandinaviens selbst klar erfassen. Welcher Wohlstand der Landschaft Småland beruht auf Erzgewinnung, Ackerbau, Handel und Kriegszügen? Was bedeuten die Flußläufe südwestwärts und südostwärts für das Kulturbild der einzelnen Gegenden?

Die Hügelgräberfelder Schwedens liegen vielerorts dicht bei einem Bauernhof, dessen Name das Wort ›By‹ enthält und schon dadurch seinen Ursprung in der Wikingerzeit verrät. Die üblichen 40 bis 50 Hügel können die Zahl 100 weit übersteigen, wenn mehrere Höfe zusammenlagen, oder können durch Erdarbeiten auf einen kaum bemerkbaren Rest zusammengeschrumpft sein. Die Gräberfelder liegen auf kleinen Anhöhen, bestenfalls in einem erquickenden Birkenhain, und dienen häufig als Viehweiden. Das Gesetz des frühen Mittelalters forderte, wie wir sahen, daß die Bauern ihre Vorfahren „til Haugs ok til Heidni" sollten zurückführen können, und das konnten manche Bauern Skandinaviens noch im 18. Jahrhundert!

Noch immer verbinden die Hügelgräber schweigsam die Wikinger mit den Bauern des technischen Zeitalters. Sie sind nicht nur Forschungsstoff, sondern auch ein Teil einer historisch gewachsenen Gemeinschaft. Sie zeigen, daß die skandinavische Kulturlandschaft mehr als 1000 Jahre alt ist, was in der Welt nahezu einmalig sein dürfte, indem die Bauern der Gegenwart von Hof zu Hof ihre geistigen und wirtschaftlichen Wurzeln in jener Wikingerzeit haben.

XII.

Neue Länder – Neue Erdteile

Die Wikinger hatten ihre eigene Art, fremde Länder zu entdecken. Europa war ihnen mittlerweile mehr als vertraut und entsprach recht gut dem Weltbild ihrer Götterlehre: Nifelheim und Muspelheim, Eis im Norden und Hitze im Süden. Dazwischen – in Midgård, in dem Hof der Mitte – war es am wohnlichsten. So viel wußten sie aus eigener Erfahrung. Nun, warum sollte es hinter den Ozeanen und hinter den Kontinenten nicht noch entferntere Landräume geben? Erzählt wurde allerlei: Augenzeugenberichte, mißverstandene Vermutungen und reine Prahlgeschichten. Ein Bedürfnis, die Grenzen der Welt zu erforschen, gab es bei ihnen nicht. Aber es konnte geschehen, daß ein Drachenschiff im Sturm des Atlantischen Ozeans lange ratlos umhertrieb. Da war das Schicksal den Insassen nicht gnädig. Es bedurfte großer Anstrengungen, diese offenen Boote wasserfrei zu halten, Schäden zu reparieren, überhaupt oben auf den Wellen zu bleiben. Das Süßwasser wurde knapp, und alle konnten nur hoffen, irgendein Land zu sichten.

Das geschah einem ganz typischen Kosmopoliten jener Zeit, namens Gardar Svarvarsson. Von Geburt aus war er Schwede, besaß jedoch einen Hof auf der dänischen Insel Seeland, war mit einer Norwegerin verheiratet, hatte ein Erbe auf den Hebriden abzuholen, geriet bei den Orkney-Inseln in einen Sturm, trieb weit umher und bekam eines Tages Landfühlung, umsegelte das Land, stellte fest, daß es eine große Insel war und benannte sie nach sich selbst: Gardarholm.

Etwa gleichzeitig, in den 860er Jahren wurde ein Norweger, namens Nadd-Odd, auf dieselbe Insel verschlagen. Von einem hohen Berg aus stellte er fest, sie sei unbewohnt, segelte südwärts, erreichte seine Heimat und berichtete von der Insel Schneeland.

Dieses Schneeland lockte einen Mann aus Westnorwegen. Floke Vilgerdsson nahm Vieh mit auf sein Schiff und suchte es auf. Es war reich an Fischen und Vogeleiern, aber er versäumte, Heu für das Vieh zu sammeln, weshalb es ihm im Winter wegstarb. Auch verlor er ein Schiffsboot. Der Frühling war recht kalt und von den Bergen aus sah er nordwärts sehr viel Treibeis, weshalb er diese Insel mißmutig *ISLAND* nannte. Ein junger Bauer Thorolf, der mit ihm fuhr, sah das neuentdeckte Gebiet mit anderen Augen und berichtete zu Hause, „in dem Land, das sie gefunden hätten, triefe Butter von jedem Halm. Daher wurde er Thorolf Smör (= Butter) genannt."

Vielleicht waren Nordleute nicht die ersten Entdecker Islands. Wir haben schon den irischen Geographen Dicuil erwähnt, der über die Färinseln schrieb. Er berichtet auch folgendes:

„Vor dreißig Jahren (etwa 795) sprach ich mit Geistlichen, die auf der Insel Thule (mit dem Namen meint Dicuil Island) vom Februar bis August gewesen waren. Sie sagten, die Sommernacht sei dort oben merkwürdig hell gewesen. Die Sonne ging unter, aber es war, als ob sie sich nur hinter einem niedrigen Hügel verbarg, es wurde nicht dunkel, man konnte arbeiten und sogar die Läuse vom Hemd lesen (!). Höher in den Bergen schien die Sonne vielleicht auch mitten in der Nacht. Rund um Thule sei offene See, meinten die Geistlichen. Aber nördlich der Insel, eine Tagesreise entfernt, waren sie dem Treibeis begegnet."

Diese Behauptung stimmt merkwürdig gut mit einer Aussage bei dem isländischen Historiker Are Frode überein:

„Damals waren hier christliche Menschen, welche die Nordleute Papen nannten, die aber später fortzogen, weil sie nicht mit den Heiden zusammenwohnen wollten. Sie hinterließen irische Bücher und Glokken und Krummstäbe, woraus man schließen kann, daß sie Iren waren."

Auch gibt es Ortsnamen wie Papefjord, Papö, Paperbo und Irerbakke auf Island. Vermutlich sind irische Eremiten den Wikingern zuvorgekommen.

874 begann die Landnahme von Norwegen aus. Als erste brachen Ingolf und Leif von Firdafylke auf: Ingolf hatte als Auswanderer seine Hochsitzpfeiler mit an Bord und warf sie ins Wasser, als Land in Sicht war. Erst nach dem dritten Winter auf Island fand er sie wieder und siedelte dann sofort zu dem Ufer über, wo sie angeschwemmt waren, denn nach ihrem Götterspruch richteten sich die Landsucher immer. Die Stelle nannte er Reykjavik, weil in der Nähe der Bucht heiße Quellen sind, von denen viel Rauch emporsteigt.

Es ist eine Insel mit großen Gegensätzen, Geysiren und Gletschern, mit saftigen Schafweiden und öden Bergen, mit Sommerlicht und Winterdunkel dicht am Polarkreis, ein Land für stolze Bauern, die sich der förmlichen Oberherrschaft Harald Schönhaars nicht fügen wollten. Schlimmer noch als der geringe Steuersatz schien ihnen der bloße Eingriff in die persönliche Unabhängigkeit. Und so findet die große Landnahme von 874 bis 930 statt, gerade in der Zeit der norwegischen Reichseinigung. Der weitaus größte Teil dieser neuen Auswandererwelle ergoß sich gerade nach Island und schuf dort eine Sippengemeinschaft unabhängiger Bauern.

Die ersten konnten noch so viel Land nehmen wie sie wollten, und zwar an der vom Golfstrom bespülten Süd- und Westküste; die später Ankommenden konnten ihnen etwas Land abkaufen oder mußten mit der vom Polarstrom bespülten Nord- und Ostküste vorlieb nehmen. Es ist uns auch überliefert, wie die eigentliche Landnahme rechtlich vollzogen wurde. Die Verordnung von Harald Schönhaar lautet:

„Keiner solle mehr Land nehmen, als er mit seiner Schiffsmannschaft an einem Tag mit Feuer umfahren könne. Man solle *ein Feuer anzünden, wenn die Sonne im Osten stehe.* Dann solle man andere Rauchfeuer anzünden, so daß man ein Feuer von dem anderen aus sehen könne. Aber die Feuer, die entzündet wurden, als die Sonne im Osten stand, sollten brennen bis zur Nacht. *Dann solle man gehen, bis die Sonne im Westen stehe* und da andere Feuer anzünden."

In einem hier angefügten Spezialaufsatz zeigt Professor J. O. Plassmann, daß eine Landnahme auf zwei gotländischen Bildsteinen verewigt wurde. Wir sehen die niedrig stehende, hier also aufgehende Sonne und die Zacken des gezündeten Feuers, sowie drei Männer mit Speer, Spaten und Sichel von ihm fortgehen. Das dürfte die Landnahme *eines Erben* sein, zumal wir ihn oberhalb in einem Haus den Speer des greisen Vaters anfassen sehen, was eine Eigentumsübertragung bedeutet. Die Sippenfylgie in Gestalt eines Vogels steckt in dem feierlichen Augenblick den Kopf durch die Wand, während die Mutter mit der Hand vor dem Mund Trauer ausdrückt.

Mit dem Anfassen des Speeres und mit dem Rundgang (mit ›Festigung und Umfahrt‹ heißt der mittelalterliche Rechtsspruch) sollte eine Landübertragung rechtskräftig gemacht werden, wozu zwei Zeugen erforderlich sind, die mit Spaten und Sichel etwas von der Erde und den Gewächsen anschneiden. Die Erbschaft war vielleicht umstritten, weshalb der Erbe durch das steinerne Bild die Rechtsgültigkeit erhärten wollte. Aus dem allgemein auf allen Höfen geübten Brauch erwuchs offensichtlich der entsprechende Brauch für die Landnahme auf neuen Inseln. Eine wesentliche Erkenntnis wird uns durch die beiden neu gedeuteten gotländischen Bildsteine übermittelt.

Einige Einwanderer haben wir schon erwähnt, Skallagrim gleich zu Anfang dieses Buches, im vorigen Kapitel auch Aud, die Tiefäugige. Tausend Männer werden in dem Landnahmebuch bei Namen genannt. Um 930 wird die Bevölkerung 16 000–20 000 Häupter gezählt haben. Gegen Ende des 10. Jahrhunderts mehr als 20 000.

Die See war ihre Umwelt. Nur auf Schiffen kamen sie mit der Außenwelt in Berührung. Mit Hochsee-Seglern sahen wir den auf Island geborenen Egil Skallagrimsson fremde Länder aufsuchen. Von der See aus traf ihn sein schwerster Schlag: der Tod seines Lieblingssohnes Bödvar. Ein Südweststurm hatte das Schiff erfaßt und alle Männer an Bord in die Tiefe gezogen. Über den schmerzhaften Verlust dichtete Egil das

Lied, welches jetzt – genau tausend Jahre hinterher – von allen Dicht-
werken jener Zeit am ehrlichsten zu uns spricht, verzweifelt, menschlich klagend. Aber den Wikingern lag die Gefühlsschwelgerei nicht.
Sollte ein Sprecher die Egilssaga vortragen, dann durfte er die Tragik
vorher nicht effektvoll steigern, sondern mußte den Hörern äußere
Selbstbeherrschung nahelegen. Es ist ein klar überlegter Kunstgriff,
wenn der Erzähler zunächst berichtet, daß der trauernde Vater seinen
Sohn im Hügel beisetzte und dabei dermaßen aufquoll, daß Hemd und
Hosen durch den Blutdruck zerrissen! Er aß auch nichts mehr. Er
schloß sich in seine Kammer ein und gestattete nur seiner eiligst herbei-
geholten Tochter einzutreten, weil sie mit ihm verschmachten wollte.
Sie schwiegen eine Weile zusammen. Dann sagte er:
  – Was ist es, Tochter? Kaust du etwas?
  – Ich kaue Tang, antwortete sie. Und ich glaube, daß es dadurch
schlimmer mit mir wird. Sonst würde ich zu lange leben.
  – Ist es schädlich?
  – Sehr. Willst du auch essen?
  Nach einer Weile gab man ihr Wasser zum Trinken, da sie durstig
war.
  – Willst du auch trinken, Vater? fragte sie.
  Er nahm den Trunk. Es war ein Auerochsenhorn. Er trank in großen
Zügen. Da gestand die Tochter:
  – Man hat uns betrogen. Dieses ist nahrhafte Milch. Aus ist es mit
unserem Vorsatz zu sterben. Jetzt will ich, Vater, daß wir unser Leben
verlängern, indem du ein Ehrenlied für Bödvar dichtest."
  Vielleicht kommt nach den beiden Scherzen, der eine derb, der ande-
re listig, die Tragik in ihrer nüchternen allgemein menschlichen Sachlichkeit noch stärker zum Ausdruck:

Zu schwer fällt's mir	Nicht lacht der Mann
die Zunge zu rühren	der den Leichnam
Mit des Liedes	des Sohnes trägt
luftiger Wage.	voll Gram zur Gruft hinab,
Denn daheim	Grimm ist die Lücke
stirbt mein Haus	die grollend das Meer
wie das Geäst	riß in der Sippe
im ächzenden Sturm.	Reihen so dicht.

Hin und her wandern die Gedanken des Alten, er spricht in vielen
Gleichnissen, er denkt an den Nachwuchs und an die Güte dieses Sohnes:

Des Vaters Wort
gefiel ihm zumeist,
sprach auch dagegen
das ganze Volk.

Man sagte mir
Ersatz bekäm ich
für diesen Sohn nur,
zeugte selbst ich andere.

Dem Alten half er
im Hause immer.
Stets seine Kraft
stützte daheim.

Allem Volk
vor Augen tritt
die Ohnmacht
des alten Mannes.

Des Menschen Kreis
meid ich gerne,
säh' ich auch jeden
versöhnlich hier!

Ein Landsuchender wurde um 900 auf dem Weg nach Island westwärts
verschlagen und sichtete einige Inseln, die er nach sich benannte: die
Gunnbjörninseln. Es sollte jedoch bis 982 dauern, ehe jemand sich dieses oft erwähnten, aber noch unbekannten Landes annahm; es war Erik
der Rote, ein leicht gereizter Mann, der ständig mit seinen Nachbarn in
der Nordwestecke Islands im Streit lebte. Schließlich schlug er in einem
Kampf zwei Söhne seines Gegners tot, und da er zu wenig Fürsprecher
auf dem Thing hatte, wurde er für drei Jahre friedlos erklärt.

Die Zeit hat er klug ausgenützt, um das Land westwärts so planmäßig zu untersuchen, wie es die Forschungsreisenden im letzten Jahrhundert nicht hätten besser machen können. Er wird an der Ostküste Grönlands entlang südwärts gesegelt sein und gemerkt haben, daß die Insel
von riesigem Ausmaß und ganz unwirtlich ist. Südwärts konnte es nur
anheimelnder und wärmer werden, und kurz nachdem er die Südspitze
Kap Farvel umsegelt hatte, stieß er auch auf die freundliche Fjordland-
schaft von Julianehaab, die er Österbygden (die Ostsiedlung) nannte,
obwohl sie an der Westküste liegt. Sie liegt immerhin östlicher als die
andere Landnahmegegend bei Gotthaab, die den Namen Vesterbygden
erhielt. Erik ernährte sich als Fischer, Jäger und Vogelfänger, drang in
jeden Fjord hinein, hütete sich aber, landeinwärts zu überwintern, da er
dann vom Packeis hätte eingesperrt werden können. Er ließ sich Zeit,
bis die drei Jahre verstrichen waren, kehrte dann nach Island zurück
und konnte von zwei geeigneten Siedlungsräumen berichten. Holz fehle
dort allerdings, aber die winzigen Baumbestände auf Island waren ja
auch schon längst abgeholzt. Es gäbe fruchtbare Weiden und viel Wild
für diejenigen, die auf Island zu kleine Schollen erhalten hatten. Er
nannte das neue Land GRÖNLAND (= Grünland), „denn er meinte, daß
viele dorthin würden reisen wollen, falls es einen guten Namen trage".

Schon darin liegt ein psychologischer Weitblick. Erik der Rote und Zanksüchtige entwickelte sich zu einem glänzenden Leiter und Organisator, der seinen Überschuß an Tatkraft jetzt richtig einsetzen konnte. Die Begeisterung für das neue Land war groß, und im Frühling 986 liefen 25 Schiffe westwärts zu einer planmäßigen neuen Landnahme aus. 500–700 Menschen werden an Bord gewesen sein, Männer, Frauen und Kinder. Der Rest des Schiffsraumes wurde für Vieh, Pferde, Werkzeuge, Holz und Küchengerät gebraucht. Es ist eine fabelhafte Leistung, in dieser Weise über den Ozean vorzustoßen, zumal wenn wir die drohenden Gefahren unterwegs bedenken. Sie blieben auch nicht aus. Ein gewaltiger Sturm überfiel die Umsiedler, und nur 14 Schiffe erreichten das Ziel. Die anderen wurden zurückgetrieben oder verunglückten.

Erik der Rote war selbstverständlich der Leiter, nahm das beste Land am Innerende des Eriksfjords auf Österbygden, baute dort seinen Hof Brattalid und verteilte das Land, sorgte für die Thingstätte und schuf eine freie Bauernrepublik nach isländischem Vorbild. Bis zu 200 Höfe wird es allmählich auf Österbygden und 100 auf Vesterbygden gegeben haben. Zeitweilig kann die Gesamtbevölkerung mehr als 3000 Menschen gezählt haben.

Das Leben in der Nähe des Inlandeises, am Fuße riesiger Berge, an einem schmalen, grünen Küstenstreifen der Fjorde hatte immerhin arktisches Gepräge. Von Oktober bis Mai war die Bevölkerung sowieso von der Außenwelt abgeschnitten und ihr fehlte manches, was in der Heimat als lebensnotwendig galt, vor allem Getreide, Holz und Eisen. Eisen konnte regelmäßig aus Island herbeigeschafft werden, und angespültes Holz spielte eine große Rolle. Lebensentscheidend waren die Viehweiden, natürlich mit Stallfütterung im Winter. Bei Ausgrabungen der alten Siedlungen können wir an den Abfallknochen feststellen, wie wichtig die Jagd war. Das Land hatte einen natürlichen Reichtum an Fischen, Wal, Robben, Vögeln, Hasen, Bären und Ren, während der Wolf wie immer weniger gern gesehen war. So war das Leben zwar hart, aber doch erträglich, ergänzt durch Tauschhandel und regelmäßige Segelfahrten nach Island und Norwegen.

Eriks Flotte hatte gerade Island verlassen, da traf ein junger Mann ein, der seinen Vater wiedersehen wollte. Bjarne Herjulfsson hieß er, und ihm wurde berichtet, sein Vater sei mit all den anderen Menschen nach dem fremden Grönland ausgewandert. Es kommt uns völlig kopflos vor, aber er blieb bei seinem Entschluß, den Vater aufzusuchen. Seine Mannschaft hielt zu ihm und so segelte das 26. Schiffchen ganz auf eigene Faust der großen Landnahmeflotte nach. Einsam über den völlig unbekannten Ozean! An Unternehmungslust hat es den Seewikingern wahrhaftig nicht gefehlt. Sie segelten mit natürlichem Instinkt und völ-

Die Wikinger entdeckten Island, Grönland und den amerikanischen Kontinent, den sie Vinland, Markland und Helludland nannten

lig furchtlos. Westwärts also – soviel wußte Bjarne, und ausführliche
mündliche Angaben wird er schon aus zweiter Hand erhalten haben:
daß die Berge der beiden Inseln so hoch seien und daß die Luft des
Nordens so unvergleichlich klar sei, daß Grönlands Küste gesichtet
werden könne, kurz nachdem man Islands Küste aus dem Auge verloren hat.

Es ging jedoch nicht so, wie Bjarne es sich gedacht hatte. Nach drei
Tagen geriet er in einen Nebel und trieb ratlos umher, anscheinend mit
dem südgehenden Polarstrom. Bis er eines Tages Land sichtete, ein wal-
diges Land, ohne Gebirge und mit kleinen Höhen. Bjarne hielt es nicht
für Grönland. Es verwunderte ihn anscheinend nicht im geringsten, daß
auch noch andere Inseln im Ozean auftauchten. Es interessierte ihn
nicht einmal, denn er hatte ja vor, seinen Vater auf Grönland aufzusuchen.

Uns interessiert es aber, denn er war auf eine besonders große Insel
gestoßen. Er hatte AMERIKA entdeckt! Und zwar an einem Punkt südwestlich von Grönlands Südspitze. Fünf Tage lang segelte er nordwärts
und sah noch zweimal Land, zuletzt zwar die gewünschten Berge und
Gletscher, aber er wollte auch da nicht landen, denn „dieses Land
schien ihm sehr nutzlos". Er stellte fest, daß es eine Insel sei. Wir dürfen
wohl annehmen, daß er auf Resolution-Island an der Südspitze von
Baffins-Land gestoßen war.

Mit südwestlichem Winde segelte Bjarne jetzt sehr hart vier Tage
lang und erblickte zum vierten Male Land.

„Jetzt fragte die Besatzung Bjarne, ob er meinte, daß dies Grönland
sei oder nicht. Bjarne antwortet, daß dieses am meisten dem ähnelt, was
mir über Grönland erzählt wurde, und hier wollen wir an Land gehen.
Sie landen also gegen Abend an einer Landzunge. Und auf der Landzunge war ein Boot. Auf der Landzunge wohnte Herjulv, Bjarnes Vater.
Und davon hat die Landzunge ihren Namen erhalten und wird seit dem
Herjulfsnes genannt. Jetzt fuhr Bjarne zu seinem Vater und blieb bei
ihm, so lange er lebte und wohnte dort nach dem Vater."

Es ist geradezu unfaßbar, wie Bjarne sich in den Kopf gesetzt hat,
seinen Vater irgendwo an den Küsten des Ozeans aufzusuchen – und es
auch tut! Er fühlte ganz einfach, daß er sich an der amerikanischen
Küste verfahren hatte und segelte, bis er haargenau auf sein richtiges
Ziel stieß.

So war also noch ein Land gesichtet worden, und wer sollte eher
dazu berufen sein, es zu erforschen, als der Sohn Eriks des Roten, Leif
Eriksson. Welches Schiff wäre dafür geeigneter als Bjarnes Schiff, das
schon einmal drüben war. Wir denken daran, daß auch Roald Amund-
sen für seine erfolgreiche Polarexpedition Nansens tüchtiges Schiff
„Fram" übernahm.

Mit 35 Mann an Bord fuhr Leif genau nach Bjarnes Angaben; er konnte die Strömungen günstig ausnützen, zuerst an Grönland entlang nordwärts und dann der Labradorküste entlang südwärts. Das gab ihm schon einen flotten Start. Er kam also zuerst zu den Gletschern und glattgeschliffenen Felsen, ging auch an Land und nannte es *Helluland* (Hell = Felsenplatte). Die Engländer haben es später „Table Land" genannt, was interessanterweise genau dasselbe bedeutet. Es war zu nichts nütze!

Das zweite Land fand Leif ebenfalls, bewaldet und mit weißen Sandufern. Er nannte es *Markland* (=Waldland, Labradorküste).

Noch weiter südwärts stieß er auf eine dritte Gegend und nannte sie *Vinland.* Jetzt überschlagen sich die sehr knappen Berichte in Nachrichten über die angenehmen Eigenschaften jener Gegend. Die Flüsse strotzten von großen Lachsen. Es gab Wein in Fülle – daher der Name. Sie fällten die Weintraubenbäume und schleppten die Stämme an Bord, um sie in das baumlose Grönland mitzunehmen, ebenso wie den Wein selbst. Das Gras welkte nicht in dem frostlosen Winter, und der Tau an den Gräsern war so süß, daß sie noch nie so etwas Süßes gekostet hatten.

Das scheint doch vorwiegend Unfug zu sein. Solche Schlaraffenland-Schilderungen bringen den ganzen Reisebericht in Verruf. Denken wir doch an Thorolf Smör, der Butter auf jedem Halm triefen sah. Warum nicht auch Honig? Oder denken wir an die Amerikabriefe der ersten Auswanderer im 19. Jahrhundert. Sie schrieben an die Heimat, daß sich die Schweine in Amerika an Rosinen und Mandeln satt fressen, die überall wild wachsen, und daß sie den Wein saufen, der in den Brunnen fließt. Das Gras wüchse so hoch, daß man nur die Hornspitzen der Kühe sehe, die sich von jedem melken ließen, der es wolle. Der Zucker riesele von den Zuckerbäumen, und die Flüsse seien voll Sirup. Ähnliche Phantastereien strömten auch im 16. Jahrhundert aus China, Japan und Indien zusammen. Es gibt Pessimisten, welche so wie Floke Vilgerdsson überall nur Eis und Mühen und Mißerfolge sehen, aber die echten Landnehmer sind Optimisten, welche den Überfluß des gefundenen Landes preisen.

Ist denn nichts an all diesen Berichten wahr? Teilweise schon, ein Abschnitt klingt entschieden zuverlässig. Aus den Südinseln (den Hebriden) beteiligte sich ein Mann namens Tyrk. Eines Tages wurde er vermißt, und zwölf Mann suchten nach ihm, fanden ihn auch schließlich restlos besoffen und fröhlich lallend, mit glasigen Augen; er war klein von Wuchs und unscheinbar, aber ein tüchtiger Handwerker:

„Er sprach zuerst lange Deutsch, rollte mit den Augen und schnitt Grimassen. Aber sie verstanden nicht, was er sagte. Etwas später sprach er nordischen Dialekt:

– Ich bin nicht viel weiter als ihr gegangen, sagte er. Ich kann etwas Neues erzählen. Ich fand Weinstöcke und Weintrauben.
– Kann das wahr sein, mein Pflegevater? fragte Leif.
– Freilich ist das wahr, sagte er, denn ich bin dort geboren, wo weder Weinstöcke noch Weintrauben fehlen."

Ein Deutscher aus der Weingegend muß doch wohl Bescheid wissen! Die Grönlandsaga vermeldet auch, daß er lange bei Erik dem Roten gelebt hatte. Deshalb nennt Leif ihn „Pflegevater". Als er nun in der neuen Welt so unvermutet auf Weintrauben stieß, wußte er sofort, was er mit ihnen anfangen sollte – genau dasselbe, was von den Einwanderern im 17. Jahrhundert berichtet wird: die Trauben in der Hand zerquetschen und die Flüssigkeit fünf bis sechs Tage stehen lassen. Der fertige Trunk verfehlt seine Wirkung nicht, und in beschwingtem Zustand fiel Tyrk in seine Muttersprache zurück – eine wohlbekannte Erscheinung.

Ein Schwabe könnte also tatsächlich – der Anekdote entsprechend – vor Kolumbus in Amerika gewesen sein! Auf jeden Fall war ein Deutscher mit an Bord, und die Geschichte klingt so einleuchtend, so frei von üblichen Märchenzusätzen, daß wir nicht den geringsten Grund haben, sie anzuzweifeln. So entstand der Name Vinland, um den dann Seemannsgarn in Mengen gesponnen wurde.

Es sind viele Versuche gemacht worden, Leifs Landeplatz zu lokalisieren. Mit der Gründlichkeit seines Vaters wird er längere Küstenstrecken abgetastet haben. Wagen wir vielleicht doch an einigen Behauptungen festzuhalten? Der Lachs hat heute seine Südgrenze am 41. Breitengrad, der Wein reicht nordwärts bis zum 42. Breitengrad. Mit dem günstigen Überschneidungspunkt kämen wir auf die Küste zwischen Boston und New York und hätten zusätzlich noch eine schwer zu deutende Sonnenhöhenangabe und die sichere Behauptung, daß die Tage sich weit mehr glichen als auf Grönland. Es gab Tageslicht viele Stunden lang sogar zur Wintersonnenwende und wenig Frost. Leif kam auf jeden Fall weit südwärts in Amerika.

Die nächste Reise startete Leifs Bruder Thorvald mit demselben Schiff im Jahre 1004. Die Seeleute kamen ordnungsgemäß zu den „Leifsbauden" und überwinterten zweimal.

„Ihnen schien das Land schön und bewaldet. Die Entfernung zwischen Wald und Meer war kurz und dort gab es weißen Sand, viele Inseln und flaches Wasser."

Aber hier kam die peinliche Überraschung, mit der sie nicht gerechnet hatten, nachdem die Landnahmen auf Island und Grönland so gut gelungen waren. Sie stießen auf Eingeborene! Sie töteten acht, und der neunte entkam. Die Folge ließ auch nicht lange auf sich warten. Un-

mengen von hautbespannten Kanus tauchten auf, und es gab einen
Kampf, in dem Thorvald durch einen Pfeilschuß getötet wurde. Er wurde an der Stelle beerdigt.

Einige Zeit verging. Man sprach auf Island und Grönland von dem
neuen Land und beschloß eine planmäßige Landnahme in großem Stil.
Im Jahre 1020 kam sie zustande unter der Leitung von Thorfinn Karlsevne. Es wiederholt sich die strahlende Aktivität wie bei den anderen
Ozeaninseln. Drei Schiffe wurden ausgestattet mit 160 Mann, Vieh und
Gerät. Vorteilhaft war, daß kein Holz mitgeschleppt zu werden brauchte. Sie folgten dem alterprobten Weg über Helluland und Markland und
siedelten an einem Fjord und einer Insel, die sie Straumsfjord und
Straumsöy nannten, da die Strömung dort sehr stark war. „Da waren so
viele Vögel, daß ein Mannesfuß kaum zwischen den Eiern Platz finden
konnte!" Auch von Weintrauben und selbstwachsendem Weizen ist die
Rede.

Sind es wieder Wunschträume von dem fernen Schlaraffenland?
Auch Adam von Bremen berichtet diese Dinge in seiner Hamburgi-
schen Kirchengeschichte, da er alle Ozeaninseln zum Hammaburger
Sprengel zählte. Steckt hinter dem selbstwachsenden Weizen nicht ein
Körnchen Wahrheit, das „Korn der Indianer", also wilder Mais, über
den sich die Pioniere der Neuzeit verwunderten, weil er so leicht und
ohne Kultivierung wächst? Wie könnten sonst Nordländer, bei denen
Getreide und besonders Weizen so schwer gedieh, eine Behauptung
aufstellen, die der Wahrheit so nahe kam!

Alsbald trat das Unvermeidliche ein. Neun hautbespannte Boote kamen ihnen entgegen, mit „kleinen häßlichen Männern. Ihre Haare waren strähnig. Sie hatten große Augen und breite Backenknochen." Ein
genaues Bild der Indianer in wenigen Worten. Skrälingar wurden sie
genannt.

Sie waren verhandlungsbereit, und die Wikinger ordneten nach
wohlbekanntem Muster für einen Kauffrieden. Die Wilden boten Felle
und Grauwerk an und erhielten für ein schwarzes Fell 9 Zoll von einem
roten Stoff, den sie um den Kopf banden. Den Verkauf von Schwertern
und Speeren verbot Karlsevne jedoch.

Sehr groß waren die Vorräte nicht. Die Europäer mußten fingerbrei-
te Streifen schneiden, und es ging wie mit jeder Mangelware: die Skrälingar boten dasselbe oder noch mehr auch für diese schmalen Bänder
bis –

Bis ein Mißgeschick eintrat. Einer der Ochsen riß sich los und stürz-
te brüllend in den Wald. Die Skrälingar flüchteten und kamen alsbald
mit feindlichen Absichten zurück. Sie führten auch sonderbare Schleu-
dergeräte mit sich, und es klang erschreckend, als die schweren Brok-
ken durch die Luft flogen.

Ein Wiking in Elchhorn geschnitzt – aus Sigtuna

Eine der Wikingerfrauen riß sich das Hemd vom Leibe, entblößte ihre Brüste und schlug wild auf sie mit dem Schwert. Da erschraken die Skrälingar wiederum sehr.

Die Eingeborenen fanden eine Eisenaxt auf dem Kampfplatze. „Sie hoben sie auf und schlugen mit ihr in Holz, einer nach dem anderen, und sie fanden, es sei ein köstliches Ding mit scharfer Schneide. Nachher schlugen sie die Axt gegen einen Stein und da ging sie kaputt. Da fanden sie, die Axt sei ein nutzloses Ding, da sie nicht gegen den Stein standhielt, und warfen sie weg."

Unsere Berichte stammen alle aus Island. Am wichtigsten ist die Grönländer-Saga. Die eben gegebene Schilderung ist echt in jedem Wort. An ihr ist nichts zu bezweifeln. Wie sich Europäer das ganze Mittelalter hindurch Völker auf entfernten Inseln vorstellten, können wir in vielen Schriften nachlesen. Adam von Bremen erzählt von dem Weiberland, in welchem die Knaben Hundsköpfe hätten und die Worte mit der Stimme hervorbellen, die Mädchen dagegen sehr schön wären. Andernorts gäbe es blutgierige Vielfraße, die mit grauen Haaren geboren werden, oder bleiche, grünfarbige und langlebige Menschen. Hier finden wir jedoch etwas ganz anderes – eine Begegnung zwischen Europäern und eingeborenen Naturvölkern. Diese Schilderung mutet uns vertraut an, weil wir ähnliches tausendfach in Reiseberichten gelesen haben, aber diese allererste Begegnung kann nur einem Augenzeugenbericht entstammen. Die Wikinger waren in der Tat Pioniere unter den europäischen Forschungsreisenden.

Der Markt mit dem roten Stoff ist treffsicher wiedergegeben. Die Steinschleuder kennen wir mittlerweile. Die Algonquin-Indianer haben sie bis in die Neuzeit hinein benützt. Sie nähten große Steine in nasses Leder ein, das in getrocknetem Zustand den Stein fest umspannte. Sie bemalten das Leder, und mehrere Männer schleuderten die Waffe gemeinsam.

Ebenso anschaulich ist die erstmalige Begegnung eines Steinzeitvolkes mit der Eisenzeit. Es *hätte* den Riesenschritt in jenem historischen Augenblick machen können, aber den Indianern fehlten schon die Voraussetzungen zu ermessen, wie man mit einem eisernen Beil umgehen sollte. Der erste Versuch zeigte, daß ein gewöhnlicher Stein doch wertvoller sei als dieses ulkige Ding der Fremden. Und so blieben sie lieber bei der Steinzeit.

Unser wissenschaftlicher Stolz ist es, Schriftquellen mit Bodenfunden zu verbinden. Immerhin entstand eine regelrechte Siedlung in Gestalt der Leifsbauden. 160 Menschen haben jahrelang am Straumsfjord gelebt. Kinder wurden in Amerika geboren, deren Nachkommen noch heute auf Island leben. Thorvald Eriksson starb und wurde am Platze beerdigt. Die Eisenaxt der Skrälingar wurde aus der Hand eines gefalle-

nen Wikings genommen, der nach dem Kampf sicherlich dort beerdigt
wurde. Aber frühere Versuche, die Existenz der Wikinger in Amerika
nachzuweisen, scheiterten.

Schwert, Axt und Rasselgerät eines typischen Wikingergrabes wurden angeblich 1930 bei Beadmore unweit Lake Nipigon in Kanada gefunden. Die drei Eisengegenstände sind ohne Zweifel echt, aber es ist
möglich, daß ein mittlerweile verstorbener Oberleutnant sie aus Norwegen mitgebracht hat. Aussagen stehen gegeneinander und können
nie mehr kontrolliert werden. Mit etlichen Streufunden ist es auch nicht
besser bestellt. Einen runden Turm in New Port auf Rhode Island hielten manche für eine Rundkirche des Mittelalters, aber allzu starke Argumente und neuzeitliche Siedlungsreste (gefunden 1949) sprechen
nunmehr dagegen. Am meisten hat der Runenstein von Kensington
Aufsehen erregt, der angeblich zwischen den Wurzeln eines Baumes
1898 in Minnesota gefunden wurde. Daß er eine Fälschung ist, beweisen etliche Faktoren. Die Inschrift endet mit der Jahreszahl 1362, als
Runen noch geschnitten wurden, aber kein einziger Runenstein in
Skandinavien mehr gehauen wurde. Der Finder des Kensington-Steines
sandte eine Kopie der Inschrift an O. J. Breda an der Universität in Minnesota, aber diese Kopie wirkt eher wie eine Vorlage für die Inschrift.
Moderne Stileinflüsse sind merkbar, bewußte Archaismen und Anglis-
men. Wer mehr Einzelheiten über die Fälschung wünscht, findet sie in
einem Aufsatz von Professor Sven B. F. Jansson, unserem besten Experten für schwedische Runensteine, zusammengestellt in *Nordisk Tidskrift,* Stockholm 1949. Das Ergebnis der wissenschaftlichen Untersuchung und Diskussion in den Jahren 1949/50 ist, daß dem Stein keine
Beweiskraft mehr zukommt.

Man hat daran gedacht, daß der Lachs – zumindest heutzutage – seine Südgrenze am 41. Breitengrad hat, der Wein reicht nordwärts bis
zum 42. Breitengrad. Am Überschneidungspunkt kämen wir auf die
Küste zwischen Boston und New York. Außerdem enthalten die isländischen Schriftquellen gewisse Behauptungen, daß die Tage sich weit
mehr glichen als auf Grönland. Es gab Tageslicht viele Stunden lang,
sogar zur Wintersonnenwende, und wenig Frost. Leif kam auf jeden
Fall weit südwärts nach Amerika. Wie sollte man jedoch an der riesigen
Küste entlang kaum merkbare Unebenheiten nachweisen können? Frühere Versuche, die Existenz der Wikinger in Amerika nachzuweisen,
sind tatsächlich auch gescheitert.

Dr. Helge Ingstad, ein norwegischer Arktisforscher, hat wie kein
zweiter sich in die Natur der amerikanischen Küste eingelebt, in die
Möglichkeiten der alten Seefahrer und in ihre praktischen Bedürfnisse.
Er überlegte zusammen mit einem Sprachexperten: „Vin" muß nicht
unbedingt „Wein" bedeuten, das Wort kann vielmehr in den altnordi-

schen Sprachen „Gras" oder „Weideplatz" heißen. Der älteste Name für
AMERIKA wäre somit GRASLAND. Man müßte dort suchen, wo
die Küste gute Weideplätze für das mitgeführte Vieh bot.

Gewiß suchte auch er nach alten Hausfundamenten, in der Erde
kaum sichtbar, auf Rhode Island, in Massachusetts und anderswo, aber
das Ergebnis war negativ. Er war nun nicht mehr an den Breitengrad
gebunden. Ihm schien die Küste zu unübersichtlich für alte Seefahrer,
und er dachte sich in Leif Erikssons Welt hinein: „Er könnte in seiner
Halle in Brattalid auf Grönland sitzen und einem der Seekapitäne – in
jener kargen Sprache, wie sie sich in den Sagas widerspiegelt – erzählen, an welchen Landmarken und mit welchem Fahrplan er Vinland erreichen würde." – Zuerst mit Hilfe des warmen Wasserstroms an der
grönländischen Küste entlang nordwärts bis Gotthaab, dann quer über
Davis Strait zur felsigen Küste von Helluland (Baffins Land), dann entlang der waldigen Küste von Markland (Labrador). Von Thorfinn Karlsevne wird gesagt:

„Sie segelten lange Zeit südlich der Küste entlang, bis sie zu einem
Kap kamen. Das Land lag steuerbord; es gab dort einen weiten Strand
und viel Sand. Sie ruderten ans Ufer und fanden dort am Kap einen
Schiffskiel und nannten danach die Stelle Kjalarnes (Schiffskiel-Kap).
Den Strand nannten sie Furdustrandir (Marvelstrands), weil sie so lan-
ge an ihm entlangsegeln mußten."

Kap Porcupine, wo die Goose Bay die Binnenseen von Labrador ent-
wässert, bildet eine Silhouette in Dreieckform wie der Kiel eines Wikingerschiffes. So etwas ist für alte Segler besonders einprägsam. Das
müßte das alte Kjalarnes sein. Dann folgt tatsächlich ein Sandstrand,
56 Kilometer lang, mit Wald unmittelbar dahinter. Somit müßte „Grasland" das nächste augenfällige Merkmal der Küste sein. Man kann nicht
fehlgehen …

So einfach wie es jetzt klingt, war es natürlich nicht während der
vielen Erkundungen im Laufe der 50er Jahre. Dr. Ingstad mußte alle
denkbaren Möglichkeiten, Worte, Begriffe und Naturphänomene sorgfältig interpretieren, immer kritisch gegeneinander abwägen und vergleichen, um sich allmählich zu dieser Lösung durchzuarbeiten. Eines
Tages kam er folgerichtig nach Neufundland, fragte und suchte rund
um St. Anthony, erlebte wiederholt Enttäuschungen. Eines Tages sagte
ein Fischer, er hätte einen anderen Fischer in L'Anse au Meadow von
Ruinen sprechen hören. Die Stelle liegt an der 16 km breiten Nordspitze von Neufundland. In dem kleinen Dorf, ohne Straßenverbindung mit
der Außenwelt, leben elf Familien, die einen noch sehr altertümlichen
englischen Dialekt sprechen. George Decker heißt der Fischer, der Dr.
Ingstad zu den an der Erdoberfläche kaum merkbaren Spuren ehemaliger Häuser führte und ihm versicherte:

„Kein Fremder hat sie je gesehen und hier in L'Anse au Meadow gibt es niemanden außer mir, der davon weiß."

Das geschah im Jahre 1960 und schien so verheißungsvoll, daß Dr. Ingstad im Sommer 1961 eine Ausgrabung beginnen konnte, und zwar mit einer großen Expedition von neunzehn Teilnehmern aus den Vereinigten Staaten, Kanada, Island, Norwegen und Schweden.

Nahe am Strand des Ozeans, durch eine Halbinsel geschützt, dicht an einem kleinen Fluß, der Süßwasser bot, traten unter dem Grabungsmesser allmählich die Umrisse hervor, die der Laie nicht so leicht wahrnimmt, die aber für denjenigen unschätzbare Dokumente darstellen, der mit dem Hausbau vor tausend Jahren auf Grönland und in Skandinavien vertraut ist. Er erkennt die niedrigen Reste von Wänden aus Torf, er findet die Pfostenlöcher, er ahnt das ehemalige, spitzwinklige Dach aus langen hochgerichteten Baumstämmen. Das größte Haus in L'Anse au Meadow mißt 21 × 16 Meter. Es hat eine große Halle, wie die Wikinger sie liebten, und vier recht unregelmäßig angefügte kleinere Räume. Es hat seine genaue Entsprechung auf Brattalid, wo Leif Eriksson beheimatet war. Die Halle hat einen Boden aus gestampftem Sand und Lehm, mehrere Feuerstellen und eine mit Schiefer eingefaßte Aschengrube, weniger als 30 Zentimeter groß, in der Kohlen glühend gehalten wurden für den nächsten Tag. Rund herum sind die Spuren von weiteren sechs Häusern gefunden und ausgegraben worden.

Auf der nahegelegenen, natürlichen Terrasse gab es eine Mulde, die sehr nach einem menschlichen Eingriff aussah. Frau Anna Stina Ingstad grub dort mit einigen Kollegen und konnte alsbald Schätze heben, wertvoller als Gold, und zwar Hunderte von Schlackenstücken, die über 30 Pfund wogen, neben kleinen Stücken Eisen und etwas natürlichem Erz. Ohne Zweifel hatte sie damit die Schmiede der Wikinger angetroffen, dicht daneben in einer anderen Grube fanden sie eine dicke Schicht Holzkohle. Holzkohle ist notwendig für die primitive Eisenverarbeitung, genau in der Art wie sie in Skandinavien damals gehandhabt wurde.

Nun ist die Holzkohle besonders wichtig deswegen, weil wir mit der C_{14}-Methode (Zerfall von radioaktiver Kohle) eine sehr genaue Datierung gewinnen. Die eine Probe brachte das Ergebnis A.D. 860, plus oder minus 90 Jahre, und die andere A.D. 1060, plus oder minus 70 Jahre, also in der Zeit der Wikingersiedlung am Platze. Ausgeschlossen somit, daß die Schmiede erst in nachkolumbianischer Zeit benützt worden wäre, ausgeschlossen auch, daß sie eine Indianeranlage wäre, da die Indianer, wie wir schon sahen, Eisen überhaupt nicht kannten. Kochgruben und Feuerplätze in den Häusern ergaben durch ihre Kohle die gleiche Datierung.

Einen eisernen Nagel fand die Expedition ebenfalls, gleicher Art wie sie auf allen Wikingersiedlungen zu finden sind. Andere Fundstücke sind allerdings selten und kaum zu erwarten, da die Erde sehr sauer ist und sogar die Knochen zerstört hat, es sei denn, daß sie angebrannt und damit kalziniert wurden.

Geradezu eine sensationelle Ergänzung ist deswegen ein Spinnwirtel von ganz typisch skandinavischem Aussehen und aus Keramik, sicherlich von den mitreisenden Wikingerfrauen verwendet, bezeichnenderweise dort angetroffen, wo eine Frau im Sonnenschein neben der Halle sitzen würde, um ihre Arbeit zu verrichten. – Schließlich sei noch ein längeres Stück Kupfer erwähnt. Die chemische Analyse zeigt, daß das Metall in einer primitiven Weise umgeschmolzen worden ist.

Sämtliche Funde sprechen für die Annahme, daß Dr. Ingstad tatsächlich eine Siedlung der Wikinger in Amerika gefunden hat, vielleicht die „Leifsbauden" selbst, und daß Leif Eriksson in der großen Halle wohnte, *kein* einziger Fund deutet auf eine Siedlung der Indianer, der Eskimos, der Walfänger oder Fischer aus späteren Zeiten. Dr. Henry Collins von der Smithsonian Institution, ein Spezialist für primitive Kulturen der amerikanischen Arktis, besuchte den Fundort und sagte: „Diese Niederlassungen sind mit Sicherheit nicht von Eskimos oder Indianern."

Um die empfindlichen Häuserreste jetzt nach der Ausgrabung zu schützen, hat die Regierung von Neufundland Wände und Dächer darüber errichten lassen und für Besichtigungsmöglichkeiten gesorgt. Als Ergänzung zu dem Christoph-Kolumbus-Tag am 12. Oktober hat Präsident Lyndon B. Johnson auch den Leif-Eriksson-Tag am 9. Oktober eingeführt.

Die Landung Leif Erikssons in der Neuen Welt laut Flatey Bock kurz vor dem Jahre 1000 (zwischen 986 und 1004) wird mit Hilfe der neuen Funde auf L'Anse au Meadow jetzt eine sehr vernünftige Schilderung:

„Sie kehrten sogleich zum Schiff zurück und segelten hinaus aufs Meer mit Nordostwinden und waren zwei Tage draußen, bevor sie Land sichteten. Sie segelten auf dieses Land zu und kamen an eine Insel, die nördlich des Landes lag. Hier gingen sie ans Ufer und sahen sich um und fanden gutes Wasser und sahen, daß Tau auf dem Gras war, und so geschah es, daß sie den Tau mit ihren Händen berührten und ihre Hände an den Mund führten und es kam ihnen vor, als ob sie nie zuvor etwa so Süßes gekostet hätten wie dies."

Wie wäre es, wenn wir sie jetzt wörtlich nehmen, mit jenem Einfühlungsvermögen in die Zartheit und Schönheit der Natur, zu dem wir moderne, technisierte Menschen gar nicht mehr fähig sind? Die Dokumente berichten nämlich ferner ganz präzise:

„Sie gingen wieder an Bord ihres Schiffes und segelten in *eine gewisse Bucht zwischen der Insel und dem Kap*, welches von dem Land gen

Norden herausragte, und sie legten westlich des Kaps an. Zur Zeit der
Ebbe waren hier große Strecken seichtes Wasser und es war sehr weit
vom Schiff hinaus aufs Meer; doch sie waren so begierig an Land zu
gehen, daß sie nicht warten konnten bis die Flut sich unter ihrem Schiff
erheben würde, sondern hasteten ans Ufer, wo *ein gewisser Fluß aus einem See strömte.* "

Das haben sehr wache Beobachter der Natur und Siedler in einem
neuen Kontinent wahrheitsgetreu mitgeteilt. Sie freuten sich über den
Strand, den Wellenschutz, das Süßwasser, das Gras – und über die Bäume, welche mittlerweile längst abgeholzt wurden, von ihnen selbst, so
wie später an langen Küstenstrecken entlang von Walfängern und Fischern. Das ist bekannt.

Was wird denn aus dem sagenhaften Wein? Dr. Ingstad löst auch dieses Problem. Die Gegend ist heute noch voll von Beeren der verschiedensten Art, auch Johannisbeeren, die in Schweden heute noch „Vin-
Bär" heißen. Tyk hat also wilde Beeren, die er fand, gären lassen und
sich dann einen angetrunken. Die Episode ist für uns lustig, war es auch

Karte des Isländers Sigurd Stefansson 1570. Damals faßte man die von den
Wikingern entdeckten Länder als ein zusammenhängendes Festland auf, das
den Atlantischen Ozean umsäumte

damals, aber entscheidend im Denken und Sprechen der Männer war das „Vin", also das taufrische, saftige Gras, mit dem sie ihr Vieh versorgen konnten, und Georg Decker wußte, daß einer der Fischer seine Kühe einen Großteil des Winters draußen zu halten pflegte. Dementsprechend heißt es von den Wikingern:

„Die Natur des Landes war so günstig, daß es innen vorkam, als ob sie für ihr Vieh gar kein Futter für den Winter brauchten."

Allerdings – als Thorvald von einem Indianerpfeil tödlich getroffen war und den Pfeil herauszog, sagte er:

„Ich bin fett um meinen Bauch geworden! Wir haben ein gutes und fruchtbares Land gewonnen, aber es wird uns kaum vergönnt sein, es zu genießen."

Die „Skrälingar" bewirkten, daß die Landnahme in Amerika von den Wikingern nicht vollzogen wurde. Wie hätten sich die paar Europäer auch gegen die Eingeborenen wehren können? Immer mehr und mehr Eisen und Menschen hätten sie aus der Heimat herbeiholen müssen, wenn wir bedenken, wieviel Blut in Amerika floß, ehe die Europäer, sogar mit Hilfe von Feuerwaffen, endgültig Fuß faßten. Die gesamte Kraft der Wikingerzüge hätte eingesetzt werden müssen, um den neuentdeckten Kontinent zu kolonisieren und zu unterwerfen.

Auf dem Heimwege erwischten die Siedler in Markland zwei halbwüchsige Skrälingar, die sie mit nach Grönland nahmen und am Hof von Erik dem Roten aufwachsen ließen, wo sie auch nordische Sprachen lernten. Klar ist mittlerweile, daß diese beiden Skrälingar keine Indianer waren, sondern Eskimos. Davon zeugen auch die Personennamen Vättilldi, Uvägi, Avalldamon und Valldidida.

Ein paar Feuersteingeräte in L'Anse au Meadow sind von Indianern angefertigt. Sie bestätigen unsere Konzeption mehr als daß sie ihr widersprechen, denn wir sahen, daß die Wikinger mit den Indianern Handel trieben, und eine Speerspitze aus Feuerstein von typischer Formgebung der Indianer ist in Brattalid auf Grönland gefunden worden.

Reisen quer über die Davis-Straße dürften häufig gewesen sein. Bischof Eric fuhr von Grönland nach Vinland im Jahre 1121. Die Beschaffung von Holz für das baumlose Grönland dürfte eine der wichtigsten Ursachen für recht regelmäßige, fast jährliche Fahrten gewesen sein. Amerikanisches Lärchenholz ist in der Kirche und den Särgen von Herjulfsnes auf Grönland nachgewiesen. Der letzte schriftliche Bericht meldet aus dem Jahre 1347, daß ein Schiff aus Markland nach Island kam. Die mündliche Überlieferung reicht bis in die Neuzeit hinein. Die Karte des Isländers Sigurd Stefansson 1570 scheint nach der hervorragenden Forschungsleistung von Dr. Ingstad zuverlässiger zu sein, als wir bis jetzt ahnten: Markland, Skrälingaland (die Labradorküste, die in das Ufer des St. Lawrence-Flusses übergeht) und Promontorium Winlandiæ (die nördliche Halbinsel von Neufundland) sind vollständig korrekt im Verhältnis zueinander angegeben mit Überbetonung eben derjenigen Naturmerkmale, auf die es den Wikingern ankam. Noch im Jahre 1637 schrieb der isländische Bischof Gisle Oddson, daß die nordischen Einwohner von Grönland sich „in das Volk von Amerika verwandelt hätten". Man kannte sich im Norden sicher aus, las und kommentierte die Klassiker und manches wurde ausschließlich mündlich weitergegeben.

Ein Neufund aus dem Süden ergänzt die skandinavischen Quellen, und zwar eine Weltkarte auf Pergament, angefertigt während des Konzils von Basel (1431 bis 1449). Oben links sind Island, Grönland und Vinland als drei Inseln zu sehen. Die Karte war einem ganz anderen Reisebericht beigefügt, als ein Buchhändler sie 1957 irgendwo in Europa erwarb. Da die Wurmlöcher dieser Karte nicht mit denen des Reiseberichtes übereinstimmten, haben die Forscher acht Jahre lang gesucht, fanden jetzt aber die gleichen Wurmlöcher in der Kopie eines mittelalterlichen Geschichtswerkes, die von dem gleichen Baseler Mönch stammt. Damit ist ihre Echtheit sichergestellt. Die Karte mißt 27,9 × 40,6 cm und befindet sich jetzt in der Yale-Universität.

Im 15. Jahrhundert suchten die Großmächte am Mittelmeer nach einem Nord-West-Weg nach China und Indien. Glückliche Archivfunde gestatten uns den Nachweis, daß ein norwegischer Lotse, namens Jon Skolp, einer portugiesischen Expedition im Jahre 1476 den Weg durchs Nordmeer zeigte, an Grönland vorbei bis zur Labradorküste. Die Nordländer benützten also den Weg nach Amerika 18 Jahre vor Kolumbus! Auch war Christoffer Kolumbus persönlich auf Island im darauffolgenden Jahre 1477. Der Zweck seiner Reise war natürlich der, sich das dort überlieferte Wissen von den Inseln jenseits des Ozeans anzueignen.

Dann fragen wir uns natürlich, warum Kolumbus seine große Fahrt auf der Santa Maria nicht über Grönland westwärts unternahm – sicherer, überzeugender und weniger gefahrvoll? Damals arbeitete man nicht systematisch, von bekannten Fixpunkten vorwärtastend. Kolumbus bezweifelte keinen Augenblick die Existenz aller möglichen Inseln, dort wo andere nur Nacht und Grauen vermuteten. Ihn konnten die eiskalten Gewässer im Norden mit ihren vielleicht zahlreichen und jedenfalls hinderlichen Inseln nichts nützen. Er hatte gar nicht vor, solche Inseln oder gar einen ganzen Kontinent zu entdecken. Er wollte lediglich einen bequemen Seeweg nach Indien finden. Nur für einen solchen Plan konnte er auf Interesse stoßen und Geld bekommen.

Christoffer Kolumbus, Leif Eriksson und Thorfinn Karlsevne strebten dem gleichen Traumland entgegen, in welchem der Weizen von alleine wüchse, die Flüsse voll Wein flössen, der Tau süßer als Honig sei, die Berge aus Gold bestünden. Die Wirklichkeit war anders. Das Land war eine neue Welt. Nur in harter Arbeit konnte die von den Wikingern geplante Landnahme vollzogen werden. Und jetzt liegen die Wunschträume der Optimisten auf dem Mond!

Zwei Humoristen von einer Ringfibel

XIII.

Von New York bis Bagdad

Die Wikinger sind die ersten Menschen, welche vier Weltteile des Erdballs besuchten – eine verblüffende Tatsache, erst recht wenn wir bedenken, wie abseits ihre skandinavische Heimat liegt. Eine riesige Ausdehnung haben ihre Züge inzwischen bekommen: von Vinland bis Särkland, von New York im Westen bis Bagdad im Osten. Sie kämpften und trieben Handel mit Algonquin-Indianern und Sarazenen, mit Eskimos und Florentinern, mit Finnen, Türken und Slawen, mit Iren, Franken und Spaniern, mit Engländern und Deutschen, oft auch miteinander. Der westliche Kaiser kannte sie ebensogut wie der östliche Kaiser. Sie hatten Handelsrechte im goldenen Byzanz und wanderten durch die lauten Bazare der Kalifenstadt. Wie es dazu kam, müssen wir mit einigen Worten umreißen.

Um das Kaspische Meer zu erreichen, mußten die Wikinger an der Stadt Itil an der Wolgamündung vorbei. Der dortige König der Khazaren gewährte ihnen auch freien Durchzug, freilich forderte er die Hälfte der Beute, die sie machen würden, als Gegenleistung:

„Da schrien die Völker auf, die rund um das (Kaspische) Meer wohnten, weil sie in alten Zeiten nie erlebt hatten, daß ein Feind über das Meer zu ihnen fand, das sonst Handelsschiffe und Fischerboote zu befahren pflegten. So suchten die Rus den Kampf mit al-Gail, ad-Dailam und mit Ibn-abu-Sagas Offizier, und sie erreichten das Ufer der Naftaquellen im Königreich Sirwan, das unter dem Namen Baku bekannt ist."

Tausend Jahre vor Alfred Nobel nahmen also Schweden dieses berühmte Gebiet schon einmal in Besitz! Nach einer neu gefundenen Schriftquelle verwüsteten sie im Winter 943 die Stadt Berda'a im Kaukasus und landeten bei anderen Kriegszügen in Abasgun, Sari und Djordjan am Südufer des Kaspischen Meeres. Ibn Khordadbeh berichtet:

„Manchmal transportieren sie ihre Waren auf dem Kamelrücken von der Stadt Djordjan nach Bagdad. Hier dienen ihnen slawische Eunuchen als Dolmetscher."

Sonderbar der Gedanke, daß die Wikinger ihre Drachensegler auch gegen die Schiffe der Wüste tauschten, die persische Hochebene überquerten und am Tigris auftauchten. Ist das der entfernteste Punkt, den sie in Asien erreichten? Im Jahre 1955 schabten die Archäologen vorsichtig die Erde der Handelsstadt Helgö im Mälarsee durch. Ein Bronzegegenstand wurde gesichtet und vorsichtig freigelegt. Die Fundverhältnisse sind also mit höchster wissenschaftlicher Präzision registriert, und der Fundort ist der beachtlichste aus Ostschwedens Wikingerzeit. Alle hielten den Atem an bei dem unerwarteten Anblick der plastischen Figur. Es ist ein Buddhabildnis. Eine äußerst gepflegte, künstlerisch hochstehende Arbeit, kaum acht Zentimeter hoch, mit dem Stirnmal in Gold, mit gekreuzten Beinen, die Fußsohlen nach oben gewendet, auf einer Lotosblüte sitzend. Noch werden die feinen stilistischen Merkmale von Spezialisten geprüft und verglichen, um diesen Buddha kunsthistorisch einzuordnen.

Die Muselmanen waren meist sehr unduldsam gegen Andersgläubige und ließen keinesfalls einen buddhistischen Kultgegenstand durch das von ihnen kontrollierte Gebiet hindurch. Wie konnte er aus Indien oder Afghanistan nach Schweden kommen? In einem nordschwedischen Grabe wurde eine wohlerhaltene Geldbörse aus gutem Eidechsenfell gefunden. Die Rohware lieferte die Eidechse Varanus Salvator, welche in Indien, Indonesien und China vorkommt, oder am ehesten Varanus Bengalensis in Indien und Belutschistan. Sie ist also ein ebenso sensationeller Gast in Schweden. Gedenken wir auch noch der chinesischen Seide eines Birkagrabes. Sie kam auf der Seidenstraße und wurde wiederum von den Arabern gerne weitergehandelt. Diese Gegenstände sind die am weitesten hergeholten unter den Wikingerfunden.

Im Norden kannten sich die Wikinger bis zum Weißen Meer gut aus und tasteten anscheinend auch dort die asiatische Grenze ab. Saxo Grammaticus berichtet von einer Fahrt im Jahre 1180, also hundert Jahre nach dem Ende der Wikingerzeit, als viele Handelswege noch existierten:

„Das hintere Bjarmland ist von ständigem Frost erfüllt und von sehr hohen Schneemassen bedeckt, so daß sie nicht einmal die Macht der sommerlichen Wärme durchkostet. Die Gegend ist überreich an weglosen Wäldern, an Früchten kaum ergiebig und reich an anderswo kaum bekannten Tieren. Es soll in ihr zahlreiche Flüsse geben, welche die Schiffe durch Riffe sowie durch zischende und schäumende Strudel gefährden."

Wir dürfen wohl annehmen, daß die Wikinger zumindest die Petschora erreichten, vielleicht sogar Nowaja Semlja, obwohl die Ortsangaben ungenau sind. Sicher ist, daß die üblichen Bjarmlandfahrten den Norwegern großen Gewinn brachten. Beispielsweise fuhr Thore Hund im Jahre 1026 mit einigen Schiffskameraden nach Bjarmland. Dort gab es einen Markt mit großem Erfolg, anschließend die übliche Schlägerei mit den Eingeborenen und zuletzt auch Totschlag unter den Teilnehmern. Was uns daran im Augenblick am meisten interessiert, ist die Tatsache, daß Thore Hund vom Weißen Meer nach Norwegen zurückkehrte und vier Jahre später sich weit nach Süden wandte:

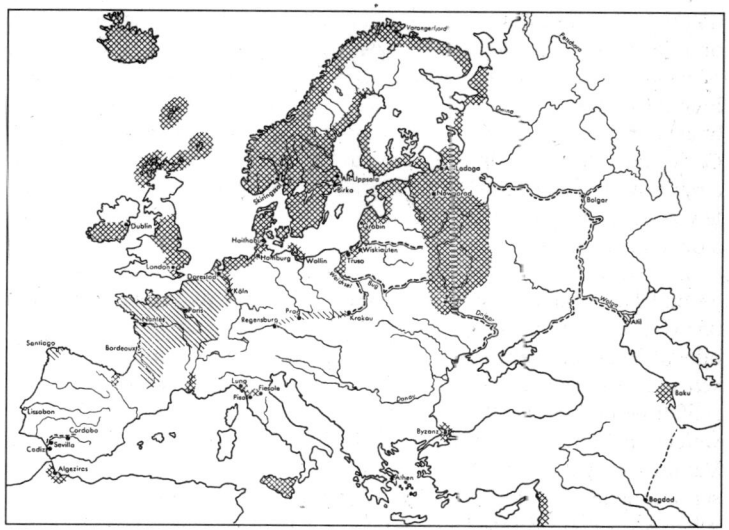

Im Text erwähnte Staatsgründungen, Reisewege und Kriegszüge der Wikinger

„Thore Hund fuhr außer Lande kurz nach dem Tod des Königs. Er zog nach Jerusalem und viele behaupten, daß er nie zurückkehrte."

Ich überlasse es den Lesern auszurechnen, wie lang die Strecke von Archangelsk nach Jerusalem ist – vermutlich nicht über Gibraltar, sondern über Ladoga und Byzanz – wie lange Zeit man braucht, um sie mit einem Segelschiff zurückzulegen, wie groß die Wärmeunterschiede dabei sind. Wie mag der Sinn jener Männer gewesen sein, die solches leisteten?

Einige Runen wurden in einen Wetzstein geritzt, der vor wenigen Jahren in Gotlands Erde auftauchte. Die Wortreihe könnte als Überschrift und Merkmal der ganzen Wikingerzeit stehen Sie lautet im Original:

: Ormiga : ulfuair : krikiaR : iaursaliR : islat – serklat

Die Übersetzung bietet den Sprachforschern keine Schwierigkeit:

„Ormika, Ulfair, Griechen, Jerusalem, Island, Särkland."

Zwei Gotländer sind zuerst bei Namen genannt, und anschließend werden die Länder aufgezählt, die sie besucht haben, eine Reihe, von denen Männer sprachen und die es verdiente, in Erinnerung zu bleiben. Sie fuhren einmal auf dem Weg über die russischen Flüsse bis ins Schwarze Meer oder ins östliche Mittelmeer, ein anderes Mal auf der

Nordsee und dem Ozean bis Island und sind beide Male wohlbehalten in die Heimat zurückgekehrt!

In seiner Weise ebenso sprechend ist ein Runenstein, der in wenigen Worten das Schicksal einer ganzen Familie verewigt, die herumgewirbelt und weithin verschlagen wurde, wie es eben in großen Kriegszeiten vorkommt. Der Stein steht bei Mjölby in Östergötland:

„Thorgärd errichtete diesen Stein für Assur, ihren Onkel. Er starb im Osten, in Griechenland.

> Söhne bekam Gulle,   ein guter Bauer, fünf.
> Bei Fyris (nahe Uppsala) fiel Asmund   der mutige Kämpfer,
> Assur starb   im Osten in Griechenland,
> Halvdan wurde   auf Bornholm erschlagen,
> Kåre starb bei Dundee (in Irland?).   Tot ist auch Boe."

Auch ihre Dichtung, Götterwelt und Sagen brachten die Wikinger in entfernteste Länder. Wir lernten schon den Schmied Wieland, die rachsüchtige Hild und Gunnar in der Schlangengrube kennen. Am beliebtesten war wohl Siegfried der Drachentöter selbst, besonders reizvoll auf dem bekannten Felsen südwestlich Stockholm dargestellt. Auch hier hat eine Frau die Runenritzung angeordnet, welche besagt:

„Siegrid machte diese Brücke. (Sie war) Alriks Mutter (und) Orms Tochter. Für die Seele ihres Gatten Holmgers ..."

Hier ist von der Seele die Rede. Hier sind schon Christen am Werk. Die Sage ist ja auch in keiner Weise an die heidnische Mythologie gebunden, und die Frau bekundet vor allem, daß sie eine Brücke bauen ließ. Damit ist keine über einen Fluß gespannte Brücke gemeint, son-

Siegfried der Drachentöter mit dem Schwert, Andvare mit dem Ring des Nibelungenschatzes und Krimhilde mit dem Trunk der Vergessenheit auf vier schwedischen Runensteinen (rechts) und als Schmuckstück gefunden auf einem lettischen Burgberg

dern ein mit Steinen gepflasterter Weg über eine feuchte Niederung; von diesem Weg sind Spuren nachgewiesen. Der schräge Felsen steht für alle Wegfahrer von damals gut sichtbar an einem Brückenkopf. Ursprünglich waren die Figuren sicherlich in klaren Farben gemalt. Farbspuren sind nämlich neuerdings an manchen geschützt in der Erde angetroffenen Runensteinen nachgewiesen. Und es ist die Wortverwandtschaft Siegrids mit Siegfried, welche die Stifterin veranlaßte, sich gerade auf diesen Sagenkreis zu berufen.

Das Schriftband diente sehr findig als Schlangenleib. Der Held sticht, *von unten* sein Schwert in den Fafnir. Das ist das Wesentliche im Darstellungsschema, da der Drachentöter doch in einer Grube hockte. Sein kräftiger Bizeps endet dem Stil entsprechend in einer Spirale, der Helm ist konisch-spitz, das Schwert läßt sich gut mit Schwertern in Waffengräbern vergleichen.

Siegfried brät das Drachenherz auf offenem Feuer, verbrennt dabei den Daumen, steckt ihn in den Mund, bekommt somit Drachenschmalz auf die Zunge und versteht mit einem Mal die Vogelsprache. Die Vöglein sitzen im Baum, an welchem Siegfrieds Pferd Grane gebunden steht. Die Vöglein zwitschern und sagen, der Schmied Regin habe falsche Absichten. Er wolle Siegfried töten und selbst Besitzer des Drachenschatzes werden. Da macht Siegfried kurzen Prozeß und haut dem falschen Schmied den Kopf ab! Daß wirklich mit dem Geköpften der Schmied gemeint ist, sehen wir an den Geräten: Hammer, Zange, Amboß und Blasebalg. Oberhalb noch ein Tier. Das ist der Otter mit Andvarenautr im Maul, mit dem Ring als Symbol des Schatzes, an dem ein so schwerer Fluch haftete.

Weniger bekannt ist eine plumpe Kopie dieser stilistisch eleganten Ritzung, geradezu lächerlich in ihrer Unbeholfenheit. Besonders schwer fiel dem Steinhauer die Menschendarstellung. Schon der Drachentöter ist mißraten, der kopflose Schmied ist nichts mehr als ein klobiger Körper mit Händen, und Siegfried als Koch ein wohllüstiger Sybarit, der unverständlicherweise einen Hammer in der Hand hält. Mit dem Pferd steht es nicht besser – es wurde zum Kamel. Heiter können wir über einen solchen Einzelfall von der Hand eines Stümpers lachen.

Weit wichtiger ist der Reichtum an guten Siegfriedbildern in Skandinavien. Der Ockelbostein trägt zahlreiche Figuren nach einem Schema, das auf einer ganzen Gruppe von nordschwedischen Steinen Verwendung fand. Oben leicht beschädigt, erkennen wir noch das Schwert, welches aufwärts in das Drachenband hineingestoßen wird. Unterhalb rechts wird vermutlich der Held hinterrücks erschlagen, links davon fährt Brynhilde in einem pferdebespannten vierrädrigen Wagen zum Scheiterhaufen und begegnet dabei einer gekrümmten Riesin. Die Deutung müßte noch genauestens geprüft werden. Darunter sitzen zwei Männer behaglich beim Brettspiel und trinken aus Hörnern. Vermutlich ist Siegfrieds und Gunnars Freundschaft versinnbildlicht. Am meisten interessiert uns der mittlere, stattliche Baum mit Grane und einem Vogel, wie wir ihn schon kennen. Rechts und links ein auf vier Runensteinen wiederkehrendes Paar: eine Frau mit Trinkhorn und ein Mann mit einem Ring hinter sich. Die Frau muß Krimhilde sein, die dem Siegfried den Trunk der Vergessenheit darbietet, der Mann Andvare mit dem Ring Andvarenautr (alternativ Gudrun, die ihre Brüder in Atles Hof willkommen heißt, und der Bote Winge mit einem warnenden Wolfshaar im Ring). Wir merken, wie beliebt und vertraut die Sage den Nordländern war.

Nun sehen wir ähnliche Motive auch auf den Steinkreuzen der Insel Man in der Irischen See auftauchen Wählen wir beispielsweise das beschädigte Steinkreuz von Kirk Andreas, so ist unten links gerade noch Siegfried erkennbar, der sein Schwert schräg aufwärts in die Drachenornamentik stößt, oberhalb das Feuer mit dem in Scheiben geschnittenen Drachenherz am Bratspeer. In der Mitte der anderen Seite liegt Gunnar im Schlangenhofe mit gefesselten Armen und Beinen. Ein Ungetüm beißt ihm in die Brust.

Zur richtigen Ergänzung finden wir Bilder der Siegfriedsage schließlich auch in Rußland, und zwar an einer Prunkaxt aus dem Gebiet von Wladimir-Susdal, reich mit Gold, Silber und Niello belegt. Auf der einen Wange ringelt sich der Drache, in welchem ein aufwärts gerichtetes Schwert steckt – also unverkennbar Fafnir. Auf der anderen Seite sitzen Vögel artig und symmetrisch beiderseits eines Baumes. Ein solches Bild kommt vielerorts vor, ist überhaupt ein uraltes, orientalisch-spätrömisch-christliches Schema, aber in Verbindung mit der Drachentötung sind nur die beiden Vögel im Baum der Siegfriedsage gemeint.

Heute können wir diesen Bildern noch eine Figur hinzufügen. Der Verfasser nahm als Schüler an seiner ersten Ausgrabung teil, die auf dem lettischen Burgberg Daugmale Pilskalns durchgeführt wurde. Die Zeichnung in diesem Buch ist nach einem Abguß des z. Z. nicht zugänglichen Originals gemacht, den er geschenkt bekam. Sie zeigt einen nordischen Wiking in dem typischen schenkelkurzen Leibrock. Der Schwertknauf ist nordisch. Nur den großen Kranz, den er hinter sich auf dem Rücken hält, konnte niemand bis jetzt erklären. Stellen wir die Figur jedoch mit dem Ockelbostein zusammen, erkennen wir sie sofort. Der Kranz ist der Ring Andvarenautr, der Wiking selbst somit der Zwerg Andvare! Der prachtvoll gelegene Burgberg beherrschte den breiten Segelweg die Düna landeinwärts nach Rußland. Letten konnten Zoll fordern oder Wikingerscharen sich mit Gewalt durchschlagen. Aus irgendeinem Grunde geriet die Darstellung aus der nordischen Heldensage in die Erde des Burgberges und hilft uns jetzt die Beliebtheit des Motivs zu veranschaulichen. Es zog mit den Wikingern durch Europa.

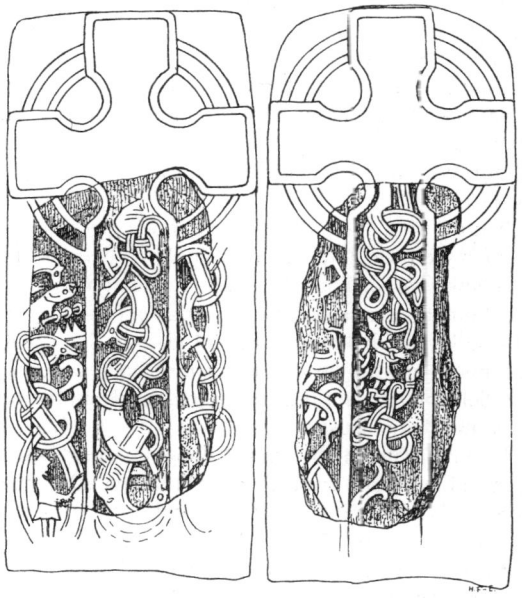

Die Siegfriedsage auf einem Steinkreuz, Kirk Andreas auf der Insel Man

 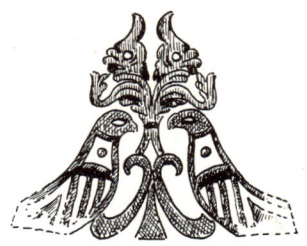

Die Siegfriedsage auf einer Prunkaxt in Wladimir-Susdal in Rußland

Es gibt zahlreiche Bilder zum Glauben und zur Sage der Wikinger. Viele von ihnen sind älter als die isländischen, deutschen und sonstigen Schriftquellen. Schon deshalb sind sie für die Forschung so wichtig. Außerdem hat ihre geographische Verbreitung viel zu sagen. Darum ist es bedauerlich, daß diese Dokumente noch nicht planmäßig erfaßt sind. Dann müßte man keine so willkürlichen und phantastischen „Deutungen" mehr erleben, wie sie leider noch immer von Jahr zu Jahr gegeben werden. Sie müßten von Prähistorikern geordnet, datiert und stilistisch bewertet werden – so wie wir auch sonst immer Fundkataloge herausgeben. Dann erst können Fachleute verschiedener Disziplinen mit einer ganz anderen Zuversicht an die vielen Bilder herangehen, deren Deutung nicht so einfach ist, wie es gerade bei dem eben erörterten Wiking an der Düna oder dem Landnahmestein von Sanda der Fall ist. Und schließlich sind doch wohl die Heldensagen, Rechtsbegriffe und Walhallvorstellungen der Wikinger auch wert, mit moderner Sachlichkeit interpretiert zu werden!

Gegen Ende des 10. Jahrhunderts steht eine neue Generation bereit, noch einmal nach Osten wie nach Westen vorzustoßen. Wir erfahren in der Nestorchronik, daß die beiden Urenkel Ruriks miteinander Streit hatten und daß Wladimir (= Waldemar) übers Meer floh, also nach Schweden, wo er Soldaten anwerben ließ, mit denen er 980 nach Nowgorod zurückkehrte und von dort aus Kiew zurückeroberte. Sein Bruder flüchtete und wurde getötet. Die Krieger, welche er aus der schwedischen Urheimat herbeiholte, nannten sich *WARÄGER* oder *WÄRINGAR*. Das Wort ist rein nordisch. Typisch ist die Endung -ing.

„War" bedeutet „Treue". Sie sind also die Eidgenossen, Mitglieder einer Kaufmannsgilde und in erster Linie militärische Schwurbrüder. Der dänische Sagenforscher Ad. Stender-Petersen meint, daß die Wäringar erst vom Jahre 980 ab nach Rußland fuhren. Er zieht eine klare Grenze zwischen den Rus und den Wäringarn. Sie vertreten nach seiner

Meinung zwei zeitlich und kulturell voneinander getrennte Vorstöße aus Schweden. Wenn der Name dieser Eidgeschworenen in der Nestorchronik trotzdem des öfteren vor dem Jahre 980 erscheint, so ist es, weil die Wäringar sich mit den älteren Rus solidarisch fühlen. Sie berufen sich auf die Rus, um ihre Anwesenheit im Osten zu rechtfertigen. Sie redigieren die Sage von den einwandernden drei Brüdern. Die schöne Aufforderung „kommet und herrschet über uns" ist ihre wichtigste diplomatische und moralische Stütze. Auf jeden Fall ist die Wende zum 2. Jahrtausend von ihrem Tun und Lassen in Rußland gekennzeichnet. Nach dem Sieg in Kiew „sprachen die Wäringar zu Wladimir:

– Dies ist unsere Stadt, wir haben sie erobert. So wollen wir ein Lösegeld haben …

Er gab ihnen nichts. Da sprachen die Wäringar:

– Du hast uns betrogen. Weise uns den Weg nach Griechenland.

Er sagte zu ihnen: Gehet! Und er wählte aus ihrer Mitte gute und verständige und tapfere Männer aus und verteilte unter sie Städte. Die anderen aber zogen zu den Griechen nach Byzanz."

Dort traten sie in den Dienst des Kaisers, bildeten alsbald seine Leibgarde und wurden für seine persönliche Sicherheit verantwortlich. Sie standen in höchster Alarmbereitschaft und wurden eingesetzt, je nachdem wie die tagespolitische Lage in dem unruhigen östlichen Mittelmeer es forderte. In der Hafenstadt Athen lag eine Garnison. Der Platz heißt heute Piräus, früher Löwenpforte, benannt nach den Marmorlö-

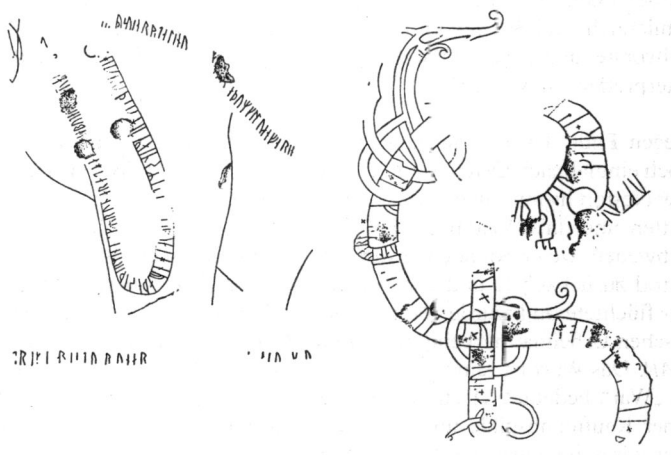

Die erhaltenen Runenzeichen auf dem Marmorlöwen von Piräus, jetzt in Venedig

wen der Hafeneinfahrt. Dorthin hat der Kaiser nur zuverlässige, kampferprobte Krieger befohlen. Sehr richtig haben Wäringar eine elegante
Drachenschlinge und Gedenkrunen für einen gefallenen Kameraden in
den Marmor eingemeißelt. Der Stein ist mittlerweile so sehr verwittert,
daß wir nicht jedes Wort sicher lesen können, aber die Inschrift ist die
entfernteste unter den südöstlichen Runendenkmälern; der Stein befindet sich heute vor dem Arsenal in Venedig. Er wird bestens durch 26 (!)
schwedische Runensteine für Männer ergänzt, die in Griechenland
kämpften. Der eben erwähnte Assur zählt zu ihnen. Im Walde südlich
Sigtuna liegt ein bemooster Findlingsblock, urschwedisch im schattigen
Nadelwald. Auf ihm lesen wir überraschend:
„Runen ließ Ragnvald ritzen, der in Griechenland Häuptling der
Wäringar war." Also ein Mann, der das höchste Amt der Kaisergarde in
Byzanz bekleidete und nach beendeten Dienstjahren in seine Heimat
gleich nördlich Stockholm heimkehrte!
Auf einem anderen Stein in der Nähe von Stockholm lesen wir:
„Astrid ließ diesen Stein für Östen, ihren Mann, errichten. Er zog
nach Jerusalem und starb in Griechenland."
Weitere 25 Runensteine nennen einen Heerführer Ingvar, von dem
wir wissen, daß er im Jahre 1041 einen imposanten Wikingerzug nach
Osten führte. Vielleicht war Ingvar der Weitgefahrene ein Mitglied des
schwedischen Königshauses. Man sprach in der Heimat von seinem
Aufgebot, aus welchem viele Krieger niemals heimkehrten.
In Byzanz weilten Männer aus ganz Skandinavien. Die isländischen
Sagen erwähnen häufig auswandernde oder heimkehrende Isländer. In
Ravnkel Freysgodes Saga vermeldet ein Mann namens Torkel:
„Ich bin ein freier Mann. Im vorigen Sommer kam ich hierher nach
Island. Ich bin sieben Jahre draußen gewesen, draußen in Miklagård
(= Byzanz). Ich bin der geschworene Mann des Königs von Gardarike
(= Rußland)."
„Jetzt ist von Kolskegg (in der Njalssaga) zu erzählen, daß er von
Island nach Norwegen und Dänemark fuhr … Dort nahm er die Taufe,
aber wohl wurde ihm nicht, und er zog ostwärts nach Rußland und war
dort einen Winter. Dann zog er weiter nach Byzanz und trat in den
Kriegsdienst ein. Die letzte Nachricht von ihm war, daß er dort eine
Frau nahm und Anführer der Nordländertruppe wurde."
Der namhafteste Anführer der kaiserlichen Leibgarde in Byzanz ist
der norwegische König Harald der Harte, den wir eingangs schon als
kecken kleinen Burschen kennenlernten, als er seinem Halbbruder den
Bart zauste. Er verbrachte seine Jugendjahre (1034–1044) in Rußland
und im östlichen Mittelmeer. Snorre hat einen ganzen Abenteuerroman
über seine Heldentaten in der Heimskringla zusammengetragen. Mit
großem Gefolge fuhr er nach Miklagård:

„Vorwärts schwarze Steven   stieß   urkalte Brise.
Segel schmuck lüftend   liefen längsstrands die gepanzert.
Griechenlands Kaiser konnte   Kiele sehen, glanzumspielte.
Da schwamm manch schimmerndes   Schiff zu den Zinnen der
    Burg.

Zu der Zeit regierte in Griechenland Königin Zoe die Mächtige zusammen mit Michael Katalaktes. Als Harald nach Miklagård kam, trat er in ihren Dienst und fuhr sofort im Herbst mit Kriegern auf den Schiffen, die zum Griechischen Meer segelten ... Harald war noch nicht lange im Heer gewesen, ehe die Wäringar sich um ihn scharten, und sie hielten zusammen, sobald es Kampf gab ... Er zog mit seinem Heer nach Särkland und eroberte achtzig Burgen. Einige ergaben sich, andere erstürmte er. Dann zog er nach Sizilien ... und erbeutete eine große Menge an Gütern, Gold und allen Kostbarkeiten. Alles, was er nicht brauchte für seine Ausgaben, sandte er mit seinen Treuleuten nordwärts nach Holmgård (Nowgorod) zur Verwahrung bei König Jaroslaw (Wladimirs Sohn). Dort häufte sich eine gewaltige Menge an Gütern, wie auch zu erwarten war, wenn er den Teil der Welt verheerte, der am reichsten an Gold und Kostbarkeiten war und da er so große Unternehmen startete ... Er fuhr auch nach Jerusalem und wohin er kam, ergaben sich Burgen und Befestigungen seiner Gewalt."

Die Kriegsfahrten hat der werdende König von Norwegen alle unternommen. Auch stimmt Snorres Behauptung, Harald und die Wäringar hätten nach einem Konflikt dem Kaiser die Augen ausgestochen! Nur traf das grausige Schicksal den Nachfolger, Michael Kalafates, und zwar im Jahre 1041:

Blind ging Griechenlands Herr   mit greulichem Gebrechen
    geschlagen.
Der rasche Kriegsfürst   gewann Gold und reiche Beute.

Aber sonst hat Snorre fleißig an den historischen Daten herumgeflickt. Nein, Snorre nicht – er war viel zu gewissenhaft. Er schilderte nur, was ihm tatsächlich überliefert worden war. Aber die Wäringar selbst haben die knappen historischen Tatsachen ausgeschmückt und ausgebaut. Achtzig Burgen allein schon in Särkland, womit in diesem Falle wohl am ehesten Syrien gemeint ist, ungezählte Kastelle in Palästina, und diese sagenhafte Beute, deren Wert die Phantasie nach Lust und Laune frei schätzen kann – so etwas entsteht im Lagerleben, wenn die Soldaten abends schwatzen und prahlen. Da greifen sie auch reine Räubergeschichten auf, wie sie durch Jahrhunderte und Jahrtausende in allen Ländern der alten Welt weitergegeben wurden. Gerade die Saga Haralds des

Harten ist eine Fundgrube für Sagenhistoriker, und in der Erzählung von seinem Kriegszug nach Sizilien sind die findigen Kriegslisten wie Perlen an einer Kette aufgereiht. Soll er doch vor einer starken Burg Vögel gefangen und ihnen Hobelspäne, Wachs und Schwefel angebunden haben. Durch das Flattern – als sie zu ihren Nestern in der Burg flogen – wurde ein Feuer entfacht. Viele kleine Flämmchen verursachten einen Großbrand, und die Insassen kapitulierten. „Harald verschonte alle, die um seine Gnade baten" – schließt die Geschichte treuherzig.

Als es noch keinen Tierschutzverein gab, haben Wissenschaftler experimentell die Glaubwürdigkeit der Saga widerlegt. Es genügt, wenn wir erwähnen, daß sie auch noch in der Nestorchronik, in Dünaburg und in der irischen Stadt Cirencester auftaucht. Sie ist zusammen mit all den anderen Kriegslist-Erzählungen festliches Männergeschwätz!

In Wirklichkeit hatte König Harald der Harte wenig Erfolg in Süditalien, denn er war auf Stammesbrüder gestoßen. Normannen aus der Normandie waren nämlich in immer größeren Scharen dorthin gezogen, hatten sich überall festgesetzt und bedrohten nun auch die byzantinischen Besitzungen. Westliche und östliche Wikingersöhne trafen sich im Jahre 1042 zu einer Schlacht im Mittelmeer! Harald wurde von den Normannen besiegt. Keiner brauchte sie zu bitten und zu nötigen, sich des von Zedernäpfeln, Mandeln und vergoldeten Nüssen erfüllten Siziliens anzunehmen. Sie kamen auch ohne Aufforderung, wie es nunmal die Gewohnheit der Skandinavier war. Tankred auf der Burg Hauteville in der Normandie hatte 12 erwachsene Söhne, von denen 8 nach Sizilien zogen. Robert Guiscard (Schlaukopf) und Roger wurden die Begründer der Normannendynastie auf dieser Insel.

Ihre reizvollen Schicksale stehen im Zeichen der bunten Mischwelt von Römern, Griechen, Arabern und französisch sprechenden Nordländern. Der große Sprößling dieser Dynastie ist Rogers Urenkel, Kaiser Friedrich II., der Staufe und überlegene Regent Europas im 13. Jahrhundert. Ein nordischer Einschlag wurde von den Normannen nach Sizilien gebracht und hat auch das dortige Leben gefärbt. Es gehört nicht mehr zur Aufgabe dieses Buches, Organisation, Recht und Brauchtum so weit zu verfolgen, aber es ist eine der lockendsten Aufgaben moderner Forschung.

Die Wäringar-Truppe in Byzanz bekam allmählich eine neue Zusammensetzung. Nach der Schlacht bei Hastings in England im Jahre 1066 flohen zahlreiche Engländer, die sich in der Heimat nicht mehr wohl fühlten, nach Byzanz und wurden als tapfere Krieger in die Leibwache aufgenommen, in der alsbald die gleiche normannische Mischsprache zu hören war, wie in den von Wikingern besetzten Gebieten in England – diesmal allerdings mit Griechisch als offizieller Sprache. Allmählich ebbt der Zustrom aus Skandinavien ab und wir hören schließlich nur

noch von Engländern in der Leibwache. Sie war sozusagen eine Schwe-
dengarde ohne Schweden geworden, so wie man sich auch eine Schwei-
zergarde ohne Schweizer denken könnte. Bis zum Ende des byzantinischen Kaisertums im Jahre 1453 sorgten ausschließlich Engländer für
die Sicherheit im Schloß.

Das Zentrum der Rurik-Dynastie hatte sich inzwischen von Kiew nach
Nowgorod verlagert. Das Fürstenhaus wird mit so engen Blutsbanden
an die nordischen Herrscherhäuser gebunden, wie die skandinavischen
Länder untereinander. Wir veranschaulichen es vielleicht am deutlichsten durch ihre Ahnentafel:

Rurik   aus Schweden eingewandert

Igor   heiratet Helga-Olga, von nordischen Eltern
in Pleskow geboren

Swjatoslaw   heiratet Malmfrid-Malusa, Schlüsselträgerin
der Königin Olga

Wladimir † 1015   heiratet Ragnheidr-Rogned, Tochter des
Häuptlings Ragnvaldr in Polotsk, übers Meer
eingewandert

Jaroslaw † 1054   heiratet 1019 Ingegärd, die Tochter des
schwedischen Königs Olov Skötkonung

Ellisif-Elisabeth   heiratet König Harald den Harten von Norwegen

Holti-Wsewolod   heiratet eine byzantinische Prinzessin von
Monomachos' Dynastie

Waldemar Monomach   heiratet Gyda, die Tochter von Harald God-
vinsson in England

Harald-Mstislaw   heiratet Kristin, die Tochter des Schweden-
königs Inge Stenkilsson

Ingeborg   heiratet König Knut Lavard von Dänemark

Malmfrid   heiratet König Sigurd Jerusalemfahrer von
Norwegen, später ihren Schwager König Erik
Emune von Dänemark.

Wir sehen, daß die Fürsten von Nowgorod meist zwei Namen führen, einen nordischen und einen slawischen, ganz der Zweisprachigkeit ihrer Dynastie und Umwelt entsprechend. Jede Generation heiratet nordisch. Besonders stattlich scheint Ingegärds Hochzeit im Jahre 1019 gewesen zu sein. Ihr Bild wurde vor kurzem unter dem Kalkputz der Sophia-Kirche in Kiew entdeckt, die ihr Gemahl Jaroslaw bauen und bemalen ließ. Ingegärd schreitet ihren drei Töchtern voran, den werdenden Königinnen Elisabeth von Norwegen, Anna von Frankreich und Anastasia von Ungarn. Es ist das früheste zeitgenössische Porträt einer historischen Person der nordischen Wikingerzeit.

Bei all diesen Ereignissen hätte Schweden sogar zum griechisch-orthodoxen Christentum bekehrt werden können. Wir finden „Auferstehungseier" in Sigtuna und in den letzten Gräbern, welche Beigaben enthalten, ganz ähnlich wie sie in Rußland beliebt waren. „Ein Bischof ohne Kopf" soll beim Schwedenkönig (um 1055) gewesen sein. Das deutet auf eine schismatische Richtung im orthodoxen Glauben. „Er soll die neubekehrten Barbaren durch einen unrichtigen Unterricht in unserem Glauben verdorben haben!" Wir finden die Hauptheiligen der russischen Ikonenmalerei – Maria und Nikolaus Tjudatworitsch – schon auf einem kleinen Reliquienbehälter in einem späten Silberschatz an der nordschwedischen Küste, ein Enkolpion (das ist ein Kruzifix als Reliquienbehälter) nach byzantinischer Art gleich außerhalb der Stockholmer Stadtgrenze und andere ähnliche Glaubenszeugen aus dem Osten.

Der Geist der Wikinger hat sich im Laufe der zweihundert Jahre mächtig gewandelt. Wir denken an die unternehmungslustigen Bauern-Räuber, die am Anfang übers Meer nach Lindisfarne vorstießen. Nach ihnen kamen die Saison-Wikinger, die zur Sommerzeit aufs Meer fuhren und friesischen Kaufleuten das Leben schwer machten. Sie wurden von großen Scharen Auswanderer-Wikingern abgelöst, die sich nach fremden Ländern durchschlugen, um Raum für Neusiedlungen zu gewinnen. Ihre Kinder wurden staatenbauende Wikinger, die sich vom Mutterland lösten und in den neuen Ländern eigenen Schicksalen entgegengingen. Dann kamen die friedliebenden Wikinger um die Mitte des 10. Jahrhunderts.

Ihre Stärke lag in der freien Gemeinschaft der Krieger und Bauern. In kühner Ratsamkeit konnten einige wenige Männer die schwierigsten Situationen meistern. Sie duldeten zwar einen König, angeblich göttlicher Abstammung, aber damit war keine gottähnliche Macht verbunden. Seinen Untertanen war jeder Eingriff in die persönliche Unabhängigkeit unerträglich.

Jetzt in dem letzten wilden Aufflammen der Heerfahrten taucht auch noch der Wikinger-Soldat auf, der sich einem organisierten Befehl unterordnet und somit sein eigenes Wesen, seine Selbständigkeit aufgibt. Die Kriegszüge nahmen ein solches Ausmaß an, daß ein größerer Verwaltungsapparat und strengere Disziplin gefordert werden mußten, in der eigenen Küstenverteidigung ebenso wie in dem planmäßig vorbereiteten Angriff. Darin liegt ein schwerwiegender Konfliktstoff für die ureigenste Mentalität der Wikinger.

Wenn die Wäringar mit flammender Kraft nach Osten ziehen, bricht die schwelende Wikingergefahr auch noch einmal im Westen aus. Wir haben doch die ganze Zeit volle Parallelität nachgewiesen. Gleichzeitig wie im Osten – also 980 – bricht der Sturm über England los: Southampton wird geplündert. An allen Küsten – auch in der Irischen See – tauchen die Drachensegler glänzend organisiert und in unvorstellbaren Mengen wieder auf. Olav Tryggvasson, kaum aus Rußland heimgekehrt, erkämpft sich den ersten großen Sieg bei Maldon im Jahre 991. Zu Hilfe eilt ihm Harald Blauzahns Sohn und Nachfolger, der schon genannte Sven Gabelbart. Sie belagern London, verheeren Südengland und machen auch einen Abstecher ins Elbegebiet – nach „Saxland". Das ist der gewaltsame Auftakt.

Nur selten können wir die Kriegszüge selbst in den archäologischen Bodenfunden nachweisen, aber für diesen Zug haben uns die Funde der letzten Jahrzehnte über alle Maßen erfreut. Zuerst kam der kreisförmige Wall von Trelleborg auf West-Seeland ins Blickfeld, und zwar als sich Käufer meldeten, um eine Motorrad-Rennbahn anzulegen, mit den Hängen als Zuschauerplätze. Man hatte sich keine näheren Gedanken über das Alter der Anlage gemacht. Immerhin mußte sie untersucht werden. Das hat sich besser gelohnt als die meisten Ausgrabungen, denn die Funde verraten uns über die Organisation der Wikinger, was wir nie geahnt hatten. Allein schon die Pfostenlöcher, diese undankbaren und diesmal so vielsagenden Reste der Bauten innerhalb des Ringwalles! 16 elliptische Häuser lagen jeweils zu viert in vier Karrees, und 15 Häuser in einem Bogen außerhalb. Dabei ist schon die geometrische Maßgenauigkeit erstaunlich, indem der römische Fuß die Maßeinheit mit 29,33 Zentimeter bildet:

Innerer Radius vom Mittelpunkt bis zum Wall	234 Fuß
Radius vom Mittelpunkt bis zum Giebelende der Häuserreihe	2×234 Fuß
Entfernung vom inneren zum äußeren Wallgraben	234 Fuß
12 Häuserecken stoßen zusammen an einem äußeren Rechteck, dessen Seite mißt	272 Fuß
4 Häuserecken stoßen zusammen an einem inneren Rechteck, dessen Seite mißt	72 Fuß
Die Häuser haben also eine Länge von je	100 Fuß

Hier liegt kein Zahlenzauber vor. Aber wer in der Natur gemessen hat, weiß, wie schwer es ist, einigermaßen genau vorzugehen. Die Meßungenauigkeit ist geringer als ein halbes Prozent; das ist eine bürokratische Pedanterie, die wir bei den Wikingern nicht erwartet hatten. Da haben Architekten und Feldmesser mit Visierlinien gearbeitet, markiert, eingestellt und getrimmt, bis alle Linien haargenau aufeinander abgestimmt waren.

Die Häuser selbst überraschen durch ihre abgeplattet elliptische Form, und doch kennen wir sie schon in Gestalt der Kästchen aus Walroßplatten in Cammin und Bamberg. Denn diese wunderschön verzierten Schreine haben Häuserform und vermitteln uns einen allgemeinen Eindruck von dem Aussehen der Bauten. Über die technische Konstruktion wird noch eifrig gestritten, denn die Pfostenlöcher des Erdbo-

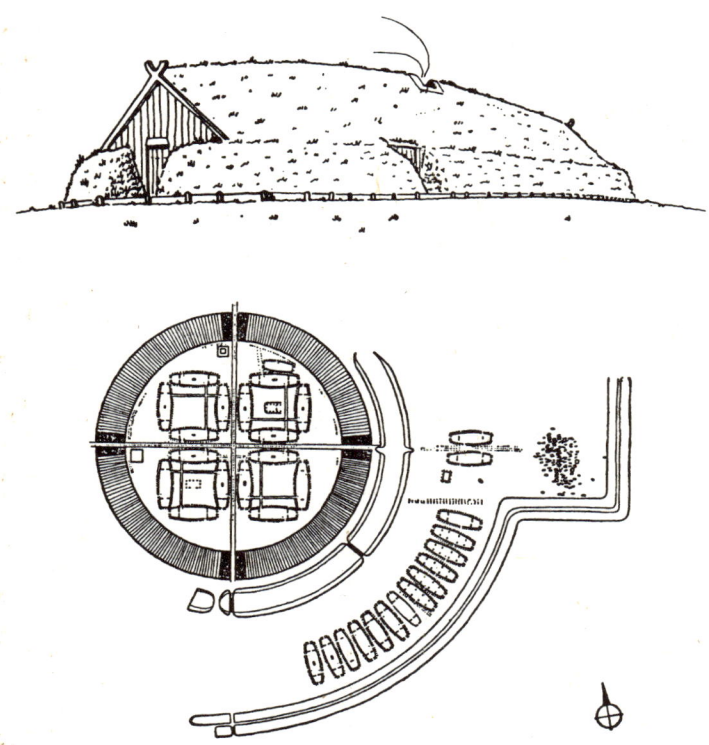

Rundwall und 31 Häuser von Trelleborg auf Seeland (1 cm = 40 m), oben
Rekonstruktionsversuch eines Hauses

dens sagen wenig über die Wände aus, und schon gar nichts über die Verzimmerung des Daches. Zwischen den Häusern liefen Bohlenwege, denn der Ringwall wirkte wie eine Wanne. Nach jedem Regen muß unter den Fußbrettern ein fürchterlicher Morast gewesen sein.

Solche Burgen kennen wir nirgends im Ausland. Aber nachdem die Dänen Trelleborg ausgegraben hatten, fingen sie an, nach Rundwällen im Lande Ausschau zu halten und stießen alsbald auf Aggersborg am Limfjord. Wer noch nicht genug überrascht worden war, der wird es beim Anblick der dortigen 12 Karrees mit 48 Häusern von je 110 Fuß Länge! Zuletzt sind noch Fyrkat bei Hobro und Nonneborg auf Fünen hinzugekommen. Über sie ist jedoch noch nichts veröffentlicht worden.

Die Burgen sind reine Militärlager aus den ersten Regierungsjahren von Sven Gabelbart. Hier sind die Kasernen sicher mit gleicher Präzi-

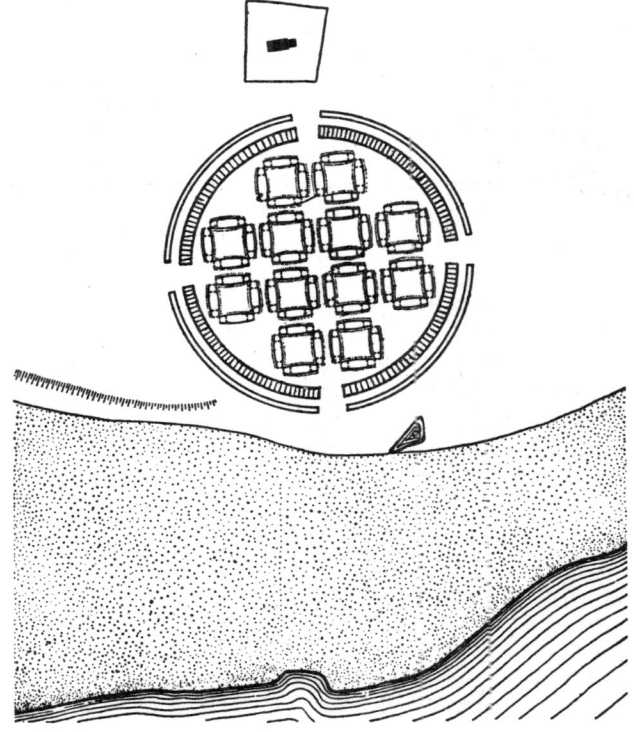

Rundwall und 48 Häuser bei Aggersborg am Limfjord
(1 cm = etwa 60 m)

sion angelegt, wie die Wikingersoldaten gedrillt wurden. Dadurch daß die Wikingerzüge jetzt endlich zu einem gemeinsam ausgerichteten Ziel durchstoßen, gewinnen sie ein Vielfaches an Schlagkraft – und geben sich selbst auf. Der entscheidende Erfolg und das anschließende jähe Ende bleiben auch nicht aus. Es wird ein Sieg in der eigenen Untergangsstunde.

In den historischen Berichten folgen die Siege Schlag auf Schlag. Der wankelmütige englische König Aethelred erzittert und kauft sich in den Jahren 991 und 994 frei durch Tributzahlungen von 10 000 Pfund Silber und 16 000 Pfund Silber – Danageld wird es genannt. Die Wikinger kommen zurück, heeren und siegen und ziehen im Jahre 1002 mit 24 000 Pfund Silber ab. In seiner Verwirrung ermordet Aethelred am 13. November alle in England ansässigen Dänen und hat natürlich sofort die Heerscharen erneut über sich. Alsbald steigen die Tributzahlungen auf 36 000 Pfund Silber, während ein Wikingerhäuptling namens Torkel der Hohe es auf 48 000 Pfund Silber bringt.

Mit einer neuen Flotte landet Sven Gabelbart im Fünfburgenland, dessen Bevölkerung sich recht passiv-neutral verhält. Sie ist ja schließlich auch dänischer Abstammung. Sven eroberte fast ganz England, von London selbst abgesehen. Aethelred – in seiner hilflosen Verwirrung – zahlt noch einmal 21 000 Pfund Silber aus und verläßt England fluchtartig. Was dem großen Heer nicht gelang, weil es Alfred dem Genialen gegenüberstand, das leisten die Wikinger jetzt spielend. Noch dazu – London wird von einem ihrer eigenen Heerführer verteidigt, dem eben erwähnten Torkel, der zum englischen König als Vasall übergetreten war, aber ihm natürlich nur so lange treu bleibt, wie es einen König in England gibt. Auch London öffnet die Pforten, durch welche die Wikinger einziehen. Das Schicksal der Insel liegt in der offenen Hand des Dänenkönigs. Da stürzt er – Sven Gabelbart – am 3. Februar 1014 vom Pferd und stirbt.

Vier Jahre lang kämpfen Svens und Aethelreds Söhne um die Herrschaft, bis der junge Knut bei Assandun siegt und unbestrittener Nordseeherrscher über ganz Dänemark und ganz England wird. Seinen Wikingern zahlt er einen Sold von 82 500 Pfund Silber.

Die Abfallgruben von Trelleborg verraten durch die Lage einer Ovalspange und eines Haithabu-Halbbrakteaten, daß die Burg um 990 erbaut wurde. Der kreisrunde Wall hat Pforten nach allen vier Himmelsrichtungen, die je 10 Fuß breit sind.

Hier ist von so riesigen Silberzahlungen die Rede, daß Spuren bis heute erhalten sein müßten, was auch der Fall ist. Sogar die ostschwedischen Runensteine sprechen davon:

„Karse und Ambjörn ließen diesen Stein zur Erinnerung an ihren Vater Ulf errichten. Gott und Gottes Mutter helfe seiner Seele. Aber Ulf

hat in England drei Mal Tribut (Kial = Geld = Brandsteuer) erhalten.
Den ersten hat ihm Toste ausgezahlt, danach zahlte Torkel einen solchen und schließlich Knut."

Dieser Krieger aus Ostschweden kämpfte also von 1009 bis 1018
unter den uns schon vertrauten Torkel und Knut. Über den zuerst genannten Toste sind wir schlechter unterrichtet. Snorre spricht von einem Toste als „dem mächtigsten und angesehendsten in Schweden unter denen, die keinen fürstlichen Titel trugen. Er war ein großer Wiking
und lag durch lange Zeiten in Heerfahrten." Vielleicht haben schwedische Wikinger in England zunächst unter seinem Befehl gestanden. Interessant ist die Formulierung, nach welcher die nordischen Heerführer
als Zahlmeister des Danageldes genannt werden. Drei andere Runensteine enthalten ähnliche Angaben:

„Ale hat die Knutssteuer in England erhalten."

„Ulfrik hat in England zwei Mal Steuer erhalten."

„Gudvir war im Westen; in England bekam er seinen Anteil an der
Steuer; in Saxland erstürmte er geschickt Burgen."

Pech hatte allerdings ein Kriegskamerad, der nie so weit kam. „Er
starb auf Jütland, als er nach England fahren sollte.'

Die fränkischen Silberzahlungen des 9. Jahrhunderts konnten wir
kaum in Skandinaviens Erde wiederfinden, aber von diesen riesigen Tri-
buten ist etwas übriggeblieben. Es handelt sich doch um insgesamt
240 000 Pfund Silber, oder wenn wir nur Aethelreds Geld zählen, um
158 000 Pfund. Da während seiner unglückseligen Regierungszeit friedlicher Handel mit dem Norden kaum existierte, werden praktisch alle
von ihm geprägten und in Skandinavien gefundenen Münzen Danageld
sein. Am größten ist ein Schatz bei der Kirche von Igelösa, der 828 solcher Münzen enthält. Sie sind ebenso sprechende Zeugen von teilneh-
menden Kriegern wie die Runensteine es in ihrer Weise sind. Die Münzfunde werden z. Z. alle bearbeitet, weshalb die Gesamtzahl der Aethel-
red-Münzen noch nicht vorliegt. Auch müssen wir bedenken, daß viele
in Ringschmuck und andere Silbergegenstände umgeschmolzen wurden.

Auf Irland sammelt Olaf Cuarans Sohn noch einmal alle ansässigen
Krieger und herumstreifenden Segler zu einem Riesenaufgebot gegen
die gesammelte Macht der keltischen Könige. Sigtrygg Seidenbart geht
bei Clontarf unweit Dublin am Karfreitag 1014 zum Angriff über. Wäre
er Sieger geworden – wäre Sven Gabelbart zehn Wochen früher nicht
vom Pferde gestürzt, dann hätte die Geschichte der Ozeaninseln … So
ließ sich oft in den unzähligen Entscheidungsschlachten der Wikingerzüge spekulieren. Nun wurde es die letzte blutige Niederlage der Normannen auf Irland. Ihre Kraft war gebrochen. In den Wirrnissen der

folgenden Kleinkämpfe zwischen Kleinkönigen steckt kein großer Geist
mehr. Eine glücklichere Verschmelzung zwischen Normannen und Kelten beginnt. Sie ist nicht mit ruhmvoll-grausamen Daten der Weltgeschichte geschrieben, sondern gehört zu den schweigsamen Ereignissen
der Kulturgeschichte des Mittelalters.

Knut der Große wiederum schickt im besagten Jahr 1018 seine Wikinger nach Hause. Er baut ein wohlhabendes England auf, ein friedliches Dänemark – soweit er es in seinem kurzen Leben schaffen kann.
Und die Wikinger lassen es sich gefallen. Sie gehorchen! Sie sind Soldaten geworden! Ihr Schwung, ihr freier Geist ist gebrochen, in dem Augenblick, in welchem sie sich einer Königsmacht unterordnen. Nicht
das Christentum hat sie besiegt, so wie Ludwig der Fromme zweihundert Jahre früher hoffte, sondern die staatliche Ordnung, die Unterord-
nung, die römische Disziplin, die Bürokratie der südlichen Länder.

Noch eins. Sie haben ein Vaterland bekommen. Die weite Welt ist
ihnen fremd geworden. Sie gehören *nach Hause*. Das heißt nach Dänemark, nach Schweden, nach Norwegen und nach Island. Dort sollten
sie kämpfen und sterben. Dort und nicht jenseits der Meere lag ihre
Zukunft.

Trotzdem wurde England noch einmal von normannischen Heerscharen überflutet, aber sie kamen nicht mehr direkt aus Skandinavien,
sondern aus der Normandie. Ein Nachfolger Gånge-Rolfs, Wilhelm der
Eroberer, landete im Jahre 1066 mit seiner Invasionsflotte in Südengland, schlug die Inseltruppen bei Hastings, ließ sich zum neuen Herrscher in England ausrufen und fing nach altbewährtem Muster gleich
an, Land für seine Soldaten zu verteilen. Dieses letzte Ereignis ist auf
dem 70 Meter langen Wandteppich von Bayeux verewigt worden mit
zahlreichen fesselnden Einzelheiten und einer bewundernswerten Bild-
freudigkeit. So konnten von dem skandinavischen Tochterstaat in der
Normandie zwei erfolgreiche weitere Staatsgründungen ausgehen: in
Sizilien und England.

XIV.

Das Wikingererbe

Was nun, wenn sich die wirtschaftliche Grundlage der weit ausgedehnten Wikingerzüge in Ost und West, in Nord und Süd änderte? Dann würde natürlich das Fundament der skandinavischen Großmachtzeit selbst ins Wanken geraten. Organisiert war ja der Handel auf der Basis der um 850 eingetretenen Verhältnisse – mit silberprallen arabischen Geldbörsen, mit Pelzen und anderen Naturprodukten der kalten Zone, mit Lieferanten von Luxuswaren im europäischen Westen und einer einwandfreien Beherrschung der Ozeane und Flußläufe.

Die aufstrebenden sächsischen Kaiser nahmen die Harzer Silberbergwerke in Betrieb und stärkten damit erheblich die Existenz des jungen deutschen Reiches. In den sächsischen Bergen hallten die Hämmer der Gruben und Hütten. Die abendländische Abhängigkeit von dem arabischen Silber konnte endlich beseitigt werden. Goslar blühte mächtig auf als das natürliche Zentrum für den schnell wachsenden Silberhandel. Der Hellweg brachte das Silber westwärts über Soest nach Köln. Sächsische Münzen wanderten auch nordwärts als Zahlmittel für die skandinavischen Pelzwaren. Die Wikinger konnten den kaufkräftigen Handelspartner Deutschland nur freudig begrüßen.

Die neuen Harzer Silbergruben machen sich sofort in den Bodenfunden bemerkbar, welche gerade dafür ein empfindliches Instrument sind. Bis um 950 waren arabische Münzen und Hacksilber allein herrschend in skandinavischen Silberschätzen. Dann tauchen die ersten deutschen Münzen auf – bis 980 noch ganz vereinzelt und dann zahlenmäßig zunehmend. Das Zeugnis der deutschen Münzen in Skandinavien ist untrüglich und wichtig auch für die Geschichte der sächsischen Kaiser. Wir können das Anwachsen der sächsischen Münzen mit Hilfe der bestuntersuchten dänischen Funde zahlenmäßig ganz genau festhalten:

Münzschätze vergraben in der Zeit
(Das Vergrabungsjahr folgt in großen Silberschätzen wenige Jahre nach der Schlußmünze)

	Arabische Münzen	Deutsche Münzen	
950 – 1980	2336	22	Stück
980 – 1000	738	457	Stück
1000 – 1020	129	1184	Stück
1020 – 1050	20	2994	Stück
1050 – 1070	4	3030	Stück

Die Tabelle zeigt, daß das arabische Silber gleichzeitig knapp wird! Es geht rapide vor sich. Nur noch einzelne, nach dem Jahre 1000 geprägte Münzen erreichen Skandinavien, und die jüngste überhaupt ist im Jahre 1010 geprägt. Sie bildet die Schlußmünze für ganz Skandinavien. Die arabischen Münzen verschwinden genauso schnell wie die deutschen kommen.

Entscheidende Dinge sind im Südosten geschehen, die noch eingehender studiert werden müssen. Wir können jedoch jetzt schon sagen, daß die Silberbergwerke im östlichen Kalifat versiegten, gerade als die Harzer Gruben in Betrieb genommen wurden. Das ist ein sonderbares Zusammentreffen der Ereignisse, durch welches weder eine verheerende Inflation noch ein empfindlicher Mangel an Silber in Europa eintritt. Die Zeit des großen Handels mit den Arabern ist zu Ende. Der eine Hauptpartner für den blühenden Wikingerhandel ist ausgefallen und damit das ganze System selbst ins Wanken geraten.

Dafür kommt jedoch eine neue, höchst erfreuliche Kaufkraft in Deutschland und Frankreich auf. Christliche Länder kaufen zwar keine Sklaven mehr, aber sie zahlen gutes, sächsisches Silber für Pelzwaren aus dem Norden. Damit wird der gesamte Großhandel in neue Bahnen gelenkt – fort vom Kalifat, fort von Särkland und Südrußland, um statt aus dem Osten jetzt aus dem Westen das klingende Silber in Empfang zu nehmen. Es ist unser besonderer Stolz, daß dieser Vorgang aus den Schriftquellen gar nicht so klar zu entnehmen ist wie aus den Bodenfunden. Endlich naht die Stunde für eine enge Zusammenarbeit der abendländischen Staaten, quer über die Ostsee, mit einem tatkräftigen Deutschland, einem blühenden Frankenland und einem handelsfreudigen, schon halb zum Christentum bekehrten Skandinavien. Das Handelsmonopol der Nordländer war allerdings gebrochen. Wie ihnen die Jagdgründe und Handelsmärkte aus der Hand glitten, sehen wir durch auffallende Neufunde in Lappland und Karelien.

In dem weltumspannenden Interessegebiet der Wikinger haben wir bis jetzt ihre allernächsten Nachbarn nicht erwähnt: die Lappen, welche sich als Jäger, Fischer und Rentierpfleger seit alters isoliert in der nordskandinavischen Tundra bewegten. Dortige Gräber werden ihnen zugeschrieben, sind aber so fundarm, daß eine sichere Bestimmung oftmals schwierig ist. Wesentliche Elemente des nordischen Götterglaubens haben sie schon vor der Wikingerzeit übernommen. Bis jetzt wußten wir jedoch wenig über ihre älteste Geschichte.

Am Schreibtisch erarbeitete Antiquar Gustaf Hallström auf rein konstruktivem Wege eine wissenschaftliche Schlußfolgerung. Im 17. Jahrhundert entdeckten die schwedischen Politiker und Pastoren, daß es innerhalb der Grenzen ihres Reiches heidnische Menschen gäbe –

eben Lappen. Ein großer Bekehrungseifer setzte ein. Vor allem wollte man ihre Opferplätze ausmerzen, welche den Lappen so heilig waren, daß sie die Christen oftmals irreführten und ihnen falsche Plätze der Anbetung lappischer Götter zeigten. Die echten müßten folglich sehr ehrwürdig und alt sein. An ihnen müßten alte Opferstücke gefunden werden können.

So weit in den Überlegungen gekommen, wählte Antiquar Hallström Rautasjaure zwischen Kiruna und Abisko aus und fuhr hin. Die Kultstätte ist weithin sichtbar durch einen Steinschotterrutsch, einen natürlichen Opferstein von riesigem Ausmaß und eine naturschöne Lage am eisigen Bergsee. Hoffnungsvoll sah die festgestampfte und verunreinigte Oberfläche nicht aus, aber gleich mit dem ersten Spatenstich tauchte eine englische, von Knut dem Großen geprägte Münze auf, und der Erfolg war bestätigt!

Insgesamt sind jetzt elf Fundstellen nachgewiesen, und die neuerschienene Veröffentlichung (von Dr. Inga Serning, 1956) überrascht mit einer Fülle an Opfergegenständen aus Metall. Denn darauf kommt es ja gerade an. Die Lappen haben an ihren heiligen Plätzen zu allen Zeiten Rentiergeweihe geopfert, des weiteren Rentierblut und Fleisch, was wir heute an einer torfähnlichen, schwarzen Erde nachweisen können, Bärenzähne, mitunter sogar Rinderknochen und einen Pferdezahn, gewundene Birkenkränze, Kleiderstücke und Wollfäden, aber alle diese Gegenstände nützen uns wenig, weil sie uns nicht berichten, *wann* sie geopfert wurden. Wir müssen Metallgegenstände finden, die sich datieren lassen. Das ist gerade an den soeben erwähnten elf Plätzen der Fall.

Münzen geben auch hier die genaueste Datierung und sind verschiedenen Ursprungs, insgesamt 165 deutsche, 36 englische, 400 skandinavische, 1 arabische (geprägt in Turkestan 967) und 4 nachgebildete. Den Münzquerschnitt kennen wir: mit einer vereinzelten arabischen Münze, die gerade noch nach Lappland kam, ehe die letzten Dirhems aus dem nordischen Markt verschwunden waren, also in der zweiten Hälfte der 1000er Jahre! Die Schlußmünzen wiederum lassen sich schwerer exakt bestimmen, wurden jedoch um 1250 geprägt und kamen spätestens kurz nach dem Jahre 1300 in die Erde.

Genau in dieselbe Zeitspanne gehören alle die vielen tausend Opfergegenstände, die ältesten unter ihnen in die Endphase der Wikingerzeit, die meisten in das nordische Mittelalter. Schwedische Ovalfibeln sind nur in Bruchstücken bekannt, Stücke im Stil der Runensteine kommen vor, gotländische Zierate gibt es, aber finnische Ovalfibeln, Ringfibeln mitWülsten und Rundfibeln sind viel häufiger, ostbaltische, russische und finno-ugrische Anhänger sind zahlreich, lappische Zierkreuze und Zinnarbeiten ebenfalls. Das bedeutet nicht, daß die Lappen dem Christentum nahe stünden, nur daß sie wußten, daß dem Kreuz eine unheimliche Heilkraft innewohnte, weshalb es zweckmäßig sei, auch der Kraft des Kreuzes Opfer darzubringen.

Es ist das Erstaunliche, das Unerwartete, worüber wir ausschließlich durch die Vorgeschichtsforschung unterrichtet werden, daß die Lappen kurz nach dem Jahre 1000 in ihren damals vielleicht schon uralten Opferplätzen sichtbar werden – für die Dauer von etwas mehr als 200 Jahren – und dann wieder vollständig aus dem Fundbild verschwinden. Wie durch ein umrahmtes Fenster sehen wir sie vorbeiziehen. Was sie vorher und nachher trieben, wissen wir nicht, können jedoch melden, daß sie zu dieser Zeit gesichtet worden sind, und zwar an den gleichen Opferplätzen wie später, auch daß es ihnen wirtschaftlich verhältnismäßig gut ging. Sie waren gerade damals, von 1050–1300 in die europäische Metallzeit hineingezogen und dem Welthandel eingegliedert, ebenso wie es in den letzten 30 Jahren erneut der Fall ist. Heute ist das würzige, kernige Rentierfleisch ein hochbegehrter Leckerbissen und das unverwüstliche Rentierleder eine haltbare Gerberrohware, wofür die Lappen Blechdosen, Stahlmesser, Nähmaschinen, Batterieradios und dgl. kaufen. Damals traten die noch nicht ausgebeuteten Pelztiere des nordschwedischen Inlandes in das Blickfeld. Sie wurden plötzlich gefragt. Aufkäufer suchten sich neue Märkte an den schwedischen Flüssen entlang landeinwärts, die Lappen brachten ihnen die Felle entgegen und wurden ganz plötzlich reich an nützlichen und zierenden Metallen, an denen auch ihre lappischen Götter an den großen Opferplätzen teilhaben sollten.

Uns fällt der starke finnisch-baltisch-karelisch-russische Anteil auf. Denn gleichzeitig erblüht eine ausgeprägte Metallkultur auch im ostfinnischen Karelien. Die beiden neuen Pelzlieferanten stehen in engster Verbindung miteinander und zeigen die hauptsächliche Handelsrichtung: nicht mehr am Bottnischen Meerbusen entlang durch die Hände der Svear, sondern über Wiborg und den Finnischen Meerbusen entlang durch die südliche Ostsee. Die neue Wirtschaftsblüte zieht östlich an den Svearn vorbei. Das alte Kernland der Wikinger bleibt etwas abseits liegen.

Natürlich hat die Bekehrung zum Christentum die skandinavischen Völker hart beansprucht und abgelenkt. Die norwegischen Könige benötigten das ganze 11. Jahrhundert für die Bekehrung, in Schweden wurde der Weg für das Christentum erst mit dem Brand des Heidentempels in Alt-Uppsala in den 1080er Jahren geebnet, aber wo ist denn bloß die Herrschaft der Nordländer auf der Ostsee geblieben? Erstaunlicherweise hören wir die Wenden jetzt mit ihren den Wikingern nachgeahmten Schiffen auf den Wassern heeren, beginnend um 1050, mit einem Höhepunkt um 1135, als die Slawen die Stadt Kungahälla an der

schwedischen Westküste plünderten, worauf 7000 gefangene Nordleute auf dem Sklavenmarkt in Mecklenburg versteigert wurden. Die blühende Insel Gotland bleibt wohl auch nicht vor der neuen Plage verschont, die dänischen Inseln Falster und Lolland werden betroffen, bis
Waldemar Sejr und Bischof Absalon im Jahre 1169 Arkona auf Rügen
vernichten. Sogar das Handelszentrum der Svear, die Stadt Sigtuna,
verwüsten die Slawen im Jahre 1187. Pribislaw von Wagrien soll über
den Druck der sächsischen Fürsten geklagt und deshalb geäußert haben:

"Was bleibt uns übrig, als unser Land zu verlassen, uns aufs Meer zu
begeben und auf den Wogen zu wohnen? Ist es unsere Schuld, wenn
wir als Landesflüchtige die See beunruhigen und vom Raub an seefah-
renden Kaufleuten der Dänen leben?"

Dazu sahen sich die Slawen in ihrer Untergangsstunde gezwungen,
als die neue Landnahme einsetzte. Diesmal waren es nicht – wie tausend Jahre zuvor – die ostgermanischen Völkerschaften der Burgunden,
Goten und Wandalen, sondern es waren die Genossenschaften der reisenden deutschen Kaufleute, welche immer aktiver in Mecklenburg,
Pommern und Ostpreußen vordringen. Es geschieht in dem krisenhaf-
ten Zeitalter von 1050–1150, das wir ein "dunkles" Jahrhundert der
Ostseeländer nennen, weil der alte Fundstoff in beigabenreichen Hei-
dengräbern abebbt und die neuen Schriftquellen des Mittelalters noch
gar zu spärlich sickern. An dem winzig schmalen Korridor zur Ostsee
wird im Jahre 1143 die Stadt Lübeck gegründet, im Jahre 1157 von
Heinrich dem Löwen übernommen und sofort zur Zoll- und Münzstätte
erhoben, als das selbstverständliche Zentrum der werdenden deutschen
Hanse, die somit den nordeuropäischen Handel an sich reißt.

Sollten sich die Skandinavier das einfach gefallen lassen? Von einer
fremden Religion zur Friedensliebe aufgefordert, von den Wenden ausgeplündert, von der Hanse verdrängt? Sie hatten doch immerhin ihre
unvergleichlichen Schiffe, die grinsenden Drachen mit den quergestellten Segeln, gefürchtet überall, wo sie an den Küsten unerwartet auftauchten. Ihre Zeit war jetzt vorbei. Die Hanseaten und auch schon ihre
Vorgänger in dem dunklen Jahrhundert segelten mit ganz neuen Schiffen – mit den Koggen. Die skandinavischen Schiffsbaumeister schauten
verächtlich auf diese Koggen. Sie waren schwere Kähne, die tief im
Wasser lagen und sich nur langsam bewegten. Aber die Wikingerschiffe
hatten auch einen Nachteil, der ihnen jetzt zum Verhängnis wurde. Weil
sie so leicht auf dem Wasser lagen, trieben sie bei seitlichem Wind sehr
stark ab. Die Koggen konnten durch ihre tiefe Lage den Seitenwind besser ausnützen. Ja, es entstand sogar der Wunsch, die Segelfläche zu ver-
größern. Der Fock tauchte auf. Er konnte noch mehr nützen, wenn man
ihn an einem Bugspriet befestigte, der über den Steven hinausragte. Das

quer abgesetzte Heck und das hintere Steuerruder waren auch nur gut
für ein schweres tiefliegendes Schiff. So entstand ein ganz neues Segel-
prinzip für ein neues Zeitalter.

Die Wikingerschiffe waren die schnellen Windhunde der Ozeane gewesen. Sie hatten in ihrer Weise Unvergleichliches vollbracht, oben auf
den Wellen dahineilend. Sie waren von Kriegern ersonnen, die in Blitz-
zeeile jede beliebige Küste erreichten und ebenso schnell und hart zu-
schlugen. Sie waren Händlern angepaßt, die kleine Ladungen von kostspieligen Luxuswaren über ganz Europa führten. Aber sie hatten ausge-
dient, als Krämer und Gildenbrüder Nutz- und Massenwaren in
friedlicher Fracht von Hafen zu Hafen brachten.

Es gehört eben zum Wesen der Hanseaten, daß sie nicht nur den
Handel betrieben, sondern auch die Produktion im Osten förderten und
den Wohlstand im deutschen Altreich hoben. Sie regten die Landwirtschaft im wendischen Lande an, brachten leere Tonnen und Lüneburger
Salz zu den Heringsfischern im Öresund, holten Schmiede und Bergleu-
te zu den mittelschwedischen Erzfeldern, organisierten den baltisch-fin-
nischen Pelzhandel und sorgten für die Abnahme all dieser Naturprodukte in dem übervölkerten Flandern und Rheinland. Dazu brauchten
sie eben schwerere Frachtschiffe, als die Wikinger gehabt hatten. Ein
althansischer Spruch zählt völlig andere Waren auf, als die in diesem
Buch ständig erwähnten:

Lübeck ein Kaufhaus	Lüneburg ein Salzhaus
Köln ein Weinhaus	Stettin ein Fischhaus
Braunschweig ein Honighaus	Halberstadt ein Frauenhaus
Danzig ein Kornhaus	Reval ein Flachshaus
Magdeburg ein Backhaus	Krakau ein Kupferhaus
Rostock ein Malzhaus	Wisby ein Pech- und Teerhaus.

Neue Schiffe – neue Handelswaren – neue Lieferanten und Abnehmer –
neu organisierte Genossenschaften – das sind die vier wesentlichen Bedingungen, durch welche Nordeuropas Handel den Skandinaviern aus
den Händen glitt und der deutschen Hanse zufiel. Was die Wikinger
aufgebaut hatten, führten die Hanseaten auf völlig neuer Basis weiter.
Sie konnten dabei immerhin in die eingefahrenen Handelswege der Wikinger einsteigen. In den Einzelheiten ist dieser Werdegang in dem
dunklen Jahrhundert zwischen Wikingern und Hanseaten noch wenig
erforscht, aber die Umrisse liegen klar vor uns.

Sie verlagerten die empfindliche Übergangsstelle zwischen Nord-
und Ostsee 100 Kilometer südwärts von Hollingstedt-Haithabu nach
Hamburg-Lübeck, damit sie nicht im Grenzland, sondern im sicheren
Schutz des Reiches liegen sollte. Heinrich der Löwe schrieb im Jahre

1161 einen Handelsvertrag zwischen den Gotländern und „der Gesamt-
heit der Kaufleute des römischen Reiches, die Gotland besuchen", wonach Wisby als eine Hansestadt für die deutschen Kaufleute gegründet
wurde. So lag Gotland nach wie vor mitten im Wege der Ostseeschiff-
fahrt. Jetzt war es jedoch ein deutscher Handel aus Lübeck nordost-
wärts. Die auf der Insel „bleibenden Deutschen" (wie sie sich im Siegel
zeichnen) segelten gemeinsam mit den gotländischen Gildebrüdern ostwärts zum gegenseitigen Nutzen und Vorteil. Sie fuhren die altbewährten Flußläufe der Newa und des Wolchow aufwärts, Vorschkerle standen ihnen an den Stromschnellen zur Verfügung und sie verfügten über
je ein eigenes Gildenhaus in dem wichtigsten Ostzentrum, Nowgorod.
Oder sie fuhren auf dem wohlbekannten Dünawege nach Smolensk und
unterzeichneten Verträge mit dem dortigen Fürsten.

Die Mehrzahl der Hanseaten kommt aus dem Rheinland und Westfalen, welche auffallende Tatsache durch eingehende genealogische Studien immer genauer nachgewiesen wird. Wir finden in einem und demselben Verzeichnis Träger der folgenden typischen Familiennamen, die
ihre Herkunft zur Schau tragen: Westfeling, Gruiten, Kölner, Kamen,
Essen, Lennep, Koesfeld, Münster, Duisburg, Lippe, Warendorf, Ha-
meln, Wipperfürth und Neuß. Die Gilden und Familien ziehen immer
nur schrittweise ostwärts, indem sie ein Mitglied jeweils im Altreich, in
Lübeck, auf Gotland oder gar in Reval und Riga zurücklassen. Handwerker und Techniker ziehen mit den Kaufleuten. Sie kolonisieren die
südliche Ostseeküste, sie schaffen beständige und leistungstüchtige
Minderheiten im Baltikum, auf Gotland, in den schwedischen Hanse-
städten Kalmar, Söderköping, Stockholm und im norwegischen Bergen.
Sie rücken ihre Positionen immer nur so weit voran, wie sie das betref-
fende Gebiet zu erfassen vermögen – dem ruhigen, gründlichen, etwas
schwerfälligen Geist der Westfalen entsprechend.

Anders die Wikinger in demselben Wasserraum. Sie greifen von Anfang
an weit aus, lassen Siedlungen an der baltischen Küste fallen, um gleich
über Nowgorod und Smolensk hinweg Kiew zu erreichen, in Byzanz
Verträge abzuschließen und Baku zu verheeren. Sie überspringen zunächst England, um Irland zu kolonisieren, bleiben nicht auf der grünen
Insel, sondern heeren in Frankreich und stoßen im Mittelmeer vor. Sie
hätten Friesland als Lehen erhalten können, ziehen später aber die entferntere Normandie vor und lösen sich dort vom Mutterland. Was auf
Sizilien 1042 und in Hastings 1066 geschieht, ist schon nicht mehr
skandinavische Geschichte, obwohl die Männer dort geistiges, organi-
satorisches und rechtliches Erbe aus dem Norden mitbrachten. Schweden, Norweger und Dänen schweiften bis über die Grenzen der damals
bekannten Welt hinaus, erreichten und kolonisierten neue Inseln, Län-

der und Erdteile, ohne sich die allernächsten Küsten der nordischen Gewässer gesichert zu haben.

Die Hanse zeigt uns, wie die Geschichte der Wikinger auch hätte aussehen können, wie sie aber nicht verlief. Den Unterschied zu verstehen, ist kaum mehr Wissenschaft, er wird wohl niemals von der Forschung erfaßt. Ein Dichter wie Erik Gustaf Geijer hat den Wikingergeist schon vor langem in Visionen gesehen. Ein Schwede spürt ihn vielleicht in seiner schwermütigen Landschaft, in der Schwerfälligkeit seines Herzens. Der Schwung des Gemütes wird so gewaltig, wenn es erst einmal in Bewegung geraten ist.

Die nächste schwedische Großmachtzeit – von Gustav Adolf bis Karl XII. – sieht der ersten ähnlich. Sie greift ebenfalls gleich über sämtliche Grenzen der Ostsee weit hinaus, überschreitet die Donau, erreicht den Fuß der Alpen und zerbricht am Dnjepr und am Schwarzen Meer.

So zerbrachen auch alle Staatsbildungen der Wikinger in fremden Ländern. Die Grenzen der skandinavischen Völker waren im Jahre 800 genau die gleichen wie im Jahre 1060 und 1960. Trotz ihrer riesenhaften Eroberungen haben sie um kein einziges Hektar ihr gemeinsames Land erweitert. Aber auch nur in der einen Hinsicht blieben die Wikingerzüge ergebnislos.

Indem sie ständig Europa bedrohten, waren sie die politisch aktiven und trugen allein schon auf diesem Wege zur Weltgeschichte bei, mehr noch durch die zahlreichen von ihnen geschaffenen Staatsgebilde, am meisten doch wohl durch Verwaltung, Recht, Sozialordnung und Brauchtum in all diesen Ländern.

Nur wir modernen praktisch ausgerichteten Menschen fragen am Schluß eines Buches immer nach der historischen Bedeutung, nach dem bleibenden Wert einer Leistung. Sollen wir nicht auch die Leistung als solche gelten lassen? Nachdem wir alle Ursachen der Wikingerzüge erkannt haben, auch ihre technischen Hilfsmittel zur See genau kennen, nachdem wir all ihre Brutalität genannt und nicht verschönt haben, bleibt uns doch noch der bewundernswerte, im letzten unfaßbare, menschliche Einsatz: sie haben ganz Europa vom Nordkap bis Sizilien umklammert, den Orient abgetastet und den Okzident entdeckt, immer kraftvoll, immer schöpferisch, immer erfinderisch, jede Lebenslage festlich gestaltend.

Anhang

Von Professor J. O. Plassmann

Alkuins Reise im Jahre 781 – Übersetzung aus dem Lateinischen

Brieflein, eile geschwind weit über die Fläche des Meeres,
Schäumend die mächtige Mündung des fischreichen Rheines
   erstrebend,
Der von reißenden Wogen, das Meer betretend, gewälzt wird.
Laß dann vom länglichen Schlepptau den Steven aufwärts geleiten,
Daß nicht des Stromes Gewalt das Achterdeck wirble nach vorne.
Kommt mein Alberich dir, den Fluß bereisend, entgegen,
„Kühegewaltiger Fürst“, sprich eilends zu ihm, sei gegrüßet!“
Hadda nämlich in Utrecht wird schwerlich länger als eine
Nacht dich mit Honig, Gemüse und gelber Butter bewirten:
Denn weder Öl noch Wein ergießt sich im Lande der Friesen.
Laß dann schwellen die Segel und meide Dorestad eiligst:
Kaum wird Robert der Schwarze dir gastliche Stätte bereiten,
Ist doch der geizige Kaufmann von deinem Lied nicht begeistert.
Wende lieber den Kiel zum Ufer Ionas’ des Sehers;
Dort wird sichere Rast den Wandermüden geboten,
Dazu Gemüse und Fisch und Brot in reichlicher Menge.
Köln auch öffnet dir freundlich, ich weiß es, die Pforten der Häuser:
Hier begrüße respektvollen Tons den Vater Rikwulfus;
Sprich zu ihm: „Geliebter, dein Lob liegt mir immer am Herzen!“

Eile dann zu den Burgen auf gleitendem Kiel durch die Wogen,
Bis du endlich die Mündung erreichst der freundlichen Mosel.
Rudernd durchfurche den Fluß, bis du gelangst an die Stelle,
Wo du das Schiff auf den Sand am Achtersteven heraufziehst.
Dann erwandre zu Fuß des Willibrord heilige Stätten,
Suche Samuels Haus, des heiligmäßigen Priesters;
Rühr’ mit dem Stabe der Zither bedachtsam die Pforte des Hauses,
Und mit pittheischen Worten zu dem bedienenden Knaben:
„Puplius“, sprich, „Albinus aus britischen Landen mich sandte,
Liebe Grüße zu bringen an ihn, den lieblichen Vater “
Aber ist dir die Fülle gewärtigen Wortes gegeben,

Nun, so wirf dich zu Boden und küsse die heiligen Kräuter;
Sprich: „Ich biete dir Heil, Samuel, dem Vater und Priester!"
Öffne den Schoß und bring die würdigen Väter zum Vorschein
Dem, den die Gaben erfreun: den Priscianus und Focas, –
Falls nicht etwa Neptun sie in die Wogen versenkte.

Will er aber dich gar zur Halle des Königs geleiten,
Eile mit ihm und grüße die Fürsten, Väter und Brüder!
Breite zu Füßen des Königs die ganze Fülle der Dichtung,
Rufe wieder und wieder: „Heil dir, du herrlichster König!
Stehe du mir als Schutz, als Schirm und Helfer zur Seite,
Daß nicht die Zunge der Neider zu meinem Schaden mich rupfe:
Alberich oder Paulinus, auch Samuel oder auch Jonas,
Oder, wen's immer gelüstet, mein Inneres bös zu zerfleischen:
Deinem drohenden Blick wird er sich schweigend entziehen."
Murmele still: „Leb wohl, o Petrus, Deuter der Bibel!
Vorsicht! Schwingt ER (der Kaiser) in Wut des Herkules Keule,
    wird's übel!"
Froh umfange den Hals des lieben Meisters Paulinus,
Zehnmal küsse ihn ab mit honigfließenden Lippen!
Rikwulf, Raefgot und Rado begrüße so wie es üblich;
Triff bedächtig ihr Ohr mit wohlerwogenem Sange,
Sprich: „Gesellen und Brüder, bleibt froh und gesund mir gewogen!"

Kommst du aber vielleicht nach Mainz, der Krone der Städte:
Ewigwährenden Gruß verkünde Lullus, dem Lehrer,
Gilt er doch als Beispiel der Kirche, als Zierde der Weisheit,
Macht ihn doch Leben und Sitte uns allen zum würdigen Vorbild!
Ruhm des Speirischen Volkes, mein guter Vater Bassinus,
Hehrer Vater, empfiehl mich dem Paulus, dem früheren Schirmherrn,
Dessen herrliches Haus uns beide vereinte als Brüder.
Frommer Fulrad, wer wagt, dich mit dem Stäbchen der Lyra
Anzurühren, der du im Liede die Musen bemeisterst?
Nimm nun aber den Efeu, und ohne fromme Bedenken
Winde ihn um dein Haupt, du höchster, gütiger Vater!
Oder aber gib Urlaub, und laß Lebewohl mich dir sagen!

Auf dann, Brieflein, besteige in Eile das harrende Schifflein,
Laß den gebogenen Steven zum Rhein, zum Meere dich tragen!
Nicht die rötliche Menge des Goldes lasse dich zögern,
Das der Bewohner erschöpft entreißt den Gedärmen der Erde!
Laß nicht Burgen, nicht Häuser, noch Städte, noch blühende
    Landschaft

Dich, von Staunen erfüllt, nur eine Stunde verhalten,
Eile nimmer verweilend im Sturmschritt flüchtigen Laufes:
Heil und gesund und froh und voll des kräftigen Lebens
Mögest du freundlichen Sinns erblicken unsere Freunde!
Heil gewähre ihnen allzeit der allmächtige Schöpfer,
Führe sie freudig dereinst in seine himmlische Halle!
Hast du dies alles vollendet, so kehre sicher zur Heimat,
Merke wohl und berichte, was dir ein jeder erzählte;
Denn wenn im Frühling Rubine erneuerten Rinden entsprießen,
Möcht' ich dich spielen sehn bei mir in meiner Behausung,
Um uns neue Gedichte in neuen Weisen zu liefern
Dann will ich goldene Kränze aus frischen Blüten dir winden;
Du aber ruhest mit mir vereint auf lieblichen Wiesen.

Ohteres und Wulfstâns Reisebericht an König Alfred den Großen (um 880–890)

Originalübersetzung aus König Alfreds Orosiusübersetzung in alt-an-
gelsächsischer Sprache. Text der Cottonhandschrift des 10. Jh. nach H.
Sweet in der Early English Text Society 79, S. 18. Vgl. F. Kluge, Angel-
sächsisches Lesebuch, 1915, S. 32–36.

Ohtere erzählte seinem Herrn, dem König Alfred, daß er von allen
Nordmannen am nördlichsten wohne. Er sagte, er wohne in dem nörd-
lich gelegenen Lande an der Westsee. Er sagte jedoch, daß dieses Land
sich lang nach Norden erstrecke; aber es ist ganz wüst, nur an einigen
Stellen verstreut wohnen Finnen, die den Winter mit der Jagd und den
Sommer mit Fischfang an der See verbringen.

Er erzählte, er habe einmal erforschen wollen, wie weit sich das
Land nach Norden erstrecke, oder ob irgend jemand im Norden der
Einöde wohne. Da fuhr er unter Land in nördlicher Richtung: er ließ
auf der ganzen Fahrt das wüste Land an Steuerbord und die offene See
an Backbord, drei Tage lang. Da war er so weit nördlich wie die Walfischjäger am weitesten fahren. Dann fuhr er noch weiter nach Norden,
soweit er in den nächsten drei Tagen segeln konnte. Dort bog sich das
Land in östlicher Richtung, oder die See in das Land hinein – er wußte
nicht, welches von beiden –; aber er wußte, daß er dort auf Westwind
wartete und ein wenig Nordwestwind, und von dort segelte er unter
Land ostwärts, soviel er in vier Tagen segeln konnte. Dann mußte er auf
direkten Nordwind warten, denn das Land bog dort nach Süden um,
oder die See landeinwärts, er wußte nicht, welches von beiden. Von
dort segelte er dann südwärts unter Lande, so weit wie er in fünf Tagen

segeln konnte. Dann führte ein großer Strom aufwärts in das Land hinein. Dann wandten sie sich aufwärts in den Strom hinein, weil sie aus
Besorgnis vor Feindseligkeiten nicht an dem Strom vorbei zu segeln
wagten; denn das Land an der anderen Seite des Stromes war vollständig bewohnt. Er hatte kein bewohntes Land mehr angetroffen, seitdem
er seine eigene Heimat verlassen hatte. Aber er hatte immerzu wüstes
Land an Steuerbord, abgesehen von Fischern, Vogelfängern und Jägern,
und das waren alles Finnen; und an Backbord hatte er immer offene
See. Die Bjarmer hatten ihr Land wohl bestellt, und sie wagten nicht,
dort anzulegen. Aber das Land der Ter-Finnen war ganz wüst, abgesehen von den Jägern, Fischern oder Vogelfängern, die dort wohnten.

Die Bjarmer erzählten ihm viel sowohl über ihr eigenes Land, wie
über die Länder, die um sie herum lagen; aber er wußte nicht, was der
Wahrheit entsprach, da er es selbst nicht gesehen hatte. Die Finnen – so
dünkte ihn – und die Bjarmer sprachen fast die gleiche Sprache. Hauptsächlich fuhr er hierher, weil er einmal das Land erforschen wolle, dann
aber auch wegen der Walrosse, denn sie haben sehr kostbares Bein in
ihren Zähnen – von den Zähnen brachten sie einige dem Könige mit –
und ihre Haut ist sehr gut für Schiffstaue. Der Wal ist viel kleiner als
andere Wale: er ist nicht mehr als sieben Ellen lang. Aber in seinem eigenen Lande ist der beste Walfang: sie sind 48, und die größten 50 Ellen lang. – Von ihnen (es müssen Walrosse gemeint sein?) sagte er, habe
er an die 66 in zwei Tagen erlegt.

Er war ein sehr wohlhabender Mann an den Besitztümern, auf denen
ihr Vermögen beruht, nämlich an Wild. Er hatte, als er den König auf-
suchte, noch 600 unverkaufte Stück Wild. Diese Tiere nennen sie „Rentiere" (hránas); unter diesen waren 6 Lock-Rentiere, die bei den Finnen
sehr geschätzt sind, weil sie die wilden Rentiere damit fangen. Er gehörte zu den ersten Männern in jenem Lande, obschon er nicht mehr als 20
Rinder, 20 Schafe und 20 Schweine hatte und das wenige, das er beak-
kerte, mit Pferden beackerte. Ihr Einkommen aber beruht größtenteils
auf der Abgabe, die die Finnen ihnen entrichten. Diese Abgabe besteht
aus Tierfellen, Vogelfedern, Walbein und aus den Schiffstauen, die aus
der Haut des Wales und des Seehundes verfertigt sind; ein jeder zahlt
nach seinem Stande. Der Vornehmste muß 15 Marderfelle, 5 Rentierfelle, 1 Bärenfell, 10 Eimer Federn, 1 Rock von Bären- oder Otterfell
und 2 Schiffstaue abliefern; jedes 60 Ellen lang, und das eine soll aus
Wal-, das andere aus Seehundshaut verfertigt sein.

Er erzählte, das Nordmännerland sei sehr lang und sehr schmal. Alles was seine Bewohner entweder abweiden lassen oder beackern können, liegt nach der See zu; und selbst dies ist an manchen Stellen sehr
felsig; nach Osten zu liegen wilde Moore, ebenso oberhalb längs des
bebauten Landes. Auf den Mooren wohnen Finnen. Und das bebaute

Land ist nach Osten zu am breitesten und werde je nördlicher je schmaler. Nach Osten zu mag es 60 Meilen breit oder noch ein wenig breiter
sein; in der Mitte 30 oder breiter; und im Norden, so sagte er, wo es am
schmalsten sei, dürfte es bis zum Moore drei Meilen breit sein, und das
anschließende Moor sei an einigen Stellen so breit, daß man es in zwei
Wochen überqueren könne; und an einigen Stellen (nur) so breit, daß
man es in sechs Tagen überquere.

Von dort aus liegt benachbart dem Lande südwärts auf der anderen
Seite des Moores Swealand, das bis an das Land nordwärts reicht, und
anschließend an das Land nordwärts Kwänland. Die Kwänen bekriegen
sich zuweilen mit den Nordmännern jenseits des Moores, zuweilen die
Nordmänner mit ihnen. Es gibt dort sehr große frische Seen jenseits der
Moore (der Enare-See); die Kwänen tragen ihre Schiffe über Land auf
die Seen, und von da aus bekriegen sie sich mit den Nordmännern; sie
haben sehr kleine und sehr leichte Schiffe.

Ohthere berichtete, der Gau, in dem er wohne, heiße Haalogaland.
Er erzählte, kein Mensch wohne nördlicher als er. Von dort aus südwärts hat das Land einen Hafen, den man Sciringesheal (Scirings
Bucht) nennt. Dorthin, sagte er, könne man nicht in einem Monat segeln, wenn man bei Nacht raste und täglich günstigen Wind habe; und
diese ganze Zeit müsse man unter Land segeln. An Steuerbord habe
man dann zuerst Irland und darin die Inseln, die zwischen Irland und
diesem Lande (England) liegen. Dann kommt dies (unser) Land, bis
man nach Sciringesheal kommt, und auf der ganzen Fahrt liegt Norwegen nach Backbord zu. Südlich von Sciringesheal geht ein sehr großes
Meer in das Land hinein; es ist breiter als daß man darüber hinwegblik-
ken könne, und auf der anderen Seite gegenüber liegt Jütland und weiterhin Sillende. Das Meer geht viele hundert Meilen hinauf in das Land.

Von Sciringesheal segelte er, so berichtete er, in fünf Tagen zu dem
Hafen, den man æt HæÞum („an den Heiden" Haithabu) nennt; er liegt
zwischen Wenden, Sachsen und Angeln und gehört den Dänen. Als er
von Sciringesheal hierhin segelte, da hatte er drei Tage lang nach Backbord Dänemark und nach Steuerbord die offene See; und dann, zwei
Tage bevor er nach HæÞum kam, hatte er nach Steuerbord zu Jütland
und Sillende und viele Inseln; in diesen Landschaften wohnten die Angeln, bevor sie hier ins Land kamen. Nach Backbord zu hatte er dann
zwei Tage lang die Inseln, die zu Dänemark gehören.

Wulfstan berichtete, er sei von HæÞum ausgefahren und in sieben
Tagen und Nächten in Truso gewesen, während das Schiff auf der ganzen Fahrt unter Segel lief. Wendland hatte er nach Steuerbord zu, nach
Backbord zu lagen Langeland, Laaland, Falster und Schonen, und all
diese Länder gehören zu Dänemark. Darauf lag das Burgundenland für
uns nach Backbord; dort haben sie selbst einen König. Darauf hatten

wir nach Backbord, nach dem Burgundenlande, zuerst die Länder, die
Blekinge, Meore, Öland und Gotland heißen; diese Länder gehören zu
Schweden. Wendland lag für uns auf der ganzen Fahrt nach Steuerbord
bis zur Weichselmündung. Die Weichsel ist ein sehr großer Strom, und
sie trennt Witland und Wendland; und das Witland gehört den Esten;
die Weichsel aber kommt aus dem Wendenlande und fließt in das Estenmeer (das Frische Haff); und das Estenmeer ist mindestens 15 Meilen
breit. Sodann kommt der Ilfing (Elbing) von Osten ins Estenmeer von
dem See her, an dessen Ufer Truso steht; und die beiden fließen ins
Estenmeer: der Ilfing von Osten aus dem Estenland, und die Weichsel
von Süden aus dem Wendenland. Und dann nimmt die Weichsel dem
Ilfing seinen Namen und fließt von dem Meere (Haff) nach Westen und
Norden in die See, daher nennt man es die Weichselmündung.

Das Estenland ist sehr groß, und es sind dort viele Burgen, und auf
jeder Burg ist ein König. Dort gibt es auch sehr viel Honig und Fischfang; der König und die reichsten Männer trinken Stutenmilch, die Unbemittelten und die Unfreien trinken Met. Dort gibt es viel Krieg untereinander. Bei den Esten wird kein Bier gebraut, aber es gibt dort Met
genug. Bei den Esten herrscht der Brauch, wenn ein Mann gestorben
ist, daß er unverbrannt drinnen bei seinen Verwandten und Freunden
einen Monat, oder unter Umständen zwei, liegen bleibt – die Könige
und die andern vornehmen Männer aber um so länger, je größeren
Reichtum sie haben, zuweilen dauert es ein halbes Jahr, daß sie unverbrannt bleiben – und sie liegen über der Erde in ihren Häusern. Und die
ganze Zeit, während der die Leiche drinnen liegt, soll Trunk und Spiel
herrschen bis an den Tag, an dem sie ihn verbrennen. Und an demselben Tage, an dem sie ihn zum Feuerstoß tragen wollen, teilen sie seinen
Besitz, der zum Erbe gehört, nach dem Gelage und dem Spiel in fünf
oder sechs – zuweilen auch mehr Teile, – je nachdem im Verhältnis zum
Vermögen. Sie legen dann ungefähr eine Meile vom Gehöft den größten
Teil hin, dann den zweiten, dann den dritten, bis daß es allesamt auf der
Meile niedergelegt ist; und der kleinste Teil soll am nächsten bei dem
Gehöft liegen, in dem der Tote ruht. Dann sollen sich alle Männer versammeln, die die schnellsten Rosse im Lande haben, ungefähr fünf oder
sechs Meilen von dem Schatz entfernt. Dann rennen sie alle auf das
Schatzgut zu: und so gelangt der Mann, der das schnellste Roß hat, zu
dem ersten und größten Vermögensteile, und so jeder nach dem andern,
bis daß alles genommen ist; und der bekommt den kleinsten Teil, der
am nächsten beim Gehöft das Schatzgut im Laufe erreicht. Darauf reitet ein jeder mit seinem Schatz seines Weges, und alle müssen ihn behalten. Darum sind auch die schnellen Rosse dort ungefüge Tiere. Und
wenn sein Schatz auf diese Weise ganz verteilt ist, dann bringt man ihn
heraus und verbrennt ihn mit seinen Waffen und seiner Rüstung. Und

alsbald geben sie all seine Schätze dem langen Grab des toten Mannes bei, und in der Reihenfolge, wie sie es an dem Wege hingelegt hatten, die es im Wettlauf erlaufen und genommen hatten. Auch ist es bei den Esten Brauch, daß dort die Menschen jeder Sprache verbrannt werden müssen; und wenn man nur einen Knochen unverbrannt findet, so müssen sie es schwer büßen. Es gibt bei den Esten auch eine Kunst, daß sie nämlich Kälte erzeugen können; und darum liegen die Toten dort so lange, ohne zu faulen, weil sie die Kälte auf sie einwirken lassen. Und wenn man zwei Gefäße voll Bier oder Wasser hinsetzt, so bewirken sie, daß beide überfroren sind, sei es nun Sommer oder Winter.

Über zwei gotländische Bildsteine

I. Der Bildstein aus der Kirche von Sanda, eine Rechtsurkunde der späten Wikingerzeit

Sune Lindqvist hat in seinem monumentalen Werk über „Gotlands Bildsteine"[1] im großen ganzen drei Arten von Darstellungen unterschieden: Mythische Bilder im weiteren Sinne, Darstellungen aus der Heldensage, und Bilder aus der germanischen Götterlehre und -dichtung. Innerhalb dieser Kategorien hat man die bisher vorgebrachten Deutungsversuche gehalten. Ich glaube, wir dürfen diesen drei Kategorien auf Grund des Bildsteines von Sanda Kyrka noch eine vierte hinzufügen, die zu den dauerhaftesten geistigen Überlieferungen der Germanen zählt: das Rechtswesen. Wir wissen, daß eine Rechtshandlung der Rechtsförmlichkeit bedurfte; gewisser sinnfälliger Handlungen, die den transzendent gedachten Rechtsvorgang begleiteten und erst als solchen bestätigten. Bildhaft sind die Anordnungen der gesprochenen oder geschriebenen Gesetze, aber im allgemeinen hat das Bild im Recht[2] erst spät seinen Platz gefunden. Um so wertvoller wird es sein, wenn uns schon in der Mitte des 11. Jahrhunderts eine steinerne Urkunde des Nordens die klare Darstellung eines Rechtsvorganges im Bilde gibt.

---

1 Sune Lindqvist, Gotlands Bildsteine. Band I. Stockholm 1941. Band II, Stockholm 1942.

2 Eine Reihe von Rechtssinnbildern, die in älterer Zeit nur aus der Literatur zu erschließen sind, habe ich, ausgehend von der Stufenpyramide (pyramis), aus Literatur und Landschaft gesammelt in den Aufsätzen: „Die Stufenpyramide" (Germanien 1940, S. 91 ff.), und „Die Stufenpyramide in der Landschaft" (Germanien 1941, S. 100 ff.) und in einer Reihe von kleineren Aufsätzen. Ein Thesaurus der Denkmäler germanischen Rechtes im Bilde fehlt uns leider noch.

Der hier wiedergegebene Bildstein, der vom Kirchhof zu Sanda auf Gotland stammt und sich jetzt im Statens historiska Museum befindet, ist nach Fundgeschichte und Beschaffenheit von Sune Lindqvist[3] beschrieben worden. Die Darstellung wird von Lindqvist im wesentlichen folgendermaßen gedeutet: Die obere, durch einen Rahmen abgesonderte Darstellung, die offenbar das Innere eines Hauses wiedergeben soll, zeigt links in einem Stuhl eine Frau, die eine Hand vor den Mund hält. Ihr gegenüber sitzt in einem Stuhl ein Mann mit langem Haar (und Bart), er faßt den Schaft eines Speeres, der dicht über seiner Hand von einer in der Mitte auf dem Fußboden stehenden Person festgehalten wird. Der Speer hat ein „lanzettförmiges" Blatt. Der Rücken dieser Gestalt wird vom Schnabel eines Vogels berührt, der Kopf und Hals durch eine Öffnung in der Wand hinter der Frau gesteckt hat. Nach Lindqvist wollen der Vogel und die Frau gesondert versuchen, einen der Männer rechts warnend zu beeinflussen. Deutungsversuch von A. Bugge nach S. Bugge. Die Frau ist Swanhild, Sigurds und Gudruns Tochter. Der stehende Mann ist Odin, der dem alten Jörmunrek den Speer schenkt, mit dem er seinen Sohn Randvé töten soll.

Lindqvist verweist auf eine andere Deutung, die H. Jungner[4] gegeben hat: er erblickt in dem oberen Raume mit den drei Personen Walhall, Odins Wohnung. Den unteren Teil deutet er so: das „Rundell" (die runde Scheibe) ist die Sonne. Unter dieser brennt ein Scheiterhaufen, dessen Flammen hoch emporschlagen; er dient einer Leichenverbrennung. Die Männer, die sich von dem Feuer aus nach links bewegen, haben die Verbrennung eines verstorbenen Verwandten besorgt. Die Gegenstände, die von den dreien mitgeführt werden, sollen nach Jungner ein Speer, ein Hammer (?) und ein Spaten (?) sein, und zwar Odins Speer, Thors Hammer und Fröjs Spaten: der Tote soll unter den Schutz der drei Hauptgötter der Wikingerzeit gestellt sein. Der Hammer weihe ihn dem Thor, der Speer habe ihm das Zeichen Odins geritzt, und der Spaten sei bei einem Beerdigungsritus verwendet worden (was völlig aus dem Rahmen fiele). In dem oberen Raume werden die „Waffennahme" und die Aufnahme des Toten in das Gefolge Odins dargestellt. Der sitzende Mann sei Odin, die ihm gegenüber sitzende Frau seine Gemahlin Frigg. Der Vogel sei ein schwarzer Storch (Ciconia nigra), in Südschweden „Odinsschwalbe" genannt: als Kinderbringer geleite er auch die Seelen der Toten zu Odin. Als Entstehungszeit des Steines wird etwa das Jahr 1050 angenommen.

3　Band II, S. 107 ff.
4　Hugo Jungner, Den gotländska runbildstenen från Sanda. Fornvännen 1930, S. 65–82.

Diese, für sich betrachtet, ansprechende Deutung hätte einiges für
sich, wenn nicht die Deutung der drei Gegenstände, die von den drei
Gestalten mitgeführt werden, dem Augenschein widerspräche. Der
Speer ist unverkennbar. Die zweite Gestalt aber hält offenbar keinen
Hammer, sondern einen Spaten empor (den Jungner dem dritten zu-
schreiben will), der aber offenbar eine Sichel führt. Diese Dreiheit von
Speer, Spaten und Sichel findet sich auch auf den Bruchstücken eines
Bildsteines von Hemse Annexhemmanet[5]. Auch hier ist eine, diesmal
ringförmige, Scheibe der Ausgangspunkt von drei Gestalten, von denen
nur zwei bruchstückweise sichtbar sind: Bruchstück 1 und 2 zeigen (in
umgekehrter Marschrichtung wie in Sanda) den Träger einer gebogenen
Sichel, vor ihm den Träger eines Spatens (mit recht kurzem Blatt), und
oben, über dem anzunehmenden ersten, ist noch die Spitze eines Speeres sichtbar. Die zusammenpassenden Bruchstücke 3 und 4 (mit Speer-
blatt und Runen) sind aber weiter nach rechts oben zu rücken als auf
der Abbildung, da die Spitze des Speeres noch eine weitere Person, die
den beiden anderen voranschreitet, voraussetzt. Die Runen werden von
Lindqvist einwandfrei als KAIRALF = Geiralv gelesen. Entsprechende
Namen in Runenschrift finden sich auch auf dem Bildstein von Sanda,
mit dem dieser bedeutungsmäßig anscheinend zusammengehört.

Die Runenschrift auf dem Stein von Sanda soll nach Lindqvist nur
den Anfang von einem auf zwei, oder gar auf vier, zusammenhängenden
Steinplatten verteilten Satz umfassen; sie wird gelesen: . roÞuisl . auk .
farborn . auk . kunborn .

= „Roðvisl und Farbjörn und Gunbjörn" –
also drei Männernamen, was den Gedanken nahelegt, daß sie sich auf
die unten dargestellten männlichen Gestalten beziehen. Es ist daher
nicht einzusehen, weshalb die drei Namen nur den Anfang eines auf
mehrere Platten verteilten Satzes bilden sollen. Die entsprechende Darstellung von Hemse läßt vermuten, daß hier der Name KAIRALF =
Geiralv ebenfalls der dritte ist, der die Reihe abschließt, bzw., der Seitenverkehrung entsprechend, den Speerträger bezeichnet. Auch wenn
man mit Jungner die drei als Träger der Symbole der Götterdreiheit betrachtet, kann man ohne Widerspruch die Runennamen auf sie beziehen.

In der Deutung des unteren Bildes gehe ich insofern mit Jungner einig, als auch ich in der Scheibe („Rundell") die Sonnenscheibe sehe,
und in dem vierzackigen Gebilde davor (oder darunter) einen „Scheiterhaufen", allerdings nicht einen Leichenbrand. Als geschautes Bild
ergibt sich ein Feuer, das vor der noch nicht hoch über den Horizont

---

5 Lindqvist II, S. 75, Fig. 179.

emporsteigenden Sonne entzündet ist. Dies Feuer finden wir in der altnordischen Literatur, und zwar in Zusammenhang mit der Landnahme.
Eine Verordnung von Harald Harfagr über die Landnahme in Island
bestimmt[6]:

„Keiner solle mehr Land nehmen, als er mit seiner Schiffsmannschaft an einem Tage mit Feuer umfahren könne. Man solle ein Feuer
anzünden, wenn die Sonne im Osten stehe. Dann solle man andere
Rauchfeuer anzünden, so daß man ein Feuer von dem anderen aus sehen könne. Aber die Feuer, die entzündet wurden, als die Sonne im
Osten stand, sollten brennen bis in die Nacht. Dann solle man gehen,
bis die Sonne im Westen stehe und da andere Feuer anzünden."

Die Entzündung eines Feuers vor der im Osten aufgehenden Sonne
ist also der Beginn einer Landnahme, die in der Umschreibung des zu
nehmenden Landes ihre rechtsförmliche Einkleidung findet.

Wir dürfen ohne weiteres annehmen, daß Harald diese Einleitung
eines Landnahmeaktes nicht frei erfunden, sondern aus bestehenden
Landnahmeriten übernommen hat. Es ergäbe sich also folgender Vorgang: Drei Männer (die oben mit Namen genannt sind) haben der aufgehenden Sonne gegenüber ein Feuer entzündet und beginnen von diesem aus einen Umgang: der erste trägt einen Speer, der zweite einen
Spaten und der dritte eine Sichel. Wir werden sehen, daß diese drei
Geräte bei der Inbesitznahme von Land in ganz Germanien eine bezeichnende Rolle spielen[7].

---

6 Vgl. Dag Strömbäck, Att helga Land; Festskrift tillägnade Axel Hägerström,
   Upsala 1928, S. 204 f. Strömbäck hat die Bräuche der „Landheiligung" auf
   Island zusammenfassend untersucht; ebd. auch die Heiligung und Inbesitznahme durch Feuer.
7 Der enge Zusammenhang zwischen aufgehender Sonne und Landnahme ist
   noch bis in die Neuzeit hinein aus der Einrichtung des „Sonnenlebens" in
   Deutschland zu erschließen; es ist das von jeder Oberherrschaft freie Landei-
   gentum, das „von Gott und der Sonne empfangen" wird. Noch eine Urkunde
   von 1637 berichtet, daß der Landnehmer „gen der Sonnen Auffgang mit
   Harnisch und bloßem Schwerd und ein Creutzstrich der Sonnenstrahlen
   schlagend" reitet und so das „Sonnenlehen" gewinnt. Mit dem „Creutzstrich"
   dürfte symbolisch die Sonnenscheibe geviertelt werden: eine Handlung, die
   auf nordischen Felszeichnungen allem Anschein nach durch den Axt- oder
   Hammerschwinger ausgeführt wird. Der späte oder spätbezeugte Brauch
   könnte die uralte Darstellung erklären; mir ist jedenfalls keine andere ein-
   leuchtende Erklärung für die viergeteilte Scheibe, die man allgemein für ein
   Sonnensymbol hält, bekannt. – Vgl. dazu J. O. Plassmann, Widukind von
   Corvey als Quelle für die germanische Altertumskunde. Beitr. z. Gesch. der
   dt. Sprache und Literatur Band 75 (Halle 1953) S. 191–228. In dieser Arbeit, die ein Auszug aus dem ungedruckten Werke „Germanische Überliefe-

Für diesen Umgang unter Vorantragung des Speeres oder Schaftes, der auch im Mittelpunkt der Darstellung im oberen Felde steht, haben wir in den schwedischen Rechtsquellen einen Terminus technicus: skaptfærÞ oder „Schaftfahrt", das heißt die Umschreitung eines bestimmten Stückes Land mit dem Schaft oder Speer zum Zwecke der Besitzergreifung oder Besitzbestätigung. Auch die Bezeichnung ‚umfærÞ', „Umschreitung", deutet in den meisten Fällen auf die Umschreitung entweder mit dem Feuerbrand selbst[8] oder, vom angezündeten Feuer ausgehend, mit dem Speer und anderen Symbolen der Inbesitznahme erworbenen oder übertragenen Landes.

Wenn wir die bei dieser ‚umfærÞ' mitgeführten Symbole, Speer, Spaten und Sichel, im einzelnen untersuchen, so ist zunächst der Speer ein bei allen germanischen Völkern und darüber hinaus verbreitetes Landnahmesymbol. Nach der Kaiserchronik[9] pflanzt der Bayernherzog Adalger seinen Schaft an einem ‚heselînen brunnen' auf und bekundet mit den Worten ‚daz lant hân ich gewunnen den Beieren ze êren', daß er das den Römern abgenommene Land für die Bayern in Besitz genommen hat. Wörtlich entsprechend heißt es von Aevar in den isländischen Landnamabók[10] ‚setti han Þar niðr stǫng hava ok kvez Þar taka Véfrödi syni sínum bústad', „er errichtete dort eine hohe Stange und sagte, er nehme dort einen Wohnplatz für Véfrödr, seinen Sohn." Ähnliche Beispiele finden wir im Island der Landnahmezeit häufig[11]. Noch in späteren Jahrhunderten spielt, wie wir sehen werden, der „Schaft" bei den Riten zur Inbesitznahme von Land in Wester- und Östergötland eine hervorragende Rolle. Die Zeugnisse dafür liegen also nicht weit von unserer Insel, auf der wir ähnliche Rechtsverhältnisse annehmen können. In den von Karl von Amira[12] durchgearbeiteten Urkunden ist die ‚umfærÞ' (Umfahrt) die feierlichste Form, in der Land übertragen wird[13]. Sie ist die Voraussetzung sogar bei der Versetzung von Land[14],

---

rungen in ottonischer Zeit" ist, habe ich, von der sächsischen Irminsul von Scheidungen ausgehend, besonders die Rechtsbräuche bei der Landnahme untersucht. Im folgenden wird darauf verwiesen unter: Plassmann, Widukind.

8 Darüber Strömbäck S. 203 ff.
9 Ausgabe von Maßmann, Vers 7149 ff.
10 Kap. 231, vgl. Strömbäck S. 210.
11 Vgl. Strömbäck, an vielen Stellen. Plassmann. Widukind S. 197 ff.
12 Karl von Amira, Nordgermanisches Obligationenrecht. I. Band: Altschwedisches Obligationenrecht, Leipzig 1882. II. Band: Westnordisches Obligationenrecht, Leipzig 1895.
13 Amira I. S. 201.
14 Amira I. S. 220.

und sie besteht in der Begehung der Grenzen des verpfändeten oder
übertragenen Grundstücks[15]. Auch die Veräußerung von Land geschieht nach den westgötischen Quellen ‚mæÞ fæst ok umfærÞ' „mit
Festigung und Umfahrt"[16]. ‚Fæst' ist der Akt, dem die ‚fastar', die Bürgen beiwohnen[17], über die noch mehr zu sagen ist. Bis zur Umfahrt besteht für beide Kontrahenten ein Reuerecht, das durch den Vollzug der
Umfahrt erlischt[18]. Für unseren Fall ist es von besonderer Bedeutung,
daß die Umfahrt den *Erben* dessen, der Land erworben hat, in den
Stand setzt, sein Erbe selbständig zu verteidigen (hemuld), wenn er die
„Umfahrt" erlangt hat[19]. „Die Veräußerung von Land geschieht nach
westgötischer Terminologie ‚mæþ fæst ok umfærÞ', „mit Festigung und
Umfahrt"; fæst ist dabei gerade der Akt, dem die fastar beiwohnen.
Statt der Formel fæst ok umfærÞ ist aber in der ersten Hälfte des 14.
Jahrhunderts die Formel ‚skapt ok umfærÞ' üblich"[20]. Der Speer
(Schaft) gehört mit den fastar (Bürgen) zusammen, die mit den Händen
einen Speerschaft (skapt, hasta) anfassen: „die Formel ‚mæÞ skapt' ist
gleichbedeutend mit der Formel ‚mæÞ fæstum', „mit Bürgen"; Verkauf
oder Versatz von Land ist ein ‚fra sik göra mæÞ skapt ok skæl', „veräußern mit Schaft und Form"[21]. Die fastar legen mit den Kontrahenten die
Hände an den Speer, der in den Boden eingepflanzt ist[22]; durch diese
rechtsförmliche Handlung festigen sie den Vertrag, der sich immer auf
die Übertragung von *Land* bezieht; bei fahrender Habe obliegt der Beweis den ‚vitni' (Zeugen): „Ist ihm Land geschenkt, so sollen dies fastar
beweisen; ist dieses in losem Gut, dann sollen dieses vitni beweisen"[23].
    Der Schaft (Speer) dürfte aber nicht nur bei dieser ‚manufirmatio'
seine Rolle gespielt haben, sondern auch bei der nachfolgenden Umfahrt selbst: das beweist der neben ‚skapt ok umfærÞ' vorkommende
Ausdruck ‚skaptfærÞ', „Schaftfahrt"[24]. Man kann, gestützt auf die ge-
meingermanischen Parallelen, schließen, daß der Schaft bei dem Umgang, der eine Grenzbegehung war, mitgenommen, sehr wahrscheinlich
auf dem zu erwerbenden Grundstück aufgepflanzt und dann vorange-

15 Amira I. S. 514; II. S. 632.
16 Amira I. S. 274 .
17 Amira I. S. 274.
18 Amira I. S. 344.
19 Amira I. S. 565.
20 Amira I. S. 274.
21 Amira I. S. 274; vgl. auch Herbert Meyer, Heerfahne und Rolandsbild
    (Nacht. v. d. Ges. d. Wiss. zu Göttingen, Phil.-Hist. Kl. (1930), S. 503.
22 Amira a. a. O., H. Meyer ebd.
23 Amira I. S. 272.
24 Amira I. S. 274, Anm. 3.

tragen wurde. Auch bei der Darstellung unseres Bildsteins wird der Speer von seinem Träger aufgesetzt (bevor er beim Umgang vorausgetragen wird).

Die „Umfahrt" scheint, wie ich schon früher bemerkt habe[25], gewissermaßen eine erneuerte Landnahme zu sein, wie auch die bis in die neueste Zeit geübten Grenzbegehungen oder Schnatgänge symbolische Wiederholungen der ersten Landnahme durch den jeweiligen Besitzer sind. Eine sehr altertümliche Formel verbindet den Schaft mit einer anderen Form der Landübertragung; mit der sie zuletzt sogar identifiziert zu sein scheint: ‚skapt ok skötning'[26]. Die ‚skötning' (scotatio) ist eine alte Übereignungsform bei Landvergabe; ursprünglich wird ein Teil des übertragenen Landes als Erde dem Empfänger in den Schoß gelegt (sköta): „Der König soll von der nämlichen Erde nehmen, welche er verschenkt, und ihm (dem Empfänger) in den Schoß legen"[27]. Bei einer anderen Form der ‚scotatio' wird nicht Erde, sondern ein Stab in den Schoß geworfen; schon in der Lex Salica c. 46 ist es eine ‚fistuca'[28], die dem ‚lagakefli' (Gesetzesholz) des alten Nordens entspricht[29], ein Rundholz, das geworfen werden konnte, das aber an Bedeutung dem Schafte engstens verwandt ist. So wird die „Umfahrt" mit der ‚scotatio' (skötning) gewissermaßen identifiziert: ‚scotatio legitima vulgariter dicta umfærþ' ist eine häufige Formel[30]. Scotatio scheint einfach die Bedeutung „Landübertragung" angenommen zu haben.

Die übrigen Geräte, die bei der „Schaftfahrt" mitgeführt werden, stehen in Zusammenhang mit anderen Landübertragungsformen. Das Ausheben von Erdschollen mit dem Spaten (wohl schon bei der skötning) dient ebenso der rechtsförmlichen Übertragung von Landbesitz wie das Abschneiden von Kräutern oder Zweigen mit der Sichel[31]; diese

---

25 Widukind S. 272.
26 Amira I. S. 514.
27 Amira I. S. 513. Vgl. Plassmann, Widukind S. 197 f.
28 Germanenrechte I. (K. A. Eckhardt), S. 69: ‚et sic fistucam in laisam iactet' (dem Empfänger).
29 Strömbäck S. 211 f.
30 Amira I. S. 515; Anm. 1: (zu 1289) ‚cum omni rigore legis, quem iterum appellamus vulgariter umferd.'
31 So nach der Lex Baiuuariorum 16, 17 (Germanenrechte Band 2, II. S. 162) beim Verkauf eines von einem anderen angefochtenen Erbes: Per IV angulos campi aut designatis terminis per hec verba tollat de ipsa terra, vel aratrum circumducat, vel de herbis aut ramis, silva si fuerit: Ego tibi tradidi et legitime firmabo. „An den vier Ecken des Grundstückes oder an den festgelegten Grenzen nehme er (etwas) von derselben Erde auf, oder führe den Pflug herum, oder (schneide) etwas von den Kräutern, oder von den Zweigen, wenn es ein Wald ist, ab mit diesen Worten: Ich habe dir übergeben und werde es

Handlungen werden bei der Umschreitung des Grundstücks die eigentliche Schaftfahrt ergänzt haben. Unser Bild gibt also in seinem unteren
Teile mit hoher Wahrscheinlichkeit einen sehr konkreten Vorgang wieder: Der Landnehmer (bzw. Erbe) hat vor der im Osten stehenden Sonne ein Feuer entzündet und beginnt von diesem aus die „Schaftfahrt"
um das zu nehmende Land, die durch Setzung und Vorantragung des
Speeres als ‚skaptfærÞ' gekennzeichnet wird. In den beiden Begleitern
kann man die beiden ‚fastar' (Bürgen) sehen, die als solche die Umfahrt
mitmachen. Eine von Amira[32] wiedergegebene Bestimmung des ostgöti-
schen Rechtes mag den Vorgang näher erläutern. Es handelt sich um
den Fall, daß ein Käufer selbständig sein Eigentum vertreten (hemula
siælvær sik) oder den Kaufgegenstand wahren (væria) kann, wenn dieser Land erworben hat, der Verkäufer gestorben ist und bis zu dessen
Tode der Besitz nicht angefochten war:

„Nun stirbt jener, der verkaufte, und wird dieses Eigen eingeklagt; beweise jener, der es erworben hat mit *zwei Männern*, daß er es erwarb mit Festigung und
Kauf und gesetzlichem Erwerb, und zwölf darnach, daß die *zwei* schworen
wahr und recht. Dieses bezeugen andere zwei und zwölf darnach, daß er (der
Käufer) hatte, solange jener (der Verkäufer) lebte, (das Gut) ungeklagt und
unangefochten. 10. Es bringe aber niemand eine Festigung (fast) ein zu Füßen
einem Toten (a föter döÞum), und es hat niemand zu gehen zum (Toten-) Hügel
(til höghz) um Gewährschaft (at hemuld)."

Auch nach westgötischem Recht wird durch *zwei* Männer die Rechtmä-
ßigkeit des Landerwerbes befestigt[33]:

---

in gesetzlicher Form befestigen". – Die Lex Alamannorum, cap. 86
(Germ.-Rechte Band 2, II, S. 63) bestimmt bei einem Streit von zwei Geschlechtern über die Grenzen ihres Grundstückes: „Nachdem es abgegrenzt
ist, sollen sie in die Mitte kommen und in Anwesenheit des Grafen etwas von
der Erde ausheben, was die Alamannen ‚surfo' (Scholle) nennen, und Zweige
von den Bäumen dort in die Erde stecken, die sie ausheben, und jene Geschlechter, die darum streiten, sollen jene Erdscholle in Gegenwart des Grafen aufheben und in seine Hand legen ..." – Nach Amira II. S. 627 fand auf
den Faröern bis in die neuere Zeit eine Grundstücksübertragung statt: „Der
Landverkäufer faßte den Käufer an und setzte ihn auf das Grundstück; dann
grub er aus demselben ein Rasenstück aus und legte es dem Käufer in den
Schoß. Dazu sprach er unter Anrufung *zweier Zeugen* die Übereignungsfor-
mel 1." Die Sichel wird ausdrücklich genannt im Frostathingsgesetz XIV. 8
(Meissner S. 243): ... „der zuerst mit seiner Sichel drankommt".
32 I. S. 564.
33 I. S. 549.

„Wird nun (das Grundstück) angefochten, dann soll der wehren, der das Land verkauft, wenn früher angefochten wird, als die Umfahrt (umfærÞ) darauf kommt ... Wird das Grundstück angefochten bei dem, der gekauft hat, dann soll er es wehren mit zwei Zwölften und mit *zwei Zeugnissen*. Er bitte sich Gott hold und seinen Zeugen, daß ich kaufte dieses Land mit Festigung und Umfahrt (mæÞ fæst ok mæÞ umfærÞ) unangefochtener Weise (at uiltu) und so wie das Recht sagt ... Die Kaufzeugnisse soll man lassen erbringen in jeder Zwölft durch *zwei Männer*".

Wir werden schwerlich den Rechtsfall genau rekonstruieren können, auf dem unsere steinerne Urkunde beruht, aber eines scheint mir aus den literarischen Parallelen hervorzugehen: es handelt sich um die Er-härtung eines Rechtsanspruches auf ein Grundstück mittels der „Schaftfahrt" oder „Umfahrt" unter Beteiligung von zwei Zeugen (fa-star). Und damit scheint mir die Darstellung in dem oberen Felde in engstem Zusammenhange zu stehen: es ist die rechtsförmliche Übertra-gung des vielleicht angefochtenen Grundstückes an den Eigentümer, der auf beiden Darstellungen mit dem Speerträger identisch ist (wobei die verschiedene Tracht nicht ins Gewicht fällt, denn die beiden Vor-gänge liegen zeitlich auseinander, unter Umständen sogar recht weit). Wir wissen – aus zahlreichen Zeugnissen, wie diese Übertragung voll-zogen wurde[34]: „Der Geber oder sein Stellvertreter legen ihre Hand an einen Stab (Schaft). Das gleiche tun gleichzeitig die fastar (Bürgen)" – und natürlich auch der Empfänger. Eine Urkunde von 1291 sagt: „... scotatione legitima et approbata secundum patrie consuetudinem scotavi videlicet manu mea cum manu astantium haste apposita ...", „ich habe in gesetzlicher und anerkannter Übertragungsform nach der Gewohnheit des Landes übertragen, nämlich durch Anlegung meiner Hand mit den Händen der Beistehenden an den Speer". Dieser Übertra-gung durch Anlegung an den Speer folgte vielleicht gleich die Schaft-fahrt mit den beiden Bürgen; vielleicht aber lag auch die Übertragung schon weit zurück, und der Empfänger hat zu einem späteren Zeit-punkt – vielleicht angesichts einer drohenden Anfechtung – mit den bei-den ‚fastar' die Schaftfahrt nachgeholt oder wahrscheinlicher erneuert. Das würde auch erklären, daß die Bürgen auf dem oberen Bilde fehlen (falls dies nicht nur raumtechnische Gründe hat).

In alten Zeiten hat es aber sicher auch eine Landübertragung gege-ben, die ohne Bürgen in der Weise ausgeübt wurde, daß der Geber und der Empfänger beide ihre Hand an den Speer legten, und zwar der Empfänger als künftiger Eigentümer oberhalb der Hand des Gebers.

---

34 Amira I. S. 514.

Genau diese Einzelheit ist auf dem oberen Bilde zu erkennen. Der alte
Mann rechts legt mit dem jüngeren in der Mitte zusammen die Hand an
den Speer, der auf dem Boden steht (das untere Ende ist erkennbar ab-
gebrochen); „seine Hand, – wobei der Daumen neben den andern Fingern liegt – packt den Schaft des Speeres, der dicht über seiner Hand
von einer in der Mitte auf dem Fußboden stehenden Person festgehalten
wird" (Lindqvist). Nach allem, was oben über die ,manufirmatio'[35], die
skötning durch die ,manus haste apposita' gesagt ist, handelt es sich um
die Übertragung eines Grundstückes, die im unteren Bild durch die
Schaftfahrt rechtsförmlich vollendet, oder aber später erhärtet wird.
Bei der Übertragung durch den Speer liegt die Hand des Landnehmers
oberhalb der des Gebers, der seine Oberhoheit über das Land auf den
Empfänger überträgt.

Das bestätigt genauestens eine altirische Quelle, das ,Book of Lismo-
re'[36]. Es wird dort erzählt, daß Ciaran, der Vertraute Columbans, mit
dem Krieger Diarmait, einem Helden altirischer Lieder, ein Kloster
gründet: „Than Ciaran planted the first stake[36] in Cluain, and Diarmait
was along with him. Said Ciaran to Diarmait, when setting the first stake: ,let, o warrior, *thy hand be over my hand,* and thou shalt be in sov-
ranty over the men of Ireland!'" Landgeber und Landnehmer legen beide ihre Hand an den Schaft, hier den ,first stake'; zwar wird der Grund
dem Kloster übereignet, aber da die Hand des Diarmait oberhalb der
des Ciaran an den Schaft gelegt wird, ist jenem damit die ,sovranty' zu-
erkannt. Dieser Brauch hat sich gewiß nicht auf Irland beschränkt.

Die Festigung (fæst) der Landübereignung erscheint mir so als der
eigentliche Inhalt des oberen Bildes, und um diesen Mittelpunkt kann
man die übrigen Figuren sinnvoll einordnen. Die links in dem „Klotzstuhl" sitzende Frau, die nach Lindqvist „die eine Hand vor den Mund
hält", scheint mir eher eine Gebärde der Trauer auszudrücken[37]. Die

35 Vgl. H. Meyer a. a. O. S. 503, Anm. 2: „Diese Form der Handanlegung an
   den Speer ist zwar nur im schwedischen, sächsischen und angelsächsisch-dä-
   nischen Recht überliefert, dürfte aber doch wohl in urgermanische Zeit zu-
   rückreichen. Der Ring und die Rechtsausdrücke firmatio, ,manufirmatio',
   ,Handfeste' haben sich auch im Süden erhalten."
36 Herausgegeben von *Stokes,* Royal Irish Academy, Dublin 1876. Der Akt erscheint auf einem Kapitell in der Domkirche zu Quedlinburg dargestellt zu
   sein; vgl. Elisab. Hohmann, Ein Quedlinburger Kapitell. (Deutsche Kunst-
   und Denkmalpflege 1940/41, S. 201 f. – Über das Setzen des ersten Pfahles
   Plassmann, Widukind, S. 195 ff., insbes. 197.
37 Eine Frau auf einem ganz ähnlichen Stuhl zeigt der Bildstein von Alskog, kyr-
   ken (Lindqvist II. S. 13 f.) in der Mitte unten; die Szene ist durch den Schuß,
   der den Stein durchbohrt hat, größtenteils zerstört. Unter einem bogenförmi-

Szene mag einen alten, vor dem Ableben stehenden Mann darstellen, der kurz vor seinem Ende seinem Erben sein Land durch beiderseitige Handanlegung an den „Schaft" rechtsförmlich überträgt. Seine Gattin drückt durch die Gebärde ihrer Hand ihre Trauer über den bevorstehenden Hingang des Gatten aus. In diesen Sinnzusammenhang fügt sich auch der Vogel, der von links her über das Haupt der Frau hinweg den Rücken des Erbnehmers mit dem Schnabel berührt. Er steckt seinen Hals nicht durch eine „Öffnung in der Wand" (Lindqvist), er ist vielmehr die körperlose Fylgje, die, wie uns zahlreiche altnordische Erzählungen berichten, als Sippengeist mit dem Sippeneigentum auf den

---

gen Dach liegt eine männliche Gestalt auf einer Unterlage, die Füße sind nach unten gekehrt. Sie werden berührt von einer „dem Liegenden zugewandten, auf einem Klotzstuhl sitzenden Frau" (Lindqvist). Über dem Liegenden sieht Lindqvist „einen dreizackigen Stern oder den Kopf einer Schlange, die in einem bogenförmigen, mit vereinfachtem Schnurmuster verziertem Dach (?) befestigt ist. Das einzige erhaltene, nach oben gebogene Ende des Daches reicht so weit nach rechts, daß die sitzende Frau es mit Nacken und Haarknoten stützt ... Ist der Mann Loke, die Frau Sigyn?" – Was die Frau angeht, so ist, von der Seitenverkehrung abgesehen, die Ähnlichkeit mit der von Sanda unverkennbar. Eine weitere Ähnlichkeit liegt in dem „dreizackigen Stern oder Kopf einer Schlange", in dem ich vielmehr den Kopf eines langhalsigen Vogels sehen möchte, dessen Körper auf dem „Dach" sichtbar ist, und der mit weit aufgerissenem Schnabel den Hals durch das Dach steckt, wie der von Sanda durch die Hauswand. In Sanda sind die Konturen der Wand durchgezeichnet, in Alskog die des Halses. Ich möchte, einer späteren Deutung vorauseilend, in der Darstellung einen Grabhügel sehen, in dem der Mann begraben ist; die Frau sitzt in dem niedrigen Eingang und berührt die Füße des Toten. Auch hier kann der das Dach durchdringende Vogel die körperlose Fylgje in Vogelgestalt sein. Es wäre die Fortsetzung der Szene links davon, in der die Fahrt des Toten zum Grabhügel dargestellt wäre. – Bei genauer Prüfung des Zusammenhanges möchte ich erwägen, ob nicht der Arm der Frau von Sanda, die nach Lindqvist „die eine Hand vor den Mund hält", eine *Spindel* oder ein Spinnrocken ist, als Besitz und Herrschaftszeichen das Gegenstück zu dem Speer des Mannes (vgl. Friggjarokkr, Friggs Rocken und Odins Speer). Trotzdem sehe ich in dem Paar nicht Frigg und Odin, sondern deren menschliches Gegenbild, ein Ehepaar. Die Spindel gehört zu den Rechtssinnbildern, die das weibliche Besitzrecht ausdrücken. Dazu nur ein Beispiel aus der Lex Thuringorum (Germanenrechte Band 2 III, S. 40/41): „Die sterbende Mutter hinterlasse dem Sohne Grundbesitz, Unfreie und Fahrhabe, der Tochter aber den Halsschmuck, 30. Bis zum fünften Gliede folge der väterliche Stamm. Nach dem fünften Glied aber folge die Tochter in das Erbe am Ganzen, sei es von Vaters, sei es von Mutters Seite; und dann erst gehe das Erbe vom *Speer* auf die *Spindel* über" (et tunc demum hereditas ad *fusum* a *lancea* transeat).

Erben übergeht. Nicht unwesentlich scheint es mir zu sein, daß sein
Hals dabei das Haupt der Frau berührt. Die Fylgje wird ja meistens als
Vogel (vorwiegend Schwan oder Storch, beide auch Kinderbringer)
vorgestellt.

Genaueres über den speziellen Rechtsvorgang zu sagen, dürfte zu
gewagt sein; immerhin darf man daran erinnern, daß nach der oben (S.
335 f.) zitierten Bestimmung der Erwerber das Gut so lange ungeklagt
und unangefochten besaß, solange der Vergeber lebte; und daß niemand eine Festigung zu Füßen des Toten oder am Grabhügel einbringen
könne. Eine solche (wiederholte?) Übereignung durch Schaft und Umfahrt kurz vor dem Ableben des Vererbers oder Verkäufers könnte auf
den beiden Bildern dargestellt sein. Der Zusammenhang wird nicht erst
in dieser einheitlichen Schau deutlich: wenn Lindqvist das Blatt des
Speeres oben „lanzettförmig" und das untere „rhombisch" nennt, so
dürfen wir den Bildhauer schwerlich auf solch feine Unterscheidungen
festlegen.

Daß diese steinerne, und wahrscheinlich sogar mit den Namen des
Landnehmers und seiner ,fastar' versehene Rechtsurkunde über zweihundert Jahre älter ist, als die damit in Zusammenhang gebrachten
schriftlichen Aufzeichnungen, kann keinen verwundern, der die Dauer-
haftigkeit dieser Überlieferungen kennt. Das Einmalige liegt darin, daß
längst vor der Zeit der geschriebenen Gesetze und Urkunden ein recht-
schaffender, rechtsförmlicher Vorgang mit allen Einzelheiten eine bildliche Darstellung gefunden hat. Wahrscheinlich ist der Stein auf dem
erworbenen Grundstück aufgestellt worden, um einer etwaigen Anfechtung des Besitzers durch eine klare und für jeden Zeitgenossen
ohne weiteres verständliche bildliche Erhärtung des voraufgegangenen
Rechtsaktes von vornherein zu begegnen.

Einmalig ist diese Urkunde allerdings nur insofern, als die gotländische Bildkunst einmalig ist: das Bruchstück von Hemse Annexhemmanet, auf das wir oben verwiesen haben, zeigt die gleichen drei Gegenstände, die auf Landnahme und Schaftfahrt hinweisen: Speer, Spaten
und Sichel. Es fehlt das Feuer (soweit die Bruchstücke eine Beurteilung
zulassen). Wenn wir in der ringförmigen Scheibe links ebenfalls die
Sonnenscheibe sehen dürfen, so steht diese noch niedriger über dem
Horizont, als die von Sanda; so beginnt auch diese Umfahrt in früher
Morgenstunde. Der Stein hat auch ein oberes Bildfeld gehabt, von dem
nichts zu erkennen ist, und ein unteres, in dem nur das schräg nach
links oben gehende Ende eines Gegenstandes zu erkennen ist, der nicht
identifiziert werden kann. Das Bruchstück beweist immerhin, daß es
mehrere solcher steinernen Rechtsurkunden auf Gotland gegeben haben mag.

Was die Trachten der auf den Bildsteinen dargestellten Personen an-

geht, so fallen sie nicht unter mein eigentliches Thema. Man darf annehmen, daß ein so feierlicher Akt wie die Übertragung eines Lander-
bes auch in feierlicher Gewandung vorgenommen wurde, während man
bei der Landbegehung den bei allen drei Teilnehmern gleichen, zeitübli-
chen knielangen Rock trug. Im übrigen möchte ich annehmen, daß die
vorstehende, weitreichende und eingehende Untersuchung von Graf
Oxenstierna mit ihrem reichen Bildmaterial eine genauere Einordnung,
besonders auch der auffallenden Kopfbedeckungen, ermöglicht.

Also keine im üblichen Sinne „heidnische" Darstellung! Die Annahme einer solchen auf Gotland in der Mitte des 11. Jahrhunderts stößt
auch bei den Forschern auf eine gewisse Unsicherheit. „Heidnisch" ist
unser Bildstein nicht im Sinne der Götterlehre, aber gewiß in dem Sinne, daß das eingewurzelte und zählebige germanische Recht ein noch
lange weiterlebender Zweig der germanischen Religion gewesen ist.

II. Der Bildstein aus der Kirche von Alskog

Der Bildstein ist von Lindqvist II., S. 13 f. beschrieben; die einzelnen
Bilddarstellungen sind von ihm ausführlich erörtert. Ein Gesamtzusam-
menhang ist daraus nicht zu entnehmen und bei der fast verwirrenden
Fülle von Einzelheiten auch kaum zu erwarten. Wenn ich hier einige
Einzelheiten herausgreife und sie mit uns bekannter literarischer Überlieferung in Einklang zu bringen suche, so möchte ich damit nur in skiz-
zenhafter Form einen Hinweis auf eine Deutungsmöglichkeit geben, die
vielleicht Beifall findet und andere Forscher ermuntert, auf dem angedeuteten Wege weiterzugehen. Die vollständige Deutung würde eine
sagengeschichtliche Untersuchung erfordern, die den Rahmen dieses
Buches sprengen müßte.

Bei diesem Deutungsversuch gehe ich von der Beobachtung aus, daß
in der Geschichte unserer Heldensage oft weniger Handlungsverlauf
und literarische Motive das Dauerhafte sind, als Anschauungsmotive,
die ich als das „geschaute Bild" bezeichnen möchte. Ein Beispiel ist
etwa der Galgen vor König Ermanrichs Burg, der von der ältesten Fassung der eddischen Hamðismál bis zu dem im übrigen völlig zersunge-
nen niederdeutschen Lied des 16. Jahrhunderts gewissermaßen als eide-
tisches Motiv erhalten ist. Solche geschauten Bilder können eine Art
von Eigenleben annehmen, durch verschiedene Sagenkreise wandern
und selbst mit ganz verschiedenen Helden verbunden werden.

Von einem solchen Bildmotiv will ich ausgehn: Unter Szene 4 beschreibt Lindqvist einen Mann, „der der Beinstellung nach zu urteilen
(den beiden Kämpfern links davon) zur Hilfe herbeieilt und eine zweischneidige Waffe, einen fast kreuzartigen Axthammer o. ä. erhebt. Befindet er sich innerhalb einer wie ein Pferdehufeisen geformten Mauer

mit einigen frei liegenden Steinen davor, oder handelt es sich nicht eher um einen geflügelten Gott o. ä.?"

Ich sehe darin einen Mann, der bis an die Schultern in einer Art von Hügel sitzt, bzw. gesessen hat und sich jetzt erhebt, eine schwere Waffe schwingend, in der man ohne Frage eine Doppelaxt (dolabra) erkennen kann. Ein zweites Motiv ist rechts davon zu erkennen (wenn wir zunächst von der dazwischen stehenden Frauengestalt absehen): ein weites Gewand oder ein Mantel mit halblangen Ärmeln; links und darüber je zwei Vögel, die zunächst nicht genauer zu bestimmen sind. Beide Motive glaube ich in der von Saxo erzählten Starkadrzählung wiederzufinden. (Buch VI). Um Helga, Frodis Tochter, wirbt der Norweger Helgo; ihr Bruder Ingell will ihm die Schwester nur geben, wenn er seinen Mitbewerber, den Herzogssohn Anganterus (Angantyr) von Seeland mit seinen neun berserkerhaften Brüdern im Kampfe besteht. Helgo bittet den in Schweden weilenden Starkad um seinen Beistand, der nach einem Gewaltmarsch in Dänemark eintrifft. Er übernimmt die Brautwache, und als Helgo am Morgen des Kampfes sich verschläft, geht er allein auf die Heide Roljung, wo der Kampf stattfinden soll. Er setzt sich an den Abhang eines Hügels mitten in Wind und Schneegestöber, legt die Kleider ab und untersucht sie nach Flöhen. „Den *Purpurmantel*, mit dem ihn kürzlich Helga beschenkt hatte, wirft er in die Dornen", um nicht gegen die Geschosse des Hagels durch Kleidung geschützt zu sein. Die Berserker kommen indes die andere Seite des Hügels hinauf und setzen sich dort um ein Feuer nieder. Einer von ihnen erblickt auf der anderen Seite des Hügels *einen Greis, der bis an die Schultern über und über vom Schneefall bedeckt ist*". Er will mit allen zugleich fechten und tötet sechs auf der Stelle; die anderen verwunden ihn so schwer, daß die Eingeweide herausfallen, er wird ihrer aber doch Herr. Nach dem Sieg möchte er gerne trinken, unterläßt es aber, weil Anganterus' Leiche das Wasser verunreinigt. Er schleppt sich dann auf den Knien zu einem Stein und lehnt sich so schwer an ihn, daß man heute noch den Abdruck des Körpers sieht (was Saxo bezweifelt). Es kommt nun eine Anzahl Leute vorbei, von denen er sich helfen lassen könnte, deren Beistand er aber verschmäht: erst ein Büttel (Praeco – die Bedeutung ist unsicher), dann ein Freier, der eine Hörige geheiratet hat, eine Magd, die er zu ihrem kleinen Kind gehen heißt. Endlich kommt ein junger Bauer; der Alte preist diesen Stand, und er wird gewürdigt, die Wunden zu verbinden[1].

Bekanntlich ist diese das Burleske streifende und ersichtlich junge

---

1 Nach Hermann Schneider, Germanische Heldensage (Bd. II, 1 S. 140 f., die Stellen in Anführungszeichen nach Saxo selbst).

Erzählung Saxos „von allen Seiten zusammengeborgt … Angantyr und
seine berserkerhaften Brüder sind aus dem Samseykampf bekannt; auch
dort treten sie allesamt gegen Angantyrs Nebenbuhler an, und dieser
hat nur einen Helfer, Örvar-Odd." (Schneider). Und hierhin scheint mir
auch unsere Alskog-Szene zu weisen. Natürlich kann man auf dem Bildstein keine Handlung suchen, die von Saxo 200 Jahre später erzählt ist.
Wohl aber können sich unter dem, was er „von allen Seiten zusammengeborgt" hat, geschaute Bilder wiederfinden, die in die ursprüngliche
Fassung der Sage gehörten, und die sich auch in anderen Überlieferungen nachweisen lassen. Nun sind die Hauptquellen neben Saxo, die
Hervararsaga und die Örvar-Odds Saga, freilich auch sehr junge Gewächse, aber eine Motivgemeinschaft zwischen zweien oder dreien unter diesen weist doch im einzelnen Falle mit ziemlicher Gewißheit auf
eine gemeinsame Urform.

In Saxos Starkadr-Erzählung handelt es sich wie beim Samseykampf
darum, daß ein tapferer Helfer dem glücklichen Freier gegen den abge-
wiesenen Freier mit Erfolg beisteht, wobei dieser, in beiden Fällen Angantyr, zu Tode kommt mitsamt seiner ganzen Berserkermannschaft. In
Saxos Helgo-Erzählung läßt sich der Helfer bis an die Schultern ein-
schneien, um dann aus seinem Schneehügel hervorzubrechen und den
Kampf zu entscheiden. Daß der eigentliche „Held", der glückliche Freier dabei fehlt, „führt weit aus aller Heldensaga hinaus ins bürgerliche
Lager späterer Sagazeiten" (Schneider). Nach der Hervararsaga feiert
Angantyr im Winter seine Hochzeit mit Swafa, Biartmars Tochter, und
fährt erst nach dem Ende des Winters mit seinen Berserkern nach Samsey. Das Schneegestöber bei Saxo deutet auf den Winter als Zeit der
Heirat Helgos, doch kann es sich auch um einen verspäteten Einbruch
des Winterwetters handeln.

Ich möchte nun in der Gestalt mit der großen Doppelaxt den „Helfer" sehen, der im Schneehügel die Zeit seines Eingreifens erwartet hat
und sich nun mit einem Ruck auf die Beine stellt und die Axt empor-
hebt, um in den vor ihm sich abspielenden Zweikampf einzugreifen.
Der hufeisenförmige Bogen, in dem der Axtträger steht und der eben
durch Haupt und Axt nach oben geöffnet wird, ist auf beiden Seiten mit
einer Anzahl von Punkten umgeben, die Schneeflocken oder Hagel-
schlossen darstellen können; der Künstler hätte sie kaum auf eine andere Weise darstellen können. Das geschaute Bild wäre „der Helfer mit
der Waffe im Schneehügel", der aus diesem in den Kampf eingreift und
ihn zugunsten seines Freundes entscheidet.

Dies plötzlich hereinbrechende Schneegestöber kommt freilich in
keiner der übrigen uns bekannten Lesarten vor, aber Saxo könnte hier
ein Motiv bewahrt und willkürlich eingesetzt haben, das geeignet war,
die vielgerühmte Kraftmeierei seines Helden auch der Winterkälte ge-

genüber zu erweisen. Literarisch ist uns dies Motiv in anderen Zusammenhängen bekannt: „Denselben Sommer forderte Jökull den Finnbogi zum Holmgang, und ebenso Thorstein Berg den Kühnen ... Als der Tag herankam, sagte Dalla zu ihren Verwandten, daß ihr der Plan nicht gefalle: ‚Ich werde ein solches Unwetter wecken, daß weder ihr noch sonst jemand draußen sein kann‘ ... Es erhob sich ein so gewaltiges Unwetter, daß man sich nicht erinnerte, solchen Sturm und solches Schneefegen erlebt zu haben"[2]. – „Thorodd bestach im Winter die Zauberin Thorgrima, daß sie einen Schneesturm (dríf) über Björn heraufbeschwören solle, wenn er über die Heide zöge ... Als er aber auf die Heide kam, wurde das Wetter kalt, und es trat Schneegestöber ein."[3] Im ersten Falle tritt das auf zauberische Weise herbeigeführte Schneegestöber im Sommer, im zweiten im Winter auf. Dríf (Schneesturm) ist eine häufige Kenning für „Kampf", der Pfeilschauer wird mit dem Schneegestöber verglichen; Drífa ist die mythische Gestalt, die Schneeschauer herbeiführen kann (die Walküre Sigrdrífa ist die Siegverleiherin). Snjár (Schnee) der Alte in Finnland hat eine Tochter Drífa (Schneetreiben), ihre Söhne heißen Gisl (Ski-Stab) und Öndur (Schneeschuh)[4].

Der Schneesturm soll einen Holmgang verhindern: in der Urform der Sage könnte also eine der beteiligten Frauen auch diesen Schneesturm in feindlicher oder freundlicher Absicht für einen Beteiligten herbeigeführt haben. Das Motiv wäre auf dem Alskog-Stein als frühes Beispiel erhalten und weit später von Saxo irgendwo aufgegriffen worden, um die Wetterfestigkeit seines Helden zu beweisen.

Aber wir kommen zu einem weiteren Motiv: der Doppelaxt. In Saxos Helgo-Erzählung finden wir sie nicht, wohl aber in seinem Bericht über den Kampf auf Samsey (V. Buch). Hjalmar und Örvar-Odd gehen auf Samsey in den Wald, um Holz für ein neues Steuerruder zu schlagen, da der Sturm ihre Schiffe schwer beschädigt hatte. Sie bearbeiten einen Holzklotz (truncus) mit Schiffsbeilen (dolabris), bis es ungefähr die Form des Ruders angenommen hat. Mit dem unförmlichen Gerät auf der Schulter treffen sie auf Angantyr und die Berserker, die inzwischen ihre Schiffe überfallen und die ganze Mannschaft getötet hatten. Die beiden müssen nun den Kampf „mit dem Eisen" (ferro) ausfechten – es wird nicht erzählt, ob sie sich dabei der Beile (dolabrae, es kann auch Doppelaxt bedeuten) bedienten. Von Odd wird aber ausdrücklich berichtet, daß er „den noch ungefügen Ruderklotz mit unglaublicher Kraft schwang und mit solcher Gewalt auf die Feinde niedersausen ließ,

---

2 Thule 10, S. 179.
3 Thule 10, S. 100.
4 Thule 14, S. 39.

daß er mit einem einzigen Hiebe zwölf davon zerschmetterte" – eine echt Saxosche Übertreibung.

Auch in der Hervararsaga kommen Hjalmar und Örvar-Odd aus dem Walde zurück und geraten mit den Berserkern in Kampf, der mit dem Tode Angantyrs und der Berserker und Hjalmars endet. Die Erzählung bezieht sich ausdrücklich auf die Örvar-Odds Saga (sem greinir i Örvar-Odds sögu), in der wir noch ausführlichere Einzelheiten als bei Saxo finden. Hjalmar und Odd gehen in den Wald, um Holz für ihre Schiffe zu schlagen, und als sie hinabschreiten, sagt Örvar-Odd: „Nun habe ich meinen Pfeilköcher und Bogen unten bei den Schiffen gelassen, und ich habe nur eine Holzaxt in der Hand" (enn ek hefi bastöxi eina í hendi). Der „Helfer" führt also auch hier die große Axt; sie wird auch hier durch ein sekundäres Werkzeug, eine Keule (kylfu) ersetzt, wie bei Saxo durch das klobige Rudiment eines Ruders. Das zeigt, daß die Axt in der Hand des Helfers das Ursprüngliche ist: er wird in einer unbekannten Urfassung dem Freunde mit der Axt zu Hilfe gekommen sein und den größten Teil seiner Gegner erlegt haben. Das würde nun ganz zu der links von ihm sich abspielenden Kampfszene passen, die Lindqvist (II, 14) folgendermaßen schildert:

„Eine Kampfszene, deren Hauptpersonen zwei im Nahkampf begriffene Männer sind. Jeder von ihnen hält einen Schild vor sich. Im Schilde des rechten, zurücktaumelnden Mannes stecken vier Pfeile oder Speere ... noch ein paar Pfeile oder Speere fliegen über den Schild auf die Brust des Trägers zu. Selbst führt dieser selbe Mann einen oder mehrere Speere in der Hand, sein Schwert scheint er in der Scheide zu haben; der Griff ist allerdings nicht recht deutlich. Auch sein Gegner scheint das Schwert in der Scheide zu haben und vermutlich einen Speer in der freien Hand, die nicht durch den Schild behindert ist. Über seinem Kopf sieht man noch ein paar Speere oder Pfeile, die von irgendeiner Stelle links aus geworfen oder geschossen zu sein scheinen und sich noch in steigender Bewegung befinden. Ganz links ist auch ein Krieger mit einem Speer in der Hand sichtbar. Zwischen ihm und dem linken der Zwei eine Frau, hinter dem rechten Zweikampfmann wieder ein Mann, der der Beinstellung nach zu urteilen zur Hilfe herbeieilt ..." (Es ist unser Axtträger).

Sehen wir in dem zurücktaumelnden Kämpfer den Hjalmar und in seinem Gegner den Angantyr oder einen von seinen Mannen, so wäre der Mann, der sich mit der Axt aus dem Schnee erhebt, der Helfer, nach der späten Saga Örvar –, nach Saxo Stark-Oddr. Bis hierher hätte der Verlauf einigermaßen scharfe Konturen. Das weitere kann man nur mit Fragen einigermaßen umreißen: hat die auf einer Seite Partei ergreifende ‚Drífa' ein Schneegestöber hervorgerufen, um den Holmgang zu verhindern (vgl. oben), oder den Helfer auszuschalten, der dadurch den

Freund nicht mehr retten, sondern ihn nur noch rächen kann? Wer
käme als Drífa in Frage? Ist es Angantyrs Gattin Swafa, die Tochter des
Bjartmar, der auf einer Burg in Rußland wohnt, und die zauberkundig
sein mag, wie Drífa, die Tochter Sniárs in Finnland?[5] Die späten Sagas
enthalten keine Spur davon, aber irgendwo muß Saxo das Bild des ein-
geschneiten, d. h. von einem Schneetreiben überraschten Helfers gefunden haben; sehr wahrscheinlich im Zusammenhang mit dem Holmgang
auf Samsey.

Was bedeutet der weggeworfene Mantel Starkads, und sein Gegenstück, das auf dem Alskog-Stein so auffallend in der Mitte der Szene
liegt? Stammt er ursprünglich von dem „Helfer", oder ist er ihm nur als
von irgendwo entlehntes geschautes Bild zugeteilt worden? Er wird
rechts und links von je einer Frau mit langem Zopf flankiert, die einander zugekehrt sind; links und oberhalb des „Mantels" je zwei Vögel mit
klobig markierten Füßen, der linke obere mit gekrümmtem Schnabel:
sind es Walvögel, die um das weggeworfene oder geraubte Gewand eines Gefallenen sitzen? Unmittelbar rechts von dem unteren Zipfel des
Gewandes liegt ein Toter mit dem Gesicht nach unten, den wir vielleicht noch in eine bestimmte Reihe einordnen können. Besuchen die
Frauen das Kampffeld, oder sprechen sie irgendeinen Zauber aus?

Allerdings würden die Bilder links unten wieder in den Sagenbereich
führen, der in der Hervararsaga einen späten Niederschlag gefunden
hat. Ganz unten links ein vierräderiger Wagen, den Lindqvist (13 f.)
näher beschreibt; „die Personen sitzen vermutlich auf einer durch eine
Reihe vertikaler kleiner Striche bezeichneten Unterlage" (vielleicht ein
Polster) wie unter dem Lindqvist 5 sogleich beschriebenen, scheinbar
über dem Roß (oder den beiden Rossen) ,schwebenden' Mann. Diese
merkwürdige, in einem Oval auf dem Rücken liegende Gestalt ist allem
Anschein nach ein in eine Umhüllung eingebetteter Toter. „Links eine
dem Liegenden zugewandte, in einem Klotzstuhl sitzende Person. Zwischen dem Kopf und der Rückenstütze läßt sich wahrscheinlich der für
Frauen charakteristische Haarknoten unterscheiden. Hinter dem Kopf
der Frau ein Vogel derselben Art wie mehrere in der folgenden Szene"
(mit dem „Mantel" im Mittelpunkt).

Ohne allzuviel Phantasie kann man diese letzte Szene folgendermaßen deuten: ein in eine feste Umhüllung eingebetteter Toter wird vor die
in dem Klotzstuhl sitzende Frau gelegt. Wir können diese Szene in der
Hervararsaga wiederfinden: Nach dem Kampf auf Samsey ließ der
Überlebende Örvar-Odd die Toten mit all ihren Waffen auf der Insel in

---

5 Übrigens hat auch Hrolf Kraki zwei Töchter, die Skúr (Schauer) und Drífa
(Schneetreiben) heißen: Thule 21, S. 254.

einen großen Hügel legen; „und er führte Hjalmar heim ins Schweden-reich. Und als die Königstochter Ingibjörg die Leiche Hjalmars sah, da fiel sie tot zu Boden, und sie wurden beide zusammen zu Upsala beige-setzt." In der Umhüllung (in der er transportiert wurde) mußte der Tote natürlich durch den Künstler sichtbar gemacht werden; um welche Art von Hülle (Tücher? Baumsarg?) es sich handelt, ist nicht zu sehen. Die mit vertikalen Strichen markierte Unterlage mag, wie bei dem Sitz der Personen auf dem Wagen, ein Polster darstellen und auf die dem Gefal-lenen angetane Sorgfalt deuten. Der plötzliche Tod Ingibjörgs würde weniger in die Wikingerzeit, als in eine gefühlvollere Spätzeit passen; auch Rolands Braut sinkt bei der Nachricht von seinem Tode tot zu Bo-den.

In der Wagenfahrt mag man die Fahrt zum Grabhügel sehen; ein sol-cher scheint mir in der Tat rechts von den Rossen sichtbar zu sein: lei-der ist er durch das Loch zum großen Teil zerstört. Natürlich ist er, wie der Tote in der Hülle, im Querschnitt dargestellt. Das Bild wird von Lindqvist (S. 14) beschrieben:

„Dicht über der unteren Grenze des Bildfeldes die untere Hälfte (die obere ist zerstört) eines Menschenkörpers, der mit den Fußspitzen nach unten liegt und wahrscheinlich in die übliche Männertracht gekleidet ist ... Rechts davon eine dem Liegenden zugewandte, auf einem Klotzstuhl sitzende Frau". Über das geschnäbelte Wesen, dessen Hals durch das „Dach" nach unten ragt, habe ich oben meine Meinung geäußert. „Das einzige erhaltene, nach oben gebogene Ende des Daches reicht soweit nach rechts, daß die sitzende Frau es scheinbar mit Nacken und Haar-knoten stützt." Sehen wir in dem überwölbten Raume einen Grabhügel, so stellt die Szene den Besuch einer Frau bei einem Toten im Hügel dar. Auffallend und von Lindqvist nicht weiter erörtert ist es, daß die Frau die Füße des Toten anfaßt. Ich möchte dabei an die alte Sitte denken, daß man dem Toten vor der Beisetzung neue Schuhe anzog oder diese ihm mit ins Grab gab[6]; eine Wiedergängerin trägt außer dem Hemd nur diese neuen Schuhe.

Nun gehört der Besuch einer Frau bei dem Toten im Hügel zu den Motiven, die in der Hervararsaga zu einer der packendsten Szenen aus-gebildet sind. Hier ist es Herwör selbst, die als Schildmaid in Wikinger-tracht auf einer Heerfahrt die Insel Samsey besucht, dort in den Ein-gang des Hügels der Arngrimssöhne eindringt und in einem langen Zwiegespräch versucht, ihrem Vater Angantyr das Schwert Tyrfing zu entreißen, das einst Hjalmar getötet hat. Die Szenerie ist eine andere als

---

6 Simrock, Handb. der dt. Mythologie S. 154; Caesarius v. Heisterbach, Dial. mirac. XII. 20.

auf unserem Stein: hier sitzt die Frau innerhalb des Grabes zu Füßen des Toten; ich kenne keine literarische Überlieferung, die diese Vorstellung erhalten hat. Immerhin würde der Besuch im Grabhügel durch eine überlebende Frau hier wie dort zur Überlieferung des Kampfes auf Samsey gehören, und eine spätere Vertauschung der Motive und Personen ist denkbar. In der von uns angenommenen Handlungsreihe müßte es Ingibjörg sein, die in Upsala im Hügel des vom Tyrfing erschlagenen Hjalmar sitzt, mit dem sie nach der Saga zusammen begraben ist.

In den drei Männern, die rechts unten sich vom „Hügel" fortbewegen, und deren letzter einen großen Spaten trägt, kann man die heimkehrenden Totengräber sehen, doch werden sie uns sogleich noch in anderem Zusammenhange begegnen.

Betrachten wir die von Lindqvist als Szene 10 bezeichnete Darstellung schräg unter der Spitze des Bildfeldes: „Eine fünfseitige Fläche, die von der Randborte und vier geraden Riegeln eingerahmt ist, deren sich kreuzende Enden außerhalb der Kreuzungspunkte halbkreisförmig umgebogen sind und in Tierköpfe enden (? Verf.); jeder Kopf stützt beide Kiefernspitzen gegen die Kante des Riegels, der seinen Hals überkreuzt." Hierzu gibt L. anderswo (Band I., S. 89) folgende Erklärung: „Ein Vogelteich, fünfseitig, von Brettern mit Tierköpfen in den Ecken hübsch eingerahmt, ist im Moment die einzig denkbare, wenn auch weniger überzeugende Deutung, die ich von einer Figur auf Alskog K (Fig. 135) zu geben vermag." Ich möchte dieser Deutung Lindqvists insofern zustimmen, als auch ich ein Gewässer in dem fünfseitigen Raume sehe; in der Mitte, zwischen den beiden Vögeln kann man vielleicht ein Meerweibchen (Melusine) mit den fischflossen ähnlichen unteren Extremitäten erkennen, wie es gerade in dieser Gestalt in Darstellungen der Volkskunst häufig vorkommt. Wenn man sich das Gewässer an der einen Seite offen vorstellt (am oberen Rande fehlt die Umzäunung), so kann man sich einen Hafen mit Seevögeln darunter denken. Ist es der Hafen Munarwag auf Samsey, um den sich die Kämpfe abspielen?

Rechts von der Szene um den „Mantel" sind mehrere Gestalten sichtbar (Lindqvist Szene 7): „... zwei kniende, einander zugewandte Männer mit einem senkrecht gestellten Schwert (?) zwischen sich in einem wie ein Pferdehufeisen gebildeten, nach unten hin offenen Rahmen. Unter dem linken Mann, ein Stück außerhalb des Rahmens, ein dritter, in gleicher Weise kniender Mann. Links von seinen Füßen ein liegender Mann. (Szene 8.) Rechts von Szene 7 ein großer, aber der Bedeutung nach besonders unklarer Gegenstand (Baum? Verf.) und mehrere undeutliche Figurenreste."

Ich will hier nur in großen Zügen und mit allen Vorbehalten einen Aufriß dieser Szene geben: Ein Toter liegt mit dem Gesicht nach unten auf dem Boden. Rechts neben ihm stützt sich ein anderer Mann kniend

gegen eine kleine Erhöhung, oder hält die weit ausgestreckten Hände
darüber. Oberhalb dieses Mannes knien zwei Männer einander gegenüber; von dem Manne links geht ein längliches, unregelmäßiges Gebilde
aus, das abwärts verläuft, um das Knie des Mannes rechts einen Bogen
macht und dann nach rechts zu in den hufeisenförmigen, nach unten
offenen Rahmen verläuft. Das untere Ende dieses Bogens links geht in
den Kopf des liegenden Mannes über, den ich für einen Toten halte;
vielleicht ist es der Erschlagene, dem der „Mantel" links davon gehört
hat. Ist das Hufeisen eine Höhle, ein Tor, oder ist es ein bogenförmiger
Wasserlauf, der eine Halbinsel bildet, auf der die beiden Männer knien?
Der Hergang: ein (schwerverwundeter) Mann hat sich an der Leiche eines (von ihm) Erschlagenen entlang zu einer Erhöhung geschleppt, gegen die er sich mit beiden Armen stützt. An dem vorbeifließenden Ba-
che liegt die Leiche, deren Kopf vom Wasser berührt wird. Ein weiterer
Akt ist darüber dargestellt: der kniende Verwundete, aus dessen Leib
Blut oder etwas anderes fließt, wird von einem Anderen, der sich ebenfalls auf die Knie niedergelassen hat, verbunden.

Diese Deutung würde ich ohne Bedenken vortragen, wenn sie nicht
in geradezu abenteuerlicher Weise mit der Szene in Saxos Helgo-Erzählung übereinstimmte; und man wird dazu sagen: das ist zu schön, um
wahr zu sein. Selbstverständlich hat die Erzählung in dieser Form im
Gotland des 11. Jahrhunderts nicht existiert. (Immerhin kennt der Wal-
tharius des 10. Jahrhunderts bereits eine ins „Spielmännische" gehende
Behandlung der Schwerverwundeten nach dem Kampf). Wohl aber
mag es schon damals eine geschaute Szenenreihe gegeben haben, die
dem hier skizzierten Verlauf entsprach, und sie mag von Saxo in die
Geschichte seines grimmen Helden eingeflochten und entsprechend
umgedeutet sein. Eine gewisse Berührung mit den Bildern des Samsey-
Kampfes kann man darin sehen, daß auch der schwerverwundete Hjalmar sich gegen eine Erhöhung (Þúfa, „Hügel, Spitze", kann auch ein
Stein sein) stützt: „Da ging Hjalmar zu einer Erhöhung und neigte
(stützte) sich dagegen" (hnigr at upp). Zu weit führen würde es wohl,
wenn man die drei Männer in der Ecke unten rechts mit den Leuten in
Verbindung bringen wollte, die bereit sind, Starkadr zu helfen, die aber
bis auf den letzten, einen jungen Bauern, abgelehnt werden. Im übrigen
erinnert diese Erzählung stark an die Geschichte von dem barmherzigen Samariter (Lucas 10,30 ff), in der auch der letzte dem Schwerverwundeten hilft – wenn auch mit völlig verschobener Moral. In der Sam-
sey-Überlieferung findet sich davon keine Spur.

Eine geschlossene, vorbehaltlos überzeugende Deutung einer so sze-
nenreichen Darstellung, die weit vor der entsprechenden Schriftüber-
lieferung liegt, wird man schwerlich erwarten. Um einen Ansatz zu einer solchen zu finden, bleibt kein anderer Weg, als Einzelheit für Ein-

zelheit auf ihren szenischen Gehalt zu prüfen und diesen in der weitver-
streuten literarischen Überlieferung wiederzusuchen. Mehr als ein erster Versuch dazu will die vorstehende Skizze nicht sein. Die Samsey-
Erzählung weist nach Schweden, und so stand sie den Gotländern auch
räumlich nahe.

                                                     J. O. Plassmann

Literaturverzeichnis

Die letzten Übersichten zur Geschichte der Wikinger in deutscher Sprache behandelten fast ausschließlich die schriftlich-historischen Daten:
Otto Scheel, Die Wikinger, 1938
Ulrich Noack, Nordische Frühgeschichte und Wikingerzeit, 1941
In den skandinavischen Sprachen und Ländern sind zu nennen:
Birger Nerman, Sveriges första stormaktstid, 1942
Palle Lauring, Vikingerne, 1956 (als Journalist)
Kürzere Übersichten in den großen Geschichtswerken der einzelnen Völker
Die Geschichte der Eisenzeit vor den Wikingern zuletzt:
Eric Graf Oxenstierna, Die Nordgermanen, 1957
Kolonien im Baltikum und an der südlichen Ostseeküste:
Birger Nerman, Grobin-Seeburg, 1958
Vorläufige Berichte in den prähistorischen Fachzeitschriften
Die frühen Stadtgründungen:
Herbert Jankuhn, Haithabu 3. Aufl., 1956 – eine weit ausgreifende und allseitige Übersicht, auch für den Nichtfachmann
Reinhard Schindler, Ausgrabungen in Alt Hamburg, 1957 – eine handliche Übersicht der sensationellen Nachkriegsgrabungen in Hamburg
Birka I und III – Von der Monographieserie über die Handelsstadt im Mälarsee liegen bis jetzt zwei Teile vor: Arbman, Die Gräber, 1943, und Agnes Geijer, Die Textilfunde, 1938
Helgös Neufunde sollen rasch veröffentlicht werden. Vorläufige Berichte in den Fachzeitschriften Fornvännen, Viking und Acta Archaeologica
Handelswaren der Wikingerzeit:
Übersicht und Literaturhinweise bei Jankuhn, Haithabu
Arbman, Schweden und das karolingische Reich, 1937
Eine gute Geschichte des Sklavenhandels im frühen Mittelalter fehlt noch sehr.
Skandinavische Funde im Baltikum und in Rußland und das Studium der Schriftquellen:
V. Thomsen, Det russiske riges grundlaeggelse ved Nordboerne, Samlede avhandlinger, 1919 – grundlegend
T. J. Arne, La Suède et l'Orient, 1914 – grundlegend für die Bodenfunde
W. J. Raudonikas, Die Normannen der Wikingerzeit und das Ladogagebiet, 1930

Nerman, Die Verbindungen zwischen Skandinavien und dem Ostbaltikum in der jüngeren Eisenzeit, 1929

H. Birkeland, Nordens historie efter arabiske kilder, 1954 – Zitate der arabischen Schriftquellen über die Rus

Ad. Stender-Petersen, Die Varägersage als Quelle der russischen Chronik, Acta Jutlandica VI, 1934 – Derselbe, Varangica, 1953
Die russische Literatur ist besonders von T. J. Arne in zahlreichen Aufsätzen referiert worden.

Holger Arbman, Svear i Österviking, 1955
Handelswaren aus dem Osten und die großen Silberschätze:
    Stenberger, Die Schatzfunde Gotlands der Wikingerzeit, 1947 und 1958
    Roar Skovmand, De danske Skattefund fra Vikingetiden ... in Aarböger for nordisk Oldkyndighed, 1942
    S. Grieg, Vikingetidens skattefund (in Norwegen), 1929
Westliche Fahrten und Funde:
    Viking Antiquities in Great Britain and Ireland, ed. Shetelig, I–V, 1940–54 – eine gesammelte, systematische Übersicht der Wikingerfunde in Westeuropa und der Westlichen Kunstwerke in Norwegen
    Haakon Shetelig, Vikingeminder i Vest-Europa, 1933 – ein allseitiger Rundblick
    Arbman-Stenberger, Vikingar i Västerled, 1935
    Siehe weiter Scheel, Noack und Arbman.
Königsschiffe und Schiffsgräber:
    Brögger-Shetelig, The Viking Ships, 1951 – norwegisch Vikingeskipene, 1950
    Oseberg, ed. Shetelig, I–III, V, 1917–28
    S. Krafft, Fra Osebergfunnets textiler, 1955
    F. Adama van Scheltema, Der Osebergfund, 1938.
Eine auf moderner, psychologischer und prähistorischer Basis durchgeführte Studie über die Stellung der Frau zur Wikingerzeit fehlt noch
Die Entdeckung von Grönland und Amerika u. a.:
    Poul Nörlund, De gamle Nordbobygder ved verdens ende, 1934
    A. W. Brögger, Vinlandsferdene, 1937
    Joh. Bröndsted, Nordborna i Amerika, Aarböger etc. 1950.
Wehranlagen, Städte und Kultplätze der Spätzeit:
    Nörlund, Trelleborg, 1948
    Erik Floderus, Sigtuna, 1941
    Aggersborg, Wollin und Jellinge vorerst in Spezialaufsätzen.
Kultplätze der Lappen:
    Inga Serning, Lapska offerplatsfynd från järnålder och medeltid, 1956.

Das Literaturverzeichnis erwähnt nur einige grundlegende Übersichten und neueste Fachwerke, insbesondere in deutscher Sprache. Die Zersplitterung der

Fachliteratur in eine sehr große Anzahl von Spezialaufsätzen ist nunmehr auch für die Prähistoriker ein Problem geworden. Durch solche Aufsätze sind manche ausgezeichneten Arbeiten, die hier auch erwähnt werden könnten, etwas veraltet. Es fehlt immer wieder an zusammenfassenden Werken.

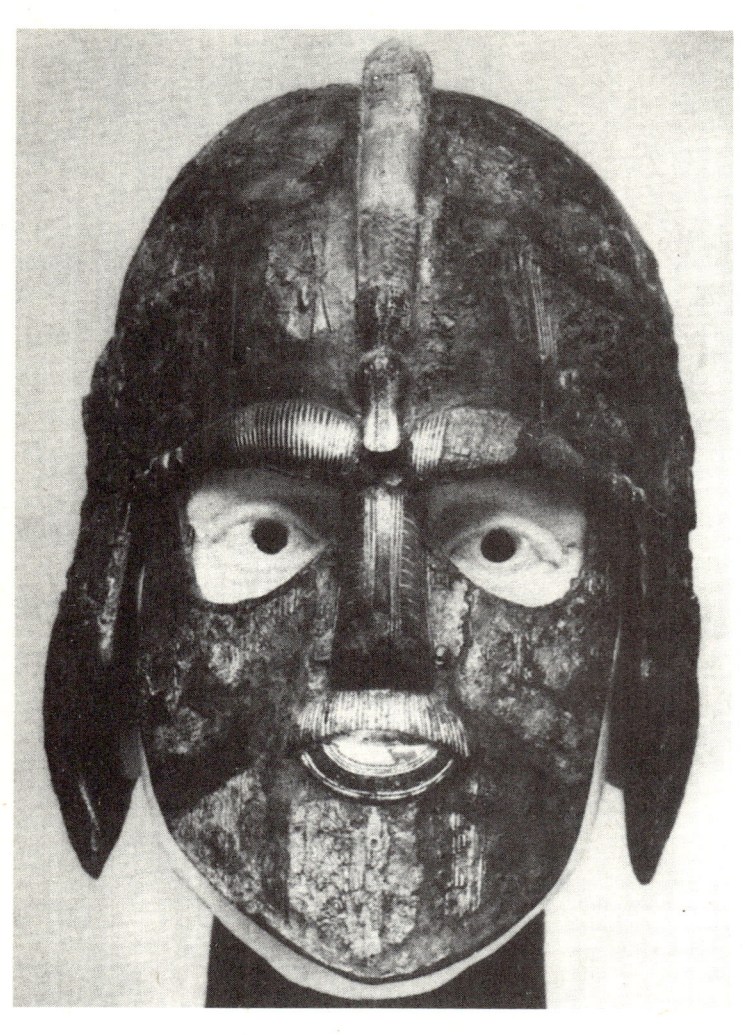

Zweiter Teil

Die Nordgermanen

Vorwort

Unter den Forschern, die den Spaten in der Hand führen, sind wir Prähistoriker als die jüngsten hervorgetreten. Im 18. Jahrhundert wurde
die planmäßige Erforschung der klassischen Antike in Angriff genommen, mit dem Feldzug Napoleons nach Ägypten kamen die ersten
Ägyptologen an die Arbeit, anschließend wurden Babylon, Persepolis
und die großen Städte des Vorderen Orients erschlossen, aber noch immer lag das Studium unserer eigenen germanischen Frühzeit vorwiegend in den Händen einiger Geschichtsfreunde und Liebhaber. Was
konnten sie auch schon aus unseren schmierig-schwarzen Brandgräbern heben? Zerfallende Topfscherben, rostige oder erzene Metallfragmente, Hinterlassenschaften, welche einer durch die Schätze des Orients verwöhnten Allgemeinheit unscheinbar und dürftig schienen. Ja,
manche spotten noch heute und meinen, es wäre am besten, wenn die
Arbeit der Prähistoriker weiterhin in der Hand der Amateure geblieben
wäre!

Und doch – welche prunkvollen Gegenstände aus Gold und Silber
sind mittlerweile aus der Erde nördlich der Alpen – in den Ländern
rund um die Ostsee – gehoben worden; welche glücklichen Zufälle haben hervorragende Holzschnitzereien und große, seetüchtige Schiffe
erhalten; in nordeuropäischen Museen werden die ältesten Kleider der
ganzen Welt aufbewahrt; wie eng sind wir mit Hünengräbern, Grabhügeln, Runensteinen und aufschlußreichen Siedlungsspuren in unserer
heimischen Kulturlandschaft verbunden, so daß wir uns auf Schritt und
Tritt als Glieder einer langen Reihe aufeinanderfolgender Generationen
fühlen können.

Und welche Leistung ist mittlerweile auch von den Prähistorikern
vollbracht worden – seitdem der größte unter ihnen, der Schwede Os-
car Montelius, im letzten Viertel des 19. Jahrhunderts eine grundlegend
neue Arbeitsmethode einführte. Er griff die Lehre des Naturforschers
Darwin auf, daß sich Tiere und Pflanzen immer nur schrittweise im
Wandel der Zeiten verändern und entwickeln, und erkannte, daß es
auch in der menschlichen Arbeit keine Sprünge gibt, sondern daß ein
Künstler, ein Ingenieur, ein Konstrukteur eine neue Form immer nur
aus einer nächstverwandten entwickeln kann. Er wählte als modernes
Beispiel die Eisenbahnen, wir nehmen die Autos, welche zunächst wie
Pferdekutschen gebaut wurden, um schrittweise in moderne Stromlini-

enformen umgewandelt zu werden. Entsprechend konnte Montelius die Schwerter und die Schilde und die Schmucknadeln und die Armringe und alle anderen Formen der Vorzeitfunde in lange Reihen legen und zeigen, welche Form die älteste sein mußte, und wie die Entwicklung – manchmal im Laufe vieler Jahrhunderte – zu immer schöneren, zweckmäßigeren und komplizierteren oder auch zu stark degenerierten Formen vor sich ging. Jeder Vorzeitfund, möge er noch so unscheinbar anmuten, konnte in seinen kulturhistorischen Zusammenhang eingefügt werden.

Es begann eine intensive Arbeit, nicht nur bei den Skandinaviern, sondern auch bei den eng mit ihnen zusammenarbeitenden deutschen Wissenschaftlern, alle Metallfunde typenmäßig zu erfassen. Montelius nannte ja seine Arbeitsweise eben die „typologische Methode". Der schwedische Dichter August Strindberg meinte allerdings mit bissigem Hohn, die Prähistoriker wären Leute, welche Knöpfe sortieren: Knöpfe mit einem Loch, Knöpfe mit zwei Löchern und Knöpfe mit drei Löchern. Und dann Knöpfe ohne ein Loch, Knöpfe ohne zwei Löcher und Knöpfe ohne drei Löcher! Er spottete nicht ganz zu unrecht. In unserer Freude, die Vorzeitfunde ordnen zu können, berichten wir manchmal von diesen Mühen unserer Alltagsarbeit, und dem Laien muß es recht ermüdend und gleichgültig erscheinen, ob eine Schmucknadel eine oder zwei Spiralen hat, eine Rollenkappe oder nicht, offene oder geschlossene Augen oder gar einen umgeschlagenen Fuß.

Nein, der Laie möchte von spannenden Abenteuern hören, von Kriegen und Hochzeiten der Großkönige, vom Aufstieg und Untergang großer Völker, von erbeuteten Schätzen und Besonderheiten im Alltagsleben anderer Völker. Da haben die Ägyptologen und Orientalisten bald fertige Arbeit geleistet, während die Prähistoriker als die jüngsten unter den Spatenforschern vorerst noch mitten im Kampf mit einem schwierigen, manchmal sogar dürftigen Fundstoff stehen, meist ohne Hilfe irgendwelcher Schriftquellen. Es wird noch bis weit ins 21. Jahrhundert hinein dauern, ehe wir behaupten können, daß wir den schweigsamen Erdfunden ihre wesentlichsten Geheimnisse entlockt haben, ehe wir ein abgerundetes, lückenloses Kulturbild vom Leben unserer germanischen Vorfahren darbieten können.

Montelius konnte in den Jahrzehnten vor dem ersten Weltkrieg noch herrlich arbeiten. Er ließ sich von den Gutsbesitzern einladen, trank in den hellen Sommernächten Schwedenpunsch in ihren Lauben, hielt dabei glänzende Vorlesungen, im wahrsten Sinne des Wortes als Privatdozent, und dafür wurden ihm tagsüber die Arbeiter des Gutshofes zur Verfügung gestellt, um wichtige, ihn fesselnde Gräberfelder und Fundplätze auszugraben. Nach dem ersten Weltkrieg hatten es die Spatenforscher der ganzen Welt wesentlich schwerer. Die Mäzene waren größtenteils ausgestorben, und die Prähistoriker traf dies doppelt schwer, weil sie eigentlich noch ganz im Anfang ihrer Arbeit steckten. Es kamen die 30er Jahre und brachten den Prähistorikern zahlreiche staatliche Ämter. In Deutschland wirkte ein politischer Einfluß fördernd, aber die skandinavischen Länder boten den Prähistorikern auch ohnedies eine gute Konjunktur. Es war eben an der Zeit, daß ihre Leistungen in den großen Rahmen des allseitig und überall wirkenden Sozialstaates eingefügt wurde.

Leider bieten die Nachkriegsjahre den Prähistorikern nur begrenzte finanzielle Möglichkeiten. Wir sind unglücklicherweise das Stiefkind an der Seite unserer jüngsten Brüder geworden, der Techniker und Atomsprenger, deren maßloser Geldhunger weit großzügiger gesättigt wird. Und in Deutschland mußte erst die germanische Vorgeschichtsforschung von dem vergangenen, politischen Einfluß getrennt werden. Die deutschen Spatenforscher haben sich also aus zum Teil anderen Gründen als die skandinavischen ebenfalls mit sehr geringen finanziellen Möglichkeiten abfinden müssen. Das wachsende Interesse, die Erkenntnis, daß auch die Kulturwissenschaften für den Staat und das Geistesleben eines Volkes unentbehrlich sind, läßt hoffen, daß wir jetzt nördlich ebenso wie südlich der Ostsee besseren Arbeitsmöglichkeiten entgegengehen.

Zeittafel

Eiszeit – Inlandeis	Kopenhagen bis 9000 v. Chr. Stockholm bis 7500 v. Chr.
Steinzeit	bis 1500 v. Chr
Bronzezeit	1500–500 v. Chr.
Skandinavische Eisenzeit	500 v. Chr.–1060 n. Chr.
Keltische Eisenzeit	
= vorchristliche	
Eisenzeit	500–0 v. Chr
Römische Eisenzeit	0–400 n. Chr.
Völkerwanderungszeit	400–600 n. Chr.
Vendelzeit	600–800 n. Chr.
Wikingerzeit	800–1600 n. Chr.

I.

Rückblick auf die

Stein- und Bronzezeit

Im Süden, Westen und Osten Europas können wunderbare Höhlenmalereien der Altsteinzeit-Leute entdeckt und ihre Feuersteinschaber und Stichel ans Tageslicht gefördert werden – in Skandinavien setzt das Inlandeis jeder Besiedlung eine rückwärtige Grenze. Erst um 10 000 v. Chr. war die Gegend von Hamburg eisfrei geworden, um 7500 die von Stockholm, und etwas später waren von der gewaltigen Eisscholle nur einige nordskandinavische Gletscher übriggeblieben.

Ein wüstes Trümmerfeld hatte dieses Inlandeis zurückgelassen, mit unfruchtbaren Moränenfeldern, die den weitaus größten Teil des schwedisch-finnischen Festlandes bedeckten, mit Geröllzügen, die uns den Weg des Schmelzwassers vom Norden nach dem Süden zeigen, während weite Teile Mittelschwedens unter dem Druck des Eises so tief hinuntergepreßt waren, daß sich die Nordsee und die Ostsee in Mittelschweden trafen.

In einer solchen Tundra, zunächst von spärlichen Moosen und kälteliebenden Gräsern bewachsen, drangen die ersten Lebewesen nach Skandinavien: die Rentiere, und auf ihren Spuren die ersten Menschen, die sich von dem würzigen Fleisch und Fett ernährten, ihre Kleider aus dem dicken Rentierfell anfertigten und ihre Geräte und Waffen aus Rentierknochen und Geweihen formten, denn Bäume gab es in der damaligen Tundra zunächst noch nicht. Die Menschen waren sich nicht bewußt, daß sie eine wichtige Landnahme vollzogen, daß sie Siedler auf jungfräulichem Boden waren, daß sie zum erstenmal Skandinavien an das Zentrum Europas anschlossen.

Wer waren sie, diese primitiven Wilden und Steinzeitjäger? Noch vor wenigen Jahren schien uns die Frage nicht allzu schwierig zu beantworten. Aber die Ausgrabungen der letzten Jahrzehnte in Dänemark, Schleswig-Holstein und Schonen haben uns gezeigt, wie unerhört zahlreich die frühesten Steinzeitkulturen an der Ostsee sind, und daß wir deshalb jetzt mit den verschiedensten Einwandererschichten und Einwandererrassen rechnen müssen.

Es ist ein Aufmarsch vieler jagender und fischender Völker und Scharen, welche sicherlich hart um die besten Jagdgründe, die ergiebigsten Muschelbänke und Fischgewässer stritten, sich auch duldeten, mit-

einander nordwärts geschoben wurden. Wir können eine Unmenge von
Kulturen an Hand der Geräte aus Stein, Feuerstein, Rentiergeweihen,
Knochen und Holz bestimmen und benennen.

Welche Fundgruppen der „nordischen" Rasse zugeschrieben werden
sollen, ist schwer zu sagen, aber sämtliche Bevölkerungsschichten müssen aus dem Süden, also zunächst aus Deutschland über Schleswig-
Holstein in Skandinavien eingewandert sein, nur einzelne Jägerscharen
auf dem arktischen Wege über Finnland. „Rassenreine" Völker wird es
in der Frühzeit ebensowenig wie in der Gegenwart gegeben haben.

Die Landschaft der Nach-Eiszeit hatte sich rasch aus der ersten,
dürftigen Tundra gewandelt. Warme Winde brachten einen üppigen
Pflanzenwuchs, und herrliche Urwälder aus gemischten, nordischen
Laubbäumen lockten Auerochsen, Riesenhirsche, Rehe, Elche, Bären,
Vielfraße, Wildschweine und kleinere Säugetiere in diese noch jung-
fräulichen Jagdgründe.

Da erlebte dieses brodelnde Leben einer ersten Aufmarschzeit noch
ein weiteres, großes Ereignis: man lernte den Ackerbau kennen. Es gibt
in der Geschichte der Menschheit nur zwei ganz große, alles überragende Erfindungen: die Technik, welche unser Zeitalter seit über hundert
Jahren beherrscht, und den Getreideanbau, der zunächst die Gründung
der frühen Kulturen im Orient ermöglichte und im Laufe des 4. Jahrtausends nach Europa nördlich der Alpen umfaßte. Wie zahlreich waren
die neuen Einwandererscharen mit Beuteln geheimnisvoller Körner und
zauberkundiger Macht über die Natur? Ganze kriegstüchtige Heersch-
ren oder einige wenige Männer, die bei den unternehmungslustigsten
Jägern dankbare Aufnahme fanden? Noch immer wird die Frage ernsthaft unter den Prähistorikern diskutiert.

Sich jeden Tag satt essen zu können, auch dann, wenn das Wild fast
verschwunden war, Herr über den Hunger zu werden! Welche herrliche
Zukunft! Zunächst wurde der Laub-Urwald einfach abgebrannt und in
der Asche gesät. Wir sehen es in den Torfmooren, wo die Pflanzenreste
und Pollen (mikroskopisch kleiner Blütenstaub der Pflanzen und Bäume) Jahrhundert für Jahrhundert aufeinandergepackt sind. Da verschwinden schlagartig die Pollen des Mischwaldes; es folgt eine Schicht
fast reiner Birkenpollen. Es sind die nach der Rodung am schnellsten
wachsenden Bäume, die wir damit erfassen, und in dieser Schicht haben die Dänen wiederholt Spuren von Asche nachgewiesen. Es ist der
Waldbrand der ersten Ackerbauer und Roder, die sie damit sichtbar er-
faßten! Eine glänzende Leistung moderner Forscher.

Die frühesten Ackerbauern mußten in den Gegenden siedeln, die
eine humus- und kalkreiche, für Hackbau leicht zu bewirtschaftende
Erde boten, umgeben von weiträumigen, nordischen Wäldern, in denen
Jäger und Fischer weiterhin primitiv hausten. Das hieß für die Acker-

Silberkelch von Himlingöje
mit germanischen Tier- und Menschendarstellungen

bauer Besitz an Grund und Boden, Gebundenheit an die Scholle, Verehrung der Fruchtbarkeit, Erbrecht von Vater zu Sohn, gemeinschaftliche Bestellung der Äcker im Frühling und Herbst.

Und dieses von Grund auf völlig neue Lebensgefühl fand in den Hünengräbern der jüngeren Steinzeit, den großartigsten Hinterlassenschaften der Vorzeit, seinen sichtbaren Ausdruck. So wie ein Bauer seinen Wohlstand nur dem vom Vater übernommenen Besitz verdankt, sollten die Generationen auch nach dem Tode miteinander verbunden sein und in unvergänglichen Steinhäusern zusammen ruhen. Der Bau von Großsteingräbern geht wohl als religiöse Idee letzten Endes von den Pyramiden Ägyptens aus, zieht durch das Mittelalter hindurch und an der atlantischen Westküste Europas empor, findet in Spanien, der Bretagne, England, Norddeutschland und Skandinavien verschiedenartigste, aber miteinander verwandte Ausprägungen. Nur in Dänemark, im südlichen Norwegen und in Westschweden gibt es Dolmen und Ganggräber, nicht aber in Ostschweden, mit Ausnahme von vier dicht zusammenliegenden auf der langen, schmalen Ostseeinsel Öland.

Die Dolmen sind wuchtige Denkmäler aus fünf bis sechs gewaltigen Steinblöcken, mit einem einzigen, riesengroßen Deckstein bedeckt, woraus sich also ein relativ kleiner Grabraum ergibt. Größer und konstruktiv weiter entwickelt sind deshalb die Ganggräber mit einer langen, rechteckigen Kammer, von mehreren großen Steinen bedeckt, und dem von der Mitte der Langseite ausgehenden, langen und niedrigen Gang. König Gustav VI. Adolf von Schweden, der seit jeher ein reges Interesse für die Vorgeschichte hegt und ein sicherer Kenner ist, grub schon zu Anfang dieses Jahrhunderts die Kammer eines Ganggrabes nahe seinem Sommerschloß in Schonen aus. Mittlerweile haben wir gelernt, daß auch der umgebende Hügel Funde bergen kann, und deshalb förderte der König jetzt eine Fortsetzung dieser Ausgrabung. Wie staunten wir, als rund um das Hünengrab 20 000 Topfscherben von sicherlich 1500 Gefäßen, nebst zahlreichen Feuersteingeräten und Menschenknochen in unendlich mühseliger Grabungsarbeit geborgen wurden!

Im Zentrum der Landschaft Västergötland, hinter Göteborg, liegen auf engstem Raum 225 Ganggräber, genau innerhalb der Grenzen des sehr fruchtbaren Landstriches, der geologisch in der Kambrium-Silur-Zeit gebildet wurde. Da hat jeder Bauernhof der Steinzeit sein eigenes Familiengrab, und alle diese Steinzeitfamilien bilden zusammen eine Gemeinschaft, die sich scharf von der Umwelt abhebt. Mag auch außerhalb mancherorts etwas Ackerbau betrieben worden sein, die Völker beiderseits der geologischen Grenze standen sich, wenn nicht feindlich, so doch fremd gegenüber, was wir auch wiederholt an gänzlich verschiedenartigen Tongefäßen und Steingeräten nachweisen können.

Aber noch immer war die Bevölkerungs- und Besiedlungsgeschichte der Steinzeit nicht abgeschlossen. Zu einem Zeitpunkt, der nunmehr etwa um 2000 v. Chr. angesetzt wird, bricht eine gewaltige Unruhe über Norddeutschland und Skandinavien herein: ein neues Volk tritt schlagartig hervor, mit eigener Form der steinernen Streitäxte, mit schnurverzierten Gefäßen, mit unscheinbaren Erdgräbern oder Einzelgräbern, drei Kennzeichen, mit deren Hilfe sie archäologisch als Bootaxtleute, als Schnurkeramiker oder als Einzelgrabkultur benannt worden sind. Die meisten Forscher meinen, daß sie aus dem Südosten über Sachsen-Thüringen nordwärts gewandert seien, auf dem Landrücken Schleswig-Holsteins, durch Jütland und über die dänischen Inseln, desgleichen über das Baltikum und Finnland nach Mittelschweden.

Die Frage ist nicht unwichtig – denn diese Bootaxtleute müßten die Indoeuropäer oder Indogermanen gewesen sein, also jene Leute, welche die indogermanische Sprache nach Mittel- und Nordeuropa brachten, während ihre Stammesgenossen – wohl aus einem südrussisch-kaukasischen Urheim – die Elemente des Sanskrit, Griechisch und Latein nach Indien und in den Mittelmeerraum, ja auch Hethitisch nach Kleinasien und Tocharisch nach Ostasien brachten.

Damit erst bekommt die Frage, welche Völkerschaften vor den Bootaxtleuten im Ostseeraum lebten, ihre richtige Beleuchtung. Die ältesten Bauern, welche die Hünengräber bauten, kannten auch die mit Abdrükken von Schnüren verzierten Tongefäße. Waren sie vielleicht als Vorschub der großen Welle der Indoeuropäer in den Ostseeraum gekommen?

Einige Forscher meinen, die Schnurkeramiker wären schon seit alters her in Skandinavien als primitive Jäger und Fischer ansässig gewesen und erst durch neuentwickelte Geräte, Gräber und eine neue Aktivität in unserem Fundbild sichtbar geworden. Wer hat dann die indoeuropäische Sprache nach dem Norden gebracht?

Vieles ist noch unklar, aber eines ist sicher. Die Erforschung der großen, indoeuropäischen Sprachfamilie, welche sich von Indien bis Skandinavien erstreckt, ist im wesentlichen abgeschlossen. Von seiten der Sprachforscher erwarten wir kaum noch entscheidende Neuigkeiten. Aber die junge Prähistorie wird in den nächsten 50 Jahren im Stande sein, die Steinzeitkulturen so gründlich zu erfassen und zu interpretieren, daß die Bootaxtleute mit Sicherheit als Indoeuropäer erkannt oder abgelehnt werden und wir dadurch bis jetzt kaum geahnte Schlüsse für diese grundlegenden Völkerbewegungen ziehen können. Wohl zu merken, als Rasse war diese große Sprachfamilie kaum einheitlich, wenn auch der Langschädel und andere rassische Merkmale dominiert haben dürften. Die völkischen und kulturellen Geschehnisse sind weit komplizierter, als die Forschung zuerst annahm. Aber sie werden dadurch gerade interessanter, schillernder, erfüllt von all den schöpferischen Kräften, die im Laufe der Jahrhunderte zur Entfaltung kamen.

Mit dem großen Vorstoß der Bootaxtleute war der Aufmarsch der Vorzeitvölker Skandinaviens abgeschlossen. Es folgt eine ruhige Zeit, in
der die Gegensätze abflauen. Eine wichtige technische Neuigkeit setzt
sich zwar durch, die Kenntnis der Metalle, Kupfer, Bronze und Gold,
aber sie geht schrittweise vor sich. Zuerst tauchen einige keine
Schmucksachen aus Metall, einige importierte Kupferbeile in den
Ganggräbern auf, und wir merken, wie die Formen der Steingeräte dadurch beeinflußt werden. Wir haben zwei prächtige Krummschwerter
aus Ungarn gefunden und sehen, wie die unerhört sicheren Meister der
feinsten Feuersteindolche versuchen, ähnliche Krummschwerter in
Feuerstein zu schlagen, ein tragisch-meisterhafter Versuch, der bei aller
Bravour letzten Endes doch zum Scheitern verurteilt war.

Wir sehen die Kultur der Bronzezeit aufblühen und tausend Jahre
lang bestehen, etwa von 1500 v. Chr. ab. Wir kennen die stattlichen
Großhügel der Bronzezeit mit den in Särgen aus ausgehöhlten Eichenstämmen ruhenden Vornehmen, wir freuen uns über die formsicheren,
ursprünglich golden glitzernden, jetzt erzig grünen Schwerter, Dolche,
Schmucknadeln, Armreifen, Gefäße, Schilde, Helme und Kultgeräte.
(Mittlerweile haben wir verstanden, daß die Armen der Zeit noch in einer regelrechten Steinzeit weiterlebten. Vor wenigen Jahren brachten
uns die Dänen den sichersten aller Beweise dafür: einen Grabhügel der
Bronzezeit, und *darauf* eine Steinzeitsiedlung. Aber reich und arm,
Herrscher und Sklave, Krieger, Bauer und Jäger sind keine völkischen
oder rassischen Fragen mehr, sondern soziale Erscheinungen, wie sie in
jeder fortgeschrittenen Kultur auftreten.

Wir staunen über die Felszeichnungen, die berühmten skandinavischen „Hällristningar", die sonderbaren kleinen Schiffsbilder, Schalengrübchen, Männlein und Tiere, die in unmittelbarer Nähe der ehemaligen Äcker in den harten Felsen eingehauen wurden, um Fruchtbarkeit,
Wohlstand und Sonne von den Göttern zu erflehen. Mit Glauben und
Kult der Vorzeit haben sie alle zu tun – das ist schon längst klar. Aber
im einzelnen bieten die „Hällristningar" der künftigen Forschung noch
unendlich verschiedenartige Probleme.

Alle Funde der Bronzezeit zeugen von regen Beziehungen zum Kontinent, von einer nie abreißenden Metalleinfuhr (denn das gesamte
Kupfer und Zinn mußten eingeführt werden) und von einer lebhaften
Übernahme geistiger und religiöser Vorstellungen.

Aus der Verschmelzung der großen Steinzeitkulturen wächst im
Laufe der Bronzezeit ein geschlossener Siedlungsraum rund um die
Ostsee hervor und schiebt sich aus Schleswig-Holstein und der deut-

schen Ostseeküste fächerförmig nach dem Osten, Süden und Westen vor. Hier entwickelt sich nicht nur ein erstaunlich einheitliches Kulturbild, sondern auch ein einheitliches Volk, und zwar die Urgermanen. Damit waren Skandinavien und Norddeutschland eng miteinander verbunden, indem die Ostsee nicht eine Trennungslinie, sondern ein Bindeglied herstellte. Das Erbe dieser Verbundenheit hat im Laufe dreier Jahrtausende immer wieder nachgewirkt, obwohl den Völkern beiderseits der Ostsee sehr verschiedene Schicksale beschieden waren.

Die Urgermanen Norddeutschlands zwischen Stettin und Cuxhaven schoben im Laufe der jüngeren Bronzezeit ihre Grenzen bis an die Weichsel, den Harz und den Niederrhein vor, beim Übergang zur Eisenzeit noch ein gutes Stück weiter südwärts. Sie befanden sich im Kampf gegen die Kelten und die Illyrier, so daß der deutsche Raum damals zwischen drei mächtigen Völkerfamilien aufgeteilt war. Es sollte also Zentraleuropas Schicksal werden, ständig der Schauplatz der Auseinandersetzungen verschiedener Völker und Kulturen zu sein, ständig das Spannungsfeld politischer, völkischer und geistiger Kräfte zu bilden, während die Menschen Skandinaviens seit dem Ende der Steinzeit ihr Leben ohne Auseinandersetzungen mit neuen Eindringlingen gestalten durften.

Mit dem Vordringen der Urgermanen südwärts geht auch etwas von ihrer Einheitlichkeit verloren, und wir können verschiedene Kulturen unterscheiden. Erst mit dem Anfang der Eisenzeit, um 500 v. Chr., beginnt eigentlich die Schilderung der Nordgermanen.

II.

Die Dorfgemeinschaft vor 2000 Jahren

Eisenzeit! Eigentlich herrscht heutzutage erst recht Eisenzeit, denn unsere moderne Technik wäre ohne Eisen und hochwertigen Stahl völlig undenkbar, aber lang ist der Weg gewesen, dieses ausgezeichnete Nutzmetall zu gewinnen, zu reinigen, zu schmieden und zu härten, und nur erste Nutzbarmachung, etwa bis zur Christianisierung, pflegen wir Eisenzeit zu nennen.

Das Eisen tritt als Schmuck- oder Nutzmetall im Laufe des 2. vorchristlichen Jahrtausends im alten Orient auf, beherrscht die Kulturen der Alpenländer ab 1000–700 v. Chr. und dringt erst langsam bis zu den Ostseeländern vor. Nur Moorerz kam zunächst im Norden Europas als Rohware in Frage. Was dachten wohl unsere Bronzegießer oder Bauern, als sie ihren ersten, noch sehr verunreinigten Metallklumpen aus der Ofengrube holten und ihn zu einem kleinen Schmuck zu formen versuchten? Wie mühselig wird ihnen dieser Weg vorgekommen sein, aus finster-sumpfigen Mooren den Rohstoff zu gewinnen, wie glanzlos und dürftig das Ergebnis, verglichen mit den prunkvollen, altüberlieferten Bronzewaffen! Und doch fesselte das Neue, wie immer, mehr als das Altbewährte. In der frühesten eisenzeitlichen Kultur Norddeutschlands, nach dem Fundort Jastorf benannt, können wir den Werdegang um 500 v. Chr. genau verfolgen. In den zahlreichen Gräbern der Jastorf-Kultur ist die Bronze fast verschwunden. Schmucksachen werden genauso wie Geräte ausschließlich aus Eisen geschmiedet, wenn auch nur die armseligsten und kunstlosesten Formen entstehen. Fast nichts von der Zierfreude und Linienschönheit wird vom Bronzegießer auf den Eisenschmied herübergerettet. Das Neue bedeutet einen unerhörten künstlerischen Verfall – und setzt sich trotzdem unweigerlich durch.

Von Schleswig-Holstein drang die Kunde von dem neuen Metall weiter nordwärts, und wir finden es in zahlreichen kleinen Gräbern in Jütland, an der norwegischen Küste, in Schonen und auf der Ostseeinsel Gotland, durchweg in den gleichen unscheinbaren Gestalten: Kleidernadeln mit gebogenem Oberteil, sogen. „Kropfnadeln", einfachste Gürtelhaken und dergleichen. Von Waffen und Beilen ist noch keine Spur zu sehen.

Aber unser Fundbild aus der ältesten Eisenzeit wird zunächst nicht von den zögernden Mühen der ersten Eisenschmiede bestimmt, sondern von ganz anderen, zufälligerweise einsetzenden Faktoren, und zwar von einer fast vollständigen Fundlosigkeit auf den dänischen Inseln und dem gesamten skandinavischen Inland. Diese Fundlosigkeit dauert meist 350 Jahre und darüber hinaus und trifft auch vorübergehend die Ostseeinsel Gotland. Wir können nicht mehr damit rechnen, daß aus dieser Zeit noch Funde in nennenswertem Umfang künftig gemacht werden. Dazu wissen wir mittlerweile doch zu gut Bescheid, welche Funde und Fundgruppen wir aus der Erde erwarten dürfen. Eine so weiträumige und lang anhaltende Lücke in unserem Fundstoff ist natürlich sehr lästig, und die Arbeit hat sich seit 1910 mit unvermindertem Eifer darauf konzentriert, das Schwinden der Funde zu erklären.

Der schwedische Naturforscher Rutger Sernander hatte erkannt, daß unsere Torfmoore ein wunderbares Archiv der Pflanzengeschichte bilden. In den senkrechten Schnitten von mehreren Metern Höhe sah er zuunterst die Einwanderung der Bäume in die nacheiszeitliche Tundra, sah die frühe Wärmezeit und andere Klimaschwankungen und erkannte direkt über der „subborealen" Wärmezeit, die er in die jüngere Bronzezeit datieren konnte, einen starken Umschwung zu einem „subatlantischen" Klima, das also mit der ältesten Eisenzeit zusammenfallen würde, eine Wendung zu einem kühlen, feuchten Wettertypus, durch welchen die Torfmoore stark vernäßten und wenig verfaulte Pflanzenteile in raschem Tempo aufeinandergepackt wurden. Die Torfmoore fingen an, schnell zu wachsen.

Darin fand der Naturforscher eine Erklärung der Fundlosigkeit der ältesten Eisenzeit, er meinte, die Bevölkerung Skandinaviens hätte ihr Land beim Eintritt der großen Klimaverschlechterung räumen müssen, und da er eine stark dramatische Ader besaß, prägte er das Schlagwort des Fimbulwinters. Die Fimbulwinter werden in der Edda erwähnt, und zwar als die grausamen, von Schneestürmen erfüllten Jahre, welche der Götterdämmerung vorangehen sollten. Er hielt es sogar für denkbar, daß die Erzählung von den Fimbulwintern eine sagenhafte Erinnerung an jene Klimaverschlechterung zu Beginn der Eisenzeit wäre.

Er fand bei den Prähistorikern dankbare Ohren, da sie in dem fast völlig mangelnden Fundstoff nicht recht weiterfanden. Die Diskussion verlief durch Jahrzehnte mit unvermindertem Eifer, und wir erkennen mittlerweile die einzelnen Faktoren in dieser Klimaveränderung.

Wir sehen die Torfmoore wachsen, wir sehen das kälteempfindliche Halbgras Cladium Mariscus weichen, die Baumgrenze der norwegischen Hochregionen 200 bis 300 m sinken und schätzen den Temperaturrückgang auf annähernd 2,5 Grad Celsius, was für die jährliche Durchschnittstemperatur sehr viel heißen will. Die auffallendste Veränderung im Wachstum erkennen wir mit Hilfe der mikroskopischen Pollenkörner. Die Tanne war bis zu diesem Zeitpunkt in Skandinavien

Rundgewebtes Frauenkleid aus einem Moor, ein nordischer Peplos

fremd und wandert jetzt, von Regen und Kälte begünstigt, zusammen
mit der Kiefer ein und verdrängt rasch den bronzezeitlichen Laub-
mischwald. Es ist dies die verblüffende Feststellung der Naturwissen-
schaftler: die für Skandinavien so typischen Nadelwälder sind erst seit
2500 Jahren dort heimisch. Nur entlang der schwedischen Westküste,
dicht unten am Wasser, in einem schmalen Streifen nördlich und südlich Göteborg, finden wir auf den herben Granitfelsen die Eichenmisch-
wälder, die uns den Eindruck einer längst vergangenen, wärmebaden-
den, lichtumflossenen Bronzezeit vermitteln. In Dänemark müssen wir
uns natürlich unverändert eine fruchtbare Landschaft vorstellen, in der
die Nadelwälder nicht eindrangen und die Buchenwälder noch nicht ihren Vormarsch angetreten hatten.

Nicht nur Skandinavien wird von der Klimaveränderung betroffen,
sondern auch die Pfahlbauten am Bodensee und der Bergbau im Salz-
kammergut, also gerade jene Landstriche Europas am Rande der günstigen Wirtschaftszone, die für Klimaschwankungen besonders empfindlich waren, während der Einfluß auf die Landwirtschaft Zentraleuropas gering blieb.

Wir wissen nunmehr auch, daß der Einbruch des subatlantischen
Klimas nicht einen vorübergehenden Wettersturz für einige Jahrhunderte mit sich brachte, sondern diejenige Witterung, die in Skandinavien in
ihren Hauptzügen unverändert bis in die Gegenwart geherrscht hat:
feuchte und recht kühle Sommer, rauhe, frostige Winter, einen späten
Frühling und eine kurze Wachseumsperiode.

Aber dieser Einbruch muß auf die Leute der Bronzezeit, welche son-
nige und trockene Sommer und lange und milde Herbste gewohnt waren, wie eine Katastrophe gewirkt haben. Nicht so, wie Sernander und
die Prähistoriker zuerst annahmen, daß sie Skandinavien räumten und
nach Zentraleuropa auswanderten, denn für solche Völkerverschiebun-
gen liegen keine Anzeichen vor. Wohl aber so, daß sie ihre alten Sied-
lungsräume verlassen und ihre Landarbeit umstellen mußten.

Norwegens Täler bilden einmalig günstige Möglichkeiten, Wirtschaft
und Klima zu studieren; 1947 wurde unsere Aufmerksamkeit dorthin
gerichtet. Die Funde der Bronzezeit reichen tief in die Täler Glomma,
Gudbrandsdalen, Waldres und Halligdal hinein. Nur eine Almenwirtschaft kann dort möglich gewesen sein, und zwar ohne Überwinterung,
so daß Mensch und Vieh jeden Herbst bis an die Nordsee zurückwan-
dern mußten, denn nur dort unten an der Küste war das Klima so milde, daß das Vieh den ganzen Winter hindurch im Freien gehen konnte.
Almenwanderungen von 130 km Länge gab es vielerorts auf der Erde
im 19. Jahrhundert, und gerade aus Norwegens Tälern liegen Berichte
vor über genau festgelegte Wanderungen talaufwärts und -abwärts, so

daß eine Kuh, die sich verlaufen hatte, einige Tage später allein ihr Ziel erreichte. Mit solchen und noch längeren Wanderungen müssen wir also in der Bronzezeit rechnen. Das Besondere in dieser Frühzeit ist jedoch, daß es noch gar keinen rechten Bauernhof gab. Es war eine Almenwirtschaft ohne Hof. Die Alm ist mit anderen Worten älter als der Bauernhof.

Naturgeschehnisse vollziehen sich langsam, aber den Druck auf die Landwirtschaft kann das Klima im Laufe von 100 bis 150 Jahren ausgeübt haben. Und der Mensch wurde vor die Unerbittlichkeit der Naturgewalten gestellt, als der Augenblick kam, wo das Vieh nicht mehr im Freien überwintern konnte. Die nassen Herbste, das früh faulende Gras, die Schneestürme, die Frostnächte und der späte Frühling wurden den Tieren zuviel, den Menschen in ihren einfachen Rundhütten zu lästig.

Da gab es nur eine Lösung: feste, wintersichere Winterhäuser bauen, ordentliche Ställe für das Vieh vorbereiten, Winterfutter sammeln. Alle Hände wurden damit beschäftigt, und keiner konnte mehr die langen Almenwanderungen talaufwärts durchführen. Sie hatten auch ihren Sinn verloren, denn wozu sollten die kühlen Sommer in den Gebirgsregionen noch nützen?

Wir sehen es im Fundstoff: Die Funde der älteren Eisenzeit sind entlang der Küste zwischen Oslo und Bergen (also am Oslofjord, im Ytre Grenland, Lista, Jaeren und Sunnhordland) stellerweise außerordentlich zahlreich, aber sie fehlen vollständig talaufwärts. Öde und verlassen blieben die Täler durch viele Jahrhunderte liegen, während an der Küste der Bauernhof mit seinen umliegenden Äckern und Viehweiden entstand, als wirtschaftlicher und sozialer Faktor, als die Grundlage für das Gemeinschaftsleben.

Damit brach die soziale Gliederung der Bronzezeit zusammen. Die gehobene Herrenschicht, die wir in den stattlichen Hügeln mit prächtigen Bronzewaffen beigesetzt finden, konnte ihre Überlegenheit nicht mehr entfalten. Weder Handel noch Krieg wurden entscheidend, auch nicht irgendeine Feudalherrschaft, sondern ausschließlich die unermüdliche Landarbeit, die fleißige Feldbestellung. Wir haben heute größtes Verständnis für eine neu entstehende Gemeinschaft, nachdem wir soeben den Zusammenbruch einer sozial gegliederten Gesellschaft erlebt haben. Heute ist eine industrielle Revolution, damals war es eine landwirtschaftliche, welche die Schranken zwischen den Menschen im Laufe weniger Generationen austilgte. Während wir das allem Anschein nach festgegliederte Sozialgefüge der Bronzezeit vorerst nur behelfsmäßig erfassen können, mutet uns die Bauerngemeinschaft der älteren Eisenzeit um so vertrauter an, da das Klima denjenigen Bauernhof hervorzwang, der bis in die Gegenwart unser ländliches Leben gekenn-

zeichnet hat. Von einer Landschaft zur anderen melden die Prähistoriker in rascher Folge eingehende Beobachtungen, die bei allen örtlichen
Variationen ein übereinstimmendes Siedlungsbild ergeben.

Auf der jütländischen Halbinsel liegen die stattlichen Grabhügel der
Bronzezeit zu Hunderten in langen Reihen auf den Höhenzügen, offensichtlich entlang der ehemaligen Hauptlandstraßen, um gut gesehen zu
werden, als Ehrung für die vornehmen Toten und Wahrzeichen einer
Kulturlandschaft vor über 2500 Jahren. Die gleichaltrigen Siedlungen
liegen ein oder ein paar Kilometer entfernt, an den Flüssen und Niede-
rungen, wo in dem trocknen „subborealen" Klima anscheinend die besten Voraussetzungen für Viehzucht und Ackerbau geboten waren.
Aber die Funde aus der frühen Eisenzeit liegen weit von dem Siedlungsraum der Bronzezeit entfernt, auf dem leichten Sandboden, der vorher
gemieden worden war. Beim Einbruch des subatlantischen Klimas traten offensichtlich die Flußläufe über ihre Ufer, und das Grundwasser
stieg, während der leichte Sander Westjütlands endlich so viel Regen
bekam, daß eine Rodung und Urbarmachung erfolgreich werden konnte.

Alle Männer an die Arbeit. Keiner konnte mehr Herr, Händler oder
Fürst spielen. Sie rodeten mit gemeinsamen Kräften den lichten Eichen-
mischwald, sie bauten neue feste Bauernhäuser, sie sammelten Winter-
vorräte für das Vieh. Allerdings – von keinem Blattwerk aufgehalten,
spülte der Regen alljährlich durch die dünne Humusschicht. Kein Laub
düngte mehr den Boden. Menschen haben auch hier – wie an so vielen
anderen Stellen unseres Erdballs – Raubbau getrieben und eine schöne
Waldlandschaft in ein armseliges Heideland verwandelt. Wonach sie
natürlich gezwungen waren, erneut umzusiedeln. Aber nichts Böses,
was nicht auch etwas Gutes mit sich brächte. Alles blieb auf dieser eigenartigen jütländischen Heide unverändert fast 2000 Jahre lang liegen,
so wie die Leute der älteren Eisenzeit sie verlassen hatten: merkwürdige
Streifen, niedrige Erhöhungen, schwierig im Erikakraut zu beobachten.
Aber sie formten sich dem forschenden Blick zu geraden Winkeln;
Rechteck legte sich an Rechteck. An 119 Stellen Jütlands sind mittlerweile solche großen, unregelmäßigen Pussel aus lauter Rechtecken
nachgewiesen worden, und in den 1930er Jahren wurden sie von dem
dänischen Forscher Gudmund Hatt eingehendst kartiert, untersucht
und ausgegraben. Sie sind die ausgemergelten Äcker derer, die zu Beginn der Eisenzeit dorthin siedelten und einige Jahrhunderte später fort-
ziehen mußten. Hier feiert das kleine, emsig schabende Ausgrabungs-
messer Triumphe, wenn es die niedrigen Wälle rund um die einzelnen
Äcker unendlich umständlich, aber ergebnisreich durchgräbt.

Wir erkennen, wie die Vorzeitmenschen breite oder schmale, kurze
oder sehr lange, aber immer rechteckige Äcker anlegten. Immer wurde

ein Streifen zum Nachbaracker freigelassen, und darauf häuften sich im Laufe der Zeit Steine und Erde, durch den seitlichen Druck der Pflüge, durch Erdfluche, ausgerupfte Wurzeln und dergleichen, so daß lange benutzte Äcker höhere Wälle führen als neuangelegte. Auf den Wällen saßen die Bauern und hielten Mittagspause, Lehmtöpfe zerbrachen, blieben zwischen den Steinen liegen und bieten nunmehr glänzende Datierungsmöglichkeiten, so daß wir mit völliger Sicherheit sagen können, in welchen Jahrhunderten die Äcker tatsächlich benutze wurden. Unter den naturgewachsenen Streifen zwischen den Äckern arbeiten die kleinen Ausgrabungsspaten besonders sorgfältig und finden, daß diese Äcker seinerzeit in ursprünglichem Laubwald angelegt worden sind, und zwar am liebsten in einem Laubwald mit schon damals vorhandenen Heidekrautlichtungen. Offensichtlich war die Rodung mit primitiven Geräten dort am leichtesten.

Aber am feinsten schabten und kratzten die Messerchen, als sie nichts mehr oder weniger als die Pflugrillen der Alebauern ausgruben! Diese schnell vergänglichen, im weichen Erdboden durchgezogenen Rillen vorzeitlicher Pflüge! Sie zählen zu dem Stolz der Forschungsarbeit in den 1940er Jahren. Sie finden sich nur dann, wenn die Humusschicht auf der Heide so dünn war, daß der leichte Vorzeitpflug durch diese dunkle Schicht hindurchdrang und etwas von der schwarzen Erde in den darunter liegenden hellen Sand hineinritzte. Wenn die schwarze Erde jetzt unendlich sorgfältig weggeschabt wird, tritt das Muster der alten Pflugrillen als kurze oder lange Striche im hellen Sand hervor. Und wir sehen dabei, daß man in zwei Richtungen pflügte, kreuz und quer!

Dazu brauche man große, breite Äcker und einen Hakenpflug, der leichte Rillen in die Erde ritze. Und da günstige Zufälle uns anscheinend alle Seiten der damaligen Wirtschafe überliefern, kennen wir auch diese Pflüge selbst. Denn als Dank oder Bitte wurden solche Pflüge oder Teile derselben den Göttern geopfert und in kleine Moore niedergelegt. Sie wurden gesammelt 1951 veröffentlicht und überraschen durch ihre große Anzahl. Vollständige Stücke aus Dänemark ließen sich günstigerweise gerade in diese ältere Eisenzeit datieren.

Aber was für Pflüge sind dies eigentlich! Einige sind so abgenützt, daß sie schon damals kaum noch zusammenhielten, andere sind aus weichem Lindenholz schnell fertig geschnitzt und mit Sicherheit nie benütze worden, wieder andere sind aus alten und neuen Teilen behelfsmäßig brauchbar gemacht worden. Oder man hat schiefes und verwachsenes, naturgeformtes Holz genommen, aus dem bestimmt niemals ein brauchbarer Pflug entstanden wäre. Hat man so die Götter betrogen? Kaum – das wäre allzu rational gedacht gewesen. Ein guter, voll gebrauchsfähiger Pflug aus starkem Holz war doch immerhin ein sehr kostspieliges Objekt, und für die Götter ging es um das Symbol des Pfluges, weshalb unbrauchbare Pflüge als Opfer genügten.

Noch einen ganz anderen Pflugtypus kennen wir aus einem dänischen Moor, und zwar den schweren Radpflug mit Vorschneidemesser und Streichbrett. Er ist ohne Zweifel eine Erfindung aus der Regenzeit. Der römische Autor Plinius sagt, er wäre eine Erfindung aus dem gallischen Rätien. Auf jeden Fall war er in den trockenen und sonnigen Mittelmeerländern unbekannt. Er ist wirklich imstande, die Erde zu wenden und nicht nur zu ritzen, so daß mit ihm nur Längsfurchen gezogen werden können. Schmale, bis zu 230 m lange, hochgewölbte und somit sich selbst entwässernde Äcker sind für diesen Pflug geeignet, der wohl schrittweise im Laufe der Eisenzeit auf den schweren Lehmböden Verwendung fand, dagegen kaum auf den leichten Sandböden der Heide, wo unsere noch heute erhaltenen Äcker liegen.

Es gab im dänischen Mittelalter eine Gemeinschaftsarbeit, diese langen Äcker mit schweren Pflügen und 4 bis 6 Ochsen zu pflügen, weshalb die historische Zeit eine kollektive Wirtschaftsform kannte, in der sogar die Äcker nach verschiedenen Prinzipien jährlich den Benützer wechselten.

Etwas gänzlich anderes ist aus den Äckern der älteren Eisenzeit herauszulesen. Die verschiedene Größe der einzelnen Äcker und ihre klare Abgrenzung setzt entschieden ein persönliches Besitztum und Nutzrecht voraus. Sie zeugen von fest ansässigen Bauern, die sich lediglich den Forderungen einer Dorfgemeinschaft unterordnen. Und noch eins: wir finden hie und da einen großen, alten Acker mit recht hohen Begrenzungswällen, der durch zwei niedrige und somit junge Begrenzungswälle in drei gleichgroße, kleinere Äcker aufgeteilt worden ist. Das kann nur heißen, daß drei gleichberechtigte Söhne ihren Vater beerbt haben. Sogar etwas von den juristischen Formen der 2000jährigen Dörfer wird uns damit lebendig – wenn nicht das ganze Zivilrecht, so doch immerhin wesentliche Teile dieses Rechts. Und das will – aus einer schriftlosen Zeit – recht viel heißen. Die Vorgeschichtsforschung übernimmt die Aufgabe, in Jahrhunderte und Jahrtausende hineinzustoßen, die den Historikern und Germanisten für ewig verschlossen bleiben. Und sie tut es im Laufe ihrer Arbeit immer besser und genauer, mit beweiskräftigen Argumenten.

Wir erwähnten die Dorfgemeinschaft. Auch die Dörfer sind erhalten, und zwar in den Fundamenten der alten Bauernhäuser. Über hundert Fundstellen sind – ebenfalls in Dänemark und oft in unmittelbarem Anschluß an die alten Äcker – nachgewiesen und wurden Zug um Zug im Laufe der letzten 25 Jahre ausgegraben. Das ist erst recht eine zeitraubende und ermüdende Arbeit für kleine Messer. Topfscherben, Tierknochen, Klopfsteine und allerlei Abfall zählen zu den unscheinbaren und doch unendlich wichtigen Funden. Man muß dabei immer sorgfältig auf Verfärbungen der Erde achten, vor allem nach Löchern suchen, nach Pfostenlöchern aller Art. Pfostenlöcher von verschiedenen, auf derselben Stelle stehenden Häusern auseinanderhalten, jeden verkohlten oder verwesten Balken der Dachkonstruktion genau beachten.

Aber nirgends tritt der bäuerliche Alltag so lebensnahe hervor wie in diesen großen, schweren Häusern einer prächtigen Dorfbevölkerung. Vorherrschend sind etwa 15 m lange und 5 m breite Häuser, deren niedrige Wände aus Torf, Erde und Steinen aufgebaut sind. Holz und Reisflechtung kommen auch des öfteren vor. Das große kräftige Dach wird von zwei Reihen von Pfosten im Inneren des Hauses getragen. Die Holzkonstruktion ist noch umstritten und war kaum einheitlich. Bekleidet war das Dach mit Grastorf, Heidetorf oder Schilf und Stroh. Fenster gab es nicht, sondern nur den Rauchfang der Decke mit zwei Türen in der Mitte der Langseiten.

Die Häuser reihen sich ordentlich aneinander, auf der einen Seite oder beiderseits einer Dorfstraße, und bilden somit den Ursprung der gemütlichen dänischen Dörfer von heute! Außerdem liegen alle Häuser genauestens in ost-westlicher Hauptrichtung mit einer kleinen Verschiebung gegen SO–NW. Wer den anhaltenden Westwind Jütlands kennt, der versteht sofort, daß sich die Bauern gegen diesen Wind schützten, die Hauptfront des Hauses jedoch der größten Sonneneinstrahlung um 1 und 2 Uhr am Nachmittag darboten.

Die Westseite der Häuser hat einen Lehmboden und einer Feuerstätte, das Ostende dagegen einen einfachen Erdboden, denn dort stand das Vieh, das durch die Nordtür hereingelassen wurde. Mensch und Vieh unter einem Dach, in einem schweren für den Winter eingerichteten Bauernhaus!

Das ist sicherer Schutz gegen Kälte und Regen, eine intime Gemeinschaft aller Lebewesen des Landhaushaltes. Fast rührend tritt sie uns als gestaltende Idee der älteren Eisenzeit entgegen. Und wir brauchen nicht zu theoretisieren. Anschaulich sprechen die unscheinbaren Bodenfunde zu uns. Da kann ein Haus fünfmal abgebrannt und immer wieder aufgebaut worden sein. Wir verstehen den Schrecken und die Eile in einer nächtlichen Stunde, wenn das trockene Gebälk des Daches von dem offenen Feuer des Herdes zu brennen anfing, und sehen auch die Spuren davon. Drei Kühe und ein Pferd konnten nicht mehr ins Freie gebracht werden, sondern fanden den Tod in den Flammen eines Hauses. In einem anderen Haus lagen die abgeschnittenen und halb verkohlten Lederriemen, während die Tiere offensichtlich herausfanden. Wir bergen die eingestürzte Holztür, die riesengroßen Getreidebehälter, Spuren von Webstühlen, an einer Stelle Gewichte von aufgehängten

Fischnetzen, die brennend zusammensanken, vergrabene Opfergefäße, ein vergrabenes Eisenbeil mit der Schneide nach oben, offensichtlich als Schutz gegen Blitz und Brand. Und immer wieder Getreidekörner der täglichen Arbeit und Ernährung.

Natürlich sind die Hauptgetreidesorten vertreten. Nach wie vor steht Gerste an erster Stelle. Weizen und Hirse waren in der Bronzezeit recht häufig, aber verschwinden jetzt fast ganz. Statt dessen tritt zum erstenmal der Hafer als neues und wichtiges Nährmittel auf, und allmählich beginnt auch der Roggen seines Siegeszug. Eine kleine Finesse für den Gaumen: man hat die Weizenkörner vor dem Mahlen geröstet. Dadurch wird Stärke in Dextrin umgewandelt, wodurch der Weizen einen süßlichen Geschmack bekommt. Man mischte die Getreidekörner gerne mit Dotter und Hanfsamen, um dem täglichen Brei das Öl zuzuführen. Färberwaide wurde wegen der blauen Farbe sehr viel angebaut, und in einem Haus traf der Ausgräber große Mengen Hopfen an. Sichtlich waren die Einwohner mit dem Metbrauen beschäftigt, als sie vom Feuer überrascht wurden.

Es ist sonderbar, daß gerade in der Zeit der großen Isolierung, in der die Nordländer weitgehend auf sich selbst gestellt waren, die allererste Kunde in ihnen in den antiken Schriftquellen auftaucht, und zwar durch den Griechen Pytheas von Marseille. Er wollte eigentlich die britischen Zinninseln aufsuchen – das war etwa um 350 v. Chr. –, aber von Britannien zeigten die Eingeborenen ihm den Seeweg nach Thule, sechs Tagesreisen von Britannien entfernt. Nur durch Pytheas ist uns der Name Ultima Thule erhalten. Sein Landeplatz kann an der jütländischen, schwedischen und norwegischen Westküste gelegen haben. Es gibt mehrere Vermutungen, aber wir wissen nicht mehr genau wo. Er spricht von den hellen Sommernächten, der nie untergehenden Sonne und von einem erstarrten Meer. Das alles hielten seine Zeitgenossen für irrsinniges Seemannsgarn und schenkten ihm keinen Glauben, so daß sein Bericht leider nicht erhalten geblieben ist. Aber ein Auszug durch seinen Landsmann Strabo gibt uns einen Einblick in die Lebensweise der Eingeborenen:

„Nicht unpassend gibt Pytheas an, daß es in den Ländern der kalten Zone an zarten Früchten fehle, daß dort wenig Tiere seien, daß die Eingeborenen dort von Hafer, Hirse, Gemüse, Wildfrüchten und Wurzeln leben. Bei den Völkern, die Gerste und Honig hätten, mache man daraus ein Getränk. Weil bei ihnen die Sonne nie in vollem Glanze strahle, so brächten sie das Korn in große Gebäude, wo man es dann dresche, denn auf den Feldtennen verderbe es aus Mangel an Sonne und infolge des Regens. Wahrlich diese Fabeln werden hinter den Sagen des Eumerus und Antiphones nicht weit zurückbleiben. Jenen nun wird, weil sie

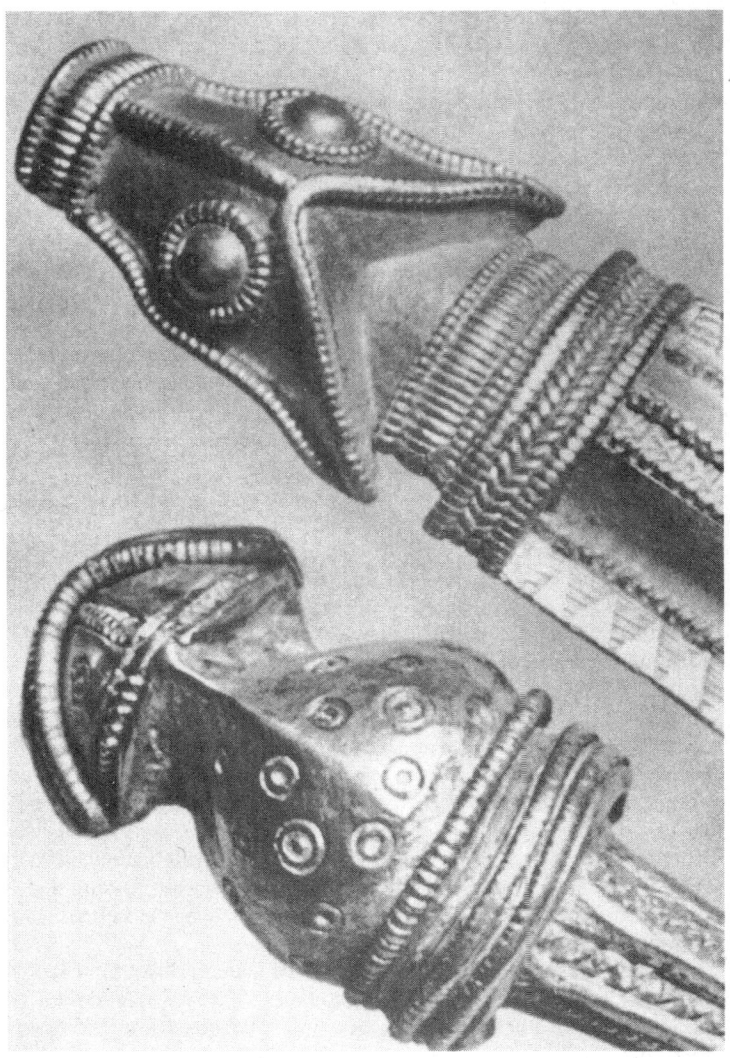

Drachenköpfe der Goldarmringe von Nousiainen, Finnland,
und Åsaka, Västergötland

gerade dieses beabsichtigen, Verzeihung geschenkt, wie den Wunderer-
zählern."

Für Pytheas hatte Strabo keine Entschuldigung, und doch machen
seine Worte einen verblüffend korrekten Eindruck!

Wenn das Leben vor fast 2000 Jahren so anschaulich aus den Funden
emporsteigt, wenn die Menschen einer längst vergangenen Zeit uns so
vertraulich nahekommen, steigt manchmal ein heißer Wunsch in mir
hoch. Ach, wenn wir doch einem jener Männer, die damals lebten, begegnen und mit ihm sprechen oder wenigstens sein Gesicht lebendig
vor uns sehen könnten, wenn wir einmal die Kluft zwischen den Toten
und den Lebenden überbrücken dürften!

Deshalb war es auch wie ein Schock, als die Dänen 1948 in einem
Moor einen Mann fanden, dessen Gesicht so wunderbar erhalten ist,
daß es wirkt, als ob er nur liege und schlafe, als ob er jeden Moment
seine Augen aufschlagen und uns anschauen könne. Welch feines Gesicht der Ruhe! Wir können seine willensfesten Lippen studieren, die
kräftige Nase, jede Runzel um seine Augen und in seiner Stirn. Ein
gutaussehender, intelligenter Mann, ein Hans Christian-Andersen-Ge-
sicht!

Sein Körper war so ausgezeichnet erhalten, daß die Dänen seinen
Mageninhalt haben untersuchen können. Und es zeigte sich, daß seine
letzte Mahlzeit aus einem Brei bestand, in welchem die oben genannten
gewöhnlichen Getreidesorten zur Verwendung kamen, ebenfalls Dotter
und Hanf, darüber hinaus aber Samen von sämtlichen Unkrautsorten
außer Disteln. Mit anderen Worten: ein recht widerwärtiger und bitte-
rer Brei, mit Knöterich, weißem Gänsefuß, Spörgel, Ackerveilchen,
Hohlzahn und vereinzelten Körnern anderer Arten.

Und erst recht werden wir stutzig, wenn der Ausgräber eines Hauses
ein Tongefäß mit einem Liter Samenkörner vorweist, davon 650 ccm
Gerste, 80 ccm Knöterich, 180 ccm Gänsefuß und 20 ccm Spörgel,
nebst 86 vereinzelten Körnern von 17 verschiedenen Sorten. Oder
wenn in einem anderen Haus ein Gefäß liegt, 1,5 Liter Gänsefußsamen
enthaltend, in einem dritten Haus ein Haufen von 5,6 Liter Spörgel.
Von einer Unfähigkeit, die Ernte frei von Unkraut zu halten, kann bei
solchen Mengen nicht die Rede sein. Hier muß Unkraut, wenn nicht direkt angebaut, so doch planmäßig gesammelt worden sein. Ein bis anderthalb Liter Samenkörner ist ja gerade das Quantum, das eine Bauernfamilie für den täglichen Mittagsbrei braucht. Das Getreide auf den
ausgemergelten Äckern wird oftmals nicht ausgereicht haben, sondern
man mußte die Unkrautsamen nutzbar machen. Und da nun weißer
Gänsefuß eine purgative Wirkung hat, verrät der Anderthalblitertopf,
daß die Menschen sogar dieser Wirkung gegenüber immun geworden

waren. Hungersnot und der Schrecken vor mangelnder Ernährung im Spätwinter sind nun einmal die treuesten Begleiter der Menschheit, eine periodische Geißel selbst bis in die Gegenwart.

Alle Wirtschaftsmühen auf den Äckern und im bäuerlichen Alltag treten uns in den ausgegrabenen Funden lebensnahe entgegen und vermitteln ein erstaunlich vielseitiges und doch übereinstimmendes Bild. Im Gegensatz zu den leichten Rundhütten und der beweglichen Lebensform der Bronzezeit ist das schwere Bauernhaus in der Mitte der umliegenden Äcker die große Neuigkeit der älteren Eisenzeit, das Kernstück einer intensiven Landwirtschaft, die heute zwar mit verbesserten technischen Geräten, aber in ihrem Wesen unverändert besteht.

Zwischendurch eine Präzisierung unserer Zeitangaben. Im Laufe der ersten drei nachchristlichen Jahrhunderte fand die Verarmung des Sanders statt, die den Abzug erzwang. Die Häuser gehören also ebensosehr diesem wie dem nächsten Kapitel des Buches an, aber es war zweckmäßig, jetzt schon die Funde zu schildern, da sie eine wirtschaftsgeschichtliche Einheit bilden.

Die Klimaverschlechterung, welche Sernander 1910 nachwies, ist glänzend bestätigt worden und hat weitreichende wirtschaftliche Folgen gehabt, aber sie hat nicht das erklären können, was sie ursprünglich erklären sollte, nämlich das Schwinden der Gräber im Zeitraum von 500 bis 150 v. Chr. auf Seeland und dem ganzen skandinavischen Inland. Sie hat nur die Räumung der norwegischen Täler bewirkt, die bis zur Wikingerzeit Öde standen. Aber auf den dänischen Inseln, an der schwedischen Westküste und in den besten Landwirtschaftsgebieten des Inlandes ist die Erde ertragreich, das Klima nicht schlechter als in Jütland und an der norwegischen Küste. Das Klima kann also das Fehlen der Gräber nicht erklären.

Zu dem neuen Metall, der Klimaverschlechterung und den daraus folgenden wirtschaftlichen Veränderungen kommt also noch ein weiterer Faktor X, der etwa gleichzeitig auftritt und das Schwinden der Gräber zwischen 500 und 150 v. Chr. bewirkt. Dieser schon lange von der Wissenschaft gesuchte Faktor muß aber auch in irgendeinem inneren Zusammenhang mit den anderen Erscheinungen stehen, da sonst die Gleichzeitigkeit so wichtiger Geschehnisse unglaubwürdig wäre.

Es hat bis 1948 gedauert, ehe derjenige Faktor X erkannt wurde, der sicherlich die ganz einfache und richtige Erklärung für das Schwinden der Gräberfunde bietet, und zwar eine Veränderung der Bestattungsform. Welche Erklärung könnte einem Archäologen willkommener sein? Und doch nähern wir uns ihr nur sehr zögernd, weil Menschen sonst immer Gräber hinterlassen.

Schon der letzte Abschnitt der Bronzezeit ist vielerorts eine gräber-

lose Zeit, die wir nur durch große Hortfunde aus Bronze kennen. Und
wenn mit Einbruch der Eisenzeit die Bronze selten wird, vielleicht
durch handelspolitische Veränderungen in Zentraleuropa, dann ist die
Fundlosigkeit eine Tatsache. Auf Jütland sehen wir die Gräber immer
kleiner werden. Die verbrannten Knochen des Toten werden irgendwo
in die Seite der älteren Hügel hineingeschoben. Man richtet auf diese
Weise unscheinbare Hügelchen von zwei Meter Durchmesser ein, die
kaum in der Erdoberfläche bemerkbar sind, so flach und wenig geschützt, daß Regen und Frost die Knochen im Laufe zweier Jahrtausende völlig vernichteten.

Hier kommt nun der geheimnisvolle innere Zusammenhang mit den
anderen Faktoren zu Beginn der Eisenzeit ins Bild. Die Grabsitte spiegelt immer die sozialen Verhältnisse zu Lebzeiten der Menschen. Den
mächtigen Häuptlingen und wohlhabenden Händlern der Bronzezeit
legte man ihre goldglitzernden Waffen, Schmuckplatten, Halsringe und
Armringe aus Bronze bei, als hohe Hügel auf weithin sichtbaren Höhenzügen zu ihrer Ehre aufgeschaufelt wurden. Der stattliche Grabhügel und die Großzügigkeit an Beigaben waren ein wichtiges Instrument,
um die soziale Sonderstellung des Verstorbenen und seiner Sippe zu
bekunden. Mit der Entstehung des Bauernhofes, der Bauernfamilie,
geht auch dieses Bestreben im Grabritus verloren. Die unscheinbare
Verbergung der Knochenhäufchen irgendwo gleich unterhalb der Grassode, die Einheitlichkeit der Grabanlage, entspricht genau der sozialen
Einheitlichkeit der Dorfgemeinschaft, so wie wir auch in dem Bauernhaus keine Trennung zwischen Bauern und Knechten merken, von dem
Vieh in dem Ostteil der menschlichen Behausung gar nicht zu sprechen.

Somit sind wir erneut auf die soziale Ordnung gestoßen, die bei der
Gestaltung der neuen Lebensgemeinschaft und den Grabsitten im Hintergrund wirksam ist. Und erst recht wird sie bestätigt, wenn die Gräberfunde nach der langen fundlosen Zeit wieder auftauchen.

Sie kommen nicht zögernd, nicht vereinzelt, sondern schlagartig,
gleichzeitig über weite Teile Schwedens und in großer Anzahl. Es ist die
sogenannte Brandgrubensitte, welche um 150 v. Chr. auftaucht. Die
Gräber liegen meist unter völlig ebener Erde und sind insofern nach wie
vor unscheinbar. Ehe ein Prähistoriker graben kann, muß also ein Erd-
arbeiter durch Zufall auf ein solches Gräberfeld stoßen, aber dann ist es
unmöglich zu übersehen. Denn auf einer Tiefe von 30 bis 70 cm liegen
dicht nebeneinander schmierig schwarze Gruben von rund ½ m Durchmesser, Knochen und mitunter auch Metallgegenstände enthaltend.

Es hat also zuerst ein Scheiterhaufenfeuer gebrannt. Je höher die
Flammen, um so größere Ehre für den Toten, womit zugleich eine völli-

ge Einäscherung zustande kam. Und dann beeilte man sich, die kleinen Knochenkrümel aus dem noch glühenden Brandschutt herauszusuchen. Die gefüllte Urne wurde in einer sorgfältig gegrabenen Grube beigesetzt und mit einigen Eimern der schmierig-schwarzen Masse des Brandschutts umpackt. Manchmal kam ein Deckstein, eine Steinpflasterung oder ein etwa meterhoher Bautastein hinzu, der den Platz der Brandgrube genau anzeigte.

Wählen wir die fruchtbarsten Landschaften Östergötland und Västergötland im schwedischen Inland, so sehen wir nun plötzlich, wohin die Bevölkerung in den fundlosen Jahrhunderten gesiedelt ist. Die beiden Landschaften sind ähnlich aufgebaut – ein fruchtbares Zentrum, umgeben von weiten Wäldern, in denen die Menschen der Bronzezeit durch Brandrodung und Viehzucht halb nomadisierend hausen konnten, die sie aber mit Einbruch der Klimaveränderung gänzlich räumten. Der kalkreiche, hochwertige Geschiebelehm im Zentrum der beiden Landschaften wird natürlich weiterhin unverändert intensiv bewirtschaftet. Das entscheidend Neue ist, daß wir zahlreiche Brandgruben der älteren Eisenzeit auf dem ebenfalls zentral gelegenen marinen Ton vorfinden, der, jetzt endlich durchnäßt und versumpft, üppiges Viehfutter geboten haben dürfte. Dabei werden die Geröllhügel, welche den schweren Ton durchziehen oder umranden, einen trockenen Siedlungsplatz und einen bescheidenen Ackerbau ermöglicht haben. Wann die Neusiedler auf den schweren Ton hinauszogen, können wir nicht genau feststellen, nur daß es vor 150 v. Chr. stattfand, wo sie durch die Brandgrubenfelder sichtbar werden.

Und noch auffallender: die Brandgrubenfelder enthalten oft Hunderte von Gräbern, dicht nebeneinander, Gräber, in denen Männer, Frauen und Kinder Seite an Seite ruhen, ohne daß wir irgendwelchen Unterschied in der Bestattung oder in den Beigaben nachweisen können. Bei einer Ausgrabung stoßen wir auf einen besonders großen Deckstein, den wir nur mit gemeinsamen Kräften zur Seite rollen konnten. Da meinte einer der Arbeiter:

„Unter diesem Stein wird der König ruhen."

Aber es war ein Kindergrab. Zufälligerweise wird der große Stein bereit gelegen haben, gerade über diese Brandgrube gerollt zu werden. Nur in drei Perioden der Geschichte finden wir die *gesamte* Bevölkerung in den Gräbern wieder, und zwar in den Hünengräbern der Steinzeit, in den Brandgruben der älteren Eisenzeit und auf den Friedhöfen der Gegenwart. Sonst sind es immer nur die wenigen, die Vornehmen, Reichen oder Mächtigen, welche wir in den überlieferten Gräbern ausgraben können, während die Masse der Bevölkerung, die Knechte und Mägde, die Sklaven und die Besitzlosen aus unserem Fundbild verschwunden sind. Somit bestätigen diese Brandgrubenfelder, die die

Kultur so schlagartig wieder sichtbar machen, das Vorhandensein einer Dorfgemeinschaft von derselben Struktur, wie sie die Häuser Jütlands andeuten.

Es ist eine Freude zu forschen, wenn nach einem halben Jahrhundert fleißigen Suchens die verschiedensten Fundgruppen zusammenkommen und sich gegenseitig bestätigen. Wir haben im vorhergehenden des öfteren Forschungsdaten genannt, damit dem Leser gegenwärtig werden soll, wie dieser umfassende Blick auf den Anfang der nordgermanischen Kulturblüte erst in den 1930er oder gar in den 1940er Jahren möglich wurde und in den 1950er Jahren noch immer glänzende Ergebnisse zeitigt.

Noch im Jahre 1925 wurden die verbrannten Menschenknochen nach einer Ausgrabung wieder in die Erde eingebettet, da diese kleinen Splitter als wissenschaftlich wertlos galten. Aber im Jahre 1948 war der neuernannte Osteologe am Historischen Museum in Stockholm imstande, auch den drei Litern menschlichen Leichenbrandes wertvolle Erkenntnisse abzugewinnen, und er richtete ein „Knochenlexikon" ein. Die Gelenkkugeln des Oberarms, die Augenbrauenbogen und die Schädelwinde sind bei Männern bedeutend dicker als bei Frauen, so daß er mit Hilfe dieser Stücke, sobald er sie in den Knochenhaufen wiedergefunden hat, meistens das Geschlecht bestimmen kann.

Dann sucht er nach dem Alter des Toten, was in Kindergräbern natürlich am einfachsten ist. Am Schnitt durch die Kinderzähne kann er auch die Jahreszeit des Todesfalles im Mikroskop nachweisen. Schade, daß wir davon wissenschaftlich keinen Nutzen haben! Da wir wissen, daß die Epiphysen erst im Alter von 18 Jahren festwachsen, sind sie für den Osteologen besonders wichtig. Die Säume der Schädeldecke verwachsen sehr langsam, und die Schädelwinde werden bei alten Personen spröde, so daß bei ihnen nur eine allgemeine Altersbestimmung möglich ist.

Es muß auch geprüft werden, ob wirklich nur eine Person in jedem Grab bestattet worden ist, und dazu sind die eigenartig geformten Zahnfortsätze des zweiten Halswirbels und die beiden Felsbeinteile der Innenohren von Nutzen. Aber in einer Frauenbrandgrube fand der Osteologe drei Keilknochen! Der eine war sehr zart, und das Gegenstück muß im Grabe zerfallen sein. Zweifelsohne ist eine Frau kurz vor der Geburt ihres Kindes gestorben. Leid und Leben der Vorzeitleute rücken uns hier wieder fast erschreckend nahe. Nicht der Wissenschaftler steht vor einem kühl zu zerlegenden Fundstoff, sondern Mensch steht vor Mensch mit Krankheit, Tod, Geburt und Liebe, wie sie zu allen Zeiten im Menschenleben unveränderlich bleiben und die letzten Beweggründe aller Dinge sind.

Die Kindersterblichkeit war am niedrigsten im Alter von 6 bis 18 Jahren, aber ein Drittel bis zur Hälfte aller Brandgruben ist für Kinder gerichtet worden, und auch die Neugeborenen erhielten, nach den zarten Knochen zu urteilen, eigene Brandgruben.

Zählen wir also auf einem Gräberfeld mit 200 Brandgruben die Kindergräber ab, sind rund 120 Erwachsene in 200 Jahren eingeäschert worden. Nehmen wir vier Generationen pro Jahrhundert an, anstatt drei heutzutage, so kommen wir auf 15 volljährige Personen im Dorf. Das sind statistische Zahlen, aber sie sagen trotzdem etwas über das verschwundene Vorzeitdorf aus, das wir hinter jeder erhaltenen Grabstätte suchen.

In den modernen Krematorien wird eine Hitze von 1000° C benötigt, um bei reichlicher Zufuhr von Sekundärluft eine vollständige Einäscherung zuwege zu bringen. Dann bleiben drei Liter Leichenbrand oder etwas mehr von einem erwachsenen Mann übrig. Und wenn man die Hitze verdoppelt oder vervielfacht, was heutzutage kein technisches Problem ist, so bleibt dieser Rest unveränderlich übrig. Das heißt, daß die Menschen der älteren Eisenzeit es verstanden haben, auf einem offenen Scheiterhaufen im Freien, mit ungleichmäßig verteilter Wärme und freiem Spiel des Windes, diejenige Hitze zustande zu bringen, die für eine vollständige Einäscherung erforderlich war.

Das heißt aber auch zugleich, daß schon die Menschen der fundlosen Zeit die perfekte Kunst des Scheiterhaufenbauens und der vollständigen Einäscherung gekannt haben müssen. Sonst müßten wir doch ein Anfängerstadium dieser Kunst bemerken. Sie werden also auch eingeäschert worden sein, nur war es noch nicht Sitte geworden, die Toten der Dorfgemeinschaft beieinander auf großen Gräberfeldern Seite an Seite ruhen zu lassen. Und damit können wir rückwärts auch etwas über die fundlose Zeit aussagen.

Manchmal finden wir an Stelle eines Tongefäßes einen Harpixring rund um die untere Kante der verbrannten Knochen. Im Harpix sind Abdrücke, mit deren Hilfe schon frühzeitig festgestellt werden konnte, daß die Knochen in eine Rindenschachtel gelegt wurden, deren Boden und Seitenwände mit großen Stichen zusammengenäht und mit Harpixmasse gedichtet worden sind. Aber wenn wir jetzt einen Knochenhaufen *ohne* Harpixring finden, dann können wir sagen, daß die Knochen in einer Rindendose ohne Harpixdichtung gelegen haben! Es klingt wie ein archäologischer Scherz, aber es stimmt nichtsdestoweniger, vorausgesetzt, daß der Knochenhaufen eine kreisrunde, scharf abgegrenzte Außenkontur von 15 bis 20 cm Durchmesser besitzt. Manchmal scheinen die Knochen nämlich in einem einfachen Stoffbeutel beigesetzt oder lose dem Brandschutt beigeschüttet worden zu sein.

Diese frühe Eisenzeit – von 500 v. Chr. etwa bis Christi Geburt – sollte
wohl eigentlich die Zeit der Bauerngemeinschaft genannt werden. Aber
wir haben diese tiefere wirtschaftliche und soziale Struktur erst in den
letzten 10 bis 20 Jahren erkennen können, und die Zeit ist schon längst
nach einigen auffallenden Prunkstücken in unseren nordischen Gräbern die keltische Eisenzeit genannt worden – nach den Kelten, die
während derselben Zeit im Zentrum Europas herrschten. Etwa um 500
v. Chr. waren die Kelten aus ihrer Urheimat – vermutlich in Frankreich
– vorgedrungen und hatten einen Staatenbund vom Atlantischen Ozean
im Westen bis Kleinasien im Osten gebildet. Über die alteingesessene
Bevölkerung in Frankreich, Süddeutschland und auf dem Balkan regierte folglich nur eine dünne Herrscherschicht keltischen Blutes. Man
schreibt ihnen viel Lebensfreude, Kunstfertigkeit, Genußsucht – und
Rothaarigkeit zu. Ihre prunkvollen Kunstschöpfungen kennen wir
durch reiche Grabbeigaben ihrer Fürsten, und vereinzelte Stücke sind
auch auf dem Handelswege nordwärts gedrungen, so daß wir mitunter
keltische Bronzekessel, Schwerter, Halsringe und andere reich verzierte
Schmuckstücke in nordgermanischen Gräbern und Torfmooren finden.
Die prächtigsten Stücke sind beispielsweise zwei vierrädrige Wagen.
Die Kelten hatten im Altertum einen wohlverdienten Ruf als tüchtige
Wagenbauer, und die Einzelheiten in der Bauweise dieser großen Fundstücke bestätigen dies bestens.

Die Germanen in Deutschland hatten somit eine lange Grenze mit
den Kelten gemeinsam. Nur östlich der Weichsel stießen sie auf baltische Stämme. Aber sogar in Böhmen saßen die Kelten, die Bojern (Böhmen = Bojohatmum). Dann verlief die Grenze eine Zeitlang im Fichtel-
gebirge und nordwestlich davon durch Hessen. Im Ruhrgebiet und
Rheinland können wir das schrittweise Vordringen der Germanen nachweisen. Der deutsche Raum war somit durch eine markante Grenze von
Ost nach West aufgeteilt und von zwei verschiedenen Völkern besiedelt. Gerade die westgermanischen Gräber sind verhältnismäßig dürftig
ausgestattet, aber die ostgermanischen sind reich an Waffen, Schmuck
und Tongefäßen. Während die Germanen politisch südwärts vordringen, wandern keltische Zierformen und Handelsprodukte in umgekehr-
te Richtung.

Es ist mit anderen Worten ein rein merkantiler und künstlerischer
Einfluß auf Skandinavien, der den Namen der keltischen Eisenzeit bis
Christi Geburt vollauf rechtfertigt. Wir verfolgen die Übernahme keltischer Ornamente und Handwerksformen im Norden, aber die germanischen Dorfschmiede haben sie alsbald bis zur Unkenntlichkeit abge-
wandelt und – ehrlich gesagt – vereinfacht.

Welche mühselige Aufgabe für die Schmiede, sich mit dem neuen
Nutzmetall vertraut zu machen! Klein und unscheinbar sind, wie ge-

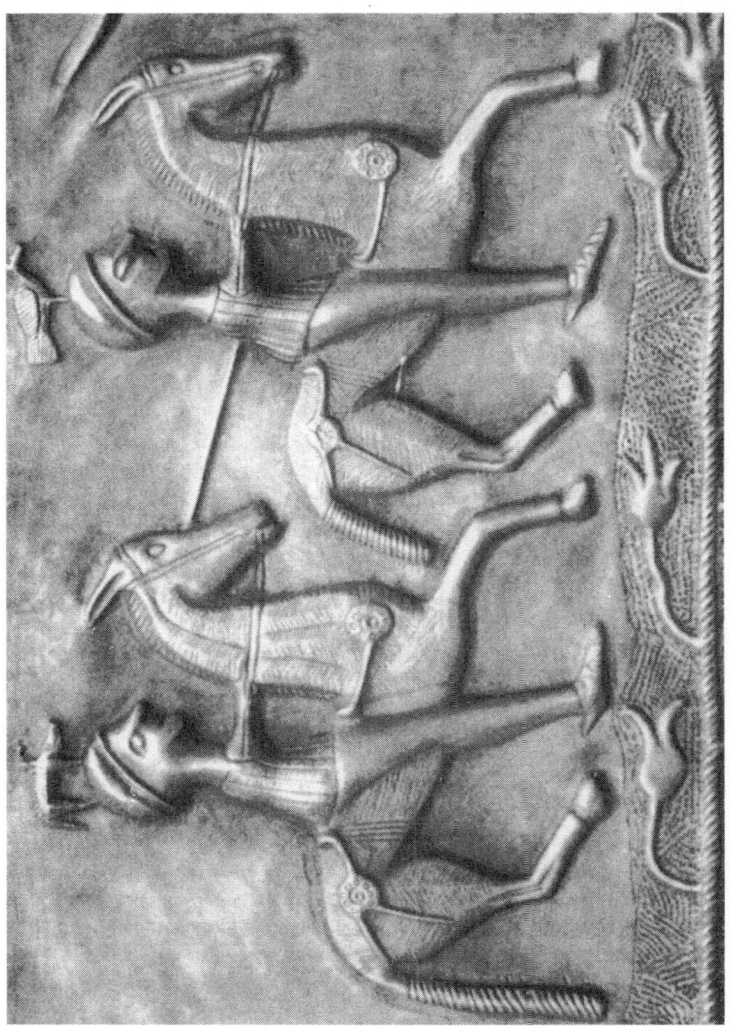

Zwei Reiter auf dem Silberkessel von Gundestrup, Nordjütland

sagt, die ersten Erzeugnisse aus Eisen, Kropfnadeln, Gürtelhaken, Ösenringe und Spiralspangen. Sie waren sicher oft aus einem noch sehr schlechten Eisen angefertigt. Wie sollten wir solche Beigaben überhaupt antreffen können? So leicht wie sie in der Erde rosten und so wenig geschützt wie sie unter der dünnen Grassode in den kaum bemerkbaren Miniaturhügeln liegen! In der Tat sind die wenigen Stücke des schwedischen Festlandes, kaum ein halbes Dutzend an der Zahl, nicht Zufallsfunde der Landarbeiter, sondern nur durch fachmännische Ausgrabungen geborgen worden. Kropfnadeln kannten wir aus Gotland nur in Bronze, bis die ersten eisernen durch sorgfältige Ausgrabungen jetzt ebenfalls gerettet werden.

Besser steht es mit den Beigaben der Brandgruben, da der schmierig schwarze Brandschutt sie besser konservierte und die Fundstellen leicht wahrgenommen werden können. Da haben wir beispielsweise die bronzenen Halsringe, deren winklig gebogene Enden große runde Kugeln führen. Ihre Verzierung geht auf ein keltisches, schweifendes Linienspiel zurück, das der Norden in einfache Striche rund um drei „Warzen" umwandelte. Neulich erst wurde nachgewiesen, daß die Kugeln in Westschweden hohl und aus zwei sphärischen Blechen zusammengenietet, diejenigen in Ostschweden dagegen massiv sind. Das heißt also, daß die Bronzeschmiede örtliche Moden entwickelt haben, anscheinend schon in der fundlosen Zeit, denn die Halsringe gehören zu den frühesten Gegenständen in den Brandgruben.

Dazu fügen sich 1957 Beobachtungen über die Gürtelschließen. Wir benützen heutzutage eine Schnalle mit beweglichem Dorn, aber auch ein so einfaches Ding muß erfunden werden, und das geschah erst um Christi Geburt. Die keltische Eisenzeit wird dementsprechend von einem kolossalen Experimentieren mit verschiedenen Gürtelschließen gekennzeichnet. Beispielsweise fertigte man einen Gürtelring an, durch welchen man das freie Ende des Riemens von unten zog, das man nachher rückwärts bog und mit Hilfe von Löchern im Riemenende an einem hervorspringenden Knopf einer Beschlagplatte befestigte. So war der Riemen während einer Festmahlzeit sehr schön nach Wunsch verstellbar! Die Gürtelschließen Westschwedens sind nun sehr schlicht, die Beschlagplatte besteht fast nur aus einer großen Niete. Die Gürtelschließen Ostschwedens bilden dagegen zusammen mit ihren Beschlagplatten prächtige Garnituren, in einem lokalen Stil mit Strichen, Schraffuren und Profilierungen. Auf der Ostseeinsel Gotland quillt der Fundort jetzt riesengroß heran, so wie er für diese Insel typisch ist, und ihre 273 Gürtelschließen weisen wiederum ganz eigenartige Formen auf. Die Insel Boroholm bleibt den älteren Gürtelhaken treu. Somit ist hier ein ausgesprochen lokalgebundenes Metallhandwerk unverkennbar.

Es ist wirklich noch die Zeit der Dorfschmiede. Da haben wir ein Gräberfeld, das günstigerweise auf einem sehr schmalen und hohen Kiesrücken angelegt worden ist, die Brandgruben sehr ordentlich schrittweise vom Norden nach Süden vordringend, 200 an der Zahl. Und daran erkennen wir, daß die ältesten Eisensicheln in den Gräbern klein und bescheiden sind. Dann werden sie immer größer, breiter und kräftiger, so daß die jüngsten wirklich große Stücke sind, mitunter sogar leicht verziert. Dieses Dorf hatte offensichtlich eine tüchtige und unternehmungslustige Schmiede, während andere Dörfer ganz schlecht dran waren, mit wenigen und formlosen Metallerzeugnissen.

Die Dorfschmiede sind die einzigen Berufsspezialisten in der Dorfgemeinschaft, der sie voll und ganz angehören. Noch sind die Gräber der Schmiede nicht in den Brandgruben nachzuweisen. Erst in den Jahrhunderten nach Christi Geburt können wir durch Hämmer, Zangen, Ambosse und ähnliche Werkzeuge die Schmiede mit Hilfe der Beigaben von der übrigen Bevölkerung unterscheiden.

Aber es gibt jetzt schon einige wenige Gräber, die sich aus der eintönigen Gleichschaltung der rein bäuerlichen Gemeinschaft abheben, und dann oft gleich zu zweit auf demselben Gräberfeld: die Waffengräber – mit einem kräftigen, einschneidigen Schwert, einer starken Speerspitze und manchmal auch mit einem eisernen Schildbuckel, der die Hand beim Tragen des Schildes schützte. Aber wenn jemand nach den Funktionen der Waffenträger in diesen Gräbern und in der bäuerlichen Gemeinschaft überhaupt fragt, dann bleiben wir ihm die Antwort schuldig. Das wird eine Arbeitsaufgabe der künftigen Forschung sein.

An Stelle der zur Bronzezeit weiträumig hinschweifenden Halbnomaden von Ackerbauern und Viehzüchtern sehen wir in der älteren Eisenzeit wirkliche, seßhafte Bauern, die in den kleinen Siedlungskammern eng zusammenleben, getrennt durch große Wälder. Hier bilden sich ganz automatisch die nordgermanischen Stämme aus, von denen noch die Rede sein wird. Hier sind auch die Voraussetzungen für Krieg und Feindschaft zwischen den Völkerstämmen vorhanden. Noch berichtet keine Chronik von Kampf, Sieg und politischen Auseinandersetzungen, aber ein vereinzeltes Schlaglicht fällt auf diese schriftlose Zeit.

In einem Moor auf einer dänischen Insel wurde ein merkwürdiges Schiff angetroffen, mit doppelten Steven in jedem Ende, mit zusammengenähter Holzverkleidung, mit Harpixmasse gedichtet, mit Rudern, aber ohne Mast, mit den acht ersten Schwertern der skandinavischen Eisenzeit, 169 Speerspitzen aus Eisen und Hirschgeweih, 150 Holzschilden mit Schildbuckeln ebenfalls aus Holz, gedrechselten Holzdosen, Schüsseln, Spuren von Ringbrünnen und dergleichen. Der Fund fällt völlig aus dem Rahmen aller Dinge, die wir sonst kennen. Dieses älteste Plankenschiff Europas hat noch den sonderbaren doppelten Steven, wie wir ihn aus den „Hällristningar" der Bronzezeit kennen, aber eine eiserne Kropfnadel gibt eine sichere Datierung in die früheste Eisenzeit. Das Schiff ist bei alledem keinesfalls unbedeutend. Es wiegt 5530 kg, ist 15 m lang und hat 20 paddelnde Krieger nebst ein paar Befehlshabern getragen. Und das alles in einem winzig kleinen Moor!

Eine Gespensterarmee auf Marsch, von irgendwoher, mit uns unbekanntem Ziel, von einem namenlosen Verteidiger bei Hjortspring auf der Insel Alsen besiegt und die Beute einem Kriegsgott geopfert. Auch der Prähistoriker kann hier nur registrieren und kein erschöpfender Chronist sein. Ausschließlich friedlich-fleißig war die bäuerliche Zeit anscheinend nicht.

Und es dauert auch nicht lange, bis die ersten Nordgermanen ihre Heimat verlassen und um 120 v. Chr. als kriegführende Wanderstämme in Europa vorbrechen, in schnellen Zügen Deutschland und vermutlich auch Böhmen durchziehen, die römischen Legionen verblüffend über den Haufen werfen, und schließlich selbst, 101 v. Chr., vernichtend geschlagen zu werden. Kimbern und Teutonen waren ihre Namen, schlagartig treten sie hervor und verschwinden wieder. Stammten die Kimbern aus der nordjütischen Landschaft Himmerland? Dann müßten sie doch auf der jütländischen Heide angesiedelt gewesen sein. Der Lebenskampf auf den ausgemergelten Sandböden würde sie zum Aufbruch gezwungen haben. Das scheint sich logischerweise aus dem Fundstoff zu ergeben, aber noch fehlt uns der sichere Nachweis zur Abwanderung aus der Heimat.

Andere folgten ihnen. Scheint es doch, als ob die Wandalen aus der nördlichsten Landschaft Jütlands, aus Vendsyssel, stammen, und zur Odermündung umsiedelten, ehe sie weit später durch Europa zogen und den Begriff der Wandalisierung hervorriefen. Da sind schließlich auch die Goten, von deren Urheimat ihr Geschichtsschreiber Jordates berichtet:

„Das Volk, nach dessen Ursprung du fragst, kam wie ein Bienenschwarm aus dem Schoß dieser Insel Scandza hervorbrechend nach Europa … Von der Insel Scandza, die gleichsam die Wiege der Völker, oder doch gewissermaßen der Mutterschoß der Nationen ist, sollen dereinst die Goten unter ihrem König Berig ausgewandert sein … und mit nur drei Schiffen zum Gestade des diesseitigen Meeres, d. h. nach Gotiscandza gefahren sein."

Quellenkritisch ist gegen die Wahrscheinlichkeit dieser Erzählung nichts einzuwenden. Lediglich die geringe Zahl von drei Schiffen dürfte eine dichterische Konzeption sein. Auch stimmt der Stammesname der Goten völlig mit Göteborg, Göraland und Gotland überein. Prähistorisch finden wir, daß die Gräberfelder am Waldrand, auf dem mageren

Moränenboden am Rande der schweren, nassen Tonwiesen in Väster-götland um Christi Geburt ihr Ende finden, was mit den entsprechenden Gräberfeldern in Östergötland nicht der Fall ist. So können die Goten aus einer westschwedischen Urheimat ausgewandert sein. Aber die Funde im Landungsgebiet an der Weichselmündung, die seit jeher von eingewanderten Goten zeugen, können nicht für die neuesten, verfeinerten Forschungsmethoden ausgenützt werden. Seit dem zweiten Weltkrieg sind sie nicht mehr zugänglich, vielleicht sogar für alle Zeiten verschollen und können nie mehr durch Neufunde ersetzt werden. Eine Quelle der Vorgeschichte schweigt für alle Zukunft. Immerhin dürfte Berig der erste bekannte Mannesname und König unter den Nordgermanen gewesen sein, ein Zeitgenosse des Markomannenkönigs Marbot und Arminius', des Cheruskers.

III.

Die große Begegnung

Wir schreiben das Jahr 9 unserer Zeitrechnung. Arminius und Varus im Teutoburger Wald. Ein Wendepunkt der Weltgeschichte. Den Legionen wird auf ihrem Vormarsch Halt geboten. Diese kriegerische Begegnung zwischen Römern und Germanen legt die Grenze für Jahrhunderte fest: nicht die Elbe, sondern der Rhein und die Donau, wo sich die Römer auch sogleich festsetzen und den Bau des Limes beginnen.

Ein halbes Jahrhundert zuvor waren die beiden Völker durch eine dritte Großmacht getrennt: durch die eben erwähnten Kelten. Ihr weit ausgedehnter Staatenbund quer durch Europa kannte wenig Straffheit und Zusammenhalt. Deshalb war es den Römern eine vielversprechende Aufgabe, die Kelten niederzukämpfen. Den letzten Sieg trug Caesar in seinem gallischen Krieg davon. Aber gibt es endgültige Siege? Im gleichen Augenblick standen die Römer vor einem neuen Gegner: vor den Germanen, die ihnen eines Tages überlegen werden und das Erbe Roms antreten sollten.

Aber so weit war es längst noch nicht.

Germanen. Woher kommt dieses Wort? Viele Erklärungen hat es gegeben. Am einfachsten und vermutlich richtig wird es von „Germani" = dem lateinischen Wort für Brüder hergeleitet. Die Waffenbrüderschaft männerbündischer Disziplin und Ekstase bei einzelnen Stammesverbänden, mit denen die Römer zunächst in Fühlung kamen, wird ihnen am meisten aufgefallen sein. Uns fällt auf, daß die germanischen Stämme gar keine größere Verbindung erstrebten, also auch kaum einen sammelnden Volksbegriff kennen konnten, und somit immer nur in kleinen Verbänden Brüderschaft hielten. Das Wort ist demnach eine rein lateinische Bildung ohne Entsprechung im Norden. Germanen hat es bei den Germanen nie gegeben.

Was nun die Römer von diesen Germanen wußten, war zunächst nicht viel. Es mag durchaus verständlich sein, daß sie Pytheas keinen Glauben schenkten. Daß es dort drüben, jenseits von Gibraltar und England, auch noch Menschen geben sollte, das muß den Römern wie eine Fabel vorgekommen sein! Die ersten Berichte zu Augustus' Zeiten atmen noch Schrecken und Zweifel.

Vier Jahre vor der Schlacht im Teutoburger Wald hatte eine römische Flotte die Rheinmündung erreicht, segelte über „ein vorher nie gehörtes und unbekanntes Meer", also über die Nordsee, und fuhr dann die Elbe stromaufwärts. Und nach einer Flottenexpedition bis Helgoland heißt es:

„Jeder, der aus der Ferne wiederkehrte, hatte Wunderbares zu berichten von der Gewalt der Wirbelwinde, von seltsamen Vögeln, Seeungeheuern, Zwittern von Mensch und Tier, mochten sie diese nun wirklich gesehen oder in ihrer Furcht nur daran geglaubt haben."

Noch scheint man sich in Rom den Geschichten der Seefahrer gegenüber skeptisch verhalten zu haben, doch lag ein tatsächlicher Bedarf nach einer sachlichen Völker- und Länderkunde Germaniens vor, den Strabo, Plinius, Tacitus und Ptolemaeus deckten. Besonders Tactius' „Germania" aus dem Jahre 98 n. Chr. ist eine Quelle ersten Ranges, in der auch die Skandinavier behandelt werden.

Römer contra Nordgermanen. Mit dem Maßstab der römischen Hochkultur gemessen, erscheinen uns letztere noch als primitive Völker. Zwar ist ihre wirtschaftliche Leistung im Zuge der Klimaverschlechterung hervorragend gewesen, ihre menschlichen Pflichten und sozialen Ordnungen dürfen wir vermutlich ebenfalls hoch einschätzen, da sie später zu einer so großartigen Entfaltung kamen, aber die primitiven Züge ihres Daseins sind trotzdem unverkennbar. Die Menschen Skandinaviens lebten in einer rein bäuerlichen Gemeinschaft. Das Kunstgewerbe war sauber, aber äußerst bescheiden. Von einem Kunststil, einer wirklichen Kunst ist ebensowenig zu sehen wie bei einem vornehmen, höfischen Besteller oder Abnehmer solcher Produkte. Denn es mag Häuptlinge oder Anführer gegeben haben, aber sie zählten ebenfalls zur bäuerlichen Gemeinschaft. Man wird sich abends am Feuer Sagen und Märchen erzählt haben, die seit alters her weltweite Verbreitung genossen, und die wir heute noch, in modernisierten Formen, bei den Brüdern Grimm wiederfinden. Dazu grausame oder freundliche Erzählungen von Drachen, Waldungeheuern und Naturgeistern, die ebenfalls zeitlos sind. Aber von einer wirklichen Dichtung, von einer mündlich überlieferten Poesie oder einer geschichtlichen Chronik ist nichts zu bemerken, ebenso wie es keine Schrift gab. In der Religion herrschte anscheinend ein tiefer, ehrlicher Glaube, der sich jedoch noch mit grob primitiven Zügen mischte.

Unter solchen wirtschaftlichen, kulturellen und geistigen Voraussetzungen mußten sich nun also die Nordgermanen, genauso wie die Germanen in Deutschland, mit dem römischen Kulturgut auseinandersetzen. Das ist die große Begegnung, eine der größten der Menschheitsgeschichte, durch die das griechisch-römische Erbe von den Völkern nördlich der Alpen übernommen und weitergeführt werden sollte. Es mußte allerdings den verfeinerten und hochzivilisierten Römern unwahrscheinlich anmuten, daß diese Barbaren, die Bärtigen, die rohen und derben Völker am Rande der Welt, die abendländische Kultur sollten weiterführen und steigern können. Ähnliches wird auch keine unter den germanischen Völkerschaften damals gedacht haben. Als große Kulturen am Mittelmeer schon ausgetilgt waren, fingen sie erst langsam an heranzureifen. In ihnen steckte ein noch ganz unerschlossener Geist, eine jungfräuliche Ahnungslosigkeit, völlig von den entscheidenden und befruchtenden Anregungen abhängig, welche den in ihnen ruhenden Möglichkeiten zu einer so reichen Blüte verhelfen sollten, zu Spitzenleistungen des menschlichen Geistes, der menschlichen Zivilisation und Technik.

Diese ersten und entscheidenden Anregungen von den Römern vermag die Vorgeschichte nachzuweisen und den germanischen Gestaltungswillen von dem römischen Erbe zu trennen, eine Forschungsaufgabe, die noch lange nicht abgeschlossen ist, aber jetzt schon besonders klare Ergebnisse über die erste Begegnung der beiden Völker gestattet

Wir sprechen von einer römischen Eisenzeit, welche nördlich der Alpen die keltische Eisenzeit ablöst. Der Wechsel wird etwa zur Zeitenwende stattgefunden haben. In Böhmen gründete Marbod den Markomannenstaat, der die Schleusen für die römischen Handelsprodukte nordwärts öffnete, und im Westen ermöglichte die Festlegung des Limes ebenfalls einen friedlichen Kontakt.

Unter den Nordgermanen bekamen die Völker in Dänemark durch ihre Lage zuerst Fühlung mit den Römern. Und wie wirkte sich nun diese Begegnung in der Praxis aus? Gleich am Anfang steht ein prachtvoller Fund, an Qualität von keinem späteren übertroffen, an Reichtum kennzeichnend für all das Neue, das jetzt im Anzug ist.

1920 fand man bei Hoby auf der Insel Lolland ein Grab, worin der Tote ohne vorherige Einäscherung beigesetzt worden war. Das Skelett zeugte von einem schlank gebauten Mann, mittleren Alters, 187 cm groß. An seiner Seite lagen nicht weniger als sieben Schmuckfibeln, zwei Goldfingerringe, Schnalle, Messer und andere Kleinigkeiten, vor allem aber ein prachtvolles, römisches Tafelgeschirr: zwei figurengeschmückte Silberbecher und aus Bronze ein schöner Eimer, eine Kasserolle, deren Griff den Namen des Anfertigers trägt, CN. TREBELLIUS ROMANUS, eine außerordentlich elegante Weinkanne und eine ebenfalls prunkvolle Schüssel mit zwei Griffen. Letztere zeigt eine anmutige Aphrodite, von vier Eroten umgeben. Zwei fliegen auf die nackte Liebesgöttin zu und schmücken ihre Haare mit Bändern, zwei stehen und reichen ihr einen Spiegel und eine Taube als Sinnbild der Liebe. Hinzu kommen eine kleine Tasse, ein Bronzetablett und aus einheimischer Produktion der Henkel dieser Tasse, die Metallbeschläge für zwei Trinkhörner und drei Tongefäße.

Am meisten ziehen die Silberbecher alle Augen auf sich durch ihre edle Form und die ruhig abgewogenen Gestalten, welche eine der schönsten Szenen aus der Ilias wiedergeben, und zwar die, wie Priamos sein belagertes Troja verläßt, um in das Lager der Griechen einzudringen, und Achilleus bittet, ihm die Leiche seines gefallenen Sohnes Hektor freizugeben. Auf der einen Seite sehen wir die griechischen Soldaten ruhen, nachdem Hermes sie in einen tiefen Schlaf versenkt hat, während Idaios, der Wagenlenker des Priamos, neben dem hohen, zweirädrigen Wagen wach und in schweren Gedanken vertieft sitzt. Auf der anderen Seite des Bechers spielt sich die Hauptszene im Innern des Zeltes ab. Auf dem Stuhl sitzt Achilleus, nackt, nur mit einem leichten Tuch über den Hüften, während Priamos, von außen kommend, eine Tracht mit Mantel, langen Ärmeln, Hosen, Stiefeln und phrygischer Mütze trägt. Er sinkt zu Achilleus' Füßen, küßt ihm die Hand und senkt seine eigene Linke zur Erde, Untertänigkeit ausdrückend. Beiderseits betrachtet das Hausvolk verwundert dieses Ereignis:

… und Priamos sprang vom Wagen zu Boden,
Ließ dann Idaios im Hof, daß dieser die Rosse und Mäuler
Wartend halte. Der Greis schritt stracks in des Zeltes Behausung,
Wo der Platz des göttergeliebten Achilleus und drinnen
Fand er ihn; und abseits saßen die Freunde …
Unbemerkt trat ein der große Priamos, näher
Kam er, umfaßte die Knie des Peliden und küßte die wilden,
Mordenden Hände, die ihm so viele Söhne erschlagen.
Wie ein Mann, der in schwerer Betörung im eigenen Lande
Einen andern getötet und nun in die Fremde geflüchtet
Zu vermögenden Leuten – sein Anblick erfüllt sie mit Staunen;
So erstaunte Achill bei des göttlichen Priamos Anblick;
Auch die Genossen erstaunten, und einer blickte zum andern.

Von derselben Hand stammt der zweite Silberbecher, der das Leiden des Helden Philoktet in Bildern nach Sophokles' Tragödie wiedergibt, seinen Schlangenbiß und Odysseus' Besuch bei ihm auf Lemnos.

Die beiden Becher sind als Paar für hohe Gastmahle gedacht, und der Künstler gibt sich mit Namen bekannt, auf dem einen Becher in griechischen Buchstaben, auf dem anderen in lateinischen, CHEIRISOPHOS EPOI. Er ist ein Grieche, der ein griechisches Thema für einen römischen Besteller meisterhaft aufgriff, und zwar als Rom unter Kaiser Augustus der griechischen Kunst zu einer neuen Blüte verhalf. Einwandernde griechische Künstler schalteten den hellenistischen Stil aus und pflegten das ruhig Abgewogene, Harmonische und Selbstbewußte der menschlichen Haltung, so wie wir es auf den Bechern des Cheirisophos sehen.

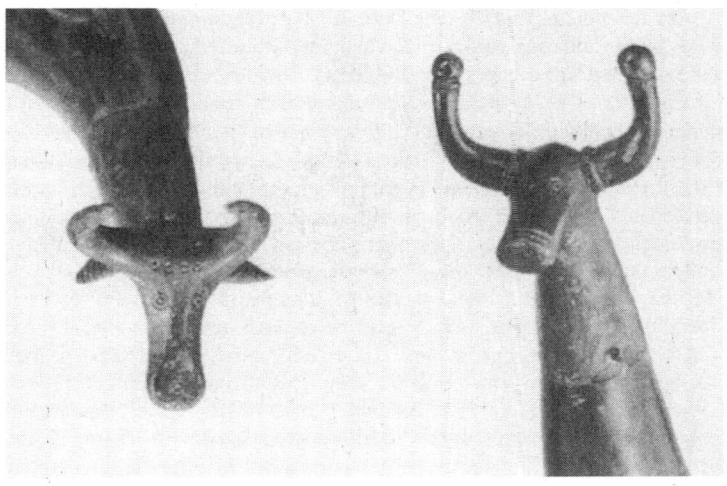

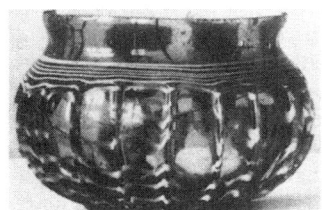

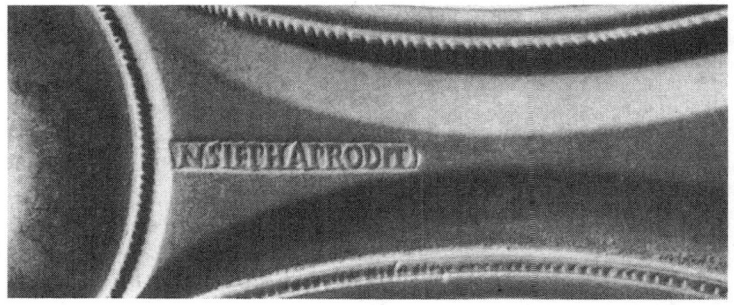

Trinkhornbeschläge aus Ardags, Gotland – Geflammte Gläser – Römischer
Namensstempel einer Kasserolle

Ein glücklicher Zufall hat uns zu alledem noch den Namen des ersten Besitzers dieser prachtvollen Kunstwerke gegeben: auf der Standfläche ist der Name SILLUS eingeritzt! C. Silius A. Caecina Largus war in den Jahren 14–21 „legatus exercitus Germaniae superioris", das heißt unter Drusus Germanicus höchster ziviler und militärischer Befehlshaber für Obergermanien mit Sitz in Mainz, der großen römischen Ausfallspforte in das Freie Germanien. Es ist kaum anders möglich, als daß dieser Silius aus den Silberbechern getrunken hat. Und wie kamen sie nun nach Lolland?

Die Römer pflegten ihren befreundeten Nachbarn diplomatische Geschenke zu überreichen. Aus dem Glücklichen Arabien heißt es im 1. Jahrhundert nach einer Aufzählung der Handels waren:

„Königen und Fürsten schenkt man … Goldsachen und Silberbecher mit Reliefdarstellungen … und Hausgerät aus Bronze!"

Von Barygaza in Vorderindien:

„Den Königen in diesen Gegenden gibt man köstliche Silbergefäße."

Und Tacitus berichtet von den Germanen:

„Man kann bei ihnen silbernes Gerät sehen, wie es ihre Gesandten und Fürsten als Geschenk erhalten."

Welcher Zeitpunkt wäre günstiger gewesen, um den germanischen Häuptlingen Friedensgeschenke zu überreichen, als gerade in diesen ersten Jahren der neueröffneten, friedlichen Beziehungen? Schreibt doch ein Berichterstatter im Jahre 14 über die genannte Flottenexpedition:

„Augustus' Flotte fuhr durch den Ozean von der Rheinmündung gegen Sonnenaufgang bis zu dem Gebiet der Kimbern, wohin weder zu Land noch zu Wasser ein Römer vor dieser Zeit gekommen war. Die Kimbern, Charuden, Semnonen und andere germanische Völker dieser Gegend haben durch Gesandte um die Freundschaft des Augustus und des römischen Volkes gebeten."

In dem Besitz dieses einen Mannes auf Lolland kommt wahrhaftig ein Stück Welt- und Kulturgeschichte zusammen, fixiert in der Zeitangabe: während Christus auf Erden lebte! Eine stärkere Verdichtung weltweiter Geschehnisse an einem einzigen Punkt ist kaum denkbar. Legen wir nun zu dem Augenblick der Geschenkübergabe an einen – angenommenerweise – damals noch jungen Häuptling die Jahrzehnte bis zu seinem Tod, dann kommen wir zu einer Grablegung um oder nach der Mitte des 1. Jahrhunderts, wofür auch unsere anderen archäologischen Argumente sprechen.

Flüchtig erwähnten wir oben die Neuigkeit, daß der Mann ohne vorherige Einäscherung bestattet worden war. Eine Veränderung der Bestattungsweise ist natürlich für uns Prähistoriker ein Ereignis, das wir dankbar wahrnehmen, da es uns wichtige Aufschlüsse gestattet.

In ältesten Zeiten der Menschheit kannte man ausschließlich die Körperbestattung. Etwa in der Mitte der Bronzezeit tauchen die allerersten Brandgräber auf. Noch liegen die verbrannten Knochen in 2 m langen Särgen, ehe man sich bewußt wird, daß sie einen weit kleineren Grabraum brauchen. Die Einäscherung ist eine Abstraktion, eine Vergeistigung, ein Gefühl, daß der unsterbliche Geist im Jenseitsbereich nicht mehr seiner körperlichen Hülle bedarf. Allmählich werden auch die Beigaben auf das Scheiterhaufenfeuer gelegt, und man verzichtet immer mehr sowohl auf Beigaben wie auf eine gepflegte Grabstätte. Die Gräberlosigkeit der ältesten Eisenzeit scheint vielen Forschern die letzte Konsequenz der Einäscherung zu sein, der völlige Verzicht auf die irdischen Güter und das leibliche Wohl. Dann kam die Brandgrubensitte auf, die immerhin eine bescheidene Mulde für die Knochen forderte und ein Ausdruck des Gemeinschaftslebens war.

Und zu Beginn der römischen Eisenzeit tritt plötzlich die Körperbestattung wieder auf, die es seit 1000 Jahren auf dem skandinavischen Festland nicht mehr gegeben hatte. Von den Römern kommt der neue Ritus nicht, da sie eingeäschert wurden. Die Wandalen in Schlesien und viele Kelten im Süden pflegten ihre Toten ohne Einäscherung zu bestatten, aber eine direkte Herleitung von ihnen will auch nicht recht glükken. Es waren u. U. nur einige wenige fanatische Männer erforderlich, um die neue, religiöse Botschaft zu predigen. Eine merkwürdige Bereitschaft muß irgendwie vorhanden gewesen sein, so wie es manchmal bei Kulturerscheinungen der Fall ist. Es lag sozusagen in der Luft. Die Skelettgrabsitte strahlt von einem uns unbekannten Zentrum nach allen Richtungen aus und nimmt von Landschaft zu Landschaft neue Formen an. Und sie bedeutet schlagartig eine Rückkehr in einen primitiven, konkreten Jenseitsglauben.

Die neue Lehre fand an der Ostküste der Halbinsel Jütland dankbare Jünger. Daß der Tote im Grabe wohnen sollte, ist an den dortigen Gräbern unverkennbar. Für Speise und Trank ist in naiver Weise gesorgt. Wir können die Himmelsrichtung der Gräber mit kindlicher Logik ausrechnen, noch ehe wir sie kennengelernt haben. Ein ruhender Mensch schläft am besten auf der rechten Seite und nicht auf der Herzseite, er muß dabei natürlich mit dem Gesicht der hochstehenden Sonne zugewandt sein. Folglich muß das Grab ost-westlich ausgerichtet sein, mit dem Kopf im Westen, so daß das Gesicht nach Süden schaut. Vor dem Toten stehen dann auch die Tongefäße für seine Sättigung, sein ganzes Tafelgeschirr, mindestens eine große Vorratskruke, ein kleinerer Henkeltopf, ein Fußbecher und darin eine Henkeltasse. Eins von den kleineren Gefäßen ist sogar dicht vor seinen Mund geschoben und von den erstarrten Händen umfaßt. In der Südostecke des Grabes kehren immer eine große Schüssel und eine kleine Schale wieder. Darüber hinaus kommen des öfteren drei weitere Gefäße vor, so daß das ganze Geschirr bis zu 9 Tongefäße umfaßt. Mitten an der südlichen Längsseite liegen Knochen von Rind, Schwein und Schaf, also das Fleisch von Stücken dreier Tiere, auf einem großen Holzteller, sehr ordentlich mit einem eisernen Vorschneidemesser darüber. Der persönliche Metallschmuck des Toten ist auch vorhanden, während Waffen nur auf einigen wenigen Gräberfeldern vorkommen. Die Waffenlosigkeit der Männergräber ist sonst auffallend. Gleich unterhalb der Erdoberfläche findet man häufig Tonscherben, anscheinend von Grabmahlzeiten, die die Lebenden in gedachtem Beisammensein mit dem Toten abhielten, oder als regelrechte, weitere Speiseopfer für den Toten.

In Nordjütland erhielt die neue Sitte ein anderes Aussehen. Dort begann man plötzlich schwere Steinkammern zu bauen, so gut mit kleinen Steinen und Lehm abgedichtet, daß die Kammer manchmal bis heute erdfrei geblieben ist. Auch hier findet man ganze Tafelgeschirre, aber nicht so gleichmäßig gedeckt wie weiter südwärts. Und häufig sind mehrere Personen zusammen bestattet worden. Die Kammern erinnern auffallend an die Hünengräber der Steinzeit und sind offensichtlich in gleicher Weise als ewige Wohnung für die Bauernfamilien gedacht.

Ein schweres „Steinhaus" überraschte den Ausgräber. *Vor* dem Eingang lagen Mann und Frau zusammen mit ihren 25 sorgfältig aufgestellten Gefäßen, aber im Inneren lag nur ein einsamer Mann ohne Beigaben. Er ist in ein schon fertiges Totenhaus eingezogen, nachdem man es für ihn mit einer gewissen Sorgfalt ausgeräumt hatte! Den Grund dafür kennen wir nicht.

Die Leichenverbrennung besteht nebenbei weiter, und wenn wir aus einem großen Leichenbrandbehälter die Scherben von einem ganzen Tongeschirr heben und acht Kruken, Schalen und Tassen zusammensetzen, dann verstehen wir, daß auch hier der Gedanke an das Weiterleben des Toten in seinem Grabe eingedrungen ist, daß auch der Eingeäscherte von Speise und Trank Gebrauch machen sollte. Das Naive erschüttert uns, nach der Abstraktion, von der die schlichte Brandgrube und die gräberlose Zeit zeugen.

Dieser neue Ritus, der gleichzeitig mit dem römischen Einfluß auftaucht, aber nicht von den Römern hergeleitet werden kann, war unbedingt erforderlich, wenn römische Bronzegeschirre und Silberbecher in die Erde kommen sollten. Besaß der Verstorbene vornehme Metallgefäße für seine Festtafel, dann wurden ihm natürlich auch solche an Stelle der Irdenware beigegeben. Die neue Grabsitte bildet entschieden die Voraussetzung für die Beigabe der mitunter sehr reichen Tafelaufsätze und der Schmuckgegenstände.

Händler hatten schnell ausfindig gemacht, daß solche Waren bei den

Germanen begeisterte Aufnahme fanden und viel verlangt wurden. Auch hatten die Nordländer Bernstein und köstliche Tierfelle als Tauschware, und die Wasserwege auf den nordwärts fließenden Flüssen waren in langen Friedensperioden relativ sicher. Wenn auch der Hoby-Fund als wahrscheinliches Fürstengeschenk alle anderen Bronzegeschirre überragt, so bezogen immerhin die Händler ihre Waren aus der vornehmsten römischen Gelbgießerstadt, aus Capua, 30 km nordwestlich des Vesuvs. Die Güte des Metalls, die Haltbarkeit selber der zarten Stücke, die feine, antike Verzierung und die wiederholt auftauchenden Fabrikantennamen zeugen von hoher Qualität, besonders bei den frühen Stücken.

CIPIUS POLIBIUS hieß der capuanische Fabrikant, dessen Stempel wir am häufigsten auf Kasserollen und Schöpfkellen finden, bis jetzt in sechs verschiedenen, dänischen Funden. Er gehörte zu einer bekannten, großen Familie mit mehreren aktiven Handwerkern, deren Erzeugnisse auch in Zentraleuropa und England gefunden werden. Ein anderer Meister, dessen Namen wir in drei dänischen und einem nordschwedischen Grab wiederfinden, hieß ANSIUS EPAPHRODITUS. Diese beiden Namen lesen wir auf drei Schöpfkellen in einem Grabe bei Annasholm auf Fünen, und beide Namen tauchen auch auf Kasserollen in Pompeji und in Herculaneum auf! Es liegt also völlige Parallelität zwischen den vulkanzerstörten Städten und den dänischen Gräbern vor. Das gibt uns einen sicheren Beweis dafür, daß beide Gelbgießer vor dem Jahre 79 n. Chr. tätig waren und daß die Kasserollen zusammen aus Capua nach dem Norden versandt wurden.

Natürlich konnte sich nicht jeder ein komplettes Tafelgeschirr leisten, und deshalb war auch für einzelne Eimer oder niedrige Becken ein guter Absatz. Desgleichen waren die Schöpfkellen mit Stiel besonders geeignete Handelswaren, die in den Gräbern einzeln, als Paar oder zu dritt liegen, so wie sie sicherlich ursprünglich im täglichen Leben Verwendung fanden. Das größte dieser Stücke ist die Kasserolle, durch eine ordentliche Standfläche und einen breiten, platten Griff mit abschließendem, rundem Loch gekennzeichnet. Die eigentliche Schöpfkelle und das zu ihr passende Sieb haben einen dünneren, gerundeten Boden und schmalen oder platten Griff. Mit der Schöpfkelle wurde der Wein aus einem großen Vorratsgefäß geschöpft, durch das Sieb in die Kasserolle gegossen, und damit der krümelige Satz von dem klaren Trunk entfernt. Beim Zusetzen von Wasser, wie die Südländer es von jeher zu tun pflegten, fand meist eine mäßige Erhitzung statt.

Kam damals mit dem Geschirr auch Wein nach dem Norden? Wir wollen uns den Wein gerne als seltenes und feinstes Luxusgetränk in wohlhabenden Bauern- und Häuptlingshäusern vorstellen, auch wenn wir nichts Sicheres darüber wissen und wenn selbstgebraute Rauschgetränke natürlich vorherrschten. In einem Bronzegefäß konnte ein Schorf mikroskopisch untersucht werden. Er bestand aus Gerste und Preiselbeeren, Moosbeeren und Pors (Myrica gale) und war gegoren. Tactius wußte darüber Bescheid, denn er beschreibt „ein Getränk aus Korn und Weizen, durch Gärung verpfuscht zu einer gewissen Ähnlichkeit mit Wein". An weinähnlichen Wirkungen wird es sicherlich nicht gefehlt haben! Und das Sieb kam für ein solches Getränk erst recht zur Verwendung.

Wer sich nun aber leisten konnte, der tauschte sich ein komplettes römisches Bronzeservice für seine Festmahlzeiten ein. Es weist immer wieder dieselbe Zusammensetzung auf: einen großen, bäuchigen Kessel oder hohen Eimer, Kasserolle mit Schöpfkelle und Sieb, ein großes Bekken oder eine Schüssel, die im Süden zum Spülen der Hände, im Norden wohl eher für Speisen verwendet wurde. Man trank aus natürlichen Ochsenhörnern, in den Gräbern leicht durch ihre Metallbeschläge nachweisbar. Aber der Hoby-Häuptling trank aus seinen einmalig schönen Silberkelchen, andere vornehme Männer und Frauen erhielten zusammen mit dem Bronzegeschirr zwei Gläser.

Phantastisch, wie die Gläser sich 2000 Jahre in der Erde erhalten haben, hauchdünn und dennoch ganz oder fast unbeschädigt. Andere Male hat ein ahnungsloser Bauernspaten mitten in sie hineingestochen, oder sie können aus sich selbst heraus in ein loses Pulver aufgelöst sein, dessen Existenz nur das behutsame Grabungsmesser ahnen läßt.

Nicht einmal in Italien lagen die Glashütten der frühen Kaiserzeit; diese empfindlichsten Importstücke sind vielmehr Sendboten aus dem noch weiter entfernten Ägypten und Syrien. Erst der römische Umschlaghandel brachte sie nach Italien, wo sie hoch begehrt, Edelsteinen ähnlich bewertet wurden. Dem römischen Geschmack entsprechend stellte man sie mit dem capuanischen Bronzegeschirr zusammen, wonach sie nordwärts wanderten, da sie ebenfalls dem germanischen Geschmack entsprachen.

Außerordentlich hochwertige Gläser lernen wir in ein paar reichen Frauengräbern bei Juellinge kennen, ebenfalls auf Lolland, kaum 15 km von dem Hoby-Fund entfernt. Vier Frauen waren nebeneinander bestattet worden und trugen je drei oder vier Fibeln, feinen Goldschmuck um den Hals und in den sicherlich gepflegt frisierten Haaren lange Haarnadeln aus Gold und Silber. Kamm, Messer, Schere, Spinnwirtel und Schlüssel für einen ebenfalls mitgegebenen Holzkasten gehören zu den weiteren persönlichen Gebrauchsgegenständen. Und dann sind es wieder die Gefäße: bauchige Kessel, Schöpfkelle und Sieb, Trinkhörner, einige Tongefäße, Knochen von Schwein, Rind und Schaf, und schließlich insgesamt vier hervorragende Gläser.

Zwei sind eigentlich bauchige Schalen, gerippt und dunkelblau mit ein-
gemischten, weißen Fäden. Ähnliche Scherben sind im Kastell Hofheim
gefunden worden, das die Römer im Jahre 79 räumten, während solche
in jüngeren Siedlungen fehlen. Im selben Grab lag auch eine Kasserolle,
auf deren Griff wir Ansi Diodo lesen, d. h. Ansius Diodorus, und sein
Namensstempel ist auf Kasserollen in Pompeji, also ebenfalls vor dem
Jahre 79, angetroffen worden. Etwa zu diesem Zeitpunkt (rechnen wir
mit einer Spanne von 10 oder höchstens 20 Jahren) hat diese Frau ihr
Tafelgeschirr erhalten. Wie lange sie nach dem Kauf des Tafelgeschirrs
noch gelebt hat, wann also die Grablegung stattfand, kann für die Anfertigung von Haarnadeln, Anhängern und Prunkfibeln von Bedeutung
sein, denn es ist möglich, daß diese Schmucksachen um Jahrzehnte jünger oder älter sind. Aber das sind schwierige Beurteilungsfragen der
Forschung.

Von dem zweiten Paar zerfiel das eine Glas in ein Pulver, aber das
andere konnte gerettet werden und ist ein hervorragender, konischer
Fußbecher mit dichtgestellten, sechsseitigen, eingeschliffenen Facetten.
Ein ganz ähnlicher ist auf Gotland gefunden worden, Scherben anderer
Stücke stammen aus weit verschiedenen Gegenden: Pompeji, Zypern,
Vindonissa, Trier, England und Afghanistan. Mit deren Hilfe können
wir behaupten, daß das Geschirr rund um das Jahr 100 gehandelt wurde. Käuferin war eine etwas über 30 Jahre alte Frau, 1,69 m groß. Erwähnen wir noch, daß sie am rechten Ringfinger einen glatten Goldring
trug, unseren Eheringen ähnlich! Der Schaft des Bronzesiebes lag an
ihrer gebogenen Rechten, die Fingerknochen dicht um die Schale, die
Daumenknochen innerhalb, und die Kante an den Zähnen, die vom
Metall Grünspan aufwiesen. Natürlich sollte sie nicht aus dem Sieb
trinken. Das wäre ein Unsinn gewesen. Als sie schon in Schlafstellung
zur letzten Ruhe gebettet war, dürften die Hinterbliebenen ihr impulsiv
das Sieb in den gebogenen rechten Arm gedrückt haben, um sie im Grabe voll tätig darzustellen. Gerade in ihrem Kessel, oberhalb des Hauptes, haben die Chemiker das erwähnte Rauschgetränk nachgewiesen.
Sie sollte also diesen Met vor dem Trinken noch absieben. Ihre geschlif-
fenen Gläser lagen zusammen mit anderen Kleingegenständen in dem
Holzkasten, dessen Metallbeschläge zeigen, daß er offen stand. Hier
bietet uns der Einzelfall eine rührende Ergänzung zu der neuen An-
schauung, die wir vorher in der Menge der Grabanlagen kennenlernten,
und zwar, daß der Tote im Grabe weiterhin lebte, tätig war und auch
körperlicher Ernährung bedurfte.

Die Personalien der dritten Frau: über 60 Jahre alt, völlig zahnlos,
1,63 m groß. Neben ihren Bronzegefäßen gab es keine Gläser, sondern
nur zwei einheimische Trinkhörner. Die vierte Person war ein etwa
13jähriges Mädchen, dessen Skelett bis auf die Zähne, die das Alter zei-

gen, vergangen waren. Sie lag in der Reihe zwischen den reich ausgestatteten Gräbern, hatte aber nur drei Fibeln, keinen Goldanhänger um
den Hals, etwas einfachere Haarnadeln und vor allem kein Metallge-
schirr, sondern nur ein schlichtes Tongefäß. Ebenbürtig mit den anderen Frauen, kam ihr der Platz zu, aber sie hatte noch keinen Tafelauf-
satz erwerben können, der ihr als Eigentum ins Grab folgte. Unerwartet
tritt uns damit das Jungmädchenhafte entgegen. Das Verwandtschafts-
verhältnis der vier Familienmitglieder können wir allerdings nicht ergründen, wir schätzen drei aufeinanderfolgende Generationen eines
wohlhabenden Bauernhauses und suchen vergebens nach den Ehemän-
nern dieser so selbständig mit Trinkgeräten ausgestatteten Frauen.

Alle diese eingeführten römischen Gefäße zu bearbeiten, ist eine gänzlich andere Forschungsaufgabe, als die Wirtschaftsprobleme der keltischen Zeit zu studieren. Bei dem römischen Import handelt es sich letzten Endes um eine doch recht begrenzte Zahl genau feststehender Typen, die von einigen wenigen römischen Industriezentren ausgegangen
sind, in den Schutthaufen der Provinzen und Grenzbefestigungen als
kleine Bruchstücke auftauchen und darüber hinaus im Freien Germani-
en hervorragend gut erhalten und mit einer gewaltigen Häufung gerade
auf den dänischen Inseln vorliegen. Hier sind große Einzeluntersuchun-
gen, die sich glücklich ergänzen würden, undenkbar. Dafür gibt es eine
Unmasse von kleinen Aufsätzen, die eine unerhört spezialisierte Formenkunde treiben. Von deutscher Seite aus kommen schöne Verbreitungskarten aller bis jetzt im Freien Germanien gefundenen Gefäße. In
Schweden ist neben vielen anderen – ein Forscher jahrzehntelang unermüdlich tätig. Ein erster großer Fund aus Finnland läßt aufhorchen,
und auch die Norweger beteiligen sich, je nach dem Reichtum ihrer
Funde. Letzten Endes laufen doch verständlicherweise alle Fäden bei
den dänischen Forschern zusammen, um nicht zu sagen bei einem von
ihnen, der den einen kleinen Beweis an den anderen fügt. Und wir haben begründete Hoffnungen, in schätzungsweise 20 Jahren doch alle
Typen richtig zu erkennen, ihr relatives Alter abzuschätzen und auch
absolute Jahreszahlen zu erhalten.

Reiche Neufunde in Dänemark erwecken Hoffnungen, daß der dänische Boden noch längst nicht erschöpft ist. Stenlille und Dollerup heißen die Ortschaften der prachtvollen Neufunde aus der Mitte des 2.
Jahrhunderts. Letztere bot sogar ein Doppelgrab, und darin zwei der
seltenen Silberbecher, diesmal aber „nur" mit feiner geometrischer Verzierung und einer ganz anderen Form als im Hoby-Grab.

Sie dürften Kunsterzeugnisse aus Pannonien sein und gefallen auch
durch ihre Henkelansätze, die in stilisierten Drachenköpfen enden.

Im deutschen Raum besteht weiterhin das starke Spannungsfeld der verschiedensten Völker und Kulturen. Durch die Fülle der römischen Schriftquellen kennen wir die Namen der westgermanischen Stämme: die Friesen, Chauken und Angeln an der Nordseeküste, die Cherusker und Chatten im Inlande, um und östlich der Elbe die Sueben und Langobarden, sowie die Hermunduren, deren Land bis nach Regensburg reichte, und nur einige der wichtigsten Stämme zu nennen. Durch die ständigen Kämpfe gegen die Römer verhielten sie sich in gewisser Hinsicht ablehnend dem Römischen gegenüber, andererseits wurde ihr Leben stark von diesen Kämpfen und von der Nähe zum Limes geprägt. So wuchsen im Lauf der Kaiserzeit durch Umbildungen der alten Stämme die neuen Völkerschaften hervor: die Sachsen, die Franken, die Alemannen, die Thüringer und die Bajuwaren.

Weit unruhiger standen die Ostgermanen als geschlossene Stammesblöcke da. An erster Stelle die Goten, die gegen Ende des 2. Jahrhunderts von der Weichselmündung ans Schwarze Meer weiterzogen. Ihre westlichen Nachbarn an der Ostsee, die Wandalen, bewegten sich parallel mit ihnen südwärts nach Ungarn, während die Burgunder vom Odermündungsgebiet quer durch Europa südwestwärts ziehen und die Langobarden, als östlichstes Volk unter den Westgermanen, der Elbe aufwärts wandern wollten. Da gab es keine Seßhaftigkeit, sondern die Vorboten der kommenden Völkerwanderungszeit.

In Nord- und Mitteldeutschland finden wir auch so reich mit Tafelgeschirr ausgestattete Gräber wie die dänischen. Unter ihnen steht der Fund von Lübsow in Pommern an erster Stelle, ebenfalls mit zwei Silberbechern, zahlreichen Bronzegefäßen, einem Trinkhorn und Schmuckstücken. Die überreichen Gräber zeugen von einer gehobenen Herrenschicht, und im kommenden 3. und 4. Jahrhundert heben sich eine begrenzte Anzahl Skelettgräber mit reichen Beigaben von den umliegenden ärmlichen Brandgräbern, z.B. bei Haßleben im Kreise Weimar, Leuna und Merseburg, Häven in Mecklenburg und Sackrau in Schlesien. Sie geben uns eine Fülle von prächtigen Fundstücken und spiegeln soziale Schichtungen, wie wir sie zunächst in ähnlicher Weise in Dänemark kennenlernen wollen, später auch in Ostschweden.

Scharf tritt die große Veränderung im römischen Handel auf, etwa gegen Ende des 2. Jahrhunderts. Die Galmeivorkommen bei Gressenich, 15 km östlich von Aachen, werden in Betrieb genommen. Eine blühende Metallindustrie erwächst dort und reißt den germanischen Handel an sich, Capua verdrängend. Die Kasserollen verschwinden, während Schöpfkellen und Siebe bleiben. Die alten Eimertypen werden von zwei neuen abgelöst: dem Hemmoor-Eimer, benannt nach einem früheren Fundort unweit Hannover, aus Messing und in der Form etwa wie ein

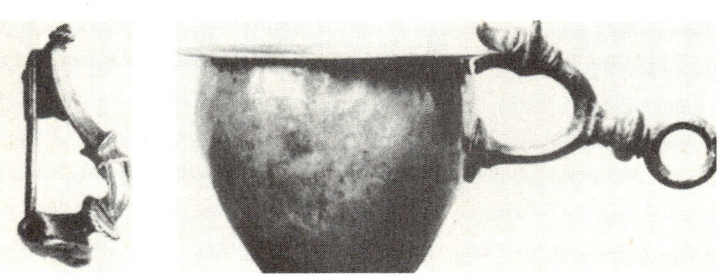

Tafelgeschirr aus dem reichen Körpergrab von Hoby, Lolland

vergrößerter Eierbecher, und als zweites Großgefäß ein gewellter, bauchiger Kessel.

Nicht nur die Bronzeindustrie wird in die Provinz verlegt, sondern auch die Glasanfertigung, und zwar in die gleiche Gegend, an den Rhein bei Köln. Alle jüngeren Gläser kommen, soweit bis jetzt ersichtlich, aus dem Rheinland. Die Qualität ist weder in Bronze noch in Glas gleichwertig mit den capuanischen Stücken, auch verschwinden Namensstempel völlig. Es sind Provinzwaren, Massenanfertigungen der endenden Kaiserzeit, für Export gedacht, aber doch immer noch von hoher Durchschnittsqualität, formenreich, freudig, Zeugen eines blühenden Unternehmens.

Da steht uns also ein überreicher Fundstoff zur Verfügung, und unser Ziel ist, eine Kulturgeschichte schreiben zu können, nicht des römischen Exports, sondern des germanischen Verhaltens. Mit diesem Ziel wird auch die Formenkunde des Archäologen spannend – nicht im Eiltempo der Tageszeitungen, sondern im Rhythmus der prähistorischen Jahrbücher, die ihm neue Indizien vorlegen, menschenmögliche Erkenntnisse über menschliche Geschehnisse. 1700 Jahre sind es, die wir in diesem Falle überbrücken wollen. Während dieser langen, langen Zeitspanne war unser Erdbodenarchiv fest verschlossen. Jetzt wühlen starke Baggermaschinen den Boden durch und bringen die Funde ans Licht. Nur in unserem Jahrhundert sind diese wissenschaftlichen Erkenntnisse möglich. Schon darin liegt eine Verpflichtung. Aber wir ahnen auch den letzten Antrieb. Nicht aus Liebe zu alten Sachen, nicht aus Nationalstolz, nicht um Besserwisser zu sein und herablassend sagen zu dürfen: „Was man damals doch schon konnte!" Sondern um die Menschwerdung kennenzulernen, den mühseligen Weg vieler Generationen bis in die Gegenwart, letzten Endes um den Menschen selbst in seinem Leid und Glück, in seiner Urwüchsigkeit, in seiner Schaffensfreude wiederzufinden. Kurz gesagt, um uns selbst zu erkennen.

Die letzte Synthese vollzieht sich nicht auf den gedruckten Seiten eines Buches, sondern im Herzen eines jeden Menschen, der selbst im Leben steht. Und die Vorgeschichte trägt zunächst mühselig einzelne Erkenntnisse über die geistigen Auseinandersetzungen der Frühzeitmenschen mit ihrer Umwelt zusammen.

Hier wollen wir den Faden unseres Themas wiederaufgreifen: wie wirkte sich die erste Begegnung der Nordgermanen mit dem römischen Kulturgut aus? Zunächst betätigten sie sich ausschließlich als Käufer römischer Industrieprodukte. Neben den Gefäßen finden wir ab und zu auch andere Handelswaren, z. B. einige römische Fibeln und Bronzestatuetten antiker Götter. In einem Grabe lagen zwei Pinienfrüchte, die uns vermuten lassen, daß die Zahl der Dinge, die die Kaufleute mitbrachten, recht groß gewesen sein kann. Feine Stoffe und Holzschnitzereien sind ja alle vergangen. Die Händler waren natürlich am meisten willkommen, die vom Leben und Treiben in Rom und im Rheinland berichten konnten, vom Kaiser, dessen Bild sie auf Silbermünzen zeigten und der ein lebender Gott war, von wilden Abenteuern, Grenzgefechten und Seeschlachten, von wunderwirkendem Aberglauben und all den Geheimreligionen, denen auch die Soldateska im Süden verfiel. Wir dürfen uns auch den Handel, der ein so bedeutendes Ausmaß erreichte, als eine Gemeinschaftsleistung der Bevölkerung auf den dänischen Inseln vorstellen, welche gleichen Anteil am Erfolg – und am Risiko – hatte. Die Händler werden mit den Handelswegen südwärts genau vertraut gewesen sein und die Fabrikanten im Rheinland oftmals persönlich gekannt haben, andererseits aber auch die Pelzjäger in den nordischen Wäldern und die Bernsteinfischer an der jütländischen Küste auf schwierigen Fahrten aufgesucht haben. Reich wurden ja weniger die Warenerzeuger, sondern in allen Zeiten vorwiegend die Zwischenhändler. Die dänischen Inseln liegen im Schnittpunkt der nördlichen und der südlichen Handelsstraßen, welche die Reisenden vor ganz verschiedene Probleme stellten, und in den inseldänischen Gräbern häufen sich die typischen Handelswaren wie in keinem anderen Teil Skandinaviens. Dort befaßte man sich auch zuerst mit den Eindrücken aus dem Römerreich.

Der trojanische Krieg wird auf den Hoby-Bechern ohne Echo verklungen sein. Leichter verständlich war wohl die Aphrodite auf der Hoby-Schüssel. Rührige Töpfer fanden reizvolle Vorbilder in den Bronzeeimern und Becken. Ein Henkel einer Tontasse, eine einfache Menschenfratze, eine neue Form in der Vielfalt der Kruken zeugen von den ersten zögernden Nachahmungen. Man wird nach den Namensstempeln gefragt und staunend gehört haben, daß die Römer sich miteinander verständigen konnten, ohne ein Wort zu sagen, daß man also Namen und gehörte Worte sichtbar machen konnte. Aber noch setzten sich die Skandinavier kaum in irgendeiner Form ernsthaft mit dem Römischen auseinander.

Und doch ist hier das größte Geschehen einer menschlichen Gemeinschaft im Anzuge, die Synthese eines urwüchsigen Volkes mit einer reifen Hochkultur, eine Verschmelzung, die in historischer Zeit so glänzend gelingen, in der Völkerwanderungszeit schon einen ersten Höhepunkt erringen, und jetzt im dritten und vierten Jahrhundert mit den ersten bebenden Ansätzen versucht werden sollte.

Um dies zu veranschaulichen, wählen wir als würdiges Beispiel neben den älteren Fundorten Hoby, Juellinge und Dollerup, das kleine Gräberfeld von Himlingöje auf Seeland. Schon 1828/29 kugelten Bronzegefäße dort eine Böschung herunter und kamen durch Eingreifen der däni-

schen Königin ins Museum, leider aber noch längst nicht alle Stücke der
angeschnittenen reichen Gräber. Unter anderem suchte die Polizei einen schweren Goldarmreifen, der aber allzu schnell in einen Schmelz-
tiegel geraten war. Wir bewundern besonders eine prunkvolle Fibel, einen hohen Glasbecher mit aufgelegten farbigen Glasfäden, nicht zum
wenigsten, weil das Glas völlig unbeschädigt das Abenteuer in der Kiesgrube bestand, zwei eigenartige Silberbecher und einen Hemmoor-Eimer mit einem feinen Fries römischer Tierfiguren: Pferd, Löwe, Stier,
Bock, Hirsch und Schwein.

Dann blieb alles ruhig bis 1878. Ein Horn aus Glas rollte den Eisen-
bahnern entgegen und wollte ebenfalls unbeschädigt dem Becher im
Museum zur Seite gestellt werden. Ein Prähistoriker tastete den Erdboden ab, denn die Gräber lagen tief unter der ebenen Erde, aber ihm ent-
ging doch das Wichtigste. 1894 meldete sich schon wieder ein Glas zur
Stelle, ebenfalls mit dem Wunsch, unversehrt zu bleiben, diesmal ein
niedriger, zylindrischer Becher aus milchigem Material, mit wunderbar-
sten römischen Tierfiguren in Farben: einem Löwen, der einen Stein-
bock verfolgt, und einem grünen Panther. Nun folgte eine richtige Ausgrabung eines reichen Inventars aus Bronzegefäßen, Goldarmring,
Prachtfibel und persönlichen Gebrauchsgegenständen. Und besonders
fesselnd: im Mund des beerdigten Mannes lag ein plattes, rundes Gold-
stückchen! In der gleichen Weise pflegten die Griechen ihren Toten eine
Münze in den Mund zu legen, und zwar als Bezahlung für Charon, der
sie über den Styx rudern sollte, den Fluß, der das Jenseitsreich von der
Welt der Lebenden trennte. Ähnliche Vorstellungen hielten sich noch
lange und sind anscheinend im Zuge der römisch-germanischen Beziehungen auch nach dem Norden gekommen, sicherlich nicht als einziger
Ritus oder Aberglauben, sondern nur als einer, den wir besonders gut
nachweisen können. Mittlerweile kennen wir eine ganze Reihe solcher
Charonsmünzen in Skandinavien und wissen, daß ihnen auch eine andere Bedeutung zugeschrieben werden konnte: Schutz gegen böse Geister und dergleichen. Irrtümlicherweise nahmen die Ausgräber auch
dieses Mal an, Himlingöje hatte seinen letzten Schatz abgeliefert. Das
war aber nicht der Fall.

1948 war schon wieder ein Glas fällig, das sich leichter unbeschädigt
hielt, da es dick und dunkelgrün war, mit großen eingeschliffenen Ovalen. Nun können die Leute nie glauben, daß Gläser Altertumsfunde sein
könnten, und deshalb fraßen sich die Baggergeräte unbekümmert immer weiter in den Kies hinein, bis das nächste Grab 1949 sichtbar wurde, mit reichem Bronzegeschirr. Diesmal wurden die Ausgräber glücklicherweise alarmiert, denn nur mit ihrer Geduld konnten drei hauch-
dünne Glasschalen dieses Grabes unbeschädigt den früheren zur Seite
gestellt werden.

Aber jetzt erregten sich die Prähistoriker in Kopenhagen. Immer wieder diese angehackten Prunkgräber, diese unvollständigen Beobachtungen, der Gram, immer wieder zu spät zu kommen. Mußten sie stillschweigend abwarten?

Nein, es wurden Probeschächte gezogen. Da die Gräber nord-südlich ausgerichtet waren, legten sie die Schächte ost-westlich auf anderthalb Meter Entfernung. Dann wurde die Farbe der Erde studiert. An einer Stelle gab es eine kleine Verfärbung. Sie wirkte wie ein Geigerzähler des Prähistorikers. Man ging tiefer, stieß bald auf große Steine und war sich dann der Sache sicher. Noch ein Grab! Von ungewöhnlicher Tiefe. Und da wir wissen, daß die reichen Gräber tiefer als die armen eingebettet sind, so wurden Nerven und Erwartungen auf ein Höchstmaß geschraubt, als eine Rekordtiefe von z m vermessen wurde. Das reichste aller Gräber kam zum Vorschein, diesmal nicht in Wühltechnik, sondern mit aller Sorgfalt erfahrener Fachleute. Noch warten wir auf die letzte Bearbeitung und die Veröffentlichung sämtlicher Himlingöje-Funde, aber was schon mitgeteilt worden ist, reicht aus, um uns den Atem zu verschlagen.

Im Neufund von Himlingöje lag eine Frau beerdigt, mit reichem Schmuck und einer römischen Silbermünze des Kaisers Titus aus dem Jahre 80 n. Chr. Halt! Hier liegt ein Gegenstand, weit älter als alle die anderen, uns zur Warnung bei der Frage, ob alle Stücke eines Grabes ziemlich gleichaltrig sind. Aber Münzen wurden nicht wie Bronzegeschirr behandelt, galten vielleicht als erbliche Amulette oder waren schon lange in Umlauf, ehe der Händler sie nordwärts brachte. Die Titusmünze darf uns also nicht lange stören. Wir sind auf die größte Silberfibel aus, ein fast schon überladenes Prunkstück, das wir wegen der Verzierungen Rosettenfibel nennen. Der Nadelhalter trägt eine Runeninschrift, den Namen WIDUHUDAR. Das ist nicht der Rufname dieser Frau, denn es ist ein Männername, anscheinend der Name des Mannes, der ihr den Schmuck schenkte, „und das ist ja nicht minder interessant", bemerkt der Ausgräber!

Nun kam aber Unruhe ins wissenschaftliche Lager, denn eine ähnlich große Silberfibel von Vaerlöse auf Seeland trägt auch einen Runennamen auf dem Nadelhalter, den Frauennamen ALUGOD und anschließend ein Hakenkreuz. Rosettenfibel nach Rosettenfibel wurde noch einmal genauestens durchsucht, beleuchtet, unter Vergrößerungsgläser und Mikroskope gehalten. Wir brauchen nicht die glückliche Freigabe eines neuen Stückes aus dem Erdboden abzuwarten. Eine im Museum schon lange lagernde, arg mitgenommene Rosettenfibel trug auch einen Runennamen, den die Sprachforscher als WARAFAUSA lesen!

Früher nahm man an, die Runen seien von den Goten in Südrußland erfunden worden, da ihre meisten Zeichen aus der griechischen Kursivschrift hergeleitet werden können – F, U, R und H allerdings aus dem Lateinischen – und da drei frühe Runeninschriften auf Speerspitzen in Wolhynien, Galizien und Brandenburg auftauchen, also längs des Weges, auf dem die Goten ihre Stammesvettern in der Urheimat beeinflußten. Später neigte man immer mehr zu einer Herleitung aus den lateinischen Lugano- und Sondrio-Alphabethen in der Gegend des Lago Maggiore und Lago di Como. Kurz gesagt, die Vertreter beider Auffassungen haben sich mit aller Gründlichkeit ihre gegenseitigen Schwächen vorgehalten.

Außerdem zählt zu den frühen Speerspitzen mit Runen auch eine norwegische, die älter ist als die „gotischen". Als noch älter hat sich kürzlich ein Ortband mit Runen im Moor von Thorsberg erwiesen, während vier Runenworte im Moor von Vimose dem 3. Jahrhundert angehören, alle in Dänemark gefunden. Was können wir daraus schließen?

Die Runen können nur in Dänemark selbst erfunden worden sein. Im nordgermanischen Bereich ist dieses Alphabet geschaffen worden, meinen dänischen Archäologen, und ihre Auffassung paßt ausgezeichnet zu dem archäologischen Befund. Dieses Runenalphabet reiht sich selbständig anderen Schriften zur Seite und hat sich 800 Jahre lang für schriftliche Mitteilungen innerhalb Skandinaviens am besten geeignet. Diese Erfindung kommt einem Meister zu, der ebenso überlegen seinem Stoff gegenüberstand wie der Künstler der Silberkelche, einem Meister, der wach und aufgeschlossen Roms Kulturgüter akzeptierte und doch selbständig verarbeitete. Eine gewisse Unabhängigkeit und Entfernung vom Römertum war dafür erforderlich, desgleichen ein klarer, praktischer Blick für den Wert, sich auf Entfernung verständigen zu können, und vor allem ein geniales Sprachtalent. Zum erstenmal mußten doch die germanische Sprache in ihre Lautwerte aufgelöst und die einfachen Zeichen rein praktisch geformt werden. Im waldreichen Norden hieß es, anders als im steinigen Süden, in Holz zu schnitzen. Das verstand der Schöpfer der Runen und formte jedes Zeichen so, daß keine waagerechten Striche entstanden, die von den Holzfibern verwischt werden konnten.

F R H I T B S

übernahm er direkt vom lateinischen Alphabeth. Desgleichen

U L

nur stellte er die Buchstaben aus unbekannten Gründen auf den Kopf.

Drei weitere Buchstaben

X M P

übernahm er, aber gab ihnen eine andere Bedeutung, und zwar G, E und W. Die restlichen Buchstaben haben im Lateinischen keine Vorbilder

Th A K N J P E r M Ng D O

Einige Buchstaben muß man dem Erfinder einer Schriftsprache selbst überlassen. Sonst hätte er ja gleich das lateinische Alphabet übernehmen können! Mehrere ergaben sich wohl leicht und praktisch aus Varianten der senkrechten Stäbe mit ihren schräggestellten Querstrichen. In anderen kann er sehr gut einheimische Symbole gesehen haben, die jedem Germanen gleich bekannt und verständlich erschienen.

Denn das ganz Eigenartige dieser Runen ist, daß jeder Buchstabe seinen eigenen, sinnvollen Namen trägt, wie es in keinem anderen Alphabet der Fall ist. Diese Namen waren die folgenden – in der Mehrzahl sicherlich richtig erforscht und erkannt:

> Fahrhabe, Auerochs, Riese, Anse, Wagen, Geschwür, Gabe, Wonne (?), Hagel, Not, Eis, gutes Jahr, Fruchtbaum, Eibe, Elch, Sonne, Tyr, Birkenzweig, Pferd, Mensch, Lauch (oder logr = Wasser), Ing, Tag, ererbter Besitz.

Ordnen wir sie einmal inhaltlich, finden wir zuerst die göttlichen Geschlechter: den Gott (Tyr), den Menschen, den Mann (Ing), den Riesen und den Ansen (Asen). Dann die drei göttlichen Tiere: Elch, Urstier und Pferd sowie vier Pflanzennamen: Eibe, Birkenreis, Fruchtbaum und Lauch. Natur- und Witterungsnamen sind die folgenden: Hagel, Eis, Jahr, Sonne und Tag. Die Not-Rune ist zwischen Hagel und Eis eingeengt. Als Naturgewalt würde man auch das Geschwür (die Krankheit) bezeichnen. Ausgesprochen in den Bereich der Kultausübung gehören Wagen und Gabe als Kultwagen und Opfer an die Götter. Schließlich werden sämtliche Runen eingefaßt von F = Vieh, Fahrhabe für erworbenen Besitz und O = Odalan für ererbten Besitz. Nach welchen Gründen im übrigen die Reihung erfolgte, können wir noch nicht nachweisen, aber so lautet das vollständige Runenalphabet oder der ältere Futhark, wie wir nach den Anfangsbuchstaben sagen:

F U Th A r K G W : H N I J P E R S : T B E M L Ng D O

Immerhin weisen die Runennamen in eine sehr altertümliche Schicht des germanischen Glaubens, weit von Snorres Edda, mit sehr konkret erlebten Naturgewalten und Kultgeräten, die uns im folgenden noch des öfteren begegnen werden. Ein unerhört starkes religiöses Gefühl ist in diesem Erfinder einer Schriftsprache spürbar, und zugleich ist er in erster Linie ein praktischer Mann, der ganz rationell den Sinn und Zweck seiner Leistung erfaßte.

Mit der Erfindung einer Schriftsprache setzt sich ein Nordländer zum erstenmal mit dem römischen Kulturgut auseinander. Und ihm zur Seite, etwa seine Zeitgenossen, die Meister eines anderen Wirkungsbereiches, auf den wir jetzt übergreifen.

Wir kennen einige schwere Goldarmringe mit Tierkopfenden, die genauso stilisiert sind wie die Griffenden der eben genannten Silberkelche von Dollerup. Sie sind Importstücke oder Kopien nach pannonischen Vorlagen. Aber die jüngeren Goldarmreifen sind fast ausschließlich in Skandinavien gefunden worden und ganz anders stilisiert. Hier haben nordische Künstler provinzialrömische Vorbilder aufgegriffen und selbständig weitergeformt. Einige dieser Tiere ähneln höchst naturalistischen Wolfsköpfen, Bestien aus den Nadelwäldern, die frühen wiederum Riesenmolchen, die in finsteren Sümpfen ihr stumpfes Dasein fristen, sich an Menschen festsaugen und sie in die Tiefe herunterziehen, schreckhafte Visionen aus Angst und Nacht und Nebel. Wir können überzeugt sein, daß Sagen und Erzählungen aller Art an diesen kostbaren Ringen hafteten.

Noch viel mehr zeigen uns gerade die Funde von Himlingöje, und zwar besonders die schon erwähnten beiden Silberkelche. Sie sehen den römischen Bechern gar nicht ähnlich, bauchig wie sie sind, auf einem hohen Fuß, oben mit einem Fries, auf welchem lustig getriebene Tiere laufen: Pferde, Böcke, Gänse, ebenso wie Männermasken und ein hockender Schwertträger. Sie sind nicht die einzigen. Wir kennen ihrer insgesamt fünf, zwei weitere aus einem äußerst reichen Grab bei Vallöby und ein einzelner aus einem reichen Grab bei Varpelev, ebenfalls auf Seeland. Aber die drei letztgenannten weisen eine steifere Reihe von laufenden, rückwärtsblickenden Vierfüßlern und Delphinen auf.

Nein, römisch sind diese Silberkelche auf keinen Fall. Form, Technik und Kontur der Tiere weichen völlig von jedem römischen Geschmack ab. So etwas gibt es allenfalls in Südrußland, bei dem mittlerweile ans Schwarze Meer abgewanderten Goten, oder richtiger gesagt bei den asiatischen Reitervölkern, insbesondere bei den Skythen. Die Goten könnten vorzüglich eine Vermittlerrolle rückwärts an ihre frühere Heimat an den Gestaden der Ostsee gespielt haben.

Verblüffende skythische und sarmatische Vergleichsstücke wurden herangezogen, aber ganz geheuer erschienen sie nicht. Die räumliche

und zeitliche Entfernung wäre doch zu groß. Da kam ein ungarischer
Forscher 1930 mit einer jener trefflichen Entdeckungen, die nun einmal
zu unserer Arbeitsweise gehören. Das Schwert in der Hand des hockenden Mannes hat einen Ringknauf. Es wäre mit anderen Worten ein sky-
thisches Ringschwert. Alle mußten bestimmen. Der Weg nach Südrußland schien doch sicher zu sein. Aber 1941 wendete sich das Blatt wieder, indem ein Deutscher das Studium der gesamten Inventare dieser
reichen Gräber forderte: Bronzen aus Gressenich, Gläser aus Köln,
Gold aus Rom. Warum sollten diese beiden Silberkelche und sonst
nichts auf südrussische Anregungen zurückgehen? Tierfriese gibt es
doch schließlich nicht nur bei den Skythen und Sarmaten. Auch die
Hemmoor-Eimer tragen schöne Tierfriese, sogar der eine von Himlingöje selbst. Der gemalte Glasbecher zeigt ebenfalls laufende Tiere und
ist nicht einmalig in Dänemark. Nein, zwei gemalte Gläser stammen aus
anderen Gräbern in Nordrup, drei aus Varpelev, zwei aus Thorslunde,
einzelne aus Stenlille und Bornholm. Das sind zusammen zehn, während sie sonst nirgends in der Welt erhalten blieben, bis vor kurzem die
ersten in Trier und Afghanistan auftauchten. Sollten die damaligen In-
selbewohner sie nicht ebensosehr bewundert haben, wie wir es tun: diese Frische der beweglichen Tiergestalten, die Pfauen, den brummigen
Bären unter Schmetterlingen und Blumen, die Gladiatoren gegen wilde
Tiere irgendeiner römischen Arena? Lag doch schließlich auch bei den
Vallöby-Kelchen eine römische Terra-Sigillata-Schüssel des römischen
Töpfers Comitialis aus Rheinzabern, ebenfalls springende Tiere zeigend. Und die Form der Silberkelche taucht als Tongefäß auch in Dänemark auf. Was schließen wir daraus?

Dem kleinen Ringknauf darf keine beweisende Bedeutung zukom-
men! Es gibt vielmehr nur *eine* Erklärung: Die Silberkelche sind einhei-
misch-nordgermanische Anfertigungen. Die römischen Tierfriese der
Eimer und Gläser haben seeländische Handwerker angeregt. Zum erstenmal hat ein künstlerisch begabter Nordländer das Tiermotiv aufgegriffen, das 800 Jahre lang die nordgermanische Kunst beschäftigen
und zu den hervorragenden Leistungen führen sollte. Noch dazu: es ist
nicht ein ängstliches Kopieren fremder Vorbilder. Dieser erste selbständig schaffende Künstler des Nordens greift mutig eine eigene Form auf,
wählt nicht die Bronze, sondern Silber, bleibt beim Tierfries, aber treibt
seine Figuren, betont die Kontur, wie es kommende Nordländer immer
tun sollten, und verleiht seinen Tieren eine überraschende, springende,
hüpfende und bewegliche Frische. Schauen wir nicht auf die anatomische Richtigkeit. Darin hatte der Künstler noch gar zu wenig Erfahrung, und es wird sich zeigen, daß die Germanen sie niemals erstrebten.
Das Ergebnis ist entschieden als frisch entsprungene Kunst mit unermeßlichen, entwicklungsfähigen Möglichkeiten zu werten.

IV.

Im finster-feuchten Moor

Außergewöhnliche Naturerscheinungen haben uns Menschen immer gefesselt. Das war in der Frühzeit erst recht der Fall. Es gibt in Mittelschweden einen besonders großen Findlingsblock, auf der Mitte eines kleinen Geröllhügels liegend. Der heutige Bauernhof heißt – wie man es geradezu erwarten könnte – Lund, also heiliger Hain. Südlich und nördlich des Steinbrockens liegt ein großes Gräberfeld, mit einem Hügel der Bronzezeit in der Mitte, Brandgruben der keltischen Eisenzeit am Höhenrande und jüngere Gräber rundherum. Es gibt vielerlei ähnliche Beispiele.

Besonders haben die geheimnisvollen, finster-feuchten Torfmoore die Phantasie der Vorzeitmenschen in Bewegung gesetzt. Da war ein Boden, den zu betreten lebensgefährlich sein konnte. Menschen verschwanden in unheimlich rätselhafter Weise in die feuchte Tiefe. Dort wie überall an Quellen und Gewässern mußten die Götter wohnen oder zumindest anwesend oder erreichbar sein. Am allermeisten lockten die kleinen, runden Kesselmoore, schon durch ihre klar abgegrenzte Form, zumal wenn sie rundum von einer sanften Erhöhung umgeben waren, so daß man gewissermaßen von natürlichen Zuschauerplätzen aus in die geheimnisvolle Tiefe hinunterblicken konnte. Schon in der Stein- und Bronzezeit wurden dort zahllose Opfer den Göttern dargebracht, und das ist erst recht im Laufe der keltischen und römischen Eisenzeit der Fall.

Für den Prähistoriker ist dies einer der wesentlichen Glückszufälle, denn in der Feuchtigkeit der Moore haben sich die verschiedendsten Dinge bis in die Gegenwart erhalten, von denen wir sonst keine Ahnung hätten. Mit unserer Forschung stünde es entschieden schlechter, wenn der Brauch vorgeschrieben hätte, daß man Götteropfer beispielsweise auf hohe, kahle Felsen abstellen sollte. Jetzt gibt es an Überraschungen kein Ende mehr von dem, was schon beim Torfstechen gefunden wurde und was wir in den Mooren künftig noch erwarten dürfen.

Das obenerwähnte früheisenzeitliche Kriegskanu bei Hjortspring mit seinen vielen Waffen lag in einem solchen Kesselmoor, das so klein ist, daß die Steven aus dem Moor herausragten. Wir können nur bedauern, daß die Enden der doppelten Steven aus diesem Grunde nicht erhalten blieben, erfahren aber immerhin über Schiffsbau und Kriegführung der frühesten Eisenzeit Dinge, die uns sonst verschlossen geblieben wären. Ja, die Sieger legten aus ihrem landwirtschaftlichen Besitz noch etwas den Göttern als Opfer bei: am Nordwestrand des Moores einen Hund, im Südwesten ein kleines Hündchen und ein Lamm, im Südosten ein Pferd und im Nordosten ein Kalb. Das zeugt von festen Riten. Bestimmte Tiere dürften mit bestimmten Himmelsrichtungen in Verbindung gebracht worden sein.

Auch die erwähnten beiden keltischen Prunkwagen sind Opfer an die Götter. *Raido* und *Gebo*, Wagen und Gabe, das waren ja gerade die beiden Kultworte, die uns in der Runenreihe sonderbar erscheinen konnten. Wagenräder und Wagenteile bilden zusammen mit diesen vollständigen Prunkwagen eine feststehende Gruppe unter den Mooropfern, und durch Tacitus wissen wir, daß dem Wagen in den Jahrhunderten um die Zeitenwende eine besondere kultische Funktion zukam. Er schreibt, daß man weiße Rosse vor die heiligen Wagen spannte, wonach der Priester oder der König ihr Wiehern und Schnauben beobachtete. Und in seinem Kapitel 40 heißt es:

„Es ruht auf einer Insel im Nordmeer (seine Quelle stammt wohl aus einer der dänischen Inseln) ein heiliger Hain; darin steht ein geweihter Wagen, mit einer Hülle bedeckt, und nur der Priester darf ihn berühren. Er spürt die Gegenwart der Göttin Nerthus, das ist die Mutter Erde, im Heiligtum und geleitet ehrfürchtig ihren mit Kühen bespannten Wagen. Dann sind die Tage froh und festlich die Stätten, wo die Göttin einzuziehen und gastlich zu weilen geruht. Niemand geht in den Krieg, niemand greift zu den Waffen; verschlossen ist jegliches Eisen. Es ist die einzige Zeit, da sie Ruhe und Frieden kennen, die einzige, da sie ihn lieben. Bis der Priester dann wieder die Göttin, des Umgangs mit sterblichen Menschen ersättigt, in ihren heiligen Bezirk zurückbringt. Dann wird der Wagen, seine Umhüllung und – wenn man es glauben darf – die Göttin selbst in einem unzugänglichen See genetzt. Sklaven helfen beim Dienst, die alsbald die nämliche See verschlingt. Daher das geheime Grauen und das heilige Dunkel um etwas, was nur Todgeweihte erschauen."

Die Umfahrt der Fruchtbarkeitsgöttin in einem heiligen Wagen – das ist die Definition dieser Tacitusstelle, die als eine unserer besten Anhaltspunkte für die Religion der älteren Eisenzeit gilt. Wir müssen ja bedenken, daß wir uns hier 1100 Jahre vor der uns überlieferten Edda befinden. Das Götterpaar der Fruchtbarkeit in Snorres Edda heißt Freyr und Freya, aber das sind Decknamen, Herr und Herrin, für Mächte, die so stark waren, daß es gefährlich sein konnte, ihren richtigen Namen auszusprechen, ähnlich wie man im Mittelalter einen gefürchteten Potentaten den Bösen, den Geschwänzten, den Brüller und vieles mehr nannte. Die verschiedenen ursprünglichen Namen der Fruchtbarkeitsgötter finden wir auf anderem Wege.

An vier Stellen der Landschaft Östergötland liegen große, alte Bauernhöfe mit den Namen Mjärdevi und Vrinnevi, das sind die Weiheorte
(Vi) für Mjärd, also Nerthus, und Vrind, was Mauergrün bedeutet. Und
auf 5 km Entfernung von diesen Höfen liegen andere Höfe mit dem
Namen Ullevi, das heißt also der Weiheort für Ullr. Ullr wird noch
flüchtig in Snorres Edda genannt. Sein Name bedeutet Glanz. Er ist der
Strahlende, der Sonnenschein, der Fruchtbarkeit Spendende. Zwischen
den geweihten Orten der Göttin Nerthus und des Gottes Ullr muß es
also einen 5 km langen Weg gegeben haben, auf dem jeden Frühling
eine Prozession schritt, welche die Fruchtbarkeitsgöttin – doch wohl
auf einem Wagen – zu ihrem Göttergatten führte. Und dicht neben diesen zentralen Kultstätten einer wohlhabenden Ackerbaulandschaft sind
später die vier Städte hervorgewachsen, die im Mittelalter von Bedeutung wurden. Die Ullevi-Orte liegen teilweise schon im Stadtgebiet von
Norrköping, Linköping, Vadstena und Skänninge. Ähnlich steht es in
anderen Landschaften Schwedens und Norwegens, so daß dieser
Brauch wohl gesamtskandinavische Ausbreitung besaß und sicherer
Zeuge der Nerthusverehrung ist.

Wir kennen sogar die Fruchtbarkeitsgöttin leibhaftig, nicht an einem
Nerthus-Vi, sondern in jenen Torfmooren, die als Götterwohnung galten, und wo sie sicherlich auch aufgestellt waren. Aber da müssen wir
uns weit fort von dem Begriff einer griechischen Aphrodite und in die
Vorstellungswelt der Pfahlgötzen begeben.

1950 kam ein Anruf eines Bauern in Himmerland, er habe einen men-
schenähnlichen Holzpfahl beim Torfstechen gefunden. Ein Prähistoriker fuhr sofort hin, aber während der glutheißen Mittagsstunden in der
Eisenbahn schwanden all seine Hoffnungen, denn er wußte, wie Moor-
holz auf Sonnenschein reagiert. Der Bauer war jedoch ein selten ver-
ständnisvoller Mann. Er hatte das vollständig aufgeweichte und verfaul-
ten Birkenholz feucht umwickelt und in einen dunklen Keller gesteckt.
Vier Jahre lang wurde der Fund geheimgehalten, während die Chemiker
unentwegt das Holz kochten, badeten und eintränkten. Das Unternehmen glückte. Das Holz ist wieder hart und schwer. Es zeigt einen meterhohen Stamm, von Natur gebogen wie ein Frauenleib, mit deutlich
durch Schnitzung abgegrenztem Kopf. Wie eine Alraune hat das natur-
geformte Holz die Phantasie der Menschen angeregt, und von der Verehrung der Holzpfähle kamen die Nordgermanen für die gesamte Dauer
der Vorzeit nicht frei. Es fehlten ihnen die Voraussetzungen künstlerischer Tätigkeit in bezug auf ihre Götterbilder Sie fühlten sich instinktiv
zu stark mit der Natur, ihrem Wachstum und ihren Sonderlichkeiten
verbunden. Lediglich mit einigen wenigen Schnitten sind die weiblichen Geschlechtsmerkmale dieser Göttin hervorgehoben, desgleichen

sind vier deutliche Furchen in Taillenhöhe ohne Anspruch auf künstlerische Formgebung eingeschnitzt. Damit werden drastisch die Fettwülste
dieser baumschlanken Göttin angedeutet! Ihr Moor gehört zu einer
kleinen Vorzeitsiedlung, von meilenweiten Wäldern umgeben. Es ist
der Kultplatz einer bescheidenen Landgemeinde, von der wir auch nur
bescheidene Kultobjekte erwarten dürfen. Durch Pollenproben wird
der Fund sicher in die römische Eisenzeit datiert.

Stattlicher ist dann schon ein 3 m hohes Götterpaar von Braak bei
Eutin, erst 1947 gefunden, und zwar neben den Resten gewaltiger Feuer, die dort gebrannt haben. Sie haben Beine, da man gabelförmig ge-
wachsene Stämme umgedreht aufgestellt hatte. Die Frau trägt einen geschnitzten Haarknoten, einen richtigen „Dutt", und lose Brüste, die in
den glatten Stamm eingedübelt sind. Des Gottes männliches Merkmal
ist mit einem Beil abgeschlagen worden, vielleicht aus Wut der Menschen, weil er ihnen schlechte Jahre und Hungersnot brachte.

Unsere Zahl der Pfahlgötzen nähert sich allmählich dem vollen Dutzend, und jetzt ist die Wachsamkeit der Torfstecher, das Interesse der
Ortsbevölkerung und die Fähigkeit, morsches Holz zu retten, bedeutend gestiegen. Übrigens tauchte erst vor wenigen Jahren ein eigenartiger Pfahl in Njutanger im südlichen Nordschweden auf, mit stechenden
Augen, Spitzbart und sorgfältig geformtem unteren Abschluß. Eigentlich war er schon zur Jahrhundertwende gefunden worden, er blieb aber
im Besitz der Töchter des Finders. Als sie hörten, was sich unter den
Erbstücken ihres Vaters befand, erschraken sie sehr, sie wollten es aber
trotzdem aus Pietät nicht dem Museum verkaufen. Und so haben die
drei Lehrerinnen einen echten Heidengott zu Hause bei sich.

Heute finden wir nichts dabei, aber das war 1714 anders. Da fuhr
ein eifriger Pfarrer, Magister Otto Stoud, in seinem Schlitten durch die
norwegische Winternacht, um dem sturen und eigensinnigen Bauern
Onund Flatland das erste Gebot Moses vorzuhalten. Seit Jahren gingen
Gerüchte, daß Onund ein übler Götzenverehrer sei! Erzürnt und mächtig stieg der Pfarrer in die Stube des nicht minder selbstbewußten Bauern und warf ihm vor, daß er einen Heidengott namens Gudmund-Faxe
bei sich beherberge und ihm auch heimlich Opfer brächte. Onund
meinte, es sei nicht so schlimm damit. Er wäre ein guter Christ, Gudmund-Faxe hätte schon weit vor Großvaters Tagen im Gehöft gestanden und solle am besten weiterhin bleiben. Opfern täte er nicht, er stelle nur zu den großen Feiertagen eine Schüssel Met auf seinen Kopf!

Nach langen Verhandlungen bekam Magister Stoud den Gegenstand
selbst zu sehen, und dabei überfiel ihn das Lachen: ein formloser Holz-
kloben mit Gesicht, Hals und Armen, nur undeutlich ausgemeißelt,
wurmstichig, geplatzt und beschädigt, mindestens 700 Jahre alt, mit der
Metschüssel auf dem Kopf wie einen alten Helm, mit großen, ausge-

kerbten Augenhöhlen, zinngefüllt und leuchtend. Wir haben noch andere Berichte aus Norwegen von heidnischen Götzenbildern, die in den Bauernhäusern bis ins 18. Jahrhundert hinein stehenblieben. Sie sind leider mittlerweile alle verschwunden, auch Gudmund-Faxe selbst. Die Heidengötzen waren nie als Skulpturen gedacht. Das Unheimliche der nur leicht angedeuteten Schnitzerei, das geahnte Leben im natürlichen Baumstamm, sprach die Vorzeitmenschen als etwas Gottgewolltes an.

Und so sehen wir auch die gläubigen Menschen einer heidnischen Religion sich den unheimlichen Kesselmooren nähern, um ihre Opfergaben den Göttern zu überreichen. Am häufigsten sind kleine Tongefäße, die „Moorpötte", voll von verschiedenen Produkten des bäuerlichen Fleißes. Wir können genau nachweisen, daß sie liebevoll ausgestellte Götteropfer sind und kennen auch ein Moor, das als gewöhnlicher Müllplatz für keramische Erzeugnisse diente.

Gerade die Tongefäße gestatten uns dank ihrer wechselnden Formen eine genaue Datierung, die irgendwann in die keltische oder römische Eisenzeit fällt. Die Torfmoore haben öfters auch mikroskopische Bestandteile der vergänglichen Opfergaben enthalten. Besonders oft stellen wir Butter, Fett, Flachs und Nüsse fest. Tierknochen als Reste der geopferten Tiere sind auch häufig: Pferde, Kühe, Hunde, Schafe, Ziegen und ein vereinzelter Kormoran, Kuhhörner und Hirschgeweihe, einmal eine Hirschhaut und eine Schweinehaut. Einige Male können wir einen mit Steinen gepflasterten und durch Holzstöcke gestützten Pfad hinaus in das schwankende Moor feststellen, entsprechend besonders viele Tongefäße rund um das Ende dieses Pfades. Ein hölzerner Brattrog konnte ein paarmal geborgen werden. Darin wurde Fleisch in einem geschlossenen Ofen gebacken. Er ist mit einem unteren Loch versehen, durch welches der Bratsaft herausfloß. Ein solches Haushaltsgerät lag zusammen mit den verschiedenartigsten anderen Dingen in einem besonders ergiebigen, westschwedischen Moor, dessen Tongefäße auch Blutbrot enthielten, ein Gericht, das die Schweden noch heute sehr gerne essen.

Jedes Stück für sich ist eine nunmehr stumme, ursprünglich mit heidnischen Gebeten, Rufen und Gesängen begleitete Bitte an den Gott in irgendeiner besonderen, privaten Angelegenheit. Auch die vielen Pflüge und Pflugteile, von denen wir schon sprachen, gehören hierher. In einem Moor steckten insgesamt 10 Lederschuhe. Da denken wir an Weiheorte anderer Religionen, welche bis in die Gegenwart einen besonderen Ruf genießen und Opfergaben irgendeiner ganz speziellen Art empfangen.

Ergreifend sind lange Frauenzöpfe, die doch wohl auch ein Opfer darstellen. Schon aus der Bronzezeit kennen wir kleine, bronzene Frauenidole, nackt, mit hervorgehobenen Geschlechtsmerkmalen, nur einen

Halsring tragend. Dieser Fruchtbarkeitsgöttin opferten Frauen in der
Bronzezeit und fortlaufend während der keltischen Eisenzeit Halsringe.

Die wunderbar erhaltene Moorleiche von Tollund ist letzen Endes auch
ein Mooropfer, das grausamste und das höchste, das eine primitive Gemeinschaft den Göttern darbieten konnte. Denn es hat eine Schlinge
um den Hals – er ist erwürgt, stranguliert worden. Die gerichtsmedizi-
nische Untersuchung, welche erst 1800 Jahre nach Eintritt des Todes
erfolgte, stellte nämlich keinen Bruch in der Wirbelsäule fest. Die Hen-
kersmahlzeit, von der wir schon sprachen, war ihm mindestens 2 Stunden vor der Erhängung verabreicht worden. Er hat in den letzten 12 bis
24 Stunden seines Lebens keine weitere Nahrung zu sich genommen.
Und trotz des grausamen Todes: welche Ruhe in seinem Gesicht! Welch
ein verklärter Frieden in seinen intelligenten Zügen! Was hat sich im
Augenblick seines Todes um ihn herum abgespielt? Welche Beweggründe haben ihm ein solches Lebensende gebracht? Wir können es mit immer größerer Genauigkeit nachweisen.
  Auf der Ostseeinsel Gotland ist ein bebilderter Stein einer etwas späteren Zeit gefunden worden, ein Hängeopfer zeigend. Links steht ein
Mann mit Schild auf dem Arm und einer am Baum befestigten Schlinge
um den Hals. Wir erkennen zwei schlanke Bäume, deren Stämme gewaltsam miteinander zusammengebunden worden sind, so daß sich die
beiden Baumkronen kreuzen. Die eine Baumkrone ragt wie eine Ge-
spensterhand gen Himmel. Rechts vier große, bewaffnete Krieger, die
Hüter des Opferhains. Der erste von ihnen hält einen gebundenen Vogel, der wohl zum gleichen Zeitpunkt geopfert werden soll, in der
Hand. Zwischen den beiden Gruppen zwei Diener am Altar beschäftigt. Dann kommt der Höhepunkt der Handlung: wenn die Stricke, welche die beiden Baumstämme zusammenpressen, abgeschnitten werden
und die Baumkronen in ihre natürliche Stellung zurückschnellen, wird
die Schlinge um den Hals des Mannes angezogen, er wird in die Luft
geschleudert, und im Bruchteil einer Sekunde hat der Kriegsgott noch
ein Menschenopfer erhalten.
  Der Tollundmann ist auch nicht die einzige uns bekannte Moorleiche, wir kennen annähernd hundert, davon rund achtzig aus keltischer
und römischer Eisenzeit, aber keine andere ist so wunderbar erhalten
geblieben. Alle starben eines gewaltsamen Todes, sühnten ein Verbrechen, wurden den Göttern geopfert, von der Sippenfehde betroffen. Jeder von ihnen stand einmal im Zentrum menschlicher Leidenschaft und
menschlicher Raserei. Ein junges Mädchen ist in ein Moor hinunterge-
stoßen worden, nachdem man ihm die Haare abgeschnitten hatte, so
wie man es in allen Zeiten mit Mädchen zu tun pflegte, deren Liebesbe-
ziehungen den Machthabern mißfielen. Wen hat sie geliebt? Vielleicht

Moorleiche von Tollund, Jütland

den jungen Mann, der in ihrer unmittelbaren Nähe im selben Moor angetroffen wurde? Sonst fällt es auf, daß wir oft mehrere Leichen im selben Moor anzutreffen pflegen, zum Beispiel in Borremose eine üppige
Frau mit zerschlagenem Gesicht, einen gehängten Mann mit zerschlagenem Hinterschädel, einen gehängten Mann mit Knochen eines Säuglings an seiner Seite und noch eine vierte Moorleiche, von der keine
Einzelheiten bekannt sind.

Was empfanden die Leute an der trockenen, festen Kante des Moores, als sie schreiend und lärmend das arme Geschöpf in den finsteren,
glucksenden Sog hinunterstießen und nachher große Steine und Reisig
darüberpackten? Oder man konnte ins Moor hinausgehen und den Unglücklichen mit spitzen Pfählen festrammen, die man durch seinen Körper trieb. Es war das entsetzte, düstere Gewissen, das in den Menschen
von dem Schrecken sprach, daß der Tote in der Nacht gespenstern, den
Schlaf der siegreichen Sippe stören und den verkrampften Stolz verletzen würde. Menschliche Torheit und tragische Schicksalsstunden spüren wir hinter der langen Reihe von Moorleichen. Hier herrscht nicht
der stille, anonyme Frieden richtiger Gräber. Die kühl registrierten
Fundberichte beben vor den Gewalttaten in dem sauren Sumpf.

Gleichzeitig mit dem Tollundmann und dem kahlgeschorenen Mädchen kam eine dritte Moorleiche an den Tag, der Grauballemann, ebenso wunderbar erhalten wie die beiden anderen, aber die Gesichtszüge
sind vom Druck nach oben gepreßt und der Kopf zeugt in grauenhafter
Weise von seiner Schicksalsstunde: quer über den Hals, von Ohr zu
Ohr, geht ein riesiger Schnitt. Mit bewundernswerter Fachkenntnis hat
das Vorzeitmesser ihm die Gurgel abgeschnitten! Die Röntgenaufnahmen verraten allerlei medizinische Einzelheiten, aber keine andere Todesart als diese. Die neue Carbon-14-Methode für Altersbestimmung
besagt, daß er im Jahre 310 n. Chr. gestorben ist, mit einer möglichen
Abweichung von 100 Jahren nach oben oder unten. Seine rechte Hand
streckt sich uns entgegen wie ein Menetekel. Die Form der Nägel und
alle Falten der Haut sind klar zu sehen. Die dänische Kriminalpolizei
mußte zum erstenmal alarmiert werden, um Fingerabdrücke der Vorzeit zu studieren, denn die Papillarlinien sind so klar erkennbar, daß die
Experten darüber staunen – als hätte der Grauballemann zu Lebzeiten
wenig schwere Körperarbeit verrichtet. Im übrigen zeigen die Fingerlinien keine Abweichungen von modernen Linien – was ja auch nicht zu
erwarten war.

Auch Tacitus hatte von diesem Tod in den germanischen Mooren gehört und schreibt: „Die Strafen scheiden sich nach dem Verbrechen,
Verräter und Überläufer hängen sie in Bäumen auf, Feige, Weichlinge
und widernatürliche Unzucht Treibende versenken sie in Schlamm und
Morast und decken sie mit Sträuchern und Steinen zu."

Da achten wir besonders auf die Aussage über die Sträucher, die wir ja des öfteren ausgegraben haben. Tacitus ist also sehr zuverlässig, und wir erfahren wichtige Gründe der gewaltsamen Tötung. Dann will es aber mit der Beziehung zwischen Schriftquelle und Erdfunden nicht mehr recht stimmen, denn Tacitus' drei Strafgründe – Feigheit, Kriegsscheu und Unzucht – beziehen sich alle auf Männer, während wir in den Mooren genau ebenso viele Männer wie Frauen finden. Hören wir deshalb noch seine Worte über die wichtigste Frauenstrafe:

„Höchst selten kommt es in dem so zahlreichen Volk zum Ehebruch; dann folgt die Strafe unmittelbar und ist dem Mann überlassen. Mit abgeschnittenem Haar, entblößt, vor den Augen der Verwandten jagt er das Weib aus dem Hause und peitscht es mit Ruten durchs ganze Dorf."

Für die Frauen wird also keine Todesstrafe erwähnt, während wir sie gerade nachweisen konnten, wobei in einem Fall die Haare abgeschnitten waren. Wie ist das zu verstehen? Zählen wir unsere Funde zusammen!

Viele Moorleichen sind erhängt oder erschlagen, und erst nachträglich im Moor als Opfer oder Sühne den Göttern übergeben worden. So auch der Tollundmann, der nach dem gerichtsmedizinischen Befund unmittelbar nach Eintritt des Todes sorgfältig in Schlafstellung zur Ruhe gelegt wurde. Andere sind lebend in den Sumpf gestoßen worden. Die Säuglingsknochen zeugen von einem Menschenopfer besonderer Art und nicht von einer Strafe. In vier Fällen ist nur ein Schädel versenkt worden.

Hier liegt in der Tat ein voll ausgebildeter und vielseitiger Rechtsbrauch vor, nach welchem die Todesstrafe aus verschiedensten Gründen verhängt werden konnte. Letzten Endes ging es, wie bei allen Völkern einer frühen Kulturstufe, um eine Wiedergutmachung der göttlichen Ordnung, und deshalb war die Versenkung in einem Moor eine primäre oder sekundäre Rechtshandlung. Auch ist das reine Menschenopfer für die Götter sicher belegt, bis zum Heidentempel der späten Wikingerzeit in Alt-Uppsala und Lejre, ohne daß deshalb das betroffene Individuum persönlich etwas verschuldet hätte.

Bei der Lage der Dinge bringt uns Tacitus einige wohldokumentierte Hinweise dafür, daß wir uns auf dem richtgen Wege der Deutung befinden, aber noch längst nicht die vollständigen Hintergründe kennen. Wenn wir Prähistoriker uns ganz auf die eigenen Bodenfunde verlassen und die Schriftquellen zur Hilfe heranziehen, anstatt umgekehrt, kommen wir besser zum Ziel. Ein fortgesetztes Studium der schon bekannten Moorleichen und sorgfältigste Bergung der künftigen Funde eröffnen uns viel Wissen über Strafrecht und Glauben der älteren Eisenzeit.

Die Fundbergung ist unheimlich durch die merkwürdige Art, in der die Säuren die Toten konserviert haben. Die kräftigen Oberschenkelknochen können weich wie Gummiknüppel sein, während die Haut rund herum erhalten ist. Einmal grub ich in dem grobfaserigen Torf, fand die Weichteile des Körpers, die Nägel der Finger, plötzlich das Kinn mit dem rotblonden Stoppelbart. Die Frisuren zweier Frauen konnten genauestens studiert werden, mitsamt den hineingeflochtenen Bändern und Fransen. Es fällt auf, daß die Männer alle glattrasiert sind, bis auf die Haarstoppel, wie sie gewöhnlich nach dem Tode nachwachsen. Man muß wohl annehmen, daß die Männer zu der feierlichen Veranstaltung, die die eigene Hinrichtung immerhin bedeutet, frisch rasiert zu erscheinen pflegten.

Nackt liegen sie alle in den Mooren, aber es ist ein weiterer Glücksfall dieses Rechtsbrauches, daß verschiedene Kleidungsstücke dem Körper hinterhergeworfen wurden. Von den Stoffen ist ja in den Gräbern so gut wie nichts erhalten. Was für Kleider waren das! Pelzumhänge, Ledermützen, Hauben und Schuhe, gewaltige Stoffe und rundgewebte Röcke, Leibstücke, Beinwickel, Kreuztuniken, Hosen und noch vieles mehr! Kaputt, beschädigt im Laufe der Jahrtausende, geflickt schon in der Altzeit, ausgebessert, umgenäht und zuletzt in Bündel zusammengeknotet.

Die weiblichen Prähistoriker haben diese Stoffe gedreht und gewendet, ihre Längen und Breiten gemessen und verglichen. Es ist nicht leicht, in so einen Fundstoff Ordnung zu bekommen. Da gibt es unter den Moorkleidern einen rundgewebten Rock, der also nicht aus einem viereckigen Stoff zusammengenäht worden ist, sondern ohne Seitennaht getragen wurde. Das Taillenmaß beträgt 264 cm und die Höhe 168 cm! Welche Riesin kann ihn getragen haben? Offensichtlich ist, daß man ein solches Kleiderstück falten und drapieren mußte. Mit einem passend großen Überschlag reicht er von den Füßen bis zu den Schultern einer Frau. Zipfel von vorne und hinten wurden durch Fibeln oder Nadel auf beiden Seiten zusammengehalten, und dann entstehen von selbst geeignet große Öffnungen für die Arme.

Das ist kein willkürlicher Versuch, den gewaltigen Stoff zu drapieren, vielmehr haben in genau dieser Art die griechischen Frauen der Antike ihre weiten Gewänder getragen. Es ist mit anderen Worten ein antiker Peplos, den wir im Moor gefunden haben, gewebt auf den stehenden Webstühlen in den nordischen Bauernhäusern, die wir schon kennenlernten. Der Stoff um die Taille konnte bequem von einem Stoffgürtel eingefangen werden. Das ergibt ein fußlanges Kleid mit sowohl schönem Fall wie großer Bewegungsfreiheit. Die weiblichen Formen kommen auch gut zur Geltung, und bei den häufigen Geburten war das Stillen bequem vorzunehmen.

Beifunde helfen uns, diesen nordischen Peplos zu datieren, und zwar gehören die frühesten Stücke anscheinend in die älteste Eisenzeit, vielleicht schon in die endende Bronzezeit. Damals schon, ehe die Beziehungen zum Kontinent abbrachen, dürften die Nordländer diese neue Kleidermode von den Griechen übernommen haben. Auf jeden Fall trugen die Frauen der Hauptbronzezeit eine gänzlich andere Kleidung, eine kleine Jacke mit kurzen Ärmeln und einen kaum knielangen Fransenrock.

Bei den Moorleichen liegen Beinwickel mit Bändern und Schnüren für die Befestigung von Hosen mit Hosenbeinen, die sich bis in die Zehenspitzen fortsetzen, so daß sie Hosen und Strümpfe in einem Stück sind. Auch die Hosen der Männer sind eine Neuigkeit in der älteren Eisenzeit, aber nicht von den Griechen übernommen, sondern von den asiatischen Reitervölkern, den Thrakern, Skythen und Persern. Die Griechen gingen ja in ihrer Toga würdigen Schrittes zu Fuß und wurden niemals tüchtige Reiter. Aber die Männer, die den ganzen Tag lang im Sattel hingen, konnten Hosen gut gebrauchen. Diese kamen mit einer neuen Kunde der Reitkunst, rechtzeitig zur Klimaverschlechterung, als eine wärmere Kleidung gebraucht wurde als das Leibstück, das die Männer der Bronzezeit trugen.

Erwähnt sei noch das „Hemd", das nicht wie heutzutage in die Hosen hineingesteckt, sondern frei hängend getragen wurde, unten manchmal durch eine kleine Borte geschmückt.

So sehen wir die Germanen der älteren Eisenzeit auch in ihrer Kleidung und finden dafür in römischen Denkmälern beste Bestätigung, denn die Römer haben kämpfende oder gefangene Südgermanen auf ihren Kunstwerken (z. B. auf der Marcussäule in Rom) des öfteren dargestellt. Aber die eindringlichste Kunde gewinnen wir durch die Moorleichen, auch über Webetechnik, Vierschaft, Kyper, hohe Fadenzahl, linksgesponnen, gefärbt, genäht, Klöppeln und wie die technischen Begriffe dieses Frauenhandwerks alle heißen. Die Moorstoffe bilden zusammen eine einmalige 2000-jährige Kleiderkammer. Sie sprechen von einer Bekleidung, die zu Beginn der Eisenzeit aufkam und sich bis ins Mittelalter und darüber hinaus gehalten hat, wenn auch die Mode innerhalb des gegebenen Rahmens oft wechselte.

Sollen wir noch von anderen Merkwürdigkeiten in den Mooren sprechen: von einem Stock mit Maßangaben? Die Maßeinheit ist 16,5 cm, was gar nicht zum römischen Fuß (29,5 cm) paßt, wohl aber der Hälfte der griechischen Maßeinheit entspricht. Oder sollen wir kleine Holzschachteln mit Schiebedeckel erwähnen, von genau derselben Form, wie sie unsere Schulkinder für Bleistifte verwenden?

Das prunkvollste Stück haben wir dabei noch immer nicht erwähnt, einen großen Silberkessel, der in einem typischen Kesselmoor bei Gundestrup in Himmerland an den Tag kam. Es ist ein großes Stück, 8,885

kg schwer, mit einem Durchmesser von 65 cm und mit Sicherheit keine
germanische, wohl aber eine keltische Arbeit, irgendwie durch den
Handel nordwärts gekommen. Man sollte meinen, es wäre leicht, ein so
reich geschmücktes Prunkstück einzuordnen, aber es ist ein schwieriger
Außenseiter. 1915 wurde behauptet, er stamme von den Kelten der unteren Donau, nunmehr halten wir ihn für westkeltisch, etwa aus Frankreich. Zuerst wurde er ins letzte Jahrhundert vor Christi Geburt datiert,
neuerdings soll er erst im 3. Jahrhundert nach Christi Geburt angefertigt worden sein. So schwer werden wir manchmal mit unseren Schütz-
lingen vertraut. Zwar waren im letzten Falle die keltischen Staaten
längst ausgetilgt, aber der keltische Einfluß auf künstlerischem und gei-
stigem Gebiet ist gegen Ende der römischen Eisenzeit merkwürdig und
auffallend.

Ein ganzes keltisches Pantheon ist auf dem Silberkessel dargestellt,
sieben Götterbüsten auf der Außenseite (eine achte Silberplatte fehlte
schon bei der Deponierung im Moor), drei auf den fünf länglichen Sil-
berplatten der Innenseite. Da haben wir den keltischen Hirschgott Cer-
nunnos, gekennzeichnet durch sein Hirschgeweih und die Hirsche in
seinen Händen, da ist die Fruchtbarkeitsgöttin der Kelten mit einem
kleinen Vogel in der Hand und einer Dienerin, die ihr die Haare frisiert,
zur Seite. Rund um diese Götter sind teils ihre heiligen Sinnbilder, teils
die Kulthandlungen, welche zu ihrer Ehre veranstaltet wurden, vor allem ein großer Kriegsaufzug, Berittene, Fußkämpfer, ein Korporal und
drei Lurenbläser mit dem eigenartigen, hohen Blasinstrument der Kelten, dem Carnyx.

Höchstwahrscheinlich hat der Kessel für kultische Zwecke bei den
Germanen Verwendung gefunden, auch wenn sie nur wenige der Götter
und Figuren mit einheimischen Vorstellungen und Riten verbinden
konnten. Aus irgendeinem Grunde stellten die Germanen schließlich
das Gefäß ins Moor, und zwar auf eine relativ trockene Fläche, wo der
Kessel stehen blieb, bis der Torf um ihn herum zusammenwuchs.

Und damit haben wir noch immer nicht alles Wesentliche erwähnt, was
aus den finster-feuchten Mooren stammt. Im Laufe der römischen Eisenzeit fing man an, in größerem Umfange den Göttern Waffen zu opfern, so wie es schon die Hjortspringleute taten. Und es geht dabei auch
nicht um bescheidene Mengen oder einzelne Stücke. Aus Vimose stammen 1000 Speere, Unmengen von Pfeilen und Bögen, 100 Schwerter,
Berge von Schilden, eine vollständige Ringbrünne aus 20 000 kleinen
Ringen zusammengesetzt, Beile, Pferdegeschirre und vieles mehr, insgesamt rund 50 000 Gegenstände. Im Moor von Nydam kamen ebenfalls
Berge von Gegenständen zum Vorschein, darunter ein großes, seetüch-
tiges Eichenschiff für 36 Ruderer, Kommando, Waffen und Proviant,

sowie ein zweites Kiefernboot, das gleich nach dem Fund im Krieg 1864 zerstört wurde. Vielleicht noch größer ist die Fundmasse in dem Moor von Thorsberg im Zentrum Angelns, vermutlich der Hauptort der Angeln vor ihrer Abwanderung. Er liegt somit auf heutigem deutschem Gebiet. Die Funde von Thorsberg und Nydam werden im Landesmuseum zu Schleswig aufbewahrt.

Etwas jüngeren Datums sind die Funde von Kragehul, kleiner sind die Waffenfunde in weiteren 15 Mooren. Auch sind Goldringe geopfert worden sowie zahlreiche römische Importgegenstände, die wir nicht in Gräbern finden: zum Beispiel ein schwerer, römischer Reiterhelm, von einem Germanen in einen leichteren Helm umgearbeitet, eine römische Gesichtsmaske aus Silber, zu einer Art Prunkhelm verarbeitet, ein Greifenkopf aus Bronze, eine große Silber-Zierscheibe des römischen Meisters Saciro, eine weitere, runde Silberscheibe und ein Silberband mit Tierfiguren, die den Silberkelchen von Himlingöje nahestehen und ohne Zweifel auch zu den frühesten germanischen Kunstleistungen gezählt werden müssen, zahlreiche Schmiedewerkzeuge und noch einmal erwähnt: die Masse der Pferdezaumzeuge und Pferdeschmuckplatten.

Hier sind es nicht die bescheidenen Opfergaben einer bäuerlichen Bevölkerung. Die typischen „Moorpötte" finden wir lediglich in der untersten Schicht dieser waffenführenden Moore. Es sind nicht einmal die Opfergaben einzelner, sondern es handelt sich um die Waffenopferung einer großen, kriegerischen Gemeinschaft. Nicht mit einem Mal sind sie niedergelegt, nicht etwa als das Zehntel nach einer gewaltigen Schlacht, denn die Waffen und Geräte umspannen einen Zeitraum von rund 200 Jahren. Sondern sie sind die Götteropfer nach erfolgreichem Vorstoß, nach geglückter Abwehr eines Gegners, denn viele Waffen sind schlimm durch Kämpfe beschädigt und weisen Löcher von Speeren oder tiefe Furchen von Schwerthieben auf. Ja, bei der Opferhandlung haben Männer in tumultartigem Rausch die zu opfernden Gegenstände noch weiter arg demoliert, haben ihre kämpferische Wut noch einmal ausgetobt, die Waffen des Gegners symbolisch geschmäht, vernichtet, unbrauchbar gemacht, den Feinden jede Waffengewalt vorsorglich genommen, ehe die Beute endgültig dem Kriegsgott in seinem Moor übergeben wurde.

Das läßt uns aufhorchen. Zwei Schriftquellen bestätigen uns diesen Opferbrauch. Orosius schreibt zwar spät, aber übernimmt von älteren Autoren den Bericht über die Kimbern, daß sie sich mit Raserei auf die Römerbeute warfen: Kleider wurden zerrissen, Ringbrünnen zerhauen, Pferdegeschirr verödet, Gold und Silber in den Fluß geworfen, die Pferde in tiefe Brunnen gestürzt und die Männer mit Stricken um den Hals an den Bäumen aufgehängt. Ähnlich schreibt Tacitus über die Kelten, und wir haben allen Grund, anzunehmen, daß es bei den Germanen ebenso war: „Sie versprechen die Kampfheute dem Kriegsgott. Nach dem Sieg werden die gefangenen Tiere geopfert und das übrige auf einer Stelle gesammelt. Vielerorts kann man große Haufen von solchen Dingen an heiligen Stellen sehen, und es kommt nur selten vor, daß jemand aus Geringschätzung von der Religion die Beute bei sich verbirgt oder das einmal Hingelegte wieder entfernt." Dem entspricht genau die Beobachtung, daß die oberen Schilde in den Bergen der Waffenstücke wurmstichig wurden, ehe das Moor in seinem Wachstum alles verdeckte.

Wer waren die Angreifer, wer mußte sich verteidigen? Wo verliefen die Staatsgrenzen einzelner Stämme? Es will mir scheinen, wir brauchen die Kämpfe nicht höher zu werten als die ewigen Scharmützel einzelner südgermanischer Stämme untereinander oder mit den römischen Vorposten entlang dem Limes. Es waren keine weltenbewegenden Kämpfe, und ob wir – wie im Süden – einige Schriftquellen über die Erfolge und Rückschläge dieser Kämpfe haben oder nicht, tut weniger zur Sache.

Wir tun einen kurzen Rückblick. Die Häuser der älteren Eisenzeit, die so wundervoll vielseitig von Landwirtschaft und bäuerlicher Strebsamkeit zeugen, reichen alle in die Zeit um 300 n. Chr. hinein. Desgleichen zeugen die reichen Gräber von wohlhabenden Bauern, die ohne Waffen, aber mit einem auffallenden materiellen Wohlstand bestattet wurden. Wir hatten ein Bild von einem friedlichen Bauerntum gewonnen, das dem modernen Dänen zutiefst zusagen muß. In der Tat zeugen auch die Mooropfer zwischen 150 vor und nach Christus von dem gleichen bäuerlichen Streben, demgegenüber die Waffen schweigen und die Kriegshandlungen zu fehlen scheinen. Aber im Laufe der römischen Eisenzeit wandelt sich die gesellschaftliche Struktur. Das Kriegerische tritt an der Seite des Bäuerlichen hervor und schiebt sich sogar in den Vordergrund. Die Waffenopfer in den Mooren zeugen von Kampf und Kriegertum, Angriff und Sieg, von kämpferischen Gemeinschaften und ihren Kriegsgöttern. Wir stehen damit an der Schwelle der eigentlichen Völkerwanderungszeit.

V.

Der Osten meldet sich an

Wir haben bis jetzt vorwiegend über dänische Fundstücke gesprochen, als ob das übrige Skandinavien unwichtig wäre. Es verhält sich aber nun einmal so, daß das Schwergewicht unseres Fundstoffs sich aus verschiedenen Gründen wiederholt verlagert hat. Für diese Zeit stammen die meisten Funde aus Dänemark.

Norwegen ist indessen keinesfalls uninteressant. Die Leichenverbrennung wird zäher beibehalten, die Skelettgräber tauchen spärlicher und zögernder auf. Sie sind am reichsten ausgestattet und bezeugen damit, daß die von außerhalb kommende Sitte vorwiegend von einzelnen wohlhabenden Herren einer gehobenen Sozialschicht übernommen wird. Wir müssen uns große prächtige Bauernhöfe vorstellen, deren Grundrisse wir auch durch planmäßige Ausgrabungen kennengelernt haben. Der Hofbauer schaltete und waltete patriarchalisch über seine Kinder, Enkel, Knechte und Mägde, ähnlich wie auf den großen Bauernhöfen Norwegens noch im 18. Jahrhundert. So heißt es beispielsweise von einem Hof in Tydal, Anfang des 18. Jahrhunderts:

„Das Hausgesinde bestand aus fünf verheirateten Paaren mit ihren Kindern, alles in allem 27 bis 30 Personen. Sie wohnten unter einem Dach, und sie tranken aus einem Bach. Der Familienvater, Gammelper (Alt-Peter) leitete die ganze Wirtschaft. Er herrschte über die verheirateten Söhne mit ihren Frauen und Kindern. Jeder Schilling ging durch seine Hände, und alles, was versorgt werden sollte, ging durch seinen Kopf, und es herrschte die größte Übereinstimmung unter ihnen."

Daß diese Wirtschaftsform, oftmals bedingt durch die norwegische Natur, schon in der römischen Eisenzeit voll ausgebildet gewesen sein muß, davon zeugt in wunderbarer Weise ein Runenstein, eines der frühesten Denkmäler dieser Art. Er steht am Ostufer des Oslofjords, und die Inschrift der einen Seite lautet:

„Ich, Wiw, machte Runen nach Wodurid, dem Brotherr."

Die Runen der anderen Seite melden:

„Für mich, Wodurid, errichteten die sklavenbürtigen Töchter den Stein, aber den Leichenschmaus veranstalteten die von den Göttern abstammenden Erben."

Wodurid, der Brotherr – ein wunderbarer, sprechender Titel. Schultert Wiw seinen Mantel, da er dem Alten eine eigene Inschrift widmet? Auf jeden Fall wird hier in drastisch kurzen Worten die Großfamilie ei-

nes Bauernhofs um 400 umrissen, von gleicher Struktur wie um 1700.
Ja, Wodurid wird mächtiger gewesen sein als Gammelper, denn letzterer
gehorchte einem König, einer Staatsverwaltung, einer Gemeindever-
waltung und einer Steuerbehörde, ersterer lediglich den Heidengöttern.
Wodurid und seine direkten Blutserben dünkten sich göttlicher Abstammung und waren die Freigeborenen eines Hofes, auf dem sklaven-
bürtige Männer und Frauen die gröbere Arbeit verrichteten. Wodurid
war der Brotherr, der Allmächtige, der über sie alle herrschte und ihre
Schicksale bestimmte, aber auch in bösen Not- und Hungerjahren die
Verantwortung für alle trug.

Die vielen örtlichen Bestattungsformen in Skandinavien verraten
uns landschaftliche Eigenwilligkeiten, Kultureinflüsse auf verschiedenen Wegen, mitunter auch soziale und religiöse Tatsachen. Einmal
herrscht das Brandgrab vor, ein andermal die Körperbestattung in den
verschiedensten Abarten, reiche Gräber wechseln mit beigabearmen
ab. Aus diesem Reich der Toten wollen wir in den Bereich der Lebenden vorstoßen, wenigstens dort, wo Weltgeschichte im Werden ist.
Denn jetzt meldet sich der Osten, zunächst das ostschwedische Kultur-
gebiet, dermaßen stark und eigenwillig, daß wir es nicht wortlos über-
gehen können.

Das Volk in Skandinavien, das Tacitus am ausführlichsten schildert, ist
das Volk der Svear oder Svionen, im Küstengebiet nördlich Stockholm:
„Es folgen die Stämme der Svionen, mitten im Ozean, reich an Männern und Waffen und auch zur See gewaltig. Sie haben Schiffe von besonderer Gestalt, derart, daß jedes Ende Vorderteil sein kann und immer zum Landen bereit ist. Auch bedienen sie keine Segel und fügen die
Ruder nicht reihenweise an beiden Seiten, sondern brauchen sie lose,
wie auf manchen Flüssen, und setzen sie, je nach Bedarf, bald rechts,
bald links ein. Bei diesem Volk steht auch der Reichtum in Ehren, und
so herrscht ein einziger, gegen den schon kein Einspruch mehr statthaft
ist, kraft unwiderruflichen Rechts auf Gehorsam. Auch werden die
Waffen nicht, wie bei den anderen Germanen, jedem zum Gebrauch
freigegeben, sondern ein Wächter hält sie verschlossen; es ist ein Sklave. Denn da wehrt einem unerwarteten Einbruch der Feinde das Meer
und Waffen in müßigen Händen führen gar leicht zum Mißbrauch. Einen Adligen allerdings oder Freien, ja auch nur einen Freigelassenen als
Waffenhüter zu bestellen, wäre dem König kein Vorteil."
Es handelt sich hier um das Volk Skandinaviens, welches in den folgenden Jahrhunderten am siegreichsten werden und die Staatsgründung Schwedens vollziehen sollte. Es ist sehr bemerkenswert, daß Tacitus schon ein halbes Jahrtausend zuvor, die Svionen als kriegerisches
und streng diszipliniertes Volk hervorhebt, dessen Waffen nicht im All-

Kopf der Moorleiche von Tollund mit Lederhaube.
Die Schlinge um den Hals ist hier entfernt.

tag getragen werden durften. Hier herrscht ein ganz anderes, kriegerisches Bild, als wir es aus dem friedlichen Dänemark um 100 n. Chr.
kannten. Tacitus ist sicherlich gut unterrichtet, was ja auch seine Worte
über die Schiffsform bezeugen.

Neuerdings kennen wir auch die Gräber der Svionen zu Tacitus'
Zeit. Ihre typischen Gräberfelder mit niedrigen Steinhügeln und Baut-
asteinen sind in großer Zahl in der Landschaft Uppland registriert worden; die Zahl der untersuchten ist noch gering. Weitere planmäßige
Grabungen wären sehr vonnöten. Die Brandgruben sind die allgemein
in Skandinavien üblichen – mit bescheidenen Metallbeigaben. Waffen
fehlen bis auf einige Speerspitzen, was ja gut zum Waffenverbot einer
straffen Militärorganisation passen könnte. Reichere Skelettgräber
kommen spät und zögernd.

Den Svearn zur Seite gesellt sich die ostschwedische Landschaft
Östergötland mit einer ganz eigenen Note. Die Skelettgrabsitte setzt
sich dort im 1. Jahrhundert stark durch, so daß regelmäßig zwischen
den kleinen Brandgruben tiefer liegende Skelette in großer Zahl auftreten. Aber welch ein Unterschied zu Dänemark, zumal Östergötland
auch über sehr guten Ackerboden verfügt! Ich kenne aus diesen Hunderten von Skelettfunden nicht ein einziges Tongefäß, und ich habe gerade in den letzten Jahren den gesamten Fundstoff dieser Landschaft
bearbeitet und veröffentlicht. Die Skelette liegen auf dem Rücken oder
in Schlafstellung und sind nahezu völlig beigabenlos bestattet. Ich regi-
strierte aus einem Zeitraum von 400 Jahren 22 Fibeln, 18 Schnallen,
ganz vereinzelt Kämme, Schlüssel, Scheren, Spielsteine und Perlen. Es
gibt bis jetzt nicht einen einzigen goldenen Halsschmuck, keinen Fin-
ger- und Armring. Auf keinem dieser Gräberfelder ist ein römisches
Bronzegefäß, ein Glas oder ein Trinkhornbeschlag gefunden worden,
und wie gesagt, kein Tongefäß, außer natürlich als Leichenbrandbehälter. Das heißt mit anderen Worten, daß es nicht üblich war, den Toten
Speise und Trank mitzugeben, und daß damit auch die Voraussetzungen für die Beigabe römischer Tafelgeschirre fehlten.

Dafür gibt es aber etwas anderes, und zwar die in Dänemark so seltenen Waffengräber, welche in großer Anzahl vorkommen, anscheinend
mehrere auf jedem Gräberfeld. Wir kennen aus römischer Zeit etwa 83
richtige Waffengräber. Sie enthalten vorwiegend einschneidige Schwerter, eiserne Schildbuckel, Schildfessel, gerade hierzu viele der genannten Schnallen und manche andere Kleinigkeiten. Es gibt auch noch eine
Unmasse von Speerspitzen, zum Teil aus Funden, die im 19. Jahrhundert nur unvollständig geborgen wurden.

Die Landschaften nördlich und südlich von Östergötland, also
Södermanland und Smaland, verharren noch sehr lange in der fundlosen Zeit und melden sich wieder im 3. Jahrhundert fast ausschließlich

mit Waffengräbern. So bekommt Ostschweden ein Fundbild mit einer eigenen Note. Es ist – könnte man sagen – einseitig militärisch. Im Norden die Svear mit ihrem staatlichen Waffenarsenal und einem König der „kraft unwiderruflichen Rechts auf Gehorsam" regiert. Waffengräber fehlen also in ihrer Landschaft aus einem ganz anderen Grund als bei den handeltreibenden Inseldänen. Die südlichen drei Landschaften Södermanland, Östergötland und Smaland hatten offensichtlich eine politische Führung aus waffentragenden, gemeinfreien Männern, denen auch das Recht zukam, mit ihrer persönlichen Waffenausrüstung beigesetzt zu werden. Von den Waffen abgesehen, sind sowohl Männer- wie Frauengräber fast beigabenlos, so daß wir uns nicht wundern, wenn reiche Frauengräber in diesen Landschaften fehlen.

Immer wieder fahndeten wir nach der Militärorganisation der Nordgermanen. Noch können wir diese Männerbünde und Träger der Stammesgemeinschaft nicht so klar greifen, wie die Wirtschaftsformen der frühen Eisenzeit, aber ich bin überzeugt, daß das auch eines Tages der Fall sein wird, sobald unser Fundstoff genügend stark angewachsen ist.

Ganz plötzlich bricht dann in Östergötland etwas Neues hervor, womit man in dem einseitig klaren Fundstoff nicht rechnen konnte: etwa 300 n. Chr. tauchen vier Männergräber auf, welche so reich an Beigaben sind wie die dänischen und darüber hinaus noch Waffen enthalten. Es sind zwei Brandgräber bei Grebo und Lilla Harg, zwei Skelettgräber bei Granby und Östervarv. Sie liegen nicht unter ebener Erde, sondern unter einem Hügel mit 20 m Durchmesser, nicht in der Gemeinschaft der alten Dorffriedhöfe, sondern auf einem Höhenrücken mit freiem und weitem Blick über die umliegende Landschaft. Sie enthalten Gefäße und Tierknochen, sprechen somit eine für Östergötland neue Sprache von Speise und Trank im Jenseitsleben. Dem Östervarvmann lag ein besonders schönes Glashorn nebst einem Naturhorn zur Seite. Wir finden zwei Schilde in jedem Grab, neue zweischneidige Schwerter und zwei bis sechs Speerspitzen. Damit ist auf jeden Fall die soziale Schichtung in Häuptlinge, Gemeinfreie und wie man annehmen kann – auch Sklaven unverkennbar. Gleichzeitige reiche Frauengräber, etwa die Frauen dieser vier Häuptlinge, fehlen noch immer. Und ihre Söhne und Enkel? Von ihnen ist nicht die geringste Spur vorhanden. Mit dieser einen Generation, geführt von bis jetzt vier nachgewiesenen Häuptlingen steuert Östergötland in eine neue Gräberlosigkeit hinein, die vielleicht eine Folge kriegerischer Auseinandersetzungen ist.

Ein einziges Waffengrab des 4. Jahrhunderts kennen wir, und sein Schildbuckel ist von einem schweren Schwerthieb und nicht weniger als neun bösen Speerspitzenlöchern völlig unbrauchbar gemacht worden. Unglaublich, daß dieser Krieger überhaupt so lange im Kampfge-

tümmel schwerverwundet um sich schlagen konnte, bis sein Schild dermaßen zerstört wurde! Sollen wir uns über diesen Hinweis wundern?
Es steht doch die unruhige Völkerwanderungszeit mit ihren kriegerischen Auseinandersetzungen unmittelbar bevor.

Der Osten, der wirkliche, weiträumige und unheimliche Osten, meldet sich an den Grenzen unseres Abendlandes, zuletzt mit seiner wüten-
den und alles zerstörenden Raserei, zunächst jedoch auch mit seiner
barbarischen, in Gold und Farben schillernden Pracht.

Der „gotische" Kulturweg aus Südrußland über Ungarn und Polen
nordwärts hat – wie wir sahen – in den letzten Jahren wenig Anerkennung von seiten der Forscher gefunden. Aber in unseren Gräbern, die
mit Tafelgeschirr aus dem Rheinland gefüllt sind, finden wir den ersten,
ganz sicheren südöstlichen Gegenstand in Gestalt eines prunkvollen
Schildbuckels, und zwar in dem genannten Gräberfund von Lilla Harg.
Er sieht wüst aus. Schon zur Grablegung wurde er gewaltsam zerstört,
und von den Bruchstücken fand vor 50 Jahren knapp die Hälfte den Weg
ins Museum, aber sie bezeugen doch, daß er ursprünglich ein wunderbares Werk war, aus Eisen mit vergoldetem Silber verkleidet und bunten
Steinen geschmückt. Seinesgleichen gibt es nur noch einmal: einen
ebenfalls hervorragend gearbeiteten Schildbuckel von Herpaly in Ungarn, allerdings ohne Steine, dafür aber mit mehreren Tierfiguren, vermutlich von den Wandalen angefertigt, die damals dort ansässig waren.

Unsere Stückchen in Lilla Harg verdienten eine bessere Säubening
und Rekonstruktion. Und siehe, da ließen sich aus winzig kleinen Sil-
berblechstücken zwei getriebene Vögel zusammensetzen, die als Verzierung am Rand des Buckels saßen. Da gab es auch eine kupferne Niete,
welche den goldenen Rand eines längst verlorenen Steines hielt. Und
auf dessen Nietenplatte fand ich ein buchstabenähnliches Zeichen! Nun
durchsuchte ich alle Bruchstücke noch einmal ganz sorgfältig, fand auf
der Innenseite des goldenen Wulstes der Spitze ein zweites Zeichen und
stieß schließlich auf eine goldbekleidete Kupferniete. Sollte man es wagen, diese Goldbekleidung zu entfernen und den Schildbuckel noch
mehr zu beschädigen? Es wurde so beschlossen, und das Glück stand
uns bei: unter dem Gold enthüllte sich das dritte Zeichen.

Aber solche Buchstaben hatte noch keiner gesehen. Ich ging von einem Kollegen zum anderen und fragte, ob es wirklich Buchstaben sein
könnten. Schließlich gab mir ein Wiener Fachmann zustimmende Antwort:

„Es sind griechische Buchstaben, noch dem Altertum angehörend,
und zwar Varianten von Pi, Ny und Xi."

Die ersten griechischen Buchstaben in Skandinaviens Vorzeit –
wenn wir von der Signatur des Hoby-Bechers absehen! Damit sind wir
im Rand- und Mischgebiet griechischer, römischer, orientalischer und

wandalischer Kunstströmungen, etwa an der mittleren Donau, wo die römische Soldateska den neuen unklassischen, barbarischen Orientstil mit Gold und bunten Steinen aufnahm, der alsbald die kaiserlichen Helme und den ganzen Schmuck des kaiserlichen Hofes am Vorabend der römischen Weltkatastrophe schmücken sollte. Rom in des Orients Umklammerung, nannte ein großer Antikeforscher diese Neigung. Der Norden und der Orient reichen sich an den Grenzen des römischen Reiches die Hand – könnten wir hinzufügen. Auf die ersten griechischen Buchstaben, deren Sinn wohl ein geheimer und magischer war, da sie ja nicht gesehen werden konnten, folgen einige prächtige Importstücke mit griechischen Sprüchen in skandinavischen Gräbern:

„Trinke und du wirst herrlich leben" verkünden zwei dickwandige Glasbecher in Dänemark und Norwegen.

„Glück auf!" wünscht eine prunkvolle, dunkelblaue Glasschale mit weißen Glasblumen und Silberfassung.

„Glückliche Ruhe für dich" meint ganz friedlich ein goldener Fingerring mit drei eingefaßten roten Steinen.

„ABLATANALBA" lallt eine Kristallkugel aus Aarslev und kann den gnostischen Zauberspruch nicht korrekt wiedergeben, der rechts- und linksläufig gleich lauten sollte – ABLATANALBA –, um wenigstens die Chance einer Zauberwirkung zu besitzen.

Sie sind alle beredte Zeugen des südöstlichen Kulturweges, der bunte Steine, Karneole und Glaspasten für zahlreiche nordische Goldarbeiten nordwärts brachte.

Noch war der Norden von Anregungen von außen abhängig. Es ist, als wären Skandinaviens Künstler noch nicht für einen selbständig schöpferischen Einsatz reif gewesen. Die schönen Silberkelche von Himlingöje blieben Einzelleistungen, die fast spurlos verklangen. Es bedurfte noch eines weiteren Anstoßes, um der nordischen Kunst eine eigene, unabhängige Leistungskraft zu verleihen. Und dieser Anstoß kam ebenfalls aus dem Südosten.

Etwa um 400 beginnen die Silberschmiede Skandinaviens ihre Erzeugnisse mit einer zierlichen Ornamentik zu versehen, verwenden Punzen und schlagen Sterne, Dreiecke, Kreise, echte und falsche Spiralen und andere geometrische Muster in die rechteckigen Kopfplatten und rhombischen Fußplatten der sicher geformten Fibeln. Mit diesem eleganten „Stern-Stil" schaffen die Künstler zum erstenmal einen unverkennbar nordischen Kunststil, der jedoch ganz unzweideutig auf Anregungen aus dem Südosten zurückgeht. Cosoveni in der Walachei, Untersiebenbrunn bei Wien, Kelpin und Treptow in Nordostdeutschland heißen die Orte, deren Funde Vorbilder für den nordischen Sternstil sein können.

Dem zierlichen Sternstil zur Seite, aber etwas später, tauchen schwere Bronzen mit einem tiefen Kerbschnitt auf, der geometrische Muster bildet. Sie vertreten eine kurzlebige, provinzialrömische Mode, sowohl im Osten wie im Westen Roms beheimatet. Noch nie ist ein solches Stück in skandinavischer Erde gefunden worden, aber die Art fand unter den Künstlern Skandinaviens begeisterte Aufnahme, und die Rechtecke, gewinkelten Haken, Wellenbänder, die man „laufenden Hund" zu nennen pflegt, Rosetten, Palmetten, paarig zusammengestellten „Posthörner" und „Herzen" konnten endlos variiert werden.

Ja, dieser Kerbschnittstil sagte den Nordgermanen irgendwie noch mehr zu als der Sternstil, da er kräftiger, schwungvoller war, von sich aus schon wenig klassisch und mehr barock.

Haben nordische Künstler Studienreisen auf den Kontinent unternommen? Es sieht fast so aus, und sie waren in solchem Falle nicht die einzigen Reisenden.

Denn bei Brangstup auf Fünen ist ein beachtlicher Schatzfund gehoben worden, er enthielt Goldschmuck und 48 römische Goldmünzen. Da sind zwei ältere Münzen, und dann sind die Kaiser wie in einer Regentenliste vertreten:

Aurelianus	270–275	2 Münzen
Tacitus	275–276	1 Münze
Probus	276–282	3 Münzen
Carus	282–283	1 Münze
Numerianus	282–284	1 Münze
usw.		

Am zahlreichsten ist der größte Kaiser vertreten, und mit einigen Münzen auch seine unmittelbaren Nachfolger:

Constantin d. Gr.	306–337	13 Münzen
Constantin II.	337–340	2 Münzen
Constantius II.	337–36	2 Münzen

Das mutet ja wie die reinste Münzensammlung an! Wer hat denn damals Münzen gesammelt, und zwar so ordentlich und lückenlos, daß jeder Kaiser 70 Jahre hindurch vertreten ist? Natürlich war es kein in Skandinavien Ansässiger. Ein Mann ist mit gut gefülltem Geldbeutel aus den römischen Provinzen heimgekehrt. Er wird als Germane am römischen Limes gekämpft und diesen Sold vom Kaiser erhalten haben. Die 48 Goldmünzen geben also einen Querschnitt durch die um 340 n. Chr. im Römerreich gültigen und umlaufenden Goldmünzen, die ältesten nur vereinzelt vertreten, die jüngsten am zahlreichsten. Noch mehr

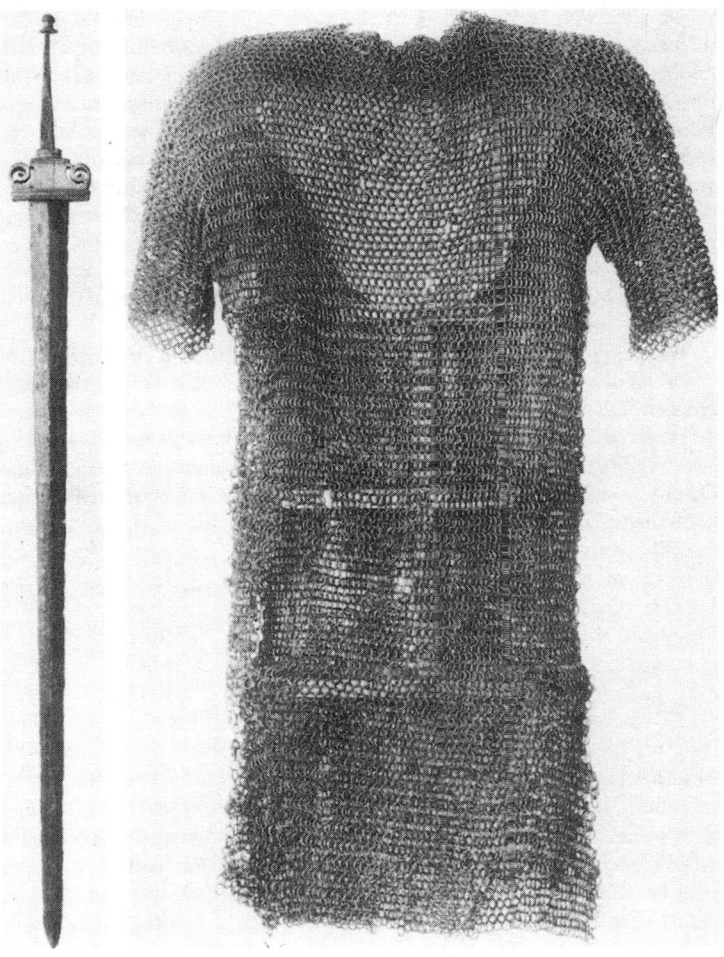

Kettenhemd und Schwert aus dem Moor von Vimose, Fünen

sagen diese Münzen aus: 7 Münzen sind im Westen geprägt, 9 in Italien und ganze 32 Münzen in Pannonien, den Donauländern und im Orient. Einige, und zwar besonders die ältesten Münzen, sind beim Kursieren innerhalb des Römerreiches von dem westlichen Prägungsort ostwärts verschlagen worden, die Mehrzahl verrät, daß dieser Nordgermane im Osten des Römerreiches gekämpft hat. Die goldenen Anhänger des dazugehörigen Goldschmucks haben genau dieselbe Weinblattform wie Anhänger auf Skulpturen von germanischen Leibwächtern im Hippodrom von Konstantinopel und gehören somit ganz in dasselbe Milieu oströmischer Hilfstruppen.

Was hat dieser Skandinave im Kreise südgermanischer Stammesvettern auf römischem Boden alles kennengelernt?

Einiges erzählen die Goldanhänger selbst, denn auf ihnen sind Gesichtsmasken, saufende Löwen beiderseits einer Vase und Frauenbüsten zwischen Tieren zu sehen. Da ist auch die goldene Fassung einer nicht mehr erhaltenen Kristallkugel, ähnlich derjenigen von Aarslov. Diese Dinge und Bilder sollten Unheil abwenden, Wunden heilen, Macht verleihen, Dämonen und Feinde vertreiben, Liebesglück beschwören und ewigen Wohlstand sichern. So lehrten orientalische Kulte und mystische Religionen, die von römischer und germanischer Soldateska an Lagerfeuern und in Grenzgefechten gierig aufgenommen wurden. Da konnte also ein unternehmungslustiger Skandinave Geld und Gold sammeln, aber er schritt von seiner primitiven Religion in eine niedere, artfremde. Er kam aus seiner nordischen Isolierung in einen stark bewegten Lebensraum, in dem die verschiedensten Kulturen und Völker zusammenstießen. Er fand herrschsüchtige Kaiser und Waffengewalten vor, die ein tausendfaches von den Kämpfen boten, die sich in seiner Heimat in den Mooropfern spiegeln.

Es waren tatsächlich streitbare Männer und Völker, welche in der Schicksalsstunde des römischen Weltreiches an den Grenzen bereit standen, die Herrschaft zu übernehmen. Goten, Gepiden und Wandalen beherrschten das ganze Land nördlich des Limes der Donau entlang. Langobarden und Burgunder waren ihre Nachbarn, große Germanenstämme ohne eigentliche Heimat, höchstens seit 200 Jahren in diesem Lebensraum wohnhaft und bei erster bester Gelegenheit bereit, sich neue Wohnplätze zu suchen. Weiter westwärts machten Alemannen und Franken am Rhein entlang und im alten Gallien den Römern immer mehr zu schaffen. Bis zur Hälfte der römischen Soldaten wurde aus Germanen rekrutiert. Germanen bekleideten die höchsten Ämter der römischen Staatsverwaltung. Und in das wogende Kräftespiel aller gegen alle wurde im Jahre 375 die große Brandfackel hineingeschleudert. Aus dem ewig unruhigen Osten stieß ein fremdes Volk hervor, rücksichtsloser, schneller, unberechenbarer: die grausamen Hunnen trieben ihre schnellen Pferde aus der asiatischen Weide in das dichtbesiedelte Europa hinein. Zuerst brach Hermanarichs Ostgotenreich in der Ukraine zusammen, während die Westgoten dem Druck aus dem Osten auswichen. Ein Teil von ihnen erhielt von Kaiser Valens die Erlaubnis, auf römischen Reichshoden südlich der Donau überzusiedeln.

In diesem großen Schreckensjahr hat der Westgotenkönig Athanarich seinen Königsschatz der sicheren Erde anvertraut, und keiner der damals Eingeweihten hat ihn jemals heben können. Erst 1837 wurde er bei Pietrossa in Rumänien gefunden, ein herrlicher Schatz aus Goldschüsseln, Schalen, Kannen, Fibeln und Schmuck. Eine kostbare Schnalle, die als „pars pro toto" den ganzen Schatz versinnbildlicht, verkündet in Runen: „Hort der Goten, der Unverletzliche." So blieb er unversehrt durch anderthalb Jahrtausende, und erst bei dem neuen Sturm aus Asien drohte ihm erneute, ernsthafte Gefahr. Im ersten Weltkrieg und in den Revolutionskämpfen verschwand er, tauchte dann doch unversehrt in Moskau wieder auf und befindet sich seitdem dort.

Auf einem Acker bei Szilágy-Somlyó in Ungarn wurden 7 römische Kaisermedaillen, 7 Solidi, 21 Prunkfibeln, 3 Goldschüsseln, 1 Goldreif und verschiedener sonstiger Schmuck gefunden, und da das jüngste Kaisermedaillon von Gratianus (367–383) in Trier geschlagen und von den Goten prächtig eingefaßt worden ist, dürfte dieser Schatz bei irgendeinem Kriegswirrnis im Jahre 375 oder etwas später in die Erde geraten sein.

Die Geschehnisse der Völkerwanderung überschlagen sich. Alarich dringt mit seinen Westgoten bis Italien vor, wird von dem germanischen Oberbefehlshaber der römischen Truppen, Stilicho, geschlagen und erobert trotzdem Rom im Jahre 410. Die Wandalen wandern von Pannonien nach Gallien, ebenfalls dem Druck aus dem Osten ausweichend. Die Hunnen verwüsten sengend, brennend und plündernd den Balkan, Norditalien und das Rheinland, bis Attila schließlich nach einem großen Kräfteaufgebot des Aetius auf den Katalaunischen Feldern im Jahre 451 zum Rückzug gezwungen wird. Aber die entfesselten und von dem Druck der Hunnen befreiten Germanenkräfte werden damit den Römern übermächtig.

Im Jahre 476 beseitigt Odovakar mit den ihm unterstellten germanischen Söldnern den letzten römischen Kaiser, der widersinnig den klangvollen Namen Romulus Augustulus trägt. Im Westen sammelt zwar Chlodwig die Franken schon in seine neue Staatsgründung Frankreich unter merowingischer Führung, aber der Osten bleibt weiterhin unruhig. Die Heruler, auf die wir noch stoßen werden, wandern aus Böhmen hinunter in den Balkan. Theoderich dringt im Jahre 493 mit

seinen Ostgoten in Italien ein und schließt Frieden mit Odovakar. Die
beiden Herrscher stehen sich im Schloß von Verona zum ersten Male
gegenüber. Da ergreift, wie eine Überlieferung berichtet, Theoderich
sein Schwert, spaltet mit einem Hieb seinen Bundesgenossen von oben
bis unten und bemerkt hinterher kurz: „Nicht einmal Knochen hat der
Kerl im Leibe!" Schwer ist die Handlung verabscheut worden, aber Tatsache ist, daß in Italien und bei den Germanen nördlich der Alpen drei
Jahrzehnte lang Frieden und Ruhe herrschte. Nach Theoderichs Tod
fängt der Kampf wieder an. Die letzten Ostgoten werden von den Feld-
herrn des oströmischen Kaisers Justinianus am Vesuv 552 geschlagen,
wonach die Langobarden die Alpen überschreiten und als letztes Ger-
manenvolk die Herrschaft in Italien übernehmen.

Das sind in einigen Stichworten die Wirrnisse auf dem Kontinent, in
denen die Vorgeschichte Zentraleuropas endet und das christliche Mittelalter beginnt. Zu gleicher Zeit und parallel damit spielt sich das große Drama der skandinavischen Völkerwanderungszeit ab.

VI.

Gold und Blut – Künstler und Könige

Eine kleine Klöpplerin namens Kirsten Svencsdatter pflegte jeden
Sonnbend nach Tondern, 4 km nördlich der heutigen deutsch-däni-
schen Grenze und 21 km nördlich Niebüll, zu gehen und ihren Wochen-
fleiß der Jungfer Marina Ambders abzuliefern. Es war im Jahre 1639, zu
der Zeit, als die Klöppelkunst in Tondern ihren großen Aufstieg nahm.
Und da geschah es am 20. Juli, als Kirsten durch das Dorf Gallehus
ging, daß sie „ihre große Zehe sehr empfindlich stieß", nicht an einer
Wurzel, sondern an einem Gegenstand aus Metall. Es war ein Horn, 67
cm lang und 2,7 kg schwer. Es stellte sich heraus, daß dieses Horn aus
reinem Gold angefertigt, in Reifen eingeteilt und reich bebildert war,
mit sonderbaren Gestalten, Männern, Reitern, Tieren, Bogenschützen,
Schlangen, Fischen und zierlich eingepunzten Ornamenten. Kirsten,
Marina, ein Goldschmied und die zahlreichen hinzuströmenden Neu-
gierigen erkannten bald, daß es ein Vorzeitfund war und somit laut Gesetz dem König gehöre. Das Gesetz über „Danefae" aus dem Jahre 1592
lautet nämlich: „Findet jemandt Goldt, edder Süluer up den velde, edder in den Bergen, edder achter dem Ploge, edder in anduer Mote. Dat
schal de Köninck hebben."

Als König Christian IV. in Glückstadt weilte, erhielt er auch das
Goldhorn, ließ es reinigen, polieren, bewunderte den „Kunststil der Altzeit, dessen mystischer Sinn noch den Mühen der Forscher trotzt", und
„trank am selben Tag mit dem Prinzen und den Hofleuten Rheinwein
aus dem Horn bis zur Munterkeit."

Und Kirsten? Ja, sie wurde von den hohen Herren ganz vergessen.
Erst vor kurzem fand man im Archiv eine Bittschrift, gekleidet in die
umständlichen Worte des Schreibers: „So ist deshalb an Euer Königliche Majestät meinen gnädigsten König und Herrn, meine ehrfurchtsvol-
le und wegen Gott dienstpflichtige Bitte und mein Antrag, da ich selbst
eine arme – aber ehrliche Frauensperson bin, die ich nichts von meinen
Eltern geerbt habe als Ehre und Redlichkeit und was ich zu meiner Ernährung und meinem Unterhalt durch meiner Hände Arbeit verdienen
kann, daß Euer Königliche Majestät würde mein gnädigster Herr und
König verbleiben wollen und außerdem mit einem geringen Geschenk
nach Euer Königlichen Majestät eigenem Willen behilflich sein …"

Wir können wohl auf die weiteren 159 Worte dieses atemlosen Satzes verzichten! Erhielt sie nun ein königliches Geschenk? Wir dürfen es

annehmen, denn auf der Rückseite des Antrags steht ein Dienstvermerk „Erledigt. Ich schrieb an Giersdorff darüber".

Der Lehnsmann, wohlgeboren Gregers Krabbe, schrieb emsig an seinen König, der habe Leute nach Gallehus abgesandt, „um die Erde durchzugraben und gründlich eventuellen Schätzen nachzuforschen. Aber sie fanden nichts von Wert."

Schade für ihn, daß er es nicht in Wirklichkeit tat! Er hatte die einmalige Chance, ebenfalls ein Horn zu finden. So blieb der zweite Goldhornfund einem armen Knecht, Erik Lassen, im Jahre 1734 vorbehalten. Zwar fehlt diesem Horn das ganze spitze Ende, aber es wiegt dennoch mehr, ganze 3,6 kg, und trägt außer dem reichen Figurenschmuck noch eine Runenschrift! Kein Wunder, wenn die armen Bauern in Gallehus aus dem Staunen nicht mehr herausfanden und in menschlicher Selbsterkenntnis meinten:

„Hier in Gallehus gibt es mehr von Wert unter der Erde als auf der Erde!"

In der Königlichen Kunstkammer in Kopenhagen wurden die Hörner bestaunt und bewundert. Gelehrte Bücher und handgeschriebene Akten über den Sinn der Figuren häuften sich zu hohen Bergen, die Professoren in ganz Europa korrespondierten miteinander darüber, bis –

Bis zum 5. März 1802. Ein Falschmünzer und begnadigter Zuchthäusler war in der Nacht mit einigen Schlüsseln eingedrungen und hatte die beiden Goldhörner gestohlen! Erst ein Jahr später konnte die dänische Polizei den Dieb, Niels Heidenreich hieß er, greifen, aber der eingeschmolzene Restbestand an Gold konnte den wissenschaftlichen Verlust nicht aufwiegen. Heidenreich wurde ohne Gerichtsverfahren wieder eingekerkert, wonach er die restlichen 41 Jahre seines Lebens recht angenehm auf dänische Staatskosten verbrachte. Er führte als hochbegabter Techniker feinmechanische Arbeiten aus, interessierte sich lebhaft für die Quadratur des Kreises, und meinte, daß er dieses damals aktuelle Problem vor seinem Tode würde lösen können. Er las viel und hatte Vögel und Blumen um sich.

Ein rücksichtsloser Verbrecher in dem idyllischsten Zeitabschnitt der vielleicht gemütlichsten Stadt der Welt – das ist sein Nachruf.

Verzweifelt über den Verlust und noch ehe der Dieb gefunden war, schrieb Adam Oehlenschläger sein Gedicht über die Goldhörner und leitete damit das „Goldalter" der dänischen romantischen Dichtung ein. Manche Literaturhistoriker meinen sogar, das Wichtigste an den Goldhörnern sei, daß sie gestohlen wurden!

Die moderne Forschung ist somit auf die alten Kupferstiche angewiesen. Das Runenhorn ist wunderbar sorgfältig abgebildet, Kirstens Horn dagegen sehr mangelhaft, denn die barocke Formgebung des Kupferstechers hat unseren einzigen Ersatz für das verlorene Original sehr beeinträchtigt. Diese beiden Goldhörner stellen den größten Schatz an bearbeitetem Gold dar, den wir bis jetzt aus dem Goldalter Skandinaviens kennen, und sie blieben lange Außenseiter der modernen, planmäßigen Forschung. Bis in allerneueste Zeit hat man immer wieder versucht, sie als keltische oder südrussische Kunstwerke abzutun, und doch ist unverkennbar, daß sie die Hauptwerke des skandinavischen „Stern-Stils" zu Anfang des s. Jahrhunderts sind. Die eingepunzten Dreiecke der Randborten, die Sterne, Halbkreise, falschen Spiralen und sonstigen Ornamente verraten dies bis in alle Einzelheiten. In erster Linie springen die aus besonderem Goldblech ausgeschnittenen und aufgelöteten Tiere und Menschen ins Auge, die wir vereinzelt auf Fibeln und anderen Schmuckstücken des Sternstils wiederfinden. Hier sind sie Träger einer bedeutenden Handlung, eines geheimnisvollen Geschehens geworden, und das ist die ganz besondere Leistung ihres Künstlers. Dieser Künstler stellt sich in der Runenschrift persönlich vor:

„Ich, Hlewagast, Holtes Sohn, verfertigte das Horn."

Hlewagast ist ein rein germanischer Name, der etwa ruhmvoller Gast bedeutet. Hlewa kehrt in fränkischen Königsnamen wieder, z. B. in Chlodowich oder Chlodwig, dem Namen des französischen Staatsgründers. Somit sind die Goldhörner nordische Kunstwerke, hergestellt von einem nordischen Künstler, der in früh- und nordgermanischer Sprache schreibt, und wir haben die Figuren als Erzeugnisse eines vorwiegend nordischen Gedankengutes zu werten, auf jeden Fall als Ausdruck geistiger Vorstellungen, welche um 425 in Skandinavien lebendig waren.

Es mutet uns an, als hätte Hlewagast, Holtes Sohn, eine Studienreise durch halb Europa gemacht und die sonderbarsten Motive in seinem Notizbuch festgehalten. Da ist ein dreiköpfiger Mann, dessengleichen wir auf keltischen Steinmonumenten in Nordfrankreich finden. Nach dem Südosten weist die Maske zwischen zwei anspringenden Tieren, ähnlich den Brangstruper Motiven. Römisch ist der Kentaur, provinzialrömisch-orientalisch das sonderbare Doppeltier mit Köpfen an jedem Ende des Körpers und ein Vogel, der auf einem großen Fisch steht und auf ihn einhackt.

Das ist eine magisch wirksame Bilderwelt, die im 5. Jahrhundert überall Aufnahme fand. Hlewagast hat dieses römische oder orientalische Leihgut wie kein zweiter gesammelt, es nach den künstlerischen Gesetzen des nordischen Sternstils geformt und es einem rein nordischen, geistig-religiösen Gedanken untergeordnet. Diesen Gedanken vermögen wir jetzt auch zu greifen.

Er schildert die kultischen Ereignisse im Jahreslauf, Monat für Monat. Alle Figuren lassen sich mit denjenigen spätzeitlichen Volksbräu-

chen in Verbindung bringen, die sehr alt oder nachweislich ursprünglich heidnisch sind. Da zielt ein Bogenschütze auf stillende Tiere: das ist
der winterliche Dämon, der mit seinem Bogen die Fruchtbarkeit der
Erde gebannt hält, während der Dreikopf, selbstverständlich letzten
Endes ein nordischer Thurse, mit dem Julbock, Klapperbock oder der
Habergeiß herumzieht. Die Thursen werden noch in Snorres Edda als
dreiköpfig beschrieben. Zur Frühlingsgleiche erscheint ein Männerpaar
über Kreuz. Der Stehende schwingt sein Schwert über den liegenden
Kahlköpfigen, wie ja auch der Pfingstl, Laubfrosch, Knecht Rubin oder
andere spätzeitliche Gestalten in deutschen Frühlingsbräuchen zuerst
rasiert und kahlgeschnitten wurden, ehe sie sich einer Scheintötung unterziehen mußten. Die Schlange bringt einen Dreisproß als Sinnbild des
wiederkehrenden Lebens in Anwesenheit eines berittenen Keulen-
schwingers. Die Keule war von jeher das Würdenzeichen des Anführers
oder Warners, so wie im wilden Heer, den Faschingsspielen, Schembart-
läufen oder als Eckhart bei Hans Sachs. Desgleichen ist die Herrscher-
keule das Sinnbild hinter den englischen „Clubs". Fabeltiere und Pfer-
devermummungen wirken auch in diesem Frühlingsaufzug mit.

Auf dem nächsten Reifen ist ein Mann von seinem gesattelten Pferd
abgesessen und schwingt eine Sichel in seiner freien Hand. Einen ver-
breiteten Brauch gibt es heutzutage, in dessen Höhepunkt die Würden-
träger absitzen und ihre Heiligenzeichen schwenken: die kirchlichen
Flurprozessionen, die laut zahlreichen Schriftquellen von den heidnischen Kelten und Germanen übernommen und durch Kreuze und Reliquien in fromme Christenbräuche umgewandelt wurden. Wenn aber
auf unserem noch rein heidnischen Bild sinngemäß eine Sichel herum-
geführt wird, um die keimende Saat für eine gute Ernte zu weihen, so
muß es diejenige Sichel sein, die aus der Hand des gehörnten Mannes
auf dem obersten Reifen genommen worden ist. Die beiden statuari-
schen Männer mit großen Hörnern müssen die beiden Götter sein, zu
deren Ehre sich der ganze Brauchtumsreigen abspielte. Sie müssen
einstmals als Pfahlgötzen in dem heidnischen Hain gestanden haben, in
dem auch die Goldhörner Verwendung fanden, zu groß, um selber über
die Äcker gefahren zu werden, so daß man deswegen nur das Sinnbild
des Fruchtbarkeitsgottes zur Flurprozession aus seiner Hand nahm. Im
Mittelalter pflegte man dementsprechend das Beil des heiligen Olaf in
Norwegen oder die Fahne des heiligen Erik in Schweden, und nicht das
Heiligenbild selbst, über die Äcker zu führen.

Zwei statuarische Götter in Großformat in einem heiligen Hain! Wo
dieser Hain gelegen hat, wissen wir nicht, denn die Hörner sind an der
alten nord-südlich verlaufenden Hauptlandstraße vergraben worden,
und zwar an einem mittelalterlichen Galgenplatz, der zur Eisenzeit mit

Sicherheit nicht bebaut war, also auf der Flucht vergraben. Das tut auch wenig zur Sache, denn die Bilderwelt gestattet uns tiefere Einblicke in Glauben und Gesellschaftsordnung der frühen Völkerwanderungszeit, als wir es je zu hoffen wagten. Um zwei Götter kreisen die Kulthandlungen des heiligen Haines: einen Sichel- und einen Fruchtbarkeitsgott neben einem Speer- und Kriegsgott. Freyr und Wodan können wir sie nennen, nur wissen wir nicht, ob sich der Deckname Freyr, also Herr, um 425 n. Chr. schon allgemein durchgesetzt hatte, und es fällt auf, daß dieser „Wodan" noch nicht beritten erscheint, auch wenn der Warner und Anführer es tut. Hier sind wir schon weit von den bescheidenen „Moorpötten" und Ernteopfern der kleinen Landwirte und Viehzüchter entfernt. Hier steht das germanische Kriegertum dem Fruchtbarkeitskult gleichwertig zur Seite, und die Hüter des Opferhains können nur wagemutige Krieger sein, die imstande waren, sieben Kilo Gold für ihre Opfer- und Kultgefäße aufzubringen.

Zwei Trinkhörner sind es, genauso wie im Tafelgeschirr der ganzen älteren Eisenzeit, vorzüglich für große Opfermahlzeiten verwendbar. Kirstens Horn war an der unteren engen Spitze offen, so daß man damit blasen konnte, wie es auch die Museumswächter vor dem Diebstahl zu tun pflegten. Und schließlich ließen sich die Hörner, unten gut zugepfropft, als Behälter für das Blut der geopferten Tiere verwenden. Auf allen Kultgefäßen der ganzen Welt pflegte man darzustellen, wozu sie verwendet wurden. So auch auf Kirstens Goldhorn, wo ein langhaariger, bärtiger Priester in langem Gewand das Goldhorn davonträgt, nachdem zuerst ein Pferd mit Pfeil und Bogen getötet worden ist. Das Horn muß dort also mit Pferdeblut gefüllt sein, so wie Pferdeblut den Kult der gesamten spätheidnischen Zeit kennzeichnete und mit Sprengwedeln auf Holzgötter, Gemeinde und Priester zugespitzt wurde, worüber die christlichen Missionare ausführliche Berichte geliefert haben.

Schon Tacitus berichtet folgendes von den südgermanischen Naharnavalen: „Bei ihnen wird ein Hain mit altüberkommenem Kult gezeigt; ihn leitet ein Priester in weiblicher Kleidung. Man erzählt von Göttern, die man nach römischer Auffassung Castor und Pollux nennen würde … Man verehrt die Götter als Jünglinge oder Brüder. Ihr Name ist Alcis" (also Elche oder Hirsche).

Das erinnert verblüffend an unseren Priester in weiblicher Kleidung vor einem brüderlichen Götterpaar, das zwischen sich, und somit als höchstes Sinnbild, einen stolz emporsteigenden Hirsch führt:

> Den Sonnenhirsch sah ich von Süden her gehen.
> Seine Füße standen auf der Erde,
> aber die Hörner reichten zum Himmel.

Hinzugefügt sei noch, daß das Pferdeopfer sicherlich Ende August stattfand, so wie die Pferdefeier Skandinaviens und die Reiterturniere Deutschlands in allen späteren Jahrhunderten.

Es folgt erneut ein Männerpaar über Kreuz, vom Kupferstecher barock verunstaltet, aber zur Herbstgleiche im September vorzüglich dem Männerpaar zur Frühlingsgleiche entsprechend.

Das Brettspiel galt als Mittel, den göttlichen Willen zu erfahren, hier zu Winterbeginn, so wie die spätzeitlichen Vorbotenfeiern an den St.-Andreas-Abend und Allerseelentag gebunden sind. Zuletzt steht die Maske, die von zwei Wölfen angesprungen wird, anscheinend als Schutz und Abwehr gegen Jahresende und Mittwinterdunkel. Sie ist augenlos und versinnbildlicht deshalb die untergehende Sonne, die am Anfang des anderen Reifens als Neujahrs- und Sonnenhirsch stolz wieder emporsteigt, wenn das kultische Jahr erneut beginnt. Die untergehende, kraftlose Sonne und die neu emporsteigende Sonne umrahmen die Bilderreihe und halten sie fest, ganz ähnlich wie erworbener und ererbter Besitz die Runenreihe umrahmen und festhalten!

Somit ist Hlewagast ein Meister, der dem Erfinder der Runen würdig zur Seite steht, dem Künstler der Silberkelche von Himlingöje jedoch weit überlegen ist. Mittlerweile sind ja auch 150–200 Jahre vergangen, die lebhafte Anregungen aus dem Südosten und dem Südwesten brachten. In seinen Bildern lebt eine geistige, kultisch und sozial unabhängige Welt, von der wir fast nur durch dieses einmalige Dokument erfahren. Welche Möglichkeiten besaß die germanische Kunst damit, in anschaulichen Bildern zu sprechen! Aber sie wollte diese Möglichkeiten nicht auswerten. Hlewagasts Kunstwerk steht an der Schwelle eines künstlerischen Schaffens, das ganz andere, ungeahnte Wege betreten sollte.

Der römische Kaiser pflegte nicht nur Goldmünzen, sondern auch Goldmedaillons mit doppeltem oder vierfachem Gewicht zu prägen und Freunden zu schenken. Sechs dieser Goldmedaillons sind in Skandinavien gefunden worden, alle mit Öse versehen, so daß sie in einer Kette um den Hals getragen werden konnten. Und was noch interessanter ist: wir haben auch zehn germanische Nachbildungen solcher Kaisermedaillons gefunden, zum Teil so sorgfältig nachgeahmt, daß wir die Vorlage nachweisen können, obwohl die lateinischen Buchstaben unverständliche Linien geworden sind. Die nordgermanischen Künstler fingen also an, sich mit diesem Motiv zu beschäftigen. Die künstlerische Begabung war natürlich verschieden. Der eine Kaiser bekam ein Galoschenkinn, der andere eine Melonenstirn – aber auf solche Anfängermängel kommt es nicht an. Der germanische Künstler strebte unwillkürlich nach einer vollständigen Umgestaltung der Vorlage: er betont die Kontur, den Umriß des Hauptes weit mehr als die Plastik der Wangen, das Linienspiel weit mehr als den charakterlichen Ausdruck. Er setzt plötzlich unbekümmert einen Vogelkopf in den Nacken des Kaisers, er trennt die vornehm zum Gruß erhobene Hand vom Körper und setzt sie als eine lose Hand hinter den Kopf. Die römischen Vorlagen sind doppelseitig geprägt, während der nordische Goldschmied die einseitig getriebenen Goldscheiben bevorzugt und deshalb zwei solche zusammenlötet, um Averse und Reverse nachzubilden. Den Reiter der Reverse versieht er mit nordischem Zaumzeug aus großen Ringen, dem Zaumzeug der Mooropfer genau entsprechend.

Aber dann läßt er die Doppelseitigkeit fallen, da diese runden Anhänger ja doch fast nur von der einen Seite gesehen werden sollten. Von außerordentlicher Schönheit ist die Goldscheibe aus Senoren in Südostschweden, vornehm der Kopf, feingearbeitet das Muster der Haare, elegant stilisiert das Kaiserdiadem. Eine solche einseitig gepreßte Goldscheibe wird im modernen Sprachgebrauch Brakteat genannt, und mit diesem vermutlich ältesten Goldbrakteaten beginnt eine großartige Reihe, von der bis jetzt 740 Stück in Skandinaviens Erde gefunden worden sind.

Dem Senoren-Künstler machte die Raffung der kaiserlichen Toga um die Schulter anscheinend Schwierigkeiten, denn die gewinkelten Linien befriedigen nicht ganz. Sollte man statt dessen einen langen Hals machen, einen glatten Oberkörper, ein andersartiges Linienspiel oder die Schultern ganz weglassen? Alle Möglichkeiten wurden probiert, und schon in einem frühen Stadium kam ein Künstler auf den glücklichen Einfall, der am meisten gefiel und am häufigsten verwendet wurde: er tauschte dieses ganze für den Nordländer sinnlose Faltenspiel der Toga gegen ein Tier aus, so daß der große Kopf direkt auf dem Rücken des Vierfüßlers ruht. Als bizarr und grotesk hätte ein Römer solche Verunstaltungen des Kaiserbildes gescholten, dem Germanen ging es aber um eine sinnvolle und jedem vertraute Figur, die er seinem künstlerischen Gefühl entsprechend stilisieren konnte.

Auf den frühesten Goldbrakteaten stellen sich die Goldschmiede und Künstler mit Namen vor, nicht in verunstalteten lateinischen Buchstaben, sondern in Runen:

EkfakaRf" = Ich Fakar schrieb,

Das letzte „f" ist eine Kürzung von „fahi" = schrieb, so wie man im Lateinischen häufig ein F für Fecit = anfertigte sieht.

Rechtschreiben ist noch heute eine schwierige Sache. Damals erhielt der Goldschmied vielleicht nur eine Vorlage von einem schreibkundigen Runenmeister. Es gibt einen zweiten Goldbrakteaten desselben Künstlers, gefunden bei Asum in Schonen und auf diesem lautet die Inschrift:

„EikakaRfahi."

Da ist „fahi" voll ausgeschrieben, statt dessen haben sich mehrere Schreibfehler eingeschlichen. Aber die Arbeit ist schön, die Goldborte die breiteste und der Brakteat somit das größte aller unserer Fundstükke. Hier ist unverkennbar, daß mit dem Vierfüßler ein Pferd gemeint ist. Wir sehen die typische Kinnlade, die Pferdehufe, die flott trabenden Beine und den Roßhaarschweif. Über die Hörner brauchen wir uns weniger zu wundern, denn sie werden manchmal hingesetzt, manchmal fortgelassen. Das Pferd Alexanders des Großen hieß „Bucephalos", was Stierkopf bedeutet, und auf griechischen Münzen sehen wir Bucephalos als ein prächtiges Pferd mit großen Stierhörnern. Die Germanen hielten in besonderen Hainen heilige weiße Pferde, die mit keiner Arbeit in Berührung kamen, und es werden diese Pferde sein, welche zur Völkerwanderungszeit manchmal mit Stierhörnern geschmückt wurden. Ein solches gehörntes Pferd erscheint auch neben dem keulenschwingenden Reiter auf Hlewagasts Goldhorn und nimmt somit an dem großen Frühlingsspiel teil. Ein drittes Mal erscheinen gehörnte Pferde in einem Pferdekampf, von zwei Männern angetrieben, und zwar auf einem schönen Grabstein eingehauen. Pferdekämpfe zählten ja zu den besonders großen und festlichen Vergnügungen der Germanen, am frühesten auf Grabsteinen der Bronzezeit nachgewiesen und wiederholt in den wikingerzeitlichen Sagen auf Island erwähnt, wo sie leider oft mit Mord und Totschlag endeten, und noch um 1800 in Norwegen Ende August zur genannten „Pferdefeier" allgemein geübt.

Aus der Toga des Kaisers wurde ein heiliges Pferd, aber dann ist mit dem Kopf natürlich auch nicht mehr der Kaiser gemeint, sondern ein germanischer Gott. Da die Germanen indessen immer nur Pfahlgötzen verehrten, hatten sie geringe Vorstellungen von dem leibhaftigen Aussehen ihrer Götter und übernahmen deshalb unbekümmert das Bildnis des Kaisers, der angeblich ein lebender Gott sein sollte. Keine anderen Attribute sind ihm auf den Brakteaten beigefügt als die Pferde, einige Vögel und recht viele Heilszeichen allgemeiner Art, so daß wir ihn gar nicht benennen können, da wir ja nicht wissen, wem die heiligen Pferde geweiht waren – vielleicht der nordischen Götterwelt überhaupt, vielleicht dem einen der beiden Götter auf den Goldhörnern. Noch hat uns der Zufall kein Bilddokument in die Hände gespielt, das diese Frage beantwortet. Aber wir warten ja jährlich auf neue Überraschungen aus unserem dunklen Geheimarchiv.

> „Hariuha heiße ich, der Gefährliches Wissende.
> Ich gebe Glück! Tyr! Tyr! Tyr!"

Kraftvoll klingt der Ruf des einen Brakteatenmeisters, der dreimal den Namen des germanischen Himmelsgottes nennt. Vielleicht sollten wir

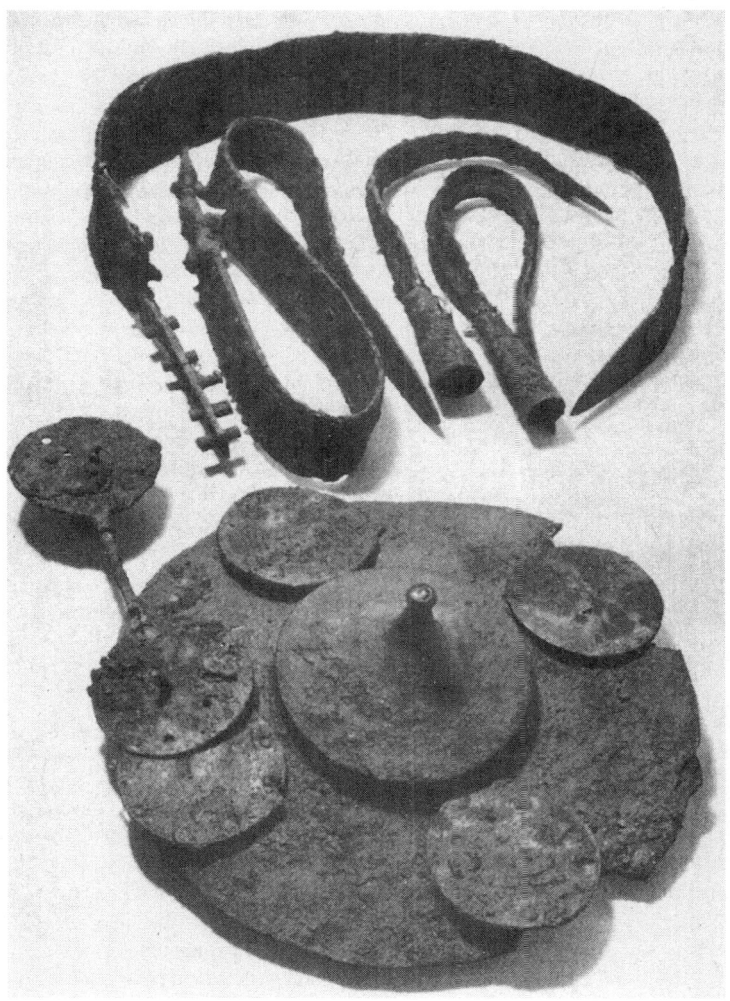

Schildbuckel, zwei verbogene Schwerter und Speerspitzen

in dem Götterkopf oberhalb des schön stilisierten Pferdes den Gott des hohen Himmels, Tyr, sehen? Drei weitere eigenartige Brakteaten scheinen ihn darzustellen: einen stehenden Mann in voller Figur, der seine Hand in den Rachen eines Raubtieres mit scharfen Zähnen legt. So berichtet doch noch Snorre am Ende der Heidenzeit, daß der Himmelsgott seine Hand in den Rachen des Fenriswolfes legte – der ihm natürlich die Hand abbiß. Die Sage ist uralt und hat weltweite Verbreitung. Dem Keltengott Nuada werden die Hände abgebissen, und er bekommt statt dessen eine Hand aus Silber und eine aus Gold, Mond und Sonne symbolisierend. Auch der altrömische Held Mucius Scaevola, der im Lager der Feinde seine Hand verbrennen ließ, ohne mit der Wimper zu zucken, und damit die Härte der Römer zeigte, entspringt demselben Sagenkreis. Schließlich fehlt der einen Figur zuoberst auf Kirstens Goldhorn die linke Hand. Man kann annehmen, daß da nicht der Gott selbst gemeint ist, sondern ein Priester, der ihn im Kult mimt.

„Ich, der Glanzäugige, weihe die Runen."

Hier spricht ein Schriftkundiger, der seinen Runen magische Kraft verleiht und selbst als der Meister mit dem gleißenden Blick bekannt – und wohl auch gefürchtet – war. Er bildet auf seiner Goldscheibe einen stark stilisierten, laufenden Mann in voller Figur ab. Gleiche Prägung weisen zwei Brakteaten auf, deren Inschrift lautet:

„Ich Wig, der Heruler, malte das Kunstwerk."

Diesen Titel tragen mehrere Schriftkundige. Auf einer Speerspitze steht:

„Ich, der Heruler, heiße Muha, Asugisalars Sohn."

Auf dem Knochenamulett von Lindholm lesen wir:

„Ich, der Heruler, heiße der Listige (oder Zauberkundige)."

Die Heruler erwähnten wir schon unter den Völkern, die sich im 5. Jahrhundert auf der Wanderung durch Europa befanden. Diese rätselhaften Heruler, die unter den Runenkundigen ihrer Abstammung besonders eingedenk sind, werden wir noch näher kennenlernen.

Die runden, kleinen Goldscheiben enthalten eine Welt von künstlerischen Bestrebungen, Figuren und Sinnbildern, deren Bedeutung wir noch längst nicht alle nachweisen können, leserliche und verstümmelte Runenworte aller Art.

Bezeichnenderweise sind gerade diejenigen Begriffe häufig vertreten, die wir als göttliche und irdische Gewalten unter den Runennamen kennenlernten. Wie es sich gehört, ist ‚ehwu' = Pferd neben dem Bild des heiligen Pferdes häufig vertreten. Oder wir lesen auf dem Allesö-Brakteaten, der aller Wahrscheinlichkeit nach aus der Werkstatt des Glanzäugigen hervorgegangen ist:

„LauR   OdaR Lu T: E athl"

Hier sind viele Schreibfehler, aber LauR soll nachweislich Laukar, also Zwiebel heißen. Nach dem Hakenkreuz folgen Odal = ererbter Besitz, dann eigentlich Alu = Schutz, Amulette, während das letzte Wort Lathu = Abwehr heißt. Dazwischen stehen T und E für Tyr und Ehar, den Gott und sein heiliges Pferd.

Die Goldbrakteaten zeigen uns, daß es jetzt eine Menge Werkstätten und Künstlerschulen in Skandinavien gibt, auf die wir ganze Gruppen von Brakteaten zurückführen können. Sie empfangen gegenseitig Anregungen und führen technische und stilistische Ansätze zu einer reichen Vollendung. Natürlich gibt es auch einfachere Werkstätten, die unselbständig arbeiten, deren Götterköpfe und Pferde unsicher und unschön geformt sind, aber sie bestätigen uns gerade den Reichtum an künstlerischer Leistungsfreude in Skandinavien zur Völkerwanderungszeit. Uns interessieren naturgemäß die großen und neuschaffenden Künstler am meisten.

Die präzise, geometrische Verzierung des Asumbrakteaten wird durch vier Tiere belebt, die mit aufgerissenem Rachen eine untere und drei obere, allerdings abgebrochene Männermasken bedrohen. Hier ist dasselbe magische Motiv, Schutz gegen böse Mächte, dem wir schon in Brangstrup und auf den Goldhörnern begegneten.

Männermasken weisen auch noch vier andere Goldbrakteaten auf, die alle zu den frühesten zählen. Besonders ausdruckskräftige Miniaturarbeit zeigen die sechs Masken auf den Goldbrakteaten von Gerete auf Gotland, Männer mit großen Augen, nach hinten gekämmten Haaren, ernsten Gesichtern – eine Schar heidnischer Männer, die sich zusammenrotten und den Schrecken vor wilden Tieren und dem Kriegstumult im Herzen tragen, aber auch die Ausgelassenheit großer Kultfeste, Männer, denen die Ausgeglichenheit klassischer Formen und Lebensideale nichts sagt, sondern die sich nach barocker Wucht und ekstatischer Lebensbejahung sehnen. Ihre Künstler waren auf dem besten Wege, die Anregungen der Antike ihrer Art gemäß umzuwandeln.

Solche besonders ausgeschnittenen und aufgelöteten Männermasken gibt es sonst nur noch im Gotenschatz von Szilágy-Somlyó, und zwar 15 aufgelötete Männermasken in einem Kreis rund um das jüngste Kaisermedaillon, geprägt von Gratianus! Kein Zweifel, daß die nordischen Exemplare auf eine Anregung aus der Donaugegend zurückgehen. Auch die Öse selbst ist die gleiche – ein Rohr mit kräftigen, filigranverzierten Wülsten.

Ein solches Rohr könnte sehr prächtig aussehen, leicht geschwungen könnte es sogar ein goldener Halsreif werden. In der Tat kennen wir solche Halsreifen, und noch kostspieliger erscheinen sie, wenn drei aufeinandergelegte Röhren zusammen verarbeitet wurden. Der Halskragen, der gemeint ist, ist am Fuße des Berges Alleberg in Westschweden gefunden worden. Er läßt sich aus Scharnieren im Nacken öffnen. Das eine, offene Ende besteht aus glatten Zinken, die in die Röhren des anderen Endes hineingeschoben werden. Ein so prunkvoller, goldener Halskragen war ein Schmuck nicht nur für Frauen, sondern für Männer und für – Götter! Aus einem Moor stammt nämlich eine Holzfigur, sorgfältiger geschnitzt als die üblichen Pfahlgötzen, ein Gott mit einem kraftvollen Gesicht, breiten Backenknochen, großen Augen und einem willenfesten Kinn. Fast wie eine moderne Skulptur mutet uns dieses Kunstwerk an, eines der wenigen Menschenbildnisse germanischer Vorzeit. Und dieser Gott trägt einen in Holz geschnitzten, dreireihigen Kragen um den Hals!

Mehr noch! Zwischen den drei Wülsten des Goldhalskragens sitzen zwei Reihen aufgelöteter Tierfiguren und Männermasken, ganz ähnlich dem obersten Reifen auf Kirstens Goldhorn. Sogar eine so ausgefallene Gestalt wie ein Vierfüßler mit Menschenkopf kehrt auf beiden Kunstwerken wieder, und in einer Randborte des Runenhorns ist ein geflochtener Goldfaden angebracht, identisch gleich der Filigranverzierung des Halskragens. Diese Meisterwerke der Goldschmiedekunst können wohl kaum aus derselben Werkstatt hervorgegangen sein, aber Hlewagast und der anonyme Halskragenmeister müssen Zeitgenossen gewesen sein und die gleichen künstlerischen Anregungen individuell für ihre Kunstwerke ausgenützt haben. Sie gehören in den Kreis der Magier und Goldschmiede, welche um 425 auf den runden Goldbrakteaten in selbstbewußter Ich-Form hervortreten.

Neben den sechs Goldmedaillons, die als Vorbilder für die Brakteaten dienten, zog auch ein reger Strom spätrömischer Goldmünzen nordwärts. Er traf vorwiegend die drei Ostseeinseln Öland, Gotland und Bornholm, während Solidi im übrigen Skandinavien nur selten gefunden werden. Die Zahl der bis jetzt gefundenen Goldmünzen ist indessen beachtlich: auf Öland 272 Stück, auf Gotland 245, auf Bornholm 145 und im übrigen Skandinavien 84. Einige wenige gehen bis auf Kaiser Arcadius (395–408) zurück, die jüngsten gehören dem Schluß byzantinischer Münzprägungen unter Justinianus (538–565) an. Stellen diese Goldbörsen, die bis zu 79 Münzen enthalten, den Sold heimkehrender Krieger dar, wie wir es bei dem frühen Func in Brangstrup annehmen dürfen? Manches deutet darauf, denn diese Goldmünzen sprechen von großen kriegerischen Geschehnissen, besonders auf Öland.

Öland ist eine lange, schmale Kalkinsel, dem skandinavischen Granitland vorgelagert. Ihr platter Rücken trägt eine kalkliebende Flora, die in vielem von derjenigen des Festlandes abweicht. Man kann dort eine Vision von unendlicher Weite bekommen, obwohl man im Osten wie im Westen die Ostsee erblickt. Und wenn die Luft an heißen Sommertagen bebend stillsteht – kann man geradezu Fata Morganen schauen. Reich ist die Insel an historischen Denkmälern. Die Hügel der Wikingerzeit liegen in großer Zahl entlang den Küsten, die auffallend starken Hausfundamente der Völkerwanderungszeit dagegen im Innern dieser Insel. Seit jeher hat sich die Bevölkerung über die großen Wälle aus Erde und Stein gewundert, die von den Häusern übriggeblieben sind. „Riesengräber" wurden sie genannt, bis man ihren wirklichen Zweck erkannte. Von Haus zu Haus und weit in die Wälder hinein laufen „Wastar", ehemalige Steinmauern, die die Äcker und Viehweiden der Dörfler voneinander abgrenzten, etwas an die älteren Siedlungsreste in Jütland erinnernd, aber kräftiger, steiniger. Öde und verfallen liegen sie da, Zeugen einer verschwundenen Kultur, eines vergangenen Wohlstandes.

Hart schlug das Schicksal diese Insel Öland im Jahrzehnt 480–490 n. Chr. Es vernichtete alles, was es bis dahin gab. Wir wissen es genau, und es gehört zu den Bravourstücken der Prähistoriker, darüber aus einer schriftlosen Zeit zu erfahren. Denn die Münzschätze Ölands enthalten als jüngste Münze eine oder ein paar, die von den Kaisern Anthemius, Glycerius, Leo II., Romulus Augustulus oder Basiliscus geprägt sind, die kurzfristig zwischen 467 und 477 regierten. Unter sämtlichen Goldmünzen Ölands, einschließlich der Streufunde, gibt es keine jüngeren Münzen. Die Goldschätze auf Gotland, Bornholm und im übrigen Skandinavien enthalten dagegen durchweg Münzen, die von Anastasius (491–518), Justinus I. (518–527) und Justinianus (527–565) geprägt wurden. Der rege Münzstrom ging also unbekümmert weiter, nur auf Öland wurde er unterbrochen. Sämtliche Goldschätze Ölands wurden vergraben, ehe die zahlreichen Münzen des Anastasius einsetzten. Desgleichen geriet ein fünfreihiger Goldhalskragen, breiter und stattlicher noch als der dreireihige, aber nicht ganz so hervorragend gearbeitet, in die Erde an dem Weg, der hinunter zum Hafen führt. Und die Ursache dafür kann nur eine Kriegskatastrophe sein, die diese Insel heimsuchte und lahmlegte, denn sämtliche Häuser und Dörfer wurden abgebrannt und vor allem: nie wieder aufgebaut. Bei sachkundigen Ausgrabungen in diesen Häusern sind niemals Gegenstände angetroffen worden, die jünger sind als 480–490.

Ganz unerwartet brach wohl das Unheil nicht über diese blühende
Insel herein. Man hat den Sturm erwartet. In aller Eile hat man Fluchthurgen gebaut, hohe Bergkuppen mit einer Steinmauer versehen, von
wo aus man dem Feinde Widerstand bieten wollte. In einigen dieser
Fluchthurgen brachten Ausgrabungen einige Fundstücke ans Licht, unscheinbare brüchige Gebrauchsgegenstände und Pfeilspitzen, bezeichnenderweise aus der zweiten Hälfte des s. Jahrhunderts. Eine Burg
weicht im Bau ganz von den anderen ab, liegt auf flacher Erde, mit einer 3 m hohen und 6 m dicken Mauer aus gestapelten Kalksteinplatten.
Der Durchmesser der Mauer mißt 127 m, und das Innere ist von 84
rechteckigen Häuserfundamenten erfüllt, teils radial an die Mauer an-
gelehnt, teils planlos die Mitte füllend. Die Burganlage ist einmalig in
Skandinavien. Ein deutscher Forscher hat neulich nachgewiesen, daß
Kaiser Valentinianus III. (423–455) mit einem ganzen Sperrgürtel ähnlicher Kastelle die Italienische Halbinsel vor den Hunnen und anderen
Eindringlingen abriegeln wollte und auch das Drautal in Pannonien entsprechend sicherte. Ein Vergleich mit dem Kastell Sadowetz in Bulgari-
en überrascht ebenfalls. Es ist nicht anders möglich, als daß heimkehrende Ölänningar fanden, daß ihre Heimat in größter Gefahr schwebte,
und eiligst das Riesenaufgebot für den Bau einer solchen Anlage durch-
setzten, die das neueste auf dem fortifikatorischen Gebiet darstellte.

Aber schnelle Rüstungen und ein gemeinsamer Einsatz aller halfen
nichts. Der Sturm brach über die Insel herein, die Männer mußten ihre
Goldschätze vergraben, und keiner von ihnen war mehr imstande, sie
zu heben. Sie alle starben eines gewaltsamen Todes, während ihr Heim
in Schutt und Asche zusammenstürzte.

Wer waren die Angreifer, deren drohende Rüstungen schon längst
von der Insel aus wahrgenommen wurden? Keine Schriftquelle hat uns
ein Wort von diesem schweren Kampf überliefert, und doch kennen wir
das siegreiche Volk. Es können nur die Svear sein, „reich an Männern
und Waffen und auch zur See gewaltig", mit einem König, der „kraft
unwiderruflichen Rechts auf Gehorsam herrscht".

Jetzt ist es ernst geworden. Schweden und Dänemark sind Kriegsschau-
platz geworden. Schwer bewaffnete, vorbildlich organisierte Krieger
sind imstande, über See vorzustoßen und eine große, blühende Insel in
ein rauchendes, ödes Trümmerfeld zu verwandeln. Wer sollte sich da
noch sicher fühlen? Etwa die Gotlänninger auf ihrer größeren und entfernteren Insel? Auch nicht mehr lange. Die auf Gotland vergrabenen
Goldmünzen sprechen von zwei oder drei Katastrophen, die in der ersten Hälfte des 6. Jahrhunderts erfolgten, auch blühende Dörfer verwüsteten, aber doch nicht die ganze Insel lähmten.

Über die Svear berichtet eine zeitgenössische Schriftquelle einiges, und zwar der Gote Jordanes, der sein Wissen von dem Kanzler Theoderichs hat. Allerdings steht von Kriegsgeschehnissen nichts darin. Er schreibt:

„Die Suehans haben ebenso wie die Thüringer ausgezeichnete Pferde. Sie sind es auch, welche auf dem Handelswege über zahlreiche andere Völker den Römern die sappherinischen Felle schicken, welche wegen ihrer schwarzen Farbe berühmt sind. Während sie dürftig leben, kleiden sie sich hervorragend."

Natürlich gingen alle Svear in „sappherinischen Pelzen" gekleidet! Und dann zählt Jordanes eine Unmasse von Völkern und Stämmen auf: Theustes (in Tjust an der Ostküste), Vagoth, Bergio, Hallin (in Halland in Südwestschweden), Liothida, deren Wohnplätze in flachem, fruchtbarem Lande gelegen sind, weshalb sie durch Einfälle anderer Völker bedroht werden. Nach ihnen kommen Ahemil, Finnaithae, Fervir, Gauthigoth (anscheinend so wie Vagoth gotisch-götische Stämme), ein tapferes und sehr kriegerisches Volk. Danach Mixi, Evagre, Otingis.

Und dann folgt eine wichtige Nachricht:

„Die Dänen, welche unter allen Völkern Skandinaviens als die großwüchsigsten gelten, haben die Heruler aus ihren Sitzen vertrieben."

Da haben wir wieder diese ruhelosen Heruler! Sie waren also in der südlichen Ostsee, in der Nähe der Dänen heimisch, aber wir trafen sie auch in Mähren an. Die südlichen Heruler wurden während der Regierung Anastasius' (491–518) von den Langobarden besiegt, wonach ein Teil in die Heimat auf die Insel Thule (= Skandinavien) zurückkehrte, laut Prokopios als Nachbarn der Gautoi, also der Götar. Ein anderer Teil zog südwärts und siedelte auf dem Balkan. Nun starb aber ihr König, und wir erfahren, daß diese südlichen Heruler nicht befugt waren, einen neuen König zu wählen, sondern sie schickten Sendboten nach Skandinavien, damit der Stammesteil in der Heimat den neuen König stellen sollte. Die Sendboten waren lange unterwegs, da starb ihr Prinz und sie mußten noch einmal nordwärts reisen. Deshalb hatte Kaiser Anastasius inzwischen seinen Günstling zum König der Heruler ausrufen lassen, aber als die Abgeordneten endlich eintrafen, wurde er rasch vertrieben, und der Schwede wurde zum richtigen König ausgerufen.

Das ist eine verblüffende Geschichte, und wir können nur staunen, wieviel die Skandinavier auf dem Kontinent reisten, allen Kriegen und Unruhen zum Trotze.

In ganz merkwürdiger Weise kümmerte sich auch der große Gotenkönig Theoderich, dessen Vorfahren ja selbst aus Skandinavien ausgewandert waren, um die Heruler in Schweden. Von seinem Königssitz in Ravenna richtet er ein gleichlautendes Schreiben an die Könige der Thüringer, der Warnen (bei Warnemünde) und der Heruler und bittet um Freundschaft gegen Chlodwig. Anschließend schlägt er dem König der Thüringer vor, seine Tochter Amalaberga zu heiraten, während er den König der Heruler als seinen Waffensohn aufnimmt, und zwar in einem Brief stattlicher Formulierung:

„König Theoderich an den König der Heruler! Zum Waffensohn ernannt zu werden, gilt bei den Völkern als eine große Auszeichnung, da nur der würdig ist, als Sohn angenommen zu werden, der sich verdient gezeigt hat, als der Tapferste anerkannt zu werden. Wir werden oft in unseren leiblichen Kindern enttäuscht. Aber die Kinder, die wir selbst erwählen, können nicht unfähig sein. Diese genießen nämlich ihre Stellung nicht durch ihre Geburt, sondern allein auf Grund ihrer Verdienste … Deshalb wollen wir Dich nach der Völker Sitte und nach Mannesbrauch, der Du Dich als Kriegsheld zeigst, auch mit unserer Gabe durch Waffen in gebührlicher Weise zu unserem Sohn machen. Wir geben Dir Pferde, Schwerter, Schilde und andere Kriegswaffen; aber was noch bedeutender ist, wir schenken Dir unsere Gunst. Du nämlich, der Du durch das Urteil Theoderichs anerkannt wirst, sollst bei den Völkern als der Erste gelten. Nimm also die Waffen an, die Dir und mir nützen werden … Das übrige haben wir in unserer Muttersprache den beiden Gesandten aufgetragen, die Euch genau unseren Brief erklären und mündlich unterbreiten werden, was die Freundschaft festigen kann."

Kennen wir diesen König der Heruler? Es scheint so. Jordanes' Quelle ist Theoderichs Kanzler Cassiodorus. Er schreibt, wie oben erwähnt, daß die Heruler aus ihren Wohnplätzen von den Dänen vertrieben wurden und fügt hinzu, nachdem er auch andere Stämme aufgezählt hat:

„Über sie herrschte vor noch nicht vielen Jahren der König Roduulf, der sein eigenes Reich für zu gering achtete, und in den Schoß des Gotenkönigs Theoderich eilte, wo er fand, was er wünschte."

In den Schoß Theoderichs! Das heißt also wörtlich als Sohn.

Weiter wollen wir die Schriftquellen nicht pressen. Die regen Beziehungen zwischen den Herulern in Schweden und dem Stammesteil auf dem Balkan sowie die Freundschaft ihres Königs mit dem großen Theoderich lassen uns erkennen, welch regen Anteil der Norden an den Völkerwanderungen des Südens genommen hat.

Wir wollen in diesem Buch vor allem die Bodenfunde sprechen lassen – und sie überraschen durch Verlagerungen der Kulturzentren. Aus der Völkerwanderungszeit kennen wir erstaunlicherweise nur unbedeutende Gräber auf den einst so reichen dänischen Inseln. Süd- und Mittelschweden wird fast von einer neuen Fundlosigkeit betroffen. Aber Norwegen und Nordschweden treten jetzt mit unerhört reichen Hügelgräbern hervor, deren Inhalt zugleich bekundet, daß das künstlerische Zentrum weit nordwärts verlagert worden ist. Dort finden wir reiche

Bauern und wehrhafte Häuptlinge, für den ewigen Schlaf ausgestattet mit Waffen, prunkvollem Schmuck, Gold und den wenigen Bronzegefäßen, Gläsern und Importgegenständen, die wir aus der Völkerwanderungszeit kennen. Dies ist eine der durchgreifenden Veränderungen im Kulturbild, welche die Forschung so gerne erklären möchte, ohne jedoch noch dazu eindeutig in der Lage zu sein. Trat in Südskandinavien wieder eine Veränderung der Bestattungsweise ein, so daß der unterirdische Wohnraum mit Speise und Trank zugunsten eines mehr abstrakten Jenseitsglaubens weichen mußte? Miniaturwaffen und symbolische Beigaben deuten mitunter darauf. Oder verschwinden die Gräber in den großen Unruhezeiten, weil die südskandinavischen Häuptlinge, deren Prachtgräber wir im Fundbild in erster Linie wiederfinden müßten, andere Sorgen bekamen, als sich Denkmäler für die Ewigkeit zu bauen? Oder versperrten die Hunnenstürme die üblichen Handelswege mit dem Kontinent, so daß nur der äußerste Westen über Niedersachsen und das noch immer fundführende Jütland fruchtbare Anregungen nach Norwegen und über Trondheim nach Nordschweden brachte?

In den mitunter gewaltigen Hügeln Nordskandinaviens tauchen ab und zu auch richtige Königsgräber auf, wie beispielsweise das Snartemograb, auf der allersüdlichsten Rundung Norwegens gelegen. Dessen Schwert wirkt wie eine Generalmusterung sämtlicher Stilzüge der reichen Kunst zweier Jahrhunderte, das Trinkglas mit eingeschliffenen Facetten ist ein kostbares Importstück, das in alter Zeit einmal zerbrach und mit verzierten Silberbeschlägen wieder zusammengenietet wurde. Die Schnalle ist die schönste aller Schnallen, andere Waffen und Beigaben stehen den genannten kaum nach.

Von imposanter Größe ist auch ein Königshügel bei Sundsvall, in Nordschwedens bestem Holz- und Bauerndistrikt. Die arg verwesten Beigaben konnten nur durch höchsten technischen Einsatz gerettet werden, weshalb der großzügige Donator der Ausgrabung zusätzlich einen besonderen Abtransport nach Stockholm finanzierte. Das ganze fundführende Zentrum des Grabes wurde in Gips eingemauert. Eisenträger darunter durchgeschoben und der schwere Erdbrocken auf einem Spezialroller ins Museum in Stockholm verfrachtet. So fand die letzte Fahrt dieses nordschwedischen Königs nicht mit Pferd und Wagen statt, sondern 1400 Jahre später auf einem motorisierten Fernlastzug. Nachher konnten die Ingenieure bei der fortgesetzten Ausgrabung im Museum Zaubermittel einsetzen, von denen der König zu Lebzeiten nichts geahnt hatte. Seitdem haben wir ab und zu die Deckel der geheimnisvollen Kochtöpfe im Labor abgehoben, reizvolle Düfte inhaliert und schrittweise gesehen, wie schon verweste Gegenstände neue Festigkeit gewannen, wie die Schatten der entfernten Vergangenheit wieder materialisiert wurden. Ein Aufsatz über das Prunkschwert dieses nordschwedischen Königs wurde dem jetzigen König zum 70. Geburtstag überreicht, aber die Gesamtveröffentlichung wird noch auf sich warten lassen.

Reiche Gräberfunde sind natürlich willkommen, weil sie uns einen gewissen Querschnitt von dem materiellen Wohlstand ihrer Zeit bieten. Und sie zeigen uns ganz eindeutig, daß der große Schritt zum vollwertigen, ersten Tierstil der germanischen Völkerwanderungszeit in West- und Nordskandinavien und nicht in Südschweden und Dänemark vollzogen wurde. Die Grabsitte gibt uns Gelegenheit, die hervorragendsten Prunkstücke der großen Künstler zu finden und kennenzulernen.

Für das Genrebild, für den Naturalismus, hatte der germanische Künstler wenig Interesse. Er strebte dem Linienspiel, der Stilisierung, dem reinen Ornament zu. Wir betrachteten schon den Sternstil und den Kerbschnittstil, die Brakteaten und die Goldhalskragen. Von diesen Erzeugnissen in Bronze, Gold und Silber aus wird der nächste Schritt unternommen. An den Kanten der Fibeln und Schnallen entlang kriechen vorwärtsschauende und rückwärtsblickende Vierfüßler sowie Seepferdchen mit aufgerollten Schwänzen. Hlewagasts Goldhörner sind voll von Pferden, Schlangen, Vögeln und Menschen. Die römischen Münzen und die frühen Goldbrakteaten zeigen Menschenköpfe im Profil mit gehobenen Händen und Armen. Hier läßt der Künstler seine Phantasie walten und schafft groteske Zwitterformen. Es tauchen Tiere auf, deren Vorderpfote eine Männerhand ist, die sie zum römischen Gruß, einem Kaisergestus ähnlich, erhoben halten. Schon der Halskragenmeister und Hlewagast haben ja Vierfüßler mit Menschenköpfen versehen.

Das eigenartige Ortband von Nydam zeigt zuoberst zwei einander zugewandte Männer. Betrachtet man sie näher, erkennt man, daß ihre Körper aus zwei Vögeln gebildet sind, während Kopf und Arm dem Kaiserbildnis der Goldmünzen erstaunlich ähnlich sehen. Es ist ein Spiel mit Körperteilen, um zwei Motive in einem zu vereinigen. Oder wir wählen das reiche Grab von Hol in Nord-Tröndelag. Die Fibeln weisen Kerbschnittstil, eine keine Silberscheibe sauberen Sternstil auf. Indessen haben die Kerbschnittranken bizarren Vierfüßlern, etwa Wölfen und Drachen, Platz machen müssen, Tieren, die hinter einem Mann her sind, der seine Hand vor dem Gesicht erhoben hält. Die lange, schmale Fibel trägt phantasievoll zusammengestellte Männer mit winklig gebogenen Armen wie auf dem Ortband von Hol.

Es wird frisch und fröhlich experimentiert. Man ging auf die Tiere los wie mit dem Beil im Schlächterladen und zerlegte sie in ihre anatomischen Bestandteile. Schulter und Lende bekamen meist Birnenform, Hals und Leib wurden zerstückelt zwischen ihnen hingelegt, Tierpfoten, Männerfratzen und Schwänze tauchten überall auf. Tier- und Menschenköpfe als Abschluß an allen Spitzen und Enden wurden alsbald von einem zweiten, kleineren Kopf als unterem Abschluß überwuchert. Bei all diesem anatomischen Durcheinander herrscht eine klare gestaltende, künstlerische Idee: die Tiere werden zum reinen Ornament. Durch die rücksichtslose Zerstückelung und Betonung der Linie anstatt der Rundung konnte jeder noch so unregelmäßige Raum eines Schmuckstücks von einer anatomisch gesehen kompletten Tierfigur gefüllt werden. Die ornamental anpassungsfähigen Tierkörper ließen sich nach Wunsch zerren und biegen. Und das gewonnene Linienspiel ist genau so sehr Träger eines künstlerischen Gefühls wie jedes andere reine Ornament. Der verschlungene Schwanz der Seepferde lockt die Künstler, das Hinterbein der Vierfüßler auf den Rücken zu legen – ein entscheidender weiterer Schritt der Umwandlung. Und zuletzt noch wurden die langgezerrten Körperteile, je nach künstlerischem Wunsch und Empfinden, ineinander verflochten!

Daraus kann sich ein so großartiger Schmuck ergeben wie die Silberfibel aus Grönby in Schonen. Oben eine rechteckige Platte mit einem noch klassisch anmutenden Eierstab als Borte, in der Mitte zwei rote Steine, umgeben von feiner Filigranverzierung, rundherum kräftiger Kerbschnitt, in den Ecken stark stilisierte Männerköpfe im Profil. Unterhalb der Platte kommt der geschwungene Bügel, und dann folgt der langgestreckte, dreieckige sogenannte Fibelfuß, ebenfalls mit Steinen und Filigran. Beiderseits des Fußansatzes ragen wie üblich zwei große Drachenköpfe im Profil hervor. Sie beißen über eine stark verknotete, barock anmutende Linienführung, die wir als wohlgefälliges Ornament genießen dürfen, in welchem alles Kraft und Bewegung ist.

Aber analysieren wir diesen Schlangenknoten, so wie eine Forscherin es vor kurzem getan hat, dann löst er sich in zwei komplette Lebewesen auf. Dabei müssen wir aber zeichnen lernen, etwa so wie unsere Kinder ein Häschen zeichnen: einen Kreis für den Körper, einen kleinen Kreis für den Schwanz, darüber einen Kreis für den Kopf und zuoberst zwei spitze Ovale für die Ohren. Was *wir* aber zeichnen, ist ein so listiges Linienspiel, daß scharfe Augen alle Mühe haben, dem Künstler zu folgen. Auf Tafel 61 setzen wir bei a zuerst einen Drachenkopf. Sein aufgerissener Rachen und sein D-förmiges Auge sind deutlich zu sehen. Diesen Kopf versehen wir bei b mit einem quergeriefelten Körper, der sich schlangenmäßig windet. Er braucht eine Vorderpfote, die bei c hinzugefügt ist, winklig gebogen, die Pfote mit drei Querstrichen vom Bein getrennt. Schließlich kommt bei d ein Hinterbein mit birnenförmiger Lende hinzu, und ein schmaler Schwanz, der hinter dem Drachenleib wieder beim Auge auftaucht. Die zweite Figur lösen wir aus dem Linienspiel, betrachten sie bei e und erkennen einen Menschenkopf, dessen quergeriefelter Körper nicht am Hals, sondern am Schädel angesetzt ist. Seine Hüften tragen Knickerbocker-Hosen, wie wir sie aus der Eisenzeit mehrfach kennen. Sein eines Bein umschlingt seinen Körper, das andere ist auf den Kopf ausgerichtet, so daß der Hohlfuß den Hals streichelt. Quer über den verschlungenen Körper läuft sein Arm, dessen vier Finger und Daumen die Taille umschließen. Sicherheitshalber lösen wir den Mannesknoten auf und zeichnen ihn bei f anatomisch richtig.

Alles in allem ergibt sich daraus ein Ungeheuer, das mit aufgesperrtem Rachen gegen den Hais eines Mannes schnappt! Also ein Drachenkampf, wie er in der Siegfriedsage und bei Beowulf beschrieben wird. Wir lesen wörtlich im Heldenepos Beowulf:

> Er packte den Recken, wo Raum sich darbot
> Mit heftigem Grimm, und grub in den Hals
> Das spitze Gebiß, daß Sprudel von Blut
> In wallenden Wogen der Wunde entströmten.

Schon auf der Hol-Fibel war der Kampf mutiger Männer gegen Ungeheuer und Drachen das Hauptthema. Mit wieviel größerer Reife kehrt das Motiv hier wieder, vielleicht ein gutes Jahrhundert später. Eine solche Überlegenheit bringt der Künstler uns hier entgegen, daß wir alle Mühe haben, die Vollendung seiner Ornamentik zu verfolgen. Als Kunstwerk betrachten wir jedoch den Schmuck mit ungetrübtem Genuß.

Den Stil, den wir hier in voller Reife sehen, nennen wir den ersten germanischen Tierstil. Er ist eine völlig eigene Schöpfung der Nordgermanen und findet sich in geschwächten Abarten und stereotypen Wiederholungen bei den Angelsachsen und mancherorts bei den Südgermanen.

Betrachten wir noch die goldenen Mundbleche für Schwertscheiden, die ebenfalls vollwertige Stil-I-Leistungen sind. Aus Oure stammt ein lustiges Stück, dessen Hauptfigur wir sofort mühelos erkennen: ein dickbackiges Männergesicht mit Glotzaugen und stattlichem Es-ist-erreicht-Schnurrbart, der den Neid eines Gardeoffiziers aus wilhelminischer Zeit erwecken könnte. Aber die Linien rechts und links der Nase lassen sich in zwei Vierfüßler zerlegen, denen birnenförmige, fast runde Schultern und Lenden wir am leichtesten wiederfinden. Die Tiere sind hochkant gestellt, mit rückwärts gedrehten Köpfen, die sich zu der genannten Männermaske vereinigen.

Den Urtypus solcher Mundbleche fanden die Norweger erst vor kurzem. An ihm ist die dickbackige Maske gedrängter, die rückwärtsblickenden Tiere sind statt dessen klarer und tragen rhombisch spitze Pferdeohren. Beiderseits hocken zwei stark stilisierte Männer mit birnenförmigem Biceps. Wir brauchen keinen Augenblick über den Sinn der

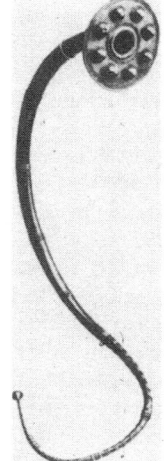

Schiffsbilder und gehörnte Lurenbläser (daneben Lure aus Bronze) der
westschwedischen Felszeichnungen

Darstellung nachzudenken: gemeint ist ein Pferdekampf derselben Art, wie wir ihn schon auf einem Grabstein kennenlernten! Das Schema, die Gruppierung von Mensch und Tier, ist dasselbe, und wir wissen, daß die Künstler früher eng an solche Vorlagen gebunden waren. Der Pferdekampf war auch ein Männervergnügen, würdig, das Schwert eines Kriegers zu schmücken.

Wenn das Linienspiel zusätzlich noch eine pausbäckige Männermaske zwischen zwei Tieren ergibt – um so besser als Schutz und Abwehr gegen böse Mächte. Dieses Spiel der Linien, die etwas ganz anderes darstellen, als das, in was sie sich auflösen lassen, beherrschen die Künstler mit größter Überlegenheit; sie treiben aber das Linienspiel dermaßen weit und stilsicher, daß es Selbstzweck wird. Aus den Männern wird eine einfache Schleife, und bald verschwinden sie ganz zugunsten einer überlegenen Linienführung.

Was die Goldschmiede mit ihren Schöpfungen an Temperament, Kraft und Gefühlen ausdrücken wollten, ist jeweils eine Frage der einzelnen Meister. Kunst zu betrachten wiederum ist immer ein persönliches Erlebnis und keine Wissenschaft mehr. Deshalb ist es mir ein Anliegen, die Fibel aus Fonnas als das schönste Kunstwerk des ersten, germanischen Tierstils hier herauszustellen.

Es ist eine 17 cm lange Silberfibel, vergoldet und mit drei roten Steinen auf der Kopfplatte verziert, technisch hervorragend sauber gearbeitet. Die verschlungenen Tierkörper sind am wuchtigsten in den Borten, die deshalb schwerer wirken als die Mitte der Platten. Festigkeit bekommen sie durch die stark erhobenen Leisten, die die Hauptlinien betonen. Wir könnten das Linienspiel in lauter vollständige Tierfiguren auflösen, welcher Mühe wir uns hier nicht unterziehen wollen, müssen sogar eingestehen, daß die Tierkörper nicht immer anatomisch fehlerfrei sind, was bei einem Meister ersten Ranges eigentlich der Fall sein sollte, dürfen aber ihre Kraft und endlose Bewegung als reines Kunstwerk genießen und in uns aufnehmen. Sprechen wir von einem barocken Stil, so mit voller Berechtigung, denn die Ornamentik vermittelt einen ähnlichen Eindruck wie Voluten und Blätter des 17. Jahrhunderts, aber mit einem noch weit größeren Formenreichtum, der auf die grenzenlosen Möglichkeiten der reinen Tiergestalten und die schöpferische Freude germanischer Künstler zur Völkerwanderungszeit zurückgeht.

Gerne hätten wir den Namen auch dieses Künstlers gewußt, aber wir müssen uns damit begnügen, ihn den Fonnismeister zu nennen. Auf der Rückseite der Prunkfibel steht zwar eine Runeninschrift, aber sie enthält nicht seinen Namen, sondern eine andere Überraschung. Wir lesen:

„Angilaskalk, Vakers Hausmann aus Ingisarff, besitzt diese gute Spange."

Das läßt sich hören. Das schreibt ein Besitzer gern und selbstbe-

wußt. Angel und Skalk sind zwei Namensglieder, auf die wir in anderen
Verbindungen häufig stoßen. Aber nach Ingisarff suchten die Norweger
lange in allen Ortsnamenregistern, bis der Ort dicht bei der bekannten
Kupfergrube von Falun – in Schweden gefunden wurde. „Ingisarff liegt
östlich der Brücke bei Falun auf dem Kupferberg", heißt es in einem
Diplomatarium aus dem Jahre 1438 Nun war Fonnas zur Völkerwanderungszeit nicht besiedelt, aber dem Rendalen entlang, an Fonnas vorbei, ging die Hauptverbindung aus Dalarna nach Nidaros-Trondheim,
welche die große Pilgerstraße zur Zeit Olafs des Heiligen war und zur
Völkerwanderungszeit eine der ost-westlichen Hauptverbindungen
zwischen Schweden und Norwegen darstellte. Also wieder ein Prachtstück, ähnlich den Goldhörnern und dem fünfreihigen Goldhalskragen,
das an einer Hauptlandstraße vergraben worden ist.

Was heißt nun aber Hausmann? Nach dänischen Quellen, die wir
sicherlich auf das übrige Skandinavien ausdehnen dürfen, waren Haus-
männer vom König eingesetzte Richter mit verschiedenen Aufgaben:
Wachehaltung auf Schiffen, Thingpflichten und Kriegsdienst, dafür
aber Steuerfreiheit. Dementsprechend wird Vaker am ehesten ein
schwedischer oder norwegischer Kleinkönig gewesen sein, Angilaskalk
sein Hausmann und Richter, ein Vertrauensmann in Falun, den ein uns
unbekanntes Schicksal auf einer Reise von Dalarna nach Trondheim ereilte.

Die Zahl der bis jetzt gefundenen Prunkfibeln beträgt 110, so daß
wir unmöglich jede Stilund Künstlergruppe erwähnen können, aber
eine Fibel müssen wir doch noch hervorheben, die die Weiterentwick-
lung dieses verwegenen Tierstils veranschaulicht, und zwar die große
Fibel des Dalemmeisters, deren Ornamentik in 22 vollständige Tiere
zerlegbar ist. Wieder mischt sich die stärkste Kraft und Bewegung mit
einer sicheren Gliederung und Zurückhaltung. Vielleicht könnte man
hier mehr von Rokoko als von Barock sprechen. Auf jeden Fall steht
dieses Kunstwerk nicht der Fonnasfibel nach, zeigt aber zugleich an,
daß der erste Tierstil seinem Ende entgegensteuert, aus dem keine innere Erneuerung möglich ist. Von hier führt kein Weg hinüber in den
zweiten germanischen Tierstil.

Eine so genuine Kunst wird nicht nur von Künstlern, sondern auch
von Auftraggebern und Abnehmern geschaffen, in wohlhabenden Bauernhäusern und Königshöfen, denen ein gewisser Frieden beschieden
ist, also in dem politischen und wirtschaftlichen Rahmen Norwegens
und Nordschwedens.

Von ähnlichen reichen Gräberfunden weiß Südskandinavien, wie
gesagt, nichts. Was wir aber aus der gleichen Zeit in Dänemark und
Schweden bis hinauf nach Dalarna kennen, ist vielleicht noch prunkvoller, noch aufregender: es sind die Hortfunde aus reinem Gold, in Gold-

barren oder kiloschweren Halsringen, damals der Erde anvertraut, heute wieder glitzernd gehoben.

Gold ist das erste Metall, das die primitiven Menschen der Steinzeit kennenlernten. Gold begleitet in kleinen Mengen Kupfer und Bronze der frühen Metallzeit des Nordens, verschwindet fast völlig während der älteren Eisenzeit und taucht in den ersten Jahrhunderten nach Christus wieder auf. Wir sprachen schon von den Goldringen mit Tierköpfen. Das Römerreich verfügte vermutlich über natürliche Goldfunde im Orient oder in Afrika und benützte sie als Sold für Krieger und Tribute für dienstwillige Grenzvölker in der späten Kaiserzeit und Völkerwanderungszeit. Die Schätze mit römischen Goldmünzen, sowohl aus Brangstrup, wie die jüngeren aus Bornholm, Öland und Gotland sind wohl größtenteils von heimkehrenden germanischen Kriegern mitgebracht, die in römischem Kriegsdienst gestanden hatten. Die Goldhörner von Gallehus, die Goldhalskragen und die frühen Goldbrakteaten bezeugen, wie große Goldschätze schon im 5. Jahrhundert nordwärts gebracht und in Skandinavien zu hervorragenden Kunstwerken verarbeitet wurden, eine erstaunliche Menge, die im 6. Jahrhundert noch weiter übertroffen werden sollte, so daß die beiden Jahrhunderte mit Recht das Goldalter Skandinaviens genannt werden.

Da Gold im Gegensatz zu anderen Metallen unvergänglich ist, strahlt es in unvermindertem Glanze, wenn es nach Jahrtausenden wieder gehoben wird. Mancher Goldschmuck wurde sicherlich frühzeitig gefunden und umgeschmolzen. Sonst hätte das Gesetz über „Danefae" nicht schon 1592 die Ablieferung an den König vorzuschreiben brauchen. Und kleine Ortschaften, die „Goldring" heißen, sprechen ein deutliches Wort vom Finderglück eines Neusiedlers.

Aber die große Menge Vorzeitgold brachte erst die Bevölkerungszunahme im 19. Jahrhundert ans Licht, als überall neu gerodet wurde, Eisenspaten tiefer stachen, Eisenpflüge tiefer faßten. Heute kauen Baggermaschinen die Erde gründlich durch, und kein Sommer vergeht, ohne daß neue Goldfunde gemeldet werden. Wieviel Gold aus der Tiefe noch zu holen ist, weiß keiner. Schatzsucher mühen sich vergebens ab. Nur derjenige, der seine tägliche, mühselige Arbeit verrichtet und die goldenen Ähren wogender Getreidefelder erntet, wird manchmal mit dem launischen Gold des Abenteuers belohnt. Ein Fingerring kann auf dem Stachel einer Heuharke sitzen, ein Goldbarren kann in der Tiefe einer schwarzen Pflugrille glitzern, eine Goldmünze kann unter die neugeernteten Kartoffeln geraten oder mitten auf der Landstraße liegen und mit einer Kiesfuhre ausgeschüttet worden sein. Zu den 740 Goldbrakteaten kommen jährlich neue hinzu.

Jeder Fund muß angemeldet werden, und der Staat ist nicht kleinlich. Er zahlt jedem Finder den vollen Goldwert und mindestens $\frac{1}{8}$ darüber hinaus. Alles Gold kommt in die Goldkammer der Historischen Museen der vier nordischen Hauptstädte, von denen die enige Stockholms unverkennbar die größte und kostbarste ist, durch starke Stahltüren verschiebbar und mit modernen Alarmleitungen gesichert. Niels Heidenreichs Schandtat könnte im 20. Jahrhundert nicht wiederholt werden.

Goldschätze haben ihre Schicksale. Ein und derselbe Acker kann wiederholte Male Stücke eines größeren Schatzes von sich geben. Auf einem Acker in Halland dagegen ist ein Stück von einem schweren Goldhalsreifen schon vor 100 Jahren gefunden worden, und die Erben des Bauern pflügen noch immer mit der stillen Hoffnung, den Rest des Reifens zu finden. Sie wissen genau, daß 1326 g Gold fehlen, aber sie wissen nicht, ob es wirklich in demselben Acker liegt.

Kurz vor Mittsommer 1738 befahl ein Bauer auf dem Hof Bankälla Backgard in Västergötland seinem Knecht Anders Persson, gewöhnlich Pär genannt, zur Seewiese zu gehen und nach den Pferden zu schauen. Pär stieß auf vier kichernde Mädchen, die angeblich Krebse fangen wollten. Das Ergebnis war dürftig, aber gut gelaunt und durchnäßt zündeten sie Feuer an und trockneten ihre Kleider. Die helle nordische Sommernacht trug zu einer ahnungsvollen Stimmung von Zauber und Zeitlosigkeit bei. Pär grub mit der Hand im Seesand, um ihn ins Wasser zu werfen und die Mädchen zu erschrecken – da hielt er plötzlich zwei große Goldringe in der Hand.

„Wirf sie von dir, das ist Trollgold", riefen drei der Mädchen und eilten davon. Aber das vierte Mädchen, Kjerstin, kam an seine Seite, steckte die Hände in den Sand und hob ebenfalls einen Trollring, an dem acht kleine hingen.

Pär und Kjerstin hatten auch Angst. Aber sie hielten das Gold in den Händen und fühlten, wie schwer es war. Pär sagte feierlich:

„Laß uns in Gottes Namen die Ringe mitnehmen und zusammenhalten, wenn uns etwas Böses widerführe."

Sie reichten sich die Hand und liefen die ganze Strecke zum Dorf zurück. Und alles blieb in der Nacht ruhig. Am nächsten Tag wollte Kjerstin zur Stadt, um den Fund gegen ein paar Messingleuchter einzutauschen, denn diese waren seit der Kindheit ihr Traum gewesen.

Der Fund wurde dem Landvogt übergeben und kam über den Landeshauptmann in die königliche Kanzlei. Die Finder bekamen 1556 Taler für das Gold ausgezahlt, so daß Kjerstin so viele Messingleuchter kaufen konnte, wie sie wollte. Wir dürfen noch hinzufügen, daß Pär und Kjerstin daraufhin beschlossen, ihr Leben lang zusammenzuhalten. Sie kauften für das Geld einen Bauernhof. Er wurde Gold-Pär genannt, und ihre Nachkommen besitzen und bewirtschaften diesen Bauernhof noch heute.

Der kleinste Goldfund der Völkerwanderungszeit ist ein dünnes Goldblech, nur 12 × 15 mm groß. Es zeigt ein Liebespärchen, das sich zärtlich umarmt, die Frau in langen Röcken links, er in kurzer Jacke rechts. Aber was tun die beiden? Es sieht aus, als ob sich die beiden zärtlich das Kinn reiben. Das ist ein typischer Stilzug der Zeit, die Köpfe der Menschen so zu drehen, daß die Nase nach oben und der Scheitel nach hinten gerichtet sind. Denn sicherlich küßte man zur Völkerwanderungszeit genauso wie heutzutage! Solche Goldbleche finden wir wiederholt in Hausfundamenten, so daß sie vermutlich im Hause vergraben wurden, um Ehe- und Familienglück zu sichern.

Der größte Goldschatz, den Skandinaviens Erde von sich gegeben hat, wurde schon im Jahre 1774 gehoben, bei Tuna südlich Stockholm. Sein Gesamtgewicht betrug 12,5 kg! Der Staat konnte damals die vielen Goldbarren nicht einlösen, sondern nur den kiloschweren Goldhalsring, der mit tief eingestempelten Halbmonden verziert ist, und die prunkvollen Goldbeschläge für einen Schwertgriff und eine Schwertscheide. Somit sind zufälligerweise die beiden gröften Goldschätze Schwedens und Dänemarks nicht erhalten. Der größte Schatz, den wir im Original betrachten können, wurde 1904 bei Timboholm in Västergötland gefunden, wiegt 7,1 kg und besteht ausschließlich aus Goldbarren. Sollte jemand deshalb das Alter in Frage stellen, so ist zu sagen, daß diese Barrenform sehr zeittypisch ist: dicke Golddrähte, die in größere oder kleinere offene Ringe zusammengerollt sind, so daß wir von Spiral- oder Ringgold sprechen.

Außerdem trägt ein solcher Barren einen Halbmondstempel, der mit Sicherheit diesen bedeutenden Schatz in die späte Völkerwanderungszeit datiert.

Natürlich müssen die großen Goldschätze damals besungen worden sein. Die Drachenkopfringe der römischen Zeit und der Drachenkampf auf dem Schmuck von Grönby geben uns einen sicheren Hinweis auf den Liederkreis, der uns auch schriftlich überliefert worden ist. Da haben wir die sagenhaften Goldschätze im Heldenepos „Beowulf" aus dem 7. Jahrhundert, in welchem es beispielsweise heißt:

> Da sahen sie köstliche Schätze
> Aus glitzerndem Golde am Boden liegen,
> Bestaunenswerte – und Armringe viel
> Von kunstvoller Arbeit.

Auch ist von einem Scheusal, namens Grendel, die Rede. Es wütet in Heorot, dem Königshaus der Götar, bis Beowulf es in einem unerbittlichen Kampf tötet. Nachher kommt Grendels rasende Mutter, um ihren Sohn zu rächen, und Beowulf wird im bewegten Morastkampf schwer verwundet, beinahe in die Tiefe gezogen, aber es gelingt dem wackeren Helden doch, das stumpfsinnige Ungeheuer zu besiegen. Sein langes Leben beendet er im Kampf mit einem fürchterlichen Drachen:

> Für den Fürsten war's
> Der letzte Sieg seines Lebens gewesen
> Seines Wirkens Ende.
> Die Wunde schwoll,
> Die des zornigen Untiers Zähne geschlagen
> Und brannte wie Feuer.
> Alsbald empfand er,
> Daß tief in der Brust das tödliche Gift
> Die Zerstörung begann.

Einen anderen Drachenschatz kennt jeder noch heutzutage, den Nibelungenhort, besungen sowohl in Deutschland wie in Skandinavien. Sein erster Teil, Siegfrieds Kampf mit dem Drachen Fafnir, ist rein sagenhaft und entspricht Beowulfs Kampf mit Grendel und Grendels Mutter. Sein zweiter Teil, die Heldenkämpfe zwischen Siegfried, Gunnar, Hogne und Atle, geht auf die großen historischen Geschehnisse der Völkerwanderungszeit zurück, wobei Atle der Hunnenkönig Attila ist, und die anderen Hauptgestalten seine germanischen Widersacher sind. Aber eine Dichtung von einem traumhaft großen, schicksalsträchtigen Goldschatz ist nur möglich in einem Zeitalter, in welchem viel Gold in Umlauf ist. Wir dürfen sagen, daß dieses Nibelungengold in Skandinavien liegt, wenn wir darunter nicht das im Rhein versenkte Sagengold, sondern das Gold der Wirklichkeit hinter der Sage verstehen.

Ein tragisches Schicksal ahnen wir auch hinter den großen Goldschätzen des Nordens, denn meist hatten die Krieger Schwedens gar nicht erst Zeit, ihre gewaltigen Reichtümer an Barrengold in Kunstwerke umformen zu lassen. Sie trugen dicke Golddrähte unverarbeitet als Armoder Halsringe oder wickelten Spiralgold um die Öffnung der Schwertscheide als kostspieliges Mundblech. Denn alsbald suchten kriegerische Katastrophen eine Landschaft nach der anderen heim. Der Tunamann riß die Goldbeschläge und das Mundblech von seinem Schwert, legte den köstlichen Halsring zu den Ringbarren und vergrub seinen Riesenhort in dem sicheren Bankfach der Erde. Niemals finden wir in Südskandinavien solche Goldschätze als Grabbeigaben. Immer lautet die Fundangabe: an einem großen Findlingsblock, am Seestrand, an der großen Landstraße oder ganz einfach auf einem Acker beim Pflügen. Da dürfte irgendeine alte Eiche, die schon längst umgestürzt ist, den Weg zum Schatz angezeigt haben. Andere Schätze finden wir in Torfmooren. Sie stellen vermutlich Opfer an die Götter dar. Aber die

meisten sind so wie auf Öland beim Herannahen feindlicher Heere vergraben worden. Und was dabei ebenso wichtig ist: die Krieger und
Goldbesitzer fielen in den großen Schlachten und konnten ihre Schätze
nie mehr heben.

Daher erklärt es sich wohl, weshalb das Gold in verschiedenen
Landschaften in ganz verschiedenen Mengen gefunden wird. Während
Västergötland 16 kg aufweisen kann, wiegt das Gold der Nachbarlandschaft nur ein halbes Kilo. Södermanland, das von der Fundlosigkeit
der älteren Eisenzeit fast direkt in die Fundlosigkeit der Völkerwanderungszeit hineinsteuert, macht zwischendurch mit dem Tunagold und
sehr vielen anderen schweren Schätzen von sich reden. Vermutlich lag
Södermanland sehr unglücklich zwischen Östergötland und den siegreichen Svearn in Uppland eingeklemmt. Und dann war das Leben bitter.

Gerne wüßten wir noch mehr Einzelheiten über die kriegerischen Ver-
wicklungen Skandinaviens im 6. Jahrhundert, und vermutlich werden
die Bodenfunde künftig manche Geschehnisse der Vergessenheit wieder
entreißen. Aber die letzte Entscheidungsschlacht in Schweden kennen
wir: den Kampf der Svear mit ihrem größten Gegner, den Götarn. Kein
klarer Scheinwerfer historischer Berichte fällt auf dieses Ereignis, wohl
aber das verschwommene Licht sagenhafter Dichtungen. Die eine
Quelle ist das schon erwähnte Heldenepos der Götar, Beowulf, aus verschiedenen Überlieferungen zusammengestellt und gedichtet in England um 700, erhalten in Abschriften um 1000. Die andere Quelle ist
„Ynglingatal", im 9. Jahrhundert von Thjodolf von Hvin erfaßt und in
Snorres Heimskringla eingefügt. Darin wird über Schicksal und Tod der
Sveakönige vom Geschlecht der Ynglingar berichtet, natürlich auch
nach älteren Überlieferungen. Wir haben also zwei voneinander völlig
unabhängige Quellen, entsprungen aus den beiden feindlichen Lagern.
Was könnten wir uns mehr wünschen! Auf jeden Fall kontrollieren sie
sich dort gegenseitig, wo sie von gleichen Geschehnissen berichten.

Schon in der Schule lernen schwedische Kinder das Königsgeschlecht der Ynglingar mit derselben Sicherheit aufzählen wie die Pro-
pheten des Alten Testaments: Yngve Freyr, Fjolner, Svegder, Vanlande,
Visbur, Domalde, Domar, Dyggve, Dag, Alrik und Erik, Alf und Yngve,
Aun der Alte, Egil, Ottar Vendelkrähe, Adils, Östen, Yngvar, Bröt-
Anund und Ingjald Übeltäter. Da sehen sie Fjolner in dem „windlosen
Meer der Hörner", also in einem Metfaß, ersaufen, einen Alpdruck den
armen Vanlande zu Tode reiten oder Ingjald als verkörperten Übeltäter,
wie er 12 Kleinkönige einlud, beim Gastmahl das Haus verriegelte und
es anzündete, wonach sie alle elend umkamen.

Letzteres könnte gut zu dem historischen Geschehen passen, aber
Snorres Prosatext ist von Sprachforschern und Historikern scharf kriti-

siert worden. Betrachten wir die Namensreihe, so erkennen wir sofort, daß die älteren mit Konsonanten beginnen, die jüngeren mit Vokalen. Einen solchen Wechsel gab es bestimmt nie in einer Dynastie, weshalb wir uns nur um die jüngeren Namen zu kümmern brauchen. Es hat auch nicht an Versuchen gefehlt, die Paarkönige Alrik und Erik, Alf und Yngve historisch sicherzustellen, was allerdings noch nicht einwandfrei gelungen ist. Aun der Alte, der jedes zehnte Jahr einen Sohn opferte, um länger leben zu dürfen, steht noch an der Grenze des Sagenhaften.

Mit Egil geraten wir schon in den vollen Kampf der harten Svear gegen die mächtigen und wohlhabenden Götar. Den Götarn gelingt zunächst ein toller Streich: sie rauben die Gemahlin Egils, der in ihrer Dichtung Ongentheow heißt. Die Svear müssen wohl oder übel in den Kampf ziehen, um ihre Königin zurückzuerobern. Und hier lassen wir am besten das wortreichere Epos der Götar sprechen:

Von Alter grau war Ongentheow,
Doch grimmig führt' er den Gegenschlag:
Den Fürsten (der Götar) erschlug er, befreite die Gattin,
Die hehre Frau, die die Hände der Krieger
Des kostbaren Goldschmucks entkleidet hatten.
Dann verfolgt' er den Feind, der sich flüchtend zurückzog
Ins Rabengehölz, beraubt seines Königs.
Dort schloß er ein, was dem Schwerte entrann,
Mit gewaltiger Macht, die wunden Helden,
Und drohte die Nacht durch Verderben an
Dem ermatteten Häuflein: Am Morgen sprach er,
Sollten durch Schwertes Scheide sie fallen
Oder enden am Galgen, zur Atzung der Raben.
Doch Trost erfüllte bei Tagesanbruch
Die bekümmerten Herzen:
Sie hörten den Klang
Von Hygelacs Hörnern, – der Held war da
Zur rechten Stunde, die Streiter zu retten.

So wendete sich in den Morgenstunden erneut das Kriegsglück. Hygelac ist der Bruder des gefallenen Königs und selbst der neue König der Götar.

Im Verlaufe der weiteren Kampfhandlungen, die hin und her wogten, tötet Ongentheow einen Krieger namens Wulf, dessen Bruder Eofor ihn Mörder schilt und im Rachekampf tötet:

Am Morgen hat dann an dem Mörder gerächt
Ein Bruder den andern mit blitzendem Schwerte

Als Ongentheow den Eofor angriff:
Da klaffte der Helm, als die kampferprobte
Tapfere Hand den Todesstreich führte,
Und stürzend erblich der stolze Scylfing (= Ynglingakönig).

In Ynglingatal wird dagegen ausgesagt, daß ein riesiger Stier den König
Ongentheow oder Egil tötet:

Farrn-Haupts Schwert (= Horn)   Färbt in Egils
Blute rot   Riesens Zugtier.

Und doch wird fast das gleiche ausgesagt. Denn Eofor bedeutet Eber. In
dem einen Lied wird der König von einem Eberhauer getötet, in dem
anderen von einem Stierhorn, und die folgenden Strophen in Ynglingatal können für beide Lieder gelten:

Des Stössers   Scheideloses
Schwert ins Herz   Des Herrschers drang.

Eber und Wolf. Das brauchen nicht die wirklichen Namen der beiden
Brüder zu sein, sondern Kennamen, die sich auf ihre Helmzeichen beziehen. Denn solche Helmzeichen kennen wir aus bronzenen Stanzen,
mit denen Preßblechbilder hergestellt wurden: zwei Krieger, mit Speer
und Schwert, gekleidet in knielange Märitel, die unten mit einer Zier-
borte geschmückt sind. Die Helme sind schwere Kopfbedeckungen mit
Wangen- und Nackenschutz, die oben einen Eber führen, dessen Hauer
wir deutlich erkennen. Selbstverständlich können andere Krieger Wölfe, Adler oder Schlangen als Helmzeichen führen, nach denen sie dann
benannt wurden.

Nach dem Tode Ongentheows blieb es eine Weile ruhig, und die Götar nützten die Zeit für einen Seezug über die Nordsee bis an den Niederrhein aus. Auch sie verfügten also über erhebliche und ständig ein-
satzbereite Kriegstruppen. Aber die Feldschlacht in fremdem Lande endete unglücklich für die Götar:

Nicht leichter Art
War das Handgemenge, als Hygelac fiel
Der König der Götar, im Kriegsgetümmel,
Der Freund des Volkes, im Friesenlande,
Hredels Erbe sein Herzblut ausgoß,
Vom Eisen getroffen …
Auch konnten die Krieger des Kampfes sich nicht rühmen,
Vom Hetwarenstamm, die den Helden bedrängend

Die Schilde hoben. Vom Schlachtfeld kamen
Nicht viele davon, sich zu freuen der Heimat.

Die Krieger vom Hetwarenstamm – das sind die niederfränkischen
Chatten. Es ist ein besonders glücklicher Umstand, daß diese Kriegsepi-
sode auch noch von einer ganz anderen Quelle her bestätigt wird, und
zwar in der Frankengeschichte selbst, wie Gregor von Tours sie nieder-
schrieb! Er erwähnt nämlich, daß ein nordischer König namens Chochilaicus mit seiner Flotte das Frankenland am unteren Rhein heimsuchte.
Und Chochilaicus ist die lateinische Schreibform für – Hygelac. Noch
dazu berichtet Gregorius, daß dieser Chochilaicus dort im Jahre 516
fiel!

Das Jahr 516. Die erste exakte Jahreszahl in der Geschichte Skandinaviens und Schwedens. Damit wissen wir zugleich, daß Egil oder Ongentheow im Jahre 515 oder 514 sein Leben endete. Die oben erwähnten Kämpfe zwischen den Svearn und den Götarn haben die beste historische Verankerung.

Werfen wir indessen noch einen Blick auf das Land der Götar. Mehrere
schwedische Landschaften sind seit jeher götisch: Västergötland mit
Göteborg und dem Götaälv, Östergötland und die Ostseeinsel Gotland.
Dementsprechend hörten wir Anfang des 6. Jahrhunderts Jordanes und
Prokopios von mehreren götischen Völkern sprechen: Gauthigoth,
Ostrogothae und Vagoth. „Gautischen" Ursprungs sind die schon um
Christi Geburt ausgewanderten Goten, die sich in Südrußland in West-
und Ostgoten teilten und nun Anfang des 6. Jahrhunderts in Spanien
bzw. unter Theoderich in Italien herrschten.

Es hat intensive Diskussionen darüber gegeben, wo die „Geaten" in
dem zitierten Heldenepos beheimatet waren. Manche Forscher haben
sie sogar zu Jüten machen wollen, wovon man nunmehr immer stärker
Abstand nimmt. Sie waren die „Götar" in Västergötland, der reichen
Landschaft mit den schönen Tafelbergen und dem guten Ackerboden.
In Västergötland finden wir auch die großen Goldmengen, die wir als
götisch bezeichnen dürfen. Aus dieser Landschaft stammt der erwähnte
7 kg schwere Goldschatz, desgleichen das Gold von Pär und Kjerstin.
Am Fuße des Tafelberges Alleberg ist der dreireihige Goldhalskragen
gefunden worden, und aus Västergötland stammt schließlich auch ein
siebenreihiger Goldhalskragen, das hervorragendste Prunkstück in der
Goldkammer des Historischen Museums zu Stockholm, ja das schönste
aus dem ganzen Goldalter Skandinaviens und zugleich aus dem Land
der Götar. Die Röhren sind nach alter Arbeitsweise hohl, so daß dieser
Goldschmuck nicht einmal ein volles Kilo wiegt. Er ist wunderbar gearbeitet, in feinstem Filigran, und trägt wie die beiden anderen Goldhals-

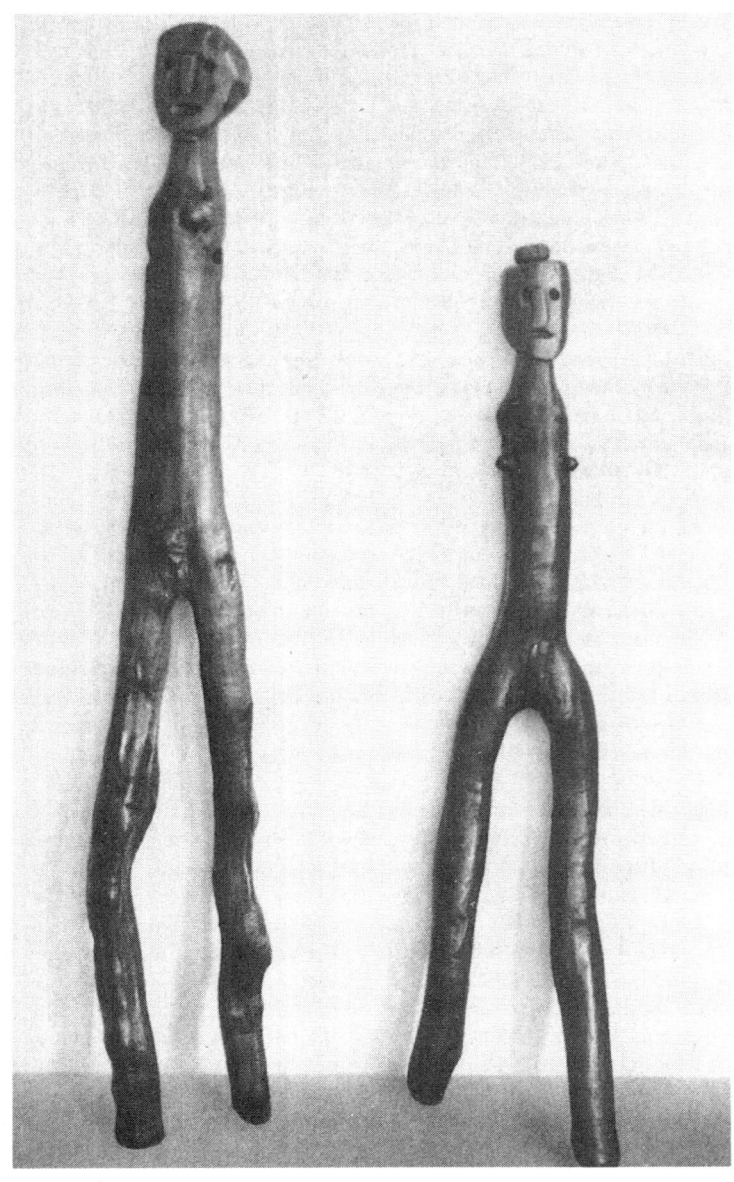

Götterpaar von Braak bei Eutin

kragen besonders ausgeschnittene und aufgelötete Tier- und Menschen-
figuren, nicht weniger als 424 an der Zahl, jeweils sechs in einer Reihe
von etwa demselben Aussehen. Hier befinden wir uns jedoch nicht, wie
bei dem dreireihigen, im Anfängerstadium der germanischen Ornamentik, sondern auf der Höhe des ersten Tierstils, so daß jedes Tier eine in
sich selbst stark verschlungene Öse bildet, die wir beim Betrachten in
ihre anatomischen Bestandteile auflösen können. An den Enden, neben
dem Scharnier, liegen zusätzlich noch auf jeder der sieben Röhren eine
Art Eidechsen, oder wollen wir vorsichtiger sagen – Vierfüßler, die wir
von oben sehen, mit den vier birnenförmigen Oberschenkeln und vier
Pfoten von sich gestreckt. Und zwischen diesen Tieren sechs Männer, in
einer nach rechts schreitenden Prozession, mit kräftigem Kinn, Granu-
lationsschärpe von der Nase über die Stirn, rund um das Auge bis zum
halben Rücken hinunter. Die Beine sind deutlich modelliert, die knielangen Röcke mit Kreisen geschmückt. Vielleicht stellen sie einen Ket-
tenpanzer dar. Sie bilden zusammen mit einer Kriegerprozession, die
man an den kleinen Schilden erkennt, die einzigen naturalistischen Motive an dem Halskragen. Es verhält sich doch so, daß die volle Durch-
führung der Tierornamentik den Verzicht auf naturalistische Motive
nach sich zieht, die also nach der üppigen Blüte zu Anfang der Völkerwanderungszeit im 6. Jahrhundert fast vollständig verschwinden.

Von den blutigen Kämpfen berichtet das Heldenepos der Götar zahlreiche Einzelheiten. Schließlich besteigt der Neffe Hygelacs, Beowulf,
nach dem das Epos benannt worden ist, den Thron der Götar und
nimmt den Enkel Egils, Eadgils, bei sich auf, weil sein Onkel Ale die
Macht in Svealand an sich gerissen hatte. Eadgils heißt in Ynglingatal
fast identisch Adils:

> Mit Eadgils schloß Beowulf,
> dem Geächteten, Freundschaft, Ottars Sohn.
> Und sandt' übers Meer ihm Mannschaft zu
> Roß und Waffen:
> Die Rache gelang
> Auf kalter Kriegsfahrt, der König (Ale) kam um.

Dann genießen die Götar unter Beowulfs Herrschaft eine letzte Frie-
densepoche in Unabhängigkeit. Wir erfahren noch vom Tod und Lei-
chenbegräbnis Beowulfs. Die Kämpfe seiner Nachfolger, die letzten
Entscheidungsschlachten gegen die Svear, werden allerdings nur durch
drohende Wahrsagungen am Schluß dieses Epos angedeutet:

> „Gefaßt nun macht Euch
> auf kriegerische Zeit, wenn die Kunde alsbald

Zu den Friesen und Franken vom Falle des Königs
Sich fernhin verbreitet ...
Auch ist schwerlich zu trauen der Treue der Schweden ...
Haß und Feindschaft
schwuren uns damals die Schweden, die sicher
die Fehde erneu'n, wenn des Fürsten Tod
Sie erfahren...
Nun ist Eile geboten, den edlen König,
der so reichlich stets uns goldne Ringe gespendet,
Heimzuholen, die Hülle des Toten
Auf dem Holzstoß zu betten.
Am Morgen schon
Wird künftig der Krieger den kalten Speer
Mit den Händen ergreifen, die Harfe erweckt
Die Degen nicht mehr. Nur der dunkle Rabe
Krächzt über Leichen und kündet dem Adler
Vom erwünschten Fraß, den der Wolf mit ihm teilte."
So trug der Tapfre die Trauerbotschaft
Den Lauschenden vor: Von Erlog'nem war
Nicht vieles darin.

Keine historische Schriftquelle gibt uns die Einzelheiten der weiteren
Kämpfe, die tragisch gewichtigen Worte bieten uns nur eine Vision vom
Untergang der Götar. Nach und nach dürften ihre Könige Vasallen unter den Sveakönigen geworden sein. Beowulfs Tod wird 550 geschätzt,
und die letzten Kämpfe haben sich in der zweiten Hälfte des 6. Jahrhunderts oder bis ins 7. Jahrhundert hinein abgespielt.

Damit flauen aber auch die Wirrnisse der Völkerwanderungen in Skandinavien, parallel mit denen in Zentraleuropa, ab. Ein neues Zeitalter
der Stabilisierung und des Friedens naht, in dem die positiven Ergebnisse all dieser Kämpfe ausgewertet werden. Politisch ist es ungeheuer entscheidend. Schweden tritt als eines der zuerst geeinigten Reiche des
Abendlandes hervor. Kaum ein anderes europäisches Land kann sein
Reich und sein Königtum zeitlich so weit zurückführen wie Schweden,
bis auf Adils, der aus dem Nebel sagenhafter Dichtungen hervorsteigt,
oder, wenn wir so wollen, bis auf den im Jahre 515 gefallenen König
Egil. Hätten allerdings Hygelac, Beowulf und dessen Nachkommen in
den Entscheidungsschlachten gesiegt, dann wäre Göteborg oder die
Provinzstadt Falköping in Västergötland Hauptstadt von Schweden geworden. So hat das Kriegsglück für Alt-Uppsala entschieden, das als
Königssitz im Mittelalter der neuen Stadtgründung Stockholm weichen
mußte.

Solche Kämpfe sind nun einmal unvermeidlich im Aufstieg eines Volkes zu einer komplizierten Gesellschaftsstruktur mit verschiedenen Sozialklassen und weitverzweigten Verwaltungsorganen. Daß die Fürstensitze Norwegens inzwischen ruhigeren Bestand hatten, haben wir wiederholt festgestellt. Das wird dadurch bestätigt, daß die Reichseinigung Norwegens erst in der späteren Wikingerzeit, zu Harald Schönhaars Zeiten, erfolgte, wobei sich Harald Schönhaar nicht auf einheimische Vorfahren berief, die ihm zu unbedeutend erschienen, sondern seine Ahnen auf das Königshaus der weitberühmten Ynglingar, im Lande der Svear, zurückführte.

VII.

Am Hofe des Sveakönigs

Nun trat endlich Ruhe in Schweden ein. Friedlicher Handel, bäuerlicher Wohlstand und großer Luxus entfalteten sich. Ein genau festgelegtes Ritual und ein auffallender Ahnenstolz prägten die neuen Fürstensitze.

Wir wissen alle, wie es ist: in Kriegs- und Unruhezeiten werden die Kämpfer und Helden schnell in die Erde gescharrt, aber in Friedensperioden, wie beispielsweise in der wilhelminischen Zeit, spielen prunkvolle Waffen, Paraden und Staatsbegräbnisse eine große Rolle. Die Waffen klirren und blitzen, aber sie beißen nicht mehr. Sie werden Schauspiel, Ausstattung oder dröhnende Sinnbilder einer gesicherten Königsmacht, die keine ernsten Feinde mehr kennt.

So war es auch im Reiche der Svear im 7. und 8. Jahrhundert. Einige wenige Fürstenhäuser entfalteten einen prunkvollen Luxus, der die Häuptlinge bis ins Grab begleitete. Und so ist es uns möglich, diesen Wohlstand genau kennenzulernen. Nur das Gold der vorherigen Zeit ist völlig verschwunden. Es gibt Vergoldungen, aber nicht einmal den kleinsten Schmuck aus reinem Gold. Drei Häuptlingssitze kennen wir: Vendel, durch welchen Fundort beide Jahrhunderte die Vendelzeit benannt werden, den schon vor hundert Jahren angetroffenen Fundort Ultuna und den neuen Fundort Valsgärde, alle in Uppland am Fyris-Fluß, unweit Alt-Uppsala.

Langsam und träge heben sich die Ruder der Drachenschiffe aus dem Wasser und werden wieder eingetaucht. Es sind nur kleine Schiffe mit vier oder fünf Paar Ruderern, die auf dem schmalen Flusse eingesetzt werden. Die großen Überseeschiffe liegen in geschützten und bewachten Häfen versteckt. Auch das große Schiff des Svea-Königs ist nicht größer, wenn er zur Beisetzung seines toten Häuptlings nach Valsgärde kommt. Man kann die Landschaft nicht gerade gastlich nennen, flach, mit einem kalten Wind, der ewig seine Wege zieht. Der schwere Boden gibt zwar ein gutes Viehfutter, ist aber zu hart und feucht für Ackerbau. Sonderbar, daß die Hauptsitze und Hauptstädte so vieler Länder nicht aus fruchtbaren und leicht zu bewirtschaftenden, sondern aus ungastlichen Landstrichen hervorgewachsen sind. Freilich auch Äcker sind zu sehen, aber bei weitem nicht von der Güte und Ausdehnung wie in den Ländern der Götar. Und da – an einer Biegung des Flusses wird der

niedrige und kleine Kieshügel sichtbar, der als Grabstätte des Geschlechts von Valsgärde dient. Einige Familienmitglieder sind nach älterem, heidnischem Brauch eingeäschert und hier beigesetzt worden.
Aber für die Bauern-Häuptlinge dieses Hofes, die in Krieg und Frieden
dem König zur Seite standen, ist die Schiffsbeerdigung üblich geworden.

Deutlich sind lange Furchen in dem schmierigen Lehmfeld zwischen
dem Fluß und dem Kieshügel zu sehen. Da haben die Sklaven das To-
tenschiff aus dem Fluß gehoben und über das Feld geschleift, um es
hoch oben auf dem trocknen Kieshügel für die letzte, symbolische Segelfahrt ins Jenseits vorzubereiten, mit dem Drachensteven dem Flusse
zugewandt.

Nun schreiten die Krieger langsamen Schrittes, ihren toten Häuptling zwischen sich führend. Kein Bild aus Svealand hat uns einen Eindruck davon übermittelt, wohl aber einer der herrlichen gotländischen
Bildsteine, der drei Friese mit einer allegorischen Schilderung von dem
tragischen Tod und der Jenseitsfahrt eines Kriegers füllt. Zuerst sehen
wir in künstlerisch knappen Andeutungen den Helden vor einer überlegenen Waffengewalt zu Boden stürzen. Er liegt auf dem Rücken, unterhalb seines Pferdes, von mehreren Feinden mit erhobenen Schwertern
angegriffen, und der zur Schicksalsstunde anwesende Vogel, der Rabe
des Schlachtfeldes, der Adler des Kampfes oder die Fylgie des Kriegers,
schwebt über dem leeren Sattel.

Noch ausdrucksvoller, künstlerisch noch stärker verdichtet ist das
nächste Bild von der Trauerprozession für den Helden. Jetzt liegt er auf
dem Bauch oberhalb seines Pferdes – oder sollen es zwei Pferde sein,
mit großen Kopfhauben bekleidet, die ihn auf einer Bahre zwischen
sich führen? – während die Männer in umgekehrter Richtung schreiten,
nach vorne gebeugt, die Schwertspitzen nach unten gerichtet. Nie ist
mit so geringen Mitteln mehr über Schmerz und Trauer einer Leichen-
fahrt ausgesagt worden.

Das dritte Bild zeigt den Helden hoch zu Roß, jubelnd mit Kränzen
und Bällen empfangen, die wie Konfetti in die Luft geworfen werden.
Hier ist der Einzug ins Jenseitsreich, in Walhall, der freudige Empfang
durch Walküren und schon vorher aufgenommene Krieger verewigt, in
der Wirkung verstärkt durch den Kontrast zu den vorherigen Bildern.

Weiter unten auf demselben Bildstein erscheint das große Schiff, mit
dem der Held seine Fahrt ins Jenseitsreich antreten konnte: ein Schiff
mit hohem Steven, Ruderern, Mannschaften und einem gewaltigen ka-
rierten Segel. Das Schiffsbild erscheint am häufigsten auf den gotländischen Bildsteinen, eine genaue Parallele zu den archäologisch greifba-
ren Schiffsbestattungen von Valsgärde.

Tod, Trauerzug und Empfang in Walhall dürfen wir uns deshalb auch als heldisches Ideal in Valsgärde denken, möge nun der Häuptling durch eine Sippenfehde, bei einem Feldzug mit dem König in unruhige Provinzen oder bei einer Kriegsfahrt über die Ostsee als Vorbote der kommenden Wikingerzeit gefallen ein. Oder vielleicht ist der Heldentod nur ein unverwirklichtes Ideal der Krieger eines friedlichen und seßhaften Jahrhunderts, in welchem Darmverschlingung und Blutvergiftung zu den üblichen Todesursachen zählten!

Viel mußte jedoch geschehen, ehe die Beisetzung vollendet war.

Zunächst wird der Häuptling auf seinen letzten Platz im Schiff gelegt, unter einem Dach aus schützenden Holzbalken im hinteren Teil, aber möglichst so, daß für ein paar gedachte Ruderer Platz bleibt. Er liegt nicht auf einer harten Holzbahre, nein, auf schwellenden Daunenkissen, wie es einem Vornehmen der Gesellschaft zukommt, auf weichen Kissen, mit den verschiedensten Überzügen, einem rot- und grüngewürfelten Stoff, mehreren aus Wolle und Leinen und feiner Rindshaut. Wie in einem friedlichen Schlaf soll er ruhen, bequem in leichter Kleidung, und deshalb werden ihm seine Waffen zur Seite gelegt, rund um seinen Ruheplatz: an der linken Seite – griffbereit – sein starkes Schwert und der Sax, das kurze, einschneidige Hiebschwert. Zu seinen Füßen der edle, prunkvolle, reichgeschmückte Helm und in einem Holzkasten seine Rüstung, darüber und fast schon die Füße verdeckend seine beiden Schilde, reich an schönen Eisenbeschlägen.

Und nun werden dem Toten auch alle die anderen praktischen oder kostbaren Dinge gebracht: Axt, Messer, Lanze, 4, Pfeile und ein ganzer Werkzeugkasten, der ein zweites Messer, einen Wetzstein, eine Schere, Feuerstein und Stahl zum Feueranmachen, eine Pinzette, einen Kamm und einen Harzklumpen enthält. Was ihm aber sicherlich viel größere Freude bereitet: herrliche Trinkgefäße und ein Spielbrett. Das Spielbrett wird zu seinen Füßen aufgestellt und die 3, Spielsteine aus gewölbten Knochenstücken gleich darauf ausgelegt, so daß er mit dem Spiel beginnen kann, sobald er es möchte. Noch leichter greifbar ist sein wunderbares Trinkglas, ein herrlicher, hell aquamarinblauer Rüsselbecher aus dem Rheinland. So schlank und schmal ist der Becher unten, daß er auf der winzigen Standfläche kaum stehen kann gefüllt mit Wein oder Met soll er ja auch in einem Zuge gleich geleert werden! Seine Verzierung bekommt er durch aufgelegte schmale Glasfäden und durch die vier „Rüssel", die als dicke Klumpen sich von der Mitte aus nach unten verjüngen. Auch der ebenfalls konische Holzbecher und das heimische Trinkhorn mit Metallbeschlägen sollten nicht gefüllt stehen können, aber liegend dem Häuptling zur Hand sein. Brettspiel und dazu ein guter Trunk – das ist eine würdige Beschäftigung tapferer Männer in Mußestunden!

Aber was nützt das alles, wenn für seine Sättigung nicht richtig ge-

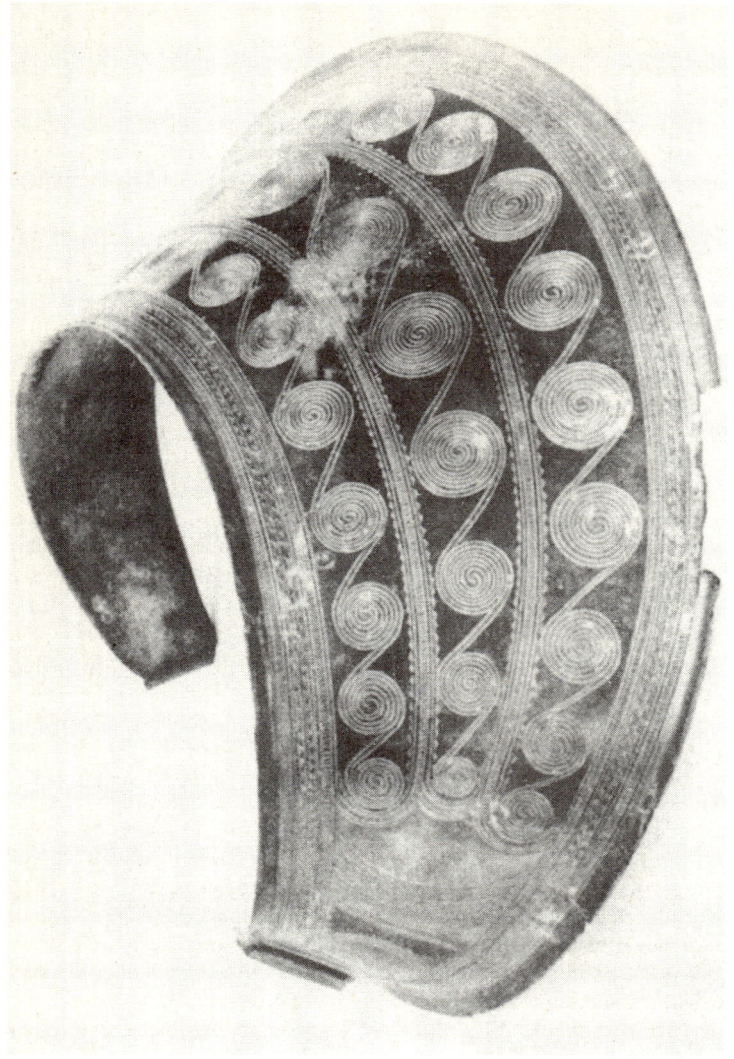

Schmuck aus der Bronzezeit

sorgt wird! Und deshalb schleppen seine Krieger und Söhne noch eine reichliche Küchenausstattung aus dem Hof herbei, so wie alles bis in die kleinste Kleinigkeit geplant und vorgeschrieben ist. Ein großer eiserner Kessel, eine Kesselkette und eine dreizinkige Kesselgabel sowie 7 gedrechselte Holzschalen, Becher und Teller, zwei Daubengefäße und zwei Löffel gehören zur Küchen- und Speiseausstattung. Und dann werden feierlich eine Kuh, ein Schaf, ein Schwein und eine Gans geschlachtet und im Vorderteil des Schiffes verstaut. Noch bleibt das wichtigste für den Krieger: seine beiden Reitpferde und sein treuer Hund.

Jetzt werden auch sie herbeigeführt, das eine Pferd festlich mit dem besten Zaumzeug geschmückt, das andere nur am Halfter geleitet, aber mit Zaumzeug und Sattel ebenfalls zur Hand. Und wenn auch sie durch den tötenden Dolchstoß zusammensinken und vorne auf das Schiff geladen werden und zuletzt auch dem Hund das gleiche Schicksal widerfährt, dann ist das Schiff gut gefüllt; gut ausgerüstet kann der Häuptling seine letzte Fahrt antreten. Große Birkenrindenteppiche, sorgfältig bemalt, werden über die Leiche und die kostbarsten Güter rund um ihn schützend gelegt sowie eine Unzahl von Wolldecken. Die trauernden Krieger greifen selber zum Spaten, fangen an die Erde zusammenzuschaufeln, und mit Hilfe vieler starker Sklavenarme geht die Arbeit rasch. Bald ist nur noch ein niedriger Hügel vorhanden, denn die allerletzte Fahrt ihres Häuptlings wird keiner mit eigenen Augen schauen, aber sie glauben, daß dieses Schiff wieder segeln soll, zunächst flußabwärts, dann auf dem Mälarsee und erst zuletzt auf dem großen, unbekannten Wasser, auf dem es kein Zurück gibt, sondern nur ein Immerweiter-Fort – in das Jenseitsreich. Und der spitz-ovale Hügel sank allmählich zu einer kleinen Mulde zusammen, die Jahrhunderte und Jahrtausende hindurch von dem ins Jenseits abgesegelten Helden Kunde trug.

Eine Kunde für den, der eine solche unscheinbare, längliche Mulde richtig einzuschätzen weiß. Jedesmal, wenn ein Sohn die Herrschaft von Valsgärde und Pflichten am Hofe des Sveakönigs übernahm, wurde der Vater in gleicher Weise wie die Urväter beigesetzt, fast ein halbes Jahrtausend hindurch. Erst kurz vor dem Jahre 1100, als alle anderen schon zum Christentum übergetreten waren, sahen sich auch die Herren von Valsgärde genötigt, ihre alte Familiengruft aufzugeben, dem neuen Glauben Folge zu leisten und sich auf dem Kirchhof bestatten zu lassen. Über die 15 Mulden stiegen Bauern, Hirten und Tiere hinweg, ohne sie zu beachten. Bis dem Professor für Vorgeschichte an der Universität Uppsala mit einigen Kollegen auf einer Exkursion im Jahre 1926 diese Mulden auffielen. So müßten doch die arg zerstörten Schiffsgräber von Vendel ursprünglich ausgesehen haben. Liegt hier etwa ein vollständig unbeschädigtes Bootsgräberfeld vor? Und damit begannen jene Ausgrabungen, die in sorgfältigster Grabungstechnik alle diese Schätze der Vergangenheit gerettet haben.

Eine ganze Armada von Schiffen lag in der uppländischen Erde fest verankert und sollte nie mehr in ihrem eigentlichen Element segeln können. Aber so bekam sie eines Tages eine ganz neue Besatzung. Nie sahen wir zuvor solche Matrosen in weißen, schwedischen Studentenmützen auf unwirklichen Gespensterschiffen! Durfte ich doch selbst als neugewordener Student und Hilfsmatrose gerade bei der Ausgrabung des oben erwähnten Schiffes mitwirken. Nie sahen wir solch eine eifrige und scharfäugige Stewardeß! Nie einen so stämmigen und witzigen Rudergänger im Achter des Schiffes, nie einen so charmanten und braunäugigen Schiffskapitän wie unseren Professor. Und in einer Holzbude neben dem Schiff saß ein ernster und sorgenvoller Schiffsarzt und schüttelte den Kopf über die hoffnungslos morschen Dinge, die wir ihm brachten. Er bandagierte sie in Gazebinden, legte Gipsverbände an, goß alles in Paraffin ein und führte zahllose Krankentransporte nach Uppsala durch – nicht ins Akademische Krankenhaus, wo man von solchen Patienten nichts wissen wollte, sondern in seine private Hexenkammer, in der er völlig neue Bäderkuren entwickelte, um Holz und Rinde, Daunen, Stoffe und Eisen zu retten, um aus genau 1000 Stücken den Helm des Häuptlings neu zusammenzusetzen.

So segelte auch das Schiff in Valsgärde mit einer sonst nie gesehenen Takelage. Ein starker Balken lief dem Kiel entlang, oberhalb des Schiffes, und fest verarbeitete Querbalken folgten auf genau zwei Meter Entfernung voneinander. So ergab sich ein Gerüst, nach dem die Lage eines jeden Gegenstandes genauestens vermessen werden konnte. Das gilt insbesondere für die Nieten des Schiffes, 440 an der Zahl, die bis auf kleine Holzstücke die einzigen Reste des alten Schiffes waren. Mit Hilfe der Notizen über die genaue Lage, Tiefe und Richtung der Nieten konnten sie dann auf großen Zeichenbrettern im Museum eingetragen werden. Einige waren verrutscht, beide Steven beschädigt, aber davon abgesehen, wuchs auf dem Papier das Gespensterschiff so genau hervor, daß wir die Zeichnungen jederzeit einem Schiffshauer übergeben können, der diese und die anderen Schiffe der Valsgärde-Häuptlinge von neuem entstehen ließe.

Es ist ein 9 m langes, klinkergebautes Boot aus Fichte mit Kiel aus Eiche und 8 Spanten aus krummgewachsenem Holz. Es hatte beiderseits je vier Bordplanken, deren Fugen durch Streifen von (stellenweise erhaltener) Schafwolle abgedichtet waren. Lehmstreifen wurden auch nachgewiesen, die an dem Schiff festtrockneten, nachdem es über die Felder vom Fluß zur Begräbnisstätte geschleift worden war. Ein Mast oder Segel konnte nicht nachgewiesen werden, aber anzunehmen ist, daß das Schiff vier Paar Ruderer gehabt hatte. Alles in allem ein Schiff für Flußfahrten und ursprünglich das wertvollste Stück, das dem Toten für seine Jenseitsfahrt mitgegeben werden mußte. –

Uns fesseln jedoch die Metallbeigaben und Gläser als prunkvollste Kunstwerke der Vendelzeit am allermeisten. Nur vier der Schiffe von Valsgärde, drei von Vendel und der Frühfund von Ultuna enthalten so übereiche Beigaben, während die Schiffsgräber der Wikingerzeit bedeutend ärmer sind. Acht Helme, eine Rüstung, mehrere Kettenhemden und die ganze Prachtausstattung an Schwertern, Schilden und Pferdezaumzeug lassen die Bauern-Krieger als erstaunlich greifbare Gestalten aus ihren Gräbern wieder auferstehen.

Gerade die Rüstung in diesem einen Schiffsgrab verleiht ihrem Träger eine erneute körperliche Rundung, eine schwerbewaffnete Männlichkeit um Jahrhunderte früher, als es bei den Rittern des europäischen Mittelalters der Fall war. In der Tat suchen die Fachleute schon seit langem nach dem Ursprung der ritterlichen Kampfausrüstung. Weit zurück in den asiatischen Osten führen die verwirrenden Spuren, in die entfernten Steppen, auf denen wilde Reiterhorden ihre Pferde tummelten. Bis auf die Hunnen, als sie noch mit den Chinesen kämpften, und nach Iran weisen etliche Funde. Den letzten festen Punkt der Forschung finden wir erstaunlicherweise nicht halbwegs hinein in den Osten, an der Grenze Asiens, sondern weit oben im Norden, in der Umgebung Alt-Uppsalas. Dort tauchen neben dem Lamellen- und dem Schuppenpanzer auch noch der Stabpanzer auf, das Kettenhemd, der schwere Helm mit Wangen- und Nackenschutz sowie das einschneidige Hiebschwert, das wir Sax nennen.

Kaum hatten also die Studenten und Dozenten der Universität Uppsala ihren Dienst als Matrosen beendet, so mußten sie schon umlernen und Waffenschmiede und Fechtmeister werden, insbesondere da die Rüstung in einem Kasten lag. Warum nur Schutz für *einen* Oberarm? Ist es eine abgetragene, unvollständige Rüstung? Ein alter Soldat lachte und wußte, daß doch nur der linke Oberarm geschützt werden sollte, nicht aber der schwertschwingende, rechte Arm. Und wer weiß, ob unser Valsgärde-Häuptling nicht noch viel mehr lachen und sagen würde, daß dieser Stabpanzer überhaupt ein Beinpanzer sei. Deutsche und schwedische Gelehrte diskutieren zur Zeit eifrig diese Frage, zumal wir nicht wissen, wie lang das arg beschädigte Kettenhemd in Wirklichkeit war.

Ganz sicher sind wir in bezug auf die acht Helme, die hervorragendsten Kleinode aus der Frühzeit des geeinigten Sveareiches. Ein breiter, eiserner Reifen rund um Stirn, Schläfen und Nacken, ein Band über dem Scheitel, die Zwischenräume verschiedenartig mit eisernen Lamellen ausgefüllt, ein Helmkamm, der in der Stirn in einen großen Tierkopf ausläuft, ein kräftiger Augenbrauen-, Nasen- und Wangenschutz, oftmals das ganze Gesicht verdeckend, und im Nacken frei herunterhängende, eiserne Bänder, die den Hinterkopf vor Schwerthieben schützen sollten – das sind die hauptsächlichsten Teile der Helme, die in verschiedenen Variationen wiederkehren. Dazu noch figurengeschmückte Preßbleche aus Bronze, eingelegte rote Steine, mitunter Vergoldung, und die Helme sind in ihrer vorzeitlichen Wucht und Schönheit wiedererstanden. Ihre Abstammung von römischen Legionen und asiatischen Reiterhorden bleibt jedoch vorläufig noch heiß umstritten. Sicher ist, daß die Formgebung in diesem wie in anderen Fällen eine sehr selbständig nordische ist.

Dasselbe gilt auch für die Ornamentik. Wir sahen, daß der erste germanische Tierstil in den ruhigen Häusern norwegischer Kleinkönige ausreifte, blühte und sich geradezu selbst überwucherte. Der zweite germanische Tierstil tritt am Königshof der Svear hervor, sobald dort endlich Ruhe und Wohlstand herrscht, und wird am deutlichsten in den Schiffsgräbern. Schon in den ältesten unter ihnen ist er voll ausgereift. Der erste Valsgärdehäuptling (eben der Mann mit dem Stabpanzer) hatte noch keinen ganz erstklassigen Künstler an sein Haus verpflichtet, was dagegen bei seinem Zeitgenossen in Vendel (Grab XII) der Fall war. Nicht nur stilistisch, sondern auch technisch sind die dortigen Ornamente von einer nie zu übertreffenden Qualität.

Wir stellen zu unserer Überraschung fest, daß die Tierornamentik – von einem anderen Linienspiel ausgehend – zu einer gänzlich neuen Blüte geführt werden konnte. Nicht der Schlächter zerhackt die Tierleiber in ihre anatomischen Bestandteile und formt die Schenkel, Pfoten, Schwänze, Bäuche und Schnauzen nach den Gesetzen der reinen Ornamentik – sondern die Seiler und Weber greifen ihre Schnüre und flechten sie zu Zöpfen, Ösen und Schlingen. Das ist keine rein nordische Kunst. Das geht zurück auf eine konstantinische Bandflechtung mit grenzenlosen Abwechslungsmöglichkeiten, darunter auch reine Unendlichkeitsmuster, in denen wiederum die laufende Verflechtung umgebrochen werden konnte, so daß die verschiedensten Schleifen, Ösen, Knoten und Achter nach genauen Gesetzen immer wiederkehren. Aber in diese Flechten und Bandmuster fügten die germanischen Künstler Tierköpfe und Pfoten ein, welche regelmäßig wiederkehrend alsbald das Grundmuster sprengten. Auch das einfache Wellenband, der sogenannte „laufende Hund", wurde mit Tierköpfen an der Spitze einer jeden Welle versehen.

Hier hatten die Künstler von Vendel und Valsgärde, also hauptsächlich in Ostschweden, eine gestaltende Idee mit reichen Entwicklungsmöglichkeiten gefunden. Sie nahmen zwei Wellenbänder mit Tierköpfen, kehrten aber das eine Wellenband nach unten und ließen die Mäuler ineinanderbeißen und miteinander verwachsen. In tiefem Kerbschnitt ausgeführt, erreicht dieses Linienspiel schon eine erste, rein ornamentale Höhe. Zwar hatten die Künstler das Flechtband durch ausländische Anregungen begeistert aufgegriffen, behielten aber ihre alte Liebe zur vollständigen Tiergestalt. Und somit wachsen aus den Wellenbändern vollständige, naturgemäß rückwärtsschauende Tiere hervor, deren Rükken- und Bauchlinien mit den Pfoten, Schwänzen und Mäulern verflochten werden, sogar auch mit den Körperbändern anderer Tiere.

Unser Auge muß sich üben, um aus einem so tollen Linienspiel die anatomisch vollständigen Tiere herauszufinden. An künstlerischen Möglichkeiten steht der zweite Tierstil dem ersten nicht nach, aber die Wirkung ist eine andere, mehr flüssige, behält immer etwas von der Bewegung des Wellenbandes und der Bandflechtung an sich. Wir unterscheiden jetzt schon vier verschiedene Stilphasen dieser Kunst, die anderthalb Jahrhunderte hindurch zahllose Erzeugnisse in den Schiffsgräbern und in Brandgräbern anderer Landschaften hinterließ. Sie arbeitet in den erstklassigen Kunstschöpfungen unerbittlich streng nach den ursprünglich gegebenen Gesetze der Bewegung. Der Nordländer unterwirft sich gerne dieser strengen Zucht und nimmt das Leben in diesem Rhythmus, die Spannung der Gegensätze als befriedigende Kunstwerke auf, als Ausdruck seiner geistigen Haltung.

In den Schiffsgräbern gewinnen wir also ein vielseitiges Bild von Wohlstand und Kunst jener Zeit. Die Könige der Svear selbst finden wir jedoch nicht in solchen Schiffsgräbern, sondern in monumentalen Denkmälern, in den größten Grabhügeln der Eisenzeit. Es sind vor allem die drei Königshügel von Alt-Uppsala, die in ihrer Dreierzahl an die Pyramiden von Ägypten erinnern. Schon von weitem sind sie über die Uppsala-Ebene sichtbar, diese schwedischen Nationaldenkmäler, unvergängliche Zeugen von dem Selbstbewußtsein und der Wucht jener Könige, die mit Blut und Eisen das schwedische Land zu einer politischen Einheit zusammenfügten. Der mittlere war ursprünglich entschieden kleiner und ist irgendwann in heidnischer Zeit vergrößert worden, anscheinend um den beiden seitlichen ebenbürtig zu werden. Der größte ist der westliche mit einem Durchmesser von ca. 60 m und einer Höhe von 12 m. Es ist keine Herabsetzung der Maße, wenn wir erwähnen, daß die stattlichen Hügel auf einem niedrigen Kiesrücken liegen, der zwischen den Hügeln angeschnitten worden ist, wodurch die Höhenwirkung leichter erzielt wurde.

Die drei Königshügel liegen unmittelbar neben der jetzigen Dorfkirche von Alt-Uppsala, die bis zum Brand im Jahre 1273 Domkirche war. Dann wurde eine Umsiedlung beschlossen, so daß die gotische Domkir-

che und die jetzige Universitätsstadt Uppsala 5 km weiter südlich liegen. Bei Grabungen unterhalb der alten Kirche stieß man auf starke
Pfostenlöcher, die mit Sicherheit Reste des einstigen Heidentempels
sind, der an derselben Stelle gestanden hat. Aber dieser Heidentempel
von Alt-Uppsala, von dem Adam von Bremen ausführlich berichtet, ist
eine Schöpfung der Wikingerzeit. Zur Völkerwanderungs- und Vendelzeit dürfte die heidnische Religionsausübung im Freien vor sich gegangen sein. Die Bäume zwischen der Kirche und den Königshügeln sind
die natürlichen Ableger von dem heidnischen Hain, in dem Wodan jedes 9. Jahr seine Hängeopfer empfing: 9 Männer, 9 Hengste, 9 Böcke, 9
Hähne usw., mit anderen Worten 9 Lebewesen männlichen Geschlechts
von 9 verschiedenen Arten an 9 Tagen nacheinander. Daneben liegt eine
Quelle, die ebenso wichtig für den heidnischen Kult war, und eine pla-
nierte Terrasse, in der wir gerne den Platz für den alten Königshof sehen
wollen, den Sitz der machtvollen Politik. Aber noch hat keiner sich an
eine Ausgrabung herangetraut, die wohl bestenfalls nur die Küchenab-
fälle eines königlichen Schlosses an den Tag fördern würde.

Einen sehr wichtigen Bestandteil der königlichen Denkmäler von
Alt-Uppsala haben wir noch nicht erwähnt, nämlich einen vierten Hügel, östlich der drei großen, mit einem Durchmesser von knapp 20 m
und einer Höhe, die dadurch bestimmt wird, daß eine möglichst große,
ebene Fläche auf der Kuppe geschaffen worden ist. Das ist kein Grabhügel, das ist der sogenannte Thinghügel, der eine wichtige Funktion im
politischen Leben der Vorzeit erfüllte. Auf diesem Thinghügel sollte jedem neugewählten König noch im Mittelalter zunächst von den Bauern
Upplands gehuldigt werden. Von hier aus sprachen die Könige zu ihren
Untertanen. So tat es Gustav Wasa fast jährlich in den 1520er Jahren.
Besonders anschaulich ist der Zwischenfall 1531. So berichtet Peder
Swart:

„Zur Erichsmesse zog der König nach Uppsala, gewaltig stark, mit
all seinem Kriegsvolk zu Pferd und zu Fuß, hatte desgleichen ein Fähn-
chen deutscher Knechte aus Lübeck angefordert, die auch mit dabei
waren. Als das Volk nach Alt-Uppsala zog, zog auch der König dorthin
mit seinem Kriegsvolk. Er ritt auch selbst in voller Rüstung. Als es Zeit
war, ritt er mit seinem Rat zum Hügel, wo Ansprachen gehalten zu werden pflegten. Aber das Kriegsvolk blieb auf einen Pfeilschuß Entfernung auf dem Acker stehen. Fing dann der König an, mit den Bauern zu
sprechen, wie es Sitte war. Sagte, er wolle ihnen danken für Treue und
Mannhaftigkeit und vermutete, sie wollten ihm darin weiterhin beiste-
hen. Und dann stellte er ihnen Fragen."

Gustav Wasa hatte für die Staatsfinanzen die Ablieferung und Ein-
schmelzung der Kirchenglocken gefordert, welche Maßnahme die Bauern aufs äußerste erbost hatte.

„Aber da die Bauern nicht mit Sachlichkeit und guter Begründung antworten konnten, fingen einige an, den Mund zu verwenden, wie sie es zu tun pflegten und benützten schändliche Worte für ihren König. Der König erboste (er ist wegen seines Jähzorns berühmt), schüttelte das Schwert, kehrte sein Pferd um und sagte, er wolle nun nicht mehr ihre bösen Worte dulden, er würde es lieber sehen, daß sie ihn schlagen als schelten. Wollten sie zuschlagen, so würde er es mit seinem Kriegsvolk probieren, wer den Platz behaupten würde, und ob er sich selbst wehren könne. So vielen dann die Bauern auf die Knie und baten um Gnade, welche sie auch durch Fürbitte der anwesenden Herren bekamen."

Dieser Bericht ist wichtig, weil er uns zeigt, wie die Könige schon 800 Jahre vor Gustav Wasa mit ihrem Volk in einer schriftlosen Zeit verhandelt haben müssen, und dafür gerade den Thinghügel bei Alt-Uppsala wählten. Allerdings sagte dieser Ort dem König Gustav Wasa nicht mehr zu, und er hat ihn künftig nie benützt.

Nun sind die drei Königshügel von Alt-Uppsala nicht die einzigen in Schweden. Ein ebenso stattlicher, der sogenannte Ottarshügel, liegt bei Husby im Kirchspiel Vendel, ein zweiter, Nordians Hügel genannt, bei As-Husby halbwegs zwischen Uppsala und Stockholm, ein dritter, der Anundshügel, bei Västeras. Mit einem Husby meint man die königlichen Höfe, in denen der König früher einzukehren pflegte, um die Staatsverwaltung an Ort und Stelle auszuüben und die örtlichen Steuern zu verzehren. Es fällt auf, wie viele weitere Großhügel ebenfalls an einem Husby, auf staatlichem Grund und Boden oder dicht an einer Thingstätte liegen. Sie verdienen aus mehreren Gründen den Namen eines Königshügels.

Schließlich liegt einer der stattlichsten nicht im Reich der Svear, sondern in Südostschweden, der Inglingehügel bei Växjö. Ein paar liegen auch in Västergötland, dem Lande der Götar, vor allem Storhögen im Kirchspiel Skalunda und Larva Bäsing. Dort ist ein lustiger Rechtsbrauch aus dem mittelalterlichen Gesetzbuch der Västgötar bekannt:

„Wird ein Spielmann geschlagen, so zählt das nicht. Wird ein Spielmann verwundet – egal, ob er mit Geige geht, mit Fiedel fährt oder mit Trommel –, dann soll man eine junge Kuh nehmen und sie auf den Bäsing führen. Dann soll alles Haar vom Schwanz abrasiert werden, und nachher soll er eingeölt werden. Nachher soll man ihm frisch eingeölte Schuhe geben. Jetzt soll der Spielmann die Kuh um den Schwanz fassen. Man soll mit scharfer Geißel schlagen. Kann er sie festhalten, dann soll er das feine Vieh haben und es genießen wie der Hund das Gras. Kann er sie nicht festhalten, dann habe und nehme er, was er bekam: Schande und Schaden. Er beanspruche nicht mehr Recht als eine geprügelte Sklavin."

Wie gerne widmete man sich nach Abschluß ernsterer Verhandlungen einem solchen Rechtsspruch! Ähnlich wird es in vorgeschichtlicher Zeit ausgesehen haben.

Wir haben nun die schwierige, aber hochinteressante Aufgabe, die Könige der Svear in ihren richtigen Königshügeln unterzubringen. Sicher ist, daß die Könige nicht wie ihre Häuptlinge nebeneinander in Schiffen eingebettet wurden, sondern das ganze schwedische Reich als Gräberfeld benützten und die monumentalen Königshügel Zeugenschaft von ihrer Macht ablegen ließen. Einige der mittelgroßen sind untersucht worden und lassen sich in die Zeit zwischen 700 und 900 datieren. Sie interessieren uns hier weniger.

Als Bror Emil Hildebrand Reichsantiquar war, kam im Jahre 1846/ 47 die Untersuchung des östlichen Königshügels von Alt-Uppsala zustande, leider viel zu früh, aber doch mit erfreulicher Sorgfalt durchgeführt. Unter dem gewaltigen Erdmantel stieß man auf einen zentralen Steinhaufen, etwa 15 m Durchmesser, und darunter eine Brandschicht auf einem Lehmlager. Durch die Brand- und Lehmschicht hindurch war ein Tongefäß mit den Knochen des eingeäscherten Königs vergraben worden, worin auch die winzigen Metallfragmente lagen, die unsere einzige Hilfe für eine Datierung und Benennung des Königs bilden.

Hildebrand grub auch in dem mittleren Hügel, jedoch ohne die Arbeit zu Ende zu führen, und öffnete zum Archäologenkongreß 1874 den größten aller Hügel: den Westhügel von Alt-Uppsala. Hier können wir wirklich sagen, daß die Berge in Geburtswehen lagen; eine Maus sollte geboren werden, eine Maus in Gestalt eines zentralen Steinhaufens von 1,6 m Durchmesser, ebenfalls auf einer Brand- und Lehmschicht mit einem zusammengeharkten Knochenhäuflein, das noch geringere Reste der Beigaben enthielt.

Trotzdem ließ man den Mut nicht sinken. König Gustav VI. Adolf ergriff im Jahre 1902, als er noch Erbprinz war, die Initiative, um einen weiteren seiner ältesten Amtsvorgänger nachzuweisen. Der Hagahügel, ebenfalls in Uppland, bot aber eine völlig unerwartete Überraschung. Der Hügel enthielt ein wunderbares, goldbeschlagenes Schwert und andere Gegenstände – aus Bronze und gehört also in die Zeit um 1000 v. Chr. Mit der Reichsgründung Schwedens hat er nichts zu tun.

Noch einmal wagte man sich an einen Königshügel heran. Im Jahre 1914 kam die Untersuchung des Ottarshügel in Vendel zustande. Wieder kam ein mittlerer Steinhaufen zum Vorschein, eine Brandschicht und darunter versenkt ein bronzebeschlagener Holzeimer mit einigen wenigen Beigaben, darunter immerhin einer Goldmünze des römischen Kaisers Basiliscus (476/7) Seitdem ist kein weiterer Königshügel ausgegraben worden. Die

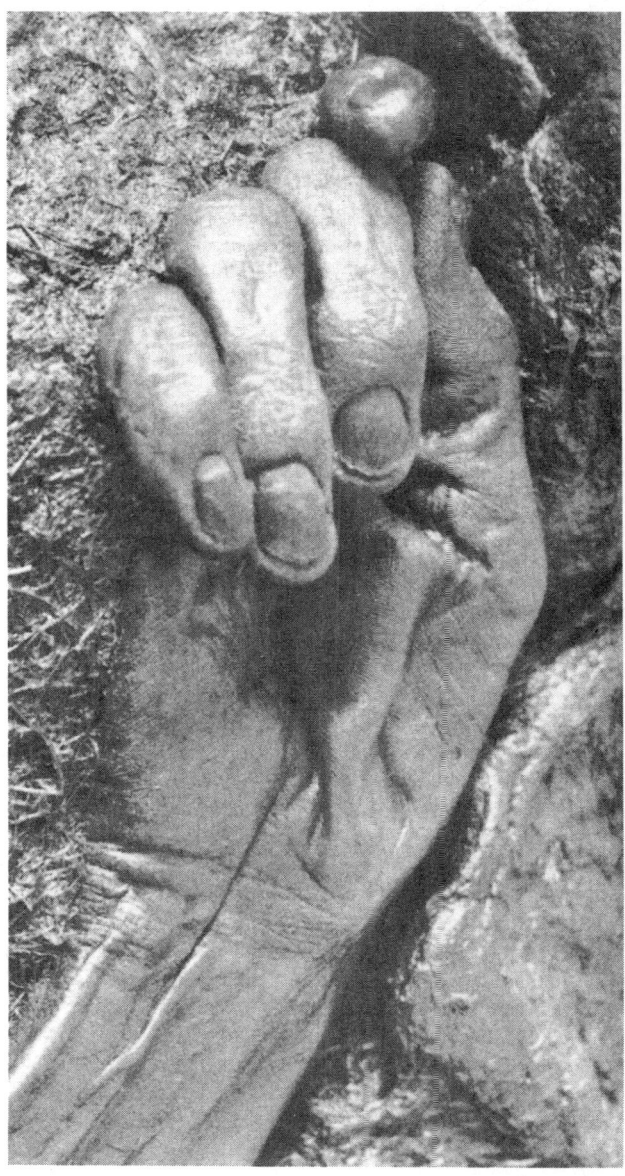

Hand der Moorleiche von Grauballe, Jütland

Valsgärdefunde nehmen viel Zeit in Anspruch und geben an Metallge-
genständen eine bessere Ausbeute, die Arbeitskraft für so große Hügel
ist teuer geworden, und wir scheuen uns vor der Aufgabe, da die Zahl
der Großhügel begrenzt ist und die Grabungsmethoden immer feiner
werden.

Drei Königshügel sind also ausgegraben worden. Im Bereich der
Svear liegen noch drei sehr bedeutende: der mittlere in Alt-Uppsala, der
Anundshügel und der von As-Husby. Dazu kommen zwei in Västergöt-
land, einer in Smaland und mehrere kleinere. Die Königshügel aus der
Zeit der schwedischen Reichsgründung (500–700) können wir also an
den Fingern abzählen.

Welche Könige ruhen – oder ruhten – nun in Alt-Uppsala und dem Ottarshügel? Es sollte uns nicht schwerfallen, eine Antwort zu geben. Wir
lernten doch vorhin die Ahnentafel der Svearkönige aufzählen und berichteten besonders über die historisch gesicherten Kämpfe gegen die
Götar: Aun der Alte, Egil, Ottar Vendelkrähe, Adils, Östen, Yngvar,
Bröt-Anund und Ingjald Übeltäter müssen also Reichsgründer und historische Personen sein.

Da fällt uns besonders der Name Ottar Vendelkrähe auf, da wir gerade von dem Ottarshügel in Vendel sprachen und die Funde darin durch
sorgfältigste Ausgrabung kennen. Wenden wir uns an die Schriftquellen, so erzählt Snorre eine wenig glaubwürdige Geschichte, daß der
König in Vendel am Limfjord fiel, wonach die Dänen höhnisch den
Schweden eine Krähe aus Holz schickten. Hier muß doch Snorre das
dänische Vendyssel mit dem uppländischen Vendel verwechselt haben!

Dazu kommt, daß Snorres altisländischer Text erst im Jahre 1594 in
schwedischer Übersetzung zugänglich wurde und daß Leute schon im
Jahre 1675 das große Denkmal in Vendel den Ottarshügel nannten. Es
ist kaum möglich, daß eine gelehrte Spekulation zwischen 1594 und
1675 diesem Hügel den Namen gegeben haben kann. Es muß also ein
seit der Völkerwanderungszeit an diesem Hügel haftender, echter Name
sein. Und dies um so mehr, da die Einwohner im Kirchspiel Vendel Krä-
hen genannt werden, diejenigen in Österby Elstern, diejenigen in Mork-
arla Raben und die Einwohner im Kirchspiel Söberbykarl schließlich
Dohlen. Vendelkrähe bedeutet also ganz einfach „Einwohner in Vendel", und König Ottar wurde eine Vendelkrähe, als er in Vendel starb
und den Hügel erhielt, der alle Jahrhunderte hindurch seinen Namen
getragen hat.

Sein Vater Egil soll – wie wir schon hörten – im Jahre 515 gefallen
sein. Ottars Tod liegt zwischen 530 und 550. Ihm wurde eine 477 geprägte Goldmünze beigegeben, die recht abgenützt und viel getragen ist.
Andere Fundfragmente widersprechen einer solchen Datierung nicht.

Nun heißt es in Snorres Ynglingasaga von König Aun, seinem Sohn Egil und dessen Enkel Adils *und er ist in Hügel gelegt bei Uppsala'* Das stimmt ja vorzüglich mit den drei Königshügeln dort, so hat auch ein schwedischer Forscher im Jahre 1913 vorgeschlagen und die kleinen Bruchstücke von Beigaben, die mit den königlichen Knochensplittern aus dem Scheiterhaufen geborgen wurden, sollen den Beweis erbringen. Schauen wir sie uns einen Augenblick näher an, denn hier wird jede kleine Beobachtung auf die Goldwaage gelegt. Hier geht es um den Anfang der schwedischen Königsdynastie, um die zweite Staatsgründung des Abendlandes und um das rechte Verständnis für die kulturellen Geschehnisse und Beziehungen jener Zeit. Hier sehen wir auch, wie *kleine* Bruchstücke der Prähistoriker mitunter erkennen und einordnen muß. Das ist Detektivarbeit ersten Ranges.

Da stammt aus dem Osthügel ein dreieckiger Rest einer dünnen Goldplatte mit feiner Verzierung aus aufgelegten Goldkörnchen, so wie wir sie vorwiegend auf späten Kunstwerken des skandinavischen Goldalters kennen. Da ist ein winziges Bruchstück, das wir als einen Kopf im ersten germanischen Tierstil erkennen können. Auf einem anderen sehen wir einen Arm und zwei Speere, also einen Teil einer Kriegerprozession, wie wir sie am besten bei den Funden aus Torslunda, häufig aber auch auf den Helmen der Schiffsgräber sehen.

Wir können nicht alle Bruchstücke aufzählen, aber die Funde aus dem Westhügel von Alt-Uppsala machen einen jüngeren Eindruck. Da fehlen Spuren des ersten Tierstils, und das Gold ist noch spärlicher vorhanden. Da ist immerhin ein winziges Goldoval mit Granulation, von einem Goldstäbchen durchquert. Man dreht und wendet es vorsichtig zwischen Daumen und Zeigefinger und beobachtet die Ähnlichkeit mit den langen Reihen von Köpfen auf dem siebenreihigen Goldhalskragen. Hätte der König im Tode einen solchen Prunkhalskragen getragen, dann wäre davon wohl noch mehr erhalten. Wir dürfen am ehesten mit einer kleineren Arbeit gleicher Qualität und Stilisierung rechnen.

Arg beschädigt, aber doch unerhört fesselnd, ist ein kleines Goldgitter, in dem nur noch einige rote Steine hängen. Wir erkennen darin eine Arbeit, die den herrlichen Schwertknäufen ähnelt, welche wir manchmal unbeschädigt in goldenen Hortfunden heben können. Es ist eine besondere Kunst, diese roten Almandinen zum Leuchten bringen zu können. Man muß sie auf Goldfolien legen, jeden Stein sorgfältig in Goldwände fassen. Wenn dann die Sonne daraufleuchtet, werfen die Goldfassungen das Licht zurück, und die Steine leuchten rot. Auf einem Schwertknauf ist außerdem noch grüne Emaille verwendet worden, und einige der Schwertknäufe tragen besondere, große Ringe aus massivem Gold. Der jüngste dieser Schwertknäufe sitzt auf einem Prunkschwert der Schiffsgräberzeit, hat aber nicht von Anfang an dort gesessen, denn der Ring ist aus vergoldeter Bronze, und der feine Schwertknauf ist recht gewaltsam erst in zweiter Hand dort befestigt worden. Das allerfeinste Zellenwerk stammt – wie es sich gehört – aus dem königlichen Grab, und wir können ahnungsweise feststellen, daß die Ausstattung des Königs zu Lebzeiten und im Tode kostspieliger war als andere, uns bekannte Funde.

Im Westhügel wurde auch ein geschnitztes Knochenstück gefunden. Es zeigt ein Wellenband mit wiederkehrenden Tierköpfen in typischer Formgebung des zweiten Tierstils: großer Hauer im Oberkiefer, spitzes Kinn und andere Kennzeichen. Klar ist, daß dieser größte Königshügel jünger ist als der Osthügel und der Ottarshügel.

Welche Könige in Alt-Uppsala liegen, ist noch hart umstritten. Einige Forscher schenken dem Isländer Snorre volles Vertrauen und legen Aun in den nicht untersuchten, mittleren Hügel, Ottars Vater und Sohn dagegen in die seitlichen Hügel von Alt-Uppsala.

Andere Forscher meinen, daß sich Snorre oft getäuscht habe und schließlich auch über die Grabstätte Ottar Vendelkrähes ungenau informiert gewesen sei. Er habe nur gewußt, daß es in Uppsala drei große Hügel gäbe, aber nicht mehr genau, welche drei Könige darin ruhten. Und so habe er nur teilweise die richtigen Namen herausgegriffen. Im Laufe der nächsten Jahrzehnte wird die Forschung diese Frage bestimmt endgültig und sicher klären können.

Immerhin sind wir Prähistoriker in einer ganz entschieden günstigeren Lage als beispielsweise die Germanisten, denn wir können ständig mit Neufunden rechnen, die plötzlich die heikelsten Fragen klären. Wann machen wir einen glücklichen, wirklich sprechenden Fund aus dem schwierigen 6. Jahrhundert? Wann trauen wir uns wieder an einen Königshügel heran? Was könnte beispielsweise ein neues Schiffsgräberfeld verraten? Es heißt, man hätte eine Stelle im Verdacht. Aber die Finder sind sehr geheimnisvoll, und ehe gegraben worden ist, sind die länglichen Mulden belanglos. Inzwischen warten wir also ab.

Und da taucht auch schon das nächste, regelrecht ausgestattete, über alle Maßen prunkvolle Bootsgrab auf – aber nicht da, wo wir es erwarten sollten, etwa am Fyrisfluß in Uppland. Nein, in England!

Es geschah schon 1939, aber der Krieg kam dazwischen und lähmte die Kulturforschung. Jetzt läuft die Diskussion auf Hochtouren, obwohl die endgültige Veröffentlichung noch nicht erschienen ist.

Am kleinen Fluß Deben in Suffolk, 10 km landeinwärts und rund 120 km nordöstlich von London, veranstaltete Mrs. Pretty Ausgrabungen in einem Gräberfeld bei Sutton Hoo auf ihrem Grund und Boden. Das ist in England durchaus gestattet. Die Ausbeute in den ersten Hügeln war dürftig, aber dann nahm sie den höchsten Hügel in Angriff, und als der von ihr beauftragte Prähistoriker merkte, daß er auf ein Schiff mit reichem Inventar gestoßen war, rief er ein ganzes „Team" von Experten des British Museum hinzu, so daß die Ausgrabung vorbildlich durchgeführt wurde.

Nun gehört nach englischem Gesetz ein ausgegrabener Fund nicht unbedingt dem Staat und dem Museum, und deshalb tagten alsbald englische Richter, um das Besitzrecht zu klären. Der Coroner mußte feststellen, daß die herrlichen Gegenstände keinen Schatzfund im eigentlichen Sinne des Gesetzes darstellen, und daß der englische Staat folglich keinen Anspruch geltend machen konnte. Sie waren vielmehr in voller Öffentlichkeit vergraben worden und sollten nie mehr gehoben werden. Und als Beweis dafür wurde das Beowulf-Lied herangezogen, das wir schon kennenlernten. Über 1200 Jahre alte Dokumente wurden also 1939 dem englischen Gericht als Beweisstücke unterbreitet. Das Lied ist ja in England verfaßt worden, und zwar gerade von einem Mann, der diese Schiffsbestattung in Sutton Hoo miterlebt oder von ihr gehört hatte. So günstige Unterlagen werden selten einem Gericht zuteil. Es heißt beispielsweise beim Bau von Beowulfs Grabhügel, daß kostbare Schätze darin versenkt wurden:

> Das weite Grab nahm auch Ringe und Schmuck
>   und Rüstungen auf,
> Den ganzen Schatz, den gierige Krieger
> Dereinst erbeutet: die Erde empfing
> Das rote Gold – dort ruht es noch jetzt,
> So unnütz den Menschen, wie's immer gewesen.

Diese Verse wurden ausschlaggebend. Am 14. August 1939 urteilte das Gericht, daß die Millionenwerte von Sutton Hoo Mrs. Prettys Privatbesitz wären!

Die englische Einstellung solchen Fragen gegenüber war jedoch damit noch nicht abgeschlossen, sondern erst am 23. August, als Mrs. Pretty den gesamten Fund der englischen Nation und dem British Museum schenkte.

Sie mußte ja schließlich der rechtmäßige Besitzer sein, um etwas verschenken zu können, und was sie da schenkte, ist nichts mehr oder weniger, als der größte und wertvollste Bodenfund, der jemals in England gehoben worden ist. Hier liegt eine Unmenge von goldenen Gegenständen vor, die wir noch kaum alle überblicken können. Allein die Zahl der eingelegten roten Granaten beträgt rund 4000, und die Qualität ist die hervorragendste, die erfahrene Goldschmiede je geschaffen haben. Die wunderbare, goldbeschlagene Börse – vermutlich aus Elfenbein – enthielt 40 merowingische Münzen und damit eine selten günstige Gelegenheit, das Vergrabungsjahr festzustellen, das höchstens ein oder ein paar Jahre nach der jüngsten Münzprägung liegen kann. Nun ist leider das Prägungsjahr merowingischer Münzen sehr schwer festzustellen. Numismatiker in ganz Europa treiben zur Zeit eifrigste Spezialforschungen über merowingische Münzgeschichte, ausschließlich um die Prägungsjahre der Münzen von Sutton Hoo festzustellen. Vorläufig müssen wir uns mit der runden Zahl 650–670 begnügen.

Dem Inventar waren eine eiserne, hirschgekrönte Standarte und ein 64 cm langer Wetzstein mit acht Menschengesichtern, eine Art Szepter, beigelegt. Hier muß entschieden ein König sein Grab bekommen haben, und somit fällt die Wahl eigentlich nur auf drei nacheinander regierende Brüder des ostanglischen Königshauses: Anna, Aethelhere († 655) und Aethelwald († 663). Zwei waren eifrige Christen. Im Grabe lagen neun silberne, kreuzverzierte Schalen und zwei Silberlöffel mit dem Namen Saulos und Paulus in griechischen Buchstaben, also gerade Geschenke – vielleicht direkt aus Rom – für einen Neubekehrten.

Und doch kommen diese christlichen Könige kaum in Frage, sondern nur Aethelhere, der letzte König mit stark heidnischen Sympathien. Davon gibt das heidnische Schiffsgrab sichere Kunde. Und ergänzend dazu – das Allererstaunlichste in diesem englischen Königsgrab – sind Schwert, Schild und Helm eng mit den Waffen in den Schiffsgräbern Upplands verwandt, vielleicht sogar uppländische Erzeugnisse. Sie würden uns nicht im geringsten überraschen, wenn das Schiff am Fyrisfluß und nicht am Debenfluß ausgegraben worden wäre.

Wie kommen die persönlichen, heilserfüllten Waffen aus Uppland in die Hand des englischen Königs? Und wieso wählt er eine ebenso ausgeprägt uppländische Bestattungsart in einem 24 m langen, klinkergebauten Schiff? Erst 200 Jahre zuvor waren die Angeln aus Schleswig-Holstein ausgewandert und hatten neues Land in Ostengland in Besitz genommen. Welche Beziehungen gab es zwischen ihrem Königshaus der Wuffingas und dem uppländischen Königshaus der Ynglingar oder Scylfingar?

Wir sehen wieder, wie ein überreicher Fund nicht die alten Probleme ohne weiteres löst, sondern vielmehr neue, unerwartete Fragen aufwirft. Aber das kann uns ja kaum traurig stimmen.

Unverbrannt in einem Schiff voll ausgerüstet beigesetzt zu werden, das zeugt von einer neuen Richtung im heidnischen Jenseitsglauben – auch wenn es Schiffsgräber und Schiffs-Steinsetzungen schon seit der Bronzezeit gegeben hat. Es ist der Glaube an die Segelfahrt des Häuptlings über ein großes Meer ins Jenseitsreich, nach Walhall.

Wir kennen die Königshügel der Sveakönige vor 650 und darin Leichenverbrennungen ohne Schiffe. Aber wir wissen nicht, wie ihre Nachfolger nach 650 bestattet wurden. In Vendel, Valsgärde und Ultuna ruhen die Bauern-Häuptlinge ab 650 unverbrannt und reich ausgestattet in Schiffsgräbern zahlreiche Generationen hindurch. In England konnte dieser neue Ritus des heidnischen Bestattungsbrauchs keinen dauernden Eingang finden, da schon Aethelhere halber Christ war. Das Schiffsgrab ist eine demonstrative Neuigkeit eines rückfälligen Heiden, ebenso drastisch wie die beiden Silberlöffel mit den Namen Saulos und Panlos ihn als neubekehrten Christen ausweisen, ein krampfhafter Versuch, beiden Religionen gerecht zu werden.

Schild, Schwert und Helm in Sutton Hoo können wiederum sehr gut königliche Geschenke quer über die Ostsee hinweg sein. Die Beziehungen zwischen den Königshäusern der Svear und der Angeln verstehen wir noch nicht ganz. Vielleicht verband sie Blutsverwandtschaft, vielleicht pflegten sie eine politische Freundschaft. Wir können noch nicht den Namen des zeitgenössischen Sveakönigs unter den letzten Herrschern der Ynglingar herausgreifen und kennen noch nicht seine Grabstätte. Er herrschte keinesfalls über einer isolierten Barbarenstaat am Rande Europas, sondern die persönliche Art der Waffen- und Kampfausrüstung in Sutton Hoo zeugt von einer unerhörten politischen Aktivität weit über das Meer.

Sonst ist eher mit einem Vorstoß der Svear über die Ostsee zu rechnen, und er liegt auch archäologisch greifbar vor uns, sowohl in Finnland wie im Ostbaltikum. Wir lernten den prachtvollsten der Schlangenkopfringe kennen, der aus Nousiainen in Finnland stammt, aber er kann natürlich durch den Handel dorthin verschlagen worden sein. Das erste sichere Germanengrab in der Eisenzeit Finnlands tauchte erst vor wenigen Jahren auf, ein Doppel-Skelettgrab bei Soukainen, 60 km nördlich Abo-Turku, mit voller Waffenausstattung, „Hemmoor"-Eimer und Glashorn aus der Kölner Gegend, eine Ausstattung, ganz ähnlich den reichen Gräbern in Östergötland und aus dem 4. Jahrhundert stammend.

Aus dem 6. Jahrhundert kennen wir viele ausgezeichnete Funde in Österbotten, an der schmalsten Stelle des Bottnischen Meerbusens. Sie stehen nicht mit den Svearn in Verbindung, sondern mit Nordschweden – Trondheim. Sie zeugen vielleicht nur von regen Handelsbeziehungen und einzelnen Handelsniederlassungen

Erst mit dem Aufstieg der Svear in der Vendelzeit setzen auch die Vorstöße ein, welche zu einer dauerhaften schwedischen Minorität in Finnland führen sollten, und zwar in denselben Gegenden wie in historischer Zeit. An erster Stelle unter den Funden steht das Prachtschwert von Pappilanmäki in Satakunda und ihm zur Seite eine ganze Reihe germanisch beeinflußter Arbeiten.

Aber wir können auch Kalevala erwähnen, den großen Zyklus ural-

ter, finnischer Volksdichtung, in dem manche Zeilen und Abschnitte
dank der konservativen, finnischen Sprache über 1000 Jahre lang unverändert bleiben konnten. Da sind germanische, ebenso wie scham-
anistische Einschläge, und bei der Beschreibung einer Speerspitze heißt
es:

> „Ein Hund lag auf der Tülle, eine Katze miaute am Nietenweg" oder
> „Ein Bär brummte am Nietenloch."

Der sonderbare Ausdruck wird uns verständlich, wenn wir Speerspitzen in den Vendelgräbern betrachten, an denen zwei Tiere hocken,
dort wo eine Niete für die Befestigung am Schaft quer durch die Tülle
sitzt. Die mündliche Dichtung im 19. Jahrhundert geht also unverändert auf eine Eigenart des 7. Jahrhunderts zurück.

Ähnlich steht es im Ostbaltikum. In der Völkerwanderungszeit finden einige Vorstöße von Gotland aus statt, die wir aus rein gotländischen Schmuckstücken in den Gräbern Estlands und Lettlands schließen. Während der Vendelzeit entsteht dagegen eine gotländisch-mittel-
schwedische Siedlung bei Grobin, neben welcher Stadt lettische und
schwedische Gräber in den 1920er Jahren ausgegraben wurden. Ein
dritter Fundort ist Staraja Ladoga (Alt-Ladoga) in Rußland, dessen un-
terste Schicht der Zeit vor 800 angehört, vielleicht noch finnisch ist,
vielleicht aber schon schwedische Siedlungsspuren aufweist.

Alles in allem sind es, wie gesagt, Vorstöße über See, die als Vorboten der weltgeschichtlichen Geschehnisse der kommenden Zeit anzuse-
hen sind.

VIII.

Die Wikingerzüge

———————

„Im Jahre 793 wurden erste Wahrzeichen über dem Land Northumbrien sichtbar und erschreckten die Menschen sehr. Es gab heftige Wirbelwinde und Lichterscheinungen, Feuerdrachen flogen in der Luft. Bald darauf folgte eine schwere Hungersnot; und kurz drauf, im gleichen Jahr, am 8. Juni, verödeten heidnische Männer rücksichtslos Gottes Kirche in Lindisfarne durch Plünderung und Mord."

Das ist der erste Bericht von Wikingern, die übers Meer kamen und unvermutet Kirchen und Klöster vernichteten. Wenn wir so wollen, können wir also die Wikingerzeit mit dem Jahre 793 beginnen lassen. Lindisfarne galt als ein besonders heiliger Ort an der Grenze zwischen England und Schottland, so daß das Entsetzen in der christlichen Welt doppelt groß war. Die Kirchenväter sahen – wie so oft – das Geschehene als eine Strafe für die Sünden der Menschen und fanden Trost in dem Ausspruch Jeremias (1, 14):

„Vom Norden wird das Böse ausbrechen über alle, die im Lande wohnen."

Die Wikinger hatten offensichtlich mit ihrem Vorstoß Erfolg gehabt, denn im folgenden Sommer kehrten Schiffe zurück und plünderten in gleicher Weise die Klöster Jarrow und Monkwearmouth, und dann verging kein Sommer ohne neue Züge von streitsüchtigen und hart schlagenden Männern aus dem Norden, vom Jahre 799 ab auch gegen die französische Küste. Von einem historisch genau bekannten Jahr ab war ein neuer, brutaler und unabwendbarer Kriegsfaktor in die Geschehnisse der christlichen Welt eingedrungen.

Das Krönungsjahr Kaiser Karls des Großen wurde von eiligen Fahrten nach Friesland verdunkelt, wo er eine Küstenbewachung organisierte. Trotzdem stieß der dänische König Godfred ständig gegen die schwer zugängliche Küste vor, und ironisch schreibt der Berichterstatter des Kaises über Godfred:

„Er betrachtet Friesland und Sachsen vollständig als seine eigenen Besitzungen und beabsichtigt in Kürze mit einer großen Kriegsmacht nach Aachen zu kommen!"

An der ganzen Küste des Kaiserreiches wurde ein regelrechter Abwehrgürtel geschaffen, sogar ein römischer Leuchtturm, den Kaiser Caligula bei Boulogne gebaut hatte, instand gesetzt. Jede Nacht brannte dort ein Feuer. Immerhin wurden Wikingerscharen und Flotten abgewiesen – und verwüsteten statt dessen die Bretagne weiter südlich. Oder sie zogen gen Irland, wo die unter sich streitenden Kleinkönige keinen einheitlichen Widerstnd leisteten.

Aus dem Jahre 820 wird aus Ulster sehr anschaulich berichtet:

„Das Meer spie Flüsse von Fremden über Erin aus, so daß es keinen Hafen gab, keinen Landungsplatz, keine Befestigung, keine Burg, keine Wehranlage ohne Flotten von Wikingern und Seeräubern."

Immer war es derselbe Ablauf im Jahresgeschehen. Im Frühling wurden die Schiffe mit ihren großen, quergestellten Segeln und ihren grinsenden Drachenköpfen im Steven am Horizont sichtbar. Von Jahr zu Jahr wuchsen die Zahlen. Keiner wußte, wo sie auftauchen würden. Und ehe die Verteidiger in Eilmärschen den Landeplatz erreicht hatten, war die Küste schon geplündert, und die Wikinger hatten sich auf eine Insel zurückgezogen, von wo aus sie weitere Vorbereitungen trafen, oder sie verschanzten sich in einem Teil des Landes über den ganzen Sommer.

Im Osten Europas sah es kaum anders aus: Schiffe tauchten auf der Düna, Newa und Swir auf, wo sie schon längst heimisch waren, stießen jetzt aber weiter ostwärts und südwärts vor, erreichten die großen Flüsse Dnjepr und Wolga und segelten auf ihnen bis zum Schwarzen Meer. Ein Araber, namens Ibn Khordadheh, schreibt um 850 und spricht von den Wikingern vorwiegend als Händlern:

„Sie führen Felle von schwarzen Füchsen und Bibern ebenso wie Schwerter aus den entferntesten Teilen des Saqlab-Landes (Rußland) bis ans Schwarze Meer, wo der Fürst der Griechen (der Kaiser von Byzanz) ihre Waren mit einem Zehntel versteuert."

Im Jahre 839 erreichten Sendboten des Kaisers Theophilos in Konstantinopel den westlichen Kaiser, Ludwig den Frommen, in Ingelheim. Mit ihnen kam eine Schar Wikinger, die unter großen Verlusten an Mannschaften Konstantinopel erreicht hatten und nun nicht wagten, auf denselben Flußwegen durch die Wohnsitze der wilden Stämme der Kazharen und Bulgaren zurückzukehren, sondern dankbar die Gelegenheit wahrnahmen, auf diese Weise westwärts zu kommen. Für Kaiser Ludwig den Frommen war es eine schwere Gewissensfrage, ob er es verantworten könne, diese Männer in ihre nordische Heimat zurückkehren zu lassen. Aber es geschah. Und damit schließt sich der Kreis. Nordländer hatten zum erstenmal Europa umsegelt!

Die frommen Chronikschreiber in den Klöstern hatten vollauf zu tun, über die jährlichen Geschehnisse zu berichten. Und sie kannten auch keinen anderen Grund für die Züge der Barbaren aus dem Norden als Streitsucht, Mordgier, Lust am Plündern und Rauben. Jeder erfolgreiche Überfall zog eben neue Pläne nach sich in den verfinsterten Herzen heidnischer Männer. Das schien ihnen eine voll ausreichende Erklärung zu sein.

Die moderne Geschichtswissenschaft vermag hier ganz andere Zusammenhänge aufzudecken. Eine kritische Prüfung der überlieferten Chroniken in Verbindung mit glänzenden Ergebnissen der Spatenforschung erkennt jetzt schon die tieferen menschlichen Gründe der mehr als 200 Jahre lang andauernden Wikingerzüge.

Der Hauptgrund liegt ganz klar vor unseren Augen, und er heißt Übervölkerung. Überall in Skandinavien tauchen die typischen Hügelgräberfelder der jüngeren Eisenzeit auf, auch tief in den Wäldern, die früher ziemlich unbesiedelt standen, und zeugen von Rodungen auf dem kaum anbaufähigen Moränenboden. Starke Waffen und Geräte verraten bessere Eisenschmiede und volle Ausnützung der Moorerze. Jetzt endlich dringen die Siedler wieder in die norwegischen Täler hinein, die seit Beginn der Eisenzeit öde gelegen haben müssen.

Auch in den alten Kulturlandschaften, besonders am Mälarsee, im Kernland der Svear, tauchen die Hügelgräber auf, und zwar dicht neben den Bauernhöfen, die heute noch auf derselben Stelle stehen wie vor 1000 Jahren. Schweigend liegen die sanft gerundeten Hügel da und legen ein schönes Zeugnis von der Verbundenheit der heutigen Bauern mit der alten Kulturlandschaft ab. Vorwiegend Brandgräber finden wir in diesen Hügeln, manchmal mit Nieten in so großer Anzahl, daß der Bauern-Wiking in einem Schiff eingeäschert worden sein muß.

Aber die Grenzen für eine Bevölkerungszunahme im kargen Norden sind eng gesteckt. Eine Neurodung auf dem mageren Moränenboden lohnte sich oftmals nicht.

Und deshalb stieß man über die Meere vor. Um über See ausgreifen zu können, brauchten die allzu zahlreichen jüngeren Bauernsöhne und die tüchtigen Männer ein wichtiges Instrument, den entscheidenden Faktor, der zum Symbol der Wikingerzeit werden sollte: große seetüchtige Schiffe. Glückliche Funde und hervorragende Forschungsarbeit gestatten uns, das Werden der Wikingerschiffe aufzudecken.

Die Nordländer waren immer Seefahrer. Im Einbaum oder in fellbespannten Kähnen paddelten sie schon in der Steinzeit an den Küsten entlang und sogar über die Ostsee nach Gotland. Aus der Bronzezeit kennen wir die Schiffe der „Hällristningar" mit ihren typischen, doppelten Steven zu Tausenden und Abertausenden. Wir nannten schon das dänische Hjortspringschiff für acht Paar Ruder, aus Planken gebaut, sicher zusammengenäht und mit Harz gedichtet, im Profil genau den Steinbildern ähnlich, obwohl es schon der ältesten Eisenzeit angehört. Schiffahrt war notwendig für den weit ausgedehnten Handel mit Bronze und Bronzeerzeugnissen in Skandinavien.

Die 500 Inseln Dänemarks konnten bequem auf dem Wasser erreicht und umfahren werden, ohne daß man auf die gefährliche, offene See geriet. An den schwedischen Küsten entlang, durch die tief gestaf-

felten Schären, hinein in den Mälarsee, flußaufwärts und überall an die
kleinen Binnenseen kam man bequem mit den leichten, flachen Schiffchen der Bronzezeit. An der norwegischen Küste entlang und in die tiefen Fjorde hinein bis an die besten Siedlungsplätze am Fuße der Berge
kann man bis heute oft nur auf dem Wasserwege kommen. Wasser,
Wind, Strömungen, Wetter und Launen der Natur, alles lernten die
Nordländer bei ihren Schiffsfahrten kennen. Die großen Steinhügel auf
den äußersten Klippen sind Denkmäler nicht für Siedler, sondern für
Segler; sie sind Merkmale, Erkennungszeichen, den Leuchttürmen ähnlich. Nachts bekam man wohl gelegentlich Hilfe von Signalfeuern und
lernte nach den Sternen zu steuern.

Aber eines vermissen wir auf den Zehntausenden von Felszeichnungen: nirgends sehen wir auch nur ein einziges Segel. Das
Hjortspringschiff, das doch immerhin ein Kriegskanu ist, hat auch keine Vorrichtung für ein Segel, ebensowenig wie das große Nydamschiff
aus dem 4. Jahrhundert. Wir haben nicht die geringste Spur eines Se-
gels während der älteren Eisenzeit Skandinaviens. Die Menschen müssen Segelschiffe gesehen haben – zum Beispiel als Augustus' Flottenexpedition Helgoland erreichte und von der Elbemündung aus wieder
südwärts fuhr. Aber die Römer bauten ausgezeichnete Wege und waren nur ungern Seeleute. Ihre Schiffe im Mittelmeer waren große,
schwerbewegliche Holzkästen, und schließlich setzt man nicht jedem
beliebigem Boot ein Segel auf. Die nordischen Schiffe der älteren Eisenzeit, vor allem also aus Hjortspring und Nydam, sind wie Wannen,
die mit flachem Boden auf dem Wasser schwimmen. Es fehlt ihnen das
unbedingt erforderliche Gegenstück für ein Segel: der Kiel. Die nordischen Ruderschiffe mußten erst eine ganz neue Lage auf den Wellen
bekommen, eine ganz neue Beziehung zum Wasser. Und das geschah
zwischen 400 und 800, als sie gleichzeitig mit einem Kiel und einem
Segel versehen wurden.

Wir kennen glücklicherweise ein Schiff, das wir in die Zeit um 600
datieren können und wo zum erstenmal mit dem Problem gerungen
wird. Es stammt aus Kvalsund in Norwegen, und daß dieses Schiff eine
reine Übergangsform ist, erkennen wir an der noch unvollständigen
Problemlösung. Ein solches Schiff würde man um 600 niemals gebaut
haben, wenn es damals schon voll segeltüchtige Schiffe gegeben hätte.
Es hat nämlich noch gar keinen richtigen Kiel, sondern eine breite Bodenplanke mit einem auswärtigen Kiel, in einem Stück geschnitzt und
dazu – die Vorrichtungen für Mast und Segel. Es ist ein recht großes
Schiff, 18 m lang und 1m breit, mit einer Tiefe unter der Wasserfläche
von nur 80 cm. Auch andere Einzelheiten der Bauweise bezeugen, daß
die Nordländer jetzt eine konstruktive Idee von großer Reichweite erfaßt hatten, die in den nächsten Jahrhunderten zu überlegenen Leistun-

gen führen sollte, unübertroffen in Antike und Frühzeit, gleichzustellen mit den besten Seglern des 18. und 19. Jahrhunderts.

Was die dänischen Moore alles an erschreckenden und wunderbaren Götteropfern enthalten, lernten wir schon kennen. In den norwegischen Mooren an den Fjorden finden wir oft Kiele und Schiffsteile, die nicht als Opfer versenkt wurden, sondern weil Schiffshauer zweckmäßig ihre Halbfabrikate naß aufbewahren. So blieben manche Stücke bis heute darin liegen und geben uns wertvolle Auskünfte gerade aus der großen Schiffsbauzeit des Nordens, der Wikingerzeit. Während Valsgärde, Sutton Hoo und ein dänischer Fund (Ladby) nur die eisernen Nieten der Schiffe in langen Reihen aufweisen, hatten die Norweger außerdem noch das überraschende Glück, mehrmals das hölzerne Schiff wohlerhalten aus den 1100 Jahre alten Grabhügeln bergen zu können, die weitaus größten und wertvollsten und interessantesten Prachtstücke der europäischen Vorzeit überhaupt.

Schon 1751 kam bei Rolfsöy ein offenes Schiff aus genieteten Eichenplanken ans Licht, aber davon wissen wir heute ebensowenig wie über ein Grabschiff bei Borre aus dem Jahre 1852. Besser steht es mit dem Tune-Schiff von 1867, und ausgezeichnet ist der glänzende Segler aus Gokstad 1880 erhalten und im Bygdöy-Museum bei Oslo ausgestellt. Ihm zur Seite kam schließlich im Jahre 1904 das Osebergschiff mit den reichen Schnitzereien an den Steven und der ganzen Prachtausstattung eines norwegischen Königshofes aus der Zeit um 850. Seitdem läßt die bessere Denkmalpflege Zufallsfunde solcher Größe nicht mehr zu, aber die Möglichkeit besteht durchaus, daß bei Borre oder andernorts in Norwegen weitere Wikingerschiffe wohlerhalten das Tageslicht erwarten. Denn der schwedische Kies hat Luft und Wasser freien Zustrom gegeben, so daß das Vernichtungswerk der Natur gründlich war, aber in Norwegen schüttete man mitunter Blaulehm auf, durch welchen die Schiffe hermetisch abgedichtet und konserviert wurden. Auf jeden Fall hat das Kreuz der norwegischen Schiffshalle auf Bygdöy noch einen Arm frei für ein viertes Wikingerschiff!

Gerade das Gokstadschiff hat die Segler der ganzen Welt Ende des vorigen Jahrhunderts in berechtigte Begeisterung versetzt, und die Norweger bauten eine genaue Kopie dieses Schiffes und segelten damit nach Amerika. Jetzt steht es im Lincoln Park von Chicago.

Auf hoher See, bei mehreren Stürmen und in den langen Wellenschlägen des Ozeans zeigte es sich, welch ein glänzender Segler dieses offene Schiff von 23,33 m Länge und 5,25 m Breite war. Es ist also nicht viel länger als das Nydamschiff, aber fast doppelt so breit. Und das ist ein entscheidender Erfolg beim Bau eines Schiffs mit Kiel. Der Kiel gibt Festigkeit und Tiefe im Wasser, bremst bei Wellengang, trägt

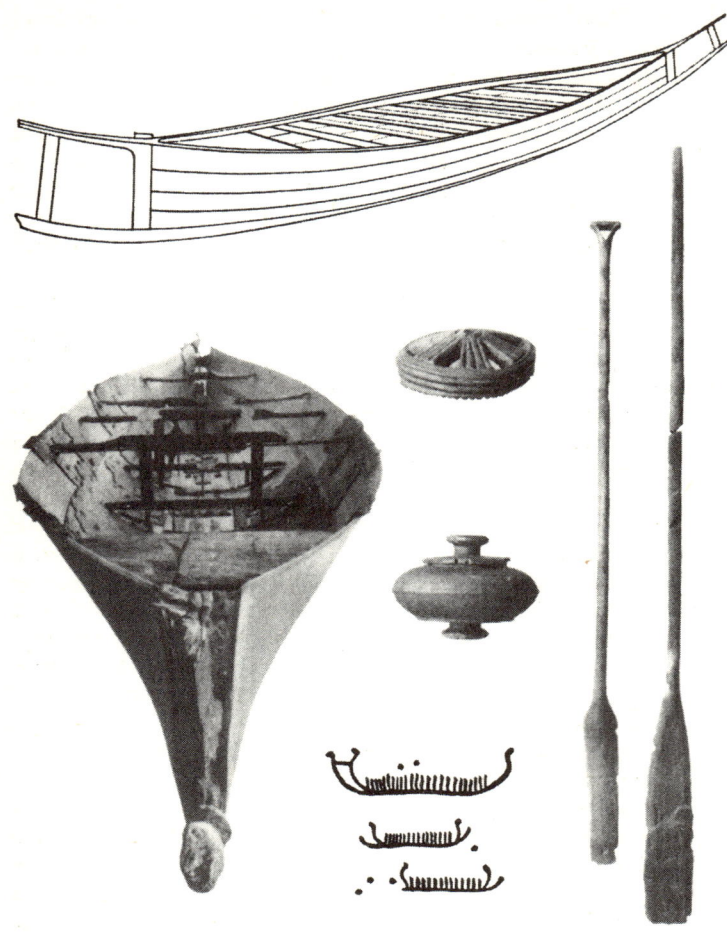

Schiff von Hjortspring, Insel Alsen, mit Rudern, gedrechselten Holzdosen
und – zum Vergleich – Schiffsbilder der bronzezeitlichen Felszeichnungen

über die Mulde zwischen zwei Wellenkämmen hinweg, ermöglicht einen starken Steven, der in die großen Wellen hineinschneidet, ohne herunterzusinken. Die Querbefestigungen, die Spanten, sind nur *festgebunden*, und dadurch wird die unnachahmliche Elastizität von mehreren Zoll erreicht, durch welche das Schiff immer geschmeidig auf dem Wasser reitet. Dieses und die anderen Wikingerschiffe sind somit unübertroffen in ihrer Seetüchtigkeit. Ihr Geheimnis ist, daß sie *mit der See* arbeiten, vollständig ihrem Element angepaßt, im Gegensatz zu den modernen Motorschiffen, welche die stählerne und mechanische Kraft haben, gegen die See arbeiten zu können.

Die Wikingerschiffe wurden nicht nach Gutdünken auf den Höfen gebaut. Sie sind ganz eindeutig Leistungen besonderer Schiffshauer gewesen, die ohne Konstruktionszeichnungen nach Instinkt bauten und die See, den Wellenschlag und die Harmonie aller Faktoren im Gefühl hatten. Besonders erstaunt waren die Segler von 1893 über das Steuerruder hinten an der Steuerbordseite. Es ließ sich durch den Querstab in der Hand des Steuermanns wunderbar führen, während ein Achterruder bei einem so leichten, auf dem Wasser schwebenden Schiff undenkbar gewesen wäre. Nach einer alten Seemannserfahrung segelt ein Schiff mit geringer Befestigung des Mastes am besten, und das große Segel (70 qm) erlaubte fast jede Segelrichtung, außer genau gegen den Wind. Da mußten statt dessen die Ruder eingesetzt werden. Wir staunen, wie kurz sie sind und wie dicht die Männer hintereinander saßen, aber sie hatten eine paddelnd-stoßende Technik, die bei Seegang unseren langen Ruderbewegungen weit überlegen ist. „Türkisches Rudern" nennt man die mancherorts im Mittelmeerraum noch heute gepflegte Kunst, die auch auf den Galeerenschiffen der Römer geübt wurde, weshalb alle modernen Filme in dieser Hinsicht fehlerhaft sind.

16 Paar Ruderer hat das Gokstadschiff gehabt sowie eine Gesamtbesatzung von rund 70–80 Mann. Das Gewicht des Schiffes ist 20,2 Tonnen, die Tragfähigkeit 32 Registertonnen, die Tiefe im Wasser nur 85 cm. Die Maße unterscheiden sich nicht sehr von dem Osebergschiff, das ein nicht ganz so vollwertiger Segler ist, und beide sind eigentlich Küstensegler, „Karven" wie sie fachmännisch genannt werden sollen, Allerleischiffe für kürzere Fahrten mit oder ohne Ladung. Daneben gab es zahlreiche andere Schiffstypen, beispielsweise das 10 m lange Fjordschiff im gleichen Gokstadgrab, das feinste und leckerste Schiffchen für Fachkenner, oder die breiten, schweren Laster und andererseits die richtigen großen Kampf- und Langschiffe, die offensichtlich erst im Laufe der Wikingerzeit entwickelt wurden, von denen Ormen Lange (die lange Schlange) in der Schlacht bei Svolder das berühmteste ist, 50 m lang, mit 34 Paar Rudern und weit über 100 Mann Besatzung. Aber damit ist man schon an die Grenzen der konstruktiven Möglichkeiten gelangt.

Die wirklichen Hochseeschiffe, mit denen die Wikinger fremde Überseeländer entdeckten, erreichten kaum solche Größen, waren andererseits breiter, tiefer und also nicht so schnell, aber sicherer auf offener See als das Gokstadschiff.

Den Besitzer des Gokstadschiffes kennen wir. Der Hügel liegt in Vestfold am Oslofjord, und es muß somit ein König der Vestfold-Dynastie um 870–890 sein. Das Nebengehöft, zu dem der Hügel früher gehörte, heißt Gjekstad, und der Beerdigte muß Olov Geirstada-Alf sein, Snorre ist hier weit sicherer unterrichtet als über die 300 Jahre älteren Svea-Könige und sagt:

„Er war unter allen der schönste und stärkste und groß von Wuchs." Snorre teilt u. a. auch mit, daß Olov wegen „Fußschmerzen" starb.

Die anatomische Untersuchung der Knochen ergab einen ungewöhnlich großwüchsigen Mann mit chronischem Gelenkrheuma! Vollwertiger können Schriftquellen und Bodenfunde nicht übereinstimmen!

Unter den Knochen im Grabe befanden sich schließlich auch Teile eines – Pfaus. Den Vogel hat sich der Wikingerkönig zweifelsohne auf seinem Schiff persönlich im Frankenreich geholt.

Der Oseberghügel wiederum – mit der ganzen Prachtausstattung eines Königshofes, darunter vier reichgeschnitzten Schlitten und einem Wagen – barg die Knochen zweier Frauen. Die alte Frau ist sicherlich eine Sklavin, die jüngere Frau die Stiefmutter von Olov Geirstada-Alf, Königin Asa, zumal Oseberg früher Asuberg hieß. Sie war eine kraftvolle Frau, und um sie zu gewinnen, hat Gudröd Veidekonge ihren Vater und Bruder getötet und sie geraubt. Aber sie rächte die Tat nach zwei Jahren durch einen Meuchelmord mit Hilfe eines bezahlten Mörders, als ihr Mann betrunken war, und regierte später allein auf Vestfold. Immerhin griff sie entscheidend in die Geschichte Norwegens ein, denn ihr kurz vor dem Meuchelmord geborener Sohn ist der Vater von Harald Schönhaar und sie somit die Großmutter des norwegischen Reichseinigers!

Zum Wikingerschiff gehört ein Drachensteven. Er war im Gokstadschiff nicht erhalten, und im Osebergschiff fand man prachtvoll grinsende Drachenköpfe in kleinem Format, während die Stevenfigur, eine aufgerollte Schlange, eine Spirale bildete. Dieses Tierbildnis ist keine Verzierung, sondern Träger der Schiffsseele, eine abschreckende Fratze gegen alle Gefahren zur See. Aber segelte man gegen Land, so nahm man sorgfältig den Drachenkopf ab, um nicht die gut gesinnten Geister, die „Landvettir" zu erschrecken! Damit war man sehr genau. Nur einen einzigen richtigen Drachensteven kennen wir, der vor wenigen Jahren in der Scheldemündung gefunden wurde. Das ist monumentales Bildwerk von inbrünstiger Gewalt, nicht Raubvogel, nicht Raubtier, ein Drache, eine Bestie, so prall von Kraft und Leben, Ungestüm und Urwüchsigkeit, daß die ganze Wikingerzeit in dieser einen Skulptur verkörpert ist.

Wikinger – dieses weltbekannte Wort, das allzuoft für die ganze Vorzeit Skandinaviens steht – kommt vermutlich von Wik = Bucht, den geschützten Meeresarmen und Fjorden, in denen die Schiffe verankert lagen und die Menschen der Ost- und Nordsee lebten. Die Küstenlandschaft nördlich Göteborg hieß, als sie noch eine norwegische Provinz war, Wiken (jetzt Bohuslän). Ihre Einwohner waren also Wikinger im engeren Sinne des Wortes. Es gibt allerdings noch andere Erklärungen.

Glänzend für weite Fahrten aufs offene Meer ausgerüstet, zogen nun die allzu zahlreichen Männer Skandinaviens schon vor dem Jahre 800 aus, um zunächst die Ostsee zu beherrschen. Wir sahen es an den Siedlungsspuren im Baltikum und Finnland, wenig später auch am Ladogasee. Es ging für die Schweden um die Beherrschung des Ostseehandels, ebenso wie für die Norweger um die Beherrschung des Nordseehandels, während die Dänen an beiden gleich interessiert waren. Und als ganz natürliche Folge all dieser Geschehnisse wurden um etwa 800 n. Chr. die beiden großen Handelsstädte gegründet: Birka im Mälarsee und Haithabu (Hedeby) bei Schleswig. Gewiß konnten die tüchtigen Seeschiffe ganz Jütland umsegeln, aber die Winde waren launisch und der Zeitverlust groß. Bei Schleswig hat Jütland ihre schmalste Landenge: 13 km von der tiefen Bucht Schlei herüber zum segelbaren Treenefluß. Hier konnten die Schiffe auf Land gezogen und die Landungen getragen und geschleift werden. Hier entstand die Handelsstadt Haithabu, umgeben von einem starken Halbkreiswall, heiß umkämpft, durch Wälle quer über die ganze Landenge gesichert, abwechselnd in dänischer, deutscher und schwedischer Hand, die schwarze Erde innerhalb des Halbkreiswalles voll von Bauresten und Handwerksspuren.

Birka heißt die Schwesterstadt am anderen Ende des Ostseehandels, für den Umschlaghandel im schwedischen Inland bestimmt und deshalb nicht direkt an der Ostsee liegend, sondern tief drinnen im Mälarsee, westlich Stockholm. Eine kleine birkensäuselnde Insel, ebenfalls mit einem Halbkreiswall rund um den natürlichen Hafen und einer noch längst nicht ausreichend untersuchten schwarzen Erde sowie – besonders ansprechend – dem größten Hügelgräberfeld des Nordens mit rund 2000 Gräbern, die reiche Funde geliefert haben, unter denen friesische Tonkannen, orientalische Seidenstoffreste und zahlreiche Handelswaren aus Metall besonders auffallen.

Haithabu und Birka – diese beiden Städte würden ein eigenes Kapitel verdienen, um das rege Leben in den engen Gassen und am Hafen zu schildern, wenn die Schiffe kamen und fuhren, so wie wir es aus den

Funden und schriftlichen Aufzeichnungen wieder aufleben lassen können. Dorthin kam Ansgar als Missionar des Nordens, um zum erstenmal im Lande der Heiden die neue Lehre zu verkünden, zugleich aber
auch als Gesandter des Kaisers, dem er einen Bericht erstattete. Neben
diesen Städten tauchen auch andere Handelsorte und Befestigungen der
Wikinger in der Ostsee und der Nordsee auf: das neulich untersuchte
Skiringssal am Oslofjord für den norwegischen Handel, Reric, die Vor-
gängerin Wismars, Wollin an der Odermündung, Truso (deutsch Elbing), Seeburg oder Grobin in Lettland und Staraja Ladoga bei den russischen Seen.

Ebenso plötzlich, wie die Überfälle auf Lindisfarne und andere Klöster im christlichen Westeuropa einsetzten, tauchen diese Stadtbildun-
gen und Handelszentren an der Ostsee auf unverständlich für die Chronikschreiber, unbegreiflich schnell auch für die moderne Forschung.
Aber 1953 wurde ein sonderbarer Fund auf einer Nachbarinsel Birkas,
namens Lillön, nunmehr mit Ekerön durch Land verbunden, gemacht.

Eine Flaggenstange sollte für ein Sommerhäuschen in der Erde befestigt werden, und eine Schöpfkelle aus Bronze kam ans Licht, wie sie
noch keiner gesehen hatte. 100 oder 1000 Jahre alt, war die Frage. Es
wurde gegraben, und es tauchten Häuserspuren auf, Pfostenlöcher,
Steine, Holzreste und dazwischen Tausende von Glassplittern aus der
Vendelzeit, eine Vielfalt an Schnabelgläsern, Reticellagläsern und wie
sie sonst noch im Fachmunde genannt werden. Hier haben wir eine
Handelsfaktorei vor 800 gefunden, vor der Gründung Birkas, wo alle
beim Transport zerbrochenen Gläser aus dem Süden beim Auspacken
weggeworfen wurden. Hier lag ein wichtiges Handelshaus für den Um-
schlag derjenigen Güter, die wir unbeschädigt in den Schiffsgräbern
von Vendel und Valsgärde antreffen. Soweit wir jetzt sehen können, fiel
die Blütezeit dieses Handelshauses ins 8. Jahrhundert, und vermutlich
ist es nach der Stadtgründung auf die Nachbarinsel Birka umgesiedelt.
Wir finden nicht nur Glassplitter von fränkisch-deutschen Gläsern, sondern auch Dutzende von einheimischen kleinen Liebespärchen aus
Goldblech, die unter der Hausschwelle liegend Liebesglück und Fruchtbarkeit sichern sollten, des weiteren einen wunderbaren irischen Bischofsstab, in Irland gekauft oder erbeutet, und als große Überraschung
im Sommer 1956: eine hervorragend schöne, kleine Buddhafigur aus
Bronze! Sie muß doch wohl auf dem schwedischen Handelsweg durch
Rußland – im Tausch gegen „Felle von schwarzen Füchsen und Bibern"
nordwärts gegangen sein. Es hat sich gezeigt, daß die Gräber der Händler immer reich an Beigaben aus ihrer Tätigkeit waren. Was werden
wohl deshalb die Gräber auf den Höhen rund um dieses Handelshaus
enthalten? Noch sind die Ausgrabungen auf Lillön in vollem Gange.

Wir sehen schon, womit Handel getrieben wurde: mit Fellen aus dem

Norden, Glas und Metallerzeugnissen aus dem Süden, sicherlich auch mit Waren vielerlei Art, die wir schwerer nachweisen können: Stoffen, Gewürzen, Salz und Lebensmitteln. Eine Handelsware dürfen wir dabei auch nicht vergessen, die begehrteste von allen: Menschen!

Der Sklavenhandel hatte einen entscheidenden Anteil an dem Aufblühen des Wikingerhandels, und darin sind nicht einmal die Wikinger selbst schuld. Die Kirche forderte, daß alle Christen freie Menschen sein sollten. Aber gute Arbeitskraft, Sklaven also, wurde dringend gebraucht, und da fand man rasch einen Ausweg – und kaufte heidnische Sklaven. Solche konnten die Händler aus dem Norden liefern. Gab es doch Sklaven schon im eigenen Lande, und im Osten Europas gab es einen unerschöpflichen Vorrat an Heiden, die man sich nur holen mußte: die Slawen. So kommt es, daß die Slawen und die Sklaven ein und dasselbe Wort (schwedisch Slaver und Slavar) neben dem heimischnordischen Wort (Trälar) sind!

Handel und Seeräuberei gehörten in älteren Zeiten eng zusammen. Wir müssen versuchen, mit den Augen der damaligen Moral und des damals praktisch Möglichen zu sehen, in einer Zeit, in der jeder sein eigener Herr war und keine Staatsgewalt kannte oder anerkannte, sondern in der die Sippe höchste politische Einheit war, das Königtum ganz andere und bescheidenere Rechte besaß und das Thing nur das Zusammenleben kleiner Bezirke regeln konnte. Man war unterwegs auf offener See, hatte Stürme durchritten und brauchte dringend Proviant. Ein Überfall irgendwo an der Küste war zwingende Notwendigkeit. Oder Schiffe tauchten voll beladen auf. Sie zu erbeuten war unter Umständen bequemer, als selbst die Ware im Süden einzuhandeln. Jedes Schiff konnte somit eine militärische Einheit sein, und die jeweilige Situation entschied für friedlichen Handel oder raschen Krieg im kleinen.

Als nun die Drachenschiffe schon den Ostseehandel von Ladoga über Birka bis nach Haithabu vollständig organisiert hatten, desgleichen auch über Skiringsal an der norwegischen Küste entlang, und gierig auf die südlichen reichen Handelszentren in Friesland (Dorstadt) und im fränkischen Reich herüberblickten, war um 800 der Augenblick eines weiteren Ausgreifens gekommen. Und siehe: die raschen Überfälle auf Lindisfarne, Jarrow und Monkwearmouth gelangen über Erwarten. Die Angriffsart war der umständlichen Verteidigung dermaßen überlegen, daß die Wikingerzüge rasch ein gewaltiges Ausmaß bekamen. Bald waren es riesige Flotten, deren wagemutige Krieger immer kühner vorstießen.

Im Jahre 845 segelten 600 Schiffe die Elbe aufwärts und vernichteten Hamburg, während zu gleicher Zeit Ragnar Lodbrok als Anführer von

120 Schiffen die Seine aufwärts segelte und Paris eroberte. Die halbe Armee des Kaisers Karl des Kahlen wurde an einem Flußufer besiegt, und die andere Hälfte mußte am anderen Ufer untätig und schreckgebannt zusehen, wie Ragnar auf einer Insel 111 Krieger erhängte! Das war ohne Zweifel ein Götteropfer an den nordischen Kriegsgott Wodan, ähnlich wie in Lejre und Alt-Uppsala. Schließlich gelang es dem Kaiser, sich freizukaufen – mit 7000 Pfund Silber in der Tasche unterbrachen die Dänen ihre Plünderungen und segelten befriedigt heimwärts.

Ein Jahr früher schon segelte eine Wikingerflotte von 100 Schiffen die spanische Küste entlang, landete kurz in Nordafrika, kehrte dann um und zog über Cadiz nach Sevilla, das sie rasch eroberte, vom „Al Cazar" abgesehen, so daß die Araber ihre eigene Stadt sechs Wochen lang belagern mußten. Dann ging es allerdings den Kapitulierenden sehr schlecht.

Dermaßen überlegen war die Taktik der Nordmänner, dermaßen entscheidend wurden kühne Einfälle ihrer Anführer, daß keiner in Europa seines Lebens mehr sicher war. Wo gab es überhaupt noch eine ruhmvolle Stadt, die zu bezwingen verlockend sein könnte? Die Wikinger kannten sich schon gut aus. Rom, die Ewige Stadt, das Oberhaupt der Welt – das wäre ein Ziel, von dem man zu Hause stolz berichten könnte. So meinte Hasting und zog mit seinen Männern los übers Mittelmeer, landete an der Küste und stand bald vor dem Ziel seiner Wünsche. Aber da erschrak er doch vor der Gewalt der Mauern und Anlagen und sah alsbald ein, daß ein Sturmangriff wenig nützen würde. Und so erlebten die Torwächter eines Morgens etwas Unerwartetes. Jammernde Wikinger kamen an die Stadtmauer und klagten, sie seien aus ihrer Heimat vertrieben, hungrig und ermattet mit einem todkranken Anführer. Sie wollten Lebensmittel kaufen und baten um Hilfe.

Am darauffolgenden Morgen kamen die Wikinger noch bitterlicher klagend an die Stadtpforte. Ihr Anführer sei in der Nacht gestorben, aber er habe vorher Offenbarungen gehabt, er sei selig entschlummert und hätte als letzten Wunsch geäußert, er wolle in der Christenkirche beerdigt werden.

Tatsächlich, die Kirchenväter schenkten ihnen Glauben, und die Wikinger zogen mit ihrem aufgebahrten Anführer in die Stadt hinein. In der Kirche standen die höchsten Kirchenväter bereit. Da sprang Hasting auf, spaltete mit einem versteckt gehaltenen Beil das Haupt des Bischofs, während die anderen Krieger ihre Schwerter zückten. Plündernd zogen sie durch die Stadt und waren verschwunden, ehe eine Verteidigung zusammengerufen war. Das geschah im Jahre 860, und die Chroniken haben oft und gerne darüber berichtet, denn die Pointe der Geschichte blieb doch bei den Christen.

Wir können uns nur in unserer Phantasie ausmalen, was Hasting dachte und sagte, als er und seine Männer erfuhren, daß er die Stadt Rom mit der recht kleinen Stadt Luna, nördlich Pisa, verwechselt hatte, eine Stadt, die seit dem 14. Jahrhundert nicht mehr existiert!

Die Araber waren in ihren Glanztagen unerhört aktiv und ließen den eben erwähnten Angriff auf Sevilla nicht untätig verklingen. Der Emir Abdurrhaman in Sevilla fand es erforderlich, einen Gesandten an den dänischen (wohl seeländischen) König Horec zu schicken. Die Begegnung des Gesandten Al-Hakam mit den Nordmännern, die wir fast aus seinem eigenen Munde kennen, ist ein köstliches Ereignis. Er hatte schon vorher mitteilen lassen, daß er sich dem König nicht zu Füßen werfen werde, denn die Ehre käme nur dem Sultan zu. König Horec antwortete, daß das bei ihm nicht üblich sei, so daß er darauf keinen Wert lege. Aber es zeigte sich, daß die Türe zum Königshof so niedrig war, daß er den Rücken stark beugen mußte, um eintreten zu können, offensichtlich eine wirksame und einfache Verteidigungsmaßnahme. Al-Hakam war überzeugt, daß der König die Tür seinetwegen so niedrig hatte bauen lassen, und nach allerlei Überlegungen hin und her setzte er sich auf den Boden und rutschte mit Hilfe der Hände geraden Rückens in den Audienzsaal hinein!

König Horex erhielt das Beglaubigungsschreiben des Emirs und köstliche Geschenke, Kleider und Gefäße und antwortete großzügig, daß er es diesem besonderen Gesandten nicht übel nehmen wolle, ihn mit den Zehen zuerst begrüßt zu haben!

Später liebäugelt der Araber bedenklich mit der dänischen Königin und kehrt recht zufrieden über seinen Auftrag nach dem Süden zurück.

Auch in Osteuropa begegneten sich Araber und Wikinger des öfteren, und eine ganze Anzahl von südlichen Berichterstattern haben aufschlußreiche und lustige Dokumente hinterlassen. Unter ihnen allen dürfte der Gesandte des Kalifen Muktedir, aus Bagdad kommend, der interessanteste sein. Er hieß Ibn Fadlan und besuchte im Jahre 921 die Bulgaren, wo er an der Wolga mit nordischen Wikingern zusammenstieß, die dort allgemein Rus genannt wurden. Er hatte einen klaren Blick für das Besondere und Wesentliche und einen überlegenen Stil im Erzählen:

„Ich sah Rus, als sie mit ihren Wagen kamen und am Fluß Itil (Wolga) Lager schlugen. Nie sah ich Menschen mit einem stattlicheren Körperbau. Sie sind hoch wie Palmen, rotblond und hellhäutig. Sie benützen weder Hemden noch Mäntel mit Ärmeln. Der Mann trägt bei ihnen einen Mantel, den er über seine eine Schulter wirft, so daß er die Hand frei hat. Jeder trägt ein Beil, einen Dolch und ein Schwert. Ohne diese Waffen sieht man sie nie."

Das entspricht genau unseren archäologischen Feststellungen. Man freut sich immer über Komplimente fremder Reisender, aber moderne Schweden sollten sich nicht allzu rasch über den günstigen Eindruck ihrer Vorfahren freuen. Denn alsbald kommt in dem Bericht des Arabers eine kalte Dusche:

„Sie sind die schmutzigsten Menschen, die Gott geschaffen hat. Sie waschen sich nicht, wenn sie ein natürliches Bedürfnis verrichtet haben, ebensowenig wie sie sich nach einem Geschlechtsverkehr waschen, ganz als ob sie verwilderte Esel wären, welche wild herumlaufen … Jeden Morgen waschen sie Gesicht und Kopf mit dem schmutzigsten und meist verunreinigten Wasser, das man sich denken kann. Morgens kommt nämlich eine Dienerin mit einem großen Wassergefäß herein, daß sie vor ihren Herrn stellt. Dieser wäscht darin Gesicht und Hände. Auch seine Haare wäscht er und kämmt sie mit dem Kamm in die Schüssel. Nachher schneuzt er sich und spuckt ins Gefäß und keinen Schmutz hält er zurück, sondern läßt ihn in dieses Wasser. Wenn er das Notwendige verrichtet hat, trägt eine Dienerin dasselbe Gefäß zu seinem Nachbarn. Dieser macht es wie der vorige. Aber sie fährt fort, das Gefäß von einem zum anderen zu tragen, bis sie zu allen gegangen ist, die im Hause sind und diese sich darin geschnaubt, gespuckt, gewaschen und gekämmt haben."

Halt. Wehren wir uns zuerst in dem Gedanken, daß der penible Mohammedaner in bezug auf Sauberkeit empfindlicher ist, als es zu jener Zeit allgemein üblich war, und vergleichen wir nachher die Schüssel mit den erhaltenen Waschschüsseln der europäischen Könige aus dem 18. Jahrhundert. Aber trotzdem ist uns die Schilderung zu unglaubhaft. Ist dem Araber die Phantasie durchgebrannt? Nein, wir dürfen wohl voraussetzen, daß jedesmal frisches Wasser eingegossen wurde und daß nur die Schüssel dieselbe blieb. So paßt es besser zu der damals üblichen Hygiene.

Ibn Fadlan schildert Tieropfer an die Pfahlgötzen der Wikinger, Krankenfälle und vieles mehr, vor allem jedoch eine Beerdigung am Strande der Wolga:

„Ich ging an den Fluß, wo das Schiff (des Toten) lag. Aber es war schon an Land gezogen. Vier Eckstützen waren zurechtgemacht, und rundherum standen große, menschenähnliche Holzbilder. Dorthin zog man das Schiff und stellte es zwischen die Stützen. Die Männer gingen inzwischen hin und her und sprachen Worte, die ich nicht begriff. Aber der Tote lag noch abseits in einer Mulde, aus der man ihn noch nicht geholt hatte. Dann nahm man eine Bank, stellte sie auf das Schiff und bedeckte sie mit wattierten, gepolsterten Kissen, mit griechischem Seidenbrokat und mit Kopfkissen aus demselben Stoff … Dann kleidete man den Toten in Hosen, Socken, Stiefel, Mantel und Kaftan aus goldenem Stoff mit Goldknöpfen und in eine Mütze aus Seidenbrokat, besetzt mit Marderfellen. Nachher legte man ihn in das Zelt auf dem Schiff, setzte ihn auf die gepolsterten Decken, stützte ihn mit den Kissen, trug Rauschgetränke heran, Früchte und wohlriechende Pflanzen und setzte alles neben ihn hin. Auch Brot, Fleisch und Zwiebel setzte man vor ihn hin. Nachher holten sie einen Hund, schnitten ihn in zwei Teile und warfen ihn auf das Schiff. Danach legten sie alle seine Waffen an seine Seite, führten zwei Pferde heran, die sie so lange jagten, bis sie vor Schweiß trieften, hieben sie mit ihren Schwertern in Stücke und warfen das Fleisch auf das Schiff. Dann wurden zwei Ochsen herangeleitet, ebenfalls zerstückelt und aufs Schiff geworfen. Schließlich kamen sie mit einem Hahn und einer Henne, schlachteten auch diese und warfen sie hinein."

Noch einmal halt. Die Schilderung entspricht bis in alle Einzelheiten unseren Kenntnissen von den Schiffsbestattungen aus Valsgärde, und wir lernen zusätzlich noch eines, was aus den Bodenfunden nicht hervorgehen kann: die Pferde wurden vorher getrieben, bis sie vor Schweiß dampften. Das Maximum an Leben in dieser Welt sollte dem Häuptling für sein neues Leben nach dem Tode mitgegeben werden!

Und diesem Wiking an der Wolga wurde auch noch eine Sklavin mitgegeben, ein junges Mädchen, das sich freiwillig gemeldet hatte:

"Sie wurde zwei anderen Mädchen übergeben, die sie bewachen und überallhin begleiten mußten, wohin sie auch ging. Ja, manchmal wuschen sie ihr sogar die Füße ... Das Mädchen trank inzwischen jeden Tag, sang und war munter und zufrieden."

Nun, wie war das also mit der Unsauberkeit? Aber nicht nur als Dienerin, sondern nach einer förmlichen Hochzeit mit dem Toten folgte sie ihm ins Grab. Am Schiff streifte sie ihren Schmuck vom Körper, sang und unterzog sich allerlei Opfern und Riten. Der Tod erfolgte durch Dolch und Strick.

"Das Holz unter dem Schiff wurde angezündet. Alle kamen mit Hölzern, die schon an der Spitze brannten und warfen sie auf den Scheiterhaufen. Bald brannte er lichterloh, so auch das Schiff, dann das Zelt und der Mann und das Mädchen und alles, was auf dem Schiff war ... Und es dauerte nicht lange, bis das Schiff und das Holz und das Mädchen und der Tote zu Asche verwandelt waren. An der Stelle, wo das aus dem Fluß gezogene Schiff gestanden hatte, schütteten sie dann einen runden Hügel auf und errichteten in seiner Nähe einen Pfahl aus Buchenholz, worauf sie den Namen des Toten und den Namen des Königs der Rus schrieben. Dann gingen sie fort."

Hier wird ja die Schiffsbestattung mit Verbrennung geschildert, wie wir sie oft in Schweden und weit über fünfhundertmal in Norwegen kennengelernt haben. Auch daß eine Frau zusammen mit dem Wiking bestattet und verbrannt wird, kennen wir durch viele Funde. Vielleicht werden wir künftig durch osteologische Untersuchung der verbrannten Knochen zahlreiche Sklavinnen nachweisen können, die ihren Schmuck erst abstreiften. Eine Sklavin folgte der Königin Asa. Andere geopferte Sklavinnen kennen wir auch.

Das erschreckt uns, es wurde aber von den Wikingern sicherlich mit anderen Augen gesehen, als wir es tun. Ein Sklave oder eine Sklavin war formell rechtlos, ihnen stand kein Jenseitsleben zu. Deshalb war es sicher ein außerordentliches Angebot, dem Herrn folgen und im Jenseitsleben dienen zu dürfen. Alles in allem ist es die zuverlässigste und ausführlichste schriftliche Ergänzung und Bereicherung unserer Bodenfunde, die wir uns wünschen können.

Nun also diese Rus, wie sie im Osten genannt werden. Ihre zweischneidigen Schwerter, ihre Beile, ihren Frauenschmuck, alles was wir in skandinavischen Gräbern zu finden pflegen, finden wir auch in Gräbern an der Wolga und am Dnjepr, zum Beispiel in einem großen Hügelgräberfeld bei Gnezdovo, unweit Smolensk. Dort haben sowjetische Forscher erst 1949 ein verbranntes Schiffsgrab ausgegraben, und bei Kiew, wo das Zentrum eines starken Wikingerreiches lag, gibt es auch zahlreiche Funde.

Die Rus – das sind eigentlich die Svear aus dem Küstengebiet nördlich Stockholm, das Roslagen (Ros = Rus) heißt. Die heutige Bevölkerung dort trägt auch den ursprünglichen Namen in einer Zusammensetzung – Rospiggar. Die bedeutendste Slawenschilderung, die Nestorchronik, berichtet folgendes:

„Diese Warjagen (= Wikinger) hießen Rus, ebenso wie andere sich Svear, andere Norweger, Angeln und andere wieder Goten nennen … Und die Tjuden, die Slawen, Krivitjen und Wesen sagten zu den Rus: ‚Unser Land ist groß und reich, aber da herrscht wenig Ordnung. Kommet und herrschet über uns.‘“

Natürlich sind fremde Herrscher niemals und nirgends auf diese Weise aufgefordert worden, zu kommen. Die Rus kamen als Händler und Krieger, ließen sich überall nieder und herrschten bald über die großen Weiten. Die Nestorchronik berichtet von drei Brüdern, Rurik, Sinhus und Truvor. Die Dreierzahl ist auch ein sagenhafter Zug, aber die Namensformen sind rein nordgermanisch. Die jüngeren Brüder starben bald, aber Ruriks Nachkommen herrschten jahrhundertelang von Kiew aus über Rußland. Und so kommt es, daß Rußland seinen Namen nach den schwedischen Wikingern an der Küste bei Stockholm, nach den Rus, erhielt.

Im Jahre 957 besuchte die Schwiegertochter Ruriks, die Fürstin Olga (war sie auch eine Schwedin, so wird sie ursprünglich Helga geheißen haben) auf Einladung des Kaisers Konstantin Porphyrogenetos

Fruchtbarkeitsgöttin auf dem Silberkessel von Gundestrup, Nordjütland

Byzanz, und somit kamen die Rus in diese prunkvolle Stadt an der
Grenze des Orients, ganz anders als 120 Jahre früher die zusammenge-
schmolzene Schar der Pioniere. Laut einigen Berichten ging es um die
Taufe der Fürstin; nach dem eigenen Bericht des Kaisers zu urteilen,
standen handelspolitische Interessen mit dem mächtigen Kiewreich an
der Tagesordnung. In den vielseitigen Aufzeichnungen des Kaisers werden alle Einzelheiten des strengen Hofzeremoniells erwähnt. Er
schreibt:

„Am Mittwoch, dem 9. September, fand ein Empfang statt aus Anlaß
des Besuchs der russischen Fürstin Olga. Die Fürstin trat mit ihren Verwandten ein, auch die Fürstinnen, und mit ihnen besonders auserwähl-
te Dienerinnen, wobei sie unter allen Frauen als erste schritt und die
übrigen nach der Rangordnung. Sie blieb an dem Platz stehen, wo der
Kanzler gewöhnlich seine Fragen stellte. Nach ihr traten die Gesandten
der russischen Fürsten und die Kaufleute ein …"

Oder wir wählen eine andere Stichprobe:

„Am Sonntag, dem 18. Oktober, fand ein Bankett statt im Goldenen
Palast, und der Kaiser setzte sich zu Tisch zusammen mit den Rus, und
wieder gab es ein anderes Mittagessen in dem Pentacubiculum des heiligen Paulus, und die Kaiserin setzte sich zu Tisch mit ihren purpurgebo-
renen Kindern, mit der Frau des Thronfolgers und mit der Fürstin Olga,
und der Fürstin Olga schenkte man 200 Miliarensen, dem Sohn ihres
Bruders 20, dem Priester Grigorij 8, den nahestehenden Damen je 12,
ihren Sklavinnen je 6, den 22 Gesandten je 12, den 44 Kaufleuten je 6
und den zwei Dolmetschern je 12 Miliarensen."

Abenteuer, Glanz und Pracht umgeben diese Königsdynastie der Wikinger und der Rus am Dnjepr. Olgas Enkel Vladimir (wir sehen, daß
die Namen in der Chronik schon ganz russisch sind) half dem Kaiser
mit russischen Truppen gegen die Bulgaren und erhielt dafür die pur-
purgeborene Prinzessin Anna, also eine echte Kaisertochter, zur Frau,
vermutlich dieselbe, die der deutsche Kaiser für seinen Sohn, den späteren Kaiser Otto II., nicht erhielt! Und um noch ein Heiratsband zu nennen: Vladimirs Sohn holte rusische Verstärkungen aus Schweden herbei, um seine Macht von Nowgorod aus zu erweitern und heiratete die
Tochter des schwedischen Königs Olov Skötkonung.

Weit herum kamen die Rus auf den großen Flüssen und Seen im
Osten. Die Stromschnellen des Dnjepr tragen schwedische Namen.
Schwedische Runensteine sprechen von Jerusalem- und Griechenland-
fahrten. Bei Athen stand ein Marmorlöwe (jetzt in Venedig); auch da
waren die Wikinger und haben in echt touristischer Weise eine flotte
Drachenschleife mit Runen eingehauen, die ihre Namen festhält. Die
glühende Sonne des Südens hat die Inschrift stark verwittern lassen.
Die Germanisten sehen auch hier Erinnerungsworte für einen gestorbe-

nen Kameraden, nebst einem selbstbewußten Zusatz, den wir in moderne Worte gekleidet kurz übersetzen können:
„Dagewesen."

Was sich im Laufe des 10. Jahrhunderts im Osten wie im Westen Europas abspielt, sind schon längst nicht mehr wagemutige Überfälle kleinerer Freischaren, lustige Abenteuer in fremden Ländern, nein, es ist eine planmäßige Auswanderung und Kolonisation aus einem stark übervölkerten Lande. Sie erinnert an die hoffnungslose Bevölkerungszunahme auf dem mageren skandinavischen Moränenboden im 19. Jahrhundert und die daraus folgende Auswanderung in die Vereinigten Staaten von Amerika.

In beiden Fällen war es eine unbedingte Notwendigkeit, neue Äcker zu schaffen, um die tatkräftigen jungen Männer und Frauen zu ernähren.

Die Geschehnisse der Wikingerzeit sind dermaßen gewaltig, dermaßen geladen an innerer Spannung und äußerer Dramatik, daß es im Rahmen dieses die germanische Frühzeit behandelnden Buches nicht möglich ist, mehr als in Stichworten einige Hauptpunkte des historischen Ablaufes festzuhalten, um den Anschluß an das europäische Mittelalter zu gewinnen.

Skandinavien ist überreich an Bodenfunden aus dieser Wikingerzeit, die also ein Maximum an archäologischem Quellenmaterial liefert. Die Zeit hat drei bis vier weitere germanische Tierstile hervorgebracht. Einige der schönsten dieser Kunsterzeugnisse zeigen wir im Bilderteil. Die Handelsstädte an der deutschen und baltischen Küste entlang haben wir mit Namen aufgezählt; das berühmte Jomsburg hat ebenfalls Geschichte geschrieben.

In der Wikingerzeit reift die heidnische Mythologie in ihrer späten Form voll aus, so wie sie uns durch Snorre und in den Göttermärchen überliefert ist. Wodan, Thor und Freyr sind unter den Göttern an die erste Stelle gerückt. Walhall ist der Jenseitssaal für tapfere Krieger mit naiv realistischen Zügen von täglichen Kämpfen und täglichem Frischfleisch durch den Eber Särimner, der jeden Morgen von neuem aufersteht.

Des weiteren haben wir die isländischen Familiensagen, die eine unvergleichliche, dramatische Dichtung darstellen, durch welche wir außerdem noch in die eigentliche Gedankenwelt dieser Menschen eindringen können, wie sie zu den ewigen Fragen des Lebens stehen, Geburt und Tod, die Unsterblichkeit des im Grabe weiterlebenden Menschen, die Kraft der Sippe, so daß die Toten und die Lebenden schicksalhaft miteinander verbunden waren, die Thingversammlung freier Männer, welche keinen tyrannischen König oder Herrscher anerkannten, auch die Ethik der Fruchtbarkeit und der Liebe, die unerhört selbständige und selbstbewußte Haltung der nordischen Frau. Die Fragen sind uns deshalb so lebensnahe und angelegen, weil wir Menschen sehen, die ihr Geistesleben ganz naturgemäß geformt haben, ohne nennenswerten Einfluß von fremden Weltanschauungen. Deutschland lebte zu gleicher Zeit schon längst im christlichen Mittelalter, aber die Gestaltung der Gemeinschaft und der Ethik geht in Deutschland oftmals auf ältere nichtrömische, rein germanische Gebräuche und Sitten zurück, die uns mit Hilfe der Wikingerquellen verständlich werden.

Auch ist die Waffenbrüderschaft der kämpfenden Männer beachtlich, die scheinbare Treulosigkeit, die in dem Drang zur Selbständigkeit jedes einzelnen wurzelte, oder die Auswüchse von Rache und Totschlag in der Schlußphase, vor allem aber die grundlegenden Kräfte einer sich selbst leitenden Organisation für die Siedlungsunternehmungen in fremden Ländern.

Die Grabungen der beiden letzten Jahrzehnte haben große Ringwälle mit Kasernen aufgedeckt, mit einer mathematischen Präzision, die von einer ähnlichen Genauigkeit der Ausbildung vor den Heereszügen zeugt. Als erst Trelleborg entdeckt war, wurden Aggershorg, Nonneborg, Fyrkat und ein weiteres Ringwall-Heereslager auf Sylt nachgewiesen und ausgegraben.

Hinter den Wikingerzügen steht ein gewaltiger historischer Ablauf in Ost und West, die innere Spannung dieser Vorgänge. Von größter Bedeutung sind die Beziehungen zum heranwachsenden deutschen Kaiserreich, die Gründung des Nordmänner-Staates in der Normandie und das Normannenreich auf Sizilien.

Einige Worte müssen wir den Fahrten und Entdeckungen auf den westlichen Meeren widmen, dort, wo die Schiffe der Wikinger ganz anders eingesetzt wurden als auf den Flußfahrten in Rußland. Von Norwegen aus segelte man auf dem offenen Meer zu den Inseln an der Nordspitze Schottlands, zu den Orkney- und Shetlandinseln, die erst jetzt in der Wikingerzeit ernsthaft besiedelt wurden. Und von dort aus entdeckte man weiter entferntes Land: die Faröer und Island. Die Entdeckung kann umstritten sein, denn es scheint, als ob einzelne irische Eremiten sich dort schon niedergelassen hatten und das Feld wieder räumten, als die Krieger mit schweren Lastschiffen, Frauen, Vieh und Getreidesäcken für die Aussaat ankamen. Entdeckungen machte man damals auf offener See dadurch, daß ein Schiff bei einem Sturm weit abwärts geriet und völlig unerwartet eines Tages Land entdeckte. So berichtete ein Mann namens Gunbjörn, er hätte weit westlich von Island Land gesichtet. Erik der Rote machte sich auf, segelte 2200 km von Island aus und wieder zurück, konnte von einer fruchtbaren Küste berichten und nannte als geschickter und tatenkräftiger Kolonisator das eisige Land

Grönland, denn „wenn das Land einen guten Namen hat, wollen die Leute gerne dorthin fahren". 25 vollgeladene Schiffe verließen im darauffolgenden Sommer, im Jahre 986, Island, aber nur 14 erreichten das neue Land.

Nun geschah es im Jahre 1000, daß Eriks Sohn Leif ebenfalls durch Sturm außer Kurs geriet und weit westlich von Grönland eine fruchtbare Küste entdeckte, an der wildes Getreide und Weintrauben wuchsen sowie große Bäume, die bekanntlich auf Grönland und Island völlig fehlten. Vinland (also Weinland) nannte er diese freundliche Gegend, und damit hatten Nordländer Amerika entdeckt, fast 500 Jahre vor Kolumbus.

Selbstverständlich plante man bald, dieses Land näher kennenzulernen. 160 Mann und Vieh zogen in einem neuen Kolonisationsunternehmen los, erreichten die Küste von Labrador und segelten südwärts etwa bis Neufundland. Aber dort gab es eine unerwartete Überraschung: sie stießen auf ganz fremde Menschen mit rotbrauner Hautfarbe und strähnigem Haar. Menschen, die sie Skrälingar nannten, mit denen sie Handel trieben und die sich recht feindlich zeigten. Hier sind wir an der Grenze der nordischen Expansion und Auswanderung angelangt. Die ständigen Wikingerheere in allen west- und osteuropäischen Ländern hatten doch den Menschenüberschuß des Nordens so stark abgeschöpft, daß eine planmäßige Besiedlung Amerikas nicht zustande kam. Wie hätte sich andernfalls die Geschichte der Alten und der Neuen Welt entwickelt? So blieb es ganz bescheiden dabei, daß Grönländningar öfters hinüber nach Amerika fuhren und Holz holten.

Eines wollen wir hier noch richtigstellen. Der in den letzten Jahren oft erwähnte Runenstein in Amerika ist mit Sicherheit eine Fälschung, und wir können sogar die Handbücher vorzeigen, nach denen der Fälscher gearbeitet hat. Noch 1347 werden Männer erwähnt, die Amerika besuchten. Dann fiel das Wissen um den fremden Kontinent in Vergessenheit.

Von den Orkneyinseln zogen zahlreiche Wikinger westwärts und südwärts. Von dort aus legten sie ihre Himmelsrichtungen fest. Die *nördlichste* Provinz in Schottland heißt noch heute „Sutherland", also das Südland, völlig unverständlich vom englischen Gesichtspunkt aus, aber begreiflich für die Wasserwege der Wikinger. Sichere Wikingergräber, Schwerter und Frauenschmuck finden wir überall, wo die Wikinger vorwärts zogen. Einzigartig ist das Denkmal auf der Insel Man in der Irischen See. Dort liegt ein Thinghügel, Tynwald Hill genannt, ganz ähnlich den Königshügeln in Skandinavien. Dort werden jährlich am 5. Juli die neuen Gesetze verlesen, dort wurde dem örtlichen König früher gehuldigt, und auf dem Hügel wird heute noch bekanntgegeben, daß ein neuer König den Thron Englands besteigt. So geschah es auch im

Jahre 1952, als Elisabeth II. Königin von England wurde. Dank der Tra-
ditionsgebundenheit der Engländer ist ein nordischer Brauch auf dem
Tynwald Hill besser erhalten geblieben als auf dem Thinghügel von Alt-
Uppsala.

Überall in England waren die Wikinger tätig, 872 war London in ihrer Hand. 878 wurde die dänische Staatsgründung an der ganzen englischen Ostküste nördlich von London vertraglich anerkannt. Danelagen
heißt sie, eine Wortbildung ganz der ostschwedischen Militärorganisation Roslagen entsprechend. Bis Mitte des 10. Jahrhunderts herrschten
die Dänen und mit ihnen zahlreiche Norweger über große Teile Englands.

Inzwischen war aber das Christentum allmählich in Dänemark eingedrungen. Man hatte die neue Lehre diskutiert, man hatte sich mit den
Unterschieden auseinandergesetzt, und schließlich kam der Übergang
fast unmerklich – wie eine Selbstverständlichkeit – als der König zum
neuen Glauben überging.

Harald Blauzahn hieß er, und es geschah in den 940er Jahren. König
Harald hat bei Jellinge einen Runenstein errichtet, der einzigartig ist in
der Weise, wie sich Heidentum und Christentum darauf begegnen. Die
eine Seite des dreieckigen Steinblocks ist fast ausschließlich mit großen
Runen gefüllt, die so lauten:

„König Harald ließ dieses Denkmal nach Gorm, seinem Vater, und
Tyra, seiner Mutter, errichten, der Harald, welcher Dänemark einigte."

Die zweite Seite zeigt ein großes von Schlangen umschlungenes starkes Tier, und darunter lesen wir: „... ganz und gar und Norwegen."

Auf der dritten Seite schließlich sehen wir den Gekreuzigten, aber
ohne Kreuz, ebenfalls stark umschlungen und lesen dazu:

„... und machte die Dänen christen."

Aber das Christentum hat weder Kriege noch Wikingerzüge verhindern können. Nach wie vor waren die Dänen auf allen Meeren unterwegs. Haralds Sohn war der erfolgreiche Kämpfer gegen England und
Norwegen, der berühmte Sven Gabelbart. Die Engländer zahlten jährlich wachsende Gelder, um sich von Plünderungen freizuhalten, unvor-
stellbare Silbermengen – die für neue Rüstungen verwendet wurden. Im
Jahre 1014 war ganz England in Svens Hand, und London kapitulierte
kampflos. Aber Sven starb kurz darauf, und wieder entbrannte der
Machtkampf.

Sein Sohn Harald bekam Dänemark, sein jüngerer Sohn Knut Ostengland, während Wessex Ethelred und Edmund Eisenseite huldigte.
Der junge Knut kämpfte vier Jahre lang erbittert um seine Positionen,
siegte schließlich überlegen und entscheidend bei Assandun, und kurz
darauf geschah das Unerwartete: sowohl Edmund in Westengland wie
Harald in Dänemark starben, so daß Knut im Jahre 1018 als alleiniger

Herrscher über Dänemark und England stand. In den darauffolgenden friedlichen Jahren verdiente er sich mit Recht den Beinamen Knut der Große, schickte die fremden Wikinger fort, organisierte nach dänischem Muster, baute auf, plante und förderte unermüdlich Handel und Wohlstand. Ja, ohne allzu große Mühe wurde er auch König von Norwegen und blickte sogar nach Schweden hinüber.

Als guter Christ pilgerte er nach Rom und wohnte als Ehrengast der Krönung des deutschen Kaisers Konrad II. durch die segnende Hand des Papstes in der Peterskirche zu Rom bei. So kam schließlich doch ein nordischer Wiking nach Rom, nicht wie Hasting es tun wollte, um in einem tollkühnen Überfall dem Bischof das Haupt zu spalten, sondern um an einem nie wieder erlebten Tag das geeinte Europa zu sehen. Denn da standen am Ostertag des Jahres 1027 das Oberhaupt der Kirche, der Herrscher des Kontinents und der Beherrscher der Ozeane nebeneinander, Himmel, Erde und Wasser vereinigend.

32 Jahre war Knut der Große an jenem Tage alt. Er starb schon im Alter von 39 Jahren, und es ging, wie es in der Geschichte der Menschheit immer mit den großen, aufhauenden Kräften und Geistern zu gehen pflegt. Ihre Ideen werden verpfuscht, Streit und Zwietracht folgen auf ihren Tod.

Zugleich gehen aber auch die Wikingerzüge ihrem Ende zu. Die Mutterländer hatten ihre besten Söhne in fremde Länder geschickt, für die Zurückgebliebenen gab es wieder Ackerboden und Arbeit mehr als genug in Dänemark, Norwegen und Schweden. Die handelspolitische Lage war von Grund aus verändert, an der Ostsee tauchte ein neuer Machtfaktor auf, die deutsche Hanse. Erst spät ging die skandinavische Halbinsel zum Christentum über. Zwar war der schwedische König Olov Skötkonung schon um 1008 getauft worden, aber es dauerte bis 1060, ehe der alte Heidentempel in Alt-Uppsala abgerissen wurde und die blutigen Hängeopfer aufhörten. Ja, es dauerte bis etwa zum Jahre 1100, ehe die führenden Häuptlinge, wie diejenigen von Vendel und Valsgärde, ihre heidnischen Gräberfelder aufgaben. Hartnäckig wurde in Schweden und besonders in Norwegen zwischen dem alten und dem neuen Glauben gerungen. Wir kennen die Auseinandersetzungen durch die zahlreichen schriftlichen Aufzeichnungen, und darin nehmen wir vielleicht das größte Ereignis der Wikingerzeit wahr, das Ringen der menschlichen Seele zwischen zwei Weltanschauungen, von denen die eine zwar selbstverständlich siegen mußte, die andere aber Werte besaß, die noch viele Jahrhunderte nachklingen sollten. Wir, die wir selber im Zwiespalt umstürzender Weltgeschehnisse und Weltanschauungen leben, können jene Männer und Frauen vielleicht besser verstehen, kommen ihnen vielleicht näher, als man es in einem ruhigen und gefestigten Zeitalter tun kann.

Literaturhinweise

Unter den zusammenfassenden Darstellungen steht diejenige von Bröndsted als Neuforschung und durch die allseitige Bearbeitung des Fundstoffes an erster Stelle. Die Wikingerzeit ist darin jedoch nur knapp behandelt. Lauring ist von Beruf Journalist.

Bröndsted, J.: Danmarks Oldtid, I–III, 1938–40
Lauring, P.: De byggede riget, 1954 bzw. Vikingerne, 1956
Arbmann, H: Forntiden, in Sveriges Historia genom Tiderna i, Stockholm 1947
Forssander, J. E.: Sveriges förhistoriska begyggelse, in Svenska Folket genom Tiderna I, 1938
Ekholm, G.: Forntid och fornforskning i Skandinavien, 1935
Shetelig, H.: Det norske folks liv og historie, 1930
Holmsen, A.: Norges Historie, I, Fra de eldste tider til 1660, 1949
Statens Historiska Museum. Tiotusen år i Sverige, 1945
Holmqvist, W.: Sveriges Forntid och Medeltid, Kulturhistorisk Bildatlas, 1949
Jankuhn, H.: Denkmäler der Vorzeit zwischen Nord- und Ostsee, 1957

Die Besiedlungsgeschichte der älteren Eisenzeit, besonders in:

Hougen, B.: Fra Seter til Gård, 1947
Mathiassen, Th.: Studier over Vestjyllands Oldtidsbebyggelse, 1948
Jankuhn, H.: in Archaeologia Geographica III, Hamburg 1952
Hatt, G.: Oldtidsagre, Kopenhagen 1949
– The owernship of cultivated land, 1939
Glob, P. V.: Ard og plov i Nordens oldtid, 1951

Einzelne, größere Funde der vorchristlichen Eisenzeit:

Rosenberg, G.: Hjortspringfundet, 1937
Klindt-Jensen, O.: Bronzekedelen fra Brå, 1953
Sahlström, K. E. und *Gejvall, N. G.:* Gravfältet på Kyrkbacken i Horns socken, Västergötland, 1948

Einzelne, größere Funde der römischen Eisenzeit:

Friis Johansen, K.: Hoby-Fundet, 1911–35
Müller, S.: Juellinge-Fundet og den romerske Periode, 1911
Die Himlingöje-Funde sind ausschließlich in Zeitschriften pupliziert.

Katalog und Verbreitungskarten über alle römischen
Fundstücke im Norden:

Eggers, H. J.: Der römische Import im freien Germanien, Atlas der Ur-
geschichte I, 1951

Die Kleider in den Moorfunden:

Hald, M.: Olddanske Tekstiler, 1950

Andere größere Publikationen über Moorfunde:

Müller, S.: Det store Sölvkar fra Gundestrup i Jylland, 1890–1903
Engelhard, C.: Thorsbjerg Mosefund, 1863; Nydam Mosefund, 1865;
Kragehul Mosefund 1866; Vimose Fundet, 1869
Der fünfte große Moorfund bei Illerup, siehe vorläufg in Kuml, 1951
und 1956
Arbman, H.: Käringsjön, Studier i halländsk järnålder, 1945

Die großen Funde oder Fundgruppen der Völkerwanderungszeit:

Oxenstierna, E.: Die Goldhörner von Gallehus, 1956 (nur dir. vom
Verf. Falkstigen 10, Lidingö, zu beziehen)
Mackeprang, M.: De nordiske Guldbrakteater, 1952 (letzte und voll-
ständigste Bearbeitung)
Janse, O.: Le Travail de l'or en Suède, 1922
Hougen, B.: Snartemofunnene, 1935

*Kunst der Völkerwanderungszeit. Die Arbeit von Salin gilt
heute noch als grundlegend, ist aber stark veraltet:*

Salin, B.: Die altgermanische Thierornamentik, 1904, Neuauflage 1936
Holmqvist, W.: Germanic Art During the First Millenium A. D., 1955

Die großen Funde der Vendelzeit:

Stolpe, Hj. und Arne, T. J.: Graffältet vid Vendel, 1912 = La Nécropole
    de Vendel, 1927
In den Acta Musei Antiquitatum Septentrionalium Regiae Universitatis
    Upsaliensis, edidit Sune Lindqvist, *werden die Funde von Valsgärde
    nach und nach veröffentlicht und diskutiert*
Lindqvist, S.: Uppsala högar och Ottarshögen, 1936
– Gotlands Bildsteine, I–II, 1941/42 *(auch ältere und jüngere Bildstei-
    ne umfassend)*

Größere Funde und Fundgruppen der Wikingerzeit:

Brögger, A. W., Falk, Hj. und Shetelig, H.: Osebergfundet, I–II, IV–V,
    1917
Arbman, H.: Birka I, Die Gräber, 1943
Geijer, A.: Birka III, Die Textilfunde, 1938
Jankuhn, H.: Haithabu. Eine germanische Stadt der Frühzeit, 3. Aufl.
    1956
Brögger, A. W. und Shetelig, H.: Vikingeskipene, 1950
Nörlund, P.: Trelleborg, 1948
Stenberger, M.: Die Schatzfunde Gotlands der Wikingerzeit II, 1947
Arbman, H. und Stenberger, M.: Vikingar i Västerled, 1935
Arbman, H.: Svear i Österviking, 1935

Besondere Themen:

Oldeberg, A.: Metallteknik under förhistorisk tid, I–II, 1942/43
Vallhagar: A Migration Period Settlement in Gotland/Sweden Ed. M.
    Stenberger with O. Klindt-Jensen, I–II, 1955 *(darin Diskussion und
    Literaturhinweise für Hausfundamente in ganz Skandinavien).*

*Skandinaviens Runeninschriften werden
in folgenden Serien veröffentlicht:*

Sveriges Runinskrifter, I–IX, 1900–1957
Jaobsen, L. und *Moltke,* E.: Danmarks Ruinidskrifter, I–II, 1941/42
Norges Indskrifter med de aeldre Runer, I–III, 1905–1924
Norges Indskrifter med de yngre Runer, I–III, 1941–1954

Einige größere oder neuere Landschaftsuntersuchungen:

Aimgren, O. und *Nerman,* B.: Die ältere Eisenzeit Gotlands bzw. Die
   Völkerwanderungszeit Gotlands, 1923–1935
Nylén, E.: Die jüngere vorrömische Eisenzeit Gotlands, 1955
Stenberger, M.: Öland under äldre järnåldern, 1933
Oxenstierna, E.: Östergötlands ältere Eisenzeit, in Vorbereitung bzw.
   Die Urheimat der Goten, 1945–1948
Kivikoski Ella: Die Eisenzeit Finnlands, I–II, 1947–1951
Shetel, G. H.: Vestlandske graver fra Jernalderen, 1912
Grieg, S.: Listas Jernalder, 1938
Albrectsen, E.: Fynske Jernaldersgrave I, 1954
Larsen, K.: Bornholm i Aeldre Jernalder, 1949
Norling-Christensen, H.: Katalog over aeldre romersk jaernalders grave
   i Århus Amt, 1954

*Siehe übrigens eine große Anzahl bedeutender Aufsätze
in den Zeitschriften*

Acta Archaeologida, Kopenhagen
Aarböger for nordish Oldkyndighed og Historie, Kopenhagen
Fra Nationalmuseets Arbejdsmark. Kopenhagen.
Kuml, Årbog for Jysk Arkaeologisk Selskab, Aarhus
Fornvännen, utgiven av Kungl. Vitterhets-, Historie- och Antikvitets-
   Akademien, Stockholm
Viking, Tidskrift for norrön arkeologi, Oslo
Universitetets Oldsakssamling, Årbok. Oslo
Universitetet i Bergen. Årbok. Bergen
Finska Fornminnesföreningens Tidskrift. Helsingfors
Finskt Museum. Helsingfors
Suomen Museo. Helsinki

*In diesem kurzen Literaturverzeichnis sind einige grundlegende oder
neuerschienene Arbeiten angeführt, ohne daß eine systematische Einheitlichkeit erzielt werden konnte. Die prähistorische Literatur des Nordens weist sehr stark die Tendenz auf, in eine große Anzahl von kleineren Aufsätzen und größeren Spezial-Fundveröffentlichungen zersplittert
und damit schwer zugänglich zu werden.*

Ferner werden u. a. folgende Quellen im Text zitiert:

Caesar, Sämtliche Werke, Stuttgart 1982
Herodot, Neun Bücher der Geschichte, Kettwig 1983
Jordanis, Die Gotengeschichte, Stuttgart 1985
Prokop, Der Goten-Vandalenkrieg, Kettwig 1985
Tacitus, Sämtliche Werke, Kettwig 1985

*Folgende Handbücher stehen u. a. im Zusammenhang
mit Zitaten aus Quellen:*

Golther, Handbuch der Germanischen Mythologie, Essen 1982
Ulfila, Die erhaltenen Denkmäler der gotischen Sprache, Essen 1984
Wackernagel, Altdeutsches Lesebuch, Essen 1985

Folgende Sagensammlungen finden Bezug im Text:

F. Dahn, Germanische Heldensagen, Essen 1984
F. Dahn, Germanische Göttersagen, Essen 1984

Folgende Märchensammlungen finden Bezug im Text:

G. Grimm, Kinder- u. Hausmärchen, Essen 1983
Musäus, Deutsche Volksmärchen, Essen 1983